레오폴트 폰 랑케와

# 근대 역사학의 형성

레오폴트 폰 랑케와

# 근대 역사학의 형성

## 역사연구방법론과 역사사상

이상신

KOREA
UNIVERSITY
PRESS
고려대학교
출판문화원

이 저서는 2016년도 한국연구재단의
지원을 받아 수행된 연구임(NRF-2016S1A6A4A01018329)

## 머리말

랑케는 이미 19세기 당대에 프랑스 역사가 티에르(Thiers)로부터 "독일에서뿐만 아니라 유럽에서 가장 위대한 역사가"라는 찬사를 받은 바 있다.[1] 20세기 초에는 영국의 역사가 구치(Gooch)가 1913년에, "랑케는 독일 역사학이 19세기에 지도적 위치에 서게 만들었던 역사학의 괴테였다"고 평가하면서, 그를 "근세 최대의 역사가"로 정의한 바 있으며, 역시 영국 역사가인 트레버 로퍼(Trever-Roper)도 랑케를 "19세기 역사가들 중 최대의 역사가"로 지칭한 바 있다.[2] 그리고 20세기 후반에는 이거스(Iggers)가 몰트케(Moltke)와 함께 편집한《역사의 이론과 실제》의 입문에서, 랑케는 그의 작품들에서 20세기까지 지배해 왔던 역사서술의 모델을 세웠다고 언급했다.[3]

이러한 정의와 언급들에 걸맞게 랑케는 수많은 역사가들 중에서도 지금까지 역사학계에서 국제적으로 가장 많이 연구되어 온 역사가이다. 1988년에는 그의 서거 100주년을 기념하여 여러 나라 연구자들의 글들이 몸젠(Mommsen)에 의해 편집되어《레오폴트 폰 랑케와 근대 역사학》[4]이라는 제목으로 발간된 바 있으며, 1990년에는 이거스와 파웰(Powell)이 또한

---

1 G. P. Gooch, *History and Historians in the Nineteenth Century*, 3rd. ed.(Boston: Beacon, 1965), p. 88.

2 *Ibid*., p. 13.

3 G. G. Iggers and K. v. Moltke, eds., *The History and Practice of History*(New York 1973); Vierhaus, "Ranke und die Anfänge der deutschen Geschichtswissenschaft," in: *Geschichtswissenschaft in Deutschland*, hrsg. v. B. Paulenbach, München, 1974, S. 19.

4 W. J. Mommsen, hrsg., *Leopold von Ranke und die moderne Geschichtswissenschaft*, Stuttgart: Kletta-Verlag, 1988.

여러 나라 연구자들의 글들을 편집하여《레오폴트 폰 랑케와 역사학의 형성》[5]을 출판했다. 그에 관한 이러한 편집 출판물들에서나 개별 연구들에서 항상 공통적으로 주목되는 바는, 그는 항상 근대 역사학의 형성과의 관계 속에서 조명 및 해설되고 있다는 점이다. 실제로 그는 역사적 자료들에 대한 문헌학적·비판적 방법을 활용하여 과거 역사를 사실주의적으로 서술하고자 했고, 아울러 정치적·종교적 관심과 실용적·교훈적 서술의도들로부터 벗어나서 객관성을 세우고자 했으며, 무엇보다도 유럽 민족들 및 국가들의 개별 역사들을 하나의 통일적인 역사로 관찰 및 서술하는 보편사적 역사가의 경지를 보여 주었다. 이로써 그는 역사 연구와 서술을 학문의 경지로 제고시켰다는 평가와 함께 "근대 역사학의 창건자"로 불리게 되었던 것이다.

랑케의 역사학에 관해서는 여러 가지 관점들에 따르는 개별적인 연구논문들이 그동안 수없이 많이 나왔다. 그러나 그의 역사학을 종합적으로 정리한 단행본 저술은 불과 몇 권에 불과하다. 이것은 그에 관한 개별적인 깊은 연구들이 이미 많이 나와 있거니와 그의 역사사상이 신학적, 철학적으로 포괄적이며, 그의 방법론 역시 경험론적이자 또한 이해이론적이기도 하므로, 그것들을 연관시켜서 종합적으로 정리하는 작업이 그만큼 까다롭고 어렵기 때문이라고도 볼 수 있겠다. 한국의 서양사학계에서는 그에 관한 연구논문들이 지금까지 8~9편에 불과하다. 그것들 중에서도 길현모 교수의 논문은 랑케의 역사사상과 방법론의 핵심을 파악하여 제시한 수준 높은 글이다.[6] 그리고 랑케에 관한 귀중한 자료인 그의 비망록으로부터 편집된 바 있는《보편사의 이념(Idee der Universalhistorie)》이 번역되기도 했다.[7] 그러나 근대 역사학을 형성시켰던 인물로서 "역사학의 괴테"로 불리는 그

---

5 Iggers and Powell, eds., *Leopold von Ranke and the Shaping of the Historical Discipline*(New York: Syracuse University. Press, 1990).

6 길현모, 〈랑케사관의 성격과 위치, 역사의 이론과 서술〉,《인문연구논집》, 제8집(1975).

에 관해 한국에서 연구되어 온 양은 근대 문학의 상징적 존재인 괴테가 한국의 독문학계에서 연구되어 온 양에 비하면 매우 빈약한 편이다. 이에 대해 필자는 서양사학사를 전공해 왔다는 사실을 숨겨야 할 만큼 부끄럽게 생각하면서 뒤늦게나마 그에 관하여 지금까지의 연구되어 온 성과들을 근거로 하여 그의 경험론적, 이해론적 연구방법과 신학적·철학적 역사사상을, 그리고 혁명의 시대를 살면서 그가 견지했던 보수적이고 현실주의적인 정치적 입장을 연관관계적으로 파악하여 그의 역사학의 전체적인 모습을 미력으로나마 종합적으로 정리해 보고자 했다.

필자에게는 이러한 시도를 자극했던 동기가 있었다. 랑케는 이미 생전에 동료들, 특히 바로 다음 세대의 자유주의적, 민족주의적 역사가들로부터 보수적 또는 무국적(無國籍)의 정치사가로 간주되었고, 19세기 말에는 람프레히트(Lamprecht)로부터 "개인주의적 역사학"이라는 비판을 받았으며, 때로는 실증주의적이라는 오해를 받기도 했다. 제2차 세계대전 후에는, 그는 "과거에 전념했었고 현재까지에만 관심을 가졌을 뿐, 미래를 전망할 줄 몰랐던" 역사가로 간주되기도 했다(Meinecke). 그리하여 20세기 전반의 양차 세계대전의 비극에 대한 책임의 일부가 19세기의 전통적인 정치사적 역사서술에게도 전가되던 경향 속에서는 랑케도 면책될 수 없었다. 20세기 중반의 아날학파(Annales)의 "구조사적" 연구 입장에서 보면, 그는 "사건사적", "이념사적"이라는, 그리고 "사회사(Sozialgeschichte)"적 연구자들로부터는 정치사 일변도적이라는 지적을 받게 된다.

아무리 위대한 역사가들이라 해도, 그들은 자기들 시대의 시대적 상황과 지배적 관념, 전통적 사상 등과의 관계 속에서 한계성을 지니고 있었다. 그렇다고 그들이 그러한 한계성과 함께 이제는 효력을 상실해 버린, 아주 오래된 역사가들로 간주되어 버린다면, 그것은 역사학의 손실 이 아닐 수 없다. 특히 랑케의 경우가 그러하다. 다름 아니라 근대 역사학이 그로부터

---

7 E. Kessel, *Rankes Idee der Universalhistorie*, in, *Historische Zeitschrift*, Bd. 178(1954); 랑케, 〈보편사의 이념〉, 《서양의 역사학 I》, 송충기 역, 청년사, 1997.

출발했다는 것은 사학사적으로 엄연한 학문적 사실로서 인정되어 오고 있기 때문이다.

랑케는 실로 역사서술을 합리화시키는 데 결정적으로 기여했다. 따라서 그를 단순히 그에 대한 비판적인 견해들을 통해서만 이해하고 말아 버린다면, 근대 역사학이 이전의 역사서술을 어떻게 극복하면서 학문화되어갔던가를 간과하게 되며, 또한 20세기의 역사학은 어디까지나 19세기 역사학의 전통과 영향 속에 형성되었음에도, 19세기의 무엇을 어떻게 극복하면서 무엇을 새로이 추구해 왔던가를 학문적 연속성 속에서 구체적으로 명확하게 파악할 수 없게 된다. 그러할 때 현재의 연구자들은 단지 현재의 연구경향성 속에 빠져 버리게 되고, 자신들이 해명해 보고자 하는 영역과 문제들이 과거에는 어떻게 의식 및 파악되었던가에 대한 연구 모델을 찾아보지 않게 된다. 그러나 역사학적으로 연구되어야 할 영역들과 집단들 및 문제들은 이미 위대한 역사가들에게서는 항상 의식되어 왔고, 항상 서술되어 왔다. 구조사, 사회사 그리고 이른바 "세계의 역사(global History)"의 선구적 사고와 서술 모델은 이미 있어 왔다. 그러한 과정에 대한 이해를 결여할 때, 현대 역사학의 문제점들과 한계성, 즉 그것은 근대 역사학을 어떻게 극복했고, 또한 어떻게 이탈하고 있는가가 파악되기 어렵게 된다. 구조사적 연구가 인간 역사를 자연사처럼 취급할 수 있고, 일상사(Alltagsgeschichte)적, 미시사적 연구가 조각난 역사들을 만들어 내는 것이 그러하며, 본시 19세기에 정치사에 대립하는 비판적 의식과 함께 등장했던 좁은 의미의 사회사적 연구가 20세기에는 아날 학파의 영향 속에 전체사로서 확대되었으나, 연구대상인 시대의 주된 흐름을 명확하게 제시하는 데 한계적인 것도 그러하다.

랑케는 19세기의 전통적인 역사서술이 그러했듯이, 정치사 중심으로 서술했다. 그러면서도 그는 국가와 함께 종교 및 문화의 역할도 중요시했으며, 또한 농민과 시민계급 등의 사회집단들, 그리고 여러 종파들의 이상과 요구들에 관해서도 함께 설명했다. 이러한 그의 관찰과 서술 방법은 그가 역사발전에 함께 참여했던 여러 세력들과 집단들 및 요소들의 깊은 연관관계를 사고함으로써 구조사적이며, 또한 전체사로서의 사회사적이기도 했다는 것을 의미한다. 이러한 그의 정치사적 서술은 결국 보편사적 서술이라는 점에서 더욱 의미 있다. 그의 시대에는 산업화가 이루어지고 있었고, 이에 맞게 사회 및 노동운동의 역사에 관한 서술도 비판적 학문으로 등장하고 있었으며, 역사연구는 더욱 세분화되고 있었다. 그러한 연구와 서술은 당연히 필요하지만, 역사생활의 부분적인 영역들에 대한 해명으로 끝나 버릴 수 있다. 그러나 랑케는 정치 외의 다른 영역들에 대해서도 다른 역사가들보다 많이 주목했거니와, 유럽 개별 국가들의 역사들을 항상 유럽 전체의, 기독교 문화의 통일적인 역사의 부분들로 파악하는 보편사적 경지로 나아갔다. 그의 이러한 역사사고와 서술은 전체적인 발전의 주된 흐름을 제시하는 데 모호해져 버릴 수 있는 구조사적, 사회사적, 미시사적, 일상사적 연구자들에게 다시금 고려해 보아야 할 종합적 서술의 모델이 될 수 있겠다. 역사가에게는 자신의 연구대상을 해당 시대 전체에 대한 관찰을 근거로 하여 서술해야 하는 것이 의무이며, 더욱 나아가서는 역사 일반에 대한 관조와 이해 속에서 서술할 때, 그는 비로소 역사가로 될 수 있다. 필자가 이제와서 랑케의 역사학을 종합적으로 정리하여 제시해 보고자 시도한 것은 보편사적 역사가로서의 그가 현대 역사학에서는 재음미될 필요가 있다는 확신에서였다.

필자는 랑케의 역사학을 종합적으로 정리해 보는 이 작업에서 그의 역사이론과 방법론 및 역사사상이 고유하게 표명된 출처들을 랑케의 전집에서 철저히 확인했고, 그에 관해 지금까지 나온 중요한 연구논문들을 될 수록 많이 읽어 보고자 했으며, 마이네케(F. Meinecke)와 시더(Th. Schieder)의 고전적인 해석들에 기본적으로 공감하면서, 특히 그를 여러 가지 주제들에 따라서 깊이 연구해 온 피어하우스(R. Vierhaus)의 연구들을 많이 참조했다. 이러한 작업을 통해 필자는 세계사의 여러 국면들에 대한 랑케의 선구적인 해석들은 물론, 그에 관해 논의되었던 중요한 주제들을 모두 언급해 보고자 노력했다. 또한 필자는 랑케를 대변하는 이론과 방법론 및 사상들에 관해 논의할 때는 그것들에 해당되는 선구적인 모델들이 그에 앞서서 언제, 어떻게 나타났던가를 추적하고 그에게서는 어떻게 정립되었던가를 제시하고자 노력했다. 요컨대 필자는 그를 상징하는 이론과 방법론 및 사상들의 연원을 항상 사학사적으로 정리하면서 논의했다.

그리고 필자는 랑케의 역사학을 본격적으로 논의하기 전에 그의 작품들에 대한 비교적 많은 분량의 해설을 앞세웠다. 이 사적해제(史籍解題)는 필자가 랑케의 모든 작품들을 읽고서 작성한 것은 아니다. 필자는 그동안 독일 역사가들이 각자의 관심에 따라서 여러 작품들에 대해 각각으로 소개 및 해설한 바들에 많이 의존하면서 작성했다. 그러나 필자가 그들의 연구성과들로부터 인용할 때는 해당 부분들을 랑케의 전집에서 철저하게 확인했으며, 필자 또한 각 작품들의 머리말과 목차의 구성, 각 권(券) 및 장(章)들의 입문과 결론을 빠짐없이 읽으면서 해당 작품의 서술 동기와 내용 및 성격을 직접 파악했음을 밝혀 두는 바이다. 필자가 이 사적해제를 이 책의 맨 앞으로 배치한 것은 독자들이 랑케의 이론과 방법론 및 사상을 보다 더 구체적으로 근거 있게 파악하고 이해하는 데 도움이 될 것이라는 필자의 확신에서였다.

필자는 2,300여 매의 원고에 대한 10여 차례의 수정 및 보완 작업을 성실히 감당해 준 이윤재 군의 노고에, 또한 원고의 발간을 흔쾌히 수락해 준 고려대학교출판문화원과 이 책의 편집에 애써 준 출판문화원 편집진에 감사한다.

이 책의 출판에 즈음하여, 필자는 대학 시절에 서양사학사를 강의하셨던 김성식 교수님과 역사학 개론을 강의하시면서 랑케를 그렇게 강조하셨던 김학엽 교수님을 기억하면서 두 분의 영전에 이 책을 바치는 바이다.

2020년 겨울

이상신

# 차례

# I

# 랑케의 생애

그의 가문과 유년 및 김나지움 시절/대학시절/교사 시절부터
본격적인 역사연구/교수생활

랑케는 작센(Sachsen) 선제후(Kurfürst, 選帝侯)의 영지(領地)에 속해 있었던 튀링겐(Thüringen) 지역의 작은 도시인 비헤(Wiehe)에서 1795년에 한 법률가의 9남매의 맏이로 출생했다. 이 지역은 중세 말 이래로 작센·살리어(Sachsen·Salier) 제국의 동부 경계지역으로서, 종교개혁 이후로는 독일의 정신적 중심지로 되었다. 그러나 작센 선제후국은 1763년에 폴란드에 대한 지배권을 상실한 후로는 대외적으로 유럽정치에서 별다른 역할을 하지 못해 왔으며, 오스트리아 제국에서도 그러했다. 이 선제후국은 가톨릭 신조의 오스트리아 황제에 대해 오래된 충성관계를 유지하면서도, 종교적으로는 자체의 루터(Luther)교 신조를 인정받고 있었다. 이것은 이 국가의 대외적인 특징이었다. 이 국가의 대내적 특징은 특권신분들이 자신들의 정치적 의미를 여전히 유지하면서도 국가에 대립하지는 않았고, 또한 주민의 정치참여를 배제시키는 역할을 하고 있었다는 사실이다.[1] 그만큼 이 지역에서는 신분제적 사회구조가 18세기 말까지 변동 없이 유지되고 있었다.

1 Rudolf Vierhaus, *Ranke und die soziale Welt*, Münster, 1957, S. 7.

이 지역의 도시들은 상업중심지들이 아니라 농촌도시들인가 하면, 도시로서의 자주권을 확보하고 있었고 자체 법원도 갖추고 있었다. 이러한 조건들에 따라서 이 지역에서는 사회적으로나 여론 형성에 있어서 주도적 인물들은 경제적 시민층이 아니라 교양계층이었다.

바로 이러한 지역의 한 작은 도시였던 비헤에는, 1805년의 상태에서는 252가구에 1,100여 명의 주민들이 살고 있었으며, 상업과 영업에서는 활발하지 못했지만 하급법원을 갖추고 있었다. 이 도시에는 대학교육을 받은 바 있는 신학자, 법률가, 의사 등으로 구성된 교양계층의 집단이 있었고, 이들은 귀족들과는 물론, 농민들과도 구분되었으며, 경건주의적인 정통 루터 교파로서 인문주의적 교양을 갖추고 있었다. 이들은 전통적인 생활양식을 유지하면서, 스스로 자신들의 생활에 만족하고 있었다. 그러므로 이 농촌 도시에는 혁명적 사고를 위한 조건들이 결여되어 있었다.[2] 이 도시가 속해 있었던 튀링겐 지역 자체가 그러한 정치적 성격과 사회적 구조를 지니고 있었으므로, 프랑스 혁명의 물결이 이 지역에는 별다른 영향을 주지 못했다.[3]

랑케의 가계(家系)는 17세기까지 추적될 수 있으며, 그의 선조들은 대대로 루터 교회의 목사직을 유지해 왔다. 이 성직자 가문의 전통은 랑케의 아버지인 이스라엘 랑케(Gottlob Israel Ranke)가 대학에서 신학을 공부하다가 그의 아버지의, 즉 랑케의 할아버지의 바람을 어기면서 법학을 전공한 후 법률가가 됨으로써 외형적으로는 단절되었다. 그러나 이스라엘 랑케는 법률가가 된 후에도, 법학을 선택했었던 일을 가끔 후회하기도 하면서 선조들의 신앙심을 경건하게 지키고 있었으므로, 그의 가정에서는 변함없이 루터교의 종교적 정서가 유지되었다. 그는 대학을 졸업한 후 인근 지방들에서 법률가로 활동하다가 고향인 비헤에 정착했으며, 변호사이자 토지소

---

2 Ebd., S. 8.

3 Heinrich Ritter von Srbik, *Geist und Geschichte vom deutschen Humanismus bis zur Gegenwart*, Bd. I, 3. Aufl., München, 1964, S. 239.

유자로서, 튀링겐 지역의 명사들 중의 한 사람으로서 작센 선제후의 영주권(領主權)에 대한 충성을 자명한 것으로 수용했다. 그는 당시 비헤에 주둔하고 있던 군부대의 장교들 가운데서 시민계급 출신의 한 장교와만 교유했으며, 다른 사람들과의 관계를 회피했던 과묵한 성격의 소유자였다. 아버지의 이러한 모습이 랑케에게는 매우 근엄하게 보였다. 랑케의 어머니는 가까운 크베어푸르트(Querfurt) 부근에 있는 기사령(騎士領)의 소유주인 림케(Limke) 가문의 출신으로 시아버지, 즉 랑케의 할아버지를 정성껏 모시면서 가계를 근면하게 꾸려 나갔고, 자식들을 지극히 사랑했다. 랑케는 이러한 어머니 가문으로부터 상당한 토지와 재산을 상속받았다.

랑케는 이와 같이 교양계층에 속하는 부계(父系) 선조들의 전통과 모계(母系) 자산가들의 전통을, 즉 교양과 재산을 함께 갖춘 여유있는 조건 속에 9남매의 맏이로서 아버지의 근엄함과 어머니의 사랑, 그리고 가문의 오랜 내력인 종교적 경건함 속에서 성장했다. 그의 아버지는 아들들이 가문의 명망을 계승하기를, 특히 장자인 랑케에게는 동생들의 모범이 되기를 바랐으므로, 그는 일찍부터 스스로 유능해져야 한다는 책임감을 갖게 되었다. 그의 가문의 성격, 그리고 고향인 비헤와 튀링겐 지역의 정치적, 사회적 특성과 환경은 결국 그로 하여금 후일에 자기 시대의 과격한 개혁적 방향에 대해서나 극단적인 보수적 방향에 대해서도 거리를 유지하도록 만들었고, 교육과 문화에 대한 루소적인 비관적 이해나 자유주의자들의 부정적인 시대비판에 대해서도 거부적인 태도를 세우는 데에 영향을 주게 되었다.[4]

랑케는 1806년까지 고향인 비헤에서 이곳 주민들의 모든 계층의 어린이들이 함께 수학하던 초등학교를 다녔다. 이곳에서는 명망가 집안의 아이들이 라틴어 학습을 받을 수 있었던 바, 랑케도 역시 그러했다. 그는 이 학교를 마친 후 1807년에는 아버지의 노력으로 장학금을 확보하여 돈도르프(Donndorf)의 수도원 학교에 입학했다. 그가 입학했을 때 11-14세 사

---

4 Vierhaus, a.a.O, S. 9.

이의 30여 명의 학생들이 있었던 이 학교는 초등학교 다음의 교육과정인 김나지움의 입학을 준비하는 소년들이 다니는 학교였다. 이 학교의 분위기는 합리적, 실천적이면서도, 내면적으로는 종교성을 지니고 있었다. 이곳에서 랑케는 라틴어와 그리스어를 배우면서 고대문학을 읽었다. 그는 2년 동안의 이 학교의 과정을 수료한 후 1809년에는 김나지움 과정의 포르타 학교(Schulpforta)에 입학할 수 있었다.

이 학교는 국가에 의해 설립되어 운영되었던 독일의 다른 김나지움들과 마찬가지로 작센 선제후에 의해 16세기에 포르타(Pforta) 수도원에 건립되어 계속 후원을 받아왔으며, 그 외의 수도원들이 운영하던 학교들 중에서도 유명한 인물들을 많이 배출해 왔던 유서깊은, 명성있는 학교였다. 랑케의 아버지는 이 학교에 대해 특별한 애착심을 갖고 있었다. 다름 아니라 그도 역시 젊은 시절에 바로 이 학교를 다녔고, 이곳에서 자신의 고전어 실력을 쌓으면서 많은 학생들과 친교를 맺었었기 때문이다. 랑케가 입학할 때 이 학교에는 인근 지역의 가장 우수한 학생들이 다녔고, 그들은 5년 동안 계속해서 공적인 지원을 받으면서 장차 대학에 진학할 수 있는 교육을 능력 있는 교사들로부터 받았으며, 졸업 후에는 현실적, 또는 종교적 직책에서 봉사하게 되어 있었다. 이 학교는 교회와 긴밀하게 결합되어 있었고, 이에 대해서는 국가의 감독을 받았으며, 신학을 모든 과목들 중에서도 가장 중심적인 과목으로 삼고 있었다. 그런가 하면, 학교의 분위기는 돈도르프의 그것처럼 종교적이었던가 하면, 또한 합리주의적이었으므로, 학생들은 계몽된 개혁적이고 박애주의적인 교육을 받았다. 이 학교의 이러한 교육방향은 종교와 인문주의적 교양을 결코 분리시키지 않았던 멜란크톤(Melanchton)의 전통을 계승하고 있는 것이었으며, 결국 프로텐스탄티즘과 인문주의를 결합시키고 있었다. 랑케는 이 학교의 이러한 특성과 분위기를 깊이 수용했다.[5]

5 Ebd., S. 11.

그런가 하면 이 학교는 국가적, 사회적 필요성들에 부응하는 과제를 부여받고 있었으므로, 학생들의 독자적인 개성을 위한 교육목표를 세우고 있지는 않았다. 따라서 이곳에서는 학생들의 정치적 사고가 제한되어 있었으며, 그들은 신에 의해 세워진 사회구조 속에서 앞으로 "직업(Beruf)"을 충실하게 수행하게 될 예비 구성원으로 되어 있었다. 이러한 점은 이 학교가 여전히 지니고 있었던 가부장적, 교권적(教權的)인 요소였다. 그러므로 이 학교의 약 150명의 재학생들은 엄격한 위계질서 속에 생활했고, 하급생들에 대한 상급생들의 억압도 있었다. 그리고 수도원 내의 학교이므로 학생들은 외부와의 연결을 차단하는 담벽 안에서 통일된 교복을 착용했다. 물론 이러한 형식과 특성이 무조건적인 복종의 의무를 강요하는 것은 아니었다. 학년이 올라갈수록 학생들의 권리와 의무가 증가하는 가운데 그들의 독자성과 책임감이 각성되었으므로, 이 학교의 체제가 개인적 특성을 억압하고 신하적 근성을 교육시켰다고만 간주될 수는 없겠다. 그러나 이 학교의 근본방향은 루소적인 교육개혁의 방향과는 거리가 멀었다. 그리고 무엇보다도 이곳에서는 루터적인 전통 속에서 인간은 훈육이 필요한 존재로 되어 있었다. 학교생활을 지배했었던 이러한 원칙은 인간과 사회에 관한 랑케의 사고를 구성하는 전제조건들 중의 하나로 되었다.[6]

포르타 학교의 폐쇄적인 형식도 역시 랑케가 사회현실을 관찰하고 평가하는 데 영향을 주었다. 기숙사 생활은 학생들에게 인근 지역에 살고 있던 귀족과 시민계층의 모습만을 제공했을 뿐이며, 농민의 아들들과 함께 생활한다거나 농민과 접촉하는 일은 거의 없었다. 학생들은 이와 같은 생활 속에서 공적(公的) 생활의 문제도, 사회적 긴장관계도 의식할 수 없었으며, 나폴레옹 전쟁의 진동도, 독일 내에서의 봉기들조차도 그들에게는 깊은 인상을 주지 못했다. 이러한 점들에서 이 학교는 학생들에게 기존하는 정치적, 사회적, 종교적 관념만을 안겨 준 채, 그들을 변화와 개혁을 겪고 있던 세계 속으로 그냥 내보내고 있지 않았던가 하는 의문이 제기될 수도

---

6 Ebd., S. 12.

있다. 이에 대해 긍정적, 또는 부정적인 판단을 명확하게 내린다는 것은 어려운 일이다. 그러나 분명하고도 의미있는 바는 랑케가 "자기 시대의 혁명적인 소용돌이를 겪으면서 후일에 성숙되었던 위기의식을 갖고서 자신의 역사사상을 세우고 역사작품들을 서술하게 되었지만, 젊은 시절에는 기존의 사회적 구조가 동요되지 않은 채로, 근대 혁명정신의 물결과도 접촉하지 않은 채로 남아 있던 하나의 세계를 알고 있었다는 사실이다"[7] 바로 그러한 세계에 대한 그의 감정과 지식은 실로 그가 자신의 역사사상을 세우고 자기 당대를 판단하는 데에 항상 균형추로서 작용하게 되었다. 그가 말년에 술회한 바에 의하면, 자신은 "이 학교를 감돌고 있었던, 그리고 고전연구 속으로 깊숙이 스며들어 있었던 정신에게 무한히 감사하고 있었다"[8]는 것이다.

랑케는 이 학교에서 그리스어와 라틴어, 신·구약 성서를, 그리고 그리스 작가들과 철학자들로서는 호메로스(Homeros), 호라티우스(Horatius), 핀다로스(Pindar), 오비디우스(Ovid), 베르길리우스(Virgil), 아이스킬로스(Aschylos), 소포클레스(Sopokles), 에우리피데스(Euripides), 키케로(Cicero), 플라톤(Plato)을, 또한 그리스 및 로마의 역사가들로서는 투키디데스(Thucydides)와 타키투스(Tacitus)를 학교 수업에서 배우거나, 스스로 찾아서 읽었으며, 고대 작가들의 대부분을 두 개의 언어들로, 즉 그리스어와 라틴어로 통독했다. 또한 그는 클롭슈토크(Klopstock), 밀턴(Milton), 실러(Schiller) 등 근세 작가들도 읽었다. 그러므로 그는 이 학교에서 고전어들을 익히고, 신학, 문학, 역사, 철학에서의 가장 기본적인 저술들을 섭렵했던 것이다. 이러한 성격의 학습과 독서는 당시 독일의 김나지움들이 일반적으로 지향했던 인문주의적 교육방향에 속하는 것이었고, 또한 대학의 여

---

7 Ebd., S. 13.

8 Ranke, *Zur eigenen Lebensgeschichte*, hrsg. v. Alfred Dove, Leipzig 1890, Berliner Ausgabe von Michael Holzinger, 2013; 랑케, 〈자서전〉, 《강대세력들·정치대담·자서전》, 이상신 역(신서원, 2014), 264쪽.

러 분야로 진학하는 학생들이 장차 대학강의를 받을 수 있기 위해 갖추어야할 기본 사항들이기도 했다. 그는 자서전에서 술회했듯이 이 학교의 그러한 교육내용에 호기심을 가졌고 만족했다.

랑케는 1814년 부활절에 그리스와 근세 비극에 관한 졸업논문을 제출하고서 포르타 학교를 졸업했다. 그는 몇 주간 휴식을 가진 후 라이프치히(Leipzig) 대학에 입학했다. 당시 라이프치히는 32,000명의 주민들이 살고 있었던 견본도시(Messenstadt)로서 그 지역에서 상업의 중심지이자, 학문과 연구의 중심지이기도 했으며, 라이프치히 대학은 오래전부터 귀족과 부유한 시민계급의 아들들을 위한 특혜의 장소였다.

이 대학에서 랑케는 처음 몇 학기 동안은 신학과 문헌학에 몰두했다. 그러나 그는 신학의 교의론(教義論, Dogmatik) 속으로 깊이 들어가지는 않았다. 이것은 그에게 신앙심이 부족했기 때문이 아니라, 오히려 그 반대로 그의 종교적 열정이 왕성했기 때문이다. 다름 아니라 그는 자신이 찾아 읽었던 당시의 많은 신학입문서들의 여러 곳에서 "중도적 합리주의(gemäßigter Rationalismus)"를 보았고, 여기에서 모순을 발견했던 것이다. 그에게는 신학정신에 관한 대립된 원리들을 이성적 판단을 통해 해결하고자 하는 것이 가장 잘못된 것으로 보였던 것이다.[9] 그에게는 당시에 지배적이었던 합리주의는 피상적이고 공허한 것이므로, 이에 만족할 수 없었다. 따라서 그는 무조건 믿는 쪽을 택하면서 신학적 문제들로부터는 물러났으며, 이로써 대학시절에는 스콜라철학(Schola), 즉 신학으로부터 벗어났다. 이러한 전환은 그가 신학적 문제들을 경멸했기 때문이 아니라, 신학문제들이란 합리주의적으로 해결될 수 없는 것이기도 하려니와, 그것들에 대한 관습적인 해결노력에도 만족할 수 없었기 때문이었다.[10]

그런가 하면 랑케는 당시 라이프치히 대학의 문헌학자들이었던 헤르

---

9 랑케, 〈자서전〉, 《강대세력들·정치대담·자서전》, 이상신 역, 211-212쪽.
10 위의 책, 212쪽.

만(Gottfried Hermann)과 베크(Christian Daniel Beck)에게서 문헌학을 배웠다. 전자는 언어학(Sprachphilologie)에서 원전비판(Textkritik)과 문법(Grammatik)의, 후자는 문헌학(Realphilologie)에서 역사학적·고문서학적 연구의 대표적인 전문가들이었다. 랑케는 특히 헤르만의 강의를 열심히 들으면서, 이미 포르타 학교에서 그러했듯이, 고전작가들과 구약성서의 시편들(詩篇, Psalmen)을 번역해 보기도 했다. 그는 이 시편들 속에서 "개인적 양식의 종교적 감정"이나 "객관적 종교"만을 엿보는 데 만족하지 않았고, 그것들 속에서 "고대의 주목할 만한 잔존물들"을 보았다. 즉 그는 시편들을 역사적 자료로서 읽었던 것이다.[11] 그 자신의 표현에 따르면, "나는 모든 시를 열왕기(列王記)의 개별 순간들과 연관시킬 수 있다고 생각했다"[12] 는 것이다. 이와 같이 그는 신약성서, 구약성서의 시편(詩篇)과 역사서들(die historischen Bücher)을 탐독했으며, 고대의 역사작품들에도 관심을 갖고서 《신통기(神統記, Theogonia)》의 헤시오도스(Hesiodos)를 비롯한 그리스의 산문작가들(散文作家들, Logographer)과 특히 투키디데스를 통독했다.

랑케는 철학에도 관심을 갖고서 칸트의 《순수이성비판》을 읽었고, 특히 피히테(Fichte)의 《독일민족에게 고함》으로부터는 깊은 인상을 받았다. 그러나 그는, 신학공부에서 그러했던 것처럼, 철학적 체계 속으로도 깊이 들어가지는 않았다. 왜냐하면 철학이 그에게는 "인공적(人工的)인 건물"로 보였기 때문이다.[13]

대학시절에 랑케는 역사에 대해서도 항상 관심을 갖고 있었으며, 이에 대한 자극도 받았다. 그는 빌란트(Ernst Karl Wieland)에게서 역사강의를 들었지만, 그에게 만족할 수는 없었다. 왜냐하면 그가 매우 일방적인 학자로 보였기 때문이다. 그리하여 랑케는 이 교수에게서는 실러에게로 소급되는 바인, 보편사의 목적은 "오늘날의 세계상태에 관해 발생적으로 설

11 Carl Hinrichs, *Ranke und die Geschichtstheologie der Goethezeit*, Berlin, 1954, S. 103.

12 랑케, 〈자서전〉, 《강대세력들·정치대담·자서전》, 이상신 역, 212쪽; ebd., S. 104.

13 Vierhaus, a.a.O., S. 18.

명하는 것"이라는 명제만을 수용했다. 그런가 하면 그는 자기보다 나이가 많은, 전쟁에서 부상을 입고 돌아온 친숙한 동료학생인 슈텐젤(Gustav Adolf Stenzel)이 "카를(Karl) 대제로부터 합스부르크(Habsburg) 가문의 루돌프(Rudolf)에 이르기까지의 독일사를 원전으로부터 배우고 서술하겠다"는 야심찬 계획을 추진하고 있었던 데서 자극을 받았고, 그를 통해 독일사에 관심을 갖고서 중세 역사가들을 비교하면서 비판적으로 읽게 되었다.[14]

랑케의 역사학적 사고를 일찍부터 형성시켜 준 것은 무엇보다도 루터에 대한 그의 관심이었다. 종교개혁이 300주년을 맞이했었던 1817년에 그는 당시의 독일학생운동을 일찍이 루터가 이룩했었던 독일민족의 종교적·정신적 해방과 연관시키면서, 이 학생운동은 나폴레옹의 지배로부터 벗어난 독일민족의 통일에 대한 염원을 표현하는 것이라고 파악했다. 그리하여 그는 루터를 읽으면서 독일어에도 관심을 갖게 되었고, 그에 관한 대중적 서술들이 불충분하다고 생각하면서 그의 생애기를 그의 순수한 문헌들을 근거로 하여 서술해 보고자 시도했다.[15] 이러한 동기에서 나온 것이 그의 첫 번째 역사학적 습작이라고 볼 수 있는 〈루터에 관한 단상(斷想, Luther Fragment)〉(1817)이다. 이 연구에서 그는 이 개혁자에게서는 신학적 교리와 실제 생활이 일치하고 있었다는 것을, 그리고 종교개혁은 처음의 개혁자들의 의도와는 달리 독일 민족에게 하나의 정치적 방향을 확보해 주었다는 것을 인식했다. 여기에서는 그는, 루터의 행위는 종교개혁자의, 정신적 해방자의 내면적 본질이 발전한 결과이며, 그러한 개성의 출현에서는 신과 정신의 비밀이 나타난다고 사고하면서, 개성의 자유로운 행위와 개혁운동의 거역할 수 없는 힘을, 그리고 보다 더 높은 신의 비밀을 필연성으로 연관시켰다. 그리하여 이 글에서는 루터의 종교개혁 속에는 자유와 필연성이 결합되어 있는 것으로 파악되었다. 이로써 그는 자기 시대의 개혁운

14 Ernst Schulin, "Leopold von Ranke," in: *Europa-Historiker*, Bd. 1, hrsg. v. Heinz Duchhardt, Malgorazata Morawiec, Göttingen, 2006, S. 130.

15 랑케, 〈자서전〉, 《강대세력들·정치대담·자서전》, 이상신 역, 216쪽.

동과 반(反)개혁운동을 함께 주목하면서 민족적 관찰을 극복하는 보편주의적 관찰을 이미 보여 주었다. 역사학적 연습작품인 이 글에서는 신과 역사, 그리고 인간에 관한 그의 관념이 일찍이 표명되었다. 즐비크(Srbik)에 의하면, 랑케에게 역사는 신을 통해 의미를 얻으며, 크리스트(Christ)는 역사의 중심점이다. 그에게 신은, 헤겔에서와는 달리, 역사와 통일성을 이루고 있지는 않으며, 오히려 역사 위에 있는 최상의 힘이자, 역사 속에 있는 최고의 현실인가 하면, 인간은 루터에게서처럼 자체 내에 모순을 지니고 있는 분열적인 본질이며, 악마적인 힘들에 의해 필연적으로 추진되며, 그러면서도 신 앞에서 자유롭고 책임을 지는 존재이다. 이러한 그의 역사사상은 이미 실용주의적이고 체계화적인 계몽사상적 역사사고에 대립되는 것이기도 하다.[16]

대학 시절에 랑케는 한동안 낭만주의적 사고에 젖기도 했었다. 그는 예술들(die schönen Künste)에 대한 관심에서 중세독일의 건축물들과 회화들을 관찰하기 위해 마인(Main), 라인(Rhein) 및 남부독일 지역을 여행하면서 시(Poesie)와 문학 및 조형예술의 민족적 특성을 인식했다. 여기에서 그는, 독일은 자기 자신의 주인이 못되었으므로 외국세력들의 지배를 받았으며, 한 국가의 내적 독자성과 대외적 권력은 밀접하게 결합되어 있다는 점을 의식하게 되었고, "한 나라가 자신을 소유하지 못한다면, 그 나라는 점령될 것이다(Besitzt sich ein Land nicht selbst, so wird es besessen)"라는 견해를 세우게 되었다. 그러면서도 그는 자신에게 민족의식을 자극시켰던 피히테의 독일민족관념에 계속 머물러 있을 수는 없었다. 다름 아니라 그는 보편주의적이고자 하는 관심과 욕구에 가득 차 있었던 것이다.[17]

이상에서 보면 랑케는 대학시절에 고전어, 신학, 문헌학, 철학, 문학 및 예술, 역사 등 여러 분야들에 관심을 갖고서 많은 책들을 읽었고 여행도 하면서 지식과 견문을 쌓았다. 그러나 그는 후일에 자신이 당시에는 너무 많

16 Srbik, a.a.o., S. 240.

17 Ebd., S. 241.

은 것들에 대해 관심을 가졌던 관계로 혼란을 느끼고 있었으며, 어느 것에서도 전체적으로 일관성을 세워 보지는 못했다고 술회했다. 더욱이 역사에 대해서는 그는 생소함을 느꼈고, 두려움마저 갖고 있었으므로 역사연구에로의 방향을 대학시절에는 명확하게 세우지 못하고 있었다. 그러나 그가 고전언어들을 충실하게 습득했었고, 고대 역사가들을 탐독했던 것은 후일에 사료비판에 철저한 역사가로 될 수 있었던 기반이 되었다. 바로 그러한 소양을 근거로 그는 니부어(Niebuhr)의 《로마사》를 읽고서, 니부어가 로마의 역사를 독일어로 저술한 첫 번째 역사가라는 인상을 받았으며, 근세에서도 역시 고대에 관한 역사가들이 나올 수 있다는 확신을 갖게 되었다.[18] 그는 니부어가 자신의 역사공부에 가장 거대한 영향을 주었다고 고백했듯이, 탁월한 역사가에 대한 그의 그러한 관심과 경탄은 그가 자신이 장차 역사가로 되도록 했던 자극과 동기의 하나로 되었던 것이다.

랑케는 대학시절에는 더 이상 저 돈도르프와 포르타 학교 시절에서처럼 격동하는 시대의 물결로부터 격리된 채 살아갈 수는 없었다. 환경적으로나 연령적으로, 무엇보다 정치적 의식에 있어서 그러했다. 그는 특히 벨레-알리앙스(Belle-Alliance)전투[19]에 대해 관심을 가졌고, 나폴레옹이 몰락하기 직전의 여러 사건들로부터는, 그것들이 "정신을 지체시키는 데보다는 완성시키는 데, 정신에게 공적 생활로 향하는 하나의 방향을 제공하는 데 기여한다"는 점을 깨달았다.[20] 그러면서도 그는 현실문제에 직접 참여하지는 않았고 거리를 두었다. 즉 그는 당시 대학생들의 관심사였던 독일대학생연맹(Burschenschaft)[21]에도, 또한 아우 하인리히(Heinrich)가 열렬하게

---

18 랑케, 〈자서전〉, 《강대세력들·정치대담·자서전》, 이상신 역, 215쪽, 267쪽.

19 벨레-알리앙스(Belle-Alliance)는 벨기에 브뤼셀(Brüssel)의 남쪽에 위치한 워털루(Waterloo)의 한 숙박지로서, 이곳에서 1815년 6월 18일에 영국과 프로이센의 연합군이 나폴레옹 군대와 최후의 전투를 치렀고, 이 전투의 패배로 나폴레옹은 몰락하게 되었다. 영국군 사령관 웰링턴(Wellington)은 이 전투를 "워털루 전투"로, 프로이센 군사령관 블뤼허(Blücher)는 "벨레-알리앙스" 전투로 명명했었다.

20 랑케, 〈자서전〉, 《강대세력들·정치대담·자서전》, 이상신 역, 245쪽.

21 이 조직은 1815년 6월에 예나(Jena)대학의 신학생 하우프트(J. L. Haupt)의 주도 아

가담했던 얀(Jahn)의 체조협회(Turner)[22]에도 참여하지 않았다. 그는 해방전쟁에 참전했던 사람들로부터 자신의 젊은 영혼을 애국적인 열망으로써 채울 수 있는 이야기들을 들으면서도, 그러한 감정들은 "중심으로부터 벗어나는 열망"에 빠질 수 있다고 우려하기도 했다.[23] 요컨대 그는 자기 시대의 사건들을 빠짐없이 관찰하고 소화하면서도, 어느 한쪽의 당파에 치우치지 않는 태도를 일찍부터 세우고 있었던 것이다. 말하자면 그는 자기 시대의 격앙된 분위기로부터 거리를 유지하면서 관망하고 사색하는 자세였다.

랑케는 1818년 봄에 투키디데스에 관한 문헌학적 논문을 제출하여 박사학위를 받고서 라이프치히 대학을 졸업했다.[24] 졸업 후 그는 가을 학기부터 프랑크푸르트(Frankfurt an der Oder)에 있는 김나지움의 공로교사(정교사, Oberlehrer)로 부임했다. 그는 공적 직업으로서의 교사생활을 일찍이 시작한 셈이었다. 그가 1694년에 설립된 이래로 오랫동안 명성을 유지해 왔던 이 학교에 부임하게 되었던 것은 라이프치히 대학에서 베크(Ch. D. Beck) 교수의 문헌학 세미나에 함께 참여했던 포포(Ernst Popo)가 24세의 젊은 청년으로서 이 학교의 교장으로 임명된 후에 랑케에게 함께 일할 것을 권고

래 향우회 조직으로서 결성된 후, 전체 독일로 확산되어 독일민족통일운동을 전개시켜 나갔던 독일 대학생연맹체였다. 랑케, 《강대세력들·정치대담·자서전》, 이상신 역, 주 128 참조.

22 얀(Friedrich Ludwig Jahn, 1778-1852)은 할레(Halle) 대학과 괴팅겐(Göttingen) 대학에서 신학과 철학을 공부하고 김나지움의 교사로 되었다가, 당시의 유럽 정치에서 보여준 독일 국가들의, 특히 프로이센의 무력함과 우유부단한 태도에 실망하고서 독일 민족의 육체적, 도덕적 힘을 발현시킴으로써 독일의 민족정신을 재생시켜야 한다는 사업을 평생의 과제로 세웠다. 그는 그 수단을 체조운동에서 찾았고, 1811년부터 여러 지역에 체련장을 세웠다. 청소년들로부터 선풍적인 인기를 끌었던 그는 예나(Jena)의 대학생 연맹운동을 출범시키는 데 관여했다는 의혹을 받게 되어, 그가 세운 체련장들은 당국에 의해 폐쇄되었으며, 그 자신도 1819년 7월에 체포되어 2년 형의 선고를 받았다. 그는 석방된 후 김나지움 및 대학 소재지에서는 살 수 없는 주거제한의 조치를 받기도 했었으나, 1848년의 국민회의(Nationalversammlung) 의원으로 선출되었다.

23 랑케, 〈자서전〉, 《강대세력들·정치대담·자서전》, 이상신 역, 246쪽.

24 랑케의 박사학위 논문은 현재 전해지지 않고 있다.

했기 때문이었다. 랑케는 프랑크푸르트의 이 학교에서 교사직을 갖게 된 것을 명예로운 일로 생각했다. 다름 아니라 그는 대학시절에, 자신의 고향 지역이었던 작센이 1815년의 빈(Wien)회의의 결정에 따라 프로이센 국가로 편입되었고, 자신도 프로이센 국민이 되었던 사실을 하나의 거대한 순간으로서 경험한 바 있었다.[25] 그리고 작센이 이제는 여러 가지 면으로 왜소해져 버렸고, 직업을 위한 유리한 전망도 제공하지 못하고 있던 터에, 프로이센의 중요한 한 도시에서 교사생활을 시작하게 되었다는 사실에 상당히 고무되었던 것이다. 더욱이 그는 당시 프로이센의 개혁적인 교육체제에 매력을 느끼고 있었다. 그리하여 그는 부임 후 역사수업에서는 자신에게 프로이센에 대해 호감을 갖게 했던 훔볼트(A. v. Humboldt)의 교육개혁사상을 열렬히 대변하기도 했다.[26]

프로이센은 당시 독일의 다른 국가들보다 먼저 개혁을 착수한 바 있고, 또한 해방전쟁에서는 주도적이었으며, 독일의 정신적, 정치적 운동의 중심으로 되어 있었다. 따라서 독일의 애국자들은 이 국가에 희망을 걸고 있었다. 이러한 희망은 그 후 반동물결이 거세짐으로써 개혁파와 보수파의 대립 속에 회의에 부쳐졌지만, 랑케가 이곳에 왔을 때는 아직 그렇게 되기 전이었고, 많은 독일인들은 독일 전체가 한 명의 국왕 아래 개별 영방국가들과 자유도시들의 대표들로 구성되는 의회를 갖게 될 것이라고 믿고 있었다. 바로 그러한 상황 속에서 랑케는 이전에는 알지 못했던 "국가적인 것"에 대한 감정을 이곳 프랑크푸르트에서 느끼면서 그러한 분위기를 환영했다.[27]

---

25 작센(Sachsen)은 대프랑스 연합국 동맹에 가입하여 전쟁에 참여했으나, 1806년의 예나(Jena)전투에서 패배한 후, 나폴레옹이 조직한 "라인연방(Rheinbund)"에 편입되어 프랑스의 위성국가로 되었고, 동시에 바이에른(Bayern) 및 비텐베르크(Wittenberg)와 함께 王의 칭호를 갖게 되었으며, 해방전쟁에서도 나폴레옹 편에 가담해 있었다. 그러므로 나폴레옹이 몰락한 후 1815년의 빈 회의에서는 프로이센이 작센을 합병하고자 했다. 그러나 프로이센의 강대국화를 두려워했던 오스트리아의 반대 때문에 프로이센은 작센의 북부지역만을 병합했다.

26 Ulich Muhlack, "Leopold von Ranke," in: *Klassiker der Geschichtswissenschaft*, Bd. 1, hrsg. v. Lutz Raphael, München, 2006, S. 3.

프랑크푸르트는 중세에는 원거리 교역을 주도했었고, 14세기 초에 결성되었던 한자동맹(Hansa Bund)시대 때부터는 더욱 발달했던 도시로, 그 시대의 시장광장과 교회들 및 옛 대학의 도서관을 여전히 보존하고 있는 유서깊은 도시였다. 랑케가 왔을때 이곳은 농민들과 중계상인들의 도시였고, 중상주의적이었으며, 산업은 아직 발달하지 못한 상태였다. 이곳에는 16세기에 설립되었던 대학이 있었으나, 1811년에 브레슬라우(Breslau)로 옮겨 갔고, 그 대신에 프로이센의 행정관청들이 들어섰으며, 또한 강력한 수비대가 주둔하고 있었다. 그러므로 그는 이곳에서 처음으로 프로이센국가의 가장 중요한 두 개의 근본 틀인 행정과 군대라는 조직을 처음으로 만났던 것이다. 실제로 그가 이곳의 새로운 생활에서 재정적으로 처음으로 독립하여 안정된 조건 속에서 사회적으로도 새로운 교유관계를 갖게 되었을 때, 그는 지방귀족들이나 도시 부유층이 아니라 고위관료층 및 군인들과 교류하는 형식으로 상류사회권에 처음으로 진입하게 되었던 것이다. 그는 이들과의 접촉에서 직업적, 교양적, 정신적인 면에서뿐만 아니라 종교적 입장에서도 일치했다. 바로 이러한 통로를 통해서 그는 18세기 말과 19세기 초의 프로이센을 정신적, 현실적으로 운반해 왔던 특징적이고도 중요한 두 집단들의 구성원들과 접촉하게 되었던 것이다. 그에게는 이들 고위관료층과 군인들이 사회질서의 대변자들이고 국가의 본래의 운반자들이었다. 이러한 그의 인식은 이곳 프로이센의 한 도시에서의 생활을 통해 더욱 심화되었다.[28]

랑케의 생애에서 특히 의미 있는 시점으로서 그가 역사에 비로소 눈을 떴고, 일반적인 역사공부를 문헌학적 연구와 연결시키면서 시작했던 것은, 자신이 술회한 바대로, 바로 이곳 교사 시절에서였다.[29] 그는 대학시절에 여러 분야들에 관심을 갖고서 많은 책들을 읽으면서 항상 문헌학과 신

27 Vierhaus, a.a.O., S. 20.

28 Ebd., S. 21-22.

29 랑케, 〈자서전〉, 《강대세력들 · 정치대담 · 자서전》, 이상신 역, 217쪽.

학에 가장 큰 관심을 두고 있었으며 역사에 대해서도 관심을 갖고 있었으나, 본격적으로 접근하지는 않았다. 그러나 그가 당시에 가장 많이, 깊이 몰두했던 문헌학적 연구는 고대의 저자들, 사상가들, 역사가들의 원전들을 대상으로 삼았으므로, 이미 그는 역사연구에 필요한 지식과 조건들을 상당히 갖추고 있었던 터에, 이제 시작한 교사 생활은 그가 역사연구의 길로 나아가는 계기가 되었다. 다름 아니라 이곳 김나지움에서 그는 처음에는 그리스어, 라틴어, 독일어 수업을 담당했고, 3개의 최고급 학급들에서는 역사과목으로서 그리스사, 로마사, 중세사, 근세사를 가르치게 되었던 것이다. 그는 이때부터 고대 역사가들을 "방법론적으로" 철저하게 읽기 시작했다. 즉 그는 그리스 및 로마의 역사가들을 문헌학적 연구를 통해 체계적으로 파악하면서 정리해 나갔던 것이다. 그는 수업에 필요한 자료들을 철저하게 조사하는 작업이 매우 유익하다는 점을 느꼈고, 이에 만족하면서 호메로스, 호라티우스, 베르길리우스를 취급했으며, 아울러 고전어 문법에 관한 설명을 수업에서 빠뜨리지 않았다. 그는 그들의 송시들(頌詩, Oden)에는 언어와 사상이 결합되어 있다는 것을 인식했다. 왜냐하면 그에게 모든 단어와 시는 그 자체가 하나의 전체로서 이해되었기 때문이다. 그에게는 베르길리우스의《아이네이스(Aeneide)》가 특히 그러했으므로, 그는 이 시에 보편사적 의미를 부여했으며, 학생들이 이 시를 전체적으로 읽도록까지 했다.[30]

그는 1학년 학생들에게 고대 문학사를 가르치는 수업을 맡게 되면서 문헌학적 공부를 많이 하지 않을 수 없었다. 다름 아니라 그는 이 과목을 위해 고대 역사가들을 체계적으로 파악하고자 투키디데스를 철저하게 읽고 난 후에, 헤로도토스를 읽으면서 전설적인 것과 역사적인 것이 연결되어 있다는 것을 새롭게 인식했는가 하면, 고대 저술가들에 관한 기존의 대부분의 저술들이 역사와 신화를 혼돈하거나, 과도하게 혼합시켰다는 것

30 위의 책, 228쪽.

을 발견했기 때문이다. 아울러 그는 과거 역사 그 자체를 연구하는 과정에서 후세의 역사서술들이 모든 것을 설명하고 이해할 수 있게 하는 중심점으로부터 엄청나게 벗어나 버렸다는 것을 발견하게 되었다.[31] 그리하여 그 자신은 본래의 역사적인 것들을, 거대한 사건들 자체를 이해하고자 노력했고, 이에 문헌학적 연구에 충실하게 되었으며, 여기에서 그는 더욱더 본격적인 역사연구로 나아가게 되었다. 이러한 전환이 그에게서는 "무한히 쉽게", 말하자면 당연하고도 자연스럽게 이루어졌다. 왜냐하면 그 자신의 표현에 따르자면, "문헌학적 연구는 그 자체에 역사학적 연구를 포함하고 있는 것"이기 때문이다.[32]

랑케는 이러한 과정을 거쳐 리비우스(Livius)에게로 나아갔으며, 이 로마 역사가의 역사저술에서는 진실과 시의 혼합이 거대한 역사적 내용을 전제하고 있다는 점을 발견하고 경탄했다.[33] 다음으로 그는 살루스투스(Sallustus)와 카이사르(Cäsar)에도 몰두했다. 전자의 저술들에서는 그는 로마 역사서술에서 후일에 우세해졌던 도덕적 역사서술의 첫 모습을 발견했다.[34] 그런가 하면 후자의 작품, 즉《갈리아 전쟁기》에서는 그는 카이사르가 당시 로마의 국내 상태들에 관해서는 고려하지 않은 채, 대외 전쟁들에 관해서만 서술했던 점에 주목하면서, 그것은 카이사르가, 비록 로마가 다른 민족들과의 충돌에서 항상 승리하지는 못했지만, 자신이 갈리아를 정복함으로써 서로마 제국을 세우게 되었다는 사실을 무엇보다도 중요한 세

31 위의 책, 234쪽.

32 위의 책, 231쪽.

33 위의 책, 234쪽

34 위의 책, 237쪽. 살루스투스(ca. 34 B.C.)는 카이사르의 이상을 지지했던 정치가였으나, 그가 피살된 후 정치로부터 은퇴하여《카탈리나의 전기》,《로마사》,《유그르트 전쟁》 등의 역사서술에 몰두했다. 그는 역사적 인물들과 사건들에 생생한 모습을 부여할 줄 알았던 예술적인 서술가였으며, 그러한 만큼 당시의 수사학적인 서술 경향을 극복하지 못했고, 근본적인 것을 파악할 줄은 몰랐다. 그런가 하면 그는 자신의 정치적 견해에서 공화정 말기의 부패와 정치적 악덕을 비판적으로 서술함으로써, 그의 작품들에는 로마의 미래에 대한 비관주의적 견해가 표현되었다.

계사적인 사건으로 이해했기 때문이었다고 파악했다. 그는 카이사르가 자신이 잘 알고 있는 사실들에 "예리하게 국한하여 정확하고 명쾌한 언어로 묘사함으로써 자신의 작품에 고유한 성격과 가치를 부여했다"고 보면서, 당시 갈리아 지방의 켈트(Kelt)족과 게르만족의 국가체제에 관한 카이사르의 묘사들은 모든 시기들에 관한 문헌들 중에서 가장 중요한 것들에 속하며, 결국 이 작품은 로마의 세계정복과 제국의 창건에 관해서는 실로 상징적인 문헌이라고 평가했다.[35]

랑케는 다음으로 타키투스(Tacitus)를 읽었으며, 이 역사가가 로마에 제정(帝政)이 성립된 후로 전개되었던 상황을 서술하면서, 제국건설의 승리자를 예찬하지는 않고, 오히려 그를 대내외적으로 반대했었다는 점을 주목했다. 또한 그는 타키투스가 게르만인들을 인종학적으로 설명했던 카이사르를 넘어서서 그들의 풍습에 관해서도 묘사했으며, 로마를 도덕적 관점에서 비관적으로 서술했던 살루스투스보다 더 비판적이었다는 것을 발견했다. 결국 그는 타키투스가 로마의 어느 곳에서도 더 이상 발견되지 못했던 도덕적 이상이 오히려 야만족이었던 게르만인들에게서는 완벽했었다는 사실을 제시하면서 미래를 지향했던 한 사람의 예언자의 모습을 보여주었다고 평가했다. 그는 《아그리콜라(Agricola)》는 그러한 정신에서 서술되었으며, 그것은 구(舊)공화제적 정신에서 나온 항변으로서, 그 정신이 여전히 살아있었다는 사실을 보여 주었다고 해석하면서, 타키투스야말로 당시까지의 모든 역사가들 중에서 "가장 구체적이며 획기적이었다"고 평가했다. 그에게 타키투스는 그 후의 어떤 시대도 그와 대등한 인물을 낳을 수 없는 존재였다. "사건들은 세계 속에서 단 한 번 자신들의 실존을 완전하게 표현한다. 그러므로 사건들은 또한 시대들의 행운이 그것을 원할 때, 단 한번 서술될 수 있을 것이다."[36] 랑케에게 타키투스는 바로 그러한 서술을 할 수 있었던 역사가였다.

35 위의 책, 239쪽.

36 위의 책, 240-241쪽.

랑케는 이와 같이, 그 자신의 술회대로, 교사시절에 비로소 역사연구를 본격적으로 시작했다. 그는 그리스 및 로마의 역사가들을 읽고 난 후에 중세 시대로 넘어가서 라틴어의 도움으로 라틴 역사가들의 작품들을 읽었으며, 이를 통해 독일 황제체제를 알게 되었다. 그다음으로 그의 관심은 15·16세기의 시대로 나아갔으며, 여기에서 그는 자신의 첫 역사작품을 서술하기 위한 관점을 세웠다. 그때 그는 25세였으며, 바로 그 첫 작품이 그가 29세에 발표한《라틴 및 게르만 민족들의 역사》(1824)였다. 그는 자신의 역사수업들에서 독일사에 치우치지 않고 유럽의 다른 민족들의 역사들도 배려해 왔듯이, 이 작품에서는 유럽을 여러 민족들이 다함께 속해 있는 자유로운 하나의 공동체로 파악했다. 이 저술을 통해 그는 역사학계에 등장하여 학문적 인정을 받고서, 1825년 봄에는 베를린 대학으로부터 부름(Ruf)을 받았으며, 6년간의 교사생활을 뒤로 하고, 베를린 대학의 비정규교수로 부임했다. 이때 프로이센의 교육부는 베를린 대학 역사학부의 의견을 알아보지도 않고 그를 임명했다. 이것은 교육부가 그의 첫 작품에 나타난 그의 복고적, 반(反)자유주의적 성향에 관심을 가졌기 때문이었다고 해석되고 있다.[37]

랑케는 베를린 대학에서 첫 2년 동안은 "일반 세계사"와 같은 폭넓은 강의를 했다. 그는 서유럽의 역사를 문학사 및 교회사와의 관계 속에서 강의했으며, 1827년에는 18세기의 문학사를 강의하기도 했다. 이 시기에 그는 베를린 도서관에서 각국 대사들의 보고서들, 특히 베네치아 관련 기록들을 발견하고서 사료연구 작업을 시작했다. 이때 그는 근세사 연구로 나아갔으며, 당시까지 분석되지 않았던 16·17세기에 관한 자료들을 연구했고, 그 결과로서《16·17세기 남부유럽의 군주들과 민족들》(1827)을 발표했다. 곧이어 그는 교육부에 연구여행을 신청하여, 인가와 후원을 받으면서 4년 동안(1827-31) 빈(Wien), 베네치아, 피렌체, 로마로 문헌조사 여행을 했다. 빈에는 그의 이탈리아 연구에 필요했던 베네치아 관련 문서들의

37 Schulin, a.a.O., S. 134.

대부분이 있었으므로, 이곳에서 그는 극우파 지도자들 중의 한 사람인 겐츠(Friedrich Gentz)의 도움으로 해당 문헌들을 조사할 수 있었다. 빈에 1년 동안 체류한 뒤 그는 1829년에 베네치아와 피렌체 및 로마를 차례로 방문했다가, 다시금 베네치아를 찾았으며, 이 기간에 슬라브 민족과 동방문제에 관해서도 조사한 바들을 근거로 하여《세르비아 혁명》(1829)을 발표했다. 그는 후일에, 1830년 후반부터 1831년 후반까지의 베네치아 체류 시절이 자기 생애에서 "가장 많이 배우면서 수확을 거두었던 시기"였다고 회상했다.[38] 그는 연구여행 도중에 1830년의 7월 혁명을 아페닌(Appenin) 산맥의 언덕에서 신문을 통해 알았다. 이때 그는, 왕정복고체제가 성공적으로 지속될 것이라고 전망하던 일반인들의 생각과는 달리, 두 개의 대립세력들이, 즉 군주제 원리와 혁명원리가 다시 한번 더 투쟁하게 될 것이며, 그것은 이전의 방식으로가 아니라 각 국가들에서 국내 운동을 통해 전개될 것이라고 전망했다.[39] 실제로 그 후의 유럽 역사는 그가 전망했던 대로 그렇게 전개되었다.

랑케는 1831년 3월에 4년 동안의 문헌조사 여행을 마치고 베를린으로 돌아왔다. 이때 그는 바로 저 두 원리들이 대립 투쟁하는 현실을 목격했고, 어떤 누구도 이 거대한 투쟁으로부터 벗어날 수 없으며, 당파적으로 될 수밖에 없을 것이라고 생각했다.[40] 실제로 그는《역사·정치 잡지(Historische-politische Zeitschrift)》의 편집을 맡음으로써 그 자신도 그 투쟁의 한 가운데로 들어서게 되었다. 이 잡지는 당시 유럽의 여러 국가들에서 1830년 7월 혁명의 영향으로 의회제도의 도입을 주장하는 개혁 세력과 군주제 원리를 고수하는 보수 세력 사이에 대립이 극심해지고 있던 상황 속에서 프로이센의 외무장관 베른슈토르프(Bernstorff)가 보수적이면서도 개혁적인 프로이센 정부의 정책을 교양계층에게 설명하기 위한 의도로 기획했었고, 출

38 랑케, 〈자서전〉,《강대세력들·정치대담·자서전》, 이상신 역, 277쪽.

39 위의 책, 251쪽.

40 위의 책, 251쪽.

판인 페르테스(Perthes)와 함께 랑케에게 편집을 부탁하고 후원함으로써, 1832년부터 발간되기 시작했다. 랑케 자신은 이 잡지에서 혁명도, 반동도 다 함께 거부하면서, 두 방향 사이의 "제3의 방향"을 표명해 보고자 시도했다.[41] 그러나 이 잡지는 양측으로부터 다 함께 환영을 받지 못했고, 성공적이지 못했다. 랑케 역시 자신의 특별한 정치적 문필활동이 자신의 직업에 맞지 않는다는 사실을 깨닫고서 1836년에는 잡지의 발간을 중단했다. 이 활동은 학자로서의 랑케에게는 외도(外道)였으며, 더욱이 그 목표가 성공적이지 못했으므로, 그에게는 상당한 불명예를 안겨다 주기도 했다.

랑케는 1836년에 베를린 대학의 강단으로 복귀했다. 그는 이미 1834년에 정교수직에 임명되었고, 그때에도 프로이센 교육부는 베를린 대학의 역사학부와 논의하지 않은 채, 예산을 지원함으로써 그를 승격시켰다. 대학으로 돌아오면서 그는 1834년에 하지 못했던 교수취임 강의를 "역사서술과 정치의 유사성과 차이점에 관하여(Über die Verwandschft und den Unterschied der Historie und der Politik)"(1836)라는 제목으로 행했다. 여기에서는 그는 역사서술과 정치와의 관계에서 역사서술은 정치에 의해 질식될 수 있다는 견해를 표명했다. 그리고 그는 강의와 저술에 매진했다. 그는 비정규교수 시절에는 유럽사를 문학사와 교회사와의 관계 속에서, 또는 문학사만을 강의하기도 했으나, 이제는 교회사 관계들을 이전보다, 또한 다른 역사가들보다 더 많이 강조하면서 취급했다. 이것은 그가 문헌연구 여행과《역사·정치 잡지》의 편집 활동 기간에, 근세국가들은 중세의 교회적 통일체가 해체됨으로써 형성되었고, 각 민족국가들의 발전은 종교로부터 독립하면서 진행되었다고 파악했기 때문이었다. 그리하여 그는 근세국가들을 개별적으로 취급하기 전에 16·17세기의 교회사 관계를 먼저 연구했고, 그 성과물로서 자신의 대표작품들인《16·17세기의 로마 교황들, 그들의 교회와 국가》(3Bde., 1834-36)와,《종교개혁시대의 독일사》

41 위의 책, 251 쪽.

(6Bde., 1839-47)를 발표했다. 그러고 나서 그는 근세 개별국가들에 관한 역사작품들로서《9권의 프로이센 역사》(1847-48),《16·17세기의 프랑스사》(5Bde., 1852-61),《16·17세기의 영국사》(7Bde., 1859-68)를 저술함으로써 독일의 통일사업이 성취될 때까지의 유럽 강대국가들의 근세사 저술작업을 완성시켰다. 이 방대한 작품들은 그가《역사·정치 잡지》에 기고했던 "보석같은 글"인 〈강대세력들〉을 기초로 하여 저술된 것이지만, 그때 지목되었던 러시아와 오스트리아의 역사는 저술되지 못했다.

랑케의 교수생활 기간에는 그와 프로이센 궁정 사이에 항상 긴밀한 관계가 유지되고 있었다. 베를린 대학으로의 초빙, 문헌연구여행의 후원,《역사·정치 잡지》의 편집활동, 비정규교수직에서 정교수직으로의 승격에서 항상 그러했다. 그는 빌헬름 4세(F. Wilhelm IV)가 국왕이 된 후 신분제 개혁을 위한 국왕의 기획에 조언하는 자문역할을 간접적으로 권고받은 바 있었으나, 그는 자신이 마침 독일의 종교개혁사 저술에 몰두하고 있거니와, 프로이센의 각 지방에 관해 정확한 지식도 갖고 있지 못하다는 이유로 사양한 바 있었다. 그럼에도 그는 독실한 프로테스탄트로서 독일민족사의 발전을 서술하는《종교개혁시대의 독일사》의 처음 몇 권을 발표했을 때인 1841년에는 빌헬름 4세에 의해 프로이센의 사관(史官)으로 임명되었다. 이때부터 그와 궁정과의 공식적인 관계가 시작되었으며, 특히 1848년 2월 혁명 후로는 그는 빈번히 국왕의 자문역할을 했었다. 왜냐하면 1848년의 2월 혁명은 1830년의 7월 혁명보다 더 큰 변혁운동을 야기시키고 있었고, 국왕은 군주제 원리를 유지하기 위한 개혁을 서둘러야 하는 상황이었으며, 마침 나폴레옹 3세의 등장을 자기에게 예고해 주었던 랑케에 대해서 더욱더 신뢰를 보내고 있었기 때문이었다.

랑케는 이 시기에 또한 바이에른(Bayern)의 국왕 막시밀리안 2세(Maximillian II)와도 친밀한 관계를 갖고 있었다. 20여 년 전, 왕세자 시절에 베를린 대학에서 랑케의 강의를 들은 바 있었던 이 국왕은 1853년에 옛 스승을 뮌헨 대학의 교수로 초빙하고자 했으나, 랑케는 이 제안을 프로이센 국왕 빌헬름 4세와의 의리 때문에 사양한 바 있었다. 그 대신에 그는 이듬해인 1854년의 가을에는 막시밀리안 2세의 초대로 뮌헨의 베르흐테스가덴(Berchtesgaden)에서 "근세사의 여러 시기들에 관하여" 3주 동안 19회에 걸쳐 강의했다. 또한 그는 이를 계기로 1858년에는 "뮌헨 아카데미"의 "역사위원회"의 종신의장으로 임명되어 독일제국, 도시, 학문 등에 관한 문헌들을 수집 및 편찬하는 작업을 주도하면서 조직가로서의 역량도 발휘했다. 그는 1865년에는 빌헬름 4세의 동생으로서 프로이센의 새로운 국왕으로 되었던 빌헬름 1세(F. Wilhelm I)에 의해 귀족으로 서품(敍品)되었다. 이와 같이 그는 통일을 앞두고 있었던 가장 중요한 시기에 독일의 가장 중요한 두 국왕들과 정치적, 학문적, 개인적으로 친밀한 관계를 유지하고 있었다.

이러한 점에서는 그는 역시 군주제적 원리에, 그리고 프로이센 국가에 깊은 애착과 충성심을 갖고 있었다고 볼 수 있겠다. 그렇다고 그가 군주제적 원리를 일방적으로 옹호하는 보수주의자로 간주될 수는 없겠다. 물론 그는 혁명원리의 국민주권론에 대해서는 거부적이었지만, 그가 1832년에《역사·정치 잡지》의 편집을 수락할 때에는 급진적 개혁도, 극단적 보수도 멀리했으며, 항상 두 원리들의 화해와 조화를 강조하면서 제3의 방향을 모색했으며, 이것을 가능한 것으로 생각했던 점에서 그는 중도적 보수주의자이자 낙관적 이상주의자였다고 볼 수 있겠다. 그는 궁정들과 긴밀한 관계를 유지하면서도 결코 자신의 저술 작업을 소홀히 하지는 않았고, 그 사이에 프로이센 주도하의 독일통일운동과 독일민족사에 관심을 쏟으면서《발렌슈타인의 전기(Geschichte Wallenstein)》(1869),《독일세력들과 군주동맹(Die deutschen Mächte und der Fürstenbund)》(1871-72),《하르덴베르크의 회고록(Denkwürdigkeiten Hardenbergs)》(1877-78)을 저술했다.

랑케는 1871년에, 독일민족의 통일이 이룩되었을 때, 76세의 나이로 베를린 대학에서 은퇴했다. 그는 은퇴 후 1877년에《세계사(Weltgeschichte)》를 서술하기로 결심했다. 그는 이 결심을 곧바로 실행하지 못하다가 1881년에, 즉 85세 때부터 착수했다. 그는 이 작업에 몰두하여 고대에서부터 십자군 원정의 시작까지를 6권으로 저술한 후 1886년 5월에 91세의 나이로 생(生)을 마쳤으며, 그의 사후에 도페(Alfred Dove)가 그의 강의노트들을 근거로 하여 제7권을 출판했다. 랑케는 결국 세계사의 서술을 완성하지는 못했다. 그는 첫 작품을 저술했던 1824년 이래로 생을 마칠 때까지 62년 동안 엄청난 정력으로 54권의 작품을 저술했다. 그의 저작들은 그의 생전에, 즉 1867년부터 총서로 발간되기 시작했으며, 그의 사후 1890년에는《세계사》를 제외하고 54권이 나왔다. 1926년에는 독일 아카데미가 그의 총서발간을 착수했으나 시대 상황 때문에 중단했다가 1945년부터 다시 계속했다.

랑케는 독일 민족의 통일과업이 기획되었고 성취되었던 격동의 시기를 살았다. 빌헬름 2세(F. Wilhelm II)가 1792년에 기획했었다가 1795년에 중단되었던 그 과업은 그의 아들인 빌헬름 3세(F. Wilhelm III), 그리고 손자인 빌헬름 4세(F. Wilhelm IV)를 거쳐, 그다음으로 동생으로서 형의 뒤를 이어 프로이센의 국왕이 되었던, 즉 빌헬름 2세의 또 다른 손자인 빌헬름 1세(F. Wilhelm I)에 의해 1871년에 달성되었다. 이 시기에는 군주제적 보수이념과 국민주권론의 의회제적 개혁이념이 대립투쟁하는 가운데 사회주의적 대중운동이 또한 전개되고 있었다. 랑케는 사회문제에 대해서는 결코 무관심하지는 않았으나 비교적 소홀했으며, 당대 역사를 항상 보수이념과 개혁이념에 대한 관심 속에서 관조했고, 그 자신은 비록 군주제적, 보수적이었으나 항상 양자 간의 중재와 조화를 모색했으며, 역사서술에서는 객관적이고자 했다. 그는 통일과업이 성취된 후, 또한 자신도 대학에서 은퇴한 후인 1875년에, 지난 시기의 순간들이 거대했었지만, 자신의 생이 그것들에 의해 지배되어 오지는 않았다고 술회했다. 그는 "나의 생은 나 자신의 고유한 내면적인, 모든 사건들로부터 독립적인 활동을 갖고 있었고, 나의 고유한 목표를 추구해 왔다"[42]고 회고했다.

랑케는 생애 기간에 54년 동안 프로이센 아카데미 회원을 지냈으며, 자

42 랑케, 〈자서전〉,《강대세력들·정치대담·자서전》, 이상신 역, 260쪽.

신의 학문적 업적을 통해 교수로서 가능할 수 있었던 최고의 명예를 누렸다. 그러나 은퇴 후로 그는《세계사》서술에 몰두했지만, 가정적으로는 고독했었다. 그의 부인 클라리사 그레이세스(Helena Clarissa Graces)는 그가 영국사 서술을 위한 자료수집차 더블린(Dublin)에 체류했을 때, 그에게 영어 수업을 할당해 주었던 교수의 딸로서, 1843년에 48세였던 그와 결혼하여 3남 1녀의 자녀들을 두었다가, 그가 은퇴하던 해에 먼저 세상을 떠났다. 그리고 평생의 친구들이기도 했던 동생들인 하인리히(Heinrich), 페르디난트(Ferdinand)와 에른스트(Ernst)가 또한 먼저 세상을 떠났으며, 자식들은 모두 독립했으므로, 그는 오랫동안 매우 고독하게 지냈다. 그의 90회 생일은 품위있게 치러졌으나, 다음 해인 1886년 5월에 그는 사망했다.

랑케는 문헌학적 · 비판적 연구방법을 근세사 연구에 활용하면서 16 · 17세기의 유럽 강대국가들의 역사뿐만 아니라 18 · 19세기의 역사에 관해서도 방대한 역사학적 성과를 이룩했다. 그는, 역사서술은 문헌을 근거로 해야만 하며 객관적이어야 한다는 원칙과 함께, 모든 역사적 발전들과 국면들 및 계기들을 해당 시대의 여러 영역들 및 작용요소들과의 복합적인 연관관계 속에서, 또한 전후 시대들과의 연속성 속에서 관찰하면서 개별 국가들의 역사들을 보편사적으로 서술하는 모델을 세웠다. 그의 역사학적 사고의 원리와 역사관찰 및 서술에서의 원칙은 역사서술을 학문화시키는 데 결정적으로 기여했다. 이러한 공적들과 함께 그의 방대한 작품들을 근거로 하여 그는 이미 생전에 "19세기 최대의 역사가"로 칭송되었거니와 사후에는 "근대 역사학의 창건자"로 불리게 되었다. 그에 대한 이러한 명칭들이 오늘날에도 의미가 있는 이유는 그가 역사연구에서 세웠던 방법론적 원칙과 역사사고의 원리가 오늘날에도 유효할 수 있는 것이기 때문이다.

# II

# 랑케의 역사작품들

랑케는 역사이론과 방법론에 관한 자신의 견해를 언젠가 정리하여 발표할 것이라고 말한 바 있으나, 실현시키지는 못했다. 그러나 그는 자신의 여러 작품들에서 항상 해당 작품을 서술하게 된 동기와 의도 및 서술방법에 관하여 언급하는 일을 빠뜨리지 않았으므로, 그러한 언급들을 추적해 보면, 그의 역사이론과 방법론이 전체적으로 파악될 수 있겠다. 물론 이러한 작업은 그가 표명했던 이론과 방법들만을 추적하는 것으로써만 충분할 수는 없을 것이다. 오히려 그것들은 어떠한 작품에서 어떠한 역사적 경우들을 위해, 어떠한 이유와 목적으로 제시되었던가의 연관관계들 속에서 파악될 필요가 있다. 왜냐하면, 그러할 때 비로소 그의 방법들의 기능과 역할 및 그 필요성에 대한 구체적인 이해가 가능해질 수 있을 것이기 때문이다.

그러므로 랑케에 관한 연구에서는 그의 중요한 작품들이 각각 어떠한 동기와 의도들에서, 그리고 어떠한 과제를 설정하면서 서술되었던가에 대한 개관(概觀)이 선행될 필요가 있다. 그리고 이러한 작업은 당연히 그의 작품들이 발표되었던 순서에 따라서 이루어져야 할 것이다. 다름 아니라 그러할 때 그의 이론과 방법들의 활용이 확대 및 보완, 또는 변용되어 나가

기도 했던 과정이 추적 및 파악될 수 있을 것이기 때문이다. 이것은 역사적 국면들과 사건들 및 인물들, 즉 모든 역사학적 연구의 대상들은 그것들의 등장과 발전, 그 작용과 후속적인 영향관계 등의 순서에 따라서 연구 및 서술되는 것이 바람직한 것과 마찬가지의 이유에서이다. 그의 역사학적 개념들, 국가와 종교 및 문화에 관한, 그리고 역사의 진보와 연속성 및 혁명에 관한 그의 관념들, 즉 그의 역사사상도 역시 그렇게 추적되면서 파악되어야 할 것이다.

이러한 이유들에서 랑케의 역사학에 관한 종합적인 이해를 시도해 보는 이 연구에서는 그의 대표작들을 포함하는 중요한 작품들을 그것들이 발표되었던 순서에 따라서 개괄적으로 먼저 분석해 보는 작업이 필요했다. 그리하여 II장에서는 그의 작품들에 대한 해설과 함께 항상, 그리고 많이 언급되고 있는 그의 상징적인 역사이론 및 방법, 객관성과 당파성, 개체성과 보편성, 진보의 개념, 역사의 연속성과 혁명, 국가와 종교 및 문화 사이의 관계와 각각의 기능과 역할, 그리고 보편사적 서술의 필요성 등에 관한 그의 견해들이 처음으로 표명되었던 출처들이 제시되도록 했다. 그의 작품들에 대한 사적해제(史籍解題)라고 할 수 있는 이러한 해설을 그의 역사이론과 방법론 및 역사사상에 관한 구체적인 논의에 앞서서 이와 같이 먼저 제시하는 것은 독자들에게도 그의 역사학을 파악하는 데 틀림없이 편리하고 유익할 것이다.

## 1. 첫 작품과 1830년까지의 작품들

**《라틴 및 게르만 민족들의 역사들》**

**(Geschichten der romanischen und germanischen Völker von 1494 bis 1514)**, 1824.

이 작품은 랑케가 1818년 가을부터 김나지움의 교사생활을 시작하면서 신학도이자 문헌학도로부터 역사연구자로 전환하여 29세 때에 발표했던 첫 작품으로서 15세기 말부터 16세기 초까지의 라틴 및 게르만 민족들과 그 문화권의 역사들을 서술한 것이다. 따라서 그는 이 민족들의 전체 역사들을 취급하지는 않았으며, 다른 민족들에 관해서도 개괄적으로만 취급하는 대신에, 순수 게르만적, 또는 게르만 및 라틴적 혈통의 민족들을 중심으로 하여 서술했다.

이 시기에 관한 랑케의 근본적인 관점은, 중세의 라틴 및 게르만 사회는 하나의 통일성을 이룩하고 있었던 자유로운 공동체였다는 것이다.[1] 그에 의하면, 이 공동체는 라틴 민족들과 게르만 민족들이 본시는 각각의 법질서와 문화를 갖고 있었으나, 서로 융합하는 가운데 새로운 라틴적·게르만적 국가들이 등장하면서 형성되었다. 그들의 세계에 강력한 내적 연관성을 부여한 것은 기독교 교회였다. 세계교회(Weltkirche)로서 이 교회는 새로운 국가들에게 내면적인 공동체 의식을 채워 주었고, 그들은 이 교회를 수호하고 이에 봉사하면서 하나의 세계세력을 형성했다. 이 민족들은 비슷한 법질서와 동일한 정신적 교양 및 생활양식을 유지하면서 동일한 형식의 국가적, 사회적 제도들과 기사문학 및 궁정문학, 그리고 공통적인 헌법체제와 예술작품들에서 통일성을 세웠고, "세 개의 거대한 호흡들(Atemzüge)"인 민족이동, 십자군 운동, 그리고 식민사업(비잔틴 제국 건설)의 활동 등에서 공동의 시도를 보여 주었다. 그리하여 그들은 각각 자체의 특정한 성격과 재능을 지닌 개체들이면서도 하나의 통일성을 세웠다.[2] 랑케에게 이 공동체의 민족들은 중세시기와 나아가서는 18세기까지의 유럽 역사의 진행을 결정해 왔던 운반자들이다.[3]

그러나 라틴 및 게르만 민족들의 공동체적인 통일성은 중세 말기에 스

---

1 Ranke, *Geschichten der romanischen und germanischen Völker von 1494 bis 1514*(SW. 33), Vorrede der ersten Ausgabe, S. V.

2 Heinrich Ritter von Srbik, *Geist und Geschichte vom deutschen Humanismus bis zur Gegenwart*, Bd. I, 3. Aufl., München, 1964, S. 244.

3 Moritz Ritter, *Die Entwicklung der Geschichtswissenschaft*, München, 1919, S. 363.

페인과 프랑스가 대립하고, 각 민족들이 각자의 독립성을 추구함으로써, 그리고 16세기 전반에는 종교개혁이 일어남으로써 무너졌다. 랑케에게는 바로 그러한 해체의 과정이 역사의 새로운 단계를 마련했던 의미 있는 계기였다. 즉 그는 각 민족들이 각각 자신들의 정치권력의 독자성과 종교적 신조의 자유를 위해 투쟁했던 분열과 대립의 기반 위에서 모든 유럽 민족들의 근세 역사가 출발한다고 보았다.[4] 이러한 견해는 젊은 랑케가 저 전환의 시기를 거대하게 관조하면서, 하나의 역사적 과정 속에 해체와 생성이 함께 전개되는 모습을 파악했던 그 자신의 고유한 역사적 관점에서 나온 것이다. 그는 이러한 관조형식을 후일의 《강대세력들》에서 간명하고 명확하게 표명했다.[5]

랑케는 이 첫 작품에서 15세기 말부터 16세기 전반(前半)까지의 유럽 세계의 민족들은 정치적, 종교신조적으로 분열과 대립을 하면서도 보편 종교로서 기독교를 기반으로 하는 하나의 공동체를 이룩하고 있었고, 그 속에서 그들은 상호 결합된 문화민족들로서 "하나의 국가들의 체제(ein Staatensystem)"를 형성하고 있었다고 보았다. 그리하여 그는 그들의 국내 상태들보다는 그들 간의 대외적 관계들을 중심으로 하여 각 민족들의 역사들을 분리시키지 않고 전체적, 포괄적으로 관찰했다. 그러면서도 각 민족들은 자체의 성격을 지니고 있는 개체들로서 취급되었다.[6] 그러므로 이 첫 작품에서는 랑케의 보편사적 사고와 개체성 사상이 함께 표현되고 있다. 즉 그는 라틴 및 게르만 민족들의 역사들을 각각의 개체적인 생(生)으로서 구체적으로 취급하면서도, 그것들을 함께 통일적으로 관조하면서 보편사적으로 서술했던 것이다.

---

4 Ranke, *Geschichten der romanischen und germanischen Völker*, Vorrede der ersten Ausgabe, S. VI; Srbik, a.a.O., S. 244.

5 Ranke, *Die großen Mächte*, hrsg. v. Ulich Muhlack, Frankfurt, 1995; 랑케, 〈강대세력들〉, 《강대세력들·정치대담·자서전》, 이상신 역, 97쪽.

6 Srbik, a.a.O., S. 244.

랑케는 이 작품의 서문에서 우선, 자신이 취급한 것은 라틴 및 게르만 민족들에 관한 역사의 한 작은 부분이며, 그것은 "역사들(Geschichten)일 뿐, 역사(Geschichte)가 아니다"[7]라고 언급했으며, 그러한 의미에서 이 작품에 "라틴 및 게르만 민족들의 역사들"이라는 복수형의 단어를 제목으로 세웠다. 이것은 그가 개별 민족들과 사실들에 관한 파악과 서술을 그만큼 중요시했고 우선시켰다는 것을 의미한다. 그는 자신에게는 "사실들에 관한 엄격한 서술은, 그것이 비록 제한적이고 아름답지 못하다 해도, 의심할 바 없이 최고의 법칙"이라고 강조했다. 그러면서도 그는 이어서, "자신에게 두 번째로 중요한 것은 사건들의 통일성과 진행의 발전(Entwicklung der Einheit und des Fortganges der Begebenheiten)이었다"고 밝혔다. 그리하여 그는 "유럽의 공적 관계들에 관한 일반적 서술을 앞세우는 대신에, 모든 민족, 모든 권력, 모든 개별적인 것에 관해서 그것들이 어떠했던 가를 앞세웠고, 그 다음으로 그것들이 특히 활발하게 또는 주도적으로 등장할 때, 상세하게 제시하고자 했으며, (…) 이로써 적어도 그들이 일반적으로 유지했던 노선(Linie)이, 그들이 나아갔던 길(Straße)이, 그들을 움직였던 사상(Gedanken)이 더욱 잘 파악될 수 있도록 했다"[8] 는 것이다. 이것은 그가 "라틴 및 게르만 민족들의 연관관계적인 역사들을 그들의 통일성 속에서 파악하는" 보편사적 서술의 방법이었다. 이로써 그는, 후일에 〈정치대담〉에서 밝혔던 바의, 개별적인 것들을 먼저 파악한 후에 비로소 보편적인 것에 대한 인식에로 나아간다는, 역사연구와 서술에 관한 자신의 원칙을 이미 처녀작에서 세웠다.

랑케가 이 첫 작품에 입문으로 앞세운 〈라틴 및 게르만 민족들의 통일성과 그들의 공동체적 발전에 관한 개요(Umriß einer Abhandlung von der Einheit der romanischen und germanischen Völker und von ihrer gemeinschaftlichen

---

7 Ranke, *Geschichten der romanischen und germanischen Völker*, Vorrede der ersten Ausgabe, S. VI.

8 Ebd., S. VII.

Entwicklung)〉는 단순한 개괄(概括)이 아니라, 개별 사실들에 대한 철저한 연구를 근거로 하는 전체적이고 포괄적인 관찰, 즉 보편사적 관조에서 나온 결과라고 볼 수 있겠다. 그가 1874년에 보완하여 발간했던 제2판에 새로이 첨가된 결론에서 보면, "가능한 한 여러 세대들이 어떻게 세계사의 무대 위에서 전체를 이루고 있고, 어떻게 분리되는가를 차례로 제시하는 것이 아마도 하나의 과제로 될 것이다. 사람들은 그들 각자를 공평하고 완벽하게 취급해야 할 것이다. 사람들은 그들이 항상 가장 밀접한 관계를 갖고 있고, 그들의 대립 속에서 세계 발전이 계속되고 있으며, 사건들이 그들의 본성에 일치한다는 일련의 가장 빛나는 모습들을 서술할 수 있을 것이다"[9]라는 것이다. 이와 같이 여기에서는 라틴 및 게르만 민족들이 근세의 세계사적 발전에서도 중심적 역할을 한다는 것, 그들의 개체성과 그 역할은 다같이 존중되어야 한다는 것, 그리고 그들의 발전들이 동시적(同時的, synchronisch)인, 또한 통시적(通時的, diachronisch)인 연관성 속에서 관찰되어야 한다는 것 등의 사고가 표명되었다.

랑케는 자신의 이러한 보편사적 관찰에서 어떠한 선험적인 명제도, 어떠한 추상화(抽象化)도, 어떠한 목적론도 배제했으며, 또한 여러 민족들의 역사들을 결코 어떠한 현실적 목적에 따라 서술하지도 않았다. 그러면서도 그는 이 작품에서 자신의 의도라고 할 수 있는 하나의 바람을 세우고 있었다. 즉 그는, "나는 15세기의 민족들의 생활에 관해, 고대가 씨뿌렸던 모든 맹아들이 다시금 꽃피었던 바에 관해 알고 싶었다"라고 전제하면서, "나는 황제권과 교황권이 어떻게 몰락했고, 새로운 생명이 어떻게 새로운 숨결을 불어넣었는지를, 그러므로 마치 오염된 공기가 독(毒)을 퍼뜨리듯이, 그렇게 확실하게, 그렇게 전반적으로 활기있게 만드는지를 배우게 되기를, 적어도 예감하게 되기를 바란다"[10]라는 희망을 설정했었다. 바로 이

---

9 Ebd., (SW. 33/34), 2. Ausgabe(1874), S. 323.

10 Ranke, *Zur eigenen Lebensgeschichte*(SW. 53/54), II, Ausgewählte Briefe, S. 89; Ulich Muhlack, "Leopold von Ranke," in: *Klassiker der Geschichtswissenschaft*,

러한 바람에서 그는, 민족들의 성장과 몰락은 인간의 생애와 같은 것이라는 견해들을 거부하면서, 몰락은 새로이 등장하는 것 외에도 무한하게 확산되는 또 다른 생동하는 힘들이 있기 때문에 일어난다는 점을 제시해 보고자 했던 것이다. 그의 이러한 관찰 및 인식태도는 역사발전에서 모든 해체는 생성을 수반한다는 사고에서 세워진 것으로서, 그에게서는 그후로도 항상 유지되었던 그의 고유한 역사적 관점으로 되었다.[11]

랑케가 이 작품을 구상하고 서술했던 시기(1820-1824)에는 기독교 서양의 정치적 통일성 이념이 신성동맹(神聖同盟, Heilige Alliance)의 결성에 의해 다시금 새로이 세워졌지만, 심각한 도전에 직면하고 있었다. 다름 아니라 근대 국가의 주권개념은 독립적인 국가체제를 추구했으며, 민족성의 원리를 내세웠던가 하면, 그 사이에 옛 유럽의 통일성 이념은 공동의 문화와 문명에 대한 기억으로 퇴색해 갔다. 바로 그러한 시기에 1815년 이래의 왕정복고 체제는 각국의 민족성 원리를 오히려 탄압하면서 근대 국가의 주권사상과 민족성개념과의 결합을 저지하려는 여러 가지 시도를 보여주고 있었다. 이것이, 시더(Shieder)에 의하면, 젊은 랑케에게는 시대의 정신을 거역하는 것으로 보였다는 것이다. 랑케 자신은 유럽이 정치적 통일성을 상실하고 다양한 국가들로 분열하는 것을 긴급한 사태로 보지 않았고, 오히려 유럽의 통일성을 공통의 문화와 생활 속에서 찾으면서 다양한 국가생활들의 동등권을 인정하고자 했다. 왜냐하면 그에게 이 국가들은 독자적인 개체들이면서도 이념적, 문화적으로는 하나의 전체로서, "하나의 국가들의 체제"를 이룩해 오고 있었던 것으로 간주되었기 때문이다. 이것이 그에게는 유럽의 변할 수 없는 존재형식으로서, 그리고 문화의 존속을 위한 전제조건으로서 이해되었던 것이다. 이러한 점에서 젊은 랑케의 이 작품은 격렬한 대립 속에 빠져 있었던 당시 유럽 국가들에게 유럽 통일성 사상의 역사적 배경을 설명해 주면서 그 사상을 구원해 보겠다는 실로 대담한 시도

---

Bd. 1, hrsg. v. Lutz Raphael, München, 2006, S. 7-8.

11 Eduard Fueter, *Geschichte der neueren Historiographie*, Berlin, 1936, S. 476.

를 보여 주었던 것이다.[12] 다시 말하자면, 그는 유럽 국가들의 동등한 독자성을 인정하는 동시에, 그들의 분열 현상 속에서 다시금 통합하는 길을 모색했던 것이다. 이러한 태도는 그가 기독교 유럽문화의 연속성을 염원하고 또한 믿고 있었던 데서 나온 것이다.

랑케는 이 작품의 서문에서 저 유명한, "그것은 과연 어떠했던가(wie es eigentlich gewesen-ist)만을 제시한다"라는, 역사연구와 서술을 위한 자신의 원칙을 제시했다. "사람들은 역사서술에 과거를 재판하고, 동시대 사람들을 미래에 유익하게 되도록 가르치는 직분을 부여해 왔지만, 현재의 시도는 그렇게 높은 직분을 맡지 않는다. 역사가는 오직 그것은 과연 어떠했던가만을 제시할 뿐이다."[13] 이 말은 계몽사상의 교훈적 역사서술에 대한, 사건들을 행위자들의 의도들로부터만 추론하는 것에 대한 거부이자, 칸트(Kant)의 지상명령(至上命令, Kategorisches Imperative)에 입각하여 세계사를 도덕률의 가치기준에 따라 서술했던 슐로서(Schlosser)와 그의 제자인 게르비누스(Gervinus)가 과거를 현재적 관심에 따라 판단했던 데에 대한 거부였다. 이 선언은 근본적으로 고대로부터 "역사는 생의 교사이다(Historia magistra vitae)"라는 오래된 전형(典型)적 관념(alter Topos)에 따라 이루어져 왔던 모든 교훈적, 실용적, 도덕주의적 역사서술에 대한 거부이다. 그러므로 랑케는 이러한 자신의 원칙에 따라 어떠한 정치적, 현실적 열정도, 민족적, 종교적인 열광주의도 배제한 채, 오직 기독교를 통해 통합되어 있었던 1500년 전후의 여러 민족들의 역사생활과 그 문화발전의 역동성(Dynamik)을 정리하여 제시하고자 했다.[14] 이로써 그는 이 작품에서 사실

---

12 Theodor Schieder, *Begegnungen mit der Geschichte*, Göttingen, 1962, S. 111.

13 Ranke, *Geschichten der romanischen und germanischen Völker*(SW. 33), Vorrede, S. VII: "Man hat der Historie das Amt, die Vergangenheit zu richten, die Mitwelt zum Nutzen zukunftiger Jahre zu belehren, beigemessen: so hoher Aemter unterwindet sich gegenwärtiger Versuch nicht: er will blos zeigen, wie es eigentlich gewesen."

14 Srbik, a.a.O., S. 244.

적, 객관적인 역사서술의 모델을 세웠던 것이다.

이 작품을 더욱 유명하게 만들었던 것은 그가 근세 초기의 역사서술들을 검토 및 비교하는 과정에서 발견한 바들을《근세 역사가들에 대한 비판(Zur Kritik neuerer Geschichtschreiber)》이라는 제목으로 첨부한 부록이다. 그는 자신의 저술을 위해 귀차르디니(Guicciardini), 마키아벨리(Machiavelli), 슬라이다누스(Sleidanus), 조비오(Giovio), 코민(Comines) 등의 많은 작품들을 비교해 보던 중에 그들이 다른 저자들을 베끼기도 했고, 본래의 기록문서들을 근거로 하지도 못했다는 것을 발견했다. 그리하여 그는 그 시대의 이탈리아와 프랑스 및 독일 역사가들에 대해 비판적으로 분석해 본 결과들을 이 부록으로 작성했던 것이다. 이 부록은 그의 역사학적 · 비판적(historische-kritische) 연구방법을 보여주었고 많은 찬사를 받았다. 왜냐하면 당시까지는 어느 누구도 근세 초의 역사가들을 그렇게 체계적으로 분석하여 그들을 신빙성에 따라서 평가하지는 못했던 것을 젊은 랑케가 시도했기 때문이다.

이 부록을 계기로 랑케와 레오(H. Leo) 사이에 논쟁이 일어났다. 레오는 랑케가 "그것은 과연 어떠했던가"만을 서술한다는 원칙에 따라 마키아벨리를 도덕적 관점에서 판단하지 않고, 르네상스 시기의 상황 그 자체 속에서 보고자 했던 사실적 파악에 대해 반대하면서, 마키아벨리를 비도덕적인 인간으로, "모든 영원한 것으로부터 유리된 인간"이라고 선언했다. 그는, 진실은 역사발전의 상황을 고려하는 넓은 연관관계 속에서만 발견되는 것이므로, 랑케의 사실 그대로만 서술하는 원칙은 잘못된 것이라고 비판했다. 이에 대해 랑케는《군주론》이 "일반적 교과서"로서가 아니라, 당시 이탈리아의 역사적 상황 속에서 저술되었다는 점을 강조했다. 즉 마키아벨리는 당시 이탈리아의 혼란에 절망했기 때문에《군주론》이라는 "극약처방"을 내렸다는 것이다[15] 이러한 이유에서 랑케는 지난 수세기 동안

15 Ranke, *Zur Kritik neuerer Geschichtsschreiber*(SW. 34), Leipzig: D.&H., 1884, S. 202, 206.

마키아벨리의 사상을 보편적인 정치적 활동원리로 여겨왔던 사고방식을 거부했다. 랑케와 레오는 다같이 보편적 진실을 추구했지만, 레오는 그것을 폭넓은 사유 속에서 추구했던가 하면, 랑케는 그것은 특수한 것을 통해서, 시인이나 예술가의 방법과 유사한, 보다 더 직접적인 방식에 의해 파악될 수 있을 뿐이라는 견해였다.[16]

랑케의 이 첫 작품은 그 제목이 시사하듯이, 하나의 역사를 서술한 것이라기보다는 역사들의 수집이라는 지적도 있다.[17] 그러나 이 작품의 가치는 그가 유럽민족들의 통일성, 역사의 연속성, 한 시대의 양면적 성격, 개체성, 보편사적 서술 등에 관한 그 자신의 관념과 역사학적·비판적 방법을 모두 다 보여주었다는 점에 있다. 이 작품은 당대의 헤렌(Heeren), 니부어(Niebuhr) 등의 역사가들과 많은 독자들로부터 찬사를 받았으며, 이로써 그는 역사학자들의 반열에 오르게 되었다. 그는 1824년에 이 작품을 발표한 후 곧바로 이듬해 봄에는 베를린 대학의 비정규교수로 초빙을 받았다. 프로이센 문부성은 베를린 대학 역사학부의 의견을 물어보지도 않고 그를 임명했으며, 그는 이를 수락했다. 문부성은 이 책에 나타난 그의 복고적, 반(反)자유주의적 성향을 주목했던 것이다.[18] 그는 이 첫 작품을 1874년에 보완하여 새로이 출판했으며, 이때 부록도 역시 보완했다.

랑케는 이 첫 작품을 정치사 중심으로 서술했고, 이 형식은 그의 모든 작품들에서 공통적이고 지배적인 형식으로 되었다. 그러나 적어도 이 작품에서는 그는 특정한 정치적 관심과 동기에서 출발하지는 않았던 것으로 파악되고 있다. 다름 아니라 정치가 그의 첫 저술에서는 결코 구성적, 근본적인 것은 아니었다.[19] 그러나 1832년부터 그가《역사·정치잡지》의 편집

---

16 Srbik, a.a.O., S. 125-126.

17 George P. Gooch, *History and Historians in the Nineteenth Century*(Boston: Beacon, 1959), p. 74.

18 Ernst Schulin, "Leopold von Ranke," in: *Europa-Historiker*, Bd. 1, hrsg. v. Heinz Duchhardt u. Winfried Schulze, Göttingen, 2006, S. 134.

19 Muhlack, a.a.O., S. 8.

자로서 4년 동안 활동하던 시기에는 그는 유럽 각국의 정치적 발전과 그 다양성에 관해 일정한 견해를 세우면서, 특히 각 국가의 개체성과 그 특수성을 중요시하면서 국가의 정치생활, 특히 대외적 정치관계를 집중적으로 관찰하게 되었다.

### 《16·17세기의 남부유럽의 군주들과 민족들》

**(Fürsten und Völker von Südeuropa im 16. und 17. Jahrhundert)**, 1827.

랑케는 1825년 봄에 베를린 대학에 부임해 베를린 도서관에 소장되어 있는 16·17세기의 필사본 자료들을 조사했다. 이 작업은 그가 첫 작품에서 15·16세기를 근세국가들이 출발했던 시기로 보았기 때문에, 바로 그다음 시기의 유럽 국가들의 발전을 파악하기 위해 필요한 일이었다. 이 작업에서 그는 16·17세기 베네치아 대사들의 "관계문헌들(Relationen)"을 발견했던 바, 이것들은 그에게 근세 유럽의 역사를 새로 써야 한다는 의식을 일깨워 주었다.[20] 이 풍부한 자료들을 근거로 하여 그는 우선 오스만 제국과 스페인 및 이탈리아를 포함하는 남부 유럽의 국가들, 마지막으로 스페인과 네덜란드의 관계를 취급한 두 번째 작품을 서술하게 되었다.

랑케가 남부유럽의 역사에 관심을 갖게 된 것은, 이 지역이 한때 "유럽의 권력과 교양의 본거지"였기 때문이다. 즉 스페인과 오스만 제국은 당시 여러 국가들에게 위협적인 우세한 세력들이었고, 이탈리아는 세계 어느 나라의 것과도 비교될 수 없는 문학을 꽃피웠었다. 그러나 그 다음 시기에서는 스페인이 유럽 국가들을 분할하는 간섭정책으로 나아가면서 스스로 외국의 교양에 물들어 갔던가 하면, 오스만 제국은 더 이상 위협적인 존재가 되지 못했다. 랑케는 바로 그러한 변화가 주로는 그들 자체의 "내면적 발전(die innere Entwicklung)"을 통해 일어난 것이라고 보았고, 그러한 변화가 진행되었던 1540-1620년 사이의 그곳 민족들의 역사를 서술하게 되었

20 Gooch, *op. cit.*, p. 76.

던 것이다.[21]

랑케는 당시의 스페인과 이탈리아가 교회적으로 상호결속한 채 지중해를 둘러싸고 오스만 제국과 끊임없이 대립했던 투쟁을 부정적으로 보지 않았다. 즉 그는 그러한 투쟁이 그들에게 오히려 신선한 진작(振作)을 불러일으켰고, 바로 다음 시기의 활발한 활동을 위한 공간을 마련하는 데, 또한 "정신의 고유한 혼합"을 형성시키는 데 기여했다고 보았다. 그에 의하면, 그것은 "오만과 노회(Stolz und Verschlagenheit)"의, "망상과 욕망(Wahn und Begier)"의, "낭만적인 기사정신과 교활한 정치"의, "천체(天體)에 대한 믿음과 헌신적인 종교성"의 혼합으로서 많은 작가들의 시작(詩作)과 사고의 수평선이 되었다는 것이다.[22] 이와 같이 그는 이 작품에서도 역사의 한 시기를 양면적으로 관찰하여 그 시대의 역사적 의미를 더욱 풍부하게 파악하는 모습을 보여 주었다.

랑케는 우선, 스페인은 개인들의 자유를 국가 내외의 적들로부터 보호하는 데 필요한 만큼으로만 군주에게 권력을 부여했던 국가였으며, 합스부르크 왕가의 봉건국가(Feudalstaat)로서 유기체적인 통일국가로 나아가고 있는 중이었다고 보았다. 그런가 하면, 오스만 터키의 본질적인 힘들은 술탄의 전제정치(Sultan Despotie)와 봉건제도(Lehnssystem) 및 노예제도(Sklaverei)에 있었다는 것이다. 그는 이 제국의 정치적, 경제적, 사회적인 특성들이 변화했을 때, 즉 술탄이 도덕적으로 타락하고, 봉건제도가 변형을 겪었을 때, 제국은 더 이상 권력을 유지할 수 없었다고 보았다.[23] 그는 이와 같이 두 국가들의 성격과 차이점을 관찰하면서도, 그들의 공통점은 그들이 다같이 봉건적 요소를 지니고 있었으며, 근세국가의 "유기체적 통일성(organische Einheit)"을 아직은 갖추지 못했다는 사실에 있다고 보

---

21 Ranke, *Die Osmanen und die spanische Monarchie* (SW. 35/36), Vorrede, S. V.

22 Ebd., Vorrede, S. XIV-XV.

23 Ebd., S. 87, S. 123; Rudolf Vierhaus, *Ranke und die soziale Welt*, Münster, 1957, S. 140.

았다.[24]

이 작품에서 랑케는, 근세 국가들의 발전에서는 도덕적, 사회적 계기들이 중요하며, 군주체제나 전제주의체제는 다같이 자유의 보장과 도덕성을 통해서만 정당화될 수 있다는 견해를 제시했다. 그에게 근세국가는 기본적으로 상비군(常備軍, miles perpetus), 정의(正義)의 실현, 그리고 세금을 근거로 한다. 이러한 요소들은 국가의 통일적이고 중앙집권적인 통치를 위해 필요한 기본 조건들이다. 이를 통해 국가는 특권신분들을 제압하여 국가에 종속시키고, 국민 모두에게 동일한 법을 적용시켜 정의를 실현시키는 길로 나아갈 수 있었다는 것이다. 그가 스페인에서는 국가의 발전 목표가 지방들의 독자성을 배제하여 특권신분들을 신하로 강등시키는 것이었고, 나폴리에서는 도시당국이 귀족과 시민들을 법 앞에 평등하게 세움으로써 그들 사이의 분쟁을 배제시켰다고 서술했던 것은 그가 저 기본 조건들을 근세 국가에게 필요했었던 긍정적인 요소들로 인식하고 있었다는 것을 의미한다.[25] 이로써 그는 근세 국가가 신분계급들에 의해 자의(恣意)적으로 오용되었던 특권을 파기하고 국민 전체의 관심을 대변하여 정의를 보호함으로써 장차 제3신분을 국가에 결속시키게 되었다는 일반적인 명제(命題, These)의 기본틀을 일찍이 이 두 번째 작품에서 보여 주었던 것이다.

이 작품은 근세 국가들의 정치적 발전을 경제적, 사회적 관계들과 함께 설명했다는 점에서 첫 작품에서보다는 관찰 시야가 확대되었다. 즉 그는 이 두 번째 작품에서는 정치와 경제와의 관계를 분리된 것이 아니라 상호연관적인 것으로 파악하면서, 특히 스페인의 국가행정에 관한 설명에서는 항상 경제적 관계를 함께 언급했다. 그에게 국가는 근세 국가로의 발전을 위해 더욱더 국민의 소득과 세금에 의존하게 되었고, 그리하여 국민들의

---

24 Rudolf Vierhaus, *Ranke und die soziale Welt*, S. 141.
25 Ebd., S. 142.

경제활동을 점점 더 강력하게 유도하여 경제적 발전을 추구했으며, 결국 국가는 "완성된 무역국가(der geschlossene Handelsstaat)"로 되었다는 것이다. 그는 특히 국가경제의 목표는 "공적 복지(die öffentliche Wohlfahrt)"여야만 하며, 경제 문제가 국가 행정에만 의존되어서는 안 된다는 견해를 보여 주었다. 군주는 경제를 촉진 및 저지할 수 있으나, 불러일으키거나 파괴할 수는 없다. 왜냐하면, 경제활동은 민족의 성격, 사회의 도덕적 관념과 위계질서, 대외정치 및 종교와 연관되어 있으며, 비록 국가로부터 해방되어 있지는 않으나, 계속해서 독자적인 활동공간을 만들어 나가는 것이기 때문이다. 그러므로 국가의 엄격한 감독은 경제활동의 의지를 위축시킬 것임에 틀림없다는 것이다. 결국 그는 "규제하는 정부당국들의 지나치게 빈번한 간섭은 무역을 언제나 교란시킬 것이다"[26]라고 보았다. 이상에서 보면, 그는 일찍이 민족경제학적인 사고와 일정한 정도의 자유경제적인 사고도 함께 지니고 있었던 것이다.

이 작품에서는 전체적으로 남부유럽의 동부에서는 중세적 봉건국가의 몰락이, 서부에서는 중세적 봉건국가로부터 근세 관료적 중앙집권 국가로의 발전이 전개되었던 것으로 서술되었다. 특히 서부에서의 변화들은 "내면적 발전(die innere Entwicklung)"을 통해 일어났으며, 그러한 발전에서는 정치적 이유들만 아니라, 교회·종교적, 경제적, 도덕적 이유들이 함께 작용했던 것으로 파악되었다. 그는 남부유럽 국가들의 발전에서 가장 중요한 것은 군주권과 국민들 사이의 관계에서 변화가 일어났던 사실이었다고 보면서도, 그러한 진행에서는, 비록 신분들이 정치적 특권을 상실해 갔지만, 봉건적 사회구조는 그대로 존속되었으므로, 그 변화가 사회적 변화는 아니었다고 보았다. 즉 남부유럽에서의 변화는 사회적 운동을 통해서가 아니라 절대주의적 군주체제로 나아갔던 라틴 및 게르만 국가들의 발전 속에서 일어났다는 것이다.[27]

---

26 Ranke, *Die Osmanen und die spanische Monarchie im 16 und 17 Jht.* (SW. 35/36), S. 306; Vierhaus, a.a.O., S. 142-143.

랑케는 이 작품에서 국가들 간의 대외적 정치관계를 국내의 경제적, 사회적, 종교적 관계들과 연관시켜서 관찰함으로써 역사가로서의 도약을 보여 주었다. 그러한 관찰을 근거로 하여 그는 특히 이 저술의 마지막 부분에서는 암스테르담 시민계층의 무역 및 영업자본의 등장과 스페인과의 관계를 취급하면서, 스페인의 지배에 대한 네덜란드(Niederlande)의 투쟁을 마지막 "지역적" 봉기로서는 유일하게 성공한 것이었다고 보았다. 그는 그 투쟁의 본질적인 근본적 힘을 종교적인 것으로 보면서, 그 투쟁은 외국의 가톨릭 세력에 대항했던 프로테스탄트의 봉기로서, "전제정치(Tyrannei)"에 대항하여 자유를 쟁취했던 "혁명(Revolution)"이라고 지칭했다.[28] 그 자신의 말을 빌리자면, 이 책은 "독일에서 최고의 독자들로부터 가장 높은 환대를 받았고, 프랑스에서는 가장 많은 독자들을 지닌 저자들로부터 찬사를 받았다"[29]고 한다. 그는 후일에 이 작품을 보완하여《16·17세기의 오스만인들과 스페인 군주제(Die Osmanen und die spanische Monarchie im 16. und 17. Jahrhundert)》(SW. 35/36)라는 새로운 제목으로 출판했다.

**《세르비아 혁명》(Serbische Revolution)**, 1829.

랑케는 두 번째 작품을 발표한 후 프로이센 문부성의 승인과 지원을 받으면서 4년 동안 빈, 베네치아, 피렌체, 로마로 문헌조사를 위한 연구여행을 할 수 있었다. 이 기간에 그는 이전에는 연구를 통해서만 알았던 라틴 세계를, 즉 가톨릭 세계를 그 예술작품들과 함께 직접 체험하면서 많은 자료들을 수집했다. 그가 첫 번째로 체류했던 빈에서 연구여행의 첫 성과로서 발표한 작품이 바로《세르비아 혁명》이다.

랑케에게 세르비아가 특별한 관심을 불러일으켰던 것은 자기 시대의 이른바 "동방문제(die orientalische Frage)"가 역사 속의 여러 분쟁들의 보편적

---

27 Vierhaus, a.a.O., S. 144.

28 Ranke, *Die Osmanen und die spanische Monarchie im 16 und 17 Jht.* , S. 263.

29 랑케, 〈자서전〉, 《강대세력들·정치대담·자서전》, 이상신 역, 275쪽.

인 모습을 지니고 있거니와, 이 민족이 동방문제의 한 특별한 주인공이었기 때문이었다. 이 민족은 기독교 문명권의 강대세력들과 이슬람 세력이 각각 자신들의 지배권을 위해 항상 간섭함으로써 무력충돌의 위험이 고조되어 있었던 지역에서 오랫동안 오스만 튀르크의 지배를 받아 오면서도 이미 자신들의 독립을 위해 계속 투쟁해 왔다. 랑케에 의하면, "강대세력들의 동의(同意, Einverständnis)는 하나의 유일한 세력의 지배권을 배제하면서 모든 세력들과 함께 구성되는 것이다. 전쟁은 그러한 동의가 더 이상 달성되지 못할 때 일어난다. (…) 이른바 동방문제의 관심은 바로 그러한 위험 속에 놓여 있다. 왜냐하면 모든 다른 세력들과 직접적인 관계 속에 있는 동방문제들의 동요 속에는 보편적인 분쟁의 가능성이 있기 때문이다."[30] 바로 그러한 분쟁지역에 있는 세르비아는 유럽 세력들로부터 지속적으로 영향을 받으면서도 "본시부터 자신을 근거로 하면서", 독립의지를 더욱 강화시켜서 결국 "완전한 해방"을 이룩했었다. 랑케에게는 "세르비아인들이 스스로 쟁취했던 자주권과 그들의 결심 및 그들의 활동은 19세기 역사에서 하나의 중요한 모습"으로서 "하나의 혁명"이었다. 그는 바로 그 과정을 현재화시켜 보고자 했던 것이다.[31]

그리하여 이 작품은 세르비아 민족의 독립운동의 역사를 서술한 것이다. 랑케에게 "세르비아 혁명"의 보편적 의미는, 그것이 자유를 위한 하나의 민족적 투쟁이며, 이 투쟁을 통해 한 민족이 오랫동안의 굴종의 역사로부터 벗어났다는 사실에 있다. 이 혁명은 사회적 관심들에 의해 본격적으로 주도된 것이 아니었지만, 개별 계층의 문제가 아니라 민족 전체의 문제로서 모든 구성원들의 참여로써 전개되었으며, 개인의 자유와 재산의 보호라는 기본 원리를 쟁취하고 진정한 국가생활을 위한 전제조건을 마련했다. 그는 바로 이러한 점들에 하나의 혁명으로서 이 투쟁의 정당성이 있다

---

30 Ranke, *Serbien und Türkei*(1829) (SW. 43/44), Vorrede, S. VII.

31 Ebd., S. VIII.

고 보았다. 그에게 이 혁명은 하나의 전복이 아니라, 하나의 건설이었으며, 내적·외적 체제의 변혁을 넘어서서 인간의 새로운 출발을 가능하게 만들었던 운동이다.[32]

랑케는 이 작품에서, 세르비아인들이 "근본적으로는 자신들의 내면적 발전에 근거하면서도, 목표를 달성하는 데는 유럽 세력들의 참여가 필요했으며", 양자의 결합 속에 새로운 국가로 출발할 수 있었다고[33] 파악함으로써, 한 개별국가의 발전을 유럽 국가들과의 관계 속에서 파악하는 보편사적 관찰태도를 보여 주었다. 이와 함께 그는, 자신은 여러 세력들의 찬·반의 견해들을 초월하여, 대상 그 자체의 모습을 파악하고자 했다고 밝히면서 역사서술에 관한 그 자신의 견해를 제시했다. 그에 의하면, "모든 사람들은 역사를 서술한다는 것이 얼마나 어려운가를 알고 있다. 이중으로 어려운 것은 한편으로는 서술하고자 하는 세계와 우리들의 개념들과의 차이가 수세기들의 괴리 속에 동일하게 간주될 수 있기 때문이며, 다른 한편으로는 서술하고자 하는 세계가 현재의 순간에 대해 갖고 있는 살아 있는 관계가 또한 우리를 당파적인 찬성과 반대로 유인할 수 있기 때문이다. 진실한 역사서술은 그러한 찬성과 반대를 초월한다. 그것은 자신이 파악한 바를 오직 해명해 보고자, 규명해 보고자 하는 것이며, 그러고 나서 다시금 인식해 보고자 하는 것이다."[34] 이 말은 그가 과거 사실 그 자체의 재건을 위해 모든 당파적 견해들로부터 벗어나서 오직 사실적으로 파악하고자 했다는 것을 의미한다. 역사서술에서의 당파성과 객관성에 관한 그의 고유한 이론은 이와 같이 이 세 번째 작품에서 처음으로 제시되었다.

이 작품은 초판이 나왔을 때 괴테로부터 찬사를 받았고, 니부어는 랑케를 "오늘날의 투키디데스"라고 칭찬하면서, 이 작품을 "우리가 우리의 문학 속에 갖고 있는 가장 탁월한 현대사 서술"이라고 찬양했다.[35] 이 작품은

---

32 Vierhaus, a.a.O., S. 145.

33 Ranke, *Serbien und Türkei*(1829), S. VIII.

34 Ebd., S. XVI.

동부 유럽의 근세사에 관한 랑케의 유일한 저술로서, 그는 당시까지는 알려지지 않았던 근세사의 한 부분을 처음으로 개척하여 제시했다. 그는 후일에 수정판에서, 초판에 도덕적 평가를 하게 되었던 역사적 계기들을 정치적 사건들에 대한 평가로 대신했으며, 따라서 혁명의 범위를 축소시켰다. 그리고 그는 1829년의 초판의 제목이었던《세르비아 혁명》을 1879년의 전집(全集) 편찬에서는《세르비아와 터키(Serbien und Türkei)》로 고쳤다. 이것은 그가 젊은 시절에는 역사적 변혁의 한 형식으로서 혁명을 역사적 단계에 따라서는 긍정적으로 표현하는 데 주저하지 않았으나, 말년에는 혁명이라는 단어를 사용하는 데 신중해졌다는 것을 의미한다.

## 2. 1830-1847년 시기의 작품들

**《역사 · 정치 잡지》(Historisch-politische Zeitschrift)의 편집자 시기**(1832-1836). 랑케는 1827-1831 기간의 문헌수집여행 중 베네치아의 문서고, 피렌체의 메디치가문 문서고, 로마의 개인 소장품들을 두루 조사하면서 많은 자료들을 읽고 발췌했다. 이 자료들과 함께 그는 앞으로의 계획을, 특히《남부유럽의 군주들과 민족들》의 속편을 저술할 계획을 구상하면서 베를린으로 돌아왔다. 그러나 그는 당시 프로이센의 외무장관 베른슈토르프(Bernstorff)가 후원하고, 출판인 페르테스(Perthes)가 발간하기로 한《역사·정치 잡지》의 편집책임을 맡게 되었고 1832-1836 기간, 4년 동안 이 잡지의 편집자로서 활동했다.

랑케에게 이 책임을 부탁했던 베른슈토르프는 당시의 다양한 정치적 여론 속에서 일정한 의도를 갖고 있었다. 프랑스에서 1830년의 7월 혁명은 1815년에 복고되었던 왕정을 다시 전복시켰고, 그 영향은 다른 나라들

---

35 Srbik, a.a.O., S. 248; Gooch, *op. cit.*, p.77.

에도 파급되어, 독일에서는 입헌체제의 도입과 개혁을 위한 강력한 요구들이, 그리고 이에 대립하는 보수세력의 반격도 일어나고 있었다. 본시 프로이센은 왕정복고 시기에 개혁적인 영국과 프랑스에 대립하여 보수세력들인 러시아와 오스트리아에 가까이 서 있었으며, 근대적 의회체제의 도입에 회의적이었다. 그런가 하면 이미 프로이센은 슈타인·하르덴베르크 개혁(Stein-Hardenbergsystem, 1807)에 따라 근대적인 법적, 행정적 제도들과 자유경제 정책 및 우수한 교육제도를 채택하고 있었다. 말하자면, 이 나라는 보수적이되, 독일 국가들 중에서 가장 먼저 개혁을 추진하고 있었으며, 더욱이 해방전쟁(Befreiungskrieg, 1813)에서는 주도적 역할을 이미 수행한 바 있었으므로, 장차의 민족통일을 위해서도 중심적, 선도적인 역할을 담당하도록 요청받고 있었다. 이러한 상황 속에 프로이센 정부는 개혁진영과 보수진영 사이의 정치적, 이념적 대립으로부터 벗어나서 자체의 보수적·개혁적인 방향을 신중하게 세우고자 했다. 당시 이 정부에게는 한편으로는 자유주의자들의 점증하고 있는 적대감정을, 다른 한편으로는 극우보수진영의 저항을 다 함께 진정시키고, 자체적으로 추진하고 있는 개혁방향에 대한 여론의 동의를 확보할 필요가 있었다. 그리하여 베른슈토르프는 특히 소유계층과 교양계층에게 정부의 정책을 이 잡지를 통해 설명하고자 시도했던 것이다. 따라서 이 잡지에는 당시 프로이센의 가부장적 보수주의와 중도적 개혁주의를 대변하는 반관적(半官的, offiziöse) 성격이 설정될 수밖에 없었다.

랑케는 베른슈토르프의 요청을 수락했다. 그는 베를린 대학의 비정규교수로 초빙되었고, 이어 문헌조사여행의 후원을 받은 바 있으므로 프로이센 정부에 일정한 의무를 지고 있었거니와, 그 자신도 당시의 양극화된 이념적 대립 속에서 이 잡지를 통해 자신의 정치이론을 "진정한 정치"를 위해 제시해 보고자 하는 의도를 갖고 있었다. 그가 후일에 밝힌 바에 의하면, "내가 취했던 방향은 혁명도 아니고 반동도 아니었다. 나는 각자가 공개적 또는 사적으로 자신들의 주장을 표명하면서 대치하고 있는 두 개의 경향성들 사이에서 제3의 방향(eine dritte Richtung)을 표명하고자 하는 대담한 시도를 했다. 그것은 기존하는 것을 연결시켰고, 지나가 버린 것에 근거하면서 하나의 미래를 열었으며, 그 속에서는 사람들이 새로운 이념들에 대해서도, 그것들이 진실을 내포하고 있는 한, 공정하게 될 수 있는 방향이었다"[36]는 것이다.

그리하여 랑케는 국민주권설의 자유주의적, 민주적 당파나 군주제의 봉건적, 보수적 당파의 어느 한쪽 편에 서지는 않았다. 왜냐하면 그에게는 양극화된 두 당파들이 다같이 국내의 사회적 대립집단들을 자극하여, 결국 국가 자체를 위태롭게 만들고 있는 것으로 보였기 때문이다. 그에게는 혁명이론을 포함하는 당시의 좌·우 정치이론들은 중세의 스콜라 철학(Scholastik)이 실제 세계를 자체의 "교의(敎義, Dogma)"와 "체계(System)"에 따라 판단했던 것과 같은 오류를 범하고 있는 것으로 보였다. 따라서 그 자신은 "사실로서의 진실"에 근거하는 "순수한 판단"의 이른바 "제3의 방향"을 이 잡지의 편집목표로 설정했던 것이다. 이것은 그의 역사적 인식에서 나온 것이었다. 다름 아니라 그에게 유럽 국가들의 상태들은 다양하므로, 어떠한 유일한, 지배적인 요구에 의한 정치이론이 아니라, 사실적인 파악 위에서 각 지역의 조건과 권리에 따르는 "상대적 이론"을 세워 볼 필요가 있었던 것이다. 여기에서 그는 합리주의적, 추상적 사고에 대립하여 자신의 역사적인, 사실적이며 구체적인 사고로써 대결하면서 극우 보수주의와 급진 자유주의로 하여금 역사학적, 유기적인 국가관과 정치로 나아가도록 시도했다. 그러나 그는 여기에서 어디까지나 기존 체제의 역사성(歷史性)을 중요시하면서 좌·우 이론들의 화해적인 조화를 강조하는 한편, 급진적인 변혁을 거부함으로써, 결국 그의 의도는 프로이센의 정책을 정당화시켜 보고자 하는 베른슈트로프의 의도와 부합되는 것으로 되었고, 따라서 그의 "제3의 방향"은 두 극단들 사이에서 프로이센 편에 서는 것으로

36 랑케, 〈자서전〉, 《강대세력들·정치대담·자서전》, 이상신 역, 251쪽.

간주되었다. 그의 방향은 정치적, 사회적 관계들을 기존 체제의 주도하에 필요에 따라 개혁하되, 두 극단들의 조화 속에 평화적으로 계속 형성되어 가도록 하는 것이었다. 이것이 바람직한 일이고 가능하다고 믿었던 점에서 그는 낙관주의적이었다.[37]

랑케는 이 잡지의 첫 호(號)부터 기고했고, 계속 자신의 글들을 실었다. 그는 7월 혁명 후의 신문들, 소식지들, 특히 전단들(傳單, Flugschriften)을 주목했다. 왜냐하면 이것들은  당시의 정치적, 사회적 의식의 전개를 보여주며, 비록 역사를 만들지는 않지만, 각 당파들과 계급들의 관심들을 보고하면서 상당한 영향을 주고 있었기 때문이었다. 요컨대 그는 자기 시대의 자료들과 함께 당대 현실을 주의 깊게 관찰하면서 기고문들을 작성했던 것이다. 이 시기의 그에게는 정치현실에 대한 현재인식이 중요했다. 그는 자기 당대의 혁명물결을 정치·사회적인 총체적 현상으로 파악하게 되었고, 그러할수록 그는 한 국가의 사회적 형식과 체제는 그 국가의 내면적 상태의 필요성에 따라서 세워질 뿐만 아니라, 대외정책은 사회체제에 의해 결정된다는 인식을 하게 되었다.[38] 그리하여 역으로 대외정책에 대한 파악은 국내 사회정책과 그 상태에 대한 이해를 가능하게 하는 것이다. 이러한 인식은 그의 후일의 작품들에서 근본적인 틀로서 나타난다.

랑케는 이 잡지를 통해 혁명에 대한 회의적·부정적 견해를 여러 기고문들에서 표명했다. 그는《프랑스와 독일(Frankreich und Deutschland)》[39]에서, 프랑스 혁명은 본질적으로 프랑스적 사건이라고 보았다. 그에 의하면, 프랑스에서는 혁명이 기존 체제의 전복으로 나아갔지만, 독일에서는 기존 체제가 너무 확고했으므로, 과거와의 완전한 결별과 같은 변혁이 반복되지는 않았다. 이러한 차이들은 독일인들과 프랑스인들의 서로 다른 성격들과 상황들 속에서 나왔다는 것이다. 이러한 사고에서 그는 1815년 후의

---

37 Vierhaus, a.a.O., S. 29.

38 Ebd., S. 146.

39 Ranke, SW. 49/50, I-3, *Frankreich und Deutschland*, 1832.

독일의 여러 가지 관계들이 개혁의 필요성을 지니고 있다는 것을 인정하면서도, 입헌체제의 직접적인 도입에 대해서는 부정적이었다. 그는, 독일에서는 다양한 신분들과 지방들의 요구들이 프랑스의 사례에 따르지 않으면서 "정부와의 결속" 속에 고려되고 조정되어야 한다는 입장이었다. 왜냐하면 그렇지 않을 때는, 역사적 발전과정이 프랑스와는 다른 독일에서도 상황이 혁명으로 나아갈 수 있기 때문이라는 것이다. 이 점을 그는 특히 중요시했다. 다름 아니라 그는 구(舊)프랑스가 자신들과 조건이 다른 영국과 아메리카의 개혁모델을 수용했던 것이 사태를 그렇게 만들었다고 보았던 것이다.[40] 그러므로 그의 주장은, 독일은 자체의 고유한 조건들에 의해 형성된 정치·사회적 체제를 유지하면서 변화를 시도해야만 한다는 것이다. 그의 이러한 사고에서는 사회적인 것은 국가에 종속되어 있고, 국가로부터 벗어나지 못하는 것이다.[41] 그가 기고한 글들에서는 1789년의 혁명이념이 도그마로 되어서는 안 된다는 것, 역사 속에 형성된 바는 정신이 구체화된 것이라는 것, 각 국가는 역사적으로 형성된 고유한 특성을 지니고 있다는 것, 그러므로 외래의 특정한 국가이론과 체제를 한 국가에 함부로 적용할 수는 없다는 것 등의 견해들이 표명되었다. 그의 이러한 정치이론은 특히 이 잡지의 마지막 책자에 게재되었던 〈정치대담〉에서 명확하게 표명되었다.

랑케의 정치이론을 기반으로 하는 이 잡지의 편집방향과 내용은 자연히 현실정치 자체에 대해서보다는 당대 정치현실의 역사적 조건과 배경에 대한, 즉 그 과거에 대한 해명으로 나아가게 되었고, 따라서 프로이센의 정책과 목표를 설명하는 대신에 프랑스와 독일의 국내 관계와 유럽 국가들의 역사적인 다양성들을 해명하는 데 치중하게 되었다. 그는 결코 어떤 현실적인 정책방향과 목표를 제시하지는 않았다. 그에게 중요했던 것은 역

40 Ebd., S. 72.

41 Vierhaus, a.a.O., S. 150-151.

사학적 계몽이지, 정치적 교육이 아니었다.[42] 이것은 정치에 대한 포기이거나 정치와 역사를 혼동하는 것으로 보였다. 결국에는 이 잡지에 기대를 걸고 있었던 프로이센 정부는 당황했고, 정치 현실에 대해 관심을 갖고 있었던 독자들은 실망하기도 했다. 이 잡지의 방향과 내용을 처음부터 회의적으로 전망하고 있었던 사람들은 자연히 비판적으로 되었다. 그들은 모두 다 정치적 잡지를 기대했었으나 역사학적 잡지를 만나게 되었던 것이다. 그리하여 이 잡지는 독자들을 확보하지 못했고, 공동 작업자들도 떠나갔다. 랑케는 합리적, 중도적인 아이히호른(Eichhorn), 자비니(Savigny), 슐라이어마허(Schuleiermach)와 보수적인 라도비츠(Radowitz) 등으로부터 지지를 받았으나, 이 잡지의 중도적 보수주의는 자유주의파와 충돌했다. 이들은 랑케를 반동적, 정부에 매수된, 성격도 없는 인물로 경원시했다.[43] 교육개혁가 훔볼트(A. v. Humboldt)는 그가 반동진영으로 넘어갔다고 보았고, 하이네(Heine)는 "불쌍한 랑케"라고 불렀듯이, 그의 이전의 자유주의적 친구들은 그에게 노여움과 소원함을 표시했다.[44]

랑케는 기고가들을 찾는 데 어려움을 겪었으므로, 이 잡지의 24편의 글들 중 2/3를 그 자신이 쓰기도 했으며, 잡지가 출간되는 간격도 길어졌다. 그는 처음에는 사람들이 자신의 견해에 동의할 것이라고 생각했었으나, 정반대의 상황에 부딪혔다. 그의 이상주의적인 역사적 현실주의(Realismus)를 위한 시도가 당시에는 극히 소수인들에게서만 이해되었을 뿐이다. 그는 충격적인 좌절을 겪고서 1836년 여름에 제2권의 4책을 계기로 잡지의 발간을 중단할 수밖에 없었다. 그리고 그는 이미 1834년에 임명된 바 있는 베를린 대학교의 정교수로서 강단과 저술 작업으로 돌아오게 되었다. 그가 이 잡지의 편집을 통해 목표했고 기대했던 바는 공적으로 좌초했다. 그의 기대, 즉 학문을 통해 실제 정치를 정화 및 해독시킬 수 있고, 보다 더 높

---

42 Muhlack, a.a.O., S. 4.

43 Srbik, a.a.O., S. 250.

44 Gooch, *op. cit.*, p. 80.

은 경지로 제고시킬 수 있을 것이라는 믿음은 당시 정치 이념들의 격앙된 투쟁들 속에서는 오류라는 것이 증명되었던 것이다.

그러나 이 잡지의 성격과 의미는 시류(時流)적이고 경향적인 것이 아니라, 오랫동안 역사학적으로 지속될 수 있는 것이었다. 이 기간에 랑케는 자신의 근본적인 역사사상 및 이론을 정치이론과 함께 기초했으며, 그의 많은 기고문들 중에서도 〈강대세력들(Die großen Mächte)〉과 〈정치대담(Politisches Gespräch)〉은 독일 역사학에서 "불멸의 보석들"[45]로 지칭되고 있다. 전자는 그의 필생의 역사 저작들의 기본 윤곽으로 되었고, 후자에서는 그의 역사주의 사상과 정치이론이 일찍이 정연하게 표명되었다.

**〈강대 세력들〉(Die großen Mächte)**, 1833

《역사·정치 잡지》의 제2권 제2책에 발표되었던 이 글은 루이 14세 이래로 유럽 국가들의 발전을, 즉 16세기에서 19세기 초까지의 유럽 역사를 전체적으로 관조하면서 각 시대의 중요한 국면들의 발전논리와 역사적 의미를 정리해 본 것이다. 근세 유럽 국가들에 관한 "세계사적 개요(Weltgeschichte im Umriß)"[46]로 간주될 수 있는 이 글에는 유럽 국가들의 상호투쟁과 협력 및 공동 작용 속에 형성된 내적 연관관계에 대한 랑케의 깊은 사고가 표명되어 있다.

랑케는 이 글을 시작하면서, 사람들이 1789년과 1830년의 혁명은 입헌적 체제로 나아가는 보편적 성향을 지니고 있고, 그 경향성들로부터는 어떤 나라도 벗어날 수 없을 것이라고 전망하고 있는 것은 오류이며, 자신은 이점을 해명하기 위해 "우리가 살고 있는 세계순간(Weltmoment)을 그것이 일어난 바대로 명확하게 관찰되도록 해보겠다"라고 밝혔다.[47] 이것은 그가 사람들이 프랑스의 두 차례의 혁명을 보편적 현상으로 보는 것을 거부

45 Srbik, a.a.O., S. 250.

46 Gerhard Masur, *Rankes Begriff der Weltgeschichte*, Berlin, 1926, S. 93.

47 랑케, 〈강대세력들〉, 《강대세력들·정치대담·자서전》, 이상신 역, 28쪽.

하는 동시에, 자신은 각 개별 국가들의 특수성을 제시해 보겠다는 의도이기도 하다. 그에 의하면, 근세 유럽 국가들은 중세의 교회적 통일체가 해체됨으로써 형성되어 왔다. 그 과정은 우선 민족들이 종교적인 것으로부터 벗어나는 독립적인 경향성을 보여 주었고, 그다음으로는 종교개혁을 통해 프로테스탄티즘이 민족적 발전을 더욱 강력하게 촉진시켰으며, 이와 동시에 종파적인 국가통일체들이 형성되었다. 그들은 16세기부터는 "하나의 국가들의 체제"를 이룩했다. 그는, 이 체제는 로마 제국이나 이슬람 제국, 중국 제국과 같은 통일체제가 아니라, 다양한 모습의, 상호 대립적인, 그러면서도 하나의 연관관계 속에 있는 국가들의 체제로서, 세계사적으로 발전해 나갔던 것으로 보았다.[48] 16세기에 그들 사이에서는 프랑스와 스페인의 대립과 같은 국가들 간의, 또한 각국 내에서는 군주와 귀족들의 대립과 같은 권력투쟁들이 일어났으며, 17세기에는 반동 종교개혁을 통해 유럽 전쟁(30년 전쟁)으로 나아갔다. 다음으로 권력투쟁은 세속적인 것으로, 특히 프랑스의 패권에 대립하는 것으로 되었다. 이러한 과정에서 형성된 이른바 "강대 세력들"이 그에게는 프랑스, 영국, 러시아, 오스트리아, 프로이센이었다.

랑케는 이 글에서 프랑스를 맨 먼저 취급했다. 그에 의하면, 이 국가는 세계적 권력이고자 하는 욕구를 1789년 혁명 이래로 나폴레옹 시기를 통해 보여주었지만, 이미 루이 14세 시기부터 그러했다. 루이 14세는 처음으로 정치적으로 완전하게 결합된, 문화 및 종교적으로도 통일된 중앙집권적인 "가톨릭적 민족국가"로서 전형적인 근세 군주체제를 세웠다. 이것은 리슐리외(Richelieu)의 작품으로서 "모든 프랑스인들은 프랑스 국가와, 그리고 프랑스 국가는 국왕과 결합되었다." 이 국가가 패권을 확보하는 데는 우수한 문학이 기여했으며, 이로써 다른 국가들의 독자성과 문화발전을 위협했다는 것이다.[49]

48 Schulin, a.a.O., S. 138.

이와는 달리 영국에서는 왕당파와 의회파가 각각 유지하는 힘과 개혁하는 힘을 대변하면서 "상대편을 극단적으로 공격하면서도, 기존 질서 속에서 자유로이 상호논쟁 및 타협함으로써" 결국 국가를 위태롭게 하지 않았고 오히려 최선의 것을 위해 함께 논의하는 체제를 세웠다. 이 나라는 명예혁명에 의해 더욱 강력하게 발전했고, 북아메리카에서 자유의 이념이 최대로 신장하는 공간과 가치를 발견할 수 있도록 했으며, 대륙에 대해서는 세력균형을 유지시키는 역할을 하는 한편, 해외무역에서 지배권을 확보한 "게르만적·해양적" 국가로서 세계사적으로 되었다. 이 시기에 영국문학은 처음으로 유럽적인 의미로 발전하여, 프랑스 문학과 경쟁하기 시작했으며, 시문학과 예술에서 사라지지 않는 기념물들을 갖추어 나갔다는 것이다.[50]

그런가 하면 러시아에서는 "반(半)야만인"인 표트르 1세(Peter I)가 "그리스적·슬라브적 원리"를 유지하면서도 유럽 국가들의 통치방식을 슬라브 민족성과 결합시키면서 나라를 강력하게 만들었다. 그러나 이로써 표트르는 슬라브 민족이 진정한 도덕적인, 품위있는 상태로 발전하는 것을 어렵게 만들었다는 것이다. 랑케에게는 러시아의 유럽화가 슬라브 민족의 고유한 성격을 훼손시켰던 것으로 보였던 것이다. 다음으로, 독일에서는 오스트리아와 프로이센이 종교적, 정치적으로 분열된 채 대립하는 가운데, 중세 시기에는 황제권 없이는 가끔씩만 언급되었던 오스트리아가 헝가리를 재정복하여 "가톨릭적·독일적" 원리의 강대세력으로 되었던가 하면, 프로이센은 "확고한 민족감정도, 문학도, 예술도, 고유한 교양도 지니고 있지 않던 독일에서"[51] 프리드리히 대왕(Friedrich II der Große)에 의한 군비확장과 독일문학 및 민족의식의 각성에 결정적으로 기여함으로써 "프로테스탄트적·독일적" 원리의 강대세력으로 되었다는 것이다.

---

49 랑케, 〈강대세력들〉, 《강대세력들·정치대담·자서전》, 이상신 역, 40-41쪽.

50 위의 책, 50쪽.

51 위의 책, 61쪽.

랑케는 이 강대세력들은 각각 자신들의 힘으로 등장했다고 보았다. 그들의 형성에 관한 그의 독특한 파악은 각국에서 문학이 국가와 일치하면서 국가가 자주성을 확보하는 데 기여했다고 보았다는 점이다. 프랑스와 영국이 그러했고, 뒤늦게이지만 프로이센이 또한 그러했다.[52] 이러한 파악은 그가 정치발전과 정신생활과의 긴밀한 관계를 일찍부터 인식하고 있었다는 것을 의미한다.

랑케는 이들 "강대세력들"에 관해 이미 《세르비아 혁명》에서, 그들 중의 어떠한 세력도 다른 세력들의 동의(Einverständniß) 없이는 무력적인 지배권을 행사할 수 없었다고 언급한 바 있다.[53] 따라서 그들은 "지배권을 행사하는 무력"을 인정 또는 견제하는 세력들이기도 하다. 그는 이제 〈강대세력들〉에서는 "하나의 강대세력이란 모든 다른 세력들에 대립하여 자신을 전체적으로 유지할 수 있어야만 한다"[54]라고 새로이 정의했다. 그는 이 개념을 모든 강력한 국가들에 적용시키지 않았고, 다섯 개의 강대국가들(Pentarchie)에게만 적용시켰다. 그들의 등장과 발전이 그에게는 "프랑스 혁명의 발발에 선행했던 100년 동안의 가장 거대한 사건"으로서 유럽 근세사의 세계사적 내용이다.[55] 그들은, 시더에 의하면, 근세사의 한 특수한 모습인 이른바 권력국가(Machtstaat)로서 출현했다. 그들에게서 특징적인 것은 그들이 결코 경계도 없는 권력추구를 통해 나타날 수는 없었고, 오히려 "연맹(Verein)"을, 하나의 체제를 형성했다는 점이다.[56] 그들은 각자 자신들의 이념과 특수성을 형성시키기 위해 상호 대립하면서도 협력함으로써, 그들 사이에는 공동작용도 있었다. 이러한 모습이 랑케에게는 강대세력들의 이른바 "세력균형(Gleichgewicht)"이다.[57] 이 체제는 프랑스의 패권에 다

52 위의 책, 40-41쪽.

53 Ranke, *Serbien und Türkei* (SW. 43/44), Vorrede, S. VII. 본서 II-1, 54쪽, 주 30 참조.

54 랑케, 〈강대세력들〉, 《강대세력들·정치대담·자서전》, 이상신 역, 70쪽.

55 위의 책, 96쪽.

56 Schieder, a.a.O., S. 113.

른 국가들이 대립하면서 형성되었고, 그들 간의 법적·평화적 질서를 지속적으로 유지시키는 역할을 했다. 이 체제는 개별 국가들의 발전에 의해서도 해체되지 않았고, 오히려 그들의 발전에 기여했다.[58] 그러므로 그에게서 강대세력이란 패권적 권력이 아니라,다른 국가들과 대립 및 협력하면서 세력균형을 유지하는 권력이다.[59] 그리고 그들이 형성했던 "연맹"의 체제는 세력 균형과 함께 다른 국가들의 자주성과 독자성을 보증하는 역할을 했다는 점에서, "권리의 체제(das System des Rechts)"이기도 했다.[60]

랑케는 이른바 "유럽 국가들의 체제"를 형성하고 있었던 이 강대세력들을 자주 태양계(Planetensystem)의 별들(Himmelskörper)에 견주었다. 이 별들은 "자신들의 궤도 속에, 상호작용 속에 있으며, 자신들의 체제를 갖고 있다".[61] 랑케에게 강대세력들은 별들의 그러한 운행처럼 각각  자신들의 위치를 지키면서 함께 작용하며, 때로는 멀리 이탈하면서도 본래의 위치로 돌아온다. 그러므로 그에게 그들은 "하나의 혼돈(Chaos)이 아니라 일종의 우주(Kosmos)를 형성한다."[62] 그는 자신의 당대에서도 그들의 역할이 작용하고 있는 것으로 보았다. 즉 그들은 16세기에 등장한 이래로 이미 17세기 후반부터는 이른바 "유럽 국가들의 체제"를 지배했고, 나폴레옹 전쟁 후에는 저 체제를 신성동맹(神聖同盟, Heilige Alliance)에서처럼 새롭게, 더욱 분명하게 만들었다. 그들에게서는 항상 세력균형의 원리가 작용했으며, 그들은 가장 어려운 상황 속에서도 항상 탈출구를 찾았다는 것이다.[63]

---

57 랑케, 〈강대세력들〉, 《강대세력들·정치대담·자서전》, 이상신 역, 43쪽.

58 Muhlack, a.a.O., S. 8.

59 Schieder, a.a.O., S. 113.

60 Friedrich Meinecke, "Rankes 'große Mächte'", in: *Zur Geschichte der Geschichtsschreibung*, München, 1968, S. 70.

61 Ranke, *Politische Gespräch*, hrsg. v. U. Muhlack, Frankfurt, 1995, S. 111; 랑케, 〈정치대담〉, 《강대세력들·정치대담·자서전》, 이상신 역(신서원, 2014), 159쪽.

62 Schieder, a.a.O., s. 114.

63 Ernst Schulin, "Universalgeschichte und Nationalgeschichte bei Ranke," in: *Leopold von Ranke und die moderne Geschichtswissenschaft,* hrsg. v. W. J. Mommsen, Kletta

랑케는 이와 같이 강대세력들의 형성과 역사적 역할을 설명하는 가운데, 국가(Staat)와 민족성(Nationalität)의 상호작용에 관해 언급하면서 양자를 구분하는 견해를 보여 주었다. 그에 의하면, 강대세력들은 프랑스의 패권적인 발전을 제약하고 유럽 각 국가들의 독립성과 생존권을 확보해 주면서, 그들의 민족성이 자체의 특수성을 발전시키고 역사적 작용을 할 수 있도록 했다. 그리고 민족성은 자체의 정신이 표현되고 있는 시문학, 언어를 통해 국가를 형성시키는 데 일정한 기여를 했다. 이러한 과정은 프랑스 혁명 이전에도 진행되었거니와, 특히 프랑스 혁명 이후에 민족성들이 새로워지면서 더욱 그렇게 발전했다는 것이다. 그에 의하면, "우리 시대의 사건들은 국가들을 위한 도덕적 힘들과 민족성이 국가에 대해 지니고 있는 의미를 다시 한번 더 관찰하도록 일반적 의식 속으로 가져왔으며, 우리의 국가들은 자신들을 세웠던 민족적 원리(nationales Prinzip)로부터 새로운 삶을 수용하게 되었다"[64]는 것이다. 그는 요컨대 자기 시대의 국가들은 각각 자체의 민족성에 의해 세워졌다고 보았다. 결국 그에게서는 국가와 민족은 동일한 구성체이지만, 그 범위와 성격 및 역할은 구분되면서도 상관적인 관계 속에 있다. 민족성은 보다 더 근원적인 것으로서 국가를 구성하며, 국가에게 활력을 공급해 주면서 개체로서의 특수성을 세워주는가 하면, 국가는 민족성이 발전할 수 있는 기반을 마련해 주면서 이 민족성을 근거로 하여 개체로서의 자체의 특수성을 형성시킴으로써 더욱 발전할 수 있게 된다. 그리하여 그에게 국가는 민족성 없이는 존속할 수 없게 되고, 민족성은 국가 없이는 발전할 수 없다.[65] 이러한 관계를 그는 후일의 작품들에서는 국가와 문화와의 관계에도 적용시켰다.

랑케는 이 글에서 유럽 근세사를 강대세력들의 대외 및 국내정치, 그리고  그들의 민족정치와의 관계 속에서 관찰하면서 정리했다. 이것은 그

---

1988, S. 43.

64 랑케, 〈강대세력들〉, 《강대세력들·정치대담·자서전》, 이상신 역, 98쪽.

65 위의 책, 77쪽.

가 그들이 수행해 왔던 "세계사적으로 중요한 공동작용"을 서술하기 위해서였다. 그는 첫 작품에서는 특정한 정치적 의식을 전제하지는 않았지만, 《역사·정치 잡지》를 주관하면서부터는 국제정치 관계들의 중요성을 인식하면서 이를 중심으로 유럽 역사를 관찰하게 되었던 것이다. 그는 각 국가들을 각각 자체의 생존권과 함께 특수성을 갖고 있는, 그리고 자체의 민족성으로 하여금 역사적 작용을 할 수 있도록 만드는 개체성으로 보았다. 그러므로 한 국가의 대외정치는 국내정치의 필요성에서 나오는 것이다. 즉 국내관계는 대외정치에 작용한다. 바로 이러한 관계에서 대외적 권력정치(Machtpolitik)의 필요성과 그 가치가 결정되며, 권력정치는 민족생활의 정신적 가치와의 관계 속에서 의미를 확보한다. 이 글이 강대세력들의 대외정치를 중심으로 구성되었고, 국내의 경제적·사회적 관계들의 의미는 뒤로 밀려났으며, 문화를 비롯한 정신생활의 계기들이 짧게 언급되었던 것은, 그가 국내의 모든 관계들은 대외관계들의 해명 속에서 모두 발견될 수 있다고 생각하고 있었기 때문이다. 그가 이 글을 시작하면서 밝힌 바에 의하면, "나는 의도적으로 거대한 사건들에, 대외적 관계들의 전개에 집중하겠다. 이러한 사건들의 가장 다양한 작용과 영향 속에 있는 대내적 관계들에 대한 해명은 대외적 관계들 속에서 대부분 발견될 수 있을 것이다"[66]라는 것이다. 요컨대 그에게는 대외정치를 파악하는 것이 국가들의 생활을 거시적으로 이해하는 데 있어서 다른 어떤 것에 대한 파악보다 중요하다. 이것은 그가 국가들의 일차적이고 가장 필요한 욕구들에 대한, 실존과 생활공간을 위한 그들의 투쟁들에 대한 파악으로부터 출발했다는 것을 의미한다. 대외정치의 우위성에 대한 그의 관념은, 마이네케가 해석하듯이, 실로 그의 천재적인 발상이다.[67] 그에게는 국내의 구조와 사정은 대외 투쟁들에 적응한 것일 뿐이다.

---

66 위의 책, 28쪽.

67 Meinecke, a.a.O., S. 68.

랑케는 대외정치를 통해 국가생활을 관찰하는 방식을 개별 국가에 한정시키지 않고, 이른바 근세 유럽 국가들의 체제에 적용시킴으로써 첫 작품과 두 번째 작품에서처럼 보편사적 시각으로 유럽 국가들의 발전과 의미를 파악하는 경지로 나아갔다. 이러한 그의 보편사적 관찰은 유럽 국가들의 체제가 모든 권력투쟁들과 수차례의 위기들 속에서도 해체됨이 없이 항상 탈출구를 찾으면서 소생하는 모습을 보여 주었다는 그 자신의 깊은 인식에서 나온 것이다. 그러므로 그는 1830년 7월 혁명의 여파 속에서도 유럽 국가들의 체제가 법적, 평화적 질서를 회복할 수 있을 것이라고 기대하면서, 그 가능성을 근세 유럽 국가들의 역사에 대한 보편사적 시각을 통해 제시해 보고자 했던 것이다.

랑케는 이와 같이 유럽국가들의 역사들을 보편사적으로 관찰하는 가운데 그들의 역사적 발전들을 전체적으로 연속성 속에서 사고하는 모습을 보여 주었다. 이 글에서 그는, "사람들은 우리 시대가 해체하는 경향성을 갖고 있으며, 우리 시대의 의미는 중세 시대로부터 남아 있는, 결속시키면서 구속하는 제도들을 종식시키는 데 있다고 생각한다"고 언급하면서, "그러나 우리 시대는 부정하는 일에만 빠져 있지는 않으면서, 가장 긍정적인 성과들을 가져왔다. 즉 이 세기는 거대한 해방을 수행했지만, 해체라는 의미에서는 그렇게 철저하지는 않았다. 이 해방은 해체로 하여금 구성하고 유지하는 데 더 많이 기여했다. 이 세기는 우선 강대세력들을 살려냈고, 모든 국가들의 종교와 법의 원리를, 특히 개인의 원리를 생생하게 갱신시켰다"[68]라고 서술했다. 그는 프랑스 혁명이 앙시앵 레짐을 무너뜨렸고, 나폴레옹이 독재 체제를 유럽에 부과했을 때, 각 국가들에서 민족성이 각성되었고, 그들이 연합하여 결국 1인 체제를 극복하고, 빈 체제를 통해 유럽 국가들의 체제를 재건함으로써 유럽 역사의 연속성이 지속될 수 있게 되었다고 보았던 것이다. 여기에서 그는, 국가로 하여금 새로운 삶을 갖도

---

68 랑케, 〈강대세력들〉, 《강대세력들·정치대담·자서전》, 이상신 역, 97쪽.

록 했던 민족성의 원리를 각성시켜 준 것은 다름 아닌 혁명이었다고 보았다.[69] 이로써 그는 역사적으로 일단 일어난 사건으로서의 혁명 그 자체의 역사적 기능을 파악하면서, 그 결과들은 국가를 더욱 공고하게 만드는 데, 그것이 계속 발전하는 데 기여했던 것으로 이해했던 것이다. 그는 이미 처녀작에서도 중세의 "황제권과 교황권의 몰락 속에" 근세 국가들로 나아가는 "새로운 생명"이 일어났다고 파악했듯이,[70] 그에게 모든 시대는 해체하면서도 유지하는 기능을 다 함께 수행하며, 또한 새로운 생명을 키우고 있는 것이다. 그러므로 그에게 모든 시대들, 모든 국면들은 연속성 속에서 사고되어야 하는 것이다.

이 글의 끝부분에서 랑케는 세계사의 내용은 무엇이며, 그것은 그 연속성 속에서 파악되어야 한다는 견해를 제시했다. "국가들과 민족들의 이와 같은 우연적인 혼란의 폭풍들, 중첩적인 기습들, 잇따르는 결과들이 세계사를 제시하지는 않는다. 흔히 그렇게 회의스러운 문화의 촉진도 세계사의 유일한 내용은 아니다. 그것은 힘들이며, 그것도 정신적인, 생명을 불러 일으키는 창조적인 힘들, 생(生) 그 자체이며, 우리가 그 힘들의 발전 속에서 알아보는 도덕적 에너지들이다. 이 힘들은 정의(定義, definieren)될 수 없고, 추상적으로 정리될 수도 없다. 그러나 사람들은 이 힘들을 관조(anschauen)하고 인지(wahrnehmen)할 수 있다. 사람들은 이 힘들의 현존재에 대한 공감(Mitgefühl)을 만들어 낼 수 있다. 이 힘들은 꽃을 피우면서 세계를 수용하여 가장 다양하게 표현되며, 상호부정하고 제약하면서 극복한다. 이 힘들의 상호 작용과 연속 속에, 이들의 생과 소멸 속에, 그다음으로는 항상 보다 더 큰 내용과 보다 더 높은 의미와 보다 더 넓은 범위를 자체 내에 내포하고 있는 소생(蘇生) 속에 세계사의 비밀이 놓여 있다."[71]

여기에서 보면, 랑케는 세계사의 내용을 문화를 넘어 더 근원적으로 정

69 위의 책, 98-99쪽.

70 본서 II-1, 44쪽, 주 10 참조.

71 랑케, 〈강대세력들〉, 《강대세력들·정치대담·자서전》, 이상신 역, 102쪽.

신적인 것이자 도덕적 에너지들이라고 봄으로써 역사의 내면적, 정신적 발전에 대한 관조와 사유(思惟)의 필요성을 제기했으며, 그러므로 역사연구에서는 "공감"을 통한 "관조"와 "인지"가 고유한 방법이라는 견해를 제시했다. 그러나 이러한 방법을 통해서도 그에게는 역사가 궁극적으로 해명될 수는 없다. 왜냐하면 역사발전의 내면적 힘으로서의 도덕적 에너지들도 끊임없는 생성과 소멸, 그리고 소생의 과정 속에서 항상 더 많은 내용과 더 높은 의미로, 더 넓은 범위로 전개되고 있고, 세계사의 비밀은 바로 그 속에 있기 때문이다. 이와 같이 그는 역사현실은 정신적인 것이며 생성변화 속에 있다는 것, 그러므로 그것은 결코 개념화될 수 없으며, 그 연구에는 고유한 방법이 필요하다는 이론을 이미 1830년대에 세우고 있었다.

랑케가 이 글에서 유럽 역사를 보편사적으로 관조하면서 표명한, 모든 역사시대들의 양면적인 역할과 의미, 역사발전의 연속성, 개체성으로서의 국가, 국가와 민족성의 관계, 대외정치의 우위론, 그리고 결코 추론될 수 없으며 오직 공감과 예감을 통해 인지될 수 있을 뿐인 정신적 힘으로서의 도덕적 에너지 등에 관한 관념들은 그의 근본적인 역사사상과 역사이론 및 방법론으로서 그의 모든 작품들에서 유지되고 있다. 이 글은 〈정치대담〉과 함께 후일에 "독일 학문의 불멸의 보석들"[72]이라는 찬사를 받게 되었다. 그는 이 글을 1833년에 발표한 후, 1872년에 자신의 전집(SW) 제24권에 수록할 때, 이 글은 1833년까지의 자신의 역사연구를 기반으로 하여 작성되었던 것으로서, 당시 이후의 자신의 저술들을 위한 하나의 기획이었다고 언급하면서, 전집의 출판에서는 이 글의 끝부분의 몇 문장들을 제외시켰다고 밝혔다. 그 이유는, 처음 발표될 때의 이 글의 논쟁점들이 이제 1870년대에 와서는 예민한 문제들로 되고 있으므로 가급적 완화시킬 필요가 있었다는 것이다. 그러나 그의 사후(死後)에 알프레드 도페(Alfred Dove)는 그에 의해 제외되었던 문장들을 복원시켰고, 그 후로는 복원된 글

---

72 Srbik, a.a.O., S. 250.

이 출판되어 왔다.

**〈정치대담〉(Politisches Gespräch)**, 1836

《역사·정치 잡지》의 마지막 책자인 제2권 제4책에 발표되었던 이 글은 베네딕트 교단의 한 학자인 프리드리히(Friedrich)라는 인물과 카를(Karl)이라는 친구가 함께 유럽 역사 발전의 논리와 그 진실에 관해 토론하는 내용이 대담형식으로 구성되어 있다. 여기에 나오는 카를은 당시 독일 역사·법학파(Historisch-Rechtschule)의 주도적 인물이자 프로이센의 국가고문(Staatsrat)이었던 자비니(Friedrich Karl von Savigny)를 대변하고 있고, 프리드리히는 랑케 자신으로 되어 있다. 실제로 랑케는 이 글을 작성할 때 자비니와 함께 항상 논의했던 것으로 알려져 있다. 두 사람 사이의 대담은 카를이 어떤 한 회합에 참석했다가 프리드리히의 고독한 서재 속으로 들어오는 장면과 함께 시작된다. 카를은 일상 정치에 관하여 "현세주의자들(Weltkinder)"과 피상적인 견해들을 주고받던 "대화(Konversation)"에서는 만족할 수 없었으므로, 그들과의 모임으로부터 벗어나서 현실사건들의 구조적 관계와 역사적 배경을 학식 있는 친구와의 "대담(Gespräch)"을 통해 이해해 보고자 프리드리히를 찾아온 것이다.

카를이 주로 질문을 제기하고 프리드리히가 대답하는 형식의 이 글에는 역사의 동력, 국가의 본질, 헌법체제와 민족생활과의 관계, 보편적 정신과 개별적 천재성, 법과 종교, 국가와 교회, 무엇보다도 국가의 대외정치 등에 관한 랑케의 깊은 통찰과 아울러 그의 학문이론 및 방법론에 관한 사고가 압축적으로 표명되어 있다. 그는 우선, 유럽 국가들이 국내정치에서 절대적 군주제와 입헌적 군주제라는 두 극단들로 분열되어 있다고 보는 일반적인 견해에 대해, 그 자신은 그러한 대립이 있고, 그것이 미래를 어둡게 만들고 있다는 점을 인정하면서도, 이제는 더 이상 우려할 필요가 없다는 견해를 보여 주고 있다. 그는 두 극단들의 대립 상황에서 힘을 얻고 있는 이른바 중용(中庸, Justemilieu)의 정책에 대해 회의적, 비판적인 견해를 제기했다. 그에 의하면, "진실은 두 극단들 속에서 찾아질 수 없으므로, 그 사이의 한 가운데를 찾는다는 것은 성실한 태도일 수 있으나, 그러한 방법으로써는 진실을 발견할 수 없다"는 것이며, "진실은 그 자체에서, 그 자체의 권역 속에서 관조될 때 비로소 발견된다"[73]는 것이다. 그러므로 그는, 중용에는 이중적인 관념이 있는 바, 그 하나인 중용의 "소극적 방법(negative Art)"은 국가가 어떠한 불법(不法)과도 관계하지 않으면서 당파들 사이에서 자신을 유지하고자 노력하는 것인가 하면, 다른 하나인 중용의 "적극적 방법(positive Art)"은 국가가 자신으로부터 당파들을 밀어내고, 자신의 고유한 적극적인 내용과 경향성을 관철시키고자 노력하는 것이라고 설명했다.[74] 후자가 그에게는 중용에 관한 진정한 개념이다. 이로써 그는 진실이 수학적, 통계학적 의미의 중간적인 것이 아닌 한, 대상 자체 속으로, 그 핵심에로 들어갈 때 그 본질을 파악할 수 있고, 이때에 그러한 인식 위에서 문제해결을 위한 확고한 방향을 세우며, 필요한 정책을 세워 볼 수 있다는 견해를 제시했다.

랑케가 이 글을 작성할 때는 1830년 7월 혁명의 영향으로 유럽에서 보수진영과 자유진영 사이의 대립이 다시금 일어나고 있었고, 프랑스에서는 "시민의 국왕"으로 선출되었던 루이 필리프(Louis Philippe)가 시민계급의 관심을 고려하여 정통주의적 왕당파와 공화주의적 혁명파와의 사이에서 이른바 "올바른 중심점(rechte Mitte)"이라는 방향을 유지하고자 노력하고 있었다. 그것이 당시의 이른바 "중용"의 정책이었고, 또한 당시 독일의 군주제적 보수파와 입헌제적 자유파 사이에서 고심하고 있던 프로이센 정부가 추구하고 있던 정책을 의미하는 것이기도 했다.[75] 그러므로 랑케가 일

---

73 Ranke, *Politische Gespräch*, hrsg. v. U. Muhlack, Frankfurt, 1995; 랑케, 〈정치대담〉, 《강대세력들·정치대담·자서전》, 이상신 역, 114쪽.

74 위의 책, 116-117쪽.

75 Friedrich Meinecke, "Rankes 'Politisches Gespräch'," in: *Zur Geschichte der Geschichtsschreibung*, München, 1968, S. 74.

반적 의미의, 즉 루이 필리프식의 중용정책과는 다른 자신의 적극적인 의미의 중용 개념을 제시한 것은 프로이센 정부가 개혁진영의 과격파와 보수진영의 극우파에 대해 미온적이고, 단지 투쟁만을 저지하고자 했던 정책에 대해서 회의적이었다는 것을 의미한다. 즉 그는 프로이센 정부가 현실적으로 보다 더 적극적인 정신적 내용을, 하나의 자아(自我)를 갖고 있어야 하고, 그것을 근거로 하는 정책을 추진시켜야 한다는 자신의 바람을 중용의 적극적인 개념으로써 표현했던 것이다.

랑케의 이러한 태도는 이 글의 내용을 이루고 있는 국가의 본질과 그 정치, 특히 대외정치에 관한 그 자신의 견해에서 나온 것이며, 이것을 그는 우선 당시에 세상을 자극하고 있었던 이른바 "비밀외교문서들(Portfolio)"에 대한 해석을 통해 표명했다. 이 문서들은 당시 러시아를 적대시하던 우르구하르트(David Urguhardt)에 의해 1835년에 런던에서 발간되었고, 보수적인 동방세력들인 러시아, 오스트리아, 프로이센 사이의 균열을 세상에 드러내어 그들에게 부담을 주었던가 하면, 자유주의파에게는 동방세력들을 비판하는 데 기여하게 되었다. 랑케 자신은 이 비밀문서를 근거로 당시 강대세력들의 현실정치에 대해 두 개의 견해를 보여 주었다. 그 하나는, 마이네케에 의하면, 보수적인 동방세력들이 서유럽의 혁명적 운동에 대처했던 정책은 일반적인 의견들에서 표명되었던 바와 같은 그렇게 맹목적인 것은 아니었다는 것이고, 또 하나는 혁명과 반동의 물결 속에서 국내생활에서의 내부적 대립은 권력정치와 대외관계들에서의 거대한 문제들에 비하면 2차적인 문제에 불과하다는 것이다.[76] 바로 이 문제, 즉 대외정치의 중요성과 의미를 랑케는 이미 〈강대세력들〉에서 언급한 바 있거니와, 이 〈정치대담〉에서도 다시금 제기했다. 요컨대 그는 국가들 간의 이해관계는 국내정치와 여론보다 더 강력하다고 보았고, 이로써 권력정치와 대외관계들을 모든 정치생활의 고유한 중심점으로 세웠던 것이다.

---

76 Ebd., S. 76.

권력정치와 대외관계에 관한 랑케의 견해는 그 자신의 국가 및 개체사상에 근거하고 있다. 그에게 "국가들은 서로 유사하지만 본질적으로는 각자 독립적이다." 그들은 "계약이론에서 말하는 일시적인 집단들이 아니라, 정신적 본질들의, 인간정신의 독창적인 창조물들인가 하면, 또한 신의 사상(Gedanken Gottes)이다."[77] 그리고 "모든 의미 있는 국가들은 자신들의 특별한, 자신들에게 고유한 성향들에 의해 실현"되었으며, "이 성향들은 정신적인 것이며, 이것을 통해 모든 구성원들의 성격이 결정되었다." 여기에서 일어나는 다양성과 각각의 필요성 때문에 국가들은, 비록 자신들의 근원을 신으로부터 찾고 있지만, 현실적으로는 각각 다른 헌법체제를 세우게 된다. 요컨대 모든 자주적인 국가는 자신의 고유한 근원적인 생(生)을 갖고 있고, 자신의 모든 영역을 채우면서 지배하며, 다른 어떤 국가와도 동일하지 않다는 것이다.

여기에서 보면 랑케에게 "국가의 정신은 근원적으로는 신의 사상이지만, 동시에 인간적인 충동"이며, 그리하여 국가란 현실적으로 인간의 "정신적 본질"의 창조물이다.[78] 이러한 의미에서 그는 국가를 "현실적·정신적인 것(das Real-Geistiges)"의 한 형식이자 실체(實體)라고 정의했다.[79] 이 국가는 자연법 사상에서 말하는 국가와는 다른 것이다. 그에게 모든 국가들은 자체의 고유한 생을 갖고 있는 "개체들(Individuen)"로서 자체의 고유한 발전형식과 체제를 세우고 있다. 그러므로 한 국가가 모든 국가들의 보편적 이상을 강조하는 자연법 사상의 국가이론에 따른다는 것은, 예를 들면 외국의 제도들을 수용하고 모방한다는 것은 불가한 일이다. 그러할 경우에는 그것들이 형성되었던 본래의 역사적 기반과 정신은 무시되고, 그것들의 윤곽과 형식만이 모방될 뿐이다. 또한 이식(移植)된 제도 역시 생소

77 Ranke, *Politisches Gespräch*, S. 95; 랑케, 〈정치대담〉, 《강대세력들·정치대담·자서전》, 이상신 역, 138쪽.

78 위의 책, 158쪽.

79 위의 책, 131쪽.

한 환경 속에서는 곧바로 자체의 성격에 변화를 일으키게 되며 혼란을 겪게 된다. 그러므로 한 나라의 교육제도나 헌법은 외국의 것으로부터 복제될 수 없다. 도대체 정신을 복사하는 일은 불가능한 일이기 때문이다.[80] 이와 같이 그는 국가의 개체성을 강조하는 자신의 역사주의 사상에서 국가를 자연법 사상에 따라 개혁하려는 자유주의파들의 시도에 대해 회의적이고 거부적이었다.

그런가 하면 랑케가 모든 국가들에게 무엇보다 중요한 제1차적인 과제로서 설정하는 바는 자신들의 독자성과 자주성을 세우는 일이다. 이것은 그들 각자의 생활공간과 안전을 확보하기 위한, 나아가서는 각자의 개체성을 실현하기 위한 가장 필수적인 조건이다. 그에 의하면, 사람들이 그 무엇이 되기 위해서는 자신들의 힘으로 일어나야 하고 자유로운 독자성을 발전시켜야 하며, 자신들에게 주어져 있지 않는 권리를 쟁취해야 한다.[81] 이 원리는 무엇보다도 국가에 해당된다. 그는 이미 〈강대세력들〉에서 "강대세력은 자신들의 힘으로 등장했고", "모든 다른 세력들에 대립하여 자신을 전체적으로 유지할 수 있어야 한다"[82]라고 말하면서 대외정치에서의 자주성은 국가의 독립성을 위한 전제조건임을 강조한 바 있다. 그리고 그는 이제 이 〈정치대담〉에서는, "한 국가의 독립성의 척도는 그 국가에게 세계 속에서의 자신의 위치를 제공한다. 그 척도는 동시에 그 국가에게 모든 국내의 관계들을 저 목적을 위해 설정하면서 자신을 주장하도록 하는 필요성을 부과한다. 이것은 국가의 최고의 법칙이다"[83]라고 다시금 강조했다. 더 나아가서 그는, "나는 시민을 현명하고 선하게 만드는 것보다 국가를 위대하고 강하게 만드는 것을 더 많이 생각하며, 나의 목표를 평화와 안락보다는 투쟁과 활동에 더 많이 두고 있다"[84]라고 주장했다. 이로써 그

80 위의 책, 123-124쪽.

81 위의 책, 135쪽.

82 랑케, 〈강대세력들〉, 《강대세력들·정치대담·자서전》, 이상신 역, 70쪽.

83 랑케, 〈정치대담〉, 《강대세력들·정치대담·자서전》, 이상신 역, 136쪽.

는 국가의 독립성을 위한 대외정치를 모든 국가생활 위에 올려놓았다. 그에게 국내의 헌법과 그 제정문제는 국가의 독자성을 대외적으로 세계에 주장하는 과제보다 아래에 있으며, 각 국가에서 자체의 조건과 필요성들에 따라서 개별적으로 해결될 수 있는 것이다. 그의 이러한 인식은 이후의 그의 모든 역사서술에서 관철되고 있는 이른바 "대외정치의 우위론(Primat der Außenpolitik)"이라고 지칭되고 있는 이론의 기반이다.[85]

랑케는 이 글에서 국내정치의 의미에 관해서도 국가의 형성 및 구성과 연관시켜서 언급하고 있다. 그는 국가구성원들이 모두 정치에 직접 참여하는 제도에 대해서는 회의적이었던가 하면, 각 개인들이 자신들의 재능에 따라 능력을 발휘할 수 있는, 그러므로 단순한 혈연적 신분제와는 다른, 가부장적 군주제를 선호했다. 이러한 체제의 국내정치에서 중요한 것은 "지방 및 지역풍습의 고유한 특성을 파괴하지 않는 일이며, 지방들을 해체될 수 없는 끈으로써 결속시키는 일이다. 그러할 때 권력은 자발적인 참여를 불러일으킬 수 있다"는 것이다. 그러므로 국내정치에서 권력이 수행하는 "가장 고귀한 노력(das vornehmste Bestreben)"은 모든 구성원들을 "자발적인 통일성" 속으로 통합시키는 일이다.[86] 그에게는 "생(生)의 충동들에서 자발성(Spontaneität)보다 더 바람직한 것은 없다."[87] 따라서 국가는 일반적 안녕을 도모하여 "권력이 정당한 방식으로 보편복리에 기여하고 있다는 점을 보여 주고, 권력이 이해되도록 해야 하며, 모든 개별 구성원들로 하여금 자신들의 사업이 일반적인 것과 연관되어 있는 한, 잘 보호된다는 것을 경험하도록 노력해야 한다. 이렇게 국가가 국민들의 자발성을 유도 및 보장할 때, 저항은 제압되고 강제의무는 만족으로, 규정은 자유로 제고된다"[88]는 것이다. 이때에 국가가 최고의 생명력을 얻게 된다는 것은 랑케

---

84 위의 책, 136-137쪽.

85 Meinecke, "Rankes 'Politisches Gespräch'", S. 76.

86 랑케, 〈정치대담〉, 《강대세력들·정치대담·자서전》, 이상신 역, 148쪽.

87 위의 책, 153쪽.

에게는 자명한 일이다. 그에게 국가의 이러한 모습은 신분제 귀족들의 특권이 제압된, 권력을 국민 전체의 자유와 복리를 위해 행사하는 근세 군주제적 국가의 이상적인 형식일 수 있겠으며, 역사적으로는 우선 민족국가(Nationalstaat)에서 실현될 수 있는 것이다.

랑케는 이 글에서도 국가(Staat)와 민족(Nation)을, 〈강대세력들〉에서처럼, 구분하고 있다. 그에게서는, 마이네케가 해석하듯이, 민족성(Nationalität)의 창조적 힘이, 즉 개체로서의 민족성의 생의 원리들이 무엇보다도 중요시되므로, 민족과 국가는 부합되는 것이 아니다.[89] 랑케 자신에 의하면, 국가는 인간적, 민족적 현존재(Dasein)의 한 "변형(Modifikation)"으로서 그 성격상 민족보다 더 좁게 봉쇄되어 있는가 하면, 민족은 국가로 되고자 하는 경향성을 갖고 있지만, 실제로 그러했던 경우를, 영국과 독일이, 그리고 그 목표에 가장 가까이 도달한 프랑스조차도 그러하듯이, 찾아보기는 어렵다는 것이다.[90]

랑케는 이 글에서 국가와 교회에 관한 견해도 또한 제시하고 있다. 그는 "교회는 인간을 최상의, 최고의 공동체에 결합시키는" 기관이며, "교회는 국가의 설립에서 아무것도 직접적으로 창조하지는 말아야 한다"고 말하면서, 국가와 교회는 영원히 분리되어 있다고 보았다. 그에 의하면, "교회의 정신은 전체 인류를 위해 절대적으로 가치가 있으며, 보편적 정신이다. 모든 교회는 그 자체의 성격에 있어서 보편적 교회이고자 한다. 그 반대로, 만일 국가가 세계를 포괄하고자 할 때는, 국가의 이념은 파괴될 것이다. (…) 국가의 정신은 신의 입김이지만, 그러나 동시에 인간적인 충동이다. 그것은 보다 더 제한된 성격의 공동체이며, 그 위로는 좀 더 높은, 어떠한 전제조건들로부터도 해방된 더욱더 자유로운 공동체가 있다."[91] 그것이 그에게는 교회이다.

---

88 위의 책, 149쪽.

89 Meinecke, "Rankes 'Politisches Gespräch'," S. 78.

90 랑케, 〈정치대담〉, 《강대세력들·정치대담·자서전》, 이상신 역, 132-133쪽.

이와 같이 랑케가 보편적 가치와 이상을 추구하는 교회와 지역적 및 민족적인 현실적 이념을 추구하는 국가를 구분하면서 국가는 결코 "보편군주체제(Universalmonarchie)"로 나아가서는 안 된다고 주장했던 것은 국가의 본질과 그 활동영역 및 지배 범위를 명확하게 밝히기 위한 것이었다. 이어서 그는 국가들 간의 관계를, 〈강대세력들〉에서 언급했듯이, 별들의 체제에 비유하고 있다. "별개로 분리된 지상적·정신적인 수많은 공동체들은 창조적 정신과 도덕적 의지에 의해 일어났고, 끊임없이 발전하고 있으며, 세계의 혼란들 가운데서 이상(理想)을 향한 내적 충동에 의해 전진하고 있으며, 각자가 자신들의 방식에 따르고 있다. 그것들을 바라보라. 그들은 자신들의 궤도 속에 있고, 상호작용 속에 있으며, 자신들의 체계를 갖고 있다."[92] 그러한 한, 개별국가들은 자신들의 궤도와 영역을 지키며 공존하는 공동체들이다. 그리고 그들 위에는 유럽 공동체가 있다. "각 국가는 자신의 특수한 발전으로 나아가고 있으며, 또한 각자는 이 공동체로 회귀할 것이라는 점을 나는 의심하지 않는다. 혁명전쟁들의 작용이 중단되듯이 말이다." 이와 같이 그는 7월 혁명 후의 여러 세력들의 대립들 속에서도 유럽이 결국에는 하나의 전체로서의 공동체를 유지할 것이라고 낙관적으로 전망하고 있었다. 그러므로 그는 저 비밀문서들(Portfolio)과 관계된 3개의 보수적인 동방 세력들이 그렇게 비난받을 정도로 행동하지는 않았다고 보았다. 다름 아니라 그는 유럽 공동체에서 각 국가들은 독자적이면서도 상호의존적 관계에 있다고 믿고 있었던 것이다.

이 글에서 표명된 랑케의 국가관에서 또한 중요한 것은 그가 개별 국가들은 현실적으로 인간의 창조적 의지와 도덕적 힘에 의해 일어났으며,[93] 그들이 보다 더 큰 공동체의 구성원으로서 보편적 의미로 제고되자면 도덕적 에너지를 더욱 필요로 한다고 보았다는 점이다.[94] 그의 보편사적 역

---

91 위의 책, 157-158쪽.

92 위의 책, 159쪽.

93 위의 책, 159쪽.

사사고에서는 유럽 국가들의 체제가 이미 형성되어 왔으며, 그러므로 각 국가는, 비록 정도와 수준에 따라서 다를 수는 있어도, 이미 그러한 조건을, 즉 도덕적 의지와 에너지를 이미 기본적으로 갖추고 있다. 이것이 그에게는 그들이 이미 다 함께 공존해 왔다는 역사적 사실에서 증명되고 있는 현실이다. 이러한 점에서 국가의 권력정치를 정당화시키는 그의 사상은 결코 무력적, 군국주의적인 것으로 간주될 수 없는 것이다. 실제로, 그의 후예들 중 일부가 후일에는 제국주의적인 방향으로 나아갔지만, 그 자신은 결코 그러한 방향을 의도하지 않았으며, 19세기 전반의 격동의 시기를 살면서 오히려 강대세력들의 균형과 공존을 염원했고, 이를 낙관적으로 기대하고 있었다.

랑케의 역사사상이 함축적으로 표명된 이 글에서는 그의 역사이론과 방법론도 또한 제시되어 있다. 그는 특히 "현실적·정신적인" 실체로서의 한 국가가 외국 제도를 수용하는 문제와 연관하여 자신의 고유한 이론을 제시했다. 그는 국가의 체제 및 제도와 같은 "형식적인 것(das Formelle)"은 보편적인 것(das Allgemeine)으로서, 그리고 각 국가의 역사적 조건과 상태로서의 "현실적인 것(das Reale)"은 특수한 것(das Besondere), 생동하는 것(das Lebendige)으로서 구분하면서, 전자는 국가에 필요한 것이지만 자체의 내용을 갖고 있는 근원적인 생(生)이 아닌가 하면, 후자는 국가 자체를 개체가 되도록 하는 그 무엇을 갖고 있다고 보았다.[95] 그러므로 그에게는 국가생활 및 현실정치를 위해서는 후자, 즉 특수한 것에 대한 인식이 전자, 즉 보편적인 것에 대한 파악보다 선행되어야 한다. 그에게는 "진정한 정치는 하나의 역사적 기반을 가지고 있어야 한다." 그러므로 그는 "진정한 정치"에 대한 파악을 국가에 관한 보편적인 의미의 이상적인 개념들로써 출발하는 것을 거부하면서 특수한 것에 대한 인식을 선행시켰다. 그에 의하면, "도

94 위의 책, 135쪽.

95 위의 책, 126쪽.

약 없이는, 새로운 출발 없이는 보편적인 것으로부터 특수한 것에로 결코 도달하지 못한다. 예감되지 않았던 독창적인 것으로 당신의 눈앞에 갑자기 서 있는 현실적·정신적인 것(das Real-Geistige)은 보다 더 높은 어떠한 원리로부터도 추론될 수 없다. 당신은 특수한 것으로부터 사려깊게, 대담하게 보편적인 것에로 나아갈 수 있다. 보편적 이론으로부터 특수한 것을 관조하는 길은 없다"[96]는 것이다. 보편성과 특수성에 관한 그의 이 유명한 말은 바로 이렇게 제시되었으며, 양자에 대한 그의 접근방법과 그 출발 순서는 모든 역사사고와 연구실제에서도 항상 고려되어야 할 길잡이로 되었다. 이러한 이론에서 그는 사실주의적으로 되었던 것이다.

랑케는 이 글을 1836년의 《역사·정치 잡지》의 마지막 책자에 발표했다. 그는 1832년에 이 잡지의 편집을 맡은 이래로 정치현실의 한 가운데에서 정치평론가로서 활동했으나, 개혁적 자유파로부터는 물론, 극우적 보수파로부터도 비판과 회의를 받아 왔고, 독자들도 확보하지 못한 채, 협력자들도 떠나가는 어려움을 겪었다. 그러나 그는 내면적으로 결코 무기력해짐이 없이 자신의 정치적 견해에 신념을 갖고서, 이를 역사학적 지식과 결합시켜서 혈기왕성한 40대 초반의 성숙된 사고로써 4년 동안 수 편의 글들을 이 잡지에 기고했으며, 그것들 중에서도 "최상의, 가장 의미 있는 시론(時論)"인 이 글[97]을 마지막 책자에 남기게 되었다. 이 글은 〈강대세력들〉과 함께 "독일학문의 불멸의 보석들"[98]이라고 평가되고 있다.

랑케는 1836년에 4년 동안 편집을 맡았던 《역사·정치 잡지》의 발간을

---

96 위의 책, 131쪽. "Ohne Sprung, ohne neuen Anfang kann man aus dem Allgemeinen gar nicht in das Besonderen gelangen. Das Real-Geistige, welches in ungeahnter Originalität dir plötzlich vor den Augen steht, läßt sich von keinem höheren Prinzip ableiten. Aus dem Besonderen kannst du wohl bedachtsam und kühn zu dem Allgemeinem aufsteigen; aus der allgemeinen Theorie gibt es keinen Weg zur Anschauung des Besonderen."(Ranke, *Politisches Gespräch*, S. 90)

97 Meinecke, "Rankes 'Politisches Gespräch'," S. 74.

98 Srbik, a.a.O., S. 250.

끝내고, 이미 1834년에 임명된 바 있는 베를린 대학의 정교수직으로 돌아왔다. 이때 그가 뒤늦게 개최했던 교수취임강의의 제목은 〈역사서술과 정치의 유사성과 차이에 관하여〉[99]였다. 그 내용은 그가 《역사·정치 잡지》의 편집인으로서 겪었던 경험과 학문으로서의 역사에 관한 자신의 관념을 근거로 하여 작성한, 역사학과 정치와의 관계에 관한 것이다. 그의 견해가 결정적으로 표명된 문장에서 보면, "역사서술의 과제는 국가의 본질을 일련의 과거 사건들로부터 제시하고, 그것을 이해하도록 하는 것이지만, 정치의 과제는 획득한 이해와 확보한 인식에 따라서 국가의 본질을 발전시키고 완성시키는 것이다. 과거에 대한 지식은 현재에 대한 이해 없이는 불완전하다. 현재에 대한 이해는 과거 시기들에 대한 지식 없이는 존재하지않는다. 전자는 후자의 도움을 필요로 하며, 후자 없이는 전혀 존재할 수도 없거니와 완전할 수도 없다"[100]는 것이다.

랑케는 강단으로 돌아와서 강의와 저술에 전념했다. 이때부터 그가 생애를 마칠 때까지 발표했던 50여 권의 역사작품들에서는 1830년대에 발표한 위의 두 글들, 즉 〈강대세력들〉과 〈정치대담〉에서 기초했던 근본 관념들과 이론 및 방법론이 변경됨이 없이 기본적인 토대로서 계승되고 있다. 즉 대외정치의 우위론, 권력정치의 필요성, 현실적·정신적인 실체이자 신의 사상으로서의 국가론, 통일적인 공동체로서의 유럽 국가들의 체제론, 그들의 발전을 보장 및 유지시켰던 세력균형론, 다양성 속의 조화론, 특수성에 대한 인식을 통한 보편성의 파악 등은 독일의 정치적, 역사학적 사상들에 큰 영향을 주었다. 물론 그 후의 시대적 상황과 국면들에 따라서 그것들은 회의에 부쳐지기도, 효력을 상실하기도, 논란을 불러일으키기도 했으며, 양차 대전에 대한 일정한 책임으로부터도 벗어날 수 없게 되기도 했다. 그러나 우리는 그가 자신의 근본 관념들을 세웠던 역사적 토대는 프

---

99 Ranke, "Über die Verwandtschaft und den Unterschied der Historie und der Politik," in: *Abhandlungen und Versuche* (SW. 24), Anhang, S. 280-293.

100 Ebd., S. 288-289.

랑스 혁명 이전까지의 유럽 역사의 유형들이었다는 점을, 그에게는 토크빌(Tocquoville)과 부르크하르트(Burckhardt)에게서처럼 미래 전망이 그렇게 강하게 작용하지는 않고 있었으며, 이것은 미래가 그에게서는 학문적으로 사고될 수 없는 범주였다는 점을, 물론 그의 한계이기는 했지만, 고려해야만 할 것이다. 아울러 그가 교수취임강의에서 표명했듯이, 그는 결코 미래 건설을 위해서 자신의 관념을 세우지는 않았고, 오히려 과거와 현재의 연속성을 염원하고 있었다는 점이 고려되어야 할 것이다. 이러한 점들은 우리에게 그는 어디까지나 그의 시대적 상황과 그 자신의 역사주의적 사고와 함께 고려될 때 보다 더 잘 이해될 수 있게 된다는 점을 확인시켜 준다. 이 두 글에서 보면 그는 현실로부터 유리되어 있지 않았으며, 오히려 과거 이해를 위해 현재인식을 항상 철저하게 세우고 있었다는 점이 나타난다.

랑케의 〈강대세력들〉과 〈정치대담〉은 그가 1854년 9월 25일부터 10월 13일까지 19회에 걸쳐 바이에른의 막시밀리안 2세 국왕에게 행한 〈근세사의 여러 시기들에 관하여(Über die Epochen der neueren Geschichte)〉와 함께 그의 모든 역사작품들과 글들 중에서 가장 많이 인용되어 왔던 가장 유명한 글들이다. 그러므로 이 두 글들은 20세기의 여러 역사가들에 의해 각각으로, 또는 묶여져서 여러 차례에 걸쳐 출판되어 왔다.[101] 각 출판본에는 각 편집자들의 관심과 관점에 따르는 해설이 첨부되었다. 1916년에 마이네케(F. Meinecke)는 1차 세계대전의 권력투쟁을 경험하면서, 랑케의 유럽 역사사상이 입증된 것으로 보았고, 1941년에 즐비크(H. R. von Srbik)는 "거대한 전환을 겪고 있는 우리의 시기는 랑케의 정치사상의 깊은 면을 얼마 전에 가능했던 것보다 더 많이 해명해 준다"고 해설했으며, 시더(Th.

101 제1차 세계대전 후 1924년에는 마이네케가, 1925년에는 로타커(Rothacker)가, 제2차 세계대전 중에는 호프만(Hans Hofmann)이, 1941년에는 즐비크가 출판한 바 있으며, 제2차 세계대전 후에는 라우에(Theodor H. v. Laue)에 의해 영어로, 1940년에는 일본어로 번역되었다. 1955년에는 시더에 의해 다시금 출판되었고, 1973년에는 이거스가 몰트케와 함께 다시금 영어로 번역했다. 마지막으로는 물라크(Ulrich Muhlack)가 1955년에 많은 주석을 붙여 출판했다.

Schieder)는 1955년에, "총체적인 국가권력의 세기 속에서" 랑케를 평가해 보고자 시도했다. 그리고 이거스(Georg G. Iggers)는 몰트케(Konrad v. Moltke)와 함께 영역판을 내면서 "민주적으로 기초된 사학사(史學史)"의 관점에서 랑케의 국가주의적, 보수적인 역사사상을 평가해 보고자 했다. 일본에서는 1940년에 아히하라 신사쿠(相原新作)에 의해 〈강대세력들〉이 《强國論一近世歐洲列强の盛衰》라는 제목으로 번역된 바 있다. 이와 같이 이 두 글들이 수차례에 걸쳐 항상 새로운 해설과 함께 출판되고 있는 것은 그만큼 이 두 글들이 보석 같은 역사사상과 이론 및 방법론을 내포하고 있거니와 유럽의 과거 역사에 대한 반성들에, 또한 그 미래에 대한 전망들에도 항상 새로이 깊은 영향을 주고 있기 때문이라고 볼 수 있겠다.

**《16·17세기의 로마교황들, 그들의 교회와 국가》**

**(Die römischen Päpste, ihre Kirche und ihr Staat im 16. und 17. Jahrhundert),**

3Bde., 1834-1836

이 작품은 교황권을 보편적 권력으로 파악하면서 중세 말 이래로 반동종교개혁 시기까지의 그 역사를 취급한 저술이다. 랑케는 제1권의 서문에서, 교황권은 로마제국에서 형성된 후, 중세 시기에는 정치권력과 대립투쟁하면서 교권체제(Hierachie)를 통해 유럽 세계를 지배해 왔으며, 16세기 전반에는 몰락을 겪은 후에, 다시금 자신을 "남부 유럽 및 라틴 민족들의 신앙과 사고의 중심점으로 제고시킬 줄 알았으며, 대담하게, 흔히는 행운의 시도들을 통해 다른 민족들을 다시금 예속시켰다"고 설명하면서, 이 교황권이 "교회적·세속적 권력(die kirchlich-weltliche Macht)"으로 새로워졌던 시기를 "그것의 내면적 완성, 그것의 진보와 몰락", 그리고 "그것의 갱신(更新)"의 과정으로 개관해 보고자 했다[102]라고 자신의 저술의도를 밝혔다. 그에게 교황권은 특별한 의미의 "신적인 것"은 아니면서도, "일찍이 등장했

102 Ranke, *Die römischen Päpste*, 1. Bd. (SW. 37), Vorrede, S. V.

던 가장 거대하고도 놀라울 만한 제도들 중의 하나"였다.[103] 그는 교황권 역시 "유럽의 인류가 겪었던 숙명들을 벗어나지 않았고", "세계사가 그러하듯이 여러 시기들의 교황들도 역시 한 제국의 왕조들과 크게 구분되지는 않는다"[104]고 보았다.

랑케는 먼저, 로마의 민족 종교와 문화적 통일성이, 그리고 제국의 정치적 지배가 모두 몰락하고 기독교와 그 교회가 등장하여 확산됨으로써 교황권이 형성되었고, 구(舊)세계도 새로워졌다는 사실을 개관했다. 다음으로 그는 교황권을 종교적·세속적인 국가적 체제로, 보편주의적·초민족적인 권력으로 보면서 교황권과 황제권의 대립을 보편적 요소와 민족적 요소와의 관계 속에서 관찰했다. 그는 가톨릭을 비판적으로 보았던 자유주의적 입장으로부터뿐만 아니라, 가톨릭을 미화시켰던 낭만주의적 입장으로부터도 벗어나서, 교황권을 "하나의 종교적이고 이상적인, 동시에 정치적·현실적인 세계권력"으로서 파악했다. 다시 말하자면 그에게 교황권은 종교적·정치적 권력이자 이상적·현실적인 제도였다. 이러한 인식은 그 이전의 역사가들이 보여 주지 못했던 것이었다.[105] 그리고 그는, 종교개혁은 교황권 체제가 지니고 있는 저 두 개의 본질적 요소들을, 즉 종교적·이상적인 요소와 정치적·현실적인 요소를 거부하는 세력들과 교황권과의 대립이었다고 보았다. 여기에서 그는, 종교개혁의 물결이 교황권의 몰락을 가져왔다고 보는 일반적인 해석과는 달리, 교황권은 결코 몰락하지 않았다고 보았다. 즉 교황권은 반동종교개혁을 통해 기독교 신앙을 새롭게 만들었고, 남부유럽에서는 세속권력의 중심점으로서 다시 태어났으며, 이로써 정신적·인륜적인 권력으로서 자체의 가치를 잃어버리지 않았다는 것이다.[106] 그에게 남부 독일에서 가톨릭의 재군림과 기사단(Order)의 창단

---

103 Srbik, a.a.O., S. 268.

104 Ranke, *Die römischen Päpste*, S. XI..

105 Srbik, a.a.O., S. 268.

106 Ranke, *Die römischen Päpste*, , S. V; ebd., S. 269.

은 빛나는 모습이었다.[107]

랑케는 교황권이 세속적·정치적 권력으로서의 체제를 갖추는 과정을 관찰하면서 교황권을 이탈리아의 역사적, 정치적 현상으로서 파악했다. 교회국가로서 교황청은 기존하는 지방자치 세력들, 즉 도시의 귀족(Nobili)세력들과 투쟁해야만 했고, 이들의 분열과 예속을 통해 자체의 권력을 강화시켰다. 이러한 과정에서 16세기에는 이탈리아의 공화주의적 성격이 무너져 갔고, 기존의 정치적·사회적 상태는 몰락하는 한편, 교황청을 중심으로 하는 교권체제(Hierarchie)의 새로운 상태가 형성되었다는 것이다.[108]

랑케가 다음으로 주목했던 바는 가톨릭 교권체제와 현실국가체제와의 관계이다. 이것은 군주제적 요소와 귀족제적 요소가 긴밀하게 결합되어 있는 국가체제의 형식이 "가톨릭의 원리" 속에도 내재하고 있는가의 문제이다. 그에 의하면, 가톨릭 교회는 이미 여러 가지 형식의 지배체제들과 결합해 왔고, 공화주의적인 것이나, 혁명적인 것도 자체의 목적을 위해 이용해왔다. 예수회파들이 국민주권설을 배제하지 않았던 것도 그러한 모습이다. 요컨대 그는, 가톨릭의 교권체제 원리에는 군주제적, 귀족제적 요소가 결합되어 있지 않다고 보았다.[109] 프로테스탄티즘도 역시 프랑스에서는 공화주의적으로, 보헤미아에서는 귀족적·신분제적으로 등장했다. 그러므로 그는 종교적 원리는 어떤 하나의 특정한 지배체제형식을 선호하지 않았던 것으로 보고 있었던 것이다.

랑케에게 또한 주목되었던 바는, 종교적 신념은 역사발전에서 하나의 추진력으로서 작용한다는 사실이다. 그에게 종교적 신념의 기반은 공동체 내의 사회적 차이와는 아무런 관계를 갖지 않는 "가장 깊은 공동감정(das tiefste Gemeingefühl)"[110]이다. 따라서 종교적 운동은 모든 계급들에게서 일어

---

107 Gooch, *op. cit.*, p. 82.

108 Vierhaus, a.a.O., S. 156.

109 Ebd., S. 157.

날 수 있으며, 그들에게서 공감(共感)과 공명(共鳴)의 반향을 발견할 수 있다. 그들의 종교적 운동의 동기는 원리적으로 신분적, 계급적 관심들을 넘어서는 요구들을 제기하면서 때로는 사회적 요소들과 혼합되기도 하며, 때로는 정치적 영역으로 나아간다. 그러므로 그는 그 추진력들이 공화주의적, 민주주의적 경향성들로 나아갔던 것은 필연적이었다고 보았다. 그러나 여기에서 그는 그 추진력들이 "혁명적인 형식들을 채택하고", "종교적인 열정들을 대중적인 열정들과 직접적으로 결합시켰던 경우"에 대해서는 비판적이었다.[111]

랑케가 교황권의 역사를 교황권의 "내면적 완성, 그 진보와 몰락", 그리고 "새로운 갱신(更新)"의 과정으로 서술하게 되었던 중요한 동기는 그것이 그에게는 보편사의 한 모습으로 보였기 때문이다. 그에 의하면, "교황권의 변화들 속에서는 보편사의, 전체적인 세계발전의 한 부분이 나타난다. 교황권이 의심할 바 없는 지배권을 행사하던 시대에서는 물론이려니와 16·17세기들에서처럼 작용과 반(反)작용이 상충하던 시대에서는 더욱더 그러했다"[112]는 것이다. 그리하여 그는 세르비아 인들이 이른바 "동방문제"와 함께 겪었던 분쟁들과 독립의 과정 속에서 보편사의 한 모습을 발견하고 그것을 서술했듯이, 16·17세기의 교황들의 역사에서도 역시 세계사의 보편적인 모습을 발견했기에 이를 서술대상으로 삼았던 것이다. 그에 의하면, 16·17세기에 "교황권은 어떤 세력으로부터는 버림받고 공격당했지만, 또 다른 세력에 의해서는 견고하게 유지되고 신선한 열정으로써 보호를 받았다. 이 교황권은 당연히 보편적 의미를 갖는다"[113]는 것이다.

여기에서 랑케는 교황권의 역사를 서술하는 자신의 입장과 방법을 밝혔다. 즉 그는, 교황권은 "하나의 높은 보편적 의미"를 갖고 있으므로, 그러

110 Ranke, *Die römischen Päpste,* I(SW. 37), 2. Buch, S. 88; ebd., S. 158.

111 Ranke, *Die römischen Päpste,* II(SW. 38), S. 65; Vierhaus, a.a.O, S. 158.

112 Ranke, *Die römischen Päpste*, I(SW. 37), Vorrede, s. XII.

113 Ebd., Vorrede, S. XI..

한 관점으로부터 역사를 파악하는 것은 우리에게 "자연적 입장(die natürliche Stellung)"을 요구한다고 말하면서,[114] 자신은 이 작품을 당파적 참여 없이 서술하고자 했다고 밝혔다. 그에 의하면, "이탈리아인이나 로마인은, 즉 가톨릭인은 사실을 다르게 취급할 것이다. 그는 개인적인 존경심을 (…) 또는 개인적인 증오감을 표현함으로써 자신의 작업에 고유한, 명확한 색깔을 부여할 것이다. 또한 그는 많은 부분들에서 상세하게 교회적으로, 지역적으로 될 것이다. 프로테스탄트인은, 즉 북독일인은 이러한 점들에서 가톨릭인과 겨룰 수 없다. 그는 교황의 무력에 대해 무관심하며 (…) 호의적인 서술을 처음부터 포기해야만 한다. 우리에게는 교회적 또는 교의적(kanonische) 부분에 대해서는 진정한 참여가 일어나지 않는다. 그 반대로 우리에게는 (…) 순수한 역사적 관점(der reine historische Gesichtspunk)이 일어난다"[115]는 것이다. 더욱이 랑케는 교황권의 무력을 불변적인 것으로 보지 않았고, "교황권을 구성하는, 교황권이 파기할 수 없는 기본 원칙들을 제외하고서는, 교황권 역시 유럽의 인류가 겪었던 숙명들을 벗어나지 않고 있다"고 보았다. 그에게는 세계사가 변화하고 있듯이, 교황권 역시 그러하다. 그러므로 그는 그 역사를 보편사적 관조 속에서, 그리고 지역적, 민족적, 종파적 당파참여로부터 벗어난 "자연적 입장"에서, "순수한 역사적 관점"으로 서술하고자 했던 것이다.

역사가가 교황들의 역사를 이와같은 관점과 방법으로 서술한다는 것은 그것의 긍정적, 부정적인 면들을 다같이 제시할 수 있게 된다. 랑케는 가톨릭 교회의 긍정적인 면을 서술했던 첫 프로테스탄트 역사가는 아니었다. 이미 뮐러(Johannes Müller)가 중세교회를 당시의 전체주의에 대항했던 지적 자유의 대변자로 보았고, 낭만주의자들은 교황들과 성자들의 열정을 찬양했다. 그런가 하면, 민족적 자유주의자들은 중세 교황권의 비독일적인 성격을 비판하기도 했다. 그러나 랑케는 당대의 그러한 논쟁들을 고려하지

---

114 Ebd., Vorrede S. XII.

115 Ebd., Vorrede, S. X- XI.

않고, 낭만주의적 열정도 배제한 채, 반동개혁시기의 교황들의 인간적, 지적인 면을, 로욜라(Loyola)와 예수회파(Jesuiten)들의 순수한 종교적 감정을 인정하기도 했다.[116] 그는 오직 풍부한 자료들을 근거로 하여 교황권을 하나의 거대한 역사적 현상으로, 중세 유럽문명의 위대한 통합자로 보면서, 자신이 프로테스탄트이지만, 교황들의 역사에서 긍정적인 면을 사실적, 객관적으로 서술하고자 했다.

랑케는 자신의 이러한 서술을 후일에, 1875년의 자서전에서 강조했다. 그는, 자신이 《교황사》 1권을 1834년에 발표했을 때, 동료 역사가 분젠(Bunsen)이 만족하지 못하면서, "역사가의 작업은 라틴계의 역사적 발전이 아니라, 게르만계의 역사적 발전에 바쳐져야 한다"고 언급했으므로, 《교황사》 2권에서는 독일사에 관해서도 많이 서술하지 않을 수 없었다고 고백하면서, 제1권을 저술했던 당시에 자신은 "긍정적인 것(das Positive)"을 포기하지 않으면서 "최대의 비(非)당파성"을 지키고자 했었다고 회고했다.[117] 이어서 1885년의 회고록에서도 그는, "누구도 이 《교황사》에 관해서는, 이 작품이 교황권을 찬성하면서, 또는 반대하면서 서술된 것인지를 말할 수 없었다. 이 역사는 찬성도, 반대도 하지 않으면서 사고되었다. 이 역사는 오직 철저하고도 비당파적인 연구들의 결과였으며, 그렇게 받아들여지기도 했었다"라고 회고하면서 "그렇지만 나에게는 마치 프로테스탄트의 역사가 여기에서는 완전히 공평하게 취급되지는 못했던 것처럼 보였다"라고 술회하기도 했다.[118] 이 작품에서 보인 그의 화해적인 관심을 두고서 당시에는, 랑케가 30년대 초의 빈(Wien) 체류시절에 가톨릭으로 넘어갔었다는 소문이 나기도 했던가 하면, 정통 프로테스탄트 측에서는 "사람들이 교황을 적(敵)그리스도(Anti-Christ)로 보지 않는다면, 이 작품은 참을 수 없는 것은 아니다"라고 평가하기도 했다.[119]

---

116 Gooch, *op. cit.*, p. 81.
117 랑케, 《강대세력들 · 정치대담 · 자서전》, 이상신 역, 254-255쪽.
118 위의 책, 285쪽.

랑케는 이 작품을, 일찍이 종교개혁 시대 당시의 슬라이다누스(Sleidanus)가 자기 시대를 서술했던 방법과 마찬가지로, 정치와 종교를 결합시켜서 관찰하며 서술했다. 두 역사가들에게는 그러한 방법이, 바로 종교개혁 시대의 역사 실제가 그렇게 진행되었으므로, 당연하고도 필요한 것이었을 것이다. 이 작품의 또 다른 특별한 의미는 사실들을 묘사하는 데 있어서 문학성을 갖추었다는 점이다. 따라서 이 저술은 일찍부터 "역사연구의 거대한 성과일 뿐만 아니라 예술적 작품"[120]이라는, 그의 "가장 찬란한 미학적 작품"[121]이라는 평을 받고 있다.

이 작품은 곧 번역되어 그를 국제적으로 유명하게 만들었던가 하면, 가톨릭과 프로테스탄트 두 진영 모두로부터는 비난을 받기도 했다. 가톨릭 측에게는 그가 교황권을 유럽 전역에 걸쳐 자체의 권력을 행사하고자 했었던 제도로서 취급했다고 보였기 때문이다. 그리하여 교황청은 1841년에 이 작품을 금서목록에 올렸다. 그런가 하면 프로테스탄트 측에게는 그가 교황권의 역사적 정통성을 원칙적으로 논박하지 않은 것이 지나치게 화합적인 태도로 보였다. 그러나 랑케 자신은 교황권을 중세의 보편적 권력으로서, "근세 권력들의 다양성 속에서도" 오히려 세계사의 내적 연관관계를, 보편적 모습을 명확하게 보여 주는 제도로 보면서 그것의 성격과 의미를 역사적, 객관적으로 평가했었다.

후일에 이 작품은 비당파적일 뿐만 아니라, "보편적인 것과 민족적인 것이, 정신적인 것과 현실적인 것이, 인과성과 이념이 통일성 속에 결합되어서 나타나도록 하는" 성숙된 사고와 "유럽 세계에 정통하면서 화해적이고 이해하는 눈"을 통해서 정교하게 서술되었다는 점에서, 실로 "고귀한 의미의 깊은 종교적 작품"이라는 평을 받기도 했다.[122] 부르크하르트는

---

119 Srbik, a.a.O., S. 269.

120 Gooch, *op. cit.*, p.83.

121 Schulin, a.a.O., S. 142.

122 Srbik, a.a.O., S. 269.

이 작품을《종교개혁시대의 독일사》와 함께 랑케의 걸작품(Meisterwerke)이라고 평가했다.[123] 푸에터는, 이 작품은 주로 라틴계의 반동종교개혁을 서술했고, 16·17세기의 교황들과 추기경들을 반(半)쯤 비굴한, 반쯤 계몽된 경건성의 대변자들로 보았던, 심리학적 역사서술의 걸작품이라고 평가했다.[124]

### 《종교개혁시대의 독일사》

**(Deutsche Geschichte im Zeitalter der Reformation)**, 6Bde., 1839-1847.

랑케는《로마교황들》의 역사를 서술하면서 가톨릭의 역사에 "프로테스탄티즘의 역사"를 나란히 세워 보겠다는 욕구를 갖게 되었다. 그 역사란 그에게 다름 아닌 종교개혁시대의 독일사이다. 그가 이 작품을 1830년대에 구상하게 되었던 것은《로마교황들》에서 취급했었던 시기 다음의 역사를 서술하는 것이 자신의 역사학적 과제이기도 했거니와, 자기 시대의 독일인들에게 현재적 문제였던 독일통일에 관한 사상들로부터 그 자신도 영향을 받고 있었기 때문이었다. 다름 아니라 그는 독일민족의 통일사상이 정신사적으로 처음으로 나타났던 시기의 역사를 정리하여 제시해야겠다는 필요성을 바로 자기 시대의 통일사상으로부터 의식하게 되었던 것이다. 그는 자서전에서 "나 자신도 역시 그 사상으로부터 접촉되지 않은 채 살고 있지는 않았다. 더욱이 나는 독일민족이 자신의 내면적 통일성을 가장 많이 표명했었던 종교개혁의 역사 속에서 독일 정신의 활동이 의식되도록 해야만 한다고 믿었다. 왜냐하면 프로테스탄티즘은 한 시대 전체를 관통하면서 독일의 종교로서 가치를 발휘했기 때문이다"[125]라고 술회한 바 있다. 요컨대 그는 자기 시대의 민족통일 사상에 공감하면서 이 작품을 착수

---

123 Felix Gilbert, "Ranke as the Teacher of Burckhardt," in: *Leopold von Ranke and the Shaping of the Historical Discipline*, ed. G. G. Iggers and J. M. Powell(New York: Syracuse University Press, 1990), p. 85.

124 Fueter, a.a.O., S. 478.

125 랑케, 〈자서전〉,《강대세력들·정치대담·자서전》, 이상신 역, 257쪽.

하게 되었으며, 이것은 역사서술이 역사가 자신의 현재인식으로부터 출발하는 모습이었다.

그러한 만큼 랑케는 이 작품에서는 과거 역사에 대한 특별한 접근 방법을 보여 주었다. 다름 아니라 그에게 종교개혁은 독일 민족의 "내면적 통일성"이 처음으로, 가장 많이 표명되었던 "조국의 가장 중요한 사건"이었다. 그러한 한 그는 그 역사를 해명하는 작업에서는, 연구대상에 일정한 거리를 유지하면서 정관적(靜觀的)으로 관찰하는 것과는 달리, 오히려 그것과 함께 호흡하는 적극적인 자세를 세우게 되었다. 그에 의하면, "그 시기의 정치적, 종교적 운동을 마련했던 상태들, 그 운동을 촉진시켰던 우리 민족생활의 순간들, 그 운동이 부딪쳤던 저항의 근원과 작용에 관해서는 매 단계마다 나에게 새로운 교훈이 일어났다. 사람들은 그렇게 강력한 정신적 내용을 지닌, 동시에 외부적으로 그렇게 세계지배적인 의미를 지닌 한 사건에 대해서는 그것에 철저하게 사로잡히고 밀착해지지 않고서는 접근할 수 없다"[126]는 것이다. 이와 같이 그는 이 작품에서는 연구 및 서술대상과 혼연일체로 되어, 그 대상 속으로 자신을 몰입(Sich-hineinversetzen)시켰던 것이다.

이 작품에서 랑케는 우선 기독교회와 독일의 역사를 중세 시기부터 추적하면서 독일의 역사는, 교황들의 역사에서 그레고리 13세(Gregor XIII, 1572-85) 및 식스투스 5세(Sixtus V, 1585-90)가, 프랑스의 역사에서 루이 14세(Louis XIV, 1643-1715)가, 영국의 역사에서 1688년의 명예혁명이 갖고 있는 것과 같은 절정점을 결여하고 있으나, 루터의 종교개혁은 독일의 역사에서 처음으로 새로운 전기(轉機)를 마련했다고 보았다. 그리하여 그는 세계지배를 추구해 왔던 교황권의 보편주의에 대립하여 독일에서 민족적인 신조가 등장하면서 교회개혁 운동을 통해 자체의 종교적·정치적 독자성을 확보했으며, 바로 그러한 과정이 독일민족을 구원(救援)했고, 독일

126 Ranke, *Deutsche Geschichte im Zeitalter der Reformation*, 1. Bd. (SW. 1), Vorrede, S. VII.

정신을 의식하도록 만들었으며, 이 정신을 통해 독일민족은 자신의 "내면적 통일성"을 표현하게 되었던 것으로 파악했다.[127] 그는 종교개혁운동 자체와 뒤따라서 진행되었던 여러 국면들을 사실적, 작용사(作用史, Wirkungsgeschichte)적으로 언급하면서, 종교개혁은 결과적으로 근원적인 기독교를 복구하는 목표를 넘어서서 독일에 정치적 변화를 함께 가져왔으며, 전체 유럽에게도 교황권으로부터 벗어나는 민족적 독립운동들을 불러일으키게 되었다고 해석했다.

랑케에게 종교개혁은 종교적으로, 또한 독일 민족을 위해서도 필요한 것이었다. 왜냐하면 그것은 기독교 원리의 순수성을 재건하는 것이었고, 독일민족에게는 자체의 자유로운 정신적, 국가적 발전을 가능하게 만들었기 때문이다. 이 개혁은 기존 교회의 통일성과 독일제국의 체제를 분열시켰지만, 그렇다고 파괴적이기만 했던 것이 아니라, 재건하는 힘으로서 독일 지역에 군주권을 새로이 형성시켰고, 황제와 신분들 사이의 기존의 법적관계를 갱신시켰다. 이러한 점들에서 랑케에게는 종교개혁이 "고유한 독일정신의 한 작품"이었고, 프로테스탄트 정신은 독일 민족정신의 진정한 대변자였으며, 이 개혁을 주도했던 루터는 "민족적 자기해방의 지도자"였다.[128] 그에게 루터는 종교에 관한 자신의 "견해(Meinung)"로부터 출발하여 교회체제의 기본 원칙들을 세워 나갔고, 민족정신과 시대정신의 경향성을 대변했으며, 스콜라 철학(Schola)과 교권적 교회체제를 거부하면서 민족의 견해가 교회개혁으로 되도록 했던 인물이다. 그에게 독일의 정신적 원리는 루터의 교회개혁을 통해 국가로부터 교회를 분리했으며, 독일의 종교성은 독일민족의 영혼으로부터 성장한 것이다.[129]

그런가 하면 랑케는, 교회개혁운동을 로마교황과 함께 저지했던 당시 독일제국의 황제 카를 5세(Karl V)의 "보편군주체제(Universalmonarchie)"는

---

127 Srbik, a.a.O., , S. 271.

128 Ebd., S. 271.

129 Ebd., S. 272.

서양 민족들의 창조적 정신에 모순적인 것이라고 보았다. 그러므로 가톨릭의 보편적 교회와 보편적 황제권은 독자적 체제를 지향했던 독일민족과 그 정신으로부터 저항을 받았다는 것이다. 랑케에게 카를 5세는 루터의 신분제적, 민족적, 주관적 종교원리에 대립했던 초민족적, 보편주의적 지배원리의, 세속 기독교의 기념비적인 인물이었으며, 그의 황제권은 종교적·세속적 무력을 갖고 있었지만, 그것을 재건하는 일은 더 이상 그 자신의 힘만으로써는 결정될 수 없게 되었다.[130] 요컨대 중세의 종교적·세속적 보편주의는 그 생(生)을 다 살았고 몰락할 수밖에 없었다는 것이다. 이러한 인식에서 그는 종교개혁을 통해 유럽의 정신적 통일성이 분열되었다고 슬퍼하는 사람들과는 달리, 그것은 하나 대신에 두 개의 흐름들로 나아가는 동일한 기독교의 흐름이라고 보았다.[131]

랑케는 이 저술에서 종교개혁의 시대를 주로 종교와 정치와의 관계 속에서 서술하면서도, 사회적·정치적 운동들에 대해서도 주목했다. 그러나 그 운동들에 대한 그의 파악과 이해는 부정적, 회의적이었다. 특히 교회개혁운동에 연계하여 등장했던 "대중적 요소들(Massenelemente)"의 활동을 그는 사회전복을 추진하는 힘들로 보았다. 그 힘들은 사회에 내재하는 모든 파괴적인 힘들을 풀어 헤쳤으며, "공적 질서(die öffentliche Ordnung)"를 위협하면서 새로운 체제의 건설을 지향했다는 것이다.[132] 그에게는 이 시기의 농민봉기와 도시 시민계층의 변혁운동이 그러했다. 농민들은 영주들과 지주들의 임의적인 과세증대에 대해 불만을 품고 있던 중, 교회개혁운동이 일어나자, 쉽사리 이 운동에 결속했고, 처음에는 "일반적인 인간이해에 가까운 것"을 넘어서지 않는 12개 조항을 제시했으나, 탄압을 받게 되자, 뮌스터(Münster)에서 "근본적인 전복"의 운동으로 나아갔다.[133] 뤼베크

130 Ebd., S. 272.

131 Gooch, *op. cit.*, p. 84.

132 Ranke, *Deutsche Geschichte im Zeitalter der Refomation*, II (SW. 2), S. 6. Vierhaus, *Ranke und die soziale Welt*, S. 160.

133 Vierhaus, a.a.O., S, 162.

(Lübeck)에서의 변혁운동도 그러했다. 이곳에서는 도시 하층민들뿐만 아니라 자기의식을 갖춘 시민계층과 불렌베버(Wullenweber)[134] 시장이 주도적으로 종교개혁을 수용하면서, 이 도시에 급진적인 민주적 정치체제를 세웠다. 그러나 농민봉기나 도시 하층민들 및 시민계층들의 봉기는 모두 실패했다. 랑케에 의하면, 그들의 봉기가 모두 실패할 수밖에 없었던 것은 그것이 본질적으로 절제될 수 없는 군중(群衆, Menge)의 본성에서 일어났으며 전반적인 전복을 시도했기 때문이었다.

이와는 달리, 루터의 개혁운동의 범위와 목표는 제한적, 현실적이었다. 랑케에 의하면, 당시의 지배적 관심은 종교적 관계들의 변화를 원했을 뿐, 세속적, 정치적 관계들은 유지되도록 하는 것이었다. 본시 프로테스탄트들은 세속화된, 그러면서도 절대적이고 신적인 권위를 요구하는 교권체제로부터 벗어나는 것만을 바랐다.[135] 그리고 "그들은 오히려 제국 속에서 신적(神的) 제도를 보았고, 자신들과 제국과의 연결 속에서 자신들의 존속을 위한 근본 조건과 가장 고귀한 명예를 보았다. 그들은 황제권을 자신들의 공권력(Obrigkeit)으로 인정하고 있었다"[136]는 것이다. 랑케는 그러한 범위를 루터와 프로테스탄트들이 지킴으로써 종교개혁에 성공할 수 있었다고 보았다. 그러므로 그에게는 농민 및 도시시민들의 봉기를 반대했던 루터의 태도가 당시에는 필요했던, 당연한 것이었다. 이러한 인식에서 그는 루터가 농민봉기와 도시시민계층의 급진적, 전반적인 변혁운동에 대해 진압을 주장하면서 독일 군주들과 결속했던 태도를 하나의 "실천적 보수주

134 불렌베버(Jürgen Wullenweber: 1488-1537)는 1533년에 뤼베크(Lübeck)의 시의원으로, 같은 해에 시장으로 선출되었던 정치가로서 그의 정치적 목표는 발트해(Ostsee)의 무역활동에서 덴마크와 스웨덴을 제압하여 뤼베크의 옛 우위권을 재건하고, 뤼베크 시의 귀족적 체제를 시민적 체제로 개혁하는 것이었다. 그러나 그는 여타 한자(Hansa) 도시들의 공조를 얻는데도, 귀족당파와 대립에서도 실패하여 1535년에는 시장직에서 면직되었고, 제국 법원은 그의 모든 개혁조치들을 환원시키고 그에게 사형을 선고했다.

135 Vierhaus, a.a.O., S. 164.

136 Ranke, *Deutsche Geschichte*, IV(SW. 4), 7. Buch, Einleitung, S. 5.

의"로 보면서, 그를 "위대한 개혁자"이자 동시에 "가장 위대한 보수주의자들 중의 한 사람"이라고 명명했다.[137] 종교개혁과 루터에 대한 랑케의 이러한 파악은 역사는 혁명적 변혁이 아니라 개혁적 전환을 통해 발전한다는 그 자신의 역사사상에서 나온 것이다. 이러한 관점에서 그는 루터의 태도를 합리화했다. 이것은 이 작품의 기본 사상으로 되고 있다.

이 작품에서는 랑케가 종교개혁시대를 독일 민족이 정치적, 종교적 독자성을 확보하게 되었던 과정으로 보면서, 그리고 그 시대에 "철저하게 사로잡히고 밀착해지고자" 하면서 서술했으므로, 그 자신의 민족적 감정과 복음주의적 신념이 그의 다른 어떤 작품들에서 보다 강하게 표명되었다. 그러나 그의 그러한 감정이 그 자신의 객관적 서술태도를 압도할 정도는 아니었다고 평가되고 있다.[138] 다름 아니라 그는 3세기 전의 가톨릭과 프로테스탄트 사이의 투쟁에 대해 그 자신은 프로테스탄트이면서도 그 어느 한편에 치우침이 없이, 양측의 입장을 함께 제시하면서 비당파적으로 서술하고자 했다. 그는 이 작품의 제3권에서, "비당파성(Unparteilichkeit)을 위한 자연적 성향을 갖고 있지 않는 사람이라 해도, 대립된 견해를 이와 같이 가까이 함께 세움으로써 각자에게 그들의 권리가 보호되도록 하는 요청을 받고 있다는 것을 느낄 것임에 틀림없다"[139]라고 자신의 입장을 밝혔다. 요컨대 그는 과거의 사건을  해명하는 데 있어서 해당 시대의 대립된 견해들을 다함께 제시함으로써 그들 각자에게 말할 수 있는 권리를 부여했던 것이다. 이것이 그에게는 비당파적인 방법으로서 곧 객관성을 보증하는 방법이었다.[140]

---

137 Ebd., S. 5.

138 Srbik, a.a.O., S. 270.

139 Ranke, *Deutsche Geschichte im Zeitalter der Refomation*, III(SW. 3), Vorrede, s. VIII. "Wer auch sonst nicht eine natürliche Neigung zur Unparteilichkeit hätte, müste sich doch durch diese nahe Zusammenstellung des Entgegensetzten aufgefordert fühlen, einem Jeden sein Recht angedeihen zu lassen."

140 랑케는 후일에, 즉 1871년에 1780년대의 독일 군주들의 동맹에 관해 서술하면서 "객관성은 동시에 비당파성이다"라고 거듭 말한 바 있다. Ranke, *Die deutschen*

그러므로 랑케는, 비록 이 작품을 자기 시대의 민족통일 사상에 공감하면서 독일 민족의 "내면적 통일성"이 가장 강력하게 표명되었던 시기를 서술하겠다는 의도로써 착수했지만,[141] 민족주의적인 서술로 나아가지는 않았다. 그는 종교개혁 시대의 독일사를 그 전후 시대들과의 작용사(作用史)적 관계 속에서, 무엇보다도 유럽의 역사 전체에 대한 관조 속에서 보편사적인 관점으로 서술했다. 그에게서 수학했던 부르크하르트가 이 작품을 《로마 교황들》과 함께 랑케의 대표 작품이라고 평가했던 것은 다름 아니라 랑케가 교황사뿐만 아니라 자신의 민족사에 대해서도 민족주의적인 관점으로부터 벗어나서 초민족적인 보편사적 관점으로 접근함으로써 결국 이 두 작품들이 탁월한 것으로 되었다고 보았기 때문이다. 부르크하르트는 자기 당대의 민족주의적인 열기와 그러한 역사서술을 회의적, 거부적으로 바라보고 있었으므로, 랑케의 서술에서 감동을 느꼈을 것이다. 우리는 이 작품에서의 랑케의 보편사적 서술이 객관성을 담보해 주는 하나의 방법이었다고 볼 수 있겠다.

랑케는 이 작품을 위해 바이마르(Weimar)와 드레스덴(Dresden) 및 베를린 문서고들의 자료들과 특히 프랑크푸르트(Frankfurt am Mein) 문서고에 소장되어 있는 16·17세기 제국의회(Reichstag)의 기록들을 활용했다. 이 기록들이 그에게 필요했던 이유는, "왜냐하면 그 시대의 종교적 노력들과 정치적 노력들을 일치시켜 볼 때만, 교회개혁의 거대한 사건이 어느 정도 파악될 수 있기 때문이었다."[142] 그리하여 그는 그 자료들을 근거로 하여 16세기의 독일 역사를 특히 종교와 정치와의 관계 속에서 파악 및 서술했던 바, 이것은 일찍이 16세기에 슬라이다누스(Sleidanus)가 처음으로 자기 시대의 역사를 종교와 정치와의 관계 속에서 서술했던 태도를 계승한 것이기

---

*Mächte und der Fürstenbund—Deutsche Geschichte von 1780 bis 1790* (SW. 31/32), Vorwort, S. VIII.

141 랑케, 〈자서전〉, 《강대세력들·정치대담·자서전》, 이상신 역, 257쪽.

142 위의 책, 256쪽.

도 하다.[143] 종교개혁의 시기를 그렇게 관찰 및 서술하는 것이 16세기의 당대인이었던 슬라이다누스에게는 "우리 시대에서는 어떠한 경우에도 양자(정치와 종교)가 분리되지 않기 때문이다"라는 이유에서 당연한 것이었던가 하면, 19세기의 랑케에게도 마찬가지였다. 다름 아니라 그는 국가와 교회를 다같이 정신생활로 보았고, 이 두 제도들의 상호대립과 투쟁 속에 유럽 역사가 발전해 왔다고 보았던 것이다. 그에 의하면, "정신생활은 그 깊이와 에너지에 있어서 같은 것이며 하나이자 동일한 것인 이 두 개의 제도들 속에서 표현되고 있다. 양자는 다양한 변화들을 겪으면서 상호 침투하고자, 또는 배제 및 제거하고자 시도하지만, 결코 와해되지 않으며, 어느 한쪽이 다른 한쪽을 제압할 수도 없다. (…) 서양 기독교 세계의 생활은 교회와 국가와의 끊임없는 상호작용을 근거로 하고 있다. 이로부터 정신의 항상 보다 더 자유로운, 보다 더 포괄적인, 보다 더 깊은 운동이 일어난다"는 것이다. 그러므로 그에게, "교회사는 정치사 없이는, 그리고 정치사는 교회사 없이는 이해될 수 없다. 양자를 결합시킴으로써 비로소 각 역사는 그들의 진정한 조명 속에 나타날 수 있으며, 그들이 등장하는 보다 더 깊은 생활을 예감(Ahnung)하게 되는 것이다."[144] 이러한 인식에서 그는 "독일 민족의 종교적, 정치적 생활이 가장 강력하고 가장 생산적인 추진력을 보여주었던 한 시대의 역사"를, 즉 종교개혁의 역사를 서술해 보고자 했던 것이다.[145]

---

143 슬라이다누스(Sleidanus: 1507-1556)는 인문주의적 저술가이자 외교관으로서 카를 5세(Karl V)의 가톨릭 정책을 비판하다가 프로테스탄트 진영의 슈말칼덴(Schumalkalden) 동맹의 법률고문이 되어, 이 동맹의 위탁으로 《카를 대제 시기의 종교와 국가의 위상에 관하여(Commentarii de statu religionis et republica Carlo V)》(1555)를 저술했다. 여기에서 그는 "나는 종교활동들을 서술하는 데 있어서 정치활동들을 제외시킬 수 없었다. 왜냐하면 (…) 양자는 거의 항상 함께 합류하며, 더욱이 우리 시대에서는 어떠한 경우에도 양자가 분리되지 않기 때문이다"라고 자신의 서술방법을 밝힌 바 있다(Fritz Wagner, *Geschichtswissenschaft*, München, 1951, S. 71).

144 Ranke, *Deutsche Geschichte im Zeitalter der Refomation*, I(SW. 1), Einleitung, S. 4.

145 Ebd., S. 5.

이 작품은 발표되었을 때, 《로마교황들》만큼 유럽적인 인기를 얻지는 못했으나, 독일에서는 그 이상의 환영을 받았다. 지벨(Sybel)은 "이 작품에는 독일 정신의 가장 위대한 행위에 대한 한 독일 애국자의 열정이 스며들어 있다"라고, 트라이츠케(Treitschke)는 "이 작품은 랑케의 걸작품으로서 조국에 대한 사랑을 담고 있다"라고, 로셔(Roscher)는 랑케는 "살아 있는 가장 위대한 역사가"라고 언급했다. 말하자면, 《로마교황들》에서 랑케의 민족적 열정을 느끼지 못했던 프로테스탄트들이 이 작품에서는 그것을 확인하고 기뻐했던 것이다. 그러나 랑케 자신은 그러한 찬사들에 동의하지 않았고, 90세 때에 "나는 이 작품이 《로마교황들》보다 훨씬 더 미흡하다는 말들을 들었으며, 나도 그렇게 생각한다. (…) 나는 세계의 독자들을 위해서가 아니라 독일 학문을 위해 노력했다"[146]라고 고백했다.

랑케는 이 작품에서 종교개혁 자체가 농민과 도시 하층민 및 상인들의 봉기를 수반했었으므로 사회적 요소들에 대해서도 주목했다. 그러나 후일에는 이 작품이 대중의 상태와 열망에 관한 서술에서는 빈약하며, 교의(教義)적 문제점들에 관해서는 더 많은 관심을 보였어야 했다는 지적을 받았던가 하면,[147] 이와는 달리, 랑케는 처음으로 종교개혁을 당시 독일의 공적 생활의 모든 영역들과 내면적으로 연관시켜서 제시했다는 평가도 있다.[148] 특히 이 작품은 문화의 작용과 문학에 관해서 비교적 상세히 취급함으로써 당시의 문학을 그 시기의 전체 역사 속으로 융합시켰고, 서술에 있어서도 《로마교황들》과 함께 가장 문학적이라는 평가를 받고 있다.[149] 8년 동안에 걸쳐 6권으로 발표되었던 이 작품은 그 연구의 양에 있어서, 또한 근원적인 자료들이 활용된 내용에 있어서 《로마 교황들》을 능가하는 저술로 평가되기도 한다. 그러나 그의 동시대인들에게서는 소수만이 이 작품이 종

146 Gooch, *op. cit.*, p.85.

147 *Ibid.*, p.85.

148 Fueter, a.a.O., S. 484; Srbik, a.a.O., S. 273.

149 Gilbert, *op. cit.*, pp.85-86.

교개혁에 관해 당시까지 나왔던 신학적이거나 제국적인, 또는 종파적이거나 경향적인 서술들보다 더 깊은 이해와 넓은 조망 속에 서술된 고차원의 저술이라는 점을 이해할 수 있었다고 한다.[150]

## 3. 1848년 이후의 작품들

### 《9권의 프로이센 역사》

**(Neun Bücher preußischer Geschichte)**,3Bde., 1847/48.

랑케는 《종교개혁 시대의 독일사》를 저술하고 있던 1843년에 프랑스 혁명에 관한 자료를 수집하기 위해 파리로 갔으며, 당시 프랑스 외무성의 문서고 관리자였던 미녜(Mignet)[151]의 호의로 이 문서고를 조사했다. 여기에서 그는 프리드리히 대왕 시기에 베를린 주재 프랑스 공사였던 발로리(Valori)가 본국에 보냈던 보고문들에서 프로이센에 관한 풍부한 자료들을 발견하고서 이를 발췌했었고, 또한 프로이센의 문서고를 조사하여 자료를 보완한 바 있었다. 이러한 자료들을 근거로 하여 그는 이 작품을 구상했고, 《종교개혁 시대의 독일사》를 마친 후, 곧바로 서술에 착수했다. 그렇지 않아도 그는 1841년에 프로이센의 사관(史官)으로 임명된 바 있으므로 이 나라의 역사를 서술해야 하는 의무감마저 갖고 있었다.

랑케는 후일에 자서전에서 자신이 프로이센에 관한 보편사적 서술을 시도하게 되었던 "가장 중요한 계기는 매우 제한되었던 선제후령(選帝侯

---

150 Srbik, a.a.O., S. 273.

151 프랑수아 오귀스트 미녜(François Auguste Minet: 1796-1884)는 《프랑스 혁명사(Histoire de la rêvolution française)》(1824)를 저술한 자유주의적 역사가였다. 이 작품은 그가 대학시절부터 친분을 맺고 있던 티에르(L. A. Thiers)의 《프랑스 혁명사》와 함께 왕정복고시기에 반동적인 부르봉 왕가에 대립하는 자유주의의 열망을 불러일으켰고, 1830년 7월 혁명을 위한 자극이 되었다. 그는 혁명 후 새 정부에 의해 외국관계문서고의 책임자로 임명되었고, 1843년에는 파리를 방문한 랑케에게 편의를 제공했던 것이다.

領)인 브란데부르크(Brandenburg)가 제1급의 유럽 세력들 중의 하나로 되었다는 사실에 있으며", 이것을 철저하고 일목요연하게 서술해 보고자 했었다고 밝힌 바 있다.[152] 그는 먼저 프로이센이 군사적 국가로 정비되었던 시기의 서술을 위해 병사왕(兵士王, Soldatenkönig) 프리드리히 빌헬름 1세(Friedrich Wilhelm I, 1713-1740)에 관해 집중적으로 연구했고, 그리하여 이 저서의 제1권은 프로이센 행정업무의 창시자이자 국가정비의 달인이었던 이 인물에게 바쳐졌다. 이어서 그는 프리드리히 빌헬름 2세(Friedrich Wilhelm II, 1740-1786)의 통치와 그가 오스트리아와 치렀던 "7년 전쟁(1756-1763)"을 취급했다. 이렇게 하여 이 작품은 프로이센 국가의 성장과 그 이념의 기원을 추적하면서 이 국가가 유럽의 한 강대세력으로 되었던 과정을 제시하는 저술로 되었다. 이 작품은 프로이센의 역사를 독일 민족이 신성로마제국의 동방경계에 식민화 사업을 시도했던 시기까지 소급시킴으로써, 프로이센이 야만적인 슬라브 부족들에게 옛 서방문화를 전파하고 유지시켰던 과정의 역사도 포함시켰다.

랑케는 프로이센이 국력신장을 위해 어떠한 영역들의 발전에 집중했고, 그것들의 연계적 발전이 어떻게 효과적인 작용을 하게 되었던가에 대해 주목했다. 우선 정치권력의 관계에서 보면, 호헨촐레른(Hohenzollern) 왕가의 지배는 초기에는 군주와 특권신분들과의 관계에서 상호지원과 참여의 형식으로 조화적이었고, 그리하여 이 나라는 군주제적, 신분제적 통치를 통해 평화로운 "공동체(Gemeinwesen)"로 성장했으며, 여기에는 프로테스탄티즘이 기여했다는 것이다.[153] 그러나 프리드리히 빌헬름 1세(兵士王) 이래로 군주의 권력은 토지귀족들과 기사계급 등, 특권신분들의 분권적 권리들을 축소시켜 나갔다. 이것은 중앙집권적 국가들이 등장하던 근세사의 과정에서 필연적으로 진행되었던 것이며, 프로이센에게는 특히 필요한 것이었다. 왜냐하면 변방국가로서 이 나라의 특별한 과제는 대외적으로

---

152 랑케, 〈자서전〉, 《강대세력들 · 정치대담 · 자서전》, 이상신 역, 294쪽.

153 Ranke, *Neun Bücher preußischer Geschichte*, I(1847), S. 25f; Vierhaus, a.a.O., S. 167.

독자성을 지킬 수 있는 강력한 군사국가로 되어야만 했기 때문이었다. 또한 이 국가는 도시들에게도 정치적 중요성을 배려하지 않았으며, 그러한 만큼 군주의 통치 권력은 강화되었다는 것이다.[154] 랑케는 그러나 여기에서, 군주는 그럼에도 불구하고 특권신분들이 보유하고 있었던 사회적 명망과 경제적 영향력 때문에 그들의 신하들에게 직접적인 영향을 줄 수는 없었다는 사실을 강조하기도 했다.[155]

다음으로 프로이센의 "국가경제(Staatswirtschaft)" 정책에서 보면, 정부는 제조업의 육성, 도로와 운하의 건설, 영업의 보호 등에서 국민들에게 자극을 주기도 하고 통제와 질서를 부여했다. 이로써 영업 및 산업에 종사하는 개인들은 자신들의 이익을 추구하는 동시에 국가 전체에 기여하게 되었다. 결국 프로이센은 "하나의 대중적, 행정주도적, 민족경제적인 성격(ein populärer administrativer nationalökonomischer Charakter)"의 정책을 통해 국민들의 "일반 복지(das Allgemeinwohl)"를 증진시키고, 국민으로 하여금 국가의 목적에 자발적으로 참여하도록 만들었다. 랑케는 그러한 국가경제정책이 프로이센에게는 자주경제체제(Autarkie)를 이룩하는 데 필요한 것이었다고 보았다.[156] 그에게는 그러한 정책이 그 자신의 국가이론과도 부합되는 것이었다. 다름 아니라 프로이센의 경제정책은 그가 일찍이 30년대에 〈정치대담〉에서, 국내정치에서 "국가의 가장 고귀한 노력은 모든 구성원들을 자발적인 통일성" 속으로 통합시키는 일이라는 것, 그러므로 국가는 그들로 하여금 자신들의 사업이 잘 보호된다는 것을 경험하면서 국가에 자발적으로 기여하도록 해야 하며, 이때 국가는 "국가의 최고의 생명력"을 확보하게 된다[157]고 밝혔던 바와 부합되는 것이다. 프로이센은 그러한 방식

---

154 Ranke, *Zwölf Bücher preußischer Geschichte*, II(SW. 25-29) , S. 193; Vierhaus, a.a.O, S. 167.

155 Ranke, *Neun Bücher*, I, S. 323f; Vierhaus, a.a.O., S. 168.

156 Ranke, *Zwölf Bücher*, II-2, S. 184; Vierhaus, a.a.O., S. 168-169.

157 랑케, 〈정치대담〉, 《강대세력들·정치대담·자서전》, 이상신 역, 148-149쪽. 본서 II-2, 77쪽, 주 86 및 주 87 참조.

으로 국가경제를 발전시켰고 국민과 국가가 결합되도록 함으로써 대외적으로도 독자성을 확보할 수 있었던 것이다.

랑케는 또한 프로이센 국민들이 "국가민족(Staatsvolk)"으로 형성되어 갔다는 사실을 주목했으며, 특히 병역제도를 통해 그러했다고 보았다. 다름 아니라 프리드리히 빌헬름 1세는 부역복무(賦役服務, Scharwerkdienst)를 파기하고 국민병(Landmiliz) 제도를 채택하여 "일반인(gemein Mann)"을 군복무에 수용함으로써, "지방주민들"은 현저하게 상승된 의미를 얻게 되었다. 이 병사왕(兵士王)이 육군에게 제복을 입히고, 그 통일성 속에서 빈자와 부자의 차이를 지양시키고, 오로지 복무계급만 유효하도록 만들었으며, 그 자신도 1725년 이래로 항상 제복을 착용하면서, 상비군(das stehende Heer) 제도를 세웠던 것은 국민들의 의식에 실로 깊은 변화를 가져왔다는 것이다. 랑케에 의하면, "인간은 자신의 단순한 현존재를 통해 최고 권력과의 직접적인 관계를 갖게 되자마자 하나의 보다 더 높은 가치를 얻는다."[158] 그러므로 국가가 정신적인 국가신조(Staatsgesinnung)를 세우고 그에 따르는 제도들을 실현시켜 나갈 때, 그 국가는 외형적으로 굳건하게 구성될 뿐만 아니라, 내면적으로도 정신적 변화를 가져올 수 있다. 그렇게 하여 이 병사왕은 국민의식이 형성되도록 만들었고, 이러한 과정에서 프로이센에서는 이른바 "국가민족"이 형성되었다는 것이다. 랑케에게는 그러한 "정치적, 사회적 진행이 그 깊은 내면에 있어서 하나의 정신적, 정치적 진행이었다."[159]

랑케는 이와 같이 프로이센 군주와 특권신분들과의 관계, 국가경제정책, 군사제도, 국민의식 등의 영역들에서 이루어졌던 변화들을 제시하면서 다른 어떤 작품들에서보다도 국내의 정치행정과 경제 및 상업 제도들과의 관계를 많이 취급했고, 이것을 대외정치 관계와 연결시켰으며, 정

---

158 Ranke, *Zwölf Bücher*, II, S. 172. "Der Mensch bekam einen höheren Wert, sobald er durch sein bloßes Dasein in unmitelbare Beziehung zur höchsten Gewalt trat."; Vierhaus, a.a.O., S. 171.

159 Vierhaus, a.a.O., S. 170-171.

신적 변화도 밝히게 되었다. 이러한 서술이 그에게는 필요했었다. 다름 아니라 그에 의하면, 프로이센이 브란덴부르크(Brandenburg) 및 폼메른(Pommern)과 통합함으로써 우선 하나의 왕국(Königsreich)으로서의 외형적 범위를 갖추었으나, "하나의 견고한 내적 결속"을 결여하고 있었으므로, 프리드리히 빌헬름 1세는 프로이센이 "대외적 지위를 안전하게 만들고, 내적인 타고난 힘들을 통합시켜서 스스로 하나로서 느끼는 전체를 형성시켜 나갈 것을 의식하고 있었다"는 것이다. 그의 이러한 정책이 랑케에게는 정당한 것이었다. 왜냐하면 랑케에게는 한 국가의 대외적 지위와 국내 관계, "이 양자는 거의 분리될 수 없을 만큼 상호 연관되어 있는 것"이기 때문이다. 그에 의하면, 국가권력을 위한 프리드리히 빌헬름 1세의 모든 정책들은 처음부터 국가의 "모든 대외적 가치는 국내의 힘에 근거한다는 의식으로 실현되었다."[160] 랑케에게도 "한 국가가 대외적 독자성을 세우는 데는 국내의 완성적인 발전이 중요하다"[161]는 것이 그 자신의 기본 인식이다. 이러한 인식 위에 서술된 이 작품은 결국 프로이센의 대외적 발전은 국내의 여러 힘들의 통합과 결속을 통해 이루어졌다는 것을 증명하는 것으로 되었다. 그리하여 이 작품은 그가 재판의 제3권의 입문에서 밝힌 바인, "국가와 권력 사이에는 아마도 그 자체로서는 어떠한 차이도 없다. 왜냐하면 국가의 이념은 독립성으로부터 나오기 때문이다. 이 독립성은 상응되는 권력없이는 주장될 수 없는 것이다"[162]라는 그 자신의 관념을 확인하는 저술로 되었다.

그러나 여기에서 고려되어야 할 바는, 이 작품에서는 랑케가 프로이센이 처음부터 국가정책을 독일민족 전체를 위해 세워나가고 있었던 것으로 보지는 않았다는 해석이다. 즐비크(Srbik)에 의하면, 랑케는 프로이센이 그 초기 역사에서는 "독일 민족을 위한 사명감에 찬, 사심없는 기여"를 하지

160 Ranke, *Zwölf Bücher preußischer Geschichte*, 3. und 4. Bd. (SW. 27/28), Eingang, S. 4.
161 Vierhaus, a.a.O., S. 169.
162 Ranke, *Zwölf Bücher*, 3. und 4. Bd., Eingang, S. 5.

는 않았고, 유럽의 상황에 따라서 자체의 이익을 추구했던 것으로 보았다는 것이다.[163] 결국 랑케는 프로이센의 분권주의(Partikularismus)를 인정했고, 그 초기 역사에서 소독일적 민족정치의 기원을 발견하지는 않았던가 하면, 오스트리아에 대해서는 어떠한 적대감정도 보여 주지 않았다는 것이다.[164] 그러므로 여기에서 주목되는 바는 랑케가 독일에서의 프로테스탄트적 프로이센과 가톨릭적 오스트리아라는 이원주의(二元主義)를 역사적 현상으로서, 독일과 세계정치의 의미있는 결과적 현상으로서 인정했다는 점이다. 그의 이러한 태도는 후일에 드로이젠이《프로이센 정치사》[165]에서 합스부르크 국가를 프로테스탄트적, 보루시아적(borusische) 구성요소들로부터 배제했던 소독일주의적 태도와는 대조적이다.[166] 이런 점에서는 랑케는 프로이센의 사관(史官)이면서도 프로이센 학파의 역사가들보다는 비교적 비당파적이었고, 특히 독일 국가들의 다양성을 존중하는 다원주의적 사고를 견지하면서, 그만큼 보편사적이었다.

이 작품은 그의 다른 작품들과는 달리 문학성을 결여하고 있으며, 정신생활과 사상관계를 개괄적으로만 취급했다는 지적을 받고 있다. 무엇보다도 이 작품은 이미 발표되었던 당시에 여러 면에서 거부당했으며, 또한 빈약한 작품으로 간주되기도 했다.[167] 이 점을 이해하기 위해서는 이 작품과 당 시대와의 관계, 그리고 그의 서술동기와 의도 등이 함께 고려될 필요가 있다. 그는 1848년 2월 혁명의 영향으로 베를린에서도 3월부터 혁명적 소용돌이가 일어나고 있을 때 이 작품을 저술하고 있었고, 곧이어 발표했다. 그러나 프로이센의 성장과 발전을 그 왕권의 강력한 의지와 함께 강조하면서도 프로이센과 오스트리아의, 프로테스탄티즘과 가톨릭의 이원주의

---

163 Srbik, a.a.O., , S. 274.

164 Gooch, *op. cit.*, p. 86.

165 Johann Gustav Droysen, *Geschichte der preußischen Politik*, 15Bde., 1885-1886.

166 Srbik, a.a.O., , S. 274.

167 Ebd., S. 274.

를 오히려 독일적 특성으로 인정하고 있는 이 작품은 소독일주의적 통일과 자유주의적 헌법체제를 열망하던 당시의 시대적 요구에 부응하는 것일 수 없었다. 그의 입장이 당시의 개혁세력들에게는 혼란스러운 것이고 흘러간 옛 노래로 들릴 뿐이었으며, 시대의 변화 요구에 대한 냉담한 태도로 보였다. 그리하여 이 작품은 그 핵심에 있어서는 옛 프로이센 왕권의 모습이 독일 민족에게 고귀한 사명으로서 진지하게 수용되어야 한다는 의미를 내포하고 있음에도,[168] 1848년 3월의 혁명적 소용돌이 속에 묻혀 버렸다. 드로이젠은 이 작품을 "향수를 뿌린 저술"이라고 혹평하기도 했다.[169]

그런가 하면 이 작품은 랑케가 객관적인 절제를 지키고, 근원적인 자료들을 충실하게 활용했다는 점에서 학문적인 가치를 인정받고 있기도 한다.[170] 그는 제1권의 서문에서, "사람들이 프로이센 행정의 발전들을 해당 시대의 필요성과 성과에 따라서, 이론적 사로잡힘이 없이(ohne theoretische Befangenheit) 그 가치를 인정하고, 생생했던 순간들을 전체 국가생활과의 연관관계 속에서 파악할 줄 안다면, (…) 그것은 프로이센 행정의 역사로서 하나의 작품으로 될 것이다"[171]라고 말했던 바, 이것은 자신이 그렇게 사실적이고자 했다는 것을 의미한다. 또한 그가 이미 동시대인들로부터 대왕(大王)으로 불리었던 프리드리히 빌헬름 2세를 "항상 사건들을 예견하며, 예리하고 정확하게 사고하면서 거대한 결심들을 하고, 생사(生死)가 걸린 투쟁에서 중요한 위치를 확보했던 군주"로 묘사하면서도, "내가 그러나 하나의 일방적인 파악에 의도적으로 빠지지 않고자 한다면, 아무리 그가 의미있다 해도, 나는 하나의 관점에 나를 제한시켜서는 안 될 것이다. 나는 친구도, 적도 경청해야 할 것이다"[172]라고 말했던 것은 자신이 그렇

168 Ebd., S. 273.

169 Schulin, a.a.O., S. 143.

170 Srbik, a.a.O., S. 272.

171 Ranke, *Zwölf Bücher preußischer Geschichte*(1874), 1. und 2. Band (SW. 25/26), Vorrede der ersten Ausgabe (*Neun Bücher preußischer Geschichte*, 1847), S. VII.

172 Ebd., S. VIII.

게 객관적이고자 했다는 점을 투키디데스와 폴리비오스의 말을 계승하면서 밝힌 것이다. 이어서 그가, "옛 사람들은 자기 시대의 역사를 어떠한 고려도 없는 진실애(眞實愛, Wahrheitsliebe)로써 서술했다. 우리들에게는 이미 1세기가 지나가 버린 사건들을 해당 시대에 대한 애착심이나 혐오감에 개의함이 없이 가능한 한 객관적 관찰로써 현재화시키는 시도가 허용되어 있다고 생각한다"[173]라고도 말했던 바에서 보면 그가 지키고자 했던 사실주의와 객관주의에는 고대 역사가들의 "진실에 대한 사랑"이라는 바로 그 감정이 작용하고 있었다. 이 "진실애"가 그에게는 객관성을 담보해주는 기반이다. 그의 객관성은 그가 민족적 과제, 종교적 신조, 시대적 경향성에 초연하면서 오직 역사적으로 형성되어 온 바들에 근거하고, 그들의 역사적 권리와 다양한 발전성향들을 인정 및 수용하는, 요컨대 역사주의적이자 보편사적인 사고의 결과이기도 하다.

랑케는 이 작품의 제2판의 서문에서는 자신의 역사사상의 한 중요한 기반이자 방법론이기도 하는, 개별적인 것과 보편적인 것과의 관계에 관한 견해도 제시했다. 즉 그는 여러 민족들과 국가들의 역사에 관한 "발췌적(拔萃的, epitomatorische)"[174] 서술들은 개별 사실들의 확실성과 고유성을 담보해 주는 연구의 철저성을 결여하고 있다는 지적과 함께, "역사학적 연구는 그 성격상 개별적인 것을 겨냥한다"고 언급하면서도, "그러나 역사학적 연구가 그것에만 머물러 있다면, 자체의 목적을 달성하지 못한다는 점을 시인할 것이다. 하나의 보편적인 발전의 생동하는 순간들이 또한 연구의 대상으로 될 수 있어야만 한다"[175]라고 부언했다. 이 말로써 그는 이 작품에서의 자신의 서술방법을, 즉 프로이센 역사의 초기 시기들에 관한 "하나의 총괄적인 서술시도"를 합리화시켰다. 즉 자신은 "발췌적인 서술"은

173 Ebd., S. IX.

174 본서 VI, 2-1,484쪽 주 54 및 주 55 참조.

175 Ranke, *Zwölf Bücher preußischer Geschichte*(1874), Vorrede der neuen Ausgabe in Zwölf Büchern, S. XI.

철저성을 결여하므로 개별적인 것들을 겨냥해야만 하되, 어디까지나 보편적인 순간들을 함께 파악해야만 했다는 것이다. 왜냐하면 그에게 개별적인 것과 보편적인 것은 상호제약하고 보완하며, 서로를 생기 있게 만들며, 또한 양자의 만남에서 다음 단계로의 발전계기가 마련되기 때문이다.

이 작품은 랑케가 〈강대세력들〉에서 제시했던 5개 국가들 중에서 가장 늦게 등장했던 프로이센의 역사를 오히려 가장 먼저 서술한 것이다. 그는 이 작품을 후일에 보완하여 《12권의 프로이센 역사(Zwölf Bücher preußischer Geschichte)》(1874)라는 제목으로 새로이 출판했다. 그 동기와 이유로서 그는 그동안에 "사건들에 관한 지식이 축적되기도 했거니와 시야도 확대되었기 때문이며", "오늘날 유럽과 세계의 보편적 운동에 그렇게 중요한 역할이 부여되고 있는 브란덴부르크·프로이센 국가가 처음부터 어떻게 형성되었고, 유럽 세력들의 반열에 오르게 되었던 가를 이전보다 더 상세하게 제시할 필요성을 느꼈으며, 또한 다방면으로부터 그러한 요청을 받았기" 때문이었다고 밝혔다.[176] 이 작품은 처음 발표되었을 때는 그의 객관적이고 냉정한 서술로 인해 열정을 결여한 작품으로 간주되면서 관심을 끌지 못했으나, 보완된 후로는 그의 중요한 작품들 중의 하나로서 학문적 가치를 인정받고 있다.

### 《근세사의 여러 시기들에 관하여》

**(Über die Epochen der neueren Geschichte)**, 1854, veröffentl. 1888 von Alfred Dove.

이 작품은 랑케가 1854년 9월 25일부터 10월 13일까지 19일 동안 19회에 걸쳐 바이에른(Bayern)의 국왕 막시밀리안 2세(Maximillian II)에게 행했던 연속강의의 내용이다. 막시밀리안 2세는 왕세자 시절에 베를린 대학에서 수학할 때의 옛 스승인 랑케를 바이에른의 수도인 뮌헨(München)대학의 교수로 초빙하고자 했었다. 그러나 랑케는 이 제안을 프로이센의 프리드

---

176 Ebd., S. X.

리히 빌헬름 4세(F. Wilhelm IV)와의 관계 때문에 사양하고, 그 대신에 이 연속강의를 하게 되었던 것이다.

이 작품은 "근세사의 여러 시기들에 관하여"라는 제목으로 출판되었지만, 고대사와 중세사도 포괄하고 있으며, 고대 동방과 유대 민족의 역사도 유럽사와의 관계 속에서 언급하고 있다. 랑케가 이 연속강의의 여러 곳에서 기원후(A.D.)부터 19세기까지를 전체적으로 "우리의 시대(unsere Ära)"이라는 개념으로 표현하고 있듯이, 그에게는 로마제국의 형성부터 19세기까지의 모든 역사적 국면들이 "우리의 기원", 또는 "우리의 세계"라는 의미를 지니고 있으며, "근세"라는 하나의 역사학적 범주에 연관되어 있다. 그에게는 그러한 의미의 근세사를 설명하기 위해서는 일반적 의미의 고대사와 중세사에 대한 해설이 전제되어야만 했던 것이다.

랑케는 제1장에서 고대사에 관한 강의를 그리스 역사에서부터 시작하지 않고, 로마역사에서부터 출발했으며, 그리스의 문화적 업적과 그 가치에 관해서는 적절한 곳에 따라서 언급했을 뿐이다. 이것은 그가 하나의 통일적인 유럽 문화세계의 기반은 로마제국 시기에 마련되었다는 인식에서였다. 그는 로마가 광대한 통일제국을 건설했고, 자의적(恣意的) 지배가 아닌 법적 지배를 세웠으며, 만민법(萬民法)을 모든 속주들에게 부여함으로써 세계시민주의 사상을 실현시켰다는 사실에 역사적 의미를 부여했다. 또한 그는 "동방적·그리스적 문화가 로마제국에 수용되어 라틴문화와 통합되었고, 이것이 서방으로 들어감으로써 로마에 의해 정복되었던 모든 지역들이 문화지역으로 되었다"는 사실을 주목하여, 유럽 중북부 지역에서의 문화의 출현은 당시의 "가장 위대한 세계사적 사건"[177]이었다고 보았다. 다음으로 그는 로마가 기독교를 공인 및 국교화함으로써, 이 종교가 모든 민족들의 종교로 될 수 있는 기반을 마련했다고 보았다. 그러므로 그에

---

177 Ranke, *Über die Epochen der neueren Geschichte*(1854), Darmstadt, 1970; 랑케, 《근세사의 여러 시기들에 관하여》, 이상신 역(신서원, 2011), 53쪽.

게는 "국가가 먼저 존재해야만 하고, 그다음으로 교회가 출현한다."[178] 기독교는 실제로 정치적으로, 또한 문화적으로도 통일된 로마제국 속에서 세계종교로 발전할 수 있었던 것이다. 이러한 성과들, 즉 보편적 세계문학의 형성, 보편적 법의 완성, 보편적 교회로서의 기독교회의 성립은 군주제적 체제의 형성과 함께 로마가 이룩한 세계사적 업적들이다.[179] 그리하여 그는, "모든 고대 역사는, 하나의 호수로 흘러들어가는 강물에서처럼, 로마 역사 속으로 들어가며, 그곳에서 모든 근세 역사는 다시금 로마 역사로부터 출발한다"[180]라고 말했다.

다음으로 랑케는 중세 사회를 게르만 족이 로마의 문화와 기독교를 수용함으로써 형성되었던 "라틴 및 게르만 사회(die romanisch-germanische Gesellschaft)"라고 지칭했다. 그에게 이 사회는 두 민족들의 융합을 통해 유럽 근세사의 형성기반을 마련했던 바, 라틴적 요소는 국가의 이념을, 그리고 게르만적 요소는 개인의 권리를 의미한다. 전자가 강화될 때는, 개인적 권리는 소멸될 것이며, 그것은 공화주의로, 다음으로는 공산주의로 되어버릴 수 있는가 하면, 후자가 강화될 때는, 모든 것이 사적(私的) 관계로 되어버릴 위험이 있다는 것이다.[181] 그에게 국가의 이념과 개인의 권리는 다 함께 근세 국가들의 기반이다. 따라서 그는 그 어느 한쪽이 강화되는 것은 바람직하지 않으므로, 이 양자의 대립관계를 조정할 수 있는 제3의 요소가 필요하며, 그것은 교회라고 보았다. 그에게 교회의 현실적 과제란 그러한 것이다. 그러므로 그는 19세기의 교회가 자체의 본성에 따르지 않고, 오히려 국가이념에 더 많이 따르고 있는 모습에 대해 비판적이었다.[182]

---

178 위의 책, 63쪽.

179 위의 책, 54쪽.

180 위의 책, 45쪽. "Man kann sagen, daß alle alte Geschichte in die rö- mische sich hinein ergießt, gleichsam in einem Storm, der in einen See mündet, und da die ganze neuere Geschichte wieder von der römischen ausgeht."(Ranke, *Über die Epochen der neueren Geschichte*(1854), Darmstadt, 1970, S. 13)

181 위의 책, 87쪽.

랑케에게는 국가의 이념, 개인의 권리, 교회의 과제가 모두 다 역사발전에서 필요한 작용요소들로서 다같이 존중되어야 한다. 그에게 유럽의 역사는 항상 복수(複數)의 요소들이 상호대립 및 견제하면서 상호보완과 조화 속에 발전해왔으며, 이것이 유럽적 특성과 전통으로서 유럽의 정신이다. 그러므로 그는 11세기 중엽부터 전개되었던 황제권과 교황권 사이의 대립투쟁과 그 분열을 불행으로만 보지는 않았다. "왜냐하면, 그 분쟁은 사물들의 본성 속에 깊은 근거를 갖고 있었으며, 그러한 대립들에서 유럽의 정신이 성숙했기 때문이다."[183] 그의 복수주의적 사고는, 그가 자기 시대의 독일 통일문제에서 각 영방국가들의 역사적 전통과 특성이 존중되어야 한다는 다원주의적(多元主義的) 입장을 견지했듯이, 그의 저서들에서 항상 나타나고 있는, 그의 역사사고의 기본 원리들 중의 하나이다. 그는 중세의 역사발전을 복수(複數)의 요소들의 다원적인 상호작용을 통해 파악했고, 그 발전들의 양면성을 인식함으로써 인문주의자들이나 18세기의 계몽사상가들과는 달리, 1천 년의 이 시기를 "암흑의 시기"가 아니라, 오히려 유럽정신이 성숙하고 있었던 시기로, "무진장한 보편사적 내용을 지니고 있는 시기"로 볼 수 있었던 것이다.[184]

랑케는 이 중세 시기에 형성되었던 지배체제를 교권체제(Hierarchie)로 보았다. 교황권은 13세기까지는 황제권으로부터 해방되었다. "환상적(幻想的)인 종교적 열정"에서 일어났던 십자군 운동에서는 교황권이 황제권에 대해 절대적 우위권을 행사했으며, 이 운동은 교황권에게 유럽 민족들을 단결시키는 영속적인 이유를 마련해 주었고, 모든 것이 교황권 아래에 통합됨으로써, 억압적인 체제로서의 교황권의 지배가 완성되었다는 것이다.[185] 그렇게 될 수 있었던 기반을 그는 라틴 세계와 게르만 세계의 융합

---

182 위의 책, 87-88쪽.

183 위의 책, 114쪽.

184 위의 책, 114쪽; Ranke, *Weltgeschichte*, VII, Eingang, S. 11-13.

185 위의 책, 144쪽.

으로 형성된 유럽 공동체가 근본적으로 교권체제적인 방향을 갖추고 있었다는 사실에서 보았다.[186] 그러나 교황권이 유럽의 보편적 이상을 채워주지 못했으므로, 14세기와 15세기에는 교권체제를 극복하기 위한 노력들이 게르만 민족들의 자유의 충동과 감정을 근거로 하여 일어났다. 그리하여 교회의 대분열(das große Schisma, 1378-1417)과 교의(教義)로부터의 이탈운동(Wycliff, Huss)이 일어났고, 황제권 역시 세속무력들을 더 이상 제어할 수 없게 되었으므로 이 시기에는 "전반적인 해체"가 전개되었다는 것이다. 그런가 하면, 이 시기에는 민족성들의, 각 세력들의 자주적인 의지가 각성되었고, 고전 문화의 영향 속에 "인간의 개인적 독자성에 대한 위대한 감정"이 각성되었으며, 발명과 발견들이, 상업과 무역이 진보를 이룩하면서 새로운 시대가, 전개되었다는 것이다.[187] 요컨대 해체와 생성이 함께 진행되었던 것이다.

다음으로 종교개혁에 대해 랑케는, 그것은 국가가 통일적 세력으로 발전했던 곳에서가 아니라, 교황권의 권위에 여전히 종속되어있던 곳, 특히 면죄부(免罪符)가 교회적으로는 반(反)성서적인 것으로, 민족적으로는 재산의 국외유출로 간주되고 있던 곳, 그리고 또한 황제권에 예속되어 있던 곳, 즉 독일에서 일어날 수밖에 없었다고 보았다. 그러나 루터는 결코 새로운 종교를 세우려 하지도, "성서"를 실현시키려고 하지도 않았으며, 다만 "성서"에 모순되는 모든 형식들과 이것들을 유지하는 교권체제를 거부하고자 했을 뿐이었다.[188] 당시의 프로테스탄트들도 역시 교권체제의 완전한 폐지가 아니라, 그 종교적 권한을 제한하고자 했을 뿐이며, 제국의 형식 속에서 자신들이 인정받기를 원했다.[189] 그러므로 루터는 종교개혁운동에 연계하여 일어났던 농민봉기와 도시 하층민을 포함한 시민계층의 전반적

186 위의 책, 147쪽.
187 위의 책, 159 쪽.
188 위의 책, 174쪽.
189 위의 책, 178쪽.

인 사회전복 운동을 거부하면서 그 진압을 주장했다. 랑케는 루터가 농민들과 시민층의 전반적인 전복운동을 지지했더라면, 교회개혁을 결코 성공시킬 수 없었을 것이었다고 보았다. 왜냐하면 그에게 역사는 결코 전면적인 변혁이 아니라, 점진적인 개혁을 통해서 발전하기 때문이다. 그러므로 그는 루터를 개혁자이자 동시에 위대한 보수주의자로 명명했다. 그리고 그는 프로테스탄트 교회가 성립된 후, 30년 전쟁을 치르면서 통일적인 교회가, 또한 제국도 분열되었던 것은 필연적인 결과였다고 보는 한편, 이제는 교황권이 아니라 제도들과 문화의 공통성을, 그리고 라틴 및 게르만 민족들의 상호작용을 통해 유럽은 여전히 하나의 통일체로 남았다고 보았다. 이것은 역사의 연속성에 대한 그의 사고에서 나온 견해이다.

랑케는 종교개혁과 반동개혁 시기의 유럽사의 발전을 정치와 종교와의 관계 속에서 고찰했다. 그는 이미 《종교개혁 시대의 독일사》를 그렇게 작업한 바 있으며, 후일에 자서전에서는 그 이유를 밝혔다.[190] 역사시대를 정치와 종교의 관계 속에서 관찰하는 태도는 이미 근세 초부터 위대한 역사가들이 보여준 바 있다. 즉 종교개혁 시기 당대에 독일 프로테스탄트 측의 슈말칼덴(Schumalkalden)동맹을 변호했던 슬라이다누스(Sleidanus)[191]가 선구적으로 그러했고, 반(半)세기 후에는 프랑스 내의 신·구교도 간의 투쟁을 유럽 정치와의 관계 속에서 관찰했던 투(Thou)[192]가, 그리고 다시 반(半)세기 후에는 17세기 영국의 청교도 혁명을 왕권과의 관계 속에서 "반란과 내란의 역사"로 보았던 클라렌던(Clarendon)[193]이 그러했다. 랑케도 역시 그들과 마찬가지로 유럽 근세사의 거대한 첫 국면을 정치와 종교와의 상호작용 속에서 고찰했고, 그러면서도 정치와 종교, 즉 국가와 교회라는 두

---

190 랑케, 《강대세력들·정치대담·자서전》, 이상신 역, 256쪽.

191 Sleidanius, *Commentarii de statu religionis et republica Carlo*(카를 대제 시기의 종교와 국가의 위상에 관하여), 1555. 본서 II-2, 98쪽 주 143 참조.

192 August de Thou(1553-1617), *Historie sui temporis* (현대의 역사), 1604-1608.

193 Clarendon(1608-1674), *History of the Rebellion and Civil war in England* (영국에서의 반란과 내란의 역사), 1628-1660.

작용 요소들 중에서 국가를 교회보다 더 중요시했다. 왜냐하면 그에게는 국가가 먼저 형성되어야만, 교회가 성립될 수 있기 때문이다.[194]

랑케는 절대주의를 형성시켰던 17세기와 18세기의 역사에 관해서는 가장 먼저 확고한 민족국가의 군주권을 세웠던 프랑스를 위시하여 영국, 러시아, 오스트리아, 그리고 프로이센 등 근세 유럽역사의 주도적 세력들인 이른바 "강대세력들(Pentarchie)"을 취급했다. 이 시기에 그들의 군주권은 절대주의적이었으며, 따라서 그들의 공통적인 특성은 군사적·군주제적이었다.[195] 이러한 성격의 군주권에 대한 대항으로서 17세기의 영국에서는 종교적·의회적 세력이 등장했다. 랑케는 이 세력과 군주권 사이의 투쟁이었던 청교도 혁명을 후일의 프랑스 혁명과는 구분했다. 그에게 "프랑스 혁명은 철저하게 민중적인 것인가 하면, 영국혁명은 그 성격상 귀족적인 것이다. 이 혁명은 전반적인 변혁운동을 저지하려는 의도를 갖고 있었으므로 근세혁명의 이념들과는 근본적으로 다른 의미를 지니고 있었다."[196] 그리고 그는 찰스 1세가 의회 없이 지배하고자 했던 것은 잘못이었지만, 사형선고를 받던 법정에서도 군주권의 정통성을 스스로 변호했던 "의연함(毅然, Festigkeit)"에 의미를 부여했다.[197] 그는 군주제를 역사적으로 형성된 제도로 보면서, 군주권이 수행해 왔던 역할의 필요성을 인정하고 있었던 것이다.

랑케는 절대주의 시기의 강대세력들의 관계를 상호대립적이면서도 상호연대 및 공존하는 체제로서, 천체(天體)의 별들(Gestirne)의 형세에 비유했다. 그에 의하면, 18세기 중엽의 강대세력들은 "끊임없이 함께, 나란히,

194 랑케, 《근세사의 여러 시기들》, 이상신 역, 63쪽.

195 위의 책, 238쪽.

196 위의 책, 213쪽.

197 위의 책, 218쪽. 랑케에 의하면, 찰스 1세는 법정에서 판사들에게 "당신들은 누구의 이름으로 여기에 있는가?"라고 물었고, 그들이 "민족의 이름으로"라고 대답하자, "자치 단체들이 민족이라는 선례를 제시하라"라고 되받았던가 하면, 후일의 루이 16세는 법정의 판사들을 인정할 뿐만 아니라, 왕권에 관한 충분한 의식도 갖고 있지 못했다고 해석했다.

때로는 일정하게 상호접합하면서, 때로는 일정하게 상호이탈하면서 운동하는 수많은 별들에 비교될 수 있다. 이 시기에 그들은 결코 통일적이지 않았고, 항상 그들 각자의 내면적인 충동들에 따라 자주적으로 운동했으며, 이것은 전반적으로 강대세력들의 근본원리이다."[198] 그들은 상호제휴, 또는 견제하면서 그 어떤 세력도 홀로 지배적 또는 종속적일 수 없었고, 투쟁을 치른 후에는 본래의 위치로 돌아온다는 것이다. 그가 이와 같이 강대세력들의 세력균형의 원리와 유럽 공동체로의 회귀성(回歸性)을 파악하게 되었던 것은 그들의 국제적인 정치적, 종교적, 문화적 역학관계를 구조적으로 관찰함으로써 끌어낸 결론이다. 그는《강대세력들》에서 그들의 등장을 "프랑스 혁명의 발발에 선행했던 100년 동안의 가장 거대한 사건"[199]으로 파악한 바 있다.

랑케는 마지막으로 강의했던 "혁명의 시대"를 군주제와 국민주권설이라는 두 개의 지배원리들 사이의 대립관계 속에서 해설해 나갔다. 그는 먼저 북아메리카 식민지들의 독립운동을 통해 세워진 공화체제는 일찍이 네덜란드와 영국에서 세워졌던 간접적, 귀족적 체제와는 다른 직접적 공화체제라고 보면서 이 사건을 "세계에서 일어났던 어떤 혁명보다 더 큰 혁명"[200]으로 정의했다. 그리고 다음으로 일어난 프랑스 혁명을 그는 본시는 대의제(代議制)이론과는 관계없이, 군주제와 신분 및 귀족제 사이의 분쟁으로 시작되었던 것으로 보았다.[201] 그러나 혁명적 상황 속에 제3신분이 주도권을 장악하면서부터 공화주의적 대의제이론이 우세해졌고, 그들은 기존 체제의 역사적 역할과 현실적 작용을 무시한 채, 전반적인 전복을 추구했다는 점에서 이 혁명이 그에게는 부정적인 것이었다. 그는 이 혁명이

---

198 위의 책, 239쪽.

199 랑케, 〈강대세력들〉,《강대세력들·정치대담·자서전》, 이상신 역, 96쪽; 본서 II-2, 65쪽 주 55 참조.

200 랑케,《근세사의 여러 시기들》, 이상신 역, 252쪽.

201 위의 책, 252쪽.

결국 국민주권설의, “아메리카 이념의 추상화”[202]로서 비현실적인 변혁이었고, 그 후로 일어난 혁명들에게 부정적인 모델이 되었다고 보았다.

다음으로 랑케는 나폴레옹을 법전의 편찬, 사법권의 확립, 교황과의 협정을 통한 교회의 복구, 행정과 군대의 재건 등, “국가경영을 위한 가장 위대한 천재들 중의 한 사람”이었으나, “세계의 지배자”가 되고자 함으로써 헌법을 통한 통치를 달성하지 못했다고 보았다.[203] 그리고 그는 나폴레옹 몰락 이후의 이른바 왕정복고 시기인 “입헌적 시기”는 기독교 정신과 게르만적 이념들이 혁명적 요소를 포함하는 다른 요소들을 제압하여, 라틴적·게르만적 정신이 하나의 문화로서 확산되고 있는 “행운의 시기”라고 보면서,[204] 바이에른의 국왕에게는 군주제의 원리를 유지하되, “시대의 방향 속에 있는 바를, 그리고 국민주권론으로부터 일어난 힘이 행하게 될 바를 수행해야 한다”고 권고했다.[205]

19회에 걸쳐 진행되었던 이 연속강의들에서 보면 랑케는 유럽 역사의 각 시기를 항상 그 시기의 “주도적 경향성”들로서 정치와 종교의, 보수와 개혁의, 신·구 지배원리들의 대립을 중심으로 하여 이원론적으로 고찰했다. 그러나 국가이념과 개인 권리의, 황제권과 교황권의, 국가와 교회의, 카톨릭과 프로테스탄티즘의 대립을 통해 역사발전을 파악한다는 것이 중세와 근세 전기(前期)의 역사에는 적합할 수 있겠으나, 군주권과 국민주권설만으로써 혁명시기를 이원론적으로 고찰한다는 것은 충분할 수 없겠다. 물론 그가 마지막 강의에서 19세기의 주도적 경향성들을 군주제와 국민주권설외에도 물질적 발전, 자연과학의 발전, 종교적 성향 등 5개로 정의했던 것[206]은 자기 시대의 성격을, 즉 다수 경향성들의 작용들을 빠짐없이

202 위의 책, 258쪽.
203 위의 책, 262-263쪽.
204 위의 책, 270-271쪽.
205 위의 책, 273쪽.
206 위의 책, 269 쪽.

파악하고 있었다는 것을 의미하지만 그에게는 어디까지나 군주제와 국민주권설이 주도적인 것이었다. 그러한 한, 주로 이 두 원리들의 대립을 통해 19세기를 설명하는 것은 충분할 수 없다. 요컨대 그는 산업사회의 형성 속에 살고 있었으면서도 노동운동과 혁명들의 사회주의적 성격을 그것들의 중요성과 함께 사실에 합당하게 고려하지는 못했다. 이것은 분명히 그의 한계였다.

이 연속강의에서 특히 그의 깊은 역사학적 사고를 보여주고 있는 부분은 그의 진보개념이 표명된 "입문"이다. 역사의 진보에 관한 논의는 18세기에 볼테르(Voltaire), 콩도르세(Condorcet), 튀르고(Turgot) 등에 의해 제기된 바 있으며, 헤겔 또한 "세계사는 자유의 의식에 있어서의 진보이다"라고 정의한 바 있다. 그러나 19세기의 역사가로서 랑케는  물질적, 기술적인 면에서는 진보가 인정될 수 있겠으나, 정신적, 도덕적인 면에서도 진보가 있다고 보기는 어려우며, 따라서 역사의 전반적, 직선적인 진보는 인정될 수 없다는 견해를 명확하게 표명했다. 그에게는 그러한 진보가 인정될 때는, 하나의 보편적 지도의지가 인류를 앞으로 운반해 나가고 있는 것으로 되며, 앞선 시대는 항상 뒷시대보다 불완전한 것이고, 뒷시대는 항상 앞선 시대보다 더 진보한 것으로, 그리고 인간이 곧 신으로 된다. 그렇다고 진보의 동력이 신적인 것이라면, 인간의 자유의지는 지양(止揚)되어 버리고, 신성(神性, Gottheit)은 각 시대에게 불공평한 것으로 되어 버린다. 신은 결코 그러할 리가 없다. 오히려 그에 의하면, "모든 시대는 신과 직접적으로 연결되어 있으며, 그 시대의 가치는 그 시대로부터 출현한 바에 있지는 않으며, 오히려 그 시대의 실존 그 자체 속에, 그 시대의 고유한 자신 속에 있다"[207]는 것이다. 모든 시대들의 신과의 직접성을 강조하면서 각 시대들에게 자체의 고유성을 인정하는 그의 저 문장에는 그 자신의 역사주의 사

---

207 위의 책, 35쪽. "Jede Epoche ist unmittelbar zu Gott, und ihr Wert beruht gar nicht auf dem, was aus ihr hervorgeht, sondern in ihrer Existenz selbst, in ihrem eignen Selbst."(Ranke, *Über die Epochen der neueren Geschichte*(1854), Darmstadt, S. 7)

상이 결정적으로 표현되었다. 그에게 모든 시대와 사건들은 근원적으로 자체의 고유한 특수성 속에 신적(神的) 근원성을 지니고 있다. 이것이 그의 신학적 역사사상인 만유재신론(萬有在神論, Panentheismus)이다. 이 사상에서는 역사가는 모든 시대와 사실들에 경건해지며, 역사에 대한 외경의식(畏敬意識)을 갖게 된다.

이 연속강의는 일찍이 발표되었던 〈강대세력들〉의 확대판으로서 유럽사에 국한되었지만, 보편사적으로 관찰된 세계사의 요약이다. 이 세계사는 어떤 하나의 특정한 이념이나 경향성을 통해서가 아니라, 유럽 각국들의 개체성들이, 각 시대들에서 등장했던 경향성들이 각각의 원리들을 주장하면서 상호작용하는 가운데 그 모든 과정들이 연관관계적으로 하나의 통일체를 이루고 있는 보편사로서 설명되었다. 이 강의들 속에는 그의 역사사고의 근본 개념들, 즉 지도적 이념들과 지배적 경향성들, 보편사적 발전, 역사현상들의 신에 대한 직접성, 전반적, 직선적인 진보사상에 대한 거부, 그리고 개체사상 등에 관한 그의 근본 견해들이 60세의 그의 성숙된 역사사고와 지식을 통해 표명되어 있다. 그리하여 이 강의는 역사철학적 의미도 지니고 있는, 그의 학문적, 종교적, 정치적 신앙고백으로서 그의 저작들 중에서도 가장 많이 인용되고 있는 고전적 의미의 문헌으로 되고 있다.

이 연속강의들의 내용은 바이에른의 궁정 속기사에 의해 정리되어, 다음 해인 1855년 5월에 랑케에게 전달되었으나, 그로부터 30여 년이 지난 후에야, 즉 랑케가 죽은 후 1888년에야 비로소 도페(Alfred Dove)에 의해 출판되었다.

**《16·17세기의 프랑스 역사》**

**(Französische Geschichte vornehmlich in sechzehnten und siebzehnten Jahrhundert)**, 6Bde., 1852-1861.

랑케는 이 작품을 1852년에 나폴레옹 3세(Napoleon III)의 제정(帝政)이 성립되었을 때 발표하기 시작했다. 그는 프랑스의 이 새로운 군주와 프로이센이 다시금 대결하게 될 것이라는 전망을 빌헬름 4세에게 예고했을 정도로 자기 시대를 철저하게 인식하고 있었다. 그러나 그는 이 작품을 그러한 현재인식 때문에서가 아니라, 30년대의 문헌조사 여행으로 이탈리아에 체류했을 때, 프랑스사와 영국사를 보편사적으로 서술하겠다고 결심했었던 계획에 따라 서술하게 되었다.

근 10년 동안의 작업 속에 완성된 이 방대한 작품은 프랑스에서 어떻게 절대주의적 군주제 이념이 적대적인 성향들과의 투쟁들을 통해 형성되었고, 그러한 과정을 통해 어떻게 프랑스가 유럽의 강대세력으로 되었던가를 취급했다. 랑케는 그러한 발전은 프랑수아 1세(Franz I, 1515-1547)에 의해 시작되었고, 다음으로는 앙리 4세(Henri IV von Navarra, 1594-1610)를 통해 민족적으로 통합된 강력한 국가가 형성되었으며, 루이 14세(Louis XIV, 1643-1715) 시기에는 정치적, 교회적, 문화적 통합을 통해 군주권의 권위가 절정에 도달했었다고 서술했다.[208] 랑케는 그러한 발전과정을 국내의 저항적인 요소들과의 관계에서뿐만 아니라, 대외적인 관계에서도 추적했다. 그는 프랑스 역사도 역시 모든 유럽 국가들이 근거하고 있었던 2개의 원리들 위에서 발전하고 있었다고 보았다. 이 작품의 제1권에서 보면, "사람들은 세습적 군주제와 국가의 절대권력에 관한 개념에 의해서는 일반적인 노예의 신분으로 될 것이며, 신분제적 체제와 개인적 자유에 관한 개념에 의해서는 공화제 또는 임기 군주제(Wahlmonarchie)로 나아갈 것이다. 이 두 원리들의 상호 대립과 제약의 작용 위에 우리의 국가들이 근거한다"[209]는 것이다. 군주제적 이념, 그리고 신분제적, 개인적 자유의 이념은 그가 라틴 및 게르만 민족들의 본질과 발전 속에서 파악했었던 두 개의 원리들이다.[210] 그는 프랑스 및 다른 개별 국가들의 역사뿐만 아니라 유럽 역사 전

---

208 Srbik, a.a.O., , S. 280.

209 Ranke, *Französische Geschichte,* I(SW. 8), S. 64. *Vierhaus, Ranke und die soziale Welt,* S. 180.

체도 항상 이 두 원리들의 작용을 통해 관찰했다.

랑케는 프랑스가 유럽의 주도적인 권력으로 나아갔던 과정을 주로 정치사 중심으로 서술하면서도 사회적 사실들(soziale Fakten)과 그 발전도 함께 설명했다. 즉 프랑스 군주권의 강화과정에서는 신분제의 특권층이 소외되어 갔던가 하면, 제3신분은 군주권에 의해 촉진되면서 결국 권력의 중앙집권화에 기여했던 본질적 요소로 간주되었다. 그러나 랑케는 프랑스의 특권신분층에게는 그들의 역사적 권리를 인정했다. 예를 들면 프롱드(Fronde, 1648-1653) 난(亂)에 관해서 그는, "그들의 역사적 의미는 절대주의 정부체제에 의해 억압당했던 옛 민족적 제도들이 정부체제에 반기를 들었다는 데에 있다. 의회는 공적 문제에 대한 참여에서 배제당했던 몫을 복구하도록 요구했고, 다시 회복시켰으며, 성직계급은 자신들의 권리와 재산에 대한 침해를 교권적 열정으로써 거부했고, 귀족들은 자신들의 세습권을 상기시켰다"[211]라고 서술했다. 결국 그는 군주권이 저지 또는 촉진시켰던 사회세력들의 역사적 권리와 그 작용을 다같이 간과될 수 없는 사실들로 보았던 것이다.

랑케는 이와 같이 정치적, 사회적 변화를 함께 주목하면서, 그 변화의 성격과 한계에 관해서도 서술했다. 그에 의하면, 루이 12세(Louis XII, 1498-1515) 시기에 세습군주제는 확고한 위치를 확보했지만, 절대권력의 행사는 의회를 통해 제약되었다. 그리고 중산층(Mittelstand)으로서 "상층 시민신분(der höhere Bürgerstand)"은 법률직과 재무행정직에 진출하여 특권적 지위를 누렸고, "하층 시민신분(der niedrige Bürgerstand)"도 개인적 자유를 누렸으며, 이들 상·하층 시민신분들 모두는 자신들의 노력을 통해 상승할 수 있었고, 귀족으로 되기도 했다. 그리하여 프랑스에서는 이미 제3신분

---

210 랑케, 《근세사의 여러 시기들에 관하여》, 이상신 역, 87쪽; 본서 II-3, 110쪽 주 181 참조.

211 Ranke, *Französische Geschichte*, III(SW. 10), S. 94; Vierhaus, a.a.O., S. 180, Anm. 17.

이, 특히 그 상층부는 강력한 지위를 누리고 있었다는 것이다. 그는 시민신분의 그러한 상승을 그들의 경제적 중요성으로부터가 아니라, 절대주의로 나아가는 국가와 그들 자신의 필요성으로부터 설명했다. 즉 중앙집권적 행정으로 나아가던 절대국가는 귀족을 배제시켜야 했던가 하면, 제3신분은 "법적 질서(gesetzliche Ordnung)"에 대한 필요성에서 군주에 의지했다는 것이다.[212] 랑케의 바로 이러한 해석은 절대주의의 등장과정에서 왕권과 특권층으로서의 귀족, 그리고 제3 신분 사이의 역학관계를 설명하는 이론으로서 그 이후로 근세 국가들의 형성과 발전을 설명하는 역사가들에게서 일반적으로 활용되고 있다. 그에게서는 그러한 역사적 과정이 부정적으로 평가되지 않았다.[213]

랑케는 칼뱅파에 대한 탄압으로 시작되었던 프랑스의 종교적 시민전쟁(1560-1590)에 관해서는 독일의 종교개혁에 관한 서술과는 대조적인 해석을 보여주었다. 즉 그는 독일의 종교개혁에서는 루터의 정치적 보수주의가 필요했던 것으로, 농민과 시민계층의 사회혁명적 운동은 부정적이었던 것으로 보았던가 하면, 프랑스의 칼뱅주의(Calvinismus) 속에는 처음부터 정치적, 혁명적 요소가 내재했던 것으로 파악하면서, 이들에게서 작용했던 국민주권설의 이념을 정치적, 역사적 이유들에서 변호했다. 그에 의하면, 프랑스에서 도시의 대중운동은 칼뱅파와 가톨릭 연맹(Ligue) 사이에 투쟁이 일어나고 시민질서가 무너졌을 때 비로소 등장했으며, 이들의 운동은 사회변혁적이지 않았고, 오히려 정신적 운동으로서, 앙리 4세[214]가 등장했을 때는 그의 편에 섰다는 것이다.[215] 그는 성 바르톨로메오(St.

---

212 Ranke, *Französische Geschichte*, III, S. 113; Vierhaus, a.a.O., S. 181.

213 Vierhaus, a.a.O., S. 181.

214 앙리 4세(Henri IV von Navarra)는 종교전쟁에서 신교 측의 지도자였으나 가톨릭으로 개종한다는 조건으로 프랑스 국왕으로 등극하여 종교전쟁을 종식시키고 낭트칙령을 반포했다. 그의 등극으로써 발루아 왕조(Valois: 1285-1588)는 단절되고 부르봉 왕조(Bourbons: 1589-1792, 1814-1830)가 출범했다.

215 Vierhaus, a.a.O., S. 182.

Bartholomaeus) 학살(1572)은 로마의 술라(Sulla)가 행했던 처형 및 추방 이래로 없었던 일이라고 규정했던가 하면, 앙리 4세의 개종을 변절로 보지 않았다.[216] 이로써 그는 과거역사를 인간주의적, 현실주의적으로 해석하는 모습을 보여 주었다. 다름 아니라 그는 가톨릭파에서 이중성을 발견했으므로 바르톨로메오 사건을 비인간적 현상으로 보았던가 하면, 앙리 4세의 개종은 두 종파들 간의 화해와 프랑스 국가의 통일적 발전을 위해 필요했었고, 발루아 왕가(1285-1589) 대신에 부르봉 왕가(1589-1792, 1814-1830)의 출범으로 나아가게 되었던 역사적 과정이므로, 그의 행위를 배신으로 비난하지는 않았던 것이다. 그는 이와 같이 독일과 프랑스에서의 종교개혁과 운동들을 구분하여 파악함으로써 그 역사적 발전들의 차이점과 성격을 명확하게 제시할 수 있었다.

랑케는 프랑스에서는 정치적, 사회적 관계들이 종교적 시민전쟁을 통해 크게 변화하지는 않았지만, 왕권은 결정적으로 강화되었다고 보았다. 그러한 발전은 리슐리외(Richelieu, 1624)에 의해 착수되었고, 루이 14세(1643-1715) 시기의 마자랭(Mazarin)에 의해 강화되었으며, 프롱드 난(Fronde)을 진압함으로써 특권신분들의 마지막 저항을 제어할 수 있었다. 그리고 이러한 발전에 함께 참여했었던 파리 시민들은, 국왕권력의 과제는 무엇보다도 신하들의 생명과 재산을 보호하는 데 있다고 생각했다는 것이다. 랑케는 바로 그러한 사상을 일찍이 제기했었던 1605년의 상인조합(Prévost des Marchands)의 선언[217]을 매우 주목할 만한 것으로 보았고, 1614년에 개최되었다가 그 이후로 대혁명 때까지 개최되지 않았던 신분의회(Ständeversammlung), 그러니까 마지막 삼부회의에서 제3신분 출신의 미롱(Miron)이, "모루(Ambo)가 언제인가는 망치(Hammer)로 될 수 있을 것이다"라고 했던 말에서는 무서운 암시적인 의미를 인식했다. 다름 아니라 당시

---

216 Gooch, *op. cit.*, p. 87.

217 1605년에 파리시민들과 상인조합(商人組合)이 국왕의 권력은 신하들의 생명과 재산을 보호하는 데 있다고 발표했던 선언.

일반민중과 농민들을 대변했던 미롱의 말을 랑케는 후일의 민주주의적, 혁명적 운동을 예고했던 것으로 파악했던 것이다.[218]

랑케는 또한 프랑스의 사회적 발전을, 특히 루이 14세 시대의 발전과 그 성격을 명확하게 제시하기 위해 역시 독일의 그것과 비교하면서 서술했다. 그에 의하면, "자기 주위에 어떠한 독립적 존재도 인내하지 않았던 국왕의 권위는 (…) 프랑스 사회에게 독일이 갖출 수 없었던 전혀 다른 모습을 제공했다. 독일에서는 활성적인 요소들이 결여되어 있었고, 생득권(生得權, Geburtsrecht)이 궁정귀족들, 도시시민들, 농민층에 이르기까지의 체제를 지배했다. 프랑스에서는 권력에 대한 참여 몫이 생득권을 능가하거나, 이것과 동일했다"[219]는 것이다. 구체적으로, 독일에서는 중세적인 사회상태가 유지되고 있는 가운데 한 개인이, 또한 한 계층이 국가의 사회구조 속에서 갖는 위치는 그들에게 상속된 등급(Rang)에 따라 결정되었던가 하면, 프랑스에서는 그들의 사회적 위치가 그들 스스로 획득한 등급에 따라 결정되었다는 것이다. 프랑스에서의 이러한 관계는 결국 국가가 사회를 정치적으로뿐만 아니라 사회적으로도 완전하게 자신 속으로 수용하고, 또한 자신으로부터 사회의 각 영역을 배분하는 경향으로 나아갔으며, 근세 국가의 특징인 이러한 경향이 프랑스에서는 독일에서보다 훨씬 더 많이 나아갔다는 것이다.[220]

이와 같이 랑케는 통일적인 민족국가로서의 프랑스의 정치적 발전을 사회적 변화와의 관계 속에서 관찰하는 가운데 근세국가에서 군주의 사회적 역할에도 주목했다. 그에 의하면, "진정한 왕권은 민족(Volk)과 신분들(Stände)을 결합시키는 힘이다. 이 힘은 그들 사이에 균형을 유지하고, 모든 폭풍들을 꿰뚫고 그들을 인도한다."[221] 그리하여 국왕은 모든 신분들을 동

---

218 Ranke, *Französische Geschichte*, II(SW. 9), S. 144; Vierhaus, a.a.O., S. 182.

219 Ranke, *Französische Geschichte*, IV(SW. 11), S. 230; Vierhaus, a.a.O., S. 182.

220 Vierhaus, a.a.O., S. 183.

221 Ranke, *Französische Geschichte*, I(SW. 8), S. 53.

등하게 각자의 고유한 관심들 속에서 평가하고 촉진시켰으며, 이를 위해 국왕은 그들에게 절대적인 복종을 요구했고, 이로써 국가와 사회는 절대적 지배자의 법률 아래에서 완전하게 결합된 통일체로서 나타났다는 것이다.[222] 프랑스 군주권의 사회적 역할에 대한 랑케의 이러한 관찰과 해석은 그가 프로이센에서 "국가민족(Staatsvolk)"이 형성되었던 "정치적·사회적 진행"을 설명할 때, 병사왕 프리드리히 빌헬름 1세의 역할을 강조했던 것과 비슷하다.[223] 그러나 루이 14세에 의한 국가와 사회의 그러한 결합관계는 그의 국가가 대외적으로 허약해져서 헤게모니를 더 이상 유지할 수 없고, 국민의 정서를 더 이상 채워줄 수 없게 되었을 때 다시금 분리될 수밖에 없었다. 그리하여 프랑스에서 루이 15세 말기에는 국가와 사회의 간격이 더욱더 멀어져 갔으며, 앙시앵 레짐의 말기에는 구(舊)정치적, 사회적 제도들의 허약성이 드러나고, 국가의 권위가 실추되면서, 또한 계몽사상의 영향 속에 교양계층에게서 의식의 변화가 일어나면서 일반적인 불안과 소요가 일어났다는 것이다.[224] 이렇게 이 작품은 프랑스의 절대주의적 군주체제가 다가오는 혁명 속에 변혁될 것이라고 전망되었던 18세기 중엽까지를 서술했다.

이와 같이 이 작품은 사회집단들과 그들의 변화를 정치사와 함께 주목하여 연관시킴으로써 그의 다른 작품들에서 보다는 사회적 요소들과 그것들의 작용을 많이 취급했다는 평가를 받고 있다.[225] 그런가 하면 이 작품은, 그의 이전의 대작들인《로마교황들》과《종교개혁시대의 독일사》가 문학적 사실들을 많이 포함하고 있고, 그 서술 자체가 문학적인 특성을 갖고 있는 데 비해, 주로 정치사적으로 서술되었다. 그러면서도 그는 데카르트(Descartes), 코르네유(Corneille), 파스칼(Pascal) 등에 관한 지성사적 발전을

222 Vierhaus, a.a.O., S. 183.
223 본서 II-3, 103쪽 주 158 및 주 159 참조.
224 Vierhaus, a.a.O., S. 184.
225 Ebd., S. 180.

루이 14세 시대의 기본 틀 속에서 서술했으며,[226] 루이 14세의 절대주의적 통치와 특히 대외정책을 잘못된 것이라고 보면서도, 문학과 과학 및 예술의 발전에 대한 그의 기여를 강조하기도 했다.[227] 이와 같이 랑케는 이 작품에서도 문화에 관한 관심과 배려를 잊지 않았다. 뿐만 아니라 그는 프랑스인들의 특성에 관해서, 그들은 야심적이고 호전적이며, 민족적 자만에 고무되어서 이웃들을 항상 자극했고, 때로는 억압받는 사람들을 해방시키는가 하면, 자유인들에 대해서는 더 자주 압박했다고 서술하면서 프랑스인들에 대한 심리적 파악도 보여 주었다.[228]

그런가 하면 이 작품이 그의 이전의 작품들과 공통적인 점은 프랑스 역사를 유럽 국가들의 역사와 연관시켜서 파악함으로써 역시 보편사적인 관찰과 서술을 보여 주었다는 점이다. 제1권의 서문에서 보면, "위대한 민족들과 국가들은 민족적이자 세계사적인 이중적 과제를 갖고 있으며, 그들의 역사는 그러한 두 개의 측면들을 보여 준다. 그 역사가 인류의 보편적 발전 속에서 얼마나 본질적인 순간을 형성했고, 또한 그 속에서 지배적으로 활동했느냐에 따라서 그 역사는 민족성의 한계성을 넘어서는 지적 호기심을 일깨워 주며, 외국인의 관심과 연구들을 불러일으킨다"[229]는 것이다. 랑케는 이와 같이 보편사적 관찰의 동기와 그 기준에 관한 견해를 표명하면서, 프랑스 근세사의 시기들에서는 그러한 보편사적 모습이 발견된다고 부연했다. 즉 프랑스는 유럽 문화세계의 4개의 다른 거대한 민족들로부터 일어났던 자극들에 대해 결코 봉쇄되어 있지 않았으며, 이탈리아의 문학적, 예술적 문화와 스페인의 군주체제의 모델을 수용했고, 종교개혁적 경향성들에서는 독일의, 그리고 정치개혁적 경향성들에서는 영국의 사례들과 연계되어 있다는 것이다. 이러한 인식에서 그는 근세 프랑스의 민족

226 Gilbert, *op. cit.*, p. 86.
227 Gooch, *op. cit.*, p. 87.
228 *Ibid.*, p. 87.
229 Ranke, *Französische Geschichte*, 1. Bd. (SW. 8), Vorrede, S. VII.

사는 "그들이 이룩한 의미를 통해, 또한 그들이 연계된 일반적 영향의 범위를 통해 하나의 보편사적 성격을 확보하게 되었던 시기들로 나아갔다"고 보면서, 이 작품에서는 "바로 그러한 과정의 시기들을 현재화시켜 보고자 했다"[230]고 밝혔다. 이어서 그는, "해당 시대인들의 대립된 고발들과 뒷시대인들의 제한된 견해들을 넘어서서 근원적이고 신빙성있는 자료들을 통해 저 거대한 사건들의 객관적인 것"을 파악하고자 노력했으며 "사소한 의미들에 머무르지 않으면서 세계사적으로 중요한 것을 더 상세히 설명하고자 했다"[231]고 부언했다. 그리하여 이 작품은 19세기 프랑스 역사가들이 보여 주었던 민족사적 서술의 경지를 넘어서, 프랑스 역사가 유럽 역사 속에서 지니고 있는 보편사적 의미를 제시할 수 있게 되었다. 그는 이러한 프랑스 근세사를 독일인으로서가 아니라 유럽인으로서 서술했다.[232]

랑케는 또한 이 작품에서 프랑스 국가의 기원을 로마제국시기까지 추적하여 카이사르(Cäsar)의 원정과 연결시켜서 그에게 문화전파자로서의 의미를 부여했고, 프랑스가 그 후로 그러한 역할을 해왔던 사실들에도 주목했다. 이로써 그는 프로이센이 서방문화를 동유럽에 전파하고 유지시켰다는 사실을 주목했던 것과 같은 보편사적 시각에서 프랑스가 범유럽적으로 문화발전에 기여했던 역할을 중요시했다.[233] 근세 국가들의 발전을 문화의 발전 및 전파와 연관시켜서 관찰 및 해석하는 그의 태도는 강대세력들의 역사를 서술하는 데 있어서 그의 일관된 모습이다. 이 작품 역시 그러한 점에서는 이전의 두 대표작품들의 수준과 대등하며, 고전적 의미에서는 앞선 작품들을 능가한다는 평을 받고 있기도 한다.[234] 그러나 부르크하르트에게는 이 작품이 《로마교황들》과 《종교개혁시대의 독일사》보다는

---

230 Ebd., S. VII-VIII.

231 Ebd., S. X.

232 Gooch, *op. cit.*, p. 87.

233 G. Masur, *Rankes Begriff der Weltgeschichte*, Berlin, 1926, S. 83.

234 Srbik, a.a.O., S. 280.

보편사적 관심을 결여하고 있는 것으로 보였다.[235]

랑케는 이 작품을 위해 오랫동안 유럽 각국의 문서고들로부터 프랑스사에 관한 여러 가지 자료들을 수집했다. 이러한 작업방법을 그는 자료들의 진위파악을 위해서뿐만 아니라, "거대한 사건들의 객관적인 것을 관조하기 위해" 활용했다. 그리고 그는 특히 프랑스의 가장 유명한 저술들을 비판적으로 검증하여, 다빌라(Davila)의 저술[236]은 투(de Thou)의 저술[237]을 계승한 것이며, 리슐리외(Richelieu)의 《회고록(Memoir)》은 거의 모두 위조된 것임을 밝혀냈다. 이러한 자료연구를 통해 서술된 이 작품은 프랑스 역사를 회고록 저자들로부터 해방시켰던 바, 이것은 그가 프랑스 역사서술에 기여한 영구적인 업적으로 되었다.[238] 이 작품은 풍부한 자료들을 근거로 하여 화려하게 서술되었다는 점에서 프랑스에서 크게 환영을 받았고, 티에르(Thiers)는 랑케를 "독일에서뿐만 아니라 아마도 유럽에서 가장 위대한 역사가"라고 찬양했다.[239]

**《16·17세기의 영국사》**

**(Englische Geschichte vornehmlich in sechzehnten und siebzehnten Jahrhundert)**, 8Bde., 1859-1868

이 작품은 랑케가 이탈리아에 체류할 때 《프랑스사》와 함께 이미 기획되었던 것이므로, 그의 작품들 중에서 가장 오랫동안의 준비 및 서술기간을 거쳐 완성되었다. 그는 이 작품에도 《프랑스사》에서와 같은 목표를 설정했던 바, 즉 영국이 "인류발전을 위해" 어떠한 작용을 했던가를 밝혀 보는 것이었다. 그리하여 이 작품은 영국이 다른 나라들과 달리 고유하게 의회제도를 형성시켰고, 이를 통해 강대세력으로서 세계사에 지속적으로 영

235 Gilbert, a.a.O., p. 85.

236 de Thou, *Historie sui temporis*(현대의 역사), 1604.

237 Davila, *Storia della querre civili die Francia*(프랑스 시민전쟁사), 1630.

238 Gooch, *op. cit.*, p. 87.

239 *Ibid.*, p. 88.

향을 주게 되었던 과정을 서술했다. 이 작품의 전체적인 구성에서 보면, 헨리 8세(Henry VIII, 1509-47)와 엘리자베스(Elizabeth, 1558-1603)가 부각되었고, 그 다음으로 스튜어트 왕조(Stuarts)를 통한 발전에서는 두 번에 걸친 시민전쟁(Civil War, 1642-1660)과 함께 찰스 1세(Charles I, 1625-1649)와 크롬웰(Cromwell, 1653-1658)이 주목을 받았으며, 그다음으로는 1688년의 혁명이, 그리고 프랑스에 대한 윌리엄 3세(William III)의 투쟁이 취급되었다. 랑케는 영국의 이러한 모든 발전과정에서 국가형식의 교체 및 의회체제의 승리와 두 차례의 혁명이 대륙의 국가들에 끼친 영향과 그 유럽사적인 의미를 부각시켰다.

랑케는 영국의 정치생활은 의회제도를 통해 고유한 모습을 갖게 되었다고 보았다. 그에 의하면, 이 제도는 이 나라의 고대시기에 왕권과 교황권이 결속해 있을 때 이에 대립했던 신분들의 투쟁 속에서 일어났고, 그 다음으로 신분들이 왕권과 함께 공동으로 교황권에 대립하면서 영국의 대외적 자주성을 위해 투쟁했을 때 확고해졌으며, 14세기의 에드워드 2세(Edward II, 1307-27) 시기부터는 의회적 군주제의 이념이 명확하게 등장했다. 그리하여 의회와 왕권은 대외적 독자성과 국내 통치를 위해 공동으로 협력하는 전통을 형성했으나, 찰스 1세가 1630년에 의회를 해산하고, 의회 없이 통치하고자 시도했을 때, 국민들은 그를 배반자로 보았으며, 의회와 왕권사이의 결전은 불가피해졌다는 것이다.[240] 의회는 왕당파 스트라포드(Strafford)를 처형(1641)했다. 그 과정에서 의회의 다수파가 활용했던 군대에는 독립파(Independenten)가 들어왔으며, 이들은 교회체제뿐만 아니라 정치체제의 변화를 추구했다.[241] 여기에서 극단적인 민주주의적 경향성들이 확산되었고, 결국 찰스 1세의 처형과 공화체제의 성립(Commonwealth, 1649)으로 나아갔다는 것이다.[242]

---

240 Vierhaus, a.a.O., S. 187-188.

241 Ranke, *Englische Geschichte*, III(SW. 16), S. 143.

242 Ebd., S. 288.

랑케는 이 공화정 이념에는 종교적·사회적 이념들이 합류했다고 보았다. 위클리프(Wycliff) 운동과 급진적 후스파(Hussisten)인 타보르파(Taboriten), 그리고 재세례파(Anabaptisten)와 독립파(Independenten)에게서 나타난 "민중적·시민적(populare-bürgerliche)" 이념이 하층민들에게 인간의 보편적 평등에 관한 사상을 각성시켰다는 것이다. 이와 같이 랑케는 16·17세기에 영국에서 일어났던 봉기들은 종교적 자유를 위한 운동이면서도 여기에는 민주적, 공화적 이념들과 기존 체제의 변혁을 추구하는 사회혁명적, 공산주의적 사상들도 작용하고 있었던 것으로 보았다.[243]

랑케는 이 청교도 혁명이 전반적인 사회적 변혁으로 나아가지는 않았다는 사실을 중요시했다. 그는 사회적 변혁을 저지했었던 계기들을 첫째로는 이 민족의 다수가 역사적으로 형성된 상태들에 대해 정서적으로 강하게 결속되어 있었다는 사실에서 찾았고, 다음으로 두 번째로는 크롬웰의 개인적 특성과 그의 역할에서 파악했다. 다름 아니라 그는 크롬웰을 기존 질서에 강하게 집착하는 사람들과 변화를 추구하는 사람들의 중간에서 있었던 인물로 보았다. 크롬웰은, 비록 정치체제를 파괴했지만, 사회적 상태의, 시민권과 재산권의, 그리고 하층 성직자들의 보호자가 되고자 했으며, 이로써 국민의 상당한 부분으로부터 지지를 확보했다. 이러한 점들에서 랑케에게 크롬웰은 정치적 변혁을 추진하면서도, 사회적 변혁에는 대립하면서 법적 질서를 다시금 세웠던 인물이었다.[244]

크롬웰에 대한 랑케의 해석은 그가 명예혁명에 이르기까지의 영국 역사를 전체적으로 어떻게 파악하고 있었던 가라는 문제와의 관계 속에서 이해될 필요가 있겠다. 그는 제1권의 서문에서 "모든 것은 보편적이며 개별적인 정신생활이다(Alles ist allgemeines und individulles geistiges Leben)"라고 전제하면서, "(…) 보편적인 것과 특수한 것의 충돌들로부터 거대한 재난

---

243 Vierhaus, a.a.O., S. 189.

244 Ranke, *Englische Geschichte*, IV (SW. 17), S. 110; ebd., S. 192.

들이 일어난다. 그러나 역시 그들 운반자들의 근저에 심어져 있었던 것으로 보이는 노력들은 사건들의 진행에서 승자의 힘보다 더 지속적으로 작용한다. 정신들의 고민 속에는 그 나라와 시대 속에서 실현될 수 있는 것을 넘어서는, 아마도 바람직한 것조차도 넘어서 나아가는 이념들과 기도들(企圖, Entwürfe)이 나타난다"[245]라고 서술하고 있다. 즉 보편적인 것과 특수한 것의 충돌을 통해 다음 단계로 나아가는 역사적 발전의 계기가 마련되지만, 그것보다 더 지속적으로 작용하는 힘이, 이념이 있다는 것이다. 이러한 관찰에서 그는 시민전쟁(Civil War, 1642-1660)과 공화정 체제(Commonwealth, 1649-1660), 왕정복고(1660)와 명예혁명(1688)을 모두 다 영국정치생활의 연속성 속에서 파악했으며, 각 사건들이 모두 다 위기의 산물들로서 각각의 역사적 이유들에 의해 일어났던 것으로, 필연적인 과정으로 보았다. 그에 의하면, 영국정치생활의 연속성에서 볼 때, "거대한 동요들 속에서 전반적인 파괴의 경향성들이 필연적으로 나타나면, 그것들은 이 경향성들을 저지할 수 있는 힘들이 또한 일어나도록 촉진한다"[246]는 것이다. 바로 이러한 연속성의 사고에서 랑케는 시민전쟁에 의한 혁명이 완전한 사회적 전복으로 나아가지 않았던 것을 크롬웰의 역할과 함께 긍정적으로 평가했다.

이 작품은 독일에서보다는 영국에서 더 많은 호평을 받았다고 한다. 그 이유는 아마도 영국인들이 이 작품을 자신들이 생각하는 영국사의 정체성(正體性)에 맞게 서술된 것으로 수용했기 때문이라는 견해도 있다. 그렇다면 그러한 이유에 못지않게 우리는 랑케가 어떠한 방법과 시각으로 외국의 역사인 영국사를 서술했던가를 또한 알아볼 필요가 있겠다. 우선 주목되어야 할 바는 그는 이 작품에서 객관적 관찰과 서술을 위해 그의 고유한

---

245 Ranke, *Englische Geschichte*, I(SW. 14), Vorrede, S. IX-X; Vierhaus, "Die Idee der Kontinuität in historiographischen Welt Rankes," in: *Leopold von Ranke und die moderne Geschichtswissenschaft*, hrsg. v. W. J. Mommsen, S. 172.

246 Ranke, *Englische Geschichte*, IV(SW. 17), S. 21; Vierhaus, *Ranke und die soziale Welt*, S. 191-192.

방법들을 활용했다는 점이다. 그는 17세기의 영국에서 왕당파와 의회파 사이의, 가톨릭과 국교회 사이의 대립 및 투쟁의 과정을 파악하는 데 있어서, "우리는 후일에 주장되었던, 또는 당시에 지배적이었던 법률적·국가법적인 논쟁들 속으로 들어갈 수는 없으며, 찬반의 감정들로 나누어질 수도 없다. 우리에게 중요한 것은 오직 거대한 동기들과 그 성공들에 대한 인식이다. (…) 우리의 의도는 그러한 견해들, 경향성들을 추적하는 것이 아니다. 외면적인 유사성들은 과거에 근거하려는 정치가들이나 현재에 근거하려는 역사가들을 마찬가지로 오도한다. (…) 역사학적 작업에 현재의 관심들을 주입하는 것은 그 작업을 자유로이 수행하는 데 흔히는 영향을 주게 된다"라고 말하면서, 이어서 "모든 민족들의 역사를 위해 그렇게도 중요한 의미를 지닌 시대들에 관해 전통적으로 전수되고 있는, 또한 문헌상의 견해 차이들에 대해 형성된 공감들과 반감들이 표명되고 있는 해당 국가 내의 서술들에 대립하여, 이로부터 독립적인 외국인이 서술한다는 것은 의심할 바 없이 좋은 일이다"[247]라고 부연했다.

랑케는 요컨대 17세기의 영국사를 19세기의, 즉 자기 시대의 현재적 관심들로부터 뿐만 아니라, 17세기의 당대인들이나 후세인들의 찬·반의 견해들로부터도 벗어나서 제3자로서 서술하고자 했던 것이다. 이것은 오직 과거 그 자체의 현재화를 추구하는 그의 사실주의에서 나온 객관적 방법이다. 이에 더하여 그의 고유한 객관적 방법은 제 2권 제5책(冊)의 입문에서, "나는 나 자신을 해소시키고, 오직 사실들이 말하도록, 강력한 힘들이 나타나도록 했을 뿐이다"[248]라는 문장으로써 결정적으로 표현되었다. 역사관찰 및 서술의 객관성 문제에서 그를 대표 및 상징하는 이 "자기해소(Selbst-auslöschen)"라는 방법은 그 가능성을 두고서 인식이론적으로 많은

---

247 Ranke, *Englische Geschichte,* I(SW. 14), Vorrede, S. X.

248 Ranke, *Englische Geschichte*, II(SW. 15), 5. Buch, Einleitung, S. 103: "Ich wünschte mein Selbst gleichsam auszulöschen, und nur die Dinge reden, die mächtigen Kräfte erscheinen zu lassen."

논란을 불러일으켜 왔지만, 적어도 그가 한 민족의 역사를 외국인으로서, 제3자로서 서술하므로 객관적일 수 있다는 조건에 더하여, 자신의 내면성마저 해체시켰다는 것은, 그만큼 그가 진지하게 객관적이고자 했다는 것을 의미한다. 실제로 그는 이 작품을 어떠한 정치이념적, 종교신조적 당파 참여도 배제한 채 객관적으로 서술했다는 평을 받고 있다.

그리고 랑케는 이 작품에서도 개별국가로서의 영국의 역사에 대한 자신의 관찰시야와 사고범위를 《프랑스사》에서처럼 범유럽적으로 확대시켰다. 그는 제1권의 서문에서, "한 저자가 자신이 속해 있지 않는 한 민족의 과거를 포괄적인 학문적 작업의 대상으로 삼을 때, 그는 그 작업에서 그들의 민족사(Nationalgeschichte)를 서술하고자 생각하지는 않을 것이다. 그것은 그 자체가 모순적일 것이다. 그의 의도는 자연적 관점(natürlicher Standpunkt)에 따라서 인류의 발전을 위해 가장 깊은 영향을 주었던 시대들을 주목할 것이다. 그는 선행했던 것과 후속되었던 것을, 그것이 인류의 발전에 대한 이해를 위해 필수적인 것일 때만, 취급하게 될 것이다"[249]라고 말함으로써 자신이 한 외국의 역사인 영국사의 특정한 시대, 즉 16·17세기를 어디까지나 인류의 발전과 관계되는 차원에서 관찰했다는 것을 강조했으며, "자료들에 대한 근원적인 연구를 통해 사건을 그것의 정치적, 종교적 전체성 속에서, 또한 동시에 그것의 보편사적 관계들(universalhistorische Beziehungen) 속에서 파악하고자 노력했다"[250]라고 밝혔다. 이로써 그는 영국사 서술에서도, 《프랑스사》 제1권의 서문에서와 같이,[251] 자신의 보편사적 관찰의 기준과 방법 및 그 필요성에 관한 견해를 제시했다.

랑케는 이 작품에서도, 이미 《프랑스사》에서 그러했듯이, 영국의 기원과 생성을 로마 시기까지 소급하여 추적하면서 영국이 대서양의 변경에

---

249 Ranke, *Englische Geschichte*, I(SW. 14), Vorrede, S. VI.

250 Ebd., S. XI

251 본서 II-3, 125쪽 주 229 참조.

유럽 문화를 전파시켰다는 사실을 중요시했고, 영국사에 "제국(帝國)의 계승(Translatio imperi)"이라는 옛 사상을 부여했다.[252] 특히 17세기의 영국사는, 프랑스가 그 시기에 절대적 군주체제를 통해 유럽의 여러 국가들에게 막강한 영향력을 행사하고 있었던 것과는 다른 차원에서, 즉 의회체제의 형성을 통해 그 후로 인류역사에 지속적으로 영향을 주게 되었다는 점에서 그는 이 시기를 세계사적으로 의미있는 시기로 보았다. 그가 또한 제8권의 22책에서는, 이미 《프랑스사》의 1권에서 "사소한 의미들에 머무르지 않으면서 세계사적으로 중요한 것을 더 상세히 설명하고자 했다"[253]라고 말했던 것과 같은 의미로, "나는 사건들을 오직 그것들의 결정적인 변화들에 따라서, 그것들을 거대한 개요들 속에서(in ihrem großem Umrissen) 현재화시켜 보고자 시도한다"[254]라고 했던 바도 역시 그의 보편사적 서술의 형식이자 방법을 의미하는 것이다.

이 작품은 영국에서 큰 환영을 받았고, 그 후로 역사학적 고전으로 인정받게 되었다. 그런가 하면 이 작품이 "긴장된, 명료한, 활력있는 서술"을 보여주었던 《프랑스사》에 못 미친다는 후일의 평가도 있으며,[255] 이미 당대에서도, 《프랑스사》에는 고유한 보편사적 관점이 결여되어 있다고 지적한 바 있는 부르크하르트가 《영국사》에서의 랑케의 보편사적 사고는 공허하다고 평가한 바 있다.[256] 그러나 랑케는 다른 어느 곳에서보다도 이 작품에서 보편사적 관찰과 서술의 필요성과 의미 및 그 서술의 기준과 방법에 관하여 많이 언급했다. 그에게는 영국사 전체를 계몽적, 교양적으로 서술했던 18세기의 흄(David Hume)[257]이 영국사 서술의 선구자였고, 19세기의

---

252 Masur, a.a.O., S. 95.

253 Ranke, *Französische Geschichte*, I(SW. 8), Vorrede, S. X.

254 Ranke, *Englische Geschichte*, VIII(SW. 21), 22. Buch, Einleitung, S. 6.

255 Srbik, a.a.O., S. 281.

256 Gilbert, *op. cit.*, p. 85.

257 Hume, *The History of England from the Invasion of Julius Caesar to the Revolution of 1688*(카이사르의 침입에서부터 1688년의 혁명까지 영국사), 1754-1757.

매콜리(Thomas Babington Macauly)[258]는 휘그적(Whigs)인 자유주의적 관점에서 명예혁명을 서술한 모델이었지만, 그들은 영국사 자체를 서술했을 뿐이다. 그러나 랑케는 그들을 넘어서서 근세 영국사의 발전을 대륙의 다른 국가들과의 관계 속에서 보편사적으로 파악해 보고자 했다. 이를 위해 그는 오랫동안 영국, 아일랜드, 네덜란드, 파리에서 관계문헌들을 풍부하게 조사했다. 이로써 이 작품도 역시 "세계사의 비밀"을 탐색해 보고자 했던 그의 보편사적 과제의 한 작업으로서 그의 이전의 대표작품들과 공통적인 성격과 의미를 갖고 있다. 그리고 여기에서 그가 제시한 보편사적 서술의 형식과 방법은 객관성을 확보하는 데 상관적으로 기여한다는 점에서 더욱 의미가 있다고 하겠다. 아마도 영국인들은 그의 이 작품에서 자신들의 역사가 객관화된 모습과 그 정체성을 발견했고, 또한 그 역사의 세계적 영향과 작용에 대해 랑케가 부여한 보편사적 의미에 긍지마저 느꼈으므로 이 작품을 그렇게 호평했을 것이다.

## 4. 1870년대의 독일사 및 전기 작품들과《세계사》

랑케는 유럽 여러 국가들의 역사를 서술했지만, 그가 〈강대세력들〉에서 지칭한 5개 국가들 중에서 러시아와 오스트리아의 역사를 서술하지는 않았다. 러시아는, 그가 주로 취급했던 16·17세기의 시기에는 유럽과 긴밀하게 관계하지도 않았고, 아시아 대륙의 광대한 지역을 포괄하고 있었으므로, 그 역사를 유럽 국가들의 문화에 대한 이해와 같은 수준으로써 서술한다는 것이 그에게는 어려웠을 것이다. 그것은, 역사서술은 반드시 근본자료들(Urkunde)을 근거로 해야 한다는 그 자신의 원칙에서도 역시 그에게는 불편했을 것이다. 그런가 하면 오스트리아는 그에게 독일 역사에서 특

---

258 Macaulay, *History of England from the Accession of James II*(제임스 2세 즉위 이래의 영국사), 4 vols, 1849-1861.

별한 의미를 지니고 있는 국가로 파악되고 있었다. 다름 아니라 그는 자기 시대의 다른 독일 역사가들과는 달리, 독일 민족의 역사에서 다수 영방국가들의 복수주의(複數主義, Pluralismus)에 역사적 의미를 부여하고 있었고, 특히 오스트리아는 프로이센과 함께 근세 독일 정치사의 고유한 이원주의(二元主義, Dualismus)를 형성시켜왔던 국가로 보았다. 그러므로 이 나라의 역사를 독일 국가들의 역사로부터 분리해서 별도로 서술한다는 것이 그에게는 불편한 일이었을 것이라고 해석되고 있다.[259]

또한 주목되는 바는 그가《프랑스사》및《영국사》에 비견될 수 있는 "독일사"를 서술하지는 않았다는 사실이다. 그는 1863년의 한 강의에서, "균형있는, 철저한 독일역사가 서술될 수 있을 것이며, 그것은 곧 큰 업적이 될 수 있을 것이다. 프랑스인들과 영국인들은 그러한 형식에서 많은 것을 이룩했다. 영국의 흄(Hume)이 그러하다. 독일에서는 흄이 나오지 못했다"[260]라고 말한 바 있으면서도, 그 자신마저 그러한 저술을 하지는 못했다. 19세기까지의 많은 독일 역사가들에게처럼 분립되어 있었던 독일국가들을 통일적으로 서술한다는 것은 그에게도 역시 어려운 일이었을 것이다. 그러나 그가 독일사를 소홀히 했던 것은 결코 아니었다. 즉 그는 독일사를, 비록 분산적이지만, 많이 취급했다.《종교개혁 시대의 독일사》는 이미《프랑스사》와《영국사》에 비견되는, 오히려 능가하는 그의 대표적인 저술이었으며,《9권의 프로이센사》도 역시 중요한 작품이다. 그리고 1869년부터 1870년대에 저술된《발렌슈타인(Wallenstein) 전기》,《7년 전쟁의 기원》,《독일세력들과 군주동맹》,《혁명전쟁들의 기원과 시작》,《하르덴베르크(Hardenberg)와 프로이센 국가사》등은 모두 다 독일사에 관한 다양한 주제의 저술들이다. 이 작품들은《발렌슈타인의 전기》를 제외하고 모두 다 그가 1871년의 민족사적 사건이었던, 통일독일제국의 건설로부터 자극을

259 Schulin, a.a.O., S. 145.
260 Ebd., S. 145.

받고서 서술되었다. 이 작품들은 모두 다 프로이센 주도하의 독일통일 운동의 과정에서 의미있던 국면들에 관한 서술들이며, 모두 다 18세기와 19세기의, 즉 자기 시대의 현대 독일사를 취급했다는 점에서 공통점을 지니고 있다. 특히 그의 대표적인 전기적 저술들인 발렌슈타인과 하르덴베르크에 관한 서술들은 역사적 개별 개성의 역사가 해당 시대의 역사로 될 수 있다는 한 형식을 보여 주며, 최후의 저술인《세계사》는 보편사적 서술의 이론과 방법론을 제시하고 있다.

① 독일사 작품들

**《7년 전쟁의 기원》(Der Ursprung des siebenjährigen Kriegs)**, 1871.

이 작품은 오스트리아가 왕위계승전쟁(1740-1748)을 통해 프로이센에게 상실했던 슐레지엔(Schulesien) 지역을 회복하기 위해 200년 동안이나 합스부르크 가문의 숙적이었던 부르봉 가문의 프랑스와 동맹을 맺고, 또한 러시아와도 연합하게 되자, 프로이센의 프리드리히 2세(1740-1786)가 영국의 동의 아래 먼저 군대를 동원하여 오스트리아와 치렀던 7년 전쟁(1756-1763)에 관한 저술이다. 이 전쟁에서 프리드리히 2세는 동맹국인 영국의 원조 없이 오스트리아와 그 연합국들에 대항하여, 한때에는 베를린이 함락될 위기를 겪으면서도 대담한 결단력과 인내심으로써 전쟁을 치렀다. 때마침 프리드리히 2세에게 우호적이었던 표트르 3세가 황제로 등극하면서 러시아 군대를 철수시켰고, 프랑스 또한 철군함으로써 프리드리히는 슐레지엔의 영유권을 다시금 확인하는 승리를 거두었다.

랑케는 이 작품에서, 이미 〈강대세력들〉에서 언급했듯이, 프랑스가 오랫동안의 앙숙이었던 오스트리아와 제휴했다가 성과없이 철군함으로써 프랑스 군사력의 명예가 실추되었던 사실은 프랑스 군주권의 권위를 몰락시켰고, 또한 혁명의 한 동인으로 되었다고 보았다. 실제로 프랑스는 이 전쟁에 참여하여 군사력을 분산시킴으로써 북아메리카에서는 영국군에 패배했다. 즉 프랑스는 북아메리카에서의 지배권을 독일의 전쟁터에서 상실했던 것이다.[261] 그런가 하면 프로이센은 다수의 연합군에 대항하여 자신을 유지할 수 있었고, 결국 강대세력들 중의 한 국가로 상승했다. 랑케는 프리드리히 2세가 이 전쟁을 불굴의 정신으로써 이끌었다고 서술하면서, 그를 "독일이 배출했었던 가장 위대한 정치가"라고 지칭했다.[262]

랑케는 이 작품을 이미 오래 전부터 기획해 왔고, 부분적으로는 서술 및 발표까지 했었으나, 미비한 부분들 때문에 출판을 미루어 오다가, 1870년에 프랑스의 선전포고에 의해 독일·프랑스 전쟁이 발발하자, 곧 정리하여 발간하게 되었다. 그에게 이 전쟁은 독일을 포함하여 유럽 국가들의 운명을 결정하는 사건이며, 그것도 이미 오래전부터 준비되어 왔던 것이다. 다름 아니라 그는 1870년 전쟁의 연원을 1756년의 7년 전쟁으로 보았던 것이다.[263] 100여 년 전의 그 전쟁이 그에게는 그 성격에 있어서 당시의 유럽 위기의 산물이었고, 그 후로 강대세력들의 동맹과 연합 등의 정치적 체제의 변화에 영향을 주어 왔었다. 그는 1870년의 전쟁을 그러한 관계들의 결과적 산물로 파악하면서 7년 전쟁에 관한 이 작품을 서술했던 것이다.[264] 그리하여 이 작품은 18세기 유럽 국가들의 복잡했던 외교관계들의 실마리를 해명했다는 점에서 의미를 갖는다.[265]

랑케가 이 작품에서 7년 전쟁에 대해 보여 준 독특한 관점은, 프로이센과 오스트리아의 투쟁이 그 의미에 있어서는 프랑스와 영국이 세계의 여러 지역들에서 세계지배권을 위해 대립했던 투쟁에 뒤떨어진다고 보았다는 점이다.[266] 그는 독일 민족사를 취급하면서도 보편사적 관점에서 관찰

---

261 랑케, 〈강대세력들〉, 《강대세력들 · 정치대담 · 자서전》, 이상신 역, 79쪽.

262 랑케, 《근세사의 여러 시기들에 관하여》, 이상신 역, 237쪽.

263 Ranke, "Der Ursprung des siebenjährigen Kriegs," in: *Zur Geschichte von Österreich und Preußen* (SW. 30), Vorwort, S. 63.

264 Ebd., S. 64.

265 Srbik, a.a.O., S. 283.

266 Ebd., S. 285.

함으로써 두 경우들의 세계사적 의미를 그렇게 객관적으로 비교할 수 있었던 것이다.

**《독일 세력들과 군주들의 동맹》**

**(Die deutschen Mächte und der Fürstenbund)**, 1871.

이 작품은 프로이센의 프리드리히 2세가 황제 요제프 2세(Joseph II, 1765-1790)의 제국정책에 대결하기 위해 작센(Sachsen), 하노버(Hannover), 트리어(Trier) 등의 독일 군주들과 결성했던 군주들의 동맹(1785)에 관한 저술이다. 황제의 제국정책이란 요제프가 오스트리아의 지배하에 있던 네덜란드를 양도하고 바이에른(Bayern)을 오스트리아의 지배하에 두고자 했던, 나아가서 제국을 중앙집권화 시키고자 했던 시도였다. 프로이센은 이를 저지하고자 했다. 왜냐하면 요제프의 시도를 통해서는 독일 군주들의 권리가 필연적으로 축소되어 버릴 수밖에 없을 것이기 때문이다. 이 군주동맹은 프리드리히 2세가 사망함으로써 명실상부한 독일 군주들의 동맹으로 되지는 못했으며, 요제프 2세의 시도도 라이헨바흐(Reichenbach)의 협정(1790)을 통해 무산되었다.

랑케는 이 사건을 독일 민족생활에서 매우 중요한 변화였다고 보았다. 다름 아니라 그에게 독일의 1780-1790의 시기는 저명한 작가들과 저술가들의 활동을 통해 시민계급의 공적 생활이 활성화되었고, "독일조국(das deutsche Vaterland)"에 "하나의 교양있는 세계"라는 성격이 부여되었던, 실로 문화사적, 문학적으로 의미있는 시기였다. 그러나 그는, 자신은 그러한 사실들을 단지 "지나가듯이" 언급만 할 것이며, 자신의 과제는 "민족의 보편적 생활의 제3의 모습"을, "그들의 내적 분쟁들"을 "전체체제(Gesamtverfassung)와의 관계 속에서 주목하는 것"이라고 밝혔다.[267] 그에게는, 독일제국이 종교적으로 양분되어 있었던 것은 독자적인 양대 세력들

267 Ranke, *Die deutschen Mächte und der Fürstenbund* (SW. 31), Vorwort, S. VI.

에 의해 더욱 그렇게 되었었던 것이며, 바로 그러한 현실과 관련하여 1780년대에 요제프 2세에 대립하여 일어났던 "내적 분쟁은 독일민족의 생활에서 가장 주목할 만한 변화들 중의 하나를 형성한다."[268] 그리하여 제국을 재생시키려는 기도(企圖)가 이상(理想)적인 것들 속에서가 아니라 "역사적 현실 속에서 기존하는 기반을 근거로 하여, 변화된 상태들에 따라서 시도하는 것"으로 나타났다는 것이다. 이러한 이유들에서 그는 "군주들의 동맹"에 관한 자료들을 프로이센, 오스트리아, 바이마르, 네덜란드 등의 문서고들을 통해 수집했으며, 이것들로부터 "새로이 얻어진 견해들"을 독자들에게 제시하는 것은 자신의 "선택이 아니라 의무"라고 생각했다.[269]

이 작품에 대해서는, 랑케가 신성로마제국과 1871년에 세워진 제 2제국과의 연속성을 파악해 보고자 했고, 프리드리히 2세를 지나치게 호의적으로 묘사했으며, 그가 세운 군주동맹을 독일제국의 구조와 이념의 대변자로 보고자 했다는 지적들이 있다. 그러나 랑케는 자신이 프로이센이나 오스트리아의 어느 편에도 치우치지 않고 객관적이고자 했다고 밝혔다. 즉 그는, "가장 거대한 결심들을 지니고 있는 권력 및 이념들의 모든 투쟁들 속에서 그것들에 관해 어떠한 견해도 갖지 않는다는 것은 불가능할 것이다. 그러나 그렇게 할 때 비로소 비당파성의 본질(das Wesen der Unparteilichkeit)이 보증될 수 있다"고 말하면서, "왜냐하면, 비당파성의 본질은 사람들이 행동하는 힘들을 그것들의 위치에서 인정하고, 그것들 각자의 고유한 관계들 속에서 존중하는 데에 있기 때문이다. 우리는 그들이 특수한 그들 자체로서 출현하고, 대립하며, 상호투쟁하는 것을 본다. 그러한 대립 속에 사건들과 세계를 지배하는 숙명이 전개된다. 객관성은 동시에 비당파성이다(Objektivität ist zugleich Unparteilichkeit)"[270]라고 부연했다. 여기에서 랑케가 당시에 상호대립했던 세력들의 어느 편에도 당파참여를 하

268 Ebd., S. VI.
269 Ebd., S. VII.
270 Ebd., S. VIII.

지 않고자 했던 것은 그가 모든 세력들에게 각각의 역사적 권리를 부여하고 있었기 때문이다. 그는 그들을 다함께 경청하고 제시하는 것이 자신의 객관적 방법이라는 점을 명확하게 제시했다. 자신이 프로이센의 국민이므로 이 작품이 당연히 프로이센의 입장에서 서술되었다고 평가받게 될 것을 처음부터 의식하고 있었기 때문에, 그 자신은 오히려 객관성을 지켰다고 밝히면서 객관성은 곧 비당파성이라고 정의했던 것이다.

**《혁명전쟁들의 기원과 시작》**

**(Der Ursprung und Beginn der Revolutionskriege)**, 1791-1792, 1875

이 작품은 프랑스 혁명에 대립했던 오스트리아 황제 레오폴트 2세(Leopold II)와 프로이센의 프리드리히 빌헬름 2세(Friedrich Wilhelm II)가 프랑스의 구질서회복과 열강의 공동보조를 촉구하기 위해 1791년에 필니츠(Pilnitz) 선언을 발표하자, 이에 프랑스가 1792년 4월에 오스트리아에 선전포고를 하게 되었고, 이어서 영국, 교황청, 포르투갈이 가세하여 제1차 대(對)프랑스 동맹(1793)을 결성하게 되었던 과정을 서술했다.

랑케는 대혁명 전후의 유럽의 정치적, 이념적 상황에 대한 개관을 앞세웠다. 그에 의하면, 혁명이 일어나기 전에 유럽 전체에서는 이미 개혁운동들이 전개되었었다.[271] 각국의 대외관계들에서는 영토문제들이 정리되어 갔고, 대내적으로는 정치 및 종교문제들에서 개혁들이 시도되고 있었다. 프로이센은 보수적인 개혁정책을, 오스트리아는 국가적 통일성을 세우고자 성직자 집단들과 예수회를 제압하는 정책을, 프랑스는 교황권으로부터 독립하기 위해 반(反)예수회 정책을, 스페인은 전래의 악습을 파기하는 정책을 시도했다. 이러한 개혁시도들에서는 항상 왕권이 전래의 특권을 유지하려는 귀족 및 성직계급과 대립했고, 따라서 개혁은 왕권적·보수적인 성격으로 전개되고 있었다는 것이다.

---

271 Ranke, *Der Ursprung und der Beginn der Revolutionkriege*(SW. 45), Einleitende Bemerkung, S. 1.

랑케는 이러한 상황에 외부로부터 새로운 자극을 제공한 것이 북아메리카의 혁명이었다고 보았다. 따라서 그는 이 저술의 입문에서 그 혁명을 프랑스 혁명 이전의 "가장 거대한 사건"으로 지칭하면서,[272] 유럽 대륙에 끼쳤던 자극과 영향을 부각시켰다. 그에 의하면, 북아메리카 식민지들이 모국으로부터 탈퇴하여 "공화국(Republik)"을 세웠다는 사실은 유럽의 게르만 민족들에게 "자신들의 내면적 생(生)의 능력을 일깨웠고, 그것을 위한 공간을 마련했으며", "거대한 공동감정"을 불러일으켰다. 그리고 그 이념을 유럽에 전파시키는 데 가장 큰 역할을 했던 나라는 그 혁명에 가장 깊이 관여했던 프랑스였다. 그러나 그 이념으로부터 자극을 받았던 유럽에서의 개혁노력들은 어디에서도 큰 성과를 이룩하지 못했다는 것이다. 왜냐하면 유럽의 기존 제도들은 오랫동안의 역사적 과정 속에서 형성된 것이므로, 그만큼 그들의 저항이 강력했기 때문이다. 따라서 프랑스에서는 개혁노력들이 전반적인 혁명으로 나아갔는가 하면, 다른 국가들에서는 변혁을 거부하는 반대세력들의 적대감정이 규합되었고, 결국 범유럽적으로는 개혁과 보수의 대립이 이념적인 영역을 넘어서 혁명전쟁들로 나아갔다는 것이다.[273] 랑케는 바로 그러한 대립들과 분쟁들의 기원과 함께 전쟁의 첫 단계까지를 서술했다. 그는 그러한 과정을 이해하기 위해서는 프랑스 내의 혁명으로부터만, 또는 다른 독립국가들의 관계들로부터만 출발해서는 안되었고, 양자를 함께 관찰해야만 했다. 왜냐하면 그에게 "양쪽의 순간들은 끊임없이 상호작용하기 때문이다."

랑케는 혁명 이전의 프랑스의 절대적 왕권을 역사적으로 매우 부당했던 것으로 서술했으며, 프랑스의 대(對)오스트리아 전쟁을 승인했던 프랑스 입법의회(Legislative Versammlung)는 선전포고를 감행했던 공격당사자였다고 보았다. 그러면서도 그는 유럽 국가들의 보수 연합체(Areopag)가 프랑

272 Ebd., S. 3.
273 Ebd., S. 4.

스에 간섭했던 것은 프랑스의 민족적 고유권한을 손상시켰던 일이라고 보는 중도적 입장에서 서술했다. 그럼에도 이 작품은 프로이센을 유럽질서의 변화 속에서 지나치게 변호했다는 지적을 받기도 했다.[274] 그는 이와 같이 당시 유럽 국가들의 반(反)프랑스 동맹과 개입 및 공격과 반격의 과정을 서술하는 가운데 결국 1792년의 프랑스의 대(對)오스트리아 선전포고와 1870년의 대(對)프로이센 선전포고 사이에서 일련의 연속성을 찾고자 하는 모습을 보여 주었다. 그러나, 비록 그 연관성이 전혀 부인될 수는 없겠지만, 그러한 사고는 역시 논란의 여지를 지니고 있다고 볼 수 있겠다.[275] 이 작품은 그의 별로 중요하지 않은 작품들 중의 하나이지만, 프랑스 혁명에 대한 그의 견해를 보여 주고 있다는 점에서 의미를 지닌다.

이상의 세 작품들은 랑케가, 스스로 술회했듯이, 자기 시대의 역사적 사건들에 대한 경험으로부터, 특히 1871년의 독일 제2제국의 건설로부터 깊은 자극을 받고서 저술한 작품들이다. 1870년의 독일과 프랑스의 전쟁에서 그에게 중요했던 것은 프로이센의 국가이념, 대외적 독립성, 국제적 위신, 정신적 자유, 그리고 종교적 관용의 문제들이었다. 그는, 이 전쟁에서는 힘과 도덕적 에너지가 승리했고, 프로이센의 이념 위에서 독일의 이념이 실현되었으며, 이 세계사적 순간으로부터 유럽의 새로운 미래가 등장했다고 보았다. 그럼에도 이 세 작품들은 민족주의적 감정으로 서술되지는 않았다는 평가를 받고 있다. 다름 아니라 그는 당대의 사건들을 세계적 순간으로 파악하는 데 깊이 사로잡혀 있었고, 라틴 및 게르만 민족들이라는 유럽 공동체를 의식하고 있었으므로 결코 쇼비니즘(Chauvinismus)적일 수 없었던 것이다. 그는 나폴레옹 3세의 몰락 직후, 1870년 11월에 빈에서 오랜 친구인 프랑스 역사가 티에르(Thiers)를 만났을 때, '프랑스와 독일

274 Srbik, a.a.O., S. 286.
275 Ebd., S. 286.

이 일찍이 카롤링(Karoling) 세계제국의 부분이었다는 사실을 상기한다면, 양국은 즉각적으로 평화에 기여할 수 있을 것'이라고 말한 바 있으며,[276] 1872년에는 프랑스 점령 독일군 사령관인 친구 만토이펠(Manteufel)에게, '세계의 운명은 옛날부터 프랑스와 독일의 관계 위에 놓여 있다'고 조언하기도 했었다.[277]

이러한 발언들은 랑케가 보편사적 역사가로서 과거와 현재를 항상 범유럽사적으로 사고하고 있었다는 것을 의미한다. 제2제국의 건설 후로는 민족주의적 역사가들이 유럽 역사에 독일의 승리를 부각시키고 있는 동안에, 랑케는 그러한 경향으로부터 거리를 두었다. 특히《혁명전쟁들의 기원과 시작》에서 그러했다. 그는 당시 독일 역사가들의 반(反)프랑스 감정에 초연했고, 오히려 사건들의 세계사적 의미를 중요시했던 것이다. 그는 이른바 "유럽 국가들의 체제" 속에는 국가 이기주의적, 권력추구적, 팽창주의적 정치가 있다는 것을 인정하면서도, 근세 초의 역사에서나 자기 시대의 역사에서도 국가들 사이의 상호의존성과 그들의 필연적인 연속성에 주목했으며, 그들 사이의 제어되지 않은 팽창욕구와 우위권 추구를 항상 잘못된 것으로 간주했다. 이것은 그가 유럽 국가들에 관한 서술에서 항상, 전쟁들이 일어난 후에는 각 세력들이 다시금 상호공존적인 세력균형 상태로 돌아간다는 인식으로부터 출발했기 때문이다.[278] 그에게 유럽 국가들은 항상 천체(天體)의 별들처럼 운행하고 있다. 그러므로 그가 독일 제2제국의 건설을 환영했던 것은 결코 국수적 민족주의나 패권주의에서가 아니라, 오히려 그러한 계기를 통해 유럽의 안녕을, 그 역사의 연속성을 기대했던 것이었다고 볼 수 있겠다.

---

276 Ranke, *SW. 53/54*, III, Tagebuchblätter, S. 588.

277 Srbik, a.a.O., S. 283; Gooch, *op. cit.*, p. 90.

278 Hans Schleier, "Geschichtstheorie und Geschichtsschreibung bei L. v. Ranke," in: *Leopold von Ranke und die moderne Geschichtswissenschaft*, hrsg. v. Mommsen, Stuttgart 1988, S. 127f.

② 전기(傳記)적 작품들

**《발렌슈타인의 역사》(Geschichte Wallensteins)**, 1869.

이 작품은 30년 전쟁(1618-1648) 시기에 한동안 가톨릭 군대의 사령관이었던 발렌슈타인(Wallenstein, 1583-1634)에 관한 전기적 저술이다. 이 전쟁은 프로테스탄트 국가들(덴마크, 스웨덴, 북부 독일 국가들)과 가톨릭 국가들(합스부르크 가문의 오스트리아와 스페인) 사이의 전쟁으로 시작되었다가, 가톨릭 국가인 부르봉 가(家)의 프랑스가 오랫동안의 숙적인 합스부르크 가(家)의 오스트리아에 대적하기 위해 오히려 프로테스탄트 진영을 후원함으로써 결국 종교적·정치적·민족적인 국제전쟁으로 나아갔었다. 발렌슈타인은 독일 출신의 용병대장(Kondotiere)으로서 이 전쟁에서는 오스트리아의 황제 편에 가담하여 가톨릭 군대를 지휘했다.

랑케는 이 작품을 70대의 중반에 이르렀을 때 비로소 저술했다. 그는 항상 거대한 역사적 개체들로서의 민족들 및 국가들이 수세기에 걸쳐 이룩한 발전들을 서술해 왔으므로, 한 역사적 인물에 관한 개인적 전기가 그에게는 분명히 너무 짧은 기간의, 너무 좁은 범위의 주제였을 것이다. 그러나 그는 이 전쟁에서 한 동안 중요한 역할을 했었던 발렌슈타인을 17세기 독일민족사의 이해를 위해 전기로서 서술되어야 할 의미 있는 인물로 보았다. 그는 이 작품의 서문에서, "하나의 생동적인 개성이 서술되어야만 할 때에는, 그 개성이 등장하고 작용하게 된 조건들이 망각되어서는 안 된다. 또한 우리는 세계사적 사건들의 거대한 진행을 서술하면서, 그 사건들에 자극을 주었던 개성들에 대해서도 항상 기억해야만 할 것이다"[279]라고 말하면서 발렌슈타인의 전기를 해당 시대와의 관계 속에서 서술하겠다는 입장을 밝혔다. 랑케에게는 한 개인이라 해도 자기 민족의 역사와 세계사적 사건들에 작용했던 역사적 개체일 때, 그 개인은 마땅히 서술되어야 하

279 Ranke, *Geschichte Wallensteins* (SW. 23), Vorrede, S. V.

며, 아울러 그의 등장과 활동을 가능하게 만들었고 촉진시켰던 당시의 조건들, 일반적 상태들도 당연히 함께 취급되어야만 하는 것이다. 특히 발렌슈타인의 전기에서 그러해야만 하는 것은 랑케에게 그는 그 시대에 확산되었던 운동 속에서 하나의 특별한 모습으로서, 그 시대의 고유한 산물로서 나타났으며, 그의 등장은 그의 시대에 의해서였다는 사실에서이다. 이와 같이 한 시대의 역사적 인물이 해당 시대와의 관계 속에서, 당시의 일반적 상태의 한 표현으로서 파악되는 한, 그리하여 그의 행적뿐만 아니라 그의 시대가 함께 관찰 및 서술되는 한, 그에 관한 전기는 한 개인의 생애기를 넘어서는, 그 시대의 역사에 관한 서술로 될 수 있는 것이다. 랑케의 표현에 의하면, "역사는 전기적인 순간들을 수용함으로써 다양해진다. 그러나 전기도 역시 때로는 역사로 확대될 수 있다."[280] 그리하여 발렌슈타인에 관한 랑케의 전기적 서술은 결국 30년 전쟁 시기의 상황과 경향성에 관한, 요컨대 그 시대에 관한 서술로 되었던 것이다.

랑케에게서는 개별 개성이 해당 시대의 산물이지만, 그렇다고 단순히 객관적 세계관계들, 시대정신과 원리들, 그 이념들과 경향성들에 의해 결정되기만 하는 존재는 아니다. 개별 개성은 그것 자체의 고유한 본성을 지니고 있고, 따라서 고유한 역할을 한다. 랑케에 의하면, 역사적 인물들은 자기 시대의 보편적 경향성의 한 표현이지만, 그러면서도 "개성들은 또 한편으로는 하나의 도덕적 세계질서에 다시금 속해 있으며, 그 속에서 그들은 전적으로 그들 자신의 고유한 존재들이다. 그들은 창조적인 힘을 지닌 하나의 독자적인 생(生)을 갖고 있다. 사람들이 기꺼이 말하듯이, 그들은 자신들의 시대를 대변하면서, 타고난 내면의 추진력을 통해 다시금 그 시대 속으로 결정적으로 관여한다"[281]는 것이다. 이와 같이 한 개인이 자기 시대의 산물로서 등장하여, 다시금 그 시대의 보편적 운동에 참여, 또

280 Ebd., S. VIII.
281 Ebd., S. VI.

는 그것을 주도할 때, 그는 더욱 성숙해질 수 있으며, 후속적으로도 영향을 주게 된다.[282] 결국 랑케에게는 특수성으로서의 역사적 개별개성과 보편성으로서의 일반적 상황 및 경향성이 모두 다 중요하다. 왜냐하면 그에게 "사건들은 개별적인 힘과 객관적인 세계관계가 만나는 가운데 전개되며, 그 성과들은 그들의 힘의 척도이기 때문이다."[283] 그러므로 그에게는 역사적 개성과 일반적 상태와의 관계에 관한 파악이 필수적인 작업이었다.

랑케에게는 발렌슈타인이 그렇게 파악되어야 할 역사적 개성이었다. 그는 본시 프로테스탄트였지만, 황제 편에서 가톨릭 군대를 지휘했었던 유능한 장군이었던가 하면, 많은 악평을 받기도 했었다. 그는 경쟁자인 프로테스탄트 진영의 스웨덴 국왕 아돌푸스(Gustavus Adolphus)와는 달리 사람들로부터 신뢰를 받지 못했고, 결국 프로테스탄트 진영과 가톨릭 진영 사이에 중재를 시도했다는 의심을 받고서 지휘권을 박탈당했으며, 끝내 암살당했다. 이 암살의 배후로서는 가톨릭의 황제당파가 지목되어 왔다. 그의 중재 의도는 밝혀지지 않았지만, 그는 아마도 통일독일제국을 꿈꾸었던 위대한 독일 애국자였을 수도 있다는 추측이 있는가 하면, 그의 결정적인 배신행위는 알려지지 않고 있다.[284] 그는 실로 베일에 싸여 있던 인물이었다. 그러한 만큼 그에 관한 여러 곳의 문헌들과 보고들은 다양하기도 하고 불확실하기도 했다. 랑케 자신도, "수십 년 동안 중요한 영향을 주었던 위치에 도달했다가, 마침내는 지금도 여전히 이해될 수 없는 재난을 맞게 되었었다"고 표현했던 이 인물에 대한 암살을 명확하게 해명하지는 못했다. 그러나 랑케에게는 신·구교파 사이의, 대적하고 있던 국가들 사이의 화해를 시도했다고 하는 발렌슈타인의 행적이, 자신이 항상 추구했었던 바도 대립하는 세력들의 타협과 조화를 모색하는 이른바 "제3의", 또는 "중용"의 길이었듯이, 궁금했을 것이다. 그리하여 그는 자신이 "당시까지

---

282 Ebd., S. VIII.

283 Ebd., S. VIII.

284 Gooch, *op. cit.*, p. 90.

수집한 자료들이 사실들을 객관적으로 파악되도록 하는 데 충분하다"고 생각하게 되었을 때, 이 전기를 서술하기로 결심했던 것이다.[285]

랑케는 이 저술을 위해 여러 곳에서 많은 문헌들을 섭렵하면서 그것들의 성격과 신빙도를 신중하게 평가했다. 그에 의하면 빈(Wien)의 문서고들에 있는 발렌슈타인에 관한 보고들은 그에 대한 비난과 변호를 넘어서지 못하며, 베네치아(Venezia) 사신들의 보고들은 당시 독일에서 투쟁했던 여러 관심들의 내면적 동기들에는 가까이 접근하지 못했다는 것이다. 교황 대사들의 보고들은 보다 더 풍부하지만, 가톨릭주의를 세우게 되었던 계기들에만 상세할 뿐이며, 프랑스의 문헌들은 역시 자기 나라와 관계되었던 사실들만을 취급했었던가 하면, 다른 모든 문제들에 대해서는 방치해 버렸으며, 스웨덴 문서고들의 비망록들도 마찬가지였다는 것이다. 그런가 하면 바이에른의 뮌헨(München) 문서고의 문헌들은 포괄적이고 높은 가치를 지니고 있으며, 발렌슈타인에 관한 오늘날의 우세한 견해들에 가장 많이 기여하고 있지만, 그에 대한 당시 바이에른 군주의 적개심과 불신을 함께 제시하고 있으므로 후세에 표준이 될 수는 없다는 것이다.[286]

그리하여 랑케는 여러 곳의 다양한 자료들을 수집 및 분석하게 되었고, 그것들을 활용하는 데는 자신의 고유한 방법을 보여 주었다. 우선 그는 발렌슈타인에 대해 우호적, 또는 적대적이었던 지역들의 문서고들을 다함께 조사하여 자료들을 수집했으며, 자료 작성자들의 종교적 신조와 정치적 이해관계들에 따라서 그 자료들의 신빙성과 가치를 구분했다. 다음으로 그는 특히 드레스덴(Dresden)과 브뤼셀(Brüssel)의 문서고들을 중요시했다. 드레스덴의 작센(Sachsen)궁정은 발렌슈타인이 생애의 마지막 시기를 보냈던 곳으로서, 그를 다른 어디에서보다 신뢰했던 곳이다. 그런가 하면 브뤼셀의 문서고에는 전쟁 초기에서보다 후반에서는 발렌슈타인에 대해 가장

---

285 Ranke, *Geschichte Wallensteins*, S. VII.
286 Ebd., S. VI - VII.

경쟁적이고 강력한 반대자였던 스페인 군주의 대사들에 의해 작성되었던 보고들이 보관되어 있었다. 랑케는 이들의 보고들이 발렌슈타인의 역사를 해명하는 데 가장 중요한 자료들이라고 판단했다.[287] 말하자면 그는 악평을 많이 받았던, 뜨겁게 논쟁적인 견해들을 불러 일으켰던 한 역사적 인물의 진실을 파악하는데, 그 인물에게 우호적 또는 적대적이었던 보고들을 다함께 중요시하면서 특히 가장 강력했던 반대자들의 보고들을 오히려 가장 주목했던 것이다. 이것은 그가 활용했었던 이른바 "내면적 비판"의 한 방법이다. 이것은 자료 작성자들의 성격과 의도 등, 그들의 내면적 상태와 현실적 관계를 파악하여 진실에 접근하는 방법이다.

이러한 자료 연구방법을 통해, 그리고 특수성으로서의 개별 개성과 보편성으로서의 일반적 상황 및 경향성과의 관계에 대한 고유한 사고를 통해 서술된 이 작품은 한 개인에 관한 전기이면서도 "반(反)전기적인 작품"으로서 해당 시대에 관한 시대사이며, 모든 전기적 저술의 고전적 모델로 되었다.

**《하르덴베르크와 프로이센 국가의 역사》**

(**Hardenberg und die Geschichte des preußischen Staates von 1793-1813**), 3 Bde., 1877-1878

이 작품은 프로이센의 사관(史官)으로서 랑케가 프랑스 혁명 후 해방전쟁까지의 프로이센의 역사를 하르덴베르크(Freiherr Karl August von Hardenberg)의 정치적 활동과 업적을 중심으로 하여 서술한 작품이다. 하르덴베르크는 프로이센이 1806년에 나폴레옹에 패배하여 절망적인 상황에 빠져 있을 때, 슈타인(Freiherr Karl von Stein)의 뒤를 이어 1810년에 총리로 임명되자, "군주제의 통치하에 민주적 원리"를 실현시킨다는 목표를 세우고 농업, 재정, 행정, 그리고 영업의 자유 등 일련의 개혁을 단행했던 보수적 개혁 정치가였다. 이른바 "슈타인·하르덴베르크 체제(Stein-Hardenberg

287 Ebd., S. VII.

System)"란 그가 슈타인이 1807-1808에 시작했던 정책을 계승하여 일련의 개혁제도들을 실현시켜 나갔던 체제를 지칭하는 말이며, "위로부터의 개혁"이라는 의미를 내포하고 있다.

랑케는 하르덴베르크가 사망(1822)하면서 남긴 서류들이 그의 유언에 따라 50년 동안 봉인되어 있다가, 1872년에 비스마르크에 의해 개봉되어 자신에게 넘겨지자, 하르덴베르크가 직접 기록해 두었던 회고록들(Memoiren)을 편집하고 그의 시대의 프로이센의 역사를 그의 활동과 업적을 중심으로 하여 서술하게 되었다. 본시 랑케는 이 작품에 하르덴베르크에 관한 전기(傳記)를 서술하여 입문(Einleitung)으로 앞세우고자 했었으나, 그것만으로써는 그의 업적들 중에서 역사적인 것들을 모두 다 담을 수 없으므로, 그에 관한 전기를 독립적으로 서술하여 3권 4책으로 구성되는 이 작품의 제1책(Erstes Buch)으로 앞세웠다. 랑케는 이 작품을 서술하는 데 하르덴베르크가 남긴 회고록들뿐만 아니라, 프로이센 문서고의 자료들, 그리고 랑케 자신이 유럽 역사와 대혁명에 관해 이전에 발표했던 글들을 활용했다. 그리하여 제2책(Zweites Buch)에서는 1793-1795의 시기에 하르덴베르크가 프로이센의 독자성을 유지하기 위해 유럽 국가들의 투쟁 속에서 중립을 취했던 활동들에 관한 기록들이, 그리고 제3책(Drittes Buch)에서는 하르덴베르크가 새로 등장한 프랑스 혁명국가와 구(舊)체제의 중요 세력들 사이에서, 전자와는 기존의 관계를 파기하지 않으면서, 또한 후자들에게는 의존하지 않으면서 모든 국가들과의 관계를 유지하고자 했던 시도들에 관한 기록들이, 그리고 마지막 제4책(Viertes Buch)에서는 1806년의 패배 후에 1813년까지의 프로이센의 재건을 위해 하르덴베르크가 쏟았던 노력들에 관한 기록들이 정리되었다.

랑케는 이 작품을 서술하는 자신의 작업은 주로 하르덴베르크의 회고록을 근거로 하는 것인 만큼 완전한 의미의 객관적 역사로 될 수는 없다는 점을 인정했다. 그러나 그는, 하르덴베르크의 활동과 그 시대의 역사는 분리될 수 없으므로, 자신이 제시하는 바는 "하르덴베르크의 회고록이자, 동시에 프로이센 국가와 그 시대 자체의 역사적 회고록들(historische Denkwürdigkeiten)이다"라고 변호했다.[288] 여기에서 그는 회고록들(Memoiren)과 역사(Geschichte) 의 차이에 관한 자신의 견해를 밝히고 있다. 그에 의하면 회고록들에는 저자(Autor)의 기억들이 지배하며, 그 과제는 개인적 관계들을 설명하는 것이다. 그러므로 역사서술가는 저자의 그러한 기억들에 사로잡히지 않도록 경계해야만 한다. 왜냐하면 흔히 개인적인 것들 속에는 증명될 수 없는 것들이 있기 때문이다. 즉 저자의 기억들에 의해 기록된 개인적인 것들에서는 저자가 친구들이나 반대자들에 관해 경험했던 인상이 항상 작용하므로, 비록 후세 역사가가 양쪽 당파들을 다같이 경청한다 해도, 어떤 판단을 한다는 것은 어려운 일이며, 또한 이것은 역사서술가의 과제가 아니라는 것이다. 랑케에 의하면, "역사 속에는, 내가 올바르게 알고 있는 바로는, 역사의 여신(die Muse der Geschichte)이 개의하지 않은 채 방치해 버릴 수 있는 사건들이 있다. 회고록들(Memoiren)이 문학에서는 자체의 특별한 위치를 갖고 있다. 그것들이 전달해 주는 개인적 생활의 우연한 것들에 관해서는 역사서술가는 도외시할 수 있다. 그는 무엇보다도 일반적인 사건들을 주목한다"[289]는 것이다. 이것은 그가《발렌슈타인의 전기》에서도 밝혔듯이, 개인적 생활보다는 일반적 생활이 더 강력하고 포괄적이라는 인식에서였으며, 그리하여 그는 하르덴베르크에 관한 전기적 서술에서도 "유럽 생활의 경향성들이 반영되도록 하는 것"을 과제로 삼았다.

그렇다면 개별개성에 관한 전기적 서술이 어째서 시대사의 서술로 될 수 있는가? 랑케에게는 이미《발렌슈타인 전기》에서 밝힌 바 있듯이, 역사적 개성들은 그 시대의 산물이지만, "그들은 창조적인 힘을 지닌 하나의 독자적인 생(生)을 갖고 있다. (…) 그들은 자신들의 시대를 대변하면서,

---

288 Ranke, *Hardenberg und die Geschichte des preußischen Staates,* Bd. I(SW. 46), Vorrede zu den Denkwürdigkeiten, S. IX - XI.

289 Ebd., Vorrede, S. X-XI.

타고난 내면의 추진력을 통해 다시금 그 시대 속으로 결정적으로 관여한다."[290] 그리하여 랑케에게서는 역사적 사건은 개별적인 힘과 객관적인 세계가 충돌하는 가운데 일어나는 것으로 되며, 그 순간의 특수성으로서의 역사적 개별개성은 자체 내에 보편성으로서의 일반적 상태의 경향성을 지니고 있다. 그러므로 개별개성에 관한 전기적 서술은 결국 해당 시대에 관한 서술로 되며, "반(反)전기적인" 성격도 지니게 되는 것이다.

그렇다면 어떠한 개성이 역사적 전기서술의 대상으로 되는가? 이에 관해서도 랑케는 이미 발렌슈타인의 전기에서, "세계사적 사건들에 자극을 주었던", 그리고 "자기 시대에 작용했을 뿐만 아니라 후속적으로 영향을 주었던" 역사적 개성들을 기억해야 한다고 말한 바 있거니와,[291] 이제 하르덴베르크의 전기에서도 같은 의미의 견해를 제시하고 있다. 즉, "학자들의 생애기에서 보면, (…) 그들의 존재와 본질은 그들이 자신들의 전공분야에서 발전시킨 작용 속에서만 후일에 나타난다. 그러므로 한 학자의 생애는 그의 학문의 역사로 되어야만 한다. 정치가의 경우도 그러하며, 더욱 높은 정도로 그러하다. 왜냐하면 공적(公的) 생활의 요소들은 매우 다양하고 모든 사람들에게 중요하므로, 그들은 그 속에서 종사하는 개성들보다 훨씬 더 많은 주목을 받기 때문이다. (…) 보편적 운동은 역사 속에서 본래적으로 생동하는 것이다. 정치가는 자신의 위치에서 보편적 운동을 촉진시키고, 아마도 주도하는 한에서만 진정한 의미를 갖는다."[292] 다시 말하자면 역사의 보편적 운동에 관여하면서, 그것을 촉진시켰고 주도했던 공적 개성으로서 후속적으로도 영향을 주고 있는 인물일 때, 그는 전기적 서술의 대상이 되는 것이다. 랑케에게 하르덴베르크는 프로이센의 정치가로서 당시의 사상을 가득 채웠던 관심들을 수용하여 제도들로서 실현시켰고, 그것들은 다음 시대에 작용했다. 그러므로 랑케에게 그는 서술될 필요

---

290 Ranke, *Geschichte Wallensteins*(SW. 23), Vorrede, S. VI.

291 Ebd., Vorrede, S. V.

292 Ranke, *Hardenberg und die Geschichte des preußischen Staates*, Bd. I, Vorrede, S. VI.

가 있는 역사적 개성이었다. 그리하여 랑케는 "하르덴베르크의 생애를 이해하기 위해, 그가 작용을 했던, 그리고 그에게 반(反)작용을 했던 일반적 문제들을 동시에 포괄하여 연구해야만 했다."[293]

랑케에게는 일찍이 발렌슈타인의 전기를 서술하는 것이 30년 전쟁 시기의 독일의 상황과 일반적 경향성을 제시하는 시대사의 서술로 되었듯이, 하르덴베르크의 경우도 역시 비슷하다. 1806년에 나폴레옹에 굴복당한 후, 상실한 독립성을 회복해야만 했던 프로이센의 프리드리히 빌헬름 3세(Friedrich Wilhelm III)에게 하르덴베르크는 1807년 가을에 국가의 재정비를 위한 계획을 제출하면서 국내개혁을 대외정치와 결합시켰다. 그의 노력들은 1813년의 해방전쟁(Befreiungskrieg)이 승리하면서 프로이센의 재건이라는 결실로 나타났다. 이러한 점들에서 랑케는 그를 자기 시대 자체를 위해서보다는 미래를 위해 더 의미 있는 역할을 했던 인물로 보았다.[294] 그가 랑케에게 특히 의미 있는 바는 그가 프로이센의 재건을 위한 기초를 세우고, 그 실현을 주도하는 과정에서 군주제 원리를 지향하면서 민주적 개혁을 단행했다는 점이다. 일찍이 《근세사의 여러 시기들에 관하여》에서 역사발전의 바람직한 모델에 관해, 그것은 대립적인 세력들 사이의 화해 속에, 현실적으로 군주제 원리와 국민주권이론의 조화적인 결합 속에 있다고 표명했던 랑케에게는 발렌슈타인과 하르덴베르크가 다같이 그러한 화해적인 시도를 통해 실패와 성과를 맛보았던 인물들이다. 그러므로 그에게 두 인물들은 전기적 서술의 대상으로 되었던 것이다. 16세기의 독일의 종교개혁을 비혁명적으로 주도했던 루터에 의미를 부여했던 랑케에게는 19세기 초의 프로이센의 개혁을 비혁명적인 방법으로 주도했던 하르덴베르크가 마찬가지로 의미 있는 인물이었다. 랑케는 하르덴베르크의 전기를 그가 남긴 회고록들(Memoiren)을 근거로 하여 그가 총리로서 활동했

---

293 Ebd., Vorrede, S. VII.

294 Ebd., Vorrede, S. XI.

던 1813년까지의 생애를 서술하는 것으로 마쳤다. 다름 아니라 랑케는 그 다음의 시기를 더 서술한다는 것은 하르덴베르크가 남긴 회고록과의 통일성에 혼란을 일으킬 것이라고 생각했다. "왜냐하면 역사학적 파악을 위해서는 역사적 시기들이 연도(Jahr)와 날짜(Tag)에 따라서가 아니라, 사건들 속에 지배하고 있는 방향들에 따라서 결정되기 때문이다."[295] 그에게는 해당 시대의 주된 흐름이 중요했던 것이다.

랑케는 발렌슈타인과 하르덴베르크의 전기들뿐만 아니라, 그 외에도 여러 명의 역사적 인물들에 관한 단편적인 전기들을 서술한 바 있으며, 그것들을 모아서《역사적 · 전기적 연구들(Historisch-biographischen Studien)》이라는 제목으로 편집했다(SW. 40/41). 이 편집본에 그는, 역사적 인물들은 어떻게 연구되어야 하는가에 관한 자신의 견해를 앞세웠다. 그에 의하면, "개체들(Individualitäten)"로서의 역사적 인물들은 그들이 살았던 시대와 동시에 관찰되어야만 하며, "그들의 발전이 근거하고 있는 기반과 지역이, 그 시대 사건들의 작용과 그것들에 대한 반(反)작용(Rü-ckwirkung)이 관찰되어야 하고, 모든 인물들은 당대의 시대 속에서, 모든 시대는 당대의 인물들 속에서 관찰되어야 한다."[296]

이러한 점에서 그는 자신의 이 연구들에 "역사적 · 전기적(historisch-biographische)"이라는 두 단어들을 연결하여 제목으로 세웠던 것이다. 그에게는 모든 "전기적인 것"은 "역사적"이어야 하는 것이다.나아가서 랑케는 "전기적인 것"에는 "보편적으로 역사적인 것(das allgemeine Historische)"이 또 다른 의미에서 결합되어야만 한다고 부언했다. 그에 의하면, "역사 속에서는 자유와 필연(Notwendigkeit)이 상호투쟁하며 침투한다. 자유는 개성들 속에서 더 많이, 필연은 공동체의 생활 속에서 더 많이 나타난다." 여

295 Ebd., Vorrede, S. XIII.

296 Ranke, *Historisch-Biographische Studien* (SW. 40/41), 1877, Vorrede, S. V.

기에서 그는, 자유는 완전한 것(Vollkommene)이고, 필연은 무조건적인 것(Unbedingte)인가 라는 질문을 제기하면서, 양자가 역사 속에 나타나는 모습을 설명했다. 그에 의하면, "모든 거대한 행위는 세계를 항상 갈라지게 하는 보편적인 대립들을 공감(Mitgefühl)하면서 일어난다. 그 행위는 지배하고 있는 무력들이 투쟁하고 있는 한 가운데에서 전개된다. 한 사람의 의미있는 인물이 저 투쟁에 참여하는 몫은 물론 그 자신의 가장 내면적인 충동들에 근거하고 있지만, 또한 동시에 그가 행동하게 되었던 상황들을 근거로 한다. 이때 그가 발견하는 저항은 기존하는 관계들의, 교양들의 힘으로부터 일어난다. 그것들은 시간의 흐름 속에 비슷한 작용들과 반(反)작용들 속에서 형성되었고, 동시대인들과 공동체의 공동생활을 가져왔다. 투쟁은 결코 회피될 수 없다. 그 투쟁은 하나의 필연적인 것이다. 그 출발은 양쪽에 심어진 힘들에 달려있다. 그 힘들은 물질적인 것일 뿐만 아니라, 도덕적인 것으로 이해된다"[297]는 것이다.

여기에서 보면 랑케에게는 역사 속에서 필연성과 함께 작용하고 있는 자유는 결코 처음부터 완전한 것일 수 없으며, 항상 동일한 것일 수도 없다. 왜냐하면 그에게 역사는 자유의 충동이 근거하는 상태를 항상 새로이 형성시키므로, 역사의 매 시대에서 추구되는 자유는 항상 더 나아간, 더 확대된 새로운 것으로 되기 때문이다. 그런가 하면 그에게서는 필연이 무조건적인 것일 수는 없다. 왜냐하면 대립적인 세력들 사이에서 필연적으로 일어나는 투쟁의 힘들은 물질적인 것일 뿐만 아니라 도덕적인 것이므로, 그러한 투쟁의 필연성은 자연과학적인 의미의 법칙적인 것일 수는 없기 때문이다. 오히려 그것은 항상 새로운 역사적 상태들 위에서, 즉 항상 동일할 수 없는 역사적 조건들에서 일어나는 것이므로, 가변성과 다양성을 내포하고 있는, 요컨대 역사적 법칙으로서의 필연성이라고 볼 수 있겠다. 그에게는 바로 이러한, 항상 새로이 형성되는 필연성 속에서 자유는 항상 새

297 Ebd., S. V - VI.

로운 차원의 자유를 추구하는 것이다.

그러므로 랑케는 이 《역사적·전기적 연구들》에서 소개하는 인물들의 행위가 곧바로 그들 자신의 개인의지만으로부터 나온 것으로 보지는 않았다. 예를 들면 로마궁정의 진정한 산물로서 "거대한 세계적 사건들에 대해 끊임없이 변화된 관계들 속에서" 활동했던 콘살비(Consalvi)는 처음에는 나폴레옹을 양해했으나, 그의 우세에 의해 밀려나면서, 그에 대립하여 반(反)나폴레옹 동맹에 결속했으며, 그의 몰락 후에는 교황의 통치를 주도하는 정치가로 되었다. 콘살비는 항상 교황권의 이념에 충실했고 교황권이 세계적 군주권으로 유지될 수 있도록 노력했던 인물이었다는 것이다. 그런가 하면, 사보나롤라(Savonarola)는 "보편적 세계관계들(universale Weltbeziehungen)" 속에서 전혀 다른 방식으로 활동했다. 그에게서는 근세사에서 가장 생(生)이 충만했던 시기에서 교황권의 실제 모습에 반대되는 "이상적(理想的)인 대립들"이 나타났다. 그는 15세기의 공회의(Konzilien) 운동과 일치했고, 16세기의 종교개혁의 한 선구자로서 높은 경지의 독창성과 고유성을 보여주었으나, 자기 시대의 세속권력들의 단합에 의해 희생되었던, "불멸의 기념비적인"[298] 인물이었다는 것이다.

랑케는 이러한 역사적 인물들에 대한 자신의 연구가 전래되는 견해들을 근거로 하지는 않았고, 오직 사실들에 대한 탐구를 과제로 삼는 자신의 작업에서 나온 것이므로, 독자들은 사실들이 만들어내는 인상에만 주목할 것을 요청했다. 그에게서는 역사적 개인에 관한 전기적 연구가 보편성을 자체 내에 지니고 있는 개체성에 대한 연구이므로, 그것은 그 인물에 관한 연구를 넘어서 해당 시대에 관한 연구로 되는 것이다.

③ **《세계사》(Weltgeschichte), 8Bde.**, 1881-1887.

랑케는 첫 작품을 보편사적으로 서술하던 당시부터 세계사를 서술해 보겠

---

298 Ebd., S. VI.

다는 의도를 세웠다. 그는 이 계획을 생애의 말년에 비로소 실현시켰고, 그것이 그의 마지막 작품인《세계사》이다. 그가 80세의 고령에 이르러서야 비로소《세계사》를 서술하고자 결심했던 데는 그럴 만한 몇 가지 사연들이 있었다. 그리고 그는 15세기까지의 세계사를, 그것도 유럽 민족 및 국가들의 역사를 중심으로 하여 6권으로 서술하고 나서 사망했다. 그러므로 그의 이 마지막 작품은 명실상부한 세계사 서술이 아닌, 미완성의 작품으로 되고 말았으며, 그 외에도 몇 가지 이유들에서 그의 많은 작품들 중에서 가장 주목받지 못하는 작품으로 남게 되었다.

그러나 랑케가 이 작품에서 세계사적 관찰과 서술의 범위 및 기준과 방법, 그리고 세계사적 관찰의 필요성에 관해 제시한 견해들은 개별 분야사, 지역사, 민족사 및 국가사에 대한 연구들에서도, 즉 역사연구 일반에서 마땅히 고려 및 준수되어야 할 사항들을 포함하고 있으며, 결국 모든 역사연구와 서술은 세계사에 관한 일정한 개념을 필요로 하며, 이것과 함께 이루어져야 한다는 이론을 보여준다. 그리고 이 작품에는 그가 이 저술을 결심했고, 저술하고 있었던 당시의, 즉 1870년대와 80년대에 대한 그의 시대의식이 표명되어 있다. 이러한 점들에서 이《세계사》가 그의 말년에 가서야 착수되었던 사연, 세계사 서술의 이론과 방법론, 그리고 그 구성 및 서술에서의 문제점들 등이 그의 말년의 시대의식과 함께 논의될 필요가 있다. 이에 관한 논의는 "보편사가로서의 랑케"의 모습을 취급하게 될 제6장에서 시도될 것이다.

# III

# 랑케의 역사연구방법과 서술

## 1. 문헌학적 · 비판적 방법

### 1-1. 문헌비판적 연구의 연원

랑케가 역사학을 위해 기여한 가장 큰 공적은 역사적 자료들에 대한 "문헌학적 · 비판적 방법(philologische-kritische Methode)"을 도입하여 역사연구와 서술을 학문의 경지로 제고시켰다는 사실이다. 역사적 자료들에 대한 비판적 연구의 연원은 르네상스 시기의 인문주의자들에게로까지 소급된다. 15세기에 비온도(Flavius Biondo, 1388-1463)[1]와 칼치(Tristano Calchi, 1462-1516)[2]는 당시까지 의심받지 않고 있었던 고대 저자들의 역사서술을 비판

1 비온도는 고문서(古文書) 연구자로서 *Romana instaurata*(로마제도, 1446),1446, *Historiarum ab inclinatione Romanorum imperii decades*(로마제국 몰락 이후의 역사, 1452)를 저술했다.

2 칼치는 비온도 학파의 고문서 연구자로서 밀라노의 역사인 *Historiae patriae*(조국의 역사, 1494)를 저술했다.

적으로 검증했으며, 원본문서들(Urkunden)과 비문들(Inschriften)도 역사연구와 서술에 활용했다. 또한 발라(Lorenzo Valla, 1407-1457)는 《콘스탄티누스 대제의 기진(寄進)이라는 선언의 허위성에 관하여》[3]라는 글에서, 당시까지 전래되고 있던 이 기진장(寄進狀)이 4세기의 라틴어가 아니라 8세기의 라틴어로 작성되었다는 점을 언어학적으로 해명함으로써, 이 증서의 허위성을 증명한 바 있다. 그의 비판적 방법과 교황청의 권위에 도전했던 용기를 한 세기 후의 에라스무스(Erasmus)는 높이 찬양했다. 그를 비롯한 인문주의자들의 비판적 방법은 역사연구를 고대와 종교의 권위로부터 해방시키는 데 결정적으로 기여했으며, 근세적 역사연구의 형성에서 하나의 근본적인 방법으로 되었다.

인문주의자들의 비판적 방법은 종교개혁 시기인 16세기에는 《마그데부르크의 세기(世紀)들(Magdeburger Zenturien)》을 편집한 프로테스탄트 진영의 플라시우스(Flacius, 1520-1575)를 위시한 연구자들에게 전수되었을 뿐만 아니라, 이 작품에 대한 반론으로 《교회연보(Annales ecclesiastici)》(13Bde., 1588-1607)를 편찬했던 바로니우스(Baronius, 1538-1607)와 가톨릭 진영의 연구자들에게서도 계승되었다. 그들 모두는 인문주의자들의 비판적 방법을 수용하고서는, 인문주의자들이 소홀히 했던, 또는 무시했던 교회사 영역의 자료들을 수집 및 정리하여 편찬함으로써 중세의 종교생활을 인류의 정신사로서 제시했다는 점에서 거대한 공적을 이룩했다. 그러나 그들은 모두 다 각 진영의 종교적 신조에 따라서 근본적으로 당파적이었으므로, 르네상스 시기의 비온도 및 칼치를 비롯한 인문주의자들의 순수한 비판적, 회의적 태도를 결여하고 있었고, 역사적 사고에 있어서도 그러했다.[4] 따라서 그들 두 진영의 비판적 연구는 제한적, 부분적이었다.

그들에 비해 17세기에 일어났던 비판적 연구는 보다 더 충실했다. 예

---

3 Valla, *De falso Credita et ementita Constantini donatione declamatis*, 1440

4 Eduard Fueter, *Geschichte der neueren Historiographie*, München, 1936, S. 250f.; 이상신, 《개정 서양사학사》(신서원, 2001), 211-213쪽.

수회 교단의 볼랑(Bolland, 1596-1665)학파의 비판적 연구와 마비용(Jean Mabillion, 1632-1707)을 위시한 베네딕트 교단의 모르학파(Congrégation de St. Maur)의 박학적(博學的, gelehrte) 연구가 그러했다. 볼랑학파는 성자(聖者)들에 관한 문헌들을 협동적, 집단적으로 수집하여 연구하는 방법을 통해 《성자들의 업적》[5]을 발간했다. 특히 볼랑의 제자인 파페브로셰(Daniel Papebroche, 1628-1714)는 〈고문서(古文書)의 진실과 허위의 기준에 관한 입문〉[6]이라는 유명한 논문에서, "자료들이란 그 순수성에 따라서, 그리고 사실과의 관계에 의해서만 가치를 지닌다"[7]라는, 문헌비판의 필요성을 강조하는 원칙을 제시했다. 그런가 하면 모르학파에서는 연대기학(年代記學, Chronologie), 고문서학(古文書學, Diplomatik), 고문자학(古文字學, Paläographie), 금석문학(金石文學, Epigraphik) 등을 보조학문으로서 체계적으로 활용하여 고문서들을 언어학적으로 정확하게 해석해 보고자 노력했다. 이 학파는 마비용의 주도로 《베네딕트 교단 성자들의 업적》[8]과 근세 교회사 서술의 최고의 작품으로 인정되었던 《베네딕트 교단의 연보》[9]를 발간했다. 특히 마비용은 〈고문서학에 관하여〉[10]라는 논문에서 문헌들을 비교하여 사료들의 순수성을 판단하는 역사학적 비판의 일반적인 원칙들을 제시했으며, 티에몽(Tillemont)은 《초기 6세기 동안 교회를 지배한 로마 황제들과 그 외의 군주들》[11]에서 고대의 원전들, 즉 1차 사료들에 충실한 역사서술을 보여주었다.[12]

---

5 *Acta Sanctorum*, 3Bde., 1643-1658.

6 Papebroche, Propylaeum Antiquarium circa veri ac falsi discrimen in vetustis membranis.

7 J. W. Thompson, *A History of Historical Writing*, fourth print, vol. 1(New York, 1958), p. 12.

8 *Acta Sanctorum ordinis s. Benedicti*, 8Bde., 1668-1701.

9 *Annales oridinis s. Benedicti*, 4Bde., 1703-1707.

10 Mabillion, De re Diplomatica, 1681.

11 Tillemont, *Historie des Empereurs et des autres princes qui ont regnè durant les six premiens siécles de l'Eglise*, 1690-1738.

12 Fueter, a.a.O., S. 461; 이상신, 《개정 서양사학사》, 265쪽 참조.

볼랑학파와 모르학파 사이에는 일정한 대립도 있었으나, 그들은 다함께 르네상스 시기에 일어났던 원전연구 방법을 계승하면서 더욱 전진하여 17세기의 이른바 "비판적 · 박학적(kritische-gelehrte)" 연구방법을 세웠고, 유럽 각국에 영향을 주면서 실로 근세적 역사연구의 학문적인 초석을 세우는 데 큰 공적을 이룩했다. 그러나 그들의 방법에도 한계가 있었다. 즉 그들은 과거문헌들의 작성자들을 시대순서에 따라 정리하고, 동시대의 문헌들을 비교하여 그것들의 진위와 순수성을 해명했다는 점에서는 자료연구에서 큰 진전을 이룩했지만, 그것은 개별 문헌들에 대한 단편적인 비판작업으로서 이른바 외면적 비판(die äußere Kritik)이었다. 그들은 원전들(Quellen)을 그 신빙성에 따라서 구별하지는 못했다. 즉 그들은 원전의 작성자가 증인으로서 작성했었는지, 또는 그들 이전에 작성되었었던 자료들로부터 추론하여 작성했었는지를, 또한 작성자가 자료들을 어디에서 확보했었는지를 알아보지 않았다. 그들에게는 역사적 자료들을, 그것이 원전이든, 추론된 것이든 간에 신뢰하는 습관이, 또한 사건들이 일어났던 시대와 가까운 시기에 이루어진 서술들을 뒷시대에 이루어진 서술들보다 더 신뢰하는 습관이 있었다.[13] 더욱이 그들은 모두 다 가톨릭 교단의 신학자 및 수도승들이었으므로 일정한 정도의 종파적 당파성마저 지니고 있었다. 그러므로 문헌비판적 연구는 아직도 보완되어야 할 과제를 안고 있었다. 더욱이 18세기에 와서는 17세기에 이룩되었던 비판적 방법이 충실하게 계승되지도 못했다. 괴팅겐학파(Göttingen-Schule)의 가테러(Gatterer) 등이 문헌연구를 계속했지만, 이 세기에는 세계사적 역사서술이 지배적이었으므로, 개별적인 비판적 문헌연구들은 그만큼 뒤로 밀려났던 것이다.

그러므로 문헌연구에서는 새로운 비판적 방법이 등장해야만 했었다. 19세기로 들어오면서 문헌학적 · 비판적(philologisch-kritische) 연구방법은 일찍부터 독일에서 새로이 일어났다. 그것은 특히 문헌들과 그 작성자들

13 Fueter, a.a.O., S. 461.

및 시대와의 관계에 대한 비판적 파악을 부가시켰다. "역사학적·비판적(historisch-kritische)" 방법으로 지칭되기도 하는 이 새로운 방법은 여러 분야의 학문들에서 활용되었다. 볼프(Friedrich August Wolf, 1759-1824)는 고전학자로서 이 새로운 연구방법의 개척자였다.[14] 다음으로는 니부어(Barthold Georg Niebuhr, 1776-1831)가 《로마사》[15]에서 이 연구방법을 처음으로 활용하여 찬사를 받았으며, 이에 볼프의 제자로서 뵈크(August Boeckh, 1785-1867)는 《아테네의 국가재정》[16]을 저술하여 자신에게 영향을 주었던 니부어에게 바쳤다. 법제사 분야에서는 아이히호른(Karl Friedrich Eichhorn)[17]과 자비니(Friedrich Karl von Savigny)[18]가, 그리고 독일어학에서는 그림(Jacob Grimm)[19]이 이 새로운 연구방법을 활용했다.

역사연구에서 19세기 초에 이 새로운 문헌비판을 활용했던 니부어는 자신의 《로마사》에서 획기적인 사료 연구방법을 보여 주었다. 그는 우선 로마에 관해 전승되고 있는 문헌들과 역사서술들을 비교하면서 비판적으로 검토했다. 여기에서 그는, 로마사를 취급했던 이전의 역사가들은 고대인들이 사건들에 관해 보고했었던 바와 근세인들이 고대에 관해 상상적으로 경탄하면서 첨가했었던 바를 되풀이하기만 했고, 사건들의 실제 속으로는 파고 들어가지 못했다는 것을 발견했다. 이에 그 자신은 "우리는 시(Gedicht)와 날조된 것을 분간하여 그러한 과장된 것들로부터 벗어나서 진실의 과정을 인식하도록 해야만 한다"[20]라고 선언했다. 이것은 과거 사실 그 자체를 해명 및 재건하기 위한 작업으로서 그의 비판적 연구의 출발점

14 F. A. Wolf, *Prologmena ad Homerum*(호머연구), 1795.

15 Niebuhr, *Römische Geschichte*, I, II, 1811-12; III, 1832.

16 A. Boeckh, *Staatshaushaltung der Athener*(아테네의 국가재정), 1817.

17 K. F. Eichhorn, *Deutsche Staats-und Rechtsgeschichte*(독일국가사와 법제사), 4Bde., 1808-23.

18 F. K. Savigny, *Geschichte des römischen Rechts im Mittelalter*(중세 로마법의 역사), 1815-17.

19 J. Grimm, *Märchen*(동화들), 1812; *Deutsche Mythologie*(독일 신화), 1835.

20 Barthold Georg Niebuhr, *Römische Geschichte*, I, Vorrede, Berlin 1811, S, IX.

이자 과제였다.

니부어에 의하면 르네상스 시기의 언어학자들은 고대 정신을 숭상한 나머지 고대의 문헌 및 자료들을 그것들의 당시의 개념에 대한 인식 없이 자신들의 정신 속에 재건함으로써 역사 그 자체를 손상시켰으며, 마키아벨리와 몽테스키외도 그러했다는 것이다.[21] 그러므로 그 자신은 근원적인 자료들 위에 첨가된 것들, 즉 후세 역사가들이 자신들의 시대감각과 견해로써 파악하여 첨가시켰던 바들을 벗겨 내고, 고대 사실들의 실체를 밝혀내고자 했다. 여기에서 그는 이해되지 않는 형식들로 분산되어 있는 전승들(傳承, Überlieferungen)을 문헌학적으로 비판하여 그것들이 작성되었던 시대와 출처에 따라서, 그리고 얼마나 오래된 것 또는 새로운 것인가에 따라서 구분했다. 이것은 "전승들의 역사를 추적하는", 실로 전승들의 권위에 대한 파괴적인 방법으로서, 역사연구의 역사에서 새로운 장(章)을 마련했다.[22] 그는 전승들의 진실성을 회의하면서 그것들 자체를 역사현상으로 보았고, 그것들 속에서 여러 가지로 첨가되었던 견해들을 인식했으며, 그것들 중에서 소용될 수 있는 것을 소용될 수 없는 것으로부터, 해당 시대의 것을 뒷시대의 것으로부터 분리시켰으며, 믿을 수 없는 것을 새로운 객관적 사실을 해명하는 데 활용했다. 이렇게 하여 그는 고대의 법률 및 비문과 유물들 속에서 진정한 전승의 파편들을 발견해 냈고, "화석화(化石化)된 제도들(die versteinerten Institutionen)"로부터 과거 사실들의 상태를 새로이 해명해냈던 것이다. 이러한 작업은 곧 전승들의, 역사적 전통의 "유기적 생성을 추적하는 방법으로서" 근대적 역사연구의 출생증명서였다.[23]

니부어의 방법은 모든 자료들과 역사서술들에 대한 회의(懷疑)에서 출발했다. 그러나 그의 회의주의가 그로 하여금 전승들에 대한 이상과 같은 파괴적, 부정적인(negative) 비판에만 머무르게 하지는 않았다. 그는 전통적

---

21 Ebd., Einleitung, S. 7-8.

22 Fueter, a.a.O., S. 470.

23 Heinrich Ritter von Srbik, *Geist und Geschichte vom deutschen Humanismus bis zur Gegenwart*, Bd. I, 3. Aufl., München, 1964, S. 216-217.

으로 이해되지 못하고 있던 자료들에서 긍정적인(positive) 서술을 세워보고자 했다. 낭만주의의 영향 속에 그는 로마 시대에 관해 전해지고 있는 역사적 전승들에는 그들의 민족정신(Volksgeist)이 각인되어 있다는 생각에서 리비우스(Livius)의 《로마사》로부터 민족서사시(Volksepos)를 발견해 보고자 했다. 왜냐하면 그에게 민족정신의 산물인 "시적(詩的) 이야기는 얼마간 다른 것이기도 하지만, 순수한 역사(reine Geschichte)보다 더 나은 것이다. 그러한 역사로부터는 우리는 우리의 생활 속에 피곤하게, 우울하게 만드는 것만을 발견할 뿐이다."[24] 이러한 인식에서 그는 고대의 문헌들을 부정적으로만 비판하지는 않았고, 오히려 그것들로부터 "하나의 새로운 긍정적인 파악(positive Auffassung)"을 제시하고자 했다. 이것 역시 역사서술의 역사에서 하나의 새로운 시대를 열어주었던 방법이다.[25]

그러므로 니부어는 과거를 해명하는 데 경험론적인 문헌비판적 방법에만 의존하지는 않았다. 그는 자료들이 없는 부분에서는 시적(詩的)인 전설들을 활용했다. 왜냐하면 이것들이 그에게는 진실의 단편들을 내포하고 있는 것들이기 때문이다. 그에 의하면 "일반적인 상상에 강하게 영향을 주었던 전설들이 형성되기 위해서는 그 근저에 일말의 진실들이 있었을 것임에 틀림없다"는 것이다. 그러므로 그에게는 시적 전설도 역사적 자료로서 활용될 수 있는 것이며, 그것이 담고 있는 진실을 파악하는 데는 문헌비판적 방법이 아니라 시적 전설이 형성되었던 시대와의 관계에 대한 직관적인 이해능력이 필요한 것이다. 또한 그는, "진정한 역사서술은 우리들 자신이 체험했던 바에 관해서만 이루어진다, 과거에 관해서 사람들이 겨우 도달할 수 있는 바는 그들이 현재를 관조하면서 경험할 때, 이 관조들을 이전 시대에로 옮겨갈 수 있는 정도 내에서 만이다"[26]라고 말함으로써 역사가의 현재의 체험과 인식이 과거이해에 결정적으로 기여할 수 있다는

24 Fueter, a.a.O., S. 468; Niebuhr, *Römische Geschichte*, I, S. 173.

25 Fueter, a.a.O., S. 467.

26 Barthold Georg Niebuhr, *Geschichte des Zeitalters der Revolution*, Vorrede des 1. Bandes, Hamburg, 1845, S. 37.

점도 강조했다. 이것은 그가 본시는 역사가로서 출발하지 않았지만, 프로이센 정부에 초빙되어 행정, 재무, 외교업무에 종사하면서 축적된 자신의 지식이, 그리고 자신이 살고 있는 혁명의 시대에 대한 자신의 현재인식이 로마사를 파악하는 데 크게 기여한다는 것을 확인하면서 얻은 인식이었을 것이다. 그는 이렇게 하여, 문헌학적·비판적 방법 외에도 직관적 파악과 현재인식의 활용을 통해 역사연구방법을 풍부하게 만들었다.

20세기에 와서는, 니부어가 저술가로서의 자질을 보다 더 많이 갖추었더라면, 그의 저술들은 고전적 작품으로 되었을 것이라는 평가가 나오기도 했다.[27] 일찍이 랑케에게도 니부어가 만족스럽지는 못했다. 즉 그에게는, 니부어가 개별적인 것들에 대한 비판에 집중했고, 보편적인 것은 뒤로 밀려나게 했던 것으로 보였다.[28] 이러한 견해들에는, 니부어의 작품은 고문서들에 관한 비판적 검증과 연구들로써만 서술되었다는 의미가 내포되어 있다. 실제로 그는 형이상학적이지도, 인식이론적이지도 않았고, 이념적인 것을 파악 및 추적하지도, 사실들을 추상화하지도 않았으며, 사건들의 전개과정을 유려하게 서술하는 문학적 재능을 지니고 있지도 않았다. 그러할 수 있기 이전에 그는 무엇보다도 먼저 개별사실들과 역사적 자료들에 대한 비판적 검증과 서술을 제 일차적 과제로 삼고 있었다. 그러므로 그는 역사 전체를 관조하면서 유려하게 서술하지는 못했다. 그런가 하면, 그의 회의적, 비판적인 연구와 서술은 그가 전승되고 있는 역사서술들과 문헌들 외에도 사실들의 역사가 실재했었다는 의식에서 출발했다는 것을 의미한다. 이러한 의식은 "역사 그 자체(Geschichte schlechthin)"에 대한 인식을 추구함으로써 근대 역사학을 위한 실로 획기적인 공적이었다. 바로 그것을 위해 그는《로마사》를 "그것은 실제로 어떻게 일어났던가(wie sie wirklich geschehen ist)"로 서술하고자 했던 것이다.[29] 이로써 그는, 역사가는

---

27 Fueter, a.a.O., S. 470.

28 Eberhard Kessel, "Rankes Idee der Universalhistorie," in: *Historische Zeitschrift*, Bd. 178(1954), S. 288; Srbik, a.a.O., S. 215.

역사를 일어났던 바대로 파악해야만 하고, 자기 시대의 현재적인 개념을 과거에 그대로 적용시켜서는 안 된다는 원칙을 세웠다. 아울러 그는 과거를 합리적으로 해석하는 계몽사상적 서술을 극복했으며, 또한 엄격한 문헌비판을 결여하면서 전설적인 보고들을 문학적, 실용적으로 해석하는 낭만주의적 경향도 극복했던 것이다. 그가《로마사》에서 활용했던 이 방법은 고전학에서는 볼프(Wolf)의 제자인 뵈크(Boeck)에게, 법제사에서는 자비니(Savigny)에게, 그리고 역사학에서는 랑케에게 영향을 주었고, 전수되었다.

## 1-2. 랑케의 문헌학적 · 비판적 방법

랑케는 대학시절에 고대 역사가들에 관해서도 관심을 갖고 있었지만, 본시는 신학과 고전학을 전공하면서 언어학자 헤르만(Gottfried Hermann)과 문헌학자 베크(Christian Daniel Beck)에게서 원전연구의 역사학적 · 비판적 방법(die historische-kritische Methode)을 배운 바 있다. 그는 이 방법을 중세 독일 역사가들의 문헌들을 비교 및 분석하는데 독자적으로 적용시켰던 슈텐젤(G. A. H. Stenzel)을 알게 되었고, 특히 고대사 연구에 활용했던 니부어로부터는 큰 자극을 받았다.[30] 그는 대학시절에 니부어의《로마사》를 읽고서, 근세사 연구에서도 니부어와 같은 역사가가 나올 수 있을 것이라는 확신을 갖기도 했다.[31] 그러므로 그가 고전학과 신학으로부터 역사연구에로 나아가게 되었던 데는 니부어로부터 받았던 감명이 크게 작용했던 것이다. 실제로 그가 첫 작품인《라틴 및 게르만 민족들의 역사들》에서 활용했던 문헌비판작업은 니부어의 방법을 계승했다는 사실을 보여 준다. 그는

---

29 Barthold Georg Niebuhr, *Alte Geschichte*. I, S. 427.

30 Srbik, a.a.O., S. 239.

31 Ranke, *Zur eigenen Lebensgeschichte*(SW. 53/54); 랑케, 〈자서전〉, 《강대세력들 · 정치대담 · 자서전》, 이상신 역, 267쪽.

이 저술을 위해 작업할 때, 자신이 취급하는 시기에 관한 자료들의 대부분을 이루는 오래된 역사서술들을 당시까지 공인되지 않고 있었던 증서, 보고서 및 서류 등의 원전들(原典, Quellen)로부터 구분했다. 그는 이 두 종류의 자료들에 대해, 그것들이 "근원적인 보고들을 지니고 있는 정도"에 따라서 검증했다. 여기에서 그는 가장 신빙성 있는 것으로 평가받았던 자료들 속에서 해당 시대에 작성되었던 표시들 외에도, 뒷시대에 편집된 것임을 가르쳐 주는 표시들을 발견했다. 이러한 검증작업을 통해 그는 증서들, 보고서들 및 편지들 등의 원전자료들에는 본래의 작성자들이 보고했던 것 외에도 뒷시대에 첨가된 것들이 있다는 것을 확인하여, 이것들을 구분하면서 자료들을 취사선택해야만 했다. 이러한 점에서 그는 니부어의 방법으로부터 출발했던 것이다.[32]

랑케는 첫 작품을 준비할 때 증서 및 보고서들과 같은 직접 자료들에 대한 검증으로부터 과거 역사가들의 서술들에 대한 검증으로 나아갔다. 여기에서 그는 특히 귀차르디니(Guicciardini)의 작품에서는 롬바르디아(Lombardi) 전투(1521-1530)에 관한 설명이 밀라노(Mailand) 연대기의 작성자였던 카프라(Galeazzo Capra)의 서술을 발췌하기도, 옮겨오기도 했다는 사실을 발견했다. 그는 또한 코민(Comines)의 서술에서도 비슷한 발췌가 있다는 것을, 그리고 카를 5세(Karl V)의 황제선출에 관한 슬라이다누스(Sleidanus)의 유명한 보고는 일방적인, 꾸며낸 설명들로부터 추측된 것이며, 근본 자료를 거의 활용하지 않았다는 사실도 발견했다. 여기에서 그는 과거의 역사기록들이 서술자들의 직접적인 체험을 통해 보고된 것이 아닌 한, 그것들에 대한 비교검증이 반드시 필요하다고 판단하게 되었다.[33] 그는 이러한 검증을 통해 국가조약 문서들에도 부정확하게 기록된 것들이 있으며, 작성자들이 스스로 체험하여 보고한 것들에서조차도 자의적으로 고안된 것들이 있다는 사실을 발견했다. 그리하여 그는 원전으로 인정되

32 Fueter, a.a.O., S. 479.

33 랑케, 〈자서전〉, 《강대세력들 · 정치대담 · 자서전》, 이상신 역, 271-273쪽.

어 오던 르네상스시기 역사가들의 서술들에 대한 검증을 계속 하면서, 그들이 사건들을 직접 체험하면서 서술한 경우와 다른 저자들의 보고를 옮겨온 경우를 구분하고, 근원적인 것을 추론된 것으로부터, 전승되고 있는 것을 고안 및 날조된 것으로부터 구분하는 작업이 필요하다는 점을 확인했다.[34]

랑케는 이렇게 조사 및 비교 검증한 작업내용들을 첫 작품에 "근세 역사가들에 대한 비판(Zur Kritik neuerer Geschichsschreiber)"이라는 제목의 부록으로 첨부했다. 여기에서는 독일, 프랑스, 스페인의, 그리고 교황청을 위시한 피렌체, 베네치아, 밀라노 등 이탈리아의 근세 역사가들이 분석되었고, 이로써 원전으로서의 신빙성을 인정받아 오던 근세 초기의 역사서술들이, 특히 귀차르디니의 서술이 권위를 잃어버리게 되었다. 이 부록에 제시된 바대로, 원전들(Qullen)에 대한 랑케의 비판적 검토, 그것들의 가치와 특성에 대한 관찰과 평가는 실로 문헌비판 작업을 새로운 방법으로 만들었다.[35] 그가 이상과 같이 새롭게 시도했던 문헌비판을 근거로 하여 저술한 첫 작품은 특히 이 부록을 통해 더욱 더 큰 관심을 불러 일으켰고, 니부어, 헤렌(Heeren), 라우머(Raumer), 슈텐젤(Stenzel)로부터 찬사를 받았다. 이 부록은 실로 획기적인 글이었고, 그의 이름과 가치를 드높여 주었다. 그는 니부어의 문헌비판 방법으로부터 자극과 영향을 받았으므로, 이에 감사한다는 고백으로서 이 첫 작품을 니부어에게 헌정했다.

그럼에도 랑케는 후일에 자신은 니부어로부터 정신적으로는 영향을 받지 않았다고 술회하면서, 자신의 방법은 일종의 필요성에서 독자적으로 세워진 것이며, 누구의 방법으로부터 빌려온 것이 아니었다고 말한 바 있다. 요컨대 자신의 방법은 독창적인(original) 것이라는 주장이다.[36] 그렇다

34 M. Ritter, *Die Entwicklung der Geschichtswissenschaft*, München, 1919, S. 374.

35 Ebd., S. 374.

36 랑케, 〈자서전〉, 《강대세력들 · 정치대담 · 자서전》, 이상신 역, 273쪽; Srbik, a.a.O., S. 245.

면, '랑케는 니부어의 문헌비판 방법을 계승하여 근세사 연구에 활용했다' 고 말할 수 없지 않겠는가 라는 의문이 제기될 수도 있겠다. 우리가 생각해 볼 수 있는 바는, 그는 니부어의《로마사》를 읽고서, 그의 문헌비판 방법으로부터 큰 자극을 받았지만, 그것을 단순히 계승만 하지는 않았고, 자신이 스스로 과거 문헌들에 여러 가지 질문들을 새로이 제기하면서 자신의 고유한 방법들을 독창적으로 계발하여 근세사 연구에 활용했던 것으로 해석해 볼 수 있겠다.

랑케의 연구작업은, 리터(M. Ritter)에 의하면, 먼저 자신이 집중했던 16·17세기 근세 국가들의 역사에 관한 이전의 역사서술들을 조사하여 그 시기의 정치적 경과들에 관한 개요를 얻어내고, 그 경과들을 새로이 구성하면서 모순적이거나 빈틈이 있는 것으로 보이는 부분들을 알아 냈으며, 이 부분들에 관해 여러 가지 질문들을 설정하면서 자료들을 수집하여 조사하는 것으로 진행되었다. 그리고 그는 국외문제들에 관해서는 각국 대사들의 보고서들을, 국내문제에 관해서는 관계서류들(Akten)을 조사했다. 이러한 작업은 이미 이루어진 역사서술들에 대한 연구로부터 시작하여 보고서들과 공적, 사적인 증서들 및 원본문서들(Urkunde)과 같은, 아직 인쇄되지 않은 원전들에 대한 연구로 나아가는 작업방식이다. 여기에서 그는 전자와 후자에 대한 각각의 비판적 연구결과들을 대치 및 교차시키면서 모순적인, 모호한 부분들에 관해 다양한, 또는 대립적인 견해들을 확인하고 자신이 취급하는 사건들의 실제 경과와 전체적 전개과정을 파악해나갔던 것이다.[37]

랑케는 기존의 역사서술들에 대해서는, 그것들이 얼마나 독자적인 것이며, 지배자들이나 그 외의 다른 서술가들에게 어떻게 의존적이었던가 라는 질문을 제기했던가 하면, 원전들로서의 보고서들과 증서들 및 서류들에 대해서는 그 작성연대와 순수성 및 비순수성에 대한 질문을 제기했

37 Ritter, a.a.O., S. 378-379.

다. 그는, 특히 대사들의 보고서와 같은 단편적인 서류들에서는 인위적인 장식, 수사학적인 표현, 주문자들에 대한 고려, 보고자 자신의 자기업적 강조 등의 동기들에 의해 진실이 모호해지거나 훼손되기도 했으므로, 이러한 사항들을 비판적으로 검증하여 그 신빙성을 판단했다. 그리하여 그의 이러한 연구에서는 우선 기존의 역사서술들에 대한 비판적 연구로부터 사건들에 대한 개요가 파악되고, 다음으로 단편적인 원전들에 대한 비판적 연구로부터는 구체적인 사실관계들이 확보된다. 그리고 이 두 성과들은 상호대치 또는 중첩되는 가운데, 사건들에 대한 파악을 위해 서로를 촉진시키는 작용도 하게 되며, 여기에서 결국 역사적 경과들의 전체적인 연관관계가 세워진다. 이렇게 하여 그는 역사생활을 거대한 연관관계 속에서 관조할 수 있게 되었다. 이것이 바로 그가 새로이 보여준 그의 고유한 방법으로서, 실로 "역사연구의 발전에서 거대한 진보"를 이룩하는 새로운 방법이었다.[38]

그러나 역사생활 전체를 거대한 연관관계 속에서, 랑케처럼 보편사적으로 관조한다는 것은 어려운 일이다. 그것은 기존의 역사서술들을 단순히 종합하여 이루어질 수도 없다. 리터가 말하듯이, 역사가는 자신이 취급하는 자료들이 기존의 역사서술들에서는 이미 그 어떤 방법으로 짜여져 있다는 것을 발견하게 된다. 그러므로 역사가에게는 기존 서술들의 방향과 형식에 대한 비판작업과 함께 그 전체적인 관계를 재확인하는 작업이 필요하다. 그리고 그는 단편적인 증서들, 보고서들, 문서들 등의 자료들이란 모든 순간들을 다양하게 표현하면서 분열되어 있으므로, 이것들로부터 거대한 사건들에 관한 하나의 연관관계를 파악해야 한다. 이것은 지극히 어려운 일이므로, 이를 위해서는 역사가의 창조적인 구성능력이 절대적으로 필요하다. 1차 사료로서 원본문서들(Urkunden), 서류들(Akten) 등의 개별적인 원전들을 사실파악을 위해 활용하는 작업은 인문주의자들에게서

---

38 Ebd., S. 379-380.

처럼 이미 오래전부터 있어 왔으나, 단편적이며 일방성마저 지니고 있는 이러한 원전들로부터 하나의 연관관계적인, 통일적인 역사적 경과를 세우는 작업은 당시까지는 역사연구의 과제로 되지 않고 있었다.[39] 랑케가 니부어에게 만족하지 못했던 것도 바로 그러한 것이었다.[40] 그러나 이제 랑케는 기존의 역사서술들에 대해서뿐만 아니라, 단편적인 원전들에 대한 비판작업도 함께하여 개별적인 것에 대한 비판과 전체에 대한 관조를 상호 촉진시키면서 어떠한 진행들이 해당 국가의, 시대의 역사에서 주된 흐름으로서 본질적인 부분들을 형성하고 있었던가, 그리고 이 부분들은 어떻게 역사생활의 통일성 속으로 구성될 수 있는가를 파악해 나갔던 것이다. 이로써 그는 역사적 경과들을 하나의 연관관계적인, 통일적인 전체로 구성하는 모델을 보여 주게 되었다.[41] 그는 이미 첫 작품에서 그러했고, 16·17세기의 유럽 각국의 역사들에 관한 작품들에서도 그러했다.

랑케의 사료비판 작업에서 보면, 그는 기존의 역사서술들과 같은 2차 자료들보다는 해당 시대의 목격자들과 증인들의 보고서와 증서 및 문서들과 같은 원전으로서의 1차 자료들을, 특히 공적(公的) 문서들을 더 중요시 했다. 그가 1830년대에 작성했었던 비망록에서 보면, "역사서술은 항상 다시 쓰여진다. 역사서술은 모든 시대와 그것들의 주된 방향을 자신의 것으로 만들고, 자신의 사상을 그것들 위에 옮겨 놓는다. 따라서 찬양과 비난이 각인된다. 모든 것이 그렇게 되어 버림으로써, 결국 사람들은 사실 자체를 더 이상 인식할 수 없게 된다. 그러므로 근원적인 보고들에게로 되돌아가는 것 외에는 어떤 것도 도움이 되지 않는다"[42]는 것이다. 바로 이러한 인식에서 그는, 역사서술은 근원적인 보고들을 근거로 해야만 한다는 원칙을 세웠으며, 이미 첫 작품을 그러한 연구 위에 서술했던 것이다. 그러

39 Ebd., S. 376.

40 본서 III-1, 164쪽 주 28 참조.

41 Ritter, a.a.O., S. 380.

42 Ranke, SW. 53/54, III, *Tagebuchblätter, Allgemeine Bemerkungen*, 1831-49, S. 569.

나 랑케 시대까지는 많은 역사가들이 그러하지는 않았고, 주로는 이전 역사가들의 서술들을 중요한 자료들로 활용해 왔다. 근세 유럽 국가들의 상업사 서술에서 큰 업적을 이룩했던 헤렌(Heeren)조차도 귀차르디니 등 해당 시대의 역사가들의 서술들을 주로 활용했으며, 니부어조차도, 랑케가 술회한 바에 의하면, 전승되고 있는 서술들에 더 많은 의미를 부여했다고 한다.[43]

그러나 랑케는 과거 사건들을 이미 거대하게, 전체적으로 설명해 버린 기존의 역사서술들을 신뢰하지 않았고, 그 대신에 근원적, 직접적인 자료들을  독자적, 비판적으로 연구하여 활용했다. 이것은 과거사실 그 자체에 보다 더 가까이 접근할 수 있는 새로운 방법으로서 역사연구를 위한 하나의 혁명으로 간주되었다.[44] 이때부터 역사가들은 기존의 역사서술들도 물론 자료들로서 활용하지만, 새로운 자료들의 발굴과 이것들에 대한 비판적 연구를 근거로 하는 서술로 나아가야만 한다는 원칙을 따르게 되었다. 이것은 역사연구에서 필수적인 작업이며, 그러할 때 비로소 그 서술은 신빙성을 인정받게 되는 것이다. 랑케에게 진정한 역사서술은 원전들을 근거로 하여 서술된 것이다. 그는 비록 첫 작품에서는 "해당 시대"의 역사서술들을 많이 활용했지만, 그 후의 저술들에서는 문서고들에서 발견되는 과거의 직접적인 기록들을, 즉 1차 사료들을 더욱더 많이 활용했다. 그는 이러한 자료들을 근거로 하여 역사를 서술할 수 있다는 확신을《종교개혁 시대의 독일사》의 제1권에서 밝힌 바 있다. "나는 우리가 근세사를 추론되어 편집된 보고들은 말할 것도 없거니와 동시대 역사가들의 보고들에도, 근원적인 지식이 포함되어 있는 경우를 제외하고는, 더 이상 근거 하지 않으면서, 오히려 증인들의 공적(公的) 보고들과 가장 순수한 직접적인 증서들을 근거로 하여 구성하게 되는 시기가 오고 있다고 본다"[45]. 그 자신은

---

43 Ulich Muhlack, "Leopold von Ranke," in: *Klassiker der Geschichtswissenschaft*, Bd. 1, hrsg. v. Lutz Raphael, München, 2006, S. 18.

44 Ebd., S. 15.

45 Ranke, *Deutsche Geschichte im Zeitalter der Reformation*, I(SW 1), Vorrede, S.

이미 그렇게 작업하고 있었던 것이다.

랑케의 문헌학적·비판적 작업이 이전의 방법보다 더욱더 진보한 것은 그가 과거의 역사적 경과들을 서술했던 사람들의, 또한 단편적인 보고나 서류들을 작성했던 사람들의 내면적 상태를 파악하는 경지로까지 나아갔다는 점에서 더욱 명백하게 나타난다. 역사연구자가 기존 역사서술들을 비교하여 베낀 것과 왜곡 및 날조된 것을 검증하고, 보고서와 증서 및 단편적인 자료들의 진위와 순수성 및 신빙성을 비판적으로 검토하는 작업은 사료들에 대한 "외면적 비판(die äußere Kritik)"으로서 기본적인 작업이다. 그러나 이것만으로써는 사실들을 파악하기에 충분할 수 없다. 그리하여 랑케는 여기에 만족하지 않고, 서술자 및 작성자들 자체와 그들이 서술 및 작성하던 순간의 그들의 내면적 상태와 의도들을 파악하여 과거 사실들의 재구성에 활용하고자 시도했다.[46] 이것이 필요한 이유는, 그들은 우선 주문자들의 요구와 바람에 의해서, 또는 그 자신들의 의도에 따라서 사실들을 의식적으로 누락, 왜곡, 날조할 수도 있었거니와, 다음으로는 그들과 시대와의, 지배적 이념과의 관계, 그리고 그들 자신의 한계성 등의 요소들에 의해 무의식적으로 사실들을 생략 또는 단순화시키게 됨으로써 결국 역사적 사실들을 왜곡 및 변형시켜 버릴 수도 있었기 때문이다. 특히 후자의 경우는 그들이 자신들의 체험과 기억들을 의도 없이 변형시켜서 서술하게 될 수도, 또는 과거의 사건들 및 행위자들의 동기를 자신들 당대의 사건들에 대한 이해에 따라서 비의도적으로이지만 결국에는 변형시켜 버릴 수도 있었다. 그러므로 후일의 역사가들은 이전의 서술자들 및 작성자들의 의식적인 날조 및 변형뿐만 아니라, 그들의 기억을 무의식적으로 변화시킨

---

IX-X: "Ich sehe die Zeit kommen, wo wir die neuere Geschichte nicht mehr auf die Berichte, selbst nicht der gleichzeitigen Historiker, außer insoweit ihnen eine originale Kenntnis beiwohnt, geschweige denn weiter abgeleitete Bearbeitungen zu gründen, sondern aus den Relationen der Augenzeugen und den echtesten unmittelbaren Urkunden aufbauen werden."; Ritter, a.a.O., S. 376; Srbik, a.a.O., S. 264; Muhlack, a.a.O., S. 15.

46 Fueter, a.a.O., S. 479.

것에 대해서도 파악해야 한다. 요컨대 역사가에게는 과거 역사서술가들과 자료작성자들의 내면적 상태와 의도를, 그들과 그들 시대와의 관계를, 그들의 의식적, 무의식적인 사실변형 관계를 파악하는 것이 반드시 필요한 작업이다. 이것은 결국 문서 및 보고서들의 작성자를, 또는 역사서술가를 "주도했던 해당 시대의 경향성을 파악하고, 그들의 사고를 지배했던 관념을 확인하는 작업"으로서 이른바 "내면적 비판(die innere Kritik)"이다.[47] 여기에는 심리학적, 또한 이해적 방법이 필요하다.

랑케는 이러한 방법을 발렌슈타인에 관한 연구에서 대표적으로 보여주었다.[48] 그는 발렌슈타인에 관한 자료들을 수집하기 위해 여러 지역의 문서고들을 조사하는 과정에서 각 문서고의 자료들은 작성자들이나 그들의 국가들이 당시 사건들에 대해 갖고 있었던 관계들에 따라서만, 즉 가톨릭과, 또는 프로테스탄트와 관계되는 계기들만을 일방적으로 보고하고 있다는 것을 발견했다. 그는 그것들 중에서도 드레스덴(Dresden)과 브뤼셀(Brüssel) 문서고들의 자료들을 중요시했다. 왜냐하면 드레스덴의 작센(Sachsen) 궁정은 발렌슈타인이 말년을 보냈던 곳으로서, 그를 가장 신뢰했던 곳이기 때문인가 하면, 브뤼셀 문서고는 발렌슈타인에 대해, 30년 전쟁의 초기에는 그렇지 않았지만 말기에는 가장 결정적인 반대자였던 스페인 군주의 대사들에 의해 작성되었던 서류들이 보관되어 있는 곳이기 때문이다. 다시 말하자면, 랑케는 발렌슈타인을 가장 신뢰했던 곳의 문서고 자료들과 그를 가장 적대시했던 보고자들의 자료들을 다같이 중요시했던 것이다. 그는 특히 이 반대자들의 보고들이 "발렌슈타인의 역사를 해명하는 데 가장 중요하다"[49]고 보았다. 이러한 관점에서 그가 일반적인 찬반의 자료들을 비교해 보면서, 또한 각 자료들의 내용을 작성자들의 내면적 상태 및 의도와 연관시켜서 파악해 보는 가운데 진실에 접근해 보고자 했던 것은

47 Ebd., S. 462.

48 본서 II-4, 148쪽, "내면적 비판" 참조.

49 Ranke, *Geschichte Wallensteins*(SW. 23), Vorrede zur ersten Ausgabe, S. VII.

내면적 비판의 한 작업으로서 실로 그의 고유한 방법이라고 볼 수 있겠다.

이 새로운 방법은 기존의 역사적 자료들과는 다른 형식의 자료들을 새로이 발굴했다는 점에서 실로 획기적인 연구방법이었다. 다름 아니라 당시까지의 역사가들에게는 기존의 역사서술들과 잔존하는 보고서, 증서 및 서류들이 이른바 사료들의 대부분을 이루었고, 과거 해명을 위한 그들의 근거로 되어왔지만, 이제 랑케에게서는 더 나아가서 과거의 서술가들 및 자료 작성자들의 내면적 상태까지 비판적 연구의 대상으로 되고, 자료로서 활용되었다. 그들의 내면적 상태란 그들의 개인적 상태와 조건에 의해서 뿐만 아니라 그들의 공적(公的), 사회적, 시대적 관계 속에서 형성되었던 것이므로, 결국 그들의 내면적 상태에 대한 파악은 그들이 남긴 자료들이 작성될 때에 결속되어 있었던, 영향을 주었던, 동기를 부여했던 직접적, 간접적 관계들을 파악할 수 있게 된다. 이러한 작업은 현재에 자료의 형태로 잔존하지는 않는, 즉 외형적 자료로서 전승되고 있지는 않는, 그러므로 기록되지 않았던 당시의 내면적 사실을 현재화시키는 방법으로서, "외면적 비판"이 행할 수 없었던 바를 새로이 개발하는 "내면적 비판" 방법이다. 이러한 작업에서 랑케는 니부어보다 훨씬 더 나아갔으며 실로 역사연구에서 거대한 진보를 이룩하게 되었다. 랑케를 역사학적인 문헌학적·비판적 방법의 대가(大家)로 만들었던 것은 바로 이 방법을 포함한다. 이제 랑케 이후로 19세기의 문헌비판적 연구에서는 내면적 비판이 외면적 비판과 함께 필수적인 작업으로 되어야만 했다. 그에게서 수학했던 드로이젠(Droysen)이 후일에 《역사학(Historik)》에서 이른바 "자료발굴방법(Heuristik)"이라는 제목으로 이 방법을 상세하게 논의하게 되었던 것[50]은 랑케로부터의 영향에서였다고 볼 수 있겠다.

랑케는 베를린 대학에서 1833년부터 "역사학적 연습(Historische

50 Johann Gustav Droysen, *Grundriß der Historik, 1858, Historik*, hrsg. v. Rudolf Hübner, 6 Aufl., München: Oldenbourg, 1971, §20-27 "Heuristik"; 요한 구스타프 드로이젠, 《역사학》, 이상신 역(나남, 2010), "자료발견방법(Heuristik)", 95-183쪽.

Übung)"이라는 과목을 개설하여 정기적으로 실시하면서 젊은 역사학도들에게 문헌비판 방법을 훈련시켰다. 이 과정은 역사학과에서 개최되는 강의(Vorlesung)를 위해 해당 분야의 전공지식을 미리 습득하고자 하는, 일반적 관심을 갖고 있는 학생들도 수강할 수 있는 과목인가 하면, 전공 학생들에게는 해당 분야의 연구 방법론을 습득시켜 주는 과정이다. 그의 "연습(Übung)"은 후일에 보다 더 체계적인 "세미나(Seminar)"로 되었다. 여기에서 그는 학생들과 함께 역사적 자료들의 수집; 발굴, 분류, 비판적 검토와 평가 등의 작업을 토론 형식으로 실시했다. 그는 원전연구의 작업방법을 이론적으로도 전개시켰고, 그의 "세미나"는 원전비판 연구의 양성소로 되었으며, 그는 이 분야에서 지도적 위치에 서게 되었다. 그에게서 비판적 연구방법을 수학한 제자들은 그 후 전문 역사연구자들로 되었으며, 그리하여 이른바 "랑케학파(Ranke Schule)"가 형성될 수 있었다. 그들은 이 연구 모델을 다른 대학들에도 전파시켰다. 그들 중에서 특히 가장 나이가 많았던 바이츠(Georg Waitz)는 1849년에 괴팅겐(Göttingen) 대학에 이 과정을 설치하여 문헌비판을 전문화시켰다. 그의 세미나는 얼마동안 근세 역사학 연구의 중심부로 되었으며, 유럽 각국에서 유학생들이 찾아오기도 했다. 바이츠가 그러했듯이, 랑케의 제자들은 처음에는 주로 독일 중세사 연구에 크게 기여했던 역사가들로 되었으나, 후일에는 이 학파에서 독일 근세사 연구자들도 배출되었다. 랑케의 다음 세대들 중에서 그와는 정치적 이념을 달리했던 역사가들에게서도 그의 문헌비판 방법은 기본적으로 준수되었다. 요컨대 그의 역사학적·비판적 방법은 역사연구의 기본 작업으로 되었으며, 이로써 독일 역사학은 유럽에서 지도적 위치에 서게 되었다.[51] 이 방법은 독일에서뿐만 아니라 유럽 각국으로, 그의 제자 뱅크로프트(Bancroft)를 통해서는 미국으로, 프리맨(Freeman)에 의해서는 영국으로 전파되었다.

랑케는 문헌학적·비판적 방법을 역사연구에서뿐만 아니라 다른 학

---

51 Fueter, a.a.O., S. 464.

문분야에서도 확대될 수 있도록 노력했다. 1846년에 그는 프랑크푸르트의 독일어학자대회(Germanistentag)에서 제국의회(Reichstag)의 문서들을 역사학적·비판적으로 정리하여 출판하도록 제안했으며, 1858년에는 지난 날 왕세자 시절에 베를린 대학에서 자신에게 수학한 바 있는 바이에른(Bayern)의 국왕 막시밀리안 2세의 후원으로 뮌헨학술원(München Akademie)에 "역사위원회(Historische Kommision)"를 설치하여 종신위원장으로 지내면서 독일제국, 도시들, 학문 등에 관한 문헌들을 수집하여 편찬하는 작업을 주관하면서 이 위원회를 독일어권 역사학자들의 공론의 토론장으로 만들었다.

랑케가 세운 문헌학적·비판적 방법은 역사연구와 서술을 학문화시키는 데 결정적으로 기여했다. 역사서술은 그리스 시대부터 계속되어 왔고, 다른 어느 학문분야보다도 오랫동안 인류 자체에 관한 지식을 보급하는 데 기여해 왔다. 그러나 역사서술은 그 진실성에 대해 항상 의심을 받아 왔으며, 특히 17세기의 데카르트(Descartes) 이래로는 근세의 자연과학적 의미에서 회의(懷疑)를 받아왔다. 역사가 자연적 대상으로서 자연과학에서처럼 연구될 수 없는 한, 자연과학적 연구방법을 근세 학문의 원리로 삼는 사람들로부터 역사서술은 불신을 받을 수밖에 없었다. 그러나 역사서술도 자신의 학문적 신뢰성을 확보하기 위해 노력해 왔다. 이미 18세기에는 비코(Vico)에 의해, 역사는 인간에 의해 형성되어 왔으므로, 인간성의 동질성(同質性)을 근거로 하여 이해될 수 있다는, 즉 역사서술도 학문적으로 될 수 있다는 가능성이 원리적으로 제기되었던가 하면, 또한 역사가들의 편에서도 자연주의적, 인과관계적 설명방법을 수용하고자 시도해 왔으며, 그 동안에는 사료비판 방법도 발전해 왔다. 그러나 그러한 원리나 시도 및 작업방법의 발전이 역사연구와 서술을 학문화시킬 수 있는 확고한 기반으로 되기에는 충분하지 못했다.

그런가 하면 19세기 초부터 언어학, 문학, 법학, 역사학 등의 분야들에서 수용되었던 문헌학적·비판적 방법은 각 분야의 연구에 크게 기여했으며, 니부어와 랑케에게서는 역사연구와 서술을 학문화시키는 데 결정적인 역할을 했다. 그러나 비록 니부어가 이 방법을 활용한 선구적 모델을 보여주었고, 역사학도들에게 학문적 역사연구의 가능성을 일깨워 주었지만, 랑케에게는 만족스럽지 못했다. 다름 아니라 그에게 니부어는 개별적인 것, 특수한 것에 집중했던가 하면, 보편적인 것을 파악하고 서술하는 경지로 나아가지는 못했다.[52] 그러므로 랑케 자신은 외면적 비판을 넘어서서 "내면적 비판"을 개발하여 활용했고, 여기에서 얻어지는 성과처럼, 역사적 자료의 형식으로 잔존하지는 않는 사실들을 잔존하는 자료들을 통해 파악하여 활용하는 경지로까지 나아갔다. 이러한 자료발굴방법(Heuristik)은 역사연구를 더욱 학문적으로 보강할 수 있게 만들었던 획기적인 방법이었다. 이것은 개별 사실들에서 그 내면적 상태를 외면적, 시대적 관계와 함께 파악하는, 나아가서 특수한 것에서 보편적인 것을 파악하고 서술하는 경지로 나아가는 것이다. 이것은 따라서 이미 직관적 "이해(Verstehen)"의 방법을 포함하는 것이다.

문헌학적·비판적 연구는 역사서술을 빈약하게 만드는 약점도 지니고 있다. 그것은 모든 역사가들이 지켜야 할 필수적인 기본 작업이지만, 그것에 몰두할 때, 역사가들은 헤겔이 지적하듯이 역사서술의 준비작업으로부터 빠져나오지 못하게 될 수 있으며, 그들의 작품들은 사료연구와 서술의 어설픈 혼합체로 되어 버릴 수 있다.[53] 또한 증서, 보고서 등의 원전들이란 일반적으로 단기적인 상황과 상태 및 사건들에 관한 보고들이므로, 그것들로써는 장기적인 발전관계를 파악하기 어렵다. 그러나 이러한 점들이 문헌학적·비판적 작업을 소홀히 하게 되는 이유로 될 수는 없다. 랑케가 세운 원칙대로, 진정한 역사서술은 원전들을 근거로 해야 하는 한, 그것들에 대한 비판은 엄격하게 이루어져야 한다. 이러한 작업이 가져올 수 있

52 Kessel, a.a.O., S. 288; Srbik, a.a.O., S. 215; Fueter, a.a.O., S. 480. 본서 III-1, 164쪽, 주 28 참조.

53 Fueter, a.a.O., S. 465.

는 약점들은 극복될 수 있다. 그것은 다름 아니라 연구자가 문헌들에 대한 비판작업에만 머무르지 않고, 그 성과들을 사건들의 발전관계들에 대한 파악과 시대전체에 대한 관조 속에 종합시켜서 서술하는 경지로 나아가는 것이다. 그러할 때 그는 역사가로 될 수 있다. 랑케는 그렇게 했다. 그는 이미 첫 작품에서 자신에게는 "사건들에 대한 엄격한 서술이 (…) 최고의 법칙"인가 하면, 다음으로는 "사건들의 통일성과 진행의 발전(die Entwicklung der Einheit und des Fortganges der Begebenheiten)"을 제시하는 것이 중요했다고 말했다. 그렇게 함으로써 그는 사건들이, 민족 및 권력이 "일반적으로 유지했던 노선(Linie)이, 그들이 나아갔던 길(Straße)이, 그들을 움직였던 사상(Gedanken)이 더욱 잘 파악되도록 했던 것이다.[54]

랑케의 문헌학적·비판적 연구는 또한 잘못 이해되기도 했다. 그것은 근본적으로 경험론적 연구방법이며, 그의 사실주의에서 나온 것이다. 그리하여 그의 엄격한 사실주의와 경험론적 연구는 실증주의적인 방법으로 오해를 받아오기도 했다. 그러나 그가 가능한 한 모든 자료들, 특히 직접적인 자료들에 대한 비판적 검증을 경험론적 방법으로 전개시켜 나갔던 것은 전승되고 있는 사실들의 진실, 즉 사건 그 자체의 파악과 확인을 위한 것이다. 여기에서 그는 어떠한 "이론적 사로잡힘도 없이(ohne theoretische Befangenheit)"[55] 작업했다. 이것은 그가 근본적으로 역사발전을 법칙적인 과정으로, 논리적인 진행으로 보지 않았기 때문이며, 오직 사실들 그 자체를 파악하고 확인된 사실들에 근거하여 과거를 재구성하기 위한 것이다. 그러므로 그의 방법은 역사발전의 법칙성을 미리 전제하면서 출발하는, 그리하여 사실들에 대한 산술적, 통계적 정리를 통해 역사의 법칙성을 찾아내어 이것을 또 다른 대상들에 대한 연구에도 적용시키는, 결국 개별 사실들을 동일시 될 수 있는 개체들로 취급해 버리는 실증주의적 방법과는 다른 것이다.

---

54 Ranke, *Geschichten der romanischen und germanischen Völker*, Vorrede der ersten Ausgabe, S. VII; 본서 II-1 43쪽 주 8 참조.

55 Ranke, *Zwölf Bücher preußischer Geschichte*, 1. und 2. Band(SW. 25/26), Vorrede der ersten Ausgabe, S. VII.

랑케에게서 사실주의는 모든 개별 사실들이나 모든 시대들이 역사적 개체들로서 그것들 자체의 고유성을 갖고 있다는 그 자신의 개체사상에서 출발한 것이다. 그에게 그것들은 "그 자체에 있어서 가치있는 그 무엇으로서 간주되어야 하며, 그러할 때 그것들은 지극히 가치 있게 나타난다."[56] 요컨대 그러한 관찰 속에서 그것들은 더욱더 매력을 갖게 되는 것이다.

랑케는 자신의 사실적 연구 실제에서 철학적인 추상화적, 개념화적, 또한 실증주의적인 체계화적 역사구성을 모두 거부했으며, 자신의 신학적 역사이해와 종교적 믿음도 개입시키지 않았다. 그리하여 문헌학적·비판적인 경험론적 방법에 의한 그의 역사구성은 역사서술을 전래의 신학적, 철학적 설명으로부터 해방시켰고, 그 자신이 속해 있었던 낭만주의 시대의 문학적 설명으로부터도 구분시켰으며, 19세기에 왕성했던 실증주의적 방법으로부터도 차별화시켰다. 이로써 역사연구와 서술은 그에 의해 독자적인 학문적 기반을 갖추게 되었던 것이다. 이러한 점들에서 그는 근대 역사학의 창건자로 인정되고 있는 것이다.[57]

## 2. "학문이자 예술로서의 역사서술"

### 2-1. 직관적, 예술적 파악

랑케가 역사연구에서 특히 원전들(Quellen)에 대한 문헌학적·비판적 검증을 가장 기본적인 방법으로 설정했던 것은 그것이 그에게는 진실에 접근하는 "제1차적인 작업"이고, 이를 통해 확인된 사실들을 근거로 하여 비로소 과거의 역사적 경과들이 재구성될 수 있기 때문이다. 이러한 작업과정에서 그는 어떠한 "이론적 사로잡힘이 없이",[58] 그리고 어떠한 이념적 파

---

56 랑케, 《근세사의 여러 시기들에 관하여》, 이상신 역, 35쪽.

57 본서, 머리말, 5-6쪽 참조.

악도 배제한 채, 오직 문헌비판을 근거로 하여 사실들과 발전 그 자체를 제시하고자 했다. 그러므로 그는 사실주의적인 경험론자인가 하면,[59] 때로는 실증주의적이라는 오해를 받아 오기도 했다.

그러나 랑케를 순전한 경험론자로만 보는 것은 잘못이다. 경험론자들의, '모든 지식은 관찰과 실험을 통해서만 얻어진다'는 주장은 철학적 의미에서 유명론(唯名論, Nominalismus)이다. 그들은, 개념들이란 명목적(名目的)인 것일 뿐인가 하면, 실재(實在)하는 것은 오직 현상만이며, 우리의 지식은 이 현상에 대한 인식 이상으로 나아갈 수 없다고 주장한다. 그러므로 그들은 사실들을 인식하는 데 있어서는 그것들에 관한 모든 관념들을 배제하며, 어떠한 개념이나 정의(定義)도 전제하기를 거부한다. 그러나 이와는 달리 랑케는 관찰 및 서술대상으로서 역사적 사실을 결코 경험론자로서만 취급하지는 않았다. 다름 아니라 그는 "모든 것은 보편적이자 개별적인 정신생활이다(Alles ist allgemeines und individuelles geistiges Leben)"[60]라고 정의했듯이, 역사현상을 정신적 힘들이 구체화된 것으로 사고했다. 더욱이 그는 "모든 시대는 신과 직접 연결되어 있다"[61]라는 자신의 역사신학적 사상에서 모든 역사현실들의 배면에는 신의 뜻이 내재한다고 믿고 있었다. 그러므로 그의 역사작품들에서 자유와 필연성, 사실들의 연관관계, 개체들로서의 각 인물이나 사건 및 시대들의 독자성과 고유한 가치 등은 모두 다 어떠한 관념도 전제되지 않은 조건들 위에서 사고된 것이 아니라, 오히려 그의 만유재신론(萬有在神論, Panentheismus)의 범신론(汎神論) 사상과 결합되어 있다.[62] 이러한 점에서 그는, 현상들의 배면에는 보다 더 근본적

---

58 Ranke, *Zwölf Bücher preußischer Geschichte*, 1. und 2. Bd.(SW. 25/26), Vorrede zur ersten Ausgabe, s. VII.

59 Iggers, Deutsche Geschichtswissenschaft, München, 1971; 게오르그 G. 이거스, 《독일 역사주의》, 최호근 역(박문각, 1992), 137쪽.

60 Ranke, *Englische Geschichte*, I(SW. 14), Vorrede, s. IX.

61 랑케,《근세사의 여러 시기들에 관하여》, 이상신 역, 35쪽.

62 이거스,《독일 역사주의》, 최호근 역, 127쪽.

인 것이, 이념이 실재(實在)한다고 주장하는 실재론(實在論, Realismus)에 가깝다.[63] 요컨대 그는 역사에 관한 관념에 있어서는 실재론적이며, 역사발전을 일정한 의미에서 형이상학적으로 사고했다.

그러므로 랑케에게서는 경험론적 방법으로서 문헌학적·비판적 방법이 개별 자료들의 순수성과 그것들의 작성연대 및 진위(眞僞)를 규명하는 데 있어서는 기본적, 필수적인 것이지만, 사실파악과 서술을 위해서는 충분할 수 없으며, 한계성을 지니고 있다. 다름 아니라 과거의 자료작성자들이나 서술자들의 내면적 상태와 의도에 대한 파악이나, 더욱이 사건들의 내면에서 작용하는 정신적 힘들로서의 이념들 및 경향성들에 대한 파악은 경험론적 방법만으로써는 해결될 수 없다. 이 문제가 "철학적 연구"와 "역사학적 연구" 사이의 차이에 관한 그의 관념에서는 더욱 명백해진다. 그에 의하면, "전자는 사소하고도 표면적인, 모든 것을 혼합시킨 지식으로부터 대담하게 강요된 결과를 추론해 내는가 하면, 이와는 반대로 후자는 사건들을 그 본질 속에서 파악하고자 하고, 그것들의 진행을 추적하며, 전승들(傳承)의 불완전성을 고려하는 가운데 최상의 성과들이 예감(ahnen)되도록 한다. 이러한 연구에서의 모든 만족은 사건들의 정신적 혈관(血管, die geistige Ader)을 추적하는 일이다."[64] 이와 같이 그에게 역사학적 연구는 개별사실들에 대한 파악과 인식을 넘어서서 사건들의 진행 및 시대들의 연속을 대상으로 하여, 그러한 역사발전 속에서 "정신적 혈관"을 추적하는 것이므로, 여기에서 개별적인 연구결과들을 하나의 과정과 진행으로서 구성 및 서술하는 데 있어서는 경험론적 방법 외에도 역사학적인 고유한 방법들이 필요할 수밖에 없는 것이다.

랑케는 이미 그러한 방법들을 활용하고 있었다. 그에게 "역사서술은 학문이자 동시에 예술이다(Historie ist Wissenschaft und zugleich Kunst)".[65] 역사서

63 위의 책, 137쪽.

64 Ranke, SW. 53/54, III, *Tagebuchblätter*, S. 570.

65 Ranke, *Französische Geschichte*, V(SW. 12.)(1877), Eingang, S. 5.

술의 예술성에 관한 그의 이 유명한, 자주 언급되고 있는 정의는 주로 그가 1850년대에 저술했던 《프랑스사》 제5권의 입문(Eingang)으로부터 인용되고 있지만, 그는 1830-40년대에 작성했던 비망록에서 이미 그렇게 표현했다. 이 시기의 그의 비망록들과 유고들이 후일에 정리 및 편집된 "보편사의 이념"[66]이라는 글에서 보면, "역사서술은 동시에 예술(Kunst)이라는 점에서 다른 모든 학문들로부터 구분된다. 역사서술은 수집하고 발견하며 파악함으로써 학문이며, 발견된 것, 인식된 것을 다시금 구성시킴으로써 예술이다. 다른 학문들은 발견된 것 그 자체를 제시하는 것으로써 만족한다. 역사서술에서는 다시금 생산해 내는 능력이 추가된다. 역사서술은 학문으로서는 철학과, 그리고 예술로서는 시문학(Poesie)과 유사하다. 차이는 철학과 시문학이 이상적인 요소에 맞게 작업하는가 하면, 역사서술은 사실적인 것에 근거하고 있다는 점에 있다"는 것이며, "역사서술은 능력의 면에서가 아니라, 제약된, 주어진, 경험론적 연구에 맡겨진 소재(Stoff)를 통해 시문학 및 철학으로부터 구분된다. 역사서술은 시문학과 철학을 오직 자신에게만 고유한 제3의 요소 속에서 결합시킨다. 역사서술은 양자 중의 어떤 하나가 아니지만, 그러나 양자 속에 작용하는 정신적 힘들—이것들이 자신들에게 연관되어 있는 이상적인 것으로부터 떠나서 사실적인 것 위에 세워진다는 조건 아래에서—과 결합할 것을 요구한다"[67]는 것이다.

---

66 Kessel, a.a.O., "Rankes Idee der Universalhistorie," in: *Historische Zeitschrift*, Bd. 178(1954)S. 173. 1930년에 에리히 뮐베(Erich Mülbe)는 자신의 박사학위 논문인 《역사학 이론과 방법론에 관한 랑케의 증언들》에서 랑케의 유고들과 당시까지 잘 알려지지 않았고, 주목받지도 못했던 자료들을 "Idee der Universalhistorie"이라는 제목으로 정리하여 보충적으로 제출했었다. 여기에는 랑케가 1830년대뿐만 아니라 다른 시기들에서도 역사학 이론, 역사학과 다른 학문들과의 관계, 보편사의 이론에 관하여 작성했었던 글들이 정리되었다. 케셀(Kessel)은 뮐베가 정리한 것을 자신의 해설과 함께 *Historische Zeitschrift*, Bd. 178(1954)에 "Rankes Idee der Universalhistorie" 라는 제목으로 게재했다.

67 Ranke, "Idee der Universalhistorie," in: ebd, S. 290ff. "Die Historie unterscheidet sich dadurch von allen anderen Wissenschaften, da sie zugleich Kunst ist. Wissenschaft ist sie: indem sie sammelt, findet, durchdringt: Kunst indem sie das Gefundene, Erkannte wieder gestaltet, darstellt. (…) ".

이상에서 보면, 랑케에게 역사서술은 자료들을 수집 및 검증하고 새로운 것을 발견하여 사실들을 파악하는 데 있어서는 학문적인가 하면, 그 성과들을 정리하여 과거 사건들을 하나의 진행으로서 구성하는 데 있어서는 예술적이라는 것, 그리고 시문학 및 철학은 이상적인 요소에 맞게 작업하고 개념적으로 파악하는가 하면, 역사서술은 사실적인 것을 근거로 하므로, 이 분야들이 구분되는 것은 능력 면에서가 아니라, 각자가 관계하는 소재에 있다는 것, 그러므로 역사서술은 현존재의 핵심을 개념적으로 파악하는 철학의, 그리고 사라진 생(生)을 재생산하고 구성하는 시문학의 정신적 힘들과 결합해야 한다는 것이다.

이어서 랑케는 역사서술과 예술과의 관계를 고대 시기로까지 소급하여 언급했다. 그에 의하면, 그리스인들에게서는 역사서술이 본시 시문학으로부터 발전했다가, 이로부터 벗어났으며, 그들은 역사서술에게는 학문적 성격을 더 많이, 시문학에게는 예술적 성격을 더 많이 부여했지만, 그 어떤 한쪽 편으로 결정적이지는 않았으며, 오히려 양자의 결합을 필요한 것으로 생각했다는 것이다. 로마의 퀸틸리아누스(Quintilian)[68]에게는 "역사서술은 시(詩)에 가깝고, 다시 말해서 어느 정도 산문시(散文詩)와 같은 것이다(Historia est proxima poetis et quodammodo carmen solutum)". 다음으로 근세에는 역사서술이 자체의 진실성을 회의하는 가운데 학문적 원리를 필요로 하게 되었던가 하면, 철학의 한 부분으로 종속되기도 했다는 것이다. 랑케는 역사서술에 대한 인식의 이러한 변화들을 언급하면서, 결론적으로는, 역사서술은 때로는 학문 쪽으로, 때로는 예술 쪽으로 더 많이 나타날 수 있

68 퀸틸리아누스(Marcus Fabius Quintilian, A.D. 35-86)는 라틴어 웅변술의 교과서를 편찬했던 로마의 수사학자로서 말년에는 12책(冊)의 《수사강론(修辭講論, Institutio oratoria)》를 저술했다. 웅변가의 교육과정 전체를 취급한 이 작품은 웅변술이란 일반 지식의 기본 토대이자 그 매개체일 뿐만 아니라 윤리적 교양의 교사이어야 한다는 점을 강조한다. 특히 제10책은 그리스와 로마의 위대한 저술가들을 대칭적으로 세워서 예찬하고 있다. 그의 웅변술 교과서는 카롤링거 시대까지 웅변술에 관한 키케로(Cicero)의 저술들과 나란히 수사학 교육의 기본으로 되었으나, 그후로 잊혀졌다. 14세기 중엽에 페트라르카(Petrarca)에 의해 재발견되어 15세기의 인문주의자들에게는 교육의 결정적인 기본으로 되었다.

지만, 양자 중의 하나일 수는 없으며, "학문이자 동시에 예술이어야 한다"고 정의했다.[69]

이와 같이 랑케는 이미 일찍부터, 역사가는 철학적 사고와 예술가적 파악 및 구성의 능력을 다함께 갖추고 활용할 수 있어야 한다는 점을 의식하고 있었다. 그렇다면 그가 활용했던 예술적 방법은 구체적으로 어떠한 것이었던가? 그는 1830년대에 역사서술은 철학과 시문학의 정신적 힘들과 결합해야 한다고 말했던 바와  연관되는 의미의 견해를 1845/46년의 한 강의에서도 표명했다. 즉 그는, 역사학적 연구는 저자들에 대한 비판, 허구적인 것의 배제, 순수한 실재사실(實在事實, Faktum)의 파악 등의 엄격한 방법들이 필요하다고 전제한 후 이어서, "일어나고 있는 것은 우리가 인식해야만 하는 최종적인 것이 아니다. 그 속에는 일어나고 있는 그 무엇이 있다. 정신적으로 배합된 일련의 사실들(Tatsachen)로부터 비로소 성과가 결과적으로 나온다. (…) 비판적 작업 다음에는 직관(直觀, Intuition)이 필요하다"[70]라고 부언했다. 그 이유는 그에게 역사적 사실은 그것을 일어나게 했던 그 무엇이 구체화된 것이며, 그 무엇이란 다름 아닌 정신적인 것이기 때문이다.《영국사》에서의 "모든 것은  보편적이자 개별적인 정신생활이다"라는 말은 그러한 의미이다. 그러한 한 그에게 정신적인 것으로서의 역사적 사실은 자체의 복합적인 요소들을 외형적인 관계들에서보다는 내면 속에 지니고 있다. 그러므로 구체적, 직접적으로 정의될 수 없는 그러한 요소들이 결합되어 구체화된 역사적 사실은 이론적, 경험론적 방법을 통해 외면적으로만 파악될 것이 아니라, 내면적으로 파악될 수 있어야 한다. 따라서 그에게는 문헌들에 대한 "비판적 작업 다음에는 직관이 필요하다." 요컨대 그에게 정신적 통일체인 역사적 현상의 내면적 관계는 인

69 Kessel, a.a.O., S. 291-292.

70 H. Schleier, "Geschichtetheorie und Geschichtsschreibung bei L. v. Ranke," in; *Leopold von Ranke und die moderne Geschichtswissenschaft*, hrsg. v. Mommsen, S. 123; Ranke, *Vorlesungseinleitungen*, hrsg. v. V. Dotterweich und W. P. Fuchs, München, 1935, S. 177.

과관계적, 경험론적 방법만으로써 파악 및 설명될 수는 없고, 궁극적으로는 역사의 고유한 능력으로서의 "직관"을 통해 파악된다.

이 직관의 방법론적인 필요성과 그 기능에 관해서는 랑케의 "보편사의 이념"에서 "역사학적 원칙(das historische Prinzip)"에 관한 설명과 함께 언급되고 있다. 여기에서 그는 ① 순수한 진실애(Wahrheitsliebe), ② "원전에 근거하는 상세하고 깊은 연구(ein urkundliches, eingehendes und tiefes Studium)", ③ 공평성(Unbefangenheit)을 보증하는 보편적 관심, ④ 모두에게 역사적 권리를 인정하는 비당파성(Unparteilichkeit), ⑤ 실제적 관찰을 근거로 하는 인과관계의 규명, ⑥ 역사에는 하나의 통일성이, 하나의 진행이, 하나의 발전이 있다는 믿음으로써 총체성을 파악하는 일, 등의 6개의 원칙들을 제시하고 있는 바,[71] 그중에서도 두 번째 항목은 특히 연구작업의 실제와 관계되는 방법론적인 것이다. 이 항목에서 보면, 역사가는 무엇보다 역사적 사실로서의 현상을 인식할 수 있기 위해 "현상 그 자체와 그 조건 및 환경"을 먼저 파악해야 하며, 그다음으로는 "현상의 본질과 내용"을 파악하고자 노력해야 한다. "왜냐하면 모든 것의 궁극적인 통일성은 하나의 정신적인 것이며, 그러므로 현상은 하나의 정신적 통각(eine geistige Apperzeption)을 통해서만 파악될 수 있기 때문이다. 이 통각(統覺)은 관찰하는 정신이 활용하는 법칙들과 관찰된 대상을 등장시키는 법칙들이 일치하므로 일어난다. (…) 모든 천재적 정신은 개체(Individiuum)와 유(類, Gattung)의 일치에 근거하고 있다"[72]는 것이다.

랑케에게서는 "정신적 통각"이라는 이 직관적 방법이 의식(意識)의, 또는 이론의 형식으로가 아니라, "모든 것에 대한 공감(共感, Mitgefühl)과 공동인식(共同認識, Mitwissenschaft)"의 형식으로 전개된다. 즉 그는 1830-40년대의 비망록에서 "완벽하게 진실한 역사서술은 가능한가?"라는 문제를

71 Kessel, a.a.O., S. 296-302.

72 Ebd., S. 296

제기하면서, 이를 위해서는, ① 개별순간들에 관한, ② 그 순간들의 개인적 동기들에 관한, ③ 그 순간들의 공동작용 및 개성들과 상호 영향들의 전체적인 활동에 관한, ④ 보편적인 연관관계에 관한 정확한 지식들이 필요하다고 전제하면서, 그리고 ⑤ "마지막 결과는 모든 것에 관한 공감과 공동인식(Mitgefühl und Mitwissenschaft)이다"라고 정의했다.[73] 다시 말하자면 그는 그러한 지식들을 근거로 하여 결과적으로 "공감과 공동인식"의, 즉 함께 느낀다와 함께 안다의 경지가 형성되고, 이를 통해 진실한 역사서술이 가능할 수 있다고 사고했던 것이다. 그가 《종교개혁시대의 독일사》에서 종교개혁을 "조국의 가장 중요한 사건"이라고 지칭하면서, "우리는 그렇게 강력한 정신적 내용을 지닌, 동시에 외부적으로 그렇게 세계지배적인 의미를 지닌 한 사건에 대해서는 그것에 철저하게 사로잡히고 밀착해지지 않고서는 접근할 수 없다"[74]라고 말했던 바에서 보면, 그는 자신의 서술대상에 공감하면서 대상에 몰입하고자 했던 것이다.

이와 같이 역사가가 자신이 인식하고자 하는 대상에 몰입하게 되는 것은 인식주체와 대상과의 "정신적 통각(統覺, geistige Apperzeption)"[75]이다. 이 방법이 랑케에게 필요할 수밖에 없는 이유는 다름 아니라 그에게는 개별 사실들뿐만 아니라, 한 시대의, 한 민족의, 나아가서는 장구한 역사생활의 진행 모두가 결국 정신생활이며, 이러한 대상들은 이론적, 또는 경험론적 방법이 아니라, "공감과 공동인식"을 근거로 하는 직관을 통해 접근될 수 있는 것이기 때문이다. 그는 자주, 자신이 추적하여 제시하고자 했던 바를 "내면적 발전(die innere Entwicklung)",[76] 또는 "내면적 형성(die innere Ausbildung)",[77] 그리고 "내면적 분쟁들(die inneren Konflikten)"[78]이라고 표현

---

73 SW. 53/54, III, Tagebuchblätter, S. 569; Helmut Berding, "Leopold von Ranke," in: *Deutsche Historiker*, I, hrsg. v. H U. Wehler, Göttingen, 1971, S. 10.

74 Ranke, *Deutsche Geschichte im Zeitalter der Refomation*, I(SW. 1), Vorrede, S. VIII.

75 Berding, a.a.O., S. 11; 이거스, 《독일 역사주의》, 최호근 역, 141쪽.

76 Ranke, *Fürsten und Völker von Südeuropa im 16. und 17. Jahrhundert*(SW. 35/36), Vorrede, S. V.

했던 바, 그것들은 다름 아닌 해당 민족들 및 국가들의 정신생활의 발전을 의미하는 것이므로, 그것들을 파악하는 그에게는 항상 직관적인 "정신적 통각"의 방법이 활용되었던 것이다. 이 방법이 사건들의 진실을 파악할 수 있는 것은, 그의 말대로 "모든 천재적 정신은 개체(Individiuum)와 유(類, Gattung)의 일치에 근거하고 있기" 때문이다.

랑케에게서 이 직관적 방법은 그 자신이 1836년의 교수취임 강의에서, "역사서술의 직분은 사실들을 수집하고 결합시키는 것이라기보다는 사실들에 대한 이해(Verständniß)를 지향하는 것이다. 역사서술은 기억에만 근거하는 것이 아니라, 무엇보다도 예리한 이해력(Verstand)을 필요로 한다"[79]라고 밝힌 바에서 보면, 다름 아닌 "이해(Verstehn)"적 방법이다. 이 방법이 그에게서는 개별 사실들 및 개성들에 대해서뿐만 아니라, 사실들의 연관관계와 시대들의 연속에 대해서도, 요컨대 역사발전 전체에 대해 이루어지는 직관적 파악과 관조의 기반이다. 그리고 그가, 세계사의 비밀을 알아보고자 하는 역사서술의 과제는 "인식하지 못한 것, 인식할 수 없는 것에 인간의 능력이 닿는 만큼 접근해 가는 것이며, 그러할 때 우리는 그것에 관한 것을 예감(ahnen)할 수 있다"[80]라고 말했을 때, 그 방법은 "공감과 공동인식"을 근거로 하는 직관이다. 그러므로 그에게서는 "정신적 통각"의 직관과 "공감과 공동인식"에 의한 예감이 모두 "이해"의 범주에 속한다고 볼 수 있겠으며, 이를 통한 파악과정과 방법이 바로 예술적인 것이다.

역사에 대한 인식과 서술에 관한 랑케의 이러한 관념에는 훔볼트(W. v. Humboldt)의 역사사상과 이론이 상당 부분 계승되고 있다. 훔볼트는 1822년에 발표한, 매우 난해한 "역사서술가의 과제"에서, 역사서술은 학문적

---

77 Ranke, *Die römischen Päpste ihre Kirche und ihr Staa*t, I(SW. 37), Vorrede, S. V.

78 Ranke, *Die deutschen Mächte und der Fürstenbund* (SW. 31/32), Vorwort, S. VI.

79 Ranke, *Über die Verwandschaft und den Unterschied der Historie und der Politik* (SW. 24), S. 284.

80 Ranke, SW. 53/54, S. 569.

임과 동시에 예술적이어야 한다는 견해를 랑케에 앞서서 제시한 바 있다. 훔볼트에 의하면, "역사적 진실"에 접근하는 데는 우선, "사건들에 대한 정확한, 비당파적, 비판적인 규명(Ergründung)"과, 다음으로는 "연구된 바들의 연결을 통해서도 도달될 수 없는 바에 대한 예감(Ahnen)"이라는 두 개의 길이 있다. 역사가가 전자에만 따르면, 사건들의 내면에 있는 진실의 본질을 파악하지 못하는가 하면, 후자에만 따르면 개별적인 것들을 명확하게 파악할 수 없거니와 진실을 날조하게 된다. 그러므로 2개의 방법들은 다함께 활용되어야 한다는 것이다. 여기에서 전자는 경험론적, 사실주의적인 방법인가 하면, 후자는 직관적 이해의 방법으로서 역사가의 고유한 방법이 되겠다. 이 방법이 훔볼트에게서는 역사가에게 특히 필요하고 중요한 것으로 간주되고 있다. 그에 의하면, 역사가의 정신은 사건들의 형식을 자신의 것으로 만들 때, 더 많은 것을 인식할 수 있으므로 "연구하는 힘과 연구하는 대상과의 동화(同化, Assimilation)가 무엇보다 중요하다"[81]는 것이다.

훔볼트에게는 역사가의 이러한 방법이 가능하며 필요하다. 다름 아니라, "하나의 사실에 대한 파악은 그 가능성의 조건으로서 파악하는 사람 속에 뒤에 실제로 파악되는 것의 한 유사물(ein Analogon)을 이미 전제한다. 이것은 주체와 객체 사이에 하나의 선행하는, 근원적인 일치이다. (…) 역사에서는 이러한 파악의 선행적인 기반이 매우 명백하다. 왜냐하면 세계사 속에서 작용하는 모든 힘들은 인간의 내면 속에서도 운동하고 있기 때문이다." 그리고 역사에는 "기계론적으로" 파악되는 것들 외에도 자체의 본질을 근거로 하여, "오직 유사물 속에서만 파악될 수 있는 힘들"이 있는 바, "역사적 행위와 사건 발생의 충동력"으로서 작용하는 인간의 능력, 감정, 성향, 열정들이 그러한 힘들이라는 것이다.[82] 이렇게 하여 훔볼트에게

81 W. v. Humboldt, "Über die Aufgabe des Geschichtsschreibers," in: *Deutsche Geschichtsphilosophie*, hrsg. v. K. Rossmann, dtv(1969), S. 197-198.

82 Ebd., S. 205-206.

서는 주체와 객체의 "동화(同化)"는 가능하며, 인간의 감정과 성향 및 열정 등의 능력을 매개로 하여 세계사의 사건들에 대한, 그 진실에 대한 파악이 이루어진다는 이해이론(Verstehenslehre)이 성립되었던 것이다.

훔볼트에게 역사가의 이러한 관찰 및 서술행위는 시인의 그것과 비슷한 것이다. "왜냐하면 역사가가 직접적인 관찰의 불완전한 것, 분산된 것을 보완 및 연결하면서 과거사실의 진실을 서술할 때는 시인처럼 오직 상상(Phantasie)을 통해서만 할 수 있기 때문이다." 그러나 역사가는 이 상상을 경험과 검증에 종속시키므로, 그것은 보다 더 정확한 "예감능력과 결합재능"으로서 작용한다. 그리고 이 능력과 재능을 그는 개별 사건들을 역사 전체에 연관시켜서 파악하는 데 활용해야만 하다. "왜냐하면 전체 위에 살아있는 숨결이 있으며, 그 속에 측량될 수 없는 (…) 내면적 성격이 있기 때문이다."[83] 그리하여 "모든 사건들을 하나의 전체의 부분으로서, 또는 모든 사건들에서 역사일반의 형식을 제시하는" 사람만이 "역사서술가"라는 이름을 부여받을 수 있다는 것이다.[84] 이러한 점들에서 훔볼트는 "철학이 첫 번째의 근거를, 예술이 미(美)의 이상(das Ideale)을 추구하듯이, 역사서술은 인간운명의 모습을 그 진실 속에, 생동적인 내용 속에, 순수한 명료성 속에 추구하고자 한다"는 것이며, "역사에 대한 작업은 철학과 시에 못지않게 하나의 자유로운, 그 자체에 있어서 완성된 예술이다"[85]라고 정의했다.

그렇다면 훔볼트에게 역사가는 무엇을, 왜 파악해야 하며 어떻게 시도해야 하는가? 그에 의하면, 역사가가 아무리 모든 것을 개별적으로, 또는 연결시켜서 연구했다 해도 "역사의 창조적인 힘들에게 충격과 방향을 부여하는 원리"는 남아있는 바, 그것들은 곧 "이념들"이며, "세계사를 모든 부분에서 통치하고 지배한다."[86] 이 이념들은 초월적인 것이 아니라, "사

83 Ebd., S. 196-197.
84 Ebd., S. 199-200.
85 Ebd., S. 198.

건들 자체의 내용으로부터 등장하며", 역사가에게서는 "진정한 역사적 감각에 의한 관찰을 통해 정신 속에 나타난다."[87] 이 이념들은 사건들을 주도하는 "방향(Richtung)"으로서 나타나며, "역사 속의 놀라운 것은 첫 번째 방향의 등장 속에, 그 섬광(閃光)의 비상(飛上) 속에 있다. 이것 없이는 촉진적인 상황도 작용할 수 없으며 (…) 어떠한 점진적인 전진도 목표로 인도할 수 없다." 또한 이념들은 순수한 예술 형식의 등장(이집트)이나, 언어, 시문학, 예술을 형성시켰던 민족적 개체로서의 등장(그리스)처럼 "동력생산(Krafterzeugung)"으로서 나타난다.[88] 그리고 "이념은 (…) 자체의 양식으로 발전하며, 이 양식은 그 맹아가 다른 개체들로 넘어간 곳에서도 동일하게 남는다. 이것은 (…) 이념의 독자적인 본성을 보여 준다"[89]는 것이다.

훔볼트는 이러한 사고에서 "모든 역사는 이념의 실현"이고, "역사의 목표는 인류를 통해 설명될 수 있는 이념의 실현일 수밖에 없다"는 것이며, 역사서술가의 과제는 "세계사건들의 연관관계 속에 전개되는 (…) 이념들을 파악하는 것"이므로, 그가 "이념이 추구하는 바를 서술하면서 현존재를 현실 속에서 확인하는 일은 자신의 업무를 최종적으로, 가장 명백하게 완수하는 것이다"라고 정의했다. 이어서 훔볼트는 역사가들에게 이념을 예감하고 인식하기 위한 정서를 항상 유지하면서 이념의 작용을 서술할 것을 제안하는 한편, "그러나 역사가는 독자적으로 마련한 이념들을 현실에 부여한다거나, 전체의 연관관계에 대한 연구만을 위해 개별적인 것들의 풍부한 활동들에서 어떤 것도 희생시켜서는 안 된다"고 경고한다. "왜냐하면 어떤 사건도 보편적 연관관계로부터 완전히 분리되지는 않기 때문이다."[90]

86 Ebd., S. 208.
87 Ebd., S. 204.
88 Ebd., S. 208-209.
89 Ebd., S. 209-210.
90 Ebd., S. 211-212.

이렇게 하여 훔볼트에게서는 19세기의 고전적인 이해이론과 역사이념론, 그리고 전체적 연관관계와 개별사실들이 다함께 연구되어야 한다는 역사연구의 기본 원리가 함께 제시되었다. 그의 역사사상과 이론은 독일 이상주의 전통 위에 세워진 것이며, 1850년대에는 주관주의적인 드로이젠(Droysen)의 《역사학(Historik)》에 전수되었다. 그러나 이미 1830년대부터 그것은 객관주의적인 랑케에게서도 이론적, 방법론적으로 계승되고 있었다. 훔볼트의 "연구하는 힘과 연구대상과의 동화(同化)"는 랑케가《종교개혁 시대의 독일사》에서 자신은 그 역사에 일체감을 가지고 몰입하지 않을 수 없었다라는 태도에서 나타난다. 그리고 전자의, "세계사에서 작용하는 힘들은 인간의 내면에서도 운동하고 있으므로" 역사가는 인식대상에서 이미 유사물들을 전제한다라는 이론이 후자에게서는 "정신적 통각은 관찰하는 정신이 활용하는 법칙들과 관찰된 대상을 등장시키는 법칙들이 일치하므로 일어난다. (…) 모든 천재적 정신은 개체(Individiuum)와 유(類, Gattung)의 일치에 근거하고 있다"는 점에서 역사가는 "정신적 통각"을 통해 현상을 파악한다[91]라는 이해이론으로 성립된다. 또한 전자의, 역사가는 "모든 사건을 전체와의 한 부분으로서 (…) 제시해야 한다"는 사고가 후자에게서는 개별사건을 "전체와의 연관관계 속에서(im Zusamenhang mit Ganzen)" 관찰 및 서술하는 방법으로 계승되었으며, 나아가서는 유럽 개별 국가들의 역사를 보편사적으로 서술하는 경지로 확대되었다. 이미 그의 "비판적 연구 다음으로는 직관이 필요하다"라는 방법론은 훔볼트가 역사적 진실에 도달하기 위해 제시한 "두 개의 길"을 순서대로 계승한 것이라고 볼 수 있겠다.

훔볼트나 랑케가 역사서술에서 인식하며 제시하고자 했던 바는 사실들을 지배하면서 그것들 속에서 비가시적으로 전개되고 있는, 다름 아닌 이념적, 정신적인 것이다. 그것은 비판적, 인과관계적, 경험론적으로 파악될

---

91 Kessel, a.a.O., S. 296; 본서 III-2, 185쪽 주 72 참조.

수 있는 것이 아니다. 랑케에게서는 시대들은 상호연관된 연속성 속에 있으면서도, 각각의 고유한 가치를 지니고 있으므로, 각 시대 자체는 물론, 그들의 연속관계도 어떠한 법칙이나 이론을 통해 파악될 수는 없다. 그러므로 그는 역사적 사실의 본질인 정신적인 것을, 역사적 순간들이 형성되는 사실들의 연관관계를, 그리고 그것들의 "내면적 발전"을 다름 아닌 "공감과 공동인식"을 근거로 하는 "정신적 통각"을 통해  파악하고자 했던 바, 이것은 곧 그의 직관적 이해방법이다. 그가 여러 민족들의 발전을, 여러 시대들의 연속적인 전개를 전체적으로, 보편사적으로 "관조"했던 것도 역시 그러한 방법에 근거한다고 볼 수 있겠다. 그리하여 그가 역사관찰과 인식에서의 예감과 직관의 기능 및 역할에 관한 그 자신의 관념에서, 역사서술은 학문이자 동시에 예술이다라고 정의했던 것은, 훔볼트가, 역사서술가는 비판적인 연구의 연결을 통해서도 도달될 수 없는 바를 "예감능력"과 "결합재능"의 고유한 방법으로써 파악하고 구성한다는 점에서 "역사서술은 완성된 예술이다"라고 정의했던 사고를 계승한 것이라고 볼 수 있다. 양자는 다같이 직관과 예감 및 이해를 역사관찰과 그 진실의 파악에서 근본적인 고유한 방법으로 보았고, 그것을 예술가적 행위라고 인식했던 것이다.

이와 같이 랑케에게서는 훔볼트의 역사이론과 방법론이 거의 같은 의미로 계승되고 있다. 그러나 양자 사이에서는 역사 이념론에서 다른 견해도 발견된다. 훔볼트에게서는, 역사가는 사건들의 연관관계를 해명하고, 작용하는 힘들과 이것들이 특정한 순간에 세우는 방향, 그리고 당시의 상태와 이전의 변화들을 연구해야 한다. 이를 위해 역사가는 "저 작용하는 힘들의 성격과 활동 및 그것들 사이의 상호관계를 알아야 한다. 이것은 특수한 것에 대한 완벽한 연구는 항상 보편적인 것에 대한 지식을 전제로 하며, 이것 아래에서 이루어지는 것과 같다. 이러한 의미에서 일어난 바에 대한 파악은 이념들에 의해 주도되어야 한다"[92]는 것이다. 이것은 훔볼트가 역사 전체 속에 전개되고 있는 이념을 먼저 파악하여 "모든 사건들에 역사

일반의 형식을 제시하기" 위한 것이라고 일단은 볼 수 있겠다. 그러나 그의 주장에서는 보편적인 것의, 이념의 파악이 개별적인 것에 대한 파악보다 선행하는 것으로 되어 버린다. 그런가 하면 그는 다음으로, "이념들은 역사에 생소한 첨가물처럼 부여되어서는 안 된다. 여기에는 철학적 역사가 빠지는 오류가 있다"라고 말했던 바, 이것은, "철학은 사건들에게 하나의 목표를 부여하고 궁극적인 원인을 추구함으로써 역사적 힘들의 고유한 작용에 대한 모든 자유로운 견해들을 교란하고 날조하며", "그러므로 목적론적 역사는 세계숙명의 살아 있는 진실에 결코 도달하지 못한다."[93]라는 그 자신의 견해에서 나온 것이다. 그는 이 난해한 글의 결론에서 "독자적으로 마련된 이념을 현실에 부여해서는 안 된다"[94]라고 다시금 강조했던 바, 이 주장은 철학적 역사가 범하는 오류 외에도, 이념들은 "사건들 자체에서 나타나며", "역사의 본질을 만드는 것"이므로 현실에 옮겨질 수 없다[95]는 이유에서이다. 이것은 그의 근본 사상이다. 그러나 여기에서는 그 자신의 "일어난 바에 대한 파악은 이념들에 의해 주도되어야 한다"라는 첫 번째 주장과 "이념들은 역사에 생소한 첨가물처럼 부여되어서는 안 된다"라는 두 번째의 주장이 양립할 수 없는, 이율배반적인 모순을 일으키게 된다. 다름 아니라 그 이념들이 아무리 "역사적 감각에 의한 관찰"을 통해 파악된 것이라 해도, 그 자신의 표현대로, 역사가의 "정신 속에 나타나는 것"이 구성된 것이므로, 그것들이 사건들의 파악과 서술을 주도할 때는 철학적 역사의 오류를 반복하게 되기 때문이다.

이 문제가 랑케에게서는 다르게 전개된다. 실재론자(實在論者, Realist)로서 그는 훔볼트와 같은 의미로 역사 속에는 정신적 이념이 전개되고 있다고 사고했다. 그러나 그에게서는 "지배적 경향성들(die herrschenden

92 Humboldt, a.a.O., S. 203-204.

93 Ebd., S. 204.

94 Ebd., S. 212.

95 Ebd., S. 205.

Tendenzen)", 또는 "지도적 이념들(die leitenden Ideen)"처럼, 이념들의 내용과 작용형식이 항상 새로운, 가변적인 것이므로, 그것들은 불변적, 법칙적인 것이 아니다. 그리고 그에게는 보편적인 것은 단번에 파악될 수 없는가 하면, 개별적인 것들은 보다 더 상세하고 확실하게 파악될 수 있으므로, 그는 이것들에 대한 파악을 선행시켰다. 그렇게 하여 역사가는 비로소 보편적인 것에 접근할 수 있고, 그 성과는 다시금 개별적인 것에 대한 연구와 인식을 보완하고 충실하게 만든다. 요컨대 개별적인 것과 보편적인 것은 서로 인식을 돕는 관계 속에 있다. 이것이 가능한 것은 랑케에게도 역시 훔볼트에게서처럼 개체성은 자체 내에 보편성을 지니고 있기 때문이다. 그러나 철학가인 훔볼트에게서는 "사건들에 대한 파악은 이념들에 의해 주도되어야 한다"는 것이므로, 결국 보편적인 것에 대한 파악이 선행되는 것처럼 모호하게 설정되었던가 하면, 사실적인 역사가로서 랑케는 개별적인 것들에 대한 연구를 명백하게 선행시켰다. 여기에서 양자는 차이점을 보여 준다.

그럼에도 양자 사이에는, 위에서 알아본 바대로, 역사사상과 이론 및 방법론의 여러 곳에서 계승관계라고 볼 수 있는 비슷한, 때로는 거의 동일한 내용과 의미의 사고가 발견되고 있다는 사실이 중요하다. 랑케는 근본적으로 독일 이상주의의 역사사상을 훔볼트를 통해 수용하고 있으면서, 훔볼트에게서 모호하게 설정된 바를, 즉 개별적인 것에 대한 파악은 보편적인 것, 이념적인 것에 대한 파악에 의해 주도되어야 한다는 작업순서를 오히려 개별적인 것에 대한 파악을 선행시키는 자신의 사실주의로써 극복했던 것이다. 이로써 그는 이상주의와 사실주의를 종합하여 근대 역사학의 학문적 기초를 세우게 되었던 것이다.

그것은 랑케가 경험론적 방법과 직관적 이해 방법을 함께 활용하여 양자를 종합함으로써 세워졌다. 그가 보기에는, 헤겔의 역사철학에서는 역사적 개체들의, 즉 개별사실들은 물론이려니와 민족 및 국가들과 시대들의 비교될 수 없는 고유성들과 독자성들이 박탈된다. 다름 아니라 헤겔에게서는 역사발전이 개별사실들에 대한 연구 없이 철학적인 거대한 사상체계 속에서 구성되고 있기 때문이다. 그런가 하면 그가 보기에는 니부어의 문헌비판적 연구에서는 보편적인 것이 간과되어 버린다. 다름 아니라 니부어에게서는 거대한 역사진행에 대한 전체적, 보편사적인 사고와 관조가 뒤로 밀려나고 역사연구가 경험론적인 방법으로써 개별적인 것들에 대한 상세한 연구에 집중되고 있기 때문이다.[96] 그러므로 철학적 사고나 경험론적 방법은 역사연구에서 필요하지만, 각각으로써는 진실을 파악 및 제시하는 데 충분한 것이 못 된다. 특히 헤겔에게서는 개별 사실들이 선험적인 거대한 틀 속으로 강제됨으로써 그들의 진실이 왜곡될 수 있으며, 니부어에게서는 전체 흐름 속에서의 개별 사실들의 관계가 명확하게 파악될 수 없으므로, 결국 양자의 방법은 각각 혼자만으로써는 사실들의 역사적 위치와 의미를 규명하는 데 충분할 수 없다. 그러므로 랑케에게 역사연구란 개별 사실들 그 자체를 파악하고, 나아가서는 사건들의, 시대들의 연관관계들을 확인하면서 그 진행을 보편사적으로 관조함으로써 세계사의 비밀에 접근하고자 하는 것인 한, 그는 헤겔의 철학적인 보편사적 사고와 니부어의 경험론적인 개별 연구는 결합되어야 한다는 인식에 이르렀던 것이다. 이것은 모든 역사생활이 그에게는 정신생활이므로 더욱 당연한 것이다. 결국 그에게는 사실들에 대한 경험론적 연구 위에 철학의 개념적 파악능력과 시문학의 예술적 구성능력을 결합시킬 필요가 있었던 것이다. 이것은 그가 역사 속에 지속적으로 전개되고 있는 정신적 이념을 파악하기 위한 방법이다.

랑케에게는 "경험적인 것을 이념과 결합시키는 사람만이 정신에 접근할 수 있다."[97] 즉 역사가는 역사적 개별사실들을 경험론적으로 파악하면서 시대의 정신에, 즉 이념 및 경향성에 대한 인식으로 나아갈 수 있어야

---

96 본서 III-1, 164쪽 주 28 참조.

97 Berding, a.a.O., S. 11; Carl Hinrichs, *Ranke und die Geschichtstheologie der Goethezeit*, Berlin, 1954, S. 107.

한다. 이때 그에게서는, "한 시대의 발전 전체가, 그 시대의 주도적 이념 또는 경향성이 예감(Divination) 속에, 정신적 통각(geistige Apperzeption)을 통해 해명된다."[98] 이것이 랑케에게서는 특별한 역사적 인식방법인 직관적 "이해"이며, 이 방법을 통해 "역사연구는 사실들만을 규명하고 서술하는 역사학적 경험론의 한계로부터, 또한 개념적 파악으로 나아가는 역사철학의 구성적 압박으로부터 벗어날 수 있게 된다."[99]

랑케가 직관적 이해방법을 활용했던 것은, 역사 그 자체의 본질과 역사연구의 성격에 관한 그 자신의 관념에 따라서 그러한 방법이 필요했기 때문에서였던가 하면, 또한 그가 그만큼 예술가적 감각을 풍부하게 갖고 있었다는 것을 의미한다.[100] 다름 아니라 그는 개별 사건들 및 인물들을 연구대상으로 삼았을 때, 그 내면으로 파고 들어가서, 그것들의 사상과 의도에 공감하면서 그들의 생동하는 힘과 영혼까지 파악하고자 했던 것이다. 그는 본시 역사에 대한 실용적, 도덕적 평가는 물론, 어떠한 이론적, 체계적 관찰도 배제했고, 모든 시대들은 물론, 모든 민족 및 국가들, 그리고 역사적 개별 사건들 및 개성들에 대해서도 불편부당(不偏不黨, Unbefangenheit)했다. 그는 모든 역사적 사건들을 그것들 자체로서, 그것들의 역사적 위치에서 파악하고자 했다. 그의 이러한 역사주의적 원칙은 모든 시대는 신과 직접 연결되어 있다는 그 자신의 범신론적 개체사상에서 세워진 것이며, 그러한 파악이 그에게 가능할 수 있었던 것은 그 모든 것들에 대한 그의 관심과 애착이 그만큼 강력했기 때문이다. 이때 그가 그것들의 내면을, 그 본성을 파악하는 경지로 나아갔던 것은 실로 예술가적인 미학적 관찰행위이다. 그리하여, "그의 예술가적 자질은 그가 개체성에 관심을 두었을 때 가장 풍부하게 발휘되었다"[101]라는 평을 받기도 한다.

---

98 Berding, a.a.O., S. 11; 본서 III-2, 185쪽 주 72 참조.

99 Ebd., S. 11.

100 Fueter, a.a.O., S. 477.

101 Ebd., S. 477.

랑케의 이러한 관찰성향은 그의 문헌학적·비판적 방법에서도 발견된다. 그는 사실들의 개체성을, 그 본질과 특수성을 파악하는 데 관심을 갖고 있었으므로, 자연히 2차적인 보고들, 즉 추론된 자료들이나 이미 이루어진 역사서술들보다는 1차 사료로서의 원전들과 증서들을 더 중요시하면서 그것들을 비판적으로 검증했다. 이것은 모든 사료들이 작성자 및 서술자들의 의식적, 무의식적 성향이나 주문자 및 당시의 지배적 이념과 경향성으로부터 영향을 받으면서 작성 및 서술되었기 때문에 당연한 일이다. 이에 더하여 랑케에게는 추론된, 서술된 자료들보다는 원전들, 즉 "역사적으로 전승된 것 그 자체가 (…) 더 아름답고, 어떠한 경우에서도 더 흥미있는 것"[102]이므로 더욱 그러했다. 그러므로 그가 원전들을 근거로 한 서술을 진정한 역사서술로 인정했던 데는 원전들에 대한 그의 미학적 관심이 내포되어 있는 것이다. 바로 그러한 관심과 흥미가 그의 비판 작업을 철저하게 만들었고, 그를 문헌학적·비판적 방법의 대가(大家)로 만드는 데 기여했다고 볼 수 있는 것이다.

랑케는 자신의 미학적 관찰성향과 자질을 특히 역사심리학적인 분석에서 결정적으로 보여주었다. 그는 낭만주의자들의 역사서술에 처음에는 흥미를 느꼈지만, 곧 그러한 서술을 거부하게 되었으면서도 일정한 정도로는 그들처럼 지역적 특성(Lokalkolorit)과 시대적 특성(Zeitkolorit)을 묘사하기도 했다. 그러나 양자의 서술들은 엄연히 구분된다. 다름 아니라 낭만주의자들은 자신들의 문학적 상상에서 중세의 역사를 색채있게 묘사했던 바, 그것은 흥미를 돋우기 위한 장식적인, 일종의 수사학적인 서술인가 하면, 랑케의 서술은 어디까지나 원전들에 대한 엄격한 비판적 검증을 근거로 하는 사실주의적인 것이다. 그리고 그가 수용한 낭만주의적 묘사는 사건들과 개성들의 특수한 역사적 모습을 표현하기 위한 것이었던 바, 여기에서 그는 특히 심리학적이었다. 즉 역사적 개성들에 대한 낭만주의자들

102 랑케, 〈자서전〉, 《강대세력들·정치대담·자서전》, 이상신 역, 271쪽.

의 서술은 그들을 시(詩)적으로 묘사하는 것이지만, 랑케가 그들의 내면으로까지 파고 들어가서 그들의 본성과 당시의 의도를 파악했던 것은 그들의 영혼과 공감하는 역사학적, 심리학적인 것이다. 그는《교황사》에서는 여러 교황들에 대해,《종교개혁 시대의 독일사》에서는 루터와 개혁자들에 대해, 그리고 전기적 서술들에서는 발렌슈타인(Wallenstein) 및 하르덴베르크(Hardenberg)와 콘살비(Consalvi)를 위시한 많은 역사적 인물들에 대해 그러했다. 그에게는 그들의 내면과 본성을 파악하기 위해 심리학적 분석이 필요했으며, 이 필요성은 그로 하여금 그들에 관한 자료들을 그들에 대해 우호적이었던 진영으로부터 뿐만 아니라 적대적이었던 진영으로부터도 다함께 수집하여 내면적 비판을 통해 철저하게 검증하도록 했고, 결국 그를 문헌학적·비판적 방법의 대가(大家)로 만드는 데 기여했다.[103] 문학에서 셰익스피어가 제1급의 심리학자였다면, 역사서술에서는 랑케가 그러했다.

그러나 그러한 파악과 서술에서 랑케는 탁월한 능력을 발휘하면서도 또한 동시에 그의 한계성도 보여주었다는 지적도 있다. 즉 그는 모든 개체들의 각각의 가치를 존중하면서도, 그의 깊은 심리적 파악은 주로 자신에게 내면적으로 공감을 주는 대상들에 대한 취급에서만 정교하게 이루어졌던가 하면, 자신에게 공감을 주지 못하는 대상들에 관해서는 단지 부분적으로만 파악하고 서술했다는 것이다.《교황사》에서 그는 라틴계의 반동종교개혁을 취급하면서 자신에게 비굴한 개성들로 보이는 교황들을 그렇게 취급했었고,《종교개혁사》에서는 자신에게 조야한 집단으로 보이는 대중의 운동과 무력행사에 관해서는 충분하게 서술하지 못했다는 평을 받고 있다.[104] 그러나 그러한 한계성에도 불구하고 그는 어떤 역사가들보다도 역사학적인 심리적 파악에 깊은 관심을 갖고 있었고 탁월한 능력을 보여주었던 역사가로 평가되고 있다.[105]

---

103 Fueter, a.a.O., S. 479.

104 Ebd., S. 478.

랑케의 심리학적 파악은 그의 미학적 관찰성향과 "직관적 이해"능력에서 나오는 것이다. 그의 이 "이해"는 개별 개성들 및 사실들에 대한 파악에서뿐만 아니라 사실들의 연관관계와 시대들의 연속적인 발전과 진행에 대한 관조에서도 필수적으로 활용되는 방법이다. 그리하여 그는 "직관적 이해" 방법을 역사연구와 서술에서 선구적, 실천적으로 보여 주었다. 이러한 그의 선구적인 방법은 그에게서 수학했던 드로이젠(Droysen)에 의해 후일에 《역사학(Historik)》에서 역사연구의 제2의 근본명제(Fundamentalsatz)로서, 이른바 "연구하며 이해한다(forschend zu verstehen)"라는 방법으로서 이론적으로 제안되었다.[106] 드로이젠은 랑케의 객관주의를 거부하면서, 그 자신은 주관주의적 방법론을 제기했으나, 그 핵심인 "이해"의 방법에는 랑케의 "정신적 통각"의 방법이 계승되고 있다. 실로 랑케가 문헌비판에 엄격했던 사실주의자로서 경험론적이면서도, 직관적 이해방법을 함께 활용했고, 여기에서 개별 사실들과 전체적인 발전을, 경험적인 것과 이념을 종합하는 데 있어서는 철학적이자, 시문학적·미학적·예술적이었던 것은 "역사서술은 학문이자 동시에 예술이다"라는 자신의 관념을 역사연구와 서술의 실제에서 입증하듯이 보여준 것이다.

## 2-2. 문학적 서술과 구성기법

랑케는 낭만주의적 역사서술을 멀리했던 바, 그 이유는 그것이 과거의 시대적, 지역적 특성과 인물들의 개성을 문학적 상상력으로써 장식적, 수사학적으로 묘사하여, 결국 비사실적인 역사소설처럼 되어 버렸기 때문이

---

105 Ebd., S. 477-478.

106 Droysen, *Historik*(1858), hrsg.v. Rudolf Hübner, 6. Aufl., München, 1971, S. 22. 드로이젠이 제안하는 역사학의 "제1의 근본 명제"는 "역사학은 과거들에 관해 경험하고자 하는 바를 전혀, 그리고 어디에도 더 이상 존재하지 않는 과거들 속에서가 아니라, 과거들 중에서 어떠한 모습으로이던 항상, 아직도 현존하고 있는, 따라서 경험적으로 인식될 수 있는 바 속에서 찾는 것이다." 드로이젠, 《역사학》, 이상신 역, 69쪽.

다. 그에게 역사서술은 진실을 담보할 수 있어야만 하는 것이므로, 그 자신은 과거 사건들을 그것들이 일어났었던 해당 시대의 역사적 조건과 상황 속에서 규명하여 사실적으로 서술하는 역사주의적 원칙을 지키고자 했다.

그러면서도 랑케는 자신의 작품들에서 문학적 서술을 배제하지는 않았다. 그는 비판적 연구결과를 서술하는 데 있어서는 오히려 문학적이라는 평을 받고 있다. 그가 1836년의 교수취임 강의에서 "역사서술의 직분은 사실들의 수집과 그것들을 결합시키는 것이라기보다는, 사실들의 이해(Verständniß)를 지향하는 것이다. 역사서술은 기억에만 근거하는 것이 아니라 무엇보다도 예리한 이해력(Verstand)을 필요로 한다"[107]라고 말했던 바는, 하르트비그(Hartwig)가 해석하듯이, 역사가는 사실 그 자체를 파악하는 연구자일뿐만 아니라, 그 연구결과들을 재구성하여 제시하는 데 있어서는 "설명자(Erzähler)"로서 그것들을 어떻게 전달할 것인가에 대해서도 관심을 쏟는다는 것을 의미한다.[108] "역사서술은 학문이자 동시에 예술이다"라는 그의 정의도 마찬가지 의미이다. 그러므로 역사가는 자신만의 고유한 서술 및 표현기법을 활용하게 된다.

이것이 랑케에게서는 문학적 묘사와 구성으로서 나타났다. 그는 사건들의 연관관계 속에서, 그리고 시대들의 연속성 속에서 주도적 이념 또는 지배적 경향성을 파악하면서도 그것들의 내용을 예를 들면 보수주의 또는 자유주의 등의 개념으로 정의하는 것을 회피했다. 역사가로서 그에게는 역사적 사건들의 생성과 그 발전 및 변화 등의 진행과 과정을 구체적, 사실적으로 서술하는 것이 우선적으로 중요했기 때문이었다. 여기에서 그는 분석가가 아니라, 관찰자로서 서술함으로써, 그의 서술은, 피어하우스에 의하면, "논증적·사례적(argumentativ-exemplarisch)"인 것이 아니라 "설명적·해설적(narrativ-interpretativ)"인 것으로 되었다.[109] 이러한 모습은 그가

---

107 Ranke, *Über die Verwandschaft und den Unterschied der Historie und der Politik*, (SW. 24), S. 284.

108 Wolfgang Hartwig, "Historismus als ästhetische Geschichtsschreibung," in: *Geschichte und Gesellschaft*, Bd. 23(1977), S. 103-104.

과거 사실들의 진실을 규명하여 신빙성 있게 제시해야 하는 학문적 요구에 충실하면서도, 설명자로서 서술에서 "형식의 아름다움"도 배려하고자 노력했다는 것을 의미한다. 그러므로 그에게는 이 두 개의 요구들, 즉 진실을 규명하는 학문적 노력과 문학적으로 서술하는 예술적 노력이 다함께 그의 과제로 되고 있었던 것이다.

랑케는 자신의 그러한 성향과 의도를 《프랑스사》 제5권의 "입문(Eingang)"에서, 일찍이 17세기 프랑스의 종교적 시민전쟁(1560-1597)을 서술했던 다빌라(Davila)의 작품[110]을 높이 평가하면서 보여 주었다. 그에 의하면, 다빌라는 "예리한 감각으로써 개별 순간들을 파악하여 배합했으며", 사건들을 "사람들이 만족스럽게 따라가는 경쾌하고도 즐거운 흐름 속에 설명"해 나갔다는 것이다. 그리고 "저자는 프로테스탄티즘을 정의롭지 못하게 취급하지 않았듯이, 탄압과 박해에 관심을 쏟는 열정도 갖고 있지 않았다. 그의 작품에서는 저자의 풍부한 정신력과 정결한 인간—생과 인간을 이해하는—의 특성들이 도처에서 발견된다"는 것이다. 그러한 저자에 대한 랑케의 탄복은 "다빌라보다 더 연관관계적이고 철저하게 이해된, 그리고 풍부한 정신력의, 높은 수준의 설명을 할 줄 알았던 역사가는 없었다"[111]라는 평가에서 결정적으로 표현되고 있다.

랑케는 이어서 다빌라의 작품과 같은 역사서술에서는 역사가의 과제가 무한히 어렵다는 점이 나타난다고 언급하면서 이에 관한 자신의 견해를 표명했다. 그에 의하면, "사람들은 시문학적 작품이 정신적 내용과 순수한 형식(reine Form)을 결합시킬 때 만족한다. 박학적(博學的, gelehrte) 작업이 자체의 자료들을 파고 들어가서 새로이 설명할 때, 사람들은 더 이상의 것을

---

109 Rudolf Vierhaus, "Ranke und die Anfänge der deutschen Geschichtswissenschaft," in: *Geschichtswissenschaft in Deutschland*, hrsg. v. B. Paulenbach, München, 1974, S. 22.

110 Arrigo Caterino Davila(1576-1631), *Storio delle querre civili Francia*(프랑스 종교적 시민전쟁의 역사), 1630

111 Ranke, *Französische Geschichte*, V (SW. 12), Eingang, S. 5.

요구하지 않는다. 이와는 반대로 역사가의 과제는 문학적(literarisch)이자 박학적이다. 즉 역사서술은 예술이자 동시에 학문이다. 역사서술은 문헌학적 작업처럼 비판적이고 박학다식해야 한다는 학문의 요구들을 훌륭하게 채워야만 한다. 그러나 동시에 그것은 교양 있는 정신에게 가장 성공적인 문학작품과 같은 즐거움을 제공해 주어야 한다"[112]는 것이다.

그러므로 랑케에게 역사서술은 엄격한 학문적 연구의 결과를 제시하는 데 있어서는 자유로운 시문학에서와 같은 형식을 활용할 수 있어야 한다. 그에게는 역사서술이 그러한 형식을 지향한다 해도, 그것이 엄격한 연구를 저해하지는 않으며, 오히려 양자는 상호보완적이다. 그 자신의 표현에 의하면, "사람들은 마치 형식의 아름다움은 진실을 희생시킴으로써만 이루어질 수 있는 것처럼 생각할 수도 있다. 만일 그러하다면, 학문과 예술의 결합이라는 생각은 포기되어야만 하고, 잘못된 것이라고 지적될 것이다. 그렇지만 나는 그 반대로, 형식을 지향하는 노력은 연구열정도 촉진시킨다는 것을 확신한다. 도대체 서술은 살아있는 지식 이외에 무엇을 근거로 할 수 있겠는가 말이다. 이 지식은 그러나 깊고 상세한 연구를 통하지 않고서는 도달될 수 없다. 하나의 자유롭고 위대한 형식은 정신적으로 완전하게 파악된 것으로부터만 산출될 수 있다"[113]는 것이다. 그는 이와 비슷한 견해를 이미 1830년대에 작성했었던 비망록 속에서도 표명한 바 있다.[114]

요컨대 랑케에게서는, 역사서술은 독자들에게 성공적인 문학작품과 같은 즐거움을 보장해 주어야 하고, 이를 위한 문학적 서술은 엄격하고 상세한 연구에 의한 깊은 지식을 근거로 하는 한, 결코 진실을 희생시키지 않으며, 서술의 "형식적인 아름다움"을 지향하는 노력은 오히려 연구열정을 촉진시킨다. 이러한 이유들에 더하여, 그는《영국사》에서, "사건은 심리학적인 방법으로 가장 잘 이해될 수 있다. 그러나 전승(Überlieferung)은 그 자

---

112 Ebd., S. 5.

113 Ebd., S. 5-6.

114 Kessel, a.a.O., S. 290. 본서 III-2, 181쪽 주 64 참조.

체가 역사학적으로 주장될 수 있을 만큼으로 그렇게 잘 증명되지는 못한다. 내 생각에는, 시인(Dichter)은 그 전승을 파악할 수 있다. 왜냐하면 그것은 시문학적(poetische) 서술의 장점을 지니고 있기 때문이다. 즉 그러한 서술은 부족하게 검증된 전승도 수용하고, 이에 따라서 깊은 정서를, 열정의 파도가 치고 행위들이 일어났던 저 심연(深淵)을 해명할 수 있다. (…) 역사학적 서술이 근거하고 있는 보고들은 그렇게 멀리 나아가지 못한다"[115]라고 말했다. 이로써 그는, 역사서술이 비판적으로 검증된 보고들만으로써 이루어질 때는, 빈약해져 버릴 수 있으므로, 역사서술에는 보다 더 많은 것을, 보다 더 깊은 정서를 풍부하게 전달할 수 있는 시문학적 서술형식이 필요하다는 견해를 거듭 표명했던 것이다.

랑케는 이러한 이유들과 필요성을, 그의 비망록에서 나타나듯이, 1830년대 초부터 의식했다. 그러므로 그는 비록 1824년의 첫 작품에서는 문학적 서술을 보여 주지 못했지만, 그 후로 30년대부터 발표한《로마 교황들》,《종교개혁사》,《프랑스사》등, 그의 대표작품들에서는 그 내용들을 구성하고 언어들을 구사하는 데 있어서 문학적이었다는 평을 받게 되었다.[116] 그의 문학적 서술은 그러나 낭만주의의 문학적 서술들과는 엄연히 다르다. 크로체(Croce)가 언급했듯이 낭만주의적 서술은 "과거에 대한 향수와 조국애(祖國愛)"라는 감정에서 출발한 것이며, 문학적 상상력을 통해 장식적인 묘사를 함으로써 역사소설처럼 되었고, 결국 사실성과 역사성(歷史性)을 희생시켜 버린다.[117] 그런가 하면 랑케의 서술은 어디까지나 비판적 연구를 통해 검증된 사실들을 근거로 하는 학문적 원칙을 지키면서, 동시에 구성과 묘사에 있어서는 문학적, 미학적인 것이다. 이것은 역사적 "진실"

---

115 Ranke, *Englische Geschichte*, I (SW. 14), S. 267; Rudolf Vierhaus, "Leopold von Ranke: Geschichtsschreibung zwischen Wissenschaft und Kunst," in: *Historische Zeitschrift*, Bd. 244(1987), S. 288.

116 Vierhaus, "Leopold von Ranke: Geschichtsschreibung zwischen Wissenschaft und Kunst," S. 287.

117 B. Croce, *Zur Theorie und Geschichte der Historiographie*(1915); 베네데토 크로체,《역사의 이론과 역사》, 이상신 역(삼영사, 1978), 223-225쪽.

이 사건들의 경과 속에 명료하게 드러나도록 하기 위한 노력으로써 이루어진 것이다.[118] 이러한 점에서 그의 사실주의적인 문학적 서술은 낭만주의적 서술뿐만 아니라 연대기적 서술과도 완연하게 구분된다. 그에게 연대기적 형식의 서술은, 비록 사실들의 진위와 신빙성을 담보한다 해도, 단순 구조적인, 무미건조한 서술일 뿐이다. 그런가 하면 그에게 역사서술은 그러한 형식을 넘어서서 역사진행에서 사실들의 연관관계와 그 연속성이 드러날 수 있도록 하는, 또한 동시에 그것들이 독자들에게 명료하고 흥미롭게 전달되도록 하는 설명형식을 갖추어야 하는 것이다. 그의 역사서술이 시문학적 형식을 필요로 했던 것은 그러한 이유들에서이다.

'역사서술은 학문적이자 문학적이다'라는 의미의 사고는, 앞에서 알아보았듯이, 이미 훔볼트에게서 제기된 바 있다. 그에 의하면 역사적 진실을 파악하기 위해서는 "사건들에 대한 정확한, 비당파적, 비판적인 규명", 그리고 "연구된 바들의 연결을 통해서도 도달될 수 없는 바에 대한 예감"의 두 가지 방법이 함께 활용되어야 한다. 그에게 특히 후자의 방법은 예술적이다. 다름 아니라 비판적으로 검증된 사실들은 역사를 재구성하는 데 필요한 자료들일 뿐, 역사 그 자체는 아니므로, 역사가는 사건들의 내면에 전개되고 있는, 그러나 그것들에게 종속되어 있지 않는 비(非)가시적인 정신적인 것을, 이념을 파악해내야 하는 바, 이때 그가 연구결과들을 사건들로서 구성하고 서술하는 데 있어서는 시인의 상상력과 같은, 그러나 경험과 검증에 종속된 "예감능력과 결합재능"을 발휘하면서 "자발적, 창조적으로" 작업하기 때문이다.[119] 이러한 과정을 거쳐 역사가는 "모든 사건들을 하나의 전체의 부분들로서, 또한 모든 사건에서 역사일반의 형식을 제시해야만 하며", 그러할 때 그는 "역사서술가"라는 이름을 부여받을 수 있다.[120] 그러나 사건들이 단지 연대적, 지리적으로 구분되어서 제시될 때는

118 Vierhaus, "Leopold von Ranke," S. 288-289.

119 W. v. Humboldt, a.a.O., S. 196-197.

120 Ebd., S. 199-200.

사건들의 구성은 건조하고 혼란스러워진다. 그러므로 "역사가는 자신의 서술에 형상을 부여하기 위해 필연적인 것을 우연적인 것으로부터 구분하고, 내면적인 진행을 발견해야 하며, 진실로 작용하는 힘들을 가시적으로 제시해야 한다."[121] 그리하여 훔볼트에게 결국 "역사는 이념의 역사"이며, 역사서술의 궁극적인 과제는 역사적 이념을 파악하고, 이념이 추구하는 바를 서술하여 현존재를 현실 속에서 확인하는 일이다.[122] 그의 이러한 역사서술 이론은 역사가에게, 먼저 비판적으로 연구하고, 다음으로 사건들 속에 비가시적으로 전개되고 있는 역사적 이념을 파악하는 작업에 더하여, 이념과 사건들의 연관관계 및 그 진행을 납득될 수 있게, 가시적으로 서술해야 하는 또 하나의 임무를 부여한 것으로 된다. 여기에서 "가시적"으로 서술한다는 것은 역사 속의 작용하는 힘들이나 정신적 이념들 자체가 "기계론적으로" 전개되는 것이 아니므로, 그것들을 구성 및 서술하는 데 있어서는 법칙적이 아니라 예술적, 문학적일 수 있다는 의미를 내포한다.

훔볼트의 이러한 역사서술 이론은, 이미 언급했듯이, 그대로 랑케에게 계승되었던 것으로 나타난다. 다름 아니라 랑케는 훔볼트가 역사서술가의 1차적인 작업으로 제안했던 바인 역사적 자료들에 대한 비판적 검증으로부터 출발했고, 다음으로 사건들과 시대들 속에서 주도적 이념들 또는 지배적 경향성들과 함께 "내면적 발전"을 파악하고자 했던 것은 훔볼트가 제기했던, 사건들의 내면에 있는 정신적인 것을, "역사적 이념"을 파악하는 작업이다. 그다음으로 그가 연구결과들을 과거 역사로서 재구성하고 서술하는 데 예술적, 문학적 구성과 묘사를 활용했던 것은, 역사서술가는 "내면적 진실"과 "작용하는 힘들"이 "가시적으로", 즉 명료하게 제시될 수 있도록 해야 하므로, 결국 예술가처럼 창조적으로 작업한다는 훔볼트의 이론을 그 나름대로 실현한 것이다. 철학자로서 훔볼트와 역사가로서 랑케에게는 다같이 "역사서술은 학문이자 동시에 예술이다".

---

121 Ebd., S. 200.
122 Ebd., S. 212.

랑케에게서 "문학적" 서술이라는 의미는 역사를 흥미롭게 묘사하기 위해 사실성을 희생시키면서 장식적으로 서술하는 경지가 아니다. 오히려 그것은 역사학적·비판적(historische-kritische)으로 검증된 연구결과들을 독자들에게 "가시적으로" 제시하기 위해 공감될 수 있는 언어들을 구사하여 "서술형식의 아름다움"을 추구하면서 서술하는 것이다. 그렇게 서술하는 것은 역사서술의 학문성을, 사실의 진실을 희생시키는 것이 아니라 오히려 연구열정을 촉진시키며,[123] 역사가의 작품을 더욱 더 완성적으로 만든다. 헤이든 화이트(H. WHite)에 의하면, 역사학적으로 작성된 원문(Text)은 경험론적 연구 내용과 논증의 논리 외에도 제3의 차원을 갖고 있는 바, 이것은 저자가 역사를 설명하는 데 활용하는 수사학적 능력이며, 다른 두 요소들에 못지않게 작품을 성공적으로 만드는 데 기여한다는 것이다. 그는, 랑케의 역사서술은 "구성적 응집력(figurative Kohärenz)"을 통해 설명적으로 작용하며, 이 작용은 사실들에서의 정확성이나 검증의 형식적인 논거뿐만 아니라, 수사학도 근거로 한다고 해설하고 있다.[124] 이러한 점에서, 랑케의 역사서술이 독자들에게 성공적인 것으로 나타날 수 있었던 데는 그의 수사학적 서술기법도 기여했었다고 말할 수 있는 것이다.

화이트가 지칭하는 바의 랑케의 "수사학(Rhetorik)"은 서술 대상을 묘사하고 표현하는 그의 기법과 양식에만 국한되는 것으로 이해될 수는 없겠다. 랑케는 서술대상을 항상 전체와의 연관관계 속에, 전체 발전의 연속성 속에 설정해 놓고서 사건의 전개를 설명해 나갔으며, 여기에서 행동하는 인간과 역사의 보편적 진행을 대립시키면서 서술했다. 하르트비그(Hartwig)가 인용하고 있듯이, 랑케는《로마 교황들》의 1권에서 교황 바오로 3세(Paul III)의 죽음에 관하여, "이 사람은 재능, 정신, 명민함에 있어서 탁월한 인간이었다. 그러한 강력한, 필멸의 한 인간이 세계사에 부딪혀서

---

123 본서 III-2, 202쪽 주 113 참조.

124 H. White, *Metahistory: The Historical Imagination in 19th Century Europe*, p. 163ff.; 헤이든 화이트,《19세기 유럽의 역사적 상상력》, 천형균 역(문학과 지성사, 1991), 211쪽 이하; Vierhaus, "Leopold von Ranke," S. 296.

는 얼마나 무의하게 나타나는가? 그는 그렇게도 노심초사했지만, 자신이 바라보는 짧은 기간 내에, 자신에게 영원한 것으로서 부과되었던 일시적인 노력들에 사로잡혔고 지배당하고 있었다. (…) 그러다가 그는 죽었고, 영원한 세계운명들이 실현된다!"[125]라고 서술했다.

랑케의 이러한 서술형식에 대해 하르트비그는, "랑케는 독자들의 긴장을 고조시키고 인간의 기대와 실제 세계사의 진행 사이에 전개되는 모순을 극적으로 만들면서, 가까운 장래와 먼 미래에 대한 전망을 교차시켰다"[126]고 해설했던가 하면, 화이트는 랑케의 이러한 서술을 "희극적(戱劇的, komödiantisch)"이라고 정의했다.[127] 하르트비그(Hartwig)에 의하면, 랑케의 서술에서는 희극적 드라마로서의 역사발전이 "희망으로부터 화해로 나아간다". 민족들, 국가들은 "대립하고 투쟁하는 힘들 사이에서 분열의 시험과정을 통과하며, 결국에는 화해를 한다. 새로운 불화가 등장할 때까지 말이다." 그러한 진행에서는 보다 더 강력한 힘들이 관철되는가 하면, 보다 더 약한 힘들과 그들의 고유성은 파괴된다. 그러나 "생(生)은 완전히 파괴되거나 완전히 몰락하지는 않는다." 즉 "어떤 것은 사라지는 것으로 보이지만, 하나의 보다 더 완벽한 공동체에 접속하여 융합된다"는 것이다. 개별인간들, 거대한 집단들, 민족들과 국가들에게는 항상 재난들이 일어나며, 그러나 그것들은 최후를 마치지는 않으며, "모든 사건들은 섭리를 운반하고 있다"는 것이다.[128] 역사의 이러한 발전을 랑케는 〈강대세력들〉에서 압축시켜서 명료하게 설명했으며,《정치대담》에서는 유럽의 민족들 및 국가들은 상호대립과 투쟁 속에 부침(浮沈)과 몰락을 겪으면서도 거대한

---

125 Ranke, *Die römischen Päpste*, I(SW. 37), S. 177.

126 Hartwig, a.a.O., S. 105.

127 Ebd., S. 106. 하르트비그에 의하면, 화이트는 자신의《19세기 유럽의 역사적 상상력》에서 랑케의 서술을 "Komödie(희극)"라고, 미슐레(Michlet)의 서술을 "Romanz(설화)"로, 토크빌(Tocquoville)의 서술을 "Tragödie(비극)"로, 부르크하르트의 서술을 "Satire(풍자)"라고 지칭하면서 각각의 특징을 정의했다(화이트, 앞의 책, 천형균 역, 171쪽 이하).

128 Ebd., S. 106.

재난들을 치르고서는 다시금 유럽 문화공동체로 회귀하며, 그것은 별들의 운행체계와 같다고 설명했다.[129] 바로 이러한 점에서 랑케의 "문학적" 서술이라는 의미에는 그의 수사학적인 묘사와 표현의 기법(技法)뿐만이 아니라, 역사발전에 관한 그의 관념과 거대한 관조 속에 자신의 취급대상을 설정하는 문학적 구성의 기법도 또한 포함되는 것이다.

랑케의 "문학적" 서술은 어떤 특별한 경우들에만 한정적이지는 않고, 모든 역사적 사건들과 국면들, 나아가서는 시대들의 진행모습과 그 필연적인 발전과정, 그리고 그 속에서의 인간들의 활동과 능력 및 한계성에 관한 설명에서도 이루어지고 있으며, 이로써 독자들에게 과거에 대한 깊은 이해와 관심을 자극한다. 그가 첫 작품을 서술할 때 자신의 소망은, "바로 우리들 자신인 이 야생적이고 격정적으로 폭력적인, 선하고 고귀하게 조용한, 더럽혀졌으면서도 순수한 피조물들의 모든 행위들과 열정들을 그들의 등장과 형성 속에서 파악하고 확인하는 것이었다"[130]라고 밝혔던 것은 15세기 말과 16세기 초의 역사 그 자체의 모습과 그것을 서술하는 자신의 의도와 충만했던 감정을 다함께 문학적으로 표현한 것이다. 그가 인간들을 그렇게 "야생적이고 폭력적인", 그러면서도 "고귀한", 그리고 "더럽혀졌으면서도 순수한" 양면적인 모습으로 묘사하면서, 그 시기가 저물어가는 중세의 모습과 고대에 씨뿌려졌던 바가 재생하고 있는 근세의 모습을 다함께 보여주는 것으로 서술했던 것은 역사학적이면서도 문학적이다. 그는 그 시기를 해체와 생성의 시기로 보면서 그렇게 서술했던 것이다.

랑케는 또한 역사발전의 도도한 흐름을 하나의 복합적인 문장으로써 문학적으로 묘사하기도 했다. 그의 두 번째 작품에서 네덜란드 혁명에 관한 서술에서 보면, 스페인의 펠리페 2세(Philipp II)는 네덜란드인들이 이미 두 번이나 제기했었던 "종교재판소 설치의 취소"와 "포고문들의 해제"를

129 랑케, 〈정치대담〉, 《강대세력들 · 정치대담 · 자서전》, 이상신 역, 159쪽.

130 Ranke, SW. 53/54, II, Ausgewählte Briefe, S. 162.

세 번째로 요청하면서, 봉기가 일어날 수도 있다는 것을 경고까지 했을 때, 비로소 그 요청을 수락함으로써 결국 아무것도 얻지 못하게 되었던가 하면, 당시에 결속되어 있었던 귀족들은 무장을 해제하지 않았고, 봉기들이 전국을 휩쓸게 되었다는 것이다. 그 국면을 랑케는 "그들은 (…) 봉기에 대한 두려움만 주고자 했을 뿐, 봉기 그 자체를 원하지는 않았다. 그러나 그들에게서는, 자기의 토지에 물을 대기 위해 강(江)으로부터 운하를 끌어내는 사람을 운하의 진로에 따라 흐르는 물의 주류(主流)가 들판 전체와 함께 휩쓸어 버리는 것과 같은 상황이 일어났다"라고 묘사하면서 네덜란드 혁명은 그렇게 성공했고, "전제정치(Tyrannei)는 결과적으로 자유를 낳았다"[131]라고 서술했다. 랑케는 역사발전을 결코 자연법칙적인 진행처럼 이해하고 있지는 않았으면서도, 당시의 긴박했던 상황과 그 도도한 전개를 거역할 수 없는 자연의 진행에 비유하면서, 역사는 인간들이 원하지도, 의도하지도 않는 방향과 형식으로 자신의 길을 나아가고 있다는 의미를 그렇게 문학적으로 표현했던 것이다.

랑케는 하나의 역사적 사건이나 국면 및 그 시기가 보여 주었던 양면적인 모습과 역사적 의미를 설명하는 데 특히 그러했다. 《로마 교황들》에서 그는, 로마 제국에서 황제가 국가와 종교를 결합시킨 것은 "예속"을 가져왔던가 하면, 기독교가 신에게 속하는 것을 황제의 것으로부터, 종교를 국가로부터 분리시킨 것은 "해방의 행위"였으며, 전체 인류를 위한 이 새로운 신앙이 인간의 "근원적인, 가장 오래된 종교적 의식"을 각성시켜서 세계지배적인 권력에 대치시킴으로써 "인간은 하나의 정신적 요소를 확보했고, 그 속에서 인간은 다시금 독자적이고 자율적인, 개인적으로 굴복될 수 없는 존재로 되었다"고 보면서, "이것은 지상 세계에 신선함을, 생(生)의 능력을 가져왔다"고 서술했다. 그는 바로 그러한 현상을 두고서, "그것은 지상적인 것과 정신적인 것의, 굴종과 자유의, 점진적인 멸망과 생동적

---

131 Ranke, *Die Osmanen und die spanische Monarchie im 16. und 17. Jahrhundert*(SW. 35/36), S. 263.

인 회춘(回春, Verjüngung)의 대립이었다"[132]고 묘사했다. 여기에서 보면, 랑케는 하나의 역사적 시기에서 진행되었던 바에 관해 대립적인 의미의 단어들을 대칭적으로 활용하면서 묘사함으로써 그 시기가 자체의 대립적인 요소들의 작용을 통해 발전해나가는 것으로 제시했고, 결국 그 시기에 진행되었던 양면적인 역사적 모습들을 묘사하여 그 시기의 이중적인 역사적 의미를 부각시키고 있다. 이것은 그가 중요한 역사적 사건이나 국면, 또는 시기에 관한 설명에서 활용하는 문학적 묘사기법이다. 이러한 서술을 통해 그는 역사 그 자체의 도도한 진행, 그 속에서의 인간들의 역할과 한계성, 중요한 역사적 국면들의 내면적 발전, 하나의 시대에서 동시적으로 진행되었던 대립적인 모습들, 요컨대 그 양면성을 독자들에게 인상 깊게 부각시켜 준다.

랑케는 또한 전·후 시대들의, 즉 중세와 근세의 제도들 사이의 유사성과 차이에 관한 설명에서도 문학적인 서술기법을 보여 준다.《세계사》의 7권에서 보면, 중세에서는 종교적 힘이 가장 강력했었지만, 세속적, 민족적 요소들도 도처에서 국가를 세우고자 하는 욕구들과 함께 작용하고 있었다는 것이며, 이제 19세기에 와서는 그러한 사실들에 관한 인식을 근거로 하여, "오늘날의 자랑인, 법률적으로 제한된 정통 군주제(die legitime Monarchie)가 그 핵심에 있어서 중세의 산물로 파악되었으며", 입헌주의적인 프랑스의 기조(Guizot)는 "자유를 담보하는 국가헌법들의 기원을 중세의 신분제적 제도들 속에서 증명했다"는 것이다. 랑케는 그러나 역사적 제도들에서의 연속성을 파악한 그러한 학문적 성과들을 소개하면서도 곧 이어서, "그럼에도 사람들은 시대들의 차이에 대한 감정을 잃어버려서는 안 될 것이다. 중세 시기의 공적(公的) 생활을 지배했던 조합(組合, Korporation)의 정신으로부터 오늘날의 현존재를 채우고 있는 자유의 사상이 도출될 수는 없다"는 것이며, 토지의 개간, 도시들의 건설, 국가들의 확립 등 역사의 변화가 보여 주듯이 "현재와 미래가 그 근원에 있어서 비슷한 것으로부

---

132 Ranke, *Die römischen Päpste*, I(SW. 37), 1. Buch, Eingang, S. 6.

터 일어나는 것은 불가능하다"라고 자신의 수정적인 해석을 대치시켰다. 그에게 "모든 시대가 모든 시대에 대해 능력이 있지는 않다는 것은 역사의 비밀이다. 인류의 생활은 모든 시대들로써 구성된다. 어떤 하나의 유일한 시대 속에 인류의 생활이 등장하지는 않는다. 따라서 우리의 세기(19세기)도 중세에 대한 인식에서 재발견되지는 않는다." 요컨대 전·후 시대들의 제도들이 동일하게 간주될 수는 없다는 것이다. 그의 이러한 견해는 각 시대는 신과의 직접성을 통해 각자의 가치를 지니고 있다는 자신의 개체사상에 근거하는 것이다. 그러나 그의 논의는 이상으로 끝나지 않는다. 즉 그는 다시금, "그러나 인류의 생활은 중세 시기에서 자신의 고유한 본성의 가장 훌륭한 뿌리들을 많이 발견한다. 우리는 근세 세계가 중세시기에 대한 연구 없이는 이해될 수 없다는 것을 잘 알고 있다"[133]라고 정리함으로써 첫 번째 해석을 학문적 성과로서 다시금 인정했다.

이상에서 보면, 랑케는 전·후 시대의 비슷한 성격의 제도들을 관찰하는 역사가들 및 독자들에게 그것들의 역사적 발전과 함께 또한 그것들 사이의 차이점을 동시에 파악할 것을 주지시키고 있다. 그러한 논의를 그는 반어법(反語法)으로 전개시켰다. 즉 그는 먼저 기존의 역사해석을 제시한 후, 이에 수정적인 자신의 견해를 대립시킴으로써 보다 더 역사학적인 해석이 가능할 수 있도록 자극하면서, 다시금 처음의 해석이 근거하는 바를 비교사적으로 연구해야 하는 필요성도 제기하는 순서로 설명해 나갔다. 이러한 설명방법은 문학적 묘사 및 표현의 기법을 넘어서 역사적 해석들을 반전적(反轉的)으로 배열하는 문학적 구성기법으로서 독자들의 긴장을 고조시켜서 결론을 기대하도록 만들며, 결국 랑케 자신의 역사주의적 사고를 독자들에게 강하게 각인시켜 준다. 이러한 설명기법 역시 랑케는 때로는 짧은, 때로는 긴 문장들로써 흔히 활용했다.

랑케에게 역사서술은 문서 및 보고서들의 원전들과 이전의 역사서술들

---

133 Ranke, *Weltgeschichte*, VII, Eingang, S. 12.

을 비판적으로 검증하여 과거사건을 새로이 서술하는 것 이상의 작업이다. 그것은 우선 1차 및 2차 자료들에 대한 문헌학적 비판을 통해 사실들을 확인해야 하며, 다음으로는 사건들의 진행을 정치적, 종교적, 사회적, 문화적 사건들과의 연관 관계에 대한, 또한 지리적, 공간적 조건들에 대한 관조 속에 하나의 전체적인 발전으로 구성하는 작업이다. 이것은 그가 이미 처녀작에서 말했었던, 그리고 그 후로도 항상 그러해 왔던 바인, "사건들의 통일성과 그 진행의 발전(Entwicklung der Einheit und des Fortgangs der Begebenheiten)"[134]을 제시하는 작업방법이다. 그는 이러한 작업에서 사실들과 그것들의 전개과정을 독자들에게 이해되도록 서술하는 것을 역사가의 직분으로 삼았다.[135] 이를 위해 그가 활용한 문학적, 미학적 서술은 대상을 "가시적으로" 묘사하는 기법일 뿐만 아니라, 대상을 전체적인 연관관계 속에서 배열하고 구성하는 기법에도 해당되는 것이다. 이렇게 하여 그는 자신의 작품들을 시문학적 정신으로써 하나의 예술작품을 창조하듯이 서술했던 것이다. 그의 작품들 중에서도《로마교황들》과 함께《종교개혁 시대의 독일사》는 특히 문학적이라는 평을 받고 있다. 그에게서 수학했었고, 자신을 항상 그의 제자로 자처했던 부르크하르트는 이 두 작품들을 그의 진정한 대표작들로 지목했으며, 그가 문학적 서술가일뿐만 아니라 문학과 예술을 작품들 속에 종합했다는 점에서 그를 예찬했다.[136] 20세기 초에《종교개혁 시대의 독일사》를 별도로 편집하여 출판한(1926) 바 있는 요아힘젠(Paul Joachimsen)은, 랑케가 이질적인, 혼잡스러운 자료들을 취급하는데 활용했던 예술가적 수단들은 역사적 "순간을 재생시키는 것(Verblending

134 Ranke, *Geschichten der romanischen und germanischen Völker*(SW. 33), Vorrede der ersten Ausgabe, S. VII; 본서, II-1, 43쪽 주 8 참조.

135 Ranke, *Über die Verwandschaft und den Unterschied der Historie und der Politik* (SW. 24), S. 284.

136 F. Gilbert, "Ranke as the Teacher of Burckhardt," in: *Leopold von Ranke and the Shaping of the Historical Discipline*, ed. Iggers and Powell(New York: Syracuse University Press, 1990), pp. 85-87.

des Moments)"이었다고 언급하면서, 이 저술은 구성적 성격에 있어서 "하나의 예술작품(ein Kunstwerk)"[137]이라고 정의했다.

랑케는 자신의 작품들을 저술할 때, 이미 첫 작품의 제목을 "역사들"이라고 표현했듯이, 단어사용에 신중했거니와, 발표된 작품들을 재출판할 때에는 처음에 사용되었던 단어들을 바꾸기도 하고, 문장들을 새로이 가다듬기도 했다고 한다. 그만큼 그는 표현과 묘사에 있어서 신중했으며, 결국 자신의 사고를 풍부하고 명료하게 전달하는 도구로서 언어를 성공적으로 활용했다는 평을 받고 있다.[138] 이것은 그가 자신의 저술들을 각각 하나의 문학작품으로 완성시키는 태도였다.[139] 그리하여 "그의 작품들에서는 고상한 아름다움과 우아함이, 생동하는 유연함과 투명한 명확함이, 드라마적인 긴장이, 역동성과 고요함이 찬탄스러운 통일성을 이루었다"는 평을 받게 되었다.[140]

랑케의 문학적 서술은 그 자신의 필요성에서이기도 하려니와, 역사와 문학을 동일시하던 전통 속에 있었던 당시의 교양 독자층에 대한 고려에서, 특히 과거 역사를 보다 더 잘 이해하고자 했던 그들의 욕구를 충족시켜 주기 위한 배려에서 나온 것이라는 견해도 있다. 그리하여 그의 문학적 서술은 그의 시대의 교양 및 문화의 수준과 문법규칙에 따라서 이루어졌다. 따라서 그의 작품들에는 그의 시대의 언어정신과 교양문화가 각인되었고, 또한 그의 주제가 항상 국가들의 대외관계와 종교관계들이므로, 당시의 지배적인 정치의식과 종교적 관념이 당대의 언어를 통해 각인되었다. 그러므로 그의 작품들은 결국 당대의 언어적 예술작품으로 되었으며, 과거 역사에 관한 서술이지만, 그의 시대의 정치적, 종교적, 문화적 의식들을 반영하는 기록물(Dokument)이기도 하다.[141] 이 기록들은, 그가 "내면적 비판"

137 Vierhaus, "Leopold von Ranke," S. 297.

138 Fueter, a.a.O., S. 482.

139 Vierhaus, "Leopold von Ranke," S. 292.

140 Srbik, a.a.O., S. 263-264.

141 Vierhaus, "Leopold von Ranke," S. 292.

을 통해 과거자료들의 작성자들 및 역사가들의 의식과 의도를 파악하고자 했듯이, 후세인들이 그의 의식과 의도를 그의 시대의 문화적 기준 및 독자층의 관심과 함께 파악할 수 있는 자료들로 되고 있다.

랑케의 문학적 역사서술은 당시에는 새로운 것이었다. 랑케 이전에 독일에서는 실러(F. Schiller)와 뮐러(Johannes Müller)가, 영국에서는 스콧(W. Scott)가, 프랑스에서는 샤토브리앙(François Chateaubriand)이, 그리고 랑케 시대에는 영국의 칼라일(Thomas Carlyle)과 프랑스의 티에리(A. Thierry), 바랑트(de Barante), 미슐레(J. Michlet) 등이, 또한 독일의 라우머(F. v. Raumer)와 레오(H. Leo)도 역사를 문학적으로 서술했다고 평가되고 있다. 랑케는 그들의 이른바 낭만주의적 역사서술을 비역사적이라는 이유로 거부했다. 그러면서도 그가 스스로 문학적으로 서술했다는 것은 모순적인 태도로 보일 수도 있겠다. 그러나 이미 언급된 바대로, 그는 어디까지나 엄격한 사료비판을 통해 사실주의를 지켰으며, 특히 역사적 자료의 형식으로 남아있지 않는 내면적 진실을 파악하여, 그 성과들을 "가시적"으로 제시하기 위해 문학적으로 서술했던 것이다. 따라서 그의 서술은 낭만주의적 서술의 비사실적인 문학적 서술경향을 극복하는 사실주의적이고 문학적인 것이었다. 또한 그것은 수학과 자연주의(自然主義, Naturalismus)가 우세한 학문적 원리로 지배했던 계몽사상 시기의 역사회의론(歷史懷疑論, der geschichtliche Pyrrhonismus)[142]의 영향 속에 과거 역사를 건조하게 서술하던 경향을 극복하면서 독자들에게 과거에 대한 관심과 흥미를 자극하는 데 기여했다. 다시 말하자면 그의 서술은 계몽사상의 자연주의적 서술과 낭만주의의 비역사학적인 서술을 다함께 극복하는 형식이다. 이로써 그는 역사를 학문적 원칙에 따라 사실주의에 충실하면서도, 미학적, 문학적으로 서술하는 계기를 만들었고, 그러한 모델을 보여 주게 되었던 것이다. 그는 실로 엄격한 비판적 연구자이자 탁월한 문학적 설명자였다.

---

142 크로체, 《역사의 이론과 역사》, 이상신 역, 210쪽.

랑케의 작품들이 전문 역사가들에게서 찬사를 받았거니와, 독자들에게서도 큰 호응을 불러 일으켰던 것은 바로 그의 문학적 서술형식 때문이었다고도 해석되고 있다. 다름 아니라 당시에 역사작품들이 많이 읽혔던 것은 프랑스 혁명을 통해 각국에서 일어났던 민족감정의 각성에 의해 19세기 초부터는 자기 민족의 과거 역사에 대한 관심이 교양 독자층에게 확산되었었기 때문이기도 했거니와, 그들은 시문학과 역사서술을 엄격하게 구분하지 않아 왔던 유럽의 오랜 전통 속에 형성되어 온 독자층이므로, 그들은 그만큼 학문적 신빙성과 문학적 성격도 함께 갖춘 랑케의 역사작품들에 관심과 흥미를 갖게 되었다는 것이다. 요컨대 그를 유명하게 만들었던 것은 전문역사가들에게서는 문헌학적·비판적 방법의 계발과 활용 때문이었던가 하면, 독자들에게서는 바로 문학적 서술형식 때문이었다. 이로써 그는 독자들로 하여금 역사에 더욱더 친근하게 접근할 수 있도록 만들었다.

## 3. 랑케의 객관적 관찰과 서술방법

### 3-1. 객관적 서술의 연원

역사학에서 랑케를 가장 특징화시키는 것은 그가 역사관찰과 서술에서 특히 객관성을 새로이 요청하면서 이를 위한 자신의 방법들을 제시하고 활용했다는 사실이다. 그의 객관적 방법은 많은 논의들을 불러일으켜 오면서도, 역사학에서는 객관성이 실로 그를 대변하는, 상징하는 개념으로 되어 있다.

객관적 서술은 이미 역사서술이 시작되었을 때부터 의식되어 왔고, 많은 역사가들은 항상 그것을 위해 노력해 왔다. 그리스의 헤로도토스(Herodotos)가 이미 《역사》의 제1권의 첫 머리에서 "이 책은 그리스인들과 이방인들이 이룩한 놀라운 업적을 세상 사람들이 알지 못하게 될 것을 우려하여, 내가 탐구 및 조사한 바를 서술한 것이다"[143]라고 소개하면서, 그 자신은 그리스인들과 페르시아인들 사이에 일어났던 전쟁의 원인에 관하여 어느 일방의 견해에만 의존하지 않았고, 양측이 전하는 바를 다함께 제시하고자, 또한 여러 나라들과 도시들을, 강대국과 약소국을 똑같이 다루면서 서술하고자 했다고 자신의 서술방법을 밝혔다.[144] 이와 같이 그가 모든 당파들로부터 들었던 바들을 다함께 보고하고자, 모든 국가들을 공평하게 서술하고자 했다는 것은 객관성을 위한 노력이었다고 볼 수 있겠다. 또한 폴리비오스(Polybios)가, "역사에 관한 사고방식을 터득한 사람이라면, 그는 개인적 동정심이나 적개심을 잊어버려야 하며, 때로는 적들을 칭찬하고 그들의 행위에 따라서는 최대의 찬사를 선사해야 하며, 때로는 가장 가까운 사람들을 훈계하고 그들의 잘못과 활동에 대해서는 가장 수치스럽게 비난해야만 한다"[145]고 말했던 바도 역시 객관적 태도라고 볼 수 있겠다. 로마 최대의 역사가로 불리는 제정(帝政) 시기의 타키투스(Tacitus)는, 공화정 말기의 살루스투스(Sallustus)가 그러했듯이, 도덕적 관점에서 덕성(Virtus)을 이상(理想)의 기준으로 하여 로마사를 서술함으로써 주관적이었지만, 자신의 《역사(Historia)》의 제1권에서 "그러나 불편부당한 신념을 공언한 사람들은 어떠한 인물에 대해서도 친애의 감정이나 증오심을 버리고 말해야 한다"[146]라고 밝혔던 바도 객관적 태도이다. 그는 또한 《연대기(Annales)》에서는, 티베리우스(Tiberius), 칼리귤라(Caligula), 클라우디우스(Claudius), 네로(Nero) 시대의 역사가 그들의 생존 시기에는 두려움 때문에

143 Herodotos, *Historiai*; 헤로도토스, 《헤로도토스의 역사》, 박광순 역, 1권(범우사, 1987), 23쪽.

144 위의 책, 24-25쪽.

145 F. Wagner, *Geschichtswissenschaft*, München, 1951, S. 21(Polybios, Historiai, Buch I, Kap. 31).

146 Tacitus, *Historia*; 타키투스, 《타키투스의 역사》, 김경현·차전환 역, 1권(한길사, 2011), 48쪽.

허위로 서술되었고, 그들의 사후에는 아직도 기억에 생생한 증오심의 영향 속에 편집되었다고 지적하면서, 그 자신은 "분노와 당파심 없이 서술하기로 결심했다"[147]고 말했던 바에서도 역시 객관적 서술을 위한 노력이 발견된다. "분노 없이 연구한다(sine ira et studio)"라는 원칙은 그에게서 유래했다.

이와 같이 이미 그리스와 로마의 대표적인 역사가들은 역사를 불편부당하게, 공평하게 서술해야 한다는 것을 원칙으로 삼고 있었다. 이로써 그들은 모두 다 사실적이고자 했으며, 다함께 객관적 서술을 지향하고 있었다. 그러나 그들에게서는 이러한 이상(理想)을 어렵게 만드는 요소들이 작용하고 있었다. 다름 아니라 우선, 그들은 역사가 순환적(循環的)으로 진행한다고 이해함으로써, 그들에게 근본적으로 "역사는 생(生)의 교사(Historia magistra vitae)"였고, 따라서 그들은 현재와 미래를 위한 지혜를 과거로부터 얻어내는 교훈적, 실용적 서술로 나아갔던 것이다. 그리스 최대의 역사가인 투키디데스(Thucydides)가 《펠로폰네소스 전쟁사》를 서술하면서, "그러나 과거의 사건이나 이와 유사한 것은 인간의 동질성(同質性)에 따라 장래에도 다시 일어난다는 것을 명확히 알고자 하는 사람들에게는 이 책이 유익하다는 것을 충분히 인식할 수 있을 것이다. 나는 이 책을 한때의 갈채를 얻기 위해서가 아니라 불멸의 자산으로서 서술했다"[148]라고 말했던 바는 그들의 순환론적 역사이해와 교훈적 서술성향을 대표적으로 보여 주고 있다. 다음으로는, 로마 역사가들에게서 특히 그러했듯이, 독자들을 설득하고 감동시키고자 했던 그들의 수사학적 서술특성들이 사실적, 객관적 서술을 저해하는 요소들로서, 역사적 사건들 및 국면들을 모호하게 만들고 왜곡시킬 수 있었다. 이러한 점들에서 고대 역사가들에게서는 객관적 서

---

147 Tacitus, *Annales*; 타키투스, 《타키투스의 연대기》, 박광순 역, 1권(범우사, 2005), 42쪽.

148 Thucydides, *Historiae*(*The History of the Peloponnesian War*); 투퀴디데스, 《펠로폰네소스 전쟁사》, 박광순 역, 제1권(범우사, 2001), 1장 22절, 35쪽.

술에 한계가 있었다.

중세 시기의 역사가들에게서는 객관적 관찰과 서술을 위한 노력이나, 이에 관한 진지한 논의가 어려웠다. 다름 아니라 그들을 지배하고 있었던 기독교적 역사관은 도그마(教義)로서 작용함으로써, 그들에게는 역사 그 자체에 대한 객관적 인식과 서술을 위한 조건이 아예 마련되지 못했던 것이다. 교회사를 중심으로 하는 그들의 지극히 단조로운 연보적, 연대기적 형식의 서술은 객관적인 것으로 보이기도 하지만, 그것은 이미 신학적 체계 속에 도식적으로 짜여진 것이다. 그들에게 역사는 신의 뜻과 계획이 지상에서 실현되고 있는 것인 한, 그들에게서 역사서술은 "신학(神學)의 노비(奴婢)"였다.[149] 현실적으로도 그들은 비기독교인들에 대해 배타적이었고, 이방인 기독교도들(Heiden)에 대해서는 편파적, 적대적이기도 했으므로, 그들이 객관적 원칙을 지켰다고 보기는 어렵다.

그런가 하면, 르네상스 시기의 역사가들은 역사를 "세속화(世俗化)"시킴으로써 신학적 도식(圖式)으로부터 벗어나게 되었다. 그리하여 비온도(Biondo), 칼치(Calchi) 등의 박학적(博學的)·비판적 역사가들에게서는 사실주의적인 경향성이 나타났다. 그러나 그들은 고전고대의 교훈적·실용적 역사서술을 재생시킴으로써 사실 그 자체를 재건하여 객관적으로 서술하고자 하는 노력을 진지하게 보여 주지는 못했다. 다음으로 종교개혁과 반동종교개혁의 시기에는 신·구교파 간의 대립 속에 각 진영의 역사서술은 당파적으로 되었다. 이 시기의 역사가들에게 과거 역사는 각각 자신들의 종파적 신념을 합리화시키는 데 필요한 전거(典據)를, 그리고 상대편을 제압하는 데 필요한 무기를 공급해주는 병기고(兵器庫)로 되었다.[150] 그러므로 그들의 서술에서 사실성이나 객관성을 기대할 수는 없다. 그런가 하면 17세기의 모르(Maur) 학파와 볼랑(Bolland) 학파의 박학적·비판적 연구

149 크로체, 《역사의 이론과 역사》, 이상신 역, 162쪽.

150 Srbik, a.a.O., S. 73.

자들의 사료수집과 정리 작업에서는 사실적이고자 하는 노력과 함께 객관적인 방법이 보다 더 확대되었다고 볼 수 있겠다. 그럼에도 그들의 일련의 작업은 기술적인 방법이므로, 그것이 역사적 진행과 발전에도 활용되는, 객관적 서술을 위한 원리와 방법으로서 작용하는 데는 역시 한계가 있다. 그들의 역사연구 범위와 사상도 교회사적, 신학적인 것으로서 제한적이었다.

이에 비해 18세기 역사가들의 역사사고와 서술범위는 그동안의 지리적 세계의 확대와 여러 민족들과의 접촉을 통해 세계사적으로 확대되었다. 그러나 그들에게서는 당대 계몽사상의 영향아래 이성의 기준에 따라 과거를 재단(裁斷)하는 경향이, 또한 당대의 진보사상에 따라 역사서술에 현실개혁과 미래 건설을 위해 교훈적·실용적 의미를 부여하는 경향이 강했다. 그러므로 세계사에 대한 그들의 교훈적 관심과 진보사상은, 고대의 순환론적 역사사상이 그러한 작용을 했듯이, 역사서술에서 객관성과 사실성을 세우는 데 그만큼 소홀했고, 또한 방해가 되었다.

그럼에도 객관성에 대한 의식은 역사서술에서 결코 사라지지 않았고, 그것은 면면히 지속되고 있었다. 17세기 말에 발표되었던 아르놀드(G. Arnold)의《비당파적 교회사와 이단사(異端史)》[151]가 그러한 저술이었다. 그는 기독교 정신을 정통파의 성직자들과 군주들에게서가 아니라, 오직 신앙생활에만 전념하는 사람들에게서 보았고, 박해를 받으면서도 오직 신을 믿으면서 살아가는 이단들(Ketzer)에게도, 심지어 무슬림들에게도 동정적이었다.[152] 요컨대 그는 모든 종교적 신조들과 당파들에게 종교적 권리를 인정하면서 그들 모두에게 공평하고자 했다. 이러한 그의 "비당파적" 태도는 17세기의 오랜 동안의 종교동란의 과정 속에서 나왔던 신·구교파들의 당파적 서술을 극복하고자 했던 의식의 표현이었으며, 개체사상에 기

151 Gottfried Arnold, *Unparteiische Kirchen-und Ketzerhistorie*, 1699.
152 Srbik, a.a.O., S. 95.

반하는 "초당파적(überparteiisch)"인 것으로서 객관성을 세우는 하나의 방법이었다.[153] 마이네케에 의해 "종교적 개인주의의 그림책(ein Bilderbuch des religiösen Individualismus)"[154]이라고 지칭되는 그의 작품과 사상은 18세기 후반에 역사주의가 일어나는 데 크게 기여했던 것으로 인정되고 있다. 그가 제안했던 비당파적인 방법은 후일에 랑케가 모든 당파들에게 각각의 역사적 권리를 인정하면서 그들 모두를 함께 제시함으로써 공평해지고자 했던 방법에 계승되었다.

18세기에는 교회사가들인 클라데니우스(Chladenius)와 제믈러(Semler)가 비당파적인 서술을 위한 논의를 인식이론적으로 제기했고, 여기에서는 19세기에 객관주의적인 방법으로서 뿐만 아니라 주관주의적인 방법으로서도 기여할 수 있는 이론들이 제시되었다. 먼저 클라데니우스는《일반역사학》(1752)에서 "보는 각도(Sehepunkt)"라는 개념을 설명하면서 당파적 역사서술의 극복을 위한 방안을 논의했다. 그에게서 "보는 각도"는 모든 사람들에게 의식적, 무의식적으로 이미 형성되어있는 것으로서, 시각적(視覺的), 원근법적(遠近法的, persepektivische) 의미뿐만 아니라, 관찰자의 영혼, 육체, 인격 전체, 그리고 사회신분적인 성격까지도 포함하는, 요컨대 "관찰자의 내적, 외적 상태"등에 의해 형성된 관점이라는 의미를 지니고 있다. 따라서 "보는 각도"는 진실을 파악하는 데 결코 완벽한 것일 수 없고 이미 당파성을 지니고 있는 것이다.[155] 그러므로 그것에 따라 서술된 모든 역사는 "젊어진 역사(verjüngte Geschichte)"이거나 "의미풍부한 역사(sinnreiche Geschichte)"로 되어 버린다. 즉 그것은 "역사의 변형(Verwandlung der Geschichte)"을 가져온다. 그리하여 모든 역사서술은 "보는 각도"의 당파성에 의해 이루어진 당파적 서술이다. 그런가 하면 비당파적 서술이란,

---

153 Walter Nigg, *Die Kirchengeschichtsschreibung*, München, 1934, S. 128.

154 Friedrich Meinecke, *Die Entstehung des Historismus*, 4. Auflage., München, 1965, S. 52.

155 J. M. Chladenius, *Allgemeine Geschichtswissenschaft*, Leipzig, 1752, S. 98-99; 이상신,《19세기 독일역사인식론》(고려대출판부, 1989), 24-25 쪽.

그에 의하면, "보는 각도"없이 이루어지는 것이므로, 그러한 서술은 근본적으로 있을 수 없다는 것이다. 여기에서 그는 아르놀드(Arnold)를 인용하면서, 부정적인 의미의 "당파적 서술"은 역사가가 "고의적으로 왜곡하는 서술"이며, 교회사 서술이 그러해왔다고 지적하는 한편, "비당파적 서술의 진정한 개념"은 역사가가 자신의 "보는 각도"에 따르되, 사실을 "고의적으로 왜곡하거나 모호하게 만들지 않으면서", "최선의 지식과 양심에 따라" 서술하는 것이라고 정의했다.[156] 그렇다면, 역사서술 속에 이미 각인되어 있는 당파성과 왜곡이나 모호함은 어떻게 파악될 수 있는가? 그에 의하면, 각각의 "보는 각도"에 따라 이루어진 두 개의 대립적인 설명들을 "다함께 진열"해 보면, 그것들이 발견된다는 것이다.[157] 이로써 그는 부정적인 의미의, 즉 고의적인 당파적 서술들뿐만 아니라 고의성이 없는 서술들이나 빈약한 지식으로써 외국사를 서술하는 이방인들의 자연적인, 불가피하게 당파적인 서술을 다함께 극복하고자 했던 것이다. 그의 "대립된 견해들을 다함께 진열"하는 방법은 후일에 랑케가 객관성을 확보하기 위해 모든 당파들의 견해들을 "다함께 진열"하는 방법의 선구적인 것이었다.

다음으로 제믈러(Semler)는《교회사 서술의 유익한 정선(精選)을 위한 시도》(1773)에서 교회사 서술을 도그마로부터 해방시키는 방안을 모색했다. 그는 종교집단들의 사상 및 교리상의 불일치와 다양성은 기독교인들의 지식을 풍부하게 만드는 것임에도 불구하고, 교회사 서술은 그것들을 오히려 장애물로 간주해 왔으므로, 교회사를 비판적으로 고찰하는 것은 역사가의 과제라고 선언했다. 그는 17세기의 아르놀드처럼 개체사상으로부터 출발하면서, 절대적인, "유일하게 정당한 교리"나 "통일적인 교리"는 없으며, 이단들도 진실한 기독교인일 수 있다고 주장했다.[158] 그에 의하면,

---

156 Ebd., S. 152.

157 Ebd., S. 152-153; 이상신,《19세기 독일역사인식론》, 43쪽.

158 J. L. Semler, *Versuche eines fruchtbaren Auszugs der Kirchenhistorie*, Halle 1773, 1. Bd., Vorrede, S. 5; 이상신,《19세기 독일 역사인식론》, 47-49쪽

여러 개의 역사들(Geschichten)이 서술될 수 있는 것은 서술자들의 내적, 외적 상태들의 불일치와 다양성 때문이다. 그러나 이에 대한 무지(無知)에서 사람들이 자기들만의 진실과 교리만이 유일하다고 고집함으로써, 당파적 서술이 일어났다는 것이다. 여기에서 그는, 자신은 프로테스탄트이면서도, 역사를 비당파적으로 관찰하는 것이 모두에게 유익한 것이므로, 자신의 교회사 서술에서는 사실을 "당파적으로 왜곡하거나 오용하지 않았고", "과거를 이상화시키지도 않았으며", 그 어떤 것도 "묵인하거나 축소시키지 않으면서", 다른 당파들의 "모든 사고방식들을 다함께" 제시하여 독자들이 스스로 판단할 수 있도록 노력했다고 말하면서 자신의 입장은 "비당파적(unparteiisch)"이라고 밝혔다.[159] 그의 이러한 비당파적 입장은 아르놀드(Arnold)의 "초당파적인(überparteiisch)" 태도와 비슷한 것으로서 역시 "객관성을 세우는 하나의 방법"으로 인정될 수 있겠다.[160] 그가 여러 당파들의 "모든 사고방식"을 다함께 진열하고, 이를 통해 오류와 진실을 발견하고자 했던 것은 아르놀드와 클라데니우스의 방법과 마찬가지로 19세기의 랑케의 방법에 대한 선구적인 모델이라고 볼 수 있겠다.

### 3-2. 랑케의 객관적 관찰과 서술방법

역사에 대한 객관적 관찰과 서술은 이미 고전고대 시기에서부터 당위적인 것으로 의식되어 왔고, 그것을 위한 노력도 항상 있어 왔다. 그러나 그것에 관한 인식이론적 논의는 뒤늦게 17·18세기의 아놀드와 클라데니우스 및 제믈러에게서 처음으로 나타났다. 이것은 역사 그 자체(Geshcichte an sich)에 대한 인식을 위한 노력이 그만큼 오랫동안 방기되어 왔다는 것을 의미한다. 그동안에는 17세기의 데카르트(Descartes)에게서처럼, 역사서술에서는 진실을 기대할 수 없다는 회의가 제기되기도 했었다. 역사서술이 이러한

159 Ebd., 1. Bd., Vorrede, S. 7-8; 이상신, 《19세기 독일 역사인식론》, 56쪽.
160 W. Nigg, a.a.O., S. 128; 이상신, 《19세기 독일역사인식론》, 58쪽.

비판을 받게 되었던 데는 무엇보다도 이미 그리스 시대부터 역사를 생(生)의 교사(Historia magistra vitae)로 이해하고 있었던 오래된 전통적인 관념(alter Topos)이 역사가들로 하여금 과거 사실 그 자체의 규명과 객관적 서술을 위한 노력보다는 교훈적, 실용적 서술에 더 많은 관심을 갖게 했고, 역사가들 자신도 그러한 사고에 안주하고 있었기 때문이었다고 볼 수 있겠다.

이러한 점들에서 보면 역사서술이 진실로 객관적으로 될 수 있기 위해서는 저 오래된 관념이 극복되어야만 했다. 그러한 계기는 뒤늦게야 비로소, 즉 19세기 초에 마련되었고, 여기에는 니부어와 랑케가 결정적으로 기여했다. 먼저 니부어는《로마사》서술에서 역사적 자료들인 과거 역사가들의 서술들에서 후세에 첨가된 바들을 벗겨 내고 과거의 원래 모습을 발견하고자 문헌학적·비판적 방법을 활용했다. 이것은 기존의 역사서술들 속에 전승되고 있는 역사 외에 "역사 그 자체(Geschichte schlechthin)"가 있다는 사고에서 나온 것이다. 이러한 점에서 니부어는 사료비판의 기술적인 방법을 넘어서는, 실로 역사의 개념과 그 인식의 전환을 마련하게 되었다. 그리고 랑케는 니부어의 문헌학적·비판적 방법을 더욱 계발하여 역사서술에 엄격한 사실주의 원칙을 세웠고, 더욱 나아가서 역사서술의 객관성 문제를 본격적으로 논의하게 되었다. 왜냐하면 그에게 역사가가 객관적이어야 하는 문제는 역사 그 자체를 규명하여 진실을 제시하는 문제와 연관되는 것이기 때문이다. 실제로 그가 객관성에 관해 여러 곳에서 의식적으로 집요하게 언급하면서 그것을 보장하는 여러 가지 방안들을 제기했던 것은 항상 역사 그 자체를 복원하여 제시해 보겠다는 의지와 연관되어 있었다. 그리하여 객관성은 그를 상징하는 대명사로 되었던 것이다.

객관성을 위한 랑케의 노력은 우선 역사서술에 오랫동안 부과되어 왔던 교훈성을 극복하려는 의식으로부터 출발했다. 그가 처녀작에서, "사람들은 역사서술에 과거를 재판하고 현재와 미래를 유익하게 가르치는 직분을 부여하지만, 현재의 시도는 그렇게 높은 직분을 맡지는 않는다. 역사가는 오직 그것은 본래 어떠했던가(wie es eigentlich gewesen)만을 제시할 뿐이다"[161]라고 말했던 것은 모든 교훈적, 실용적 역사서술에 대한 결별과 함께 사실주의를 선언한 것이다. 그가 이와 같이 선언했던 직접적인 동기는 역사를 칸트(Kant)의 "지상명령(至上命令, kategorisches Imperative)"에 따라 도덕화(道德化)의 과정으로 서술하여 많은 독자를 거느리고 있었던 자기 당대의 슐로서(Schlosser)의 역사서술에 대한 거부였으며, 소급해 보자면, 역사를 진보의 과정으로 파악하면서 과거를 현재의 이성(理性)의 기준에 따라 재단(裁斷)하여 역사에 교훈적, 실용적 의미를 부여했던 계몽사상적 역사서술에 대한 거부이기도 했다. 그러한 역사서술에서는 과거가 역사가들의 현재적 관심과 이해에 따라서, 더욱이는 그들의 특정한 목적과 의도에 따라서 해석됨으로써 역사사실들이 왜곡될 수 있으며, 결국 역사 그 자체를 규명하려는 노력은 방기되어 버린다. 이러한 문제점들은 랑케에게 모든 교훈적·실용적· 도덕적 서술들을 거부하는 이유들이자, 또한 사실에 충실해야할 필요성을 각성시켜 준 동기들로 되었다.

랑케는 스콧(W. Scott)적, 낭만주의적 서술에서 문학적으로 미화(美化)되고 수사학적으로 장식(裝飾)된 허구(虛構)들보다는 역사적 전승 그 자체를 더 아름다운 것으로 간주했다.[162] 그가 전승된 자료들에서 후일에 첨부된 것, 혼탁해져 버린 것을 혐오하는 한편, 원전에 내포되어 있는 사실 그 자체를 파악하고자 사료비판을 철저하게 행했던 것은 순수한 것을, 사실 그 자체를 찾아 내고자 하는 열정에서 나온 것이다. 그의 이른바 "그것은 과연 어떠했던가만을 서술한다"라는 말은 자신이 위대한 역사가로 찬양하는 투키디데스가 "개별 사실이 어떠했던가를 내가 할 수 있는 탐구의 결과에 근거하여 서술하는 것을 첫째 과제로 삼았다"[163]라고 말했던 바를 계승

161 Ranke, *Geschichten der romanischen und germanischen Völker* (SW. 33), Vorrede, S. VII; 본서 II-1, 46쪽, 주 13 원문 참조.

162 랑케, 〈자서전〉, 《강대세력들·정치대담·자서전》, 이상신 역, 271쪽; Srbik, a.a.O., S. 242.

163 투퀴디데스, 《펠로폰네소스 전쟁사》, 박광순 역, 1권, 35쪽.

한 것이다. 그러나 기원전 4세기의 그리스 역사가는 역사 속에서 규범적, 인과관계적 법칙을 찾아서 교훈적 모델을 세우고자 했던가 하면, 19세기의 랑케는 사실 그 자체를 발견하여 교훈적 의미를 배제한 채 객관적으로 제시하고자 했다는 점에서 양자 사이에는 차이가 있다. 요컨대 랑케는 검증된 사실들을 어떠한 장식도 없이, 어떠한 가치기준에도 의존하지 않은 채, 어떠한 도덕적 평가도 없이 제시하고자 했던 것이다. 이것은 그가 역사서술에서 사실성과 객관성을 다함께 추구했다는 것을 의미한다.

랑케에게 사실적이고 객관적인 관찰과 서술을 방해하는 요소들로서는 저 오래된 관념(alter Topos)에 근거하는 교훈적, 실용적 역사이해와 과도한 문학적, 수사학적 서술 외에도, 또 다른 요소들이 있다. 우선 그가 "나는 우리가 근세사를 (…) 증인들의 공적(公的) 보고들과 가장 순수한 직접적인 증서들을 근거로 하여 구성하게 되는 시기가 오고 있다고 본다"[164]라고 말했던 바는, 역사서술은 항상 충분한 자료들을 근거로 하지 못함으로써 사실적이지 못해 왔다는 것을 의미한다. 그러므로 후일에 새로운 자료들이 발굴될 때는, 이전의 역사서술들은 당연히 새로이 서술되어야 하는 것이다. 다음으로 그에게 보다 더 부정적으로 작용하는 요소는 역사가의 현재적 관심과 이념들의 영향관계이다. 그에 의하면, "사람들은 바로 지금 지배하고 있는 이념들에 따라서 판단하고 변형시키는 일을 특히 삼가해야 한다. 왜냐하면 바로 그러하기 때문에 역사를 다시금 고쳐 서술해야 하는 필요성이 일어나기 때문이다. 그러므로 오히려 사건들을 현재의 시기가 과거로부터 그 무엇을 배울 수 있도록, 따라서 충실하게 객관적으로 파악하는 것이 과제이다."[165] 이와 비슷한 견해를 그는 1830년대의 비망록에서도 "역사는 항상 새로이 서술된다. 모든 시대와 그 주된 방향은 역사서술

---

164 Ranke, *Deutsche Geschichte im Zeitalter der Refomation*, I(SW. 1), Vorrede, S. IX - X.

165 Ranke, *Vorlesungseinleitungen*, hrsg. v. Dotterweich, München, 1975, S. 204; Ernst Schulin, "Universalgeschichte und Nationalgeschichte bei L. v. Ranke," in: *Leopold von Ranke und die moderne Geschichtswissenschaft*, hrsg. v. W. J. Mommsen, Klett-Verlag 1988, S. 71.

을 자기의 것으로 만들고, 여기에 자신의 사상을 부여한다. 따라서 찬양과 비난이 일어난다. 이것은 곧바로 모든 것을 어렵게 만들고, 결국 사실은 더 이상 인식될 수 없게 된다. 그리하여 근원적인 보고로 복귀하는 것 외에는 어떤 것도 도움이 될 수 없다"[166]라고 표명한 바 있다.

랑케가 지적하듯이 과거 역사가 불충분한 자료들을 근거로, 또는 역사가들의 현재적 관심이나 해당 시대의 지배적 이념의 영향 속에 서술되었을 때, 그 서술은 비사실적으로 되며, 특히 후자의 경우는 객관적인 서술에 심각하게 부정적으로 작용할 수 있다. 그러므로 역사가는 특히 후자의 영향관계들로부터 벗어날 필요가 있는 것이다. 이것을 위한 방법을 랑케는《로마 교황들》에서 밝힌 바 있다. 그에 의하면, 이탈리아인이나 로마인은, 즉 가톨릭은 교황권에 대한 존경심에서 자신들의 서술에 고유한, 명확한 색채를 부여하겠지만, 북부 독일인들, 즉 프로테스탄트에게는 교황권이 이제는 특별한 관계를 갖고 있지 않으므로 "보다 더 순수한 역사적 관점(der reinere historische Gesichtspunkt)"[167]이 일어날 수 있다는 것이다. 그는 나아가서, "교황권은 어떤 세력으로부터는 버림받고 공격당했지만, 또 다른 세력에 의해서는 견고하게 유지되고 신선한 열정으로써 보호받으면서 높은 보편적 의미를 갖고 있었다"고 보면서, 이러한 점에서 교황사를 파악하는 것은 우리에게 "자연적 입장(natürliche Stellung)"[168]을 요구한다고 부언했다. 요컨대 그가 역사가들에게 "자연적 입장"에서 "보다 더 순수한 역사적 관점"을 세우도록 요청하는 것은 당파적 견해들을 극복하고,사실들을, 특히 보편적 의미를 지니고 있는 역사적 발전들을 객관적으로 파악 및 서술하기 위한 것이다.

랑케에게서 또한 주목되어야 할 바는 그가 30년대의 비망록과 1836년

---

166 W. J. Mommsen, "Einleitung," in: *Leopold von Ranke und die moderne Geschichtswissenschaft*, hrsg. v. W. J. Mommsen, S. 10; *Ranke: Tagebücher*, hrsg. v. P. Fuchs(1964), S. 241.

167 Ranke, *Die römischen Päpste*, I (SW. 37), Vorrede, S. X - XI.

168 Ebd., S. XII. 본서 II-2, 88쪽 주 114 및 II-3, 132쪽 주 249 참조.

의 교수취임강의에서 "현재의 자극 없이" 역사를 연구한다는 것은 불완전하다는 견해도 표명함으로써 역사가의 현재적 관심을 그 부정적인 작용 속에서만 이해하고 있지는 않았다는 점이다. 그에 의하면, "현재와의 관계 없이는 과거에 관한 지식은 불완전할 수밖에 없으며, 과거에 관한 지식 없이는 현재에 대한 이해가 있을 수 없다. 양자는 제휴하고 있으며, 그 어느 것도 혼자만으로써는 존재할 수 없거니와 불완전할 수밖에 없다"[169]는 것이다. 그러므로 그의 역사파악에서는 그 자신의 현재인식과 과거이해가 다함께 참여하고 있었던 것이다. 그는 실제로 자기 시대를, "현재를 관찰하면서 출발했으며", 당대의 프랑스 혁명이 유럽 역사에 끼친 거대한 영향으로부터 자신의 이른바 각 시대의 "지도적 이념(die leitende Idee)", "지배적 경향성(die herrschende Tendenz)"이라는 개념을 세우기도 했었다.[170]

랑케는 그러면서도 역사가의 현재적 관심(Gegenwartsinteresse)이 주도적, 의도적으로 작용하는 것에 대해서는 반대했다. 그는 외국의 역사인《영국사》를 서술하면서, 과거와 현재의 "표면적인 유사성이 과거에 근거를 두고자 하는 정치가와 현재에 근거를 두고자 하는 역사가를 흔히는 잘못 인도한다. (…) 현재의 관심을 역사연구에 주입시키는 것은 이 작업의 원만한 수행을 방해하는 결과를 초래한다"[171]라고 말한 바 있다. 이것은 그러나 그가 자기 시대에 대한 인식을 배제하고자 했다는 것이 아니라, 과거에 관한 자기 시대의 여러 가지 분분한 경향적인 견해들로부터 영향을 받아서는 안 되고, 그것들에 대해 오히려 초연해야 한다는 것을 강조하는 말이라고 볼 수 있겠다. 그는 이러한 태도를 항상, 그리고 끝까지 유지했다. 즉 그는 자신이 속해 있는 국가를 서술한《프로이센사》에서 자신은 현실에 대한 "애착심이나 혐오감(Neigung oder Abneigung)"에 개의하지 않고, 가

---

169 Ranke, "Über die Verwandschaft und den Unterschied der Historie und der Politik," in: *Abhandlungen und Versuche*(SW. 24), S. 289.

170 Fueter, a.a.O., S. 474.

171 Ranke, *Englische Geschichte*, 1. Bd.(SW. 14), Vorrede, S. X.

능한 한 객관적으로 관찰하고자 했다고 밝힌 바 있거니와,[172] 말년에 가서도 그는 현실문제로부터 거리를 두고 있었던 자신에 대해 비판적이었던 게르비누스(Gervinus)를 위한 추도사에서 자신의 입장을 변호했다. 그에 의하면, "정치적 견해는 역사서술에서 사실을 왜곡시킬 수 있고, 역사는 이로 인해 흐려질 수 있다. (…) 학문은 생활 속으로 들어올 수 있으나, 그러하기 이전에 우선 학문이어야 한다. 역사가의 견해가 학문 속으로 들어오면, 학문이 생활을 지배하지 않고, 오히려 생활이 학문을 지배하게 된다"[173]는 것이다. 학문과 현실생활이 그에게는 상관관계 속에 있지만, 현실의 관심이, 그 지배적 이념이 학문을 주도해서는 안 되는 것이다.

결국 랑케에게는 현재인식은 과거 이해에 기여하는 것이지만, 객관적 서술을 위해서는 모든 현재적 관심들의 지배적인 작용으로부터 벗어나야 한다. 그러나 이것이 그에게는 지극히 어려운 일로 보였다. 그에 의하면, "역사를 서술한다는 것이 (…) 이중적으로 어려운 점은 한편으로는 서술하고자 하는 세계와 지난 세기에 관한 우리의 개념이 동일하게 상정될 수 있기 때문이며, 또 한편으로는 서술하고자 하는 세계가 현재의 순간에 대해 갖고 있는 생동적인 관계는 우리를 더욱더 당파적인 찬·반의 견해로 유도할 수 있기 때문이다. 그러나 진정한 역사서술은 그러한 것을 초월한다"[174]는 것이다. 여기에서 보면 그는 객관적 관찰과 서술의 어려움이 역사가들에게서는 물론, 역사 그 자체에도, 즉, 현재의 순간에 대한 과거 세계의 "생동적인 관계"에도 있는 것으로 보았던 것이다. 여기에서 그가 서술대상인 "과거 세계가 그것에 관한 우리의 개념과 동일하게 상정될 수 있다"고 우려한 것은 그것이 현재의 세계와는 다르다는 인식을 전제한 것이다. 그도 역시 니부어가《로마사》에서 제기했던 바인, 고대 세계는 물론, 그것에 관

---

172 Ranke, *Zwölf Bücher preußischer Geschichte*(1874) (SW. 27/28), Vorrede der ersten Ausgabe, Neun Bücher preußischer Geschichte, 1847, S. VII.

173 Ranke, "G. G. Gervinus," in: *H. Z.*, Bd., 27(1872), S. 138.

174 Ranke, *Serbien und Türkei* (SW. 43/44), Vorrede zur 1. Ausgabe, S. XVII.

한 우리의 개념도 시간의 경과 속에 변화하고 있다는 사실을 함께 인식하고 있었던 것이다. 근본적으로 그에게 역사는 끊임없는 생성변화의 과정 속에 있으며, 역사에 관한 우리의 관념 역시 그러하다. 그러므로 객관적 역사서술의 어려움은 현실적으로 역사가 자신에게뿐만 아니라, 근원적으로는 변화 속에 전개되면서 항상 새로운 영향을 주고 있는 역사 자체에게도 있는 것이다.

랑케는 이러한 인식을 이미 1820년대 후반의 자신의 초기 작품인《세르비아 혁명》에서 보여 준 후로는, 그다음의 중요 작품들에서는 객관적 서술을 저해하는 요소들을 주로 역사가들에게서 찾았으며, 객관성의 반대 개념으로서 당파성이라는 개념을 부각시키면서 이를 극복하는 여러 가지 방안들을 제시했다. 그에게 당파적 견해는 현재 연구자들에 의해서나 과거 서술자들의 영향에 의해서도 마찬가지로 일어난다.《영국사》의 제1권에서 보면, "문헌들은 증오나 개인적 친분감정으로 쓰여지기도 했고 비난이나 변호로 가득 차 있으며 빈틈도 많다. 이러한 모든 문헌들로부터 과거의 한 단면을 현재화시키고자 했던 사람들은 그러한 당파적인 의도를 벗어나서, 그 당시의 상세한 기록에 대한 필요성을 느꼈을 것이다"[175]라는 것이며,《프랑스사》의 제1권에서도 "사건 당시의 문헌들은 생생하게 채색되어 있고, 이 문헌들이 편집되었던 순간의 인상을 그대로 지니고 있는 바, 이것들은 대부분 당파나 개인의 관점에 의해 지배당하고 있다"[176]는 것이다. 요컨대 그가 보기에는 모든 문헌들은 모두 다 개인적 또는 당파적 관점에 의해 기록되어서, 작성 당시의 순간들을 그대로 반영하고 있다. 그는 그러한 당파적 견해가 사건 보고에서 어떻게 주입되고, 그것이 주위에 어떠한 영향을 주고 있는가를 사례를 들면서 설명하기도 했다. "정기 간행물의 견해는 모든 순간들이 항상 편집자에게 영향력을 행사하는 실력자들의 관심에 따라 취급되어지고 있음을 보여 준다. 신문은 사건 그 자체에 관해

---

175 Ranke, *Englische Geschichte*, I(SW. 14), Vorrede zum 1 Bd., S. XII-XIII.

176 Ranke, *Französische Geschichte*, I (SW. 8), Vorrede zum 1 Bd., S. IX.

서가 아니라 그것에 관한 의견들의 다양한 차이를 보도할 뿐이다. 이 다양성은 그 성격상 당파적이고 동시에 독자들의 당파적 참여를 요구한다."[177] 그런가 하면 그에게 당파적 견해는《로마 교황들》에서 밝힌 바대로, 가톨릭으로서의 이탈리아인들이나 로마인들의 경우와 프로테스탄트로서의 북부독일인들의 경우에서처럼, 전통과 종교적 신조, 그리고 지연(地緣)으로부터도 전승되면서 문헌 속으로 주입되기도 한다.

요컨대 랑케에게 당파적 견해는 무엇보다도 역사가의 현재적 관심과 해당 시대의 지배적 이념에 의해, 그리고 때로는 집단적이고 민족적인, 때로는 전통적, 종교적인 관심에 의해 문헌 속으로 주입된다. 그러한 관심들은 의도적, 의식적으로, 때로는 자연적, 무의식적으로 역사서술 속에 각인된다. 객관적 서술에 방해가 되는 이러한 관심들을 그는, 예를 들면 프로테스탄트인이 이탈리아인보다는 교황권에 대해서 "보다 더 순수한 역사적 관점"을 가질 수 있듯이, 역사가가 대상으로부터 민족적, 종교적, 역사적으로 분리되어 있을 때는 얼마큼 극복할 수 있다고 보았다. 그가《16·17세기의 영국사》를 외국인으로서 서술하면서, "다른 국가들의 역사에게도 중요한 의미를 갖고 있는 이 시기의 영국 문제를 영국인들은 전통으로부터 물려받은 경우에서처럼 문헌상의 견해 차이에 관한 대립 속에 형성된 찬·반의 감정으로 서술하지만, 그러한 것에 의존되어 있지 않는 이방인으로서 이 시기를 취급한다는 것은 의심할 바 없이 좋은 일이다"[178]라고 자신을 변호했던 것은 그러한 믿음에서였다.

그렇다면 역사가가 모든 관계들에서 자신과 결속되어 있는 조국의 역사를 서술할 때에는 어떻게 할 것인가? 이 문제의 해답은 그가《영국사》제2권의 제5책에서 표명했던 저 유명한, 자주 언급되고 있는 바의, "나는 나 자신을 해소시키고, 오직 사건들이 말하도록, 강력한 힘들이 나타나도록 원했을 뿐이다"[179]라는 문구에서 찾아진다. 여기에서 "자기해소(Selbst-

---

177 Ranke, *Serbien und Türkei* (SW. 43/44), Vorrede, S. VII.

178 Ranke, *Englische Geschichte*, 1. Bd (SW. 14), Vorrede zum 1. Bd., S. XI.

auslőschen)"란 현재적, 민족적, 종교적, 전통적으로, 요컨대 역사적으로 역사가에게 의식적·무의식적으로 형성되어 있는 당파성을 극복하기 위해 자신을 해체시킨다는 것을 의미하는 것이다. 그러해야만 그는《교황사》에서처럼 "보다 더 순수한 역사적 관점"[180]을 세울 수 있는 것이다. 그러므로 역사가에게 "자기해소"는 다른 민족 및 국가의 역사를 서술할 때에는 물론이지만, 모든 면에서 자신과 결속되어 있는 조국의 역사를 서술할 때에는 더욱더 필요한 방법이다. 그리하여 "자기해소"는 객관성을 요청하는 랑케의 대표적이고 결정적인 표어(標語)로 되었던 것이다.

랑케는 자료들을 수집 및 검증하는 작업 단계에서도 이미 객관적 관찰과 서술을 위해 기본적이고도 적극적인 몇 가지 방법들을 활용했다. 그는《프랑스사》를 준비할 때에는, "여러 사실들의 진실"에 보다 더 가까이 접근하기 위해 16·17세기의 프랑스사에 관한 모든 종류의 신·구 발간물들을 프랑스뿐만 아니라 네덜란드, 이탈리아, 영국에서까지도 수집했다고 밝힌 바 있다.[181] 이러한 방법은 일찍이 17세기에 모르(St. Maur)학파가 보여 주었던 바와 비슷하다. 그들은 당시의 수도원 개혁운동에 즈음하여 중세 베네딕트 교단의 영광스러웠던 학풍을 재건하기 위해 프랑스 모든 지역의 이 교단에 보관되어 있는 문헌들을 수집하여, 이것들을 국가의 간섭이나 독자층의 요구에 구애받지 않고 자체적으로 정리하여 발간했다. 이 학파는 처음으로 각 시대들 및 문제들에 관한 자료들을 협동적으로 여러 지역들에서 수집하여 문헌학적으로 정확하게 해석하여 그 진위를 파악하는 데 조직적, 체계적으로 작업했던 바, 이것은 근세 역사학의 방법론적인 토대가 되었다.[182] 19세기에 랑케가《프랑스사》서술을 위해 여러 지역에

179 Ranke, *Englische Geschichte*, II(SW. 15), 5. Buch, Einleitung, S. 103: "Ich wünschte mein Selbst gleichsam auszulöschen, und nur die Ding reden, die mächtigen Kräfte erscheinen lassen." 본서 II-3, 131쪽 주 248 참조.

180 Ranke, *Die Römischen Päpste*, I(SW. 37), Vorrede, S. X-XI.

181 Ranke, *Französische Geschichte*, 1. Bd., Vorrede, S. X.

182 Fueter, a.a.O., S. 308f.

서 자료들을 수집했던 방법은 모르학파의 작업 방법을 계승한 것이라고 볼 수 있겠다. 그가 후일에 바이에른(Bayern) 국왕 막시밀리안 2세의 후원으로 뮌헨 아카데미에 "역사위원회"를 설치하여 독일 여러 지역의 문서고들에 소장되어 있는 중세 독일사에 관한 문헌들을 수집 및 편찬하는 작업을 주도했던 것도 역시 그러한 작업이었다. 그러나 모르학파의 작업은 베네딕트 교단의 학풍과 성자들의 생애 및 업적을 연대적으로 정리하여 편찬하는 작업이었던가 하면, 19세기에 랑케가 16·17세기의 프랑스사에 관한 자료들을 유럽 전역에서 수집하여 검증했던 것은 "근원적이고 신뢰성 있는 문헌들을 통해 거대한 사건들의 객관적인 것을 관조하기 위한"[183] 작업이었다. 바로 이 점에 모르학파와 랑케 사이의 차이가 있다. 역사의 한 시기 또는 한 문제에 관한 자료들을 여러 지역에서 가능한 한 많이 수집하여 검증하는 작업을 체계적, 조직적으로 수행했던 것은 모르학파에게서 시작되었지만, 이를 계승한 랑케의 사료수집과 문헌학적·비판적 연구는 "거대한 사건들의 객관적인 것"을 관조하기 위한 것이며, 이로써 그는 보다 더 완벽한 사실주의적인 작업으로 나아갔던 것이다.

랑케의 이와같은 자료수집 및 검증작업은 개별 사실들의 진위(眞僞)파악뿐만 아니라 거대한 흐름의 "객관적인 것을 관조하기 위한" 것이었다. 이것은 이미 그의 고유한 작업 목표였다. 즉 그가 《프랑스사》보다 먼저 발표했던 《프로이센사》에서, 역사가가 "자신의 작업을 그때그때의 필요와 성격에 따라서, 그러나 이론적 사로잡힘 없이 진행시켜 나가고, 생동하는 순간들을 국가생활 전체와의 연관관계 속에서 파악하며, 이렇게 하여 과거로부터 근세시기로 나아간다면, 프로이센의 행정에 관한 훌륭한 서술이 이루어질 것이다"[184]라고 자신의 작업 방법을 밝힌 것은 다름 아닌 한 국가의 객관적인 역사발전을 제시해 보겠다는 의도였다. 여기에서 그가 "이론적 사로잡힘 없이(ohne theoretische Befangenheit)" 작업했다는 것은 객관적 서

183 Ranke, *Französische Geschichte*, 1. Bd., Vorrede, S. X.
184 Ranke, *Neun Bücher preußischer Geschichte* (SW. 25/26), Vorrede zum 1 Bd., S. VII.

술을 위한 그의 또 하나의 방법이다. 그것은 그가 사실들을 개념적, 이론적으로, 일반화 및 추상화를 통해 추론하는 모든 방법들을 거부했다는 것을, 즉 일반이론의 활용을 배제했다는 것을 의미한다. 이것이 그에게는 필요하고도 당연한 방법이었다. 왜냐하면 그에게 역사는 규칙적, 법칙적으로 전개되어 가는 과정이 아니라, 오히려 항상 끊임없는 생성과 변화 속에 발전하고 있는 진행이므로, 서로 다른 시기들 및 지역들에 대한 연구결과들로부터 일반이론을 세운다는 것 자체가 불가능한 일일 뿐만 아니라, 그렇게 세워진 이론을 다른 연구들에 적용시키는 것은 각 시기 및 지역들의 특성을 무시하는 비역사학적인 방법이기 때문이다. 이와 같이 그가 어떠한 이론의 적용도 거부했던 것은 역사발전에 관한 그 자신의 관념과 부합되는 것이다. 즉 그에게 모든 역사적 사실들, 시대들, 발전들은 신과 직접 연결되어 있는 각각의 개체들로서, 그것들 자체의 고유한 성격과 가치를 갖고 있기 때문이다. 바로 이러한 개체사상에서 그는 "이론적 사로잡힘 없이" 사실들과 국면들에 객관적으로 직접 접근해 보겠다는 독자적인 연구의지를 세우고 있었던 것이다.

다음으로, 그가 "생동하는 순간들을 국가생활 전체와의 연관관계 속에서" 관찰했다는 것, 그리고 이 방법을 "과거로부터 근세시기로 나아가면서" 적용시켰다는 것은 모든 개별 순간들을 역사의 복합성과 연속성 속에서 파악하는 것이며, 그렇게 함으로써 그것들의 발전이 객관적으로 나타나도록 했다는 것을 의미한다. 이러한 관찰과 작업과정은 개별 시대들, 민족 및 국가들의 발전들을 하나의 전체적, 통일적인 유럽 문화권의 역사 속에서 파악하는 그의 보편사적 관조의 기본 토대이며, 개별적인 사실들을 각각으로 연구할 때 빠질 수 있는 상대주의를 극복하는 길이다. 그러므로 그의 "전체와의 연관관계 속에서"와 보편사적 관조는 그에게서는 또 하나의 객관적 방법이기도 하다.

랑케는 또한 이 작품의 저술작업에서 자신이 객관적으로 되기 위해 항상 대립된 견해들을 다함께 듣고자 했다. 그가 스스로 밝힌 바에 의하면, "내가 결코 어떤 하나의 일방적인 파악을 하지 않으려고 하듯이, 마찬가지로 어떤 하나의 관점이 유력하다 해도, 나는 결코 그 하나에로만 나를 국한시키려 하지는 않았으며, 친구이든, 적이든 그들 모두를 경청해야만 했다"[185]는 것이다. 이 말은 기원전 5세기의 헤로도토스가 자신이 목격했고 들었던 바들을, "어느 일방의 견해에만 의존하지 않았고, 양측이 전하는 바를 다함께 제시하고자, 또한 여러 나라들과 도시들을, 강대국과 약소국을 똑같이 다루면서 서술하고자 했다"[186]라는 말과 비슷한 의미이다. 폴리비오스와 타키투스 및 살루스티우스 역시 그러했다. 그러나 역사의 아버지로 불리우는 헤로도토스는 순수한 보고정신에서 그렇게 말했던가 하면, 이제 19세기에 랑케는 각 견해들과 세력을 모두 경청하고 제시하여 그 속에서 객관적인 것이 파악되도록 하기 위해서였다. 대립된 견해들 모두를 경청하고 제시하는 것은 랑케가 그들에게 베푸는 시혜(施惠)가 아니다. 그들은 그에게 그렇게 취급되어야 할 권리를 갖고 있다. 그가 《프로이센사》보다 먼저 발표했던, 종파적 당파투쟁이 극심했던 시대를 취급한 《종교개혁 시대의 독일사》에서 보면, "비당파성을 위한 자연적 성향을 갖고 있지 않는 사람이라 해도, 모든 대립적인 견해들을 다함께 진열(Zusammenstellung)함으로써 각 견해가 자신의 권리를 펼 수 있도록 해야 한다는 것을 느낄 것임에 틀림없다"[187]는 것이다. 여기에서 랑케가 대립된 견해들에게 다함께 서술될 권리를 인정한 것은 그들이 그에게는 모두 다 역사적으로 형성되었기 때문이다. 그리하여 "여러 상이한 관점들의 다양성을 인정해 주는 것"이, 즉 여러 견해들 및 세력들을 다함께 제시해 주는 것이 그에게는 역사가의 의무였으며, 그가 견지했던 비당파적인 신념에서 나온 것이다.

랑케의 이러한 방법은 17세기 말의 아르놀드(Gottfried Arnold)의 그것을

---

185 Ebd., S. VIII

186 헤로도토스, 《역사》, 박광순 역, 1권 24-25쪽; 본서 III-3, 216쪽 주 144.

187 Ranke, *Deutsche Geschichte im Zeitalter der Refomation*,, III (SW. 3), Vorrede zur 1. Ausgabe, S. VIII.

계승한 것이기도 하다. 아르놀드는 박해를 받으면서도 오직 신을 믿으면서 조용히 살아가는 이단들(Ketzer)에게도 종교적 권리를 인정했을 뿐만 아니라, 심지어 무슬림에게도 동정적이었다.[188] 아르놀드가 자신은 프로테스탄트이면서도 가톨릭의 도그마(教義)뿐만 아니라 루터의 과격성도 극복하기 위해 교회사를 비당파적으로 서술했다면,[189] 랑케는 17세기의 아르놀드가 취급했던 주제를 이제 19세기에 자신의《종교개혁 시대의 독일사》에서 다시금 취급하면서, 그 자신은 루터파의 프로테스탄트이면서도 객관성을 위해 모든 상이한 당파적 견해들에게 역사서술 속에 제시될 수 있는 기회와 권리를 부여했던 것이다.《프로이센사》에서도 그는 자신이 프로이센의 사관(史官)이면서도 "친구이든, 적이든 그들 모두를 경청"하고자 했다. 그가《독일세력들과 군주들의 동맹》에서 밝힌 바에 의하면, "가장 위대한 결심들을 지니고 있는 세력들과 이념들의 모든 투쟁들 속에서 그것들에 관해 어떤 견해도 갖지 않는다는 것은 불가능한 일일 것이다. 그러나 그렇게 할 때 비로소 비당파성의 본질이 보증될 수 있다. 왜냐하면 비당파성의 본질은 우리가 행동하는 세력들을 그들의 위치에서 인정해 주고, 그들 각자의 고유한 관계들 속에서 존중해 주는 데 있기 때문이다. 우리는 그들이 특수한 그들 자체로서 출현하고, 대립하며, 상호투쟁하는 것을 본다. 그러한 대립 속에 사건들과 세계를 지배하는 숙명이 전개된다. 객관성이란 비당파성이다(Objektivität ist Unparteilichkeit)"[190]라는 것이다. 이와 같이 그에게서는 모든 세력들에게 역사적 권리를 인정하고 그들의 "대립적인 견해들을 다함께 진열"하는 것이 비당파성을 보증하는 또 하나의 객관적 방법이다.

여기에서 랑케가 모든 견해들 및 세력들을 "다함께 진열"해야만 했던

---

188 Srbik, a.a.O., S. 95(G. Arnold, *Unparteiische Kirchen-und Ketzerhistorie*, 1699); 본서 III-3, 219쪽 주 152 참조.

189 Ebd., S. 95.

190 Ranke, *Die deutschen Mächte und der Fürstenbund*(SW. 31/32), Vorrede, S. VII-VIII.

이유는 그들이 각각 역사적 권리를 갖고 있고, 모두 다 각자의 역사적 진실을 대변하고 있기 때문이기도 하려니와, 객관적인 역사적 진실을 파악하기 위해서도 그러해야만 했다. 다름 아니라 랑케에게 역사적 진실은 모든 견해들, 세력들이 다함께 연관되어 있는 역사적 운동과 진행 속에 있는 것이기 때문이다. 그가 《종교개혁 시대의 독일사》에서 표명한 바에 의하면, "이후에 발견될 문헌들이 개별 사실들을 보다 더 자세히 정의해 주겠지만, 결국에는 근본 인식을 증명해 주어야 할 것이다. 왜냐하면 진실은 오직 하나뿐일 수밖에 없기 때문이다(Denn die Wahrheit kann nur Eine sein)"[191]라는 것이다. 이 "하나뿐일 수밖에 없는 진실"은 어떤 하나의 세력이나 하나의 발전 속에 있는 것이 아니라, 역사적 운동에 참여했던 여러 세력들의, 여러 발전들의 전체 속에 있는 것이다. 그러므로 진실이 어떤 하나의, 또는 몇몇의 견해들이나 세력들에 의해서만 대변되는 것으로 서술되어서는 안되며, 오히려 여러 견해들 및 세력들에게 말할 수 있는, 제시될 수 있는 기회와 권리가 부여되어 역사적 운동과 진행의 전체 모습이 드러나도록 서술되어야 한다. 그에게는 "세계를 지배하는 숙명(Geschicke)"은 여러 세력들의 대립 투쟁 속에 전개되고 있다. 그러므로 여러 당파적 견해들과 세력들이 다함께 제시될 때, 그 속에서 역사적 진실이 파악될 수 있는 것이다.

여기에서 주목되어야 할 바는 당파적 견해가, 비록 그것 자체는 객관적 진실일 수 없고, 흔히는 진실을 파악하는 데 방해가 되기도 하지만, 그것이 클라데니우스에게서처럼 비의도적, 자연적, 역사적인 것일 경우에는 다른 견해들과 함께 나란히 진열됨으로써, 결과적으로는 역사적 진실이 객관적으로 드러나도록 하는 데 오히려 기여하게 된다는 점이다. 이러한 점에서 그들 모두에게 다같이 서술될 수 있는 기회와 권리를 부여하는 비당파성은 역사적 진실이 파악되도록 하는 수단으로서 객관성을 보증하는 데 기여하게 되는 것이다. "객관성이란 비당파성이다." 이것은 객관성을 위한

191 Ranke, *Deutsche Geschichte im Zeitalter der Refomation*, I (SW. 1), Vorrede, S. X.

랑케의 표어이다. 이상에서 보면 그에게서 역사적 진실은 개별 사건 및 국면의 본래의 모습이라는 사실성의 차원을 넘어서서, 사건들 및 발전들의 진행과 함께 하고 있는, 나아가서는 역사 속에 지속되고 있는 바의 영속적인 것이라는 의미로 확대되는 것이다. 그것은 그의 역사신학적 믿음에서는 신의 뜻과도 같은 의미를 지니고 있는 것이다.

랑케의 "다함께 진열"한다는 방법은 그 자신의 개체사상에 기반을 두고 있으며, 근세 유럽사의 발전과 자기 시대의 정치현실에 대한 그의 인식과도 부합된다. 그에게 유럽 근세사는 여러 세력들이 상호대립하면서도 상호결속관계를, "유럽 국가들의 체제"를 유지하면서 발전해 왔고, 그 과정 속에서 저 체제를 통해 각 민족들과 그들의 문화는 다양성을 유지할 수 있었다. 이 다양성의 유지가 그에게는 유럽 역사의 발전내용을 획일적인 체제 아래에서와는 달리 보다 더 풍부해질 수 있도록 만드는 것이다. 그가 종교개혁시기의 황제 카를 5세의 보편군주체제(Universalmonarchie)를 유럽 민족들의 창조적 정신에 모순되는 것으로 보았거니와,[192] 19세기 초의 나폴레옹의 패권체제를 거부했던 것은, 그것이 "유럽 국가들의 체제"가 보증해 왔던 각 국가들의 다양성을 더 이상 유지될 수 없게 만들기 때문이었다. 독일의 통일운동에 대해서도 그는 독일 국가들의 전통과 문화의 다양성이 새로이 이룩될 통일 체제 속에서도 유지되기를 바라는 편이었다. 요컨대 그는 유럽 근세사가 여러 세력들의 복수적(複數的)이고 다원적(多元的)인 발전 속에 전개되어 왔다고 파악하면서, 그러한 발전을 긍정적으로 보았던 것이다. 다원성은 개체성의 발전을 보증하며, 개체성은 다원성 속에서 전체의 발전을 더욱 풍부하게 만들 수 있다. 그러므로 그의 비당파적인 "다함께 진열"은 근세 유럽사 그 자체에 대한 그 자신의 역사적 이해와 부합된다. 바로 그러한 비당파성에서 그는 실제로 다른 역사가들보다는 각 국가들의 고유한 관심을, 그들의 개체성을 편견없이 제시할 수 있

192 본서 II-2, 93쪽, 카를 5세의 "보편군주체제" 참조.

었다. 그는 독일과 숙적이었던《프랑스사》를 그렇게 서술했을 뿐만 아니라, 1871년에 독일 통일이 이룩된 후로 프로이센 역사가들이 독일의 승리를 부각시킬 때, 그러한 경향으로부터 거리를 유지하면서 발표했던《독일 세력들과 군주들의 동맹》도 그렇게 서술했다.[193] 그가 조국의 역사인《프로이센사》를 자신은 "제3자"로서, 그리고 다른 나라의 역사인《영국사》를 "이방인"으로서 서술했다고 밝혔던 것도 그러한 것이었다.

랑케에게서 이러한 비당파성은 곧 "공평성(Unbefangenheit)"이며, 이것을 지키는 것은 역사서술의 본질적 과제이자, 나아가서는 바람직한 형식의 역사발전을 위한, 즉 미래의 역사발전을 위한 것이기도 했다. 이 문제는 그가 자기 시대의 정치이념적 대립물결 속에서 역사서술에 어떠한 과제를 부여하고 있었던가를 알아봄으로써 확인될 수 있겠다. 그는, 흔히 이해되고 있는 바로는, 19세기의 자유주의적, 입헌주의적 개혁운동에 회의적이었고, 혁명에 대해서는 거부적이었던가 하면, 기존 제도와 질서를 역사적 형성물로서 더 신뢰했던 보수주의자로 간주되고 있다. 그러나 그는 결코 일방적으로 보수적이지는 않았다. 다름 아니라 그는 개혁지향적인 운동세력에 대해서는 물론이려니와, 이에 저항하는 보수 세력에 대해서도 마찬가지로 회의적, 비판적이었던가 하면, 또한 동시에 양자에게 다같이 역사적 권리를 인정하고 있었다. 그는 자신의 이러한 입장을 이미 1830년대의 비망록에서 역사발전의 원리와 역사서술의 과제에 관해 설명하면서 밝힌 바 있다. 즉 그는 자기 시대에서는 "운동"과 "저항"이라는 거대한 두 당파들이 상호투쟁하고 있다고 전제하면서, 저항세력, 즉 보수파에 대해서는, "역사서술은 본질적으로 끊임없는 운동을 멀리하는, 지속(Beharren)을 고집하는 당파와는 구분된다. 그들은 지속을 합법적 원리로 간주한다.

---

193 Ranke, *Die deutschen Mächte und der Fürstenbund* (SW. 31), Vorwort, S. VI. 본서 II-4, 139쪽 주 269 참조; Schleier, "Geschichtetheorie und Geschichtsschreibung bei Leopold von Ranke," in: *Leopold von Ranke und die moderne Geschichtswissenschaft*, hrsg. von Mommsen, S. 128.

그들은 인정된 상태의, 특정한 법률의 유지(Behauptung) 속에서 합법성을 발견한다. 그들은 옛 것을 파괴하고자 하는 투쟁 속에서 변혁을 통해 기존하는 것이 형성되었다는 것을 고려하지 않고자 한다. 그러나 그때에는 역사서술은 중단될 것이다"라고 지적하는 한편, 운동세력, 즉 개혁파에 대해서는, "이른바 합법적이지 않는 상태란 있을 수 없을 것이며, 이성에 의해 공격받을 수 있는 상태란 없을 것이다. 이성은 지역성(Lokalität)과 특수한 관심들에 대한 고려없이 옛 것—완전히 죽어 버린 것이든, 소용없는 것이든 간에—의 파괴를 승인할 수 없다. (…) 파괴와 변혁, 그리고 다시금 파괴는 자연의 길이 아니다. 그러한 방법으로 실현되는 것은 내적 혼란의 상태이다. 그것은 자기 자신과의 투쟁에 들어선 유기체이다."라고 지적했다. 이어서 그는, "물론 역사서술은 운동의 원리를 인정한다. 그러나 진화(Evolution)로서 이지, 혁명(Revolution)으로서는 아니다. 그러므로 역사서술은 저항의 원리도 인정한다"고 주장하면서, 대립적인 원리들이 "투쟁 속으로 빠져 들어가지 않고, 양자가 서로 균형을 유지하는 곳에서만, 인류는 번영할 수 있다. 역사서술은 양자를 인정하기 때문에 양자에 대해 공평할 수 있다"[194]라고 주장한 바 있다.

랑케가 이와 같이 일찍부터 역사발전은 "진화적", 점진적이어야 한다고 사고했던 점에서는 그는 "운동의 원리"보다는 "저항의 원리"에 더 가까웠고 보수적이었다. 그러나 그는 근본적으로는 양자의 역사적 권리와 역할을 다같이 인정하면서 출발했고, 대립상황에서는 양자의 "균형"을 통한 인류의 번영을 강조했으며, 더욱이 "옛것을 파괴하고자 하는 투쟁 속에서 변혁을 통해 기존하는 것이 형성되었다는 것을 고려하지 않는다면," 역사서술은 중단될 것이라고까지 사고했던 점에서는 그는 중도적 보수주의자로 간주되어야만 하겠다. 그에게는 운동 세력과 저항 세력에게 공평해야 하는 것이 역사서술의 과제인 한, 그리고 두 세력들이 균형을 유지하는

194 Ranke, "Idee der Universalhistorie," in: Kessel, a.a.O., S. 300-301.

곳에서만 인류가 번영할 수 있는 한, 양자에 대해 공평하게 서술하고자 하는 그의 의식에는 그 자신이 상정하는 바의, 역사의 바람직한 다원적·복수주의적인 발전을 위한, 일정한 의미에서의 미래를 위한 염원도 내포되어 있었던 것이다. 요컨대 그의 공평한 서술원칙은 역사학적으로는 비당파적인 또 하나의 객관적인 서술방법인가 하면, 현실정치적으로는 대립하는 세력들의 타협과 균형을 통한 역사의 바람직한, 점진적인 형식의 미래발전을 위한 것이기도 하다.

랑케의 이러한 공평성의 원칙은 그의 역사신학(歷史神學)과 개채성 사상에 근거하고 있다. 그에게 신은 그 자체로서 완결되어 있고, 지상의 모든 세력들의 역사적 운동 위로는 신의 숙명(Gottesschicksal)이 전개되고 있다. 즉 지상의 역사에는 신성(神性)이 항상 함께 있다. 이 "신성(神性)은, 그 앞에는 어떠한 시간도 놓여있지 않으므로, 모든 역사적 인류를 전체적으로 굽어보면서, 도처에서 동일하게 평가해 준다."[195] 신은 인류의 활동을, 역사의 진행을 결코 조종하지는 않는다. 그런가 하면 지상의 모든 세력들은 신적 질서 속에 각각 자신들의 위치를 갖고 있으며, 신과의 직접성을 통해 각자의 고유한 가치를 지니고 있는, 그러므로 동일하게 비교될 수 없는 개체들이다. 그들은 신의 숙명이 전개되고 있는 역사의 현실적인 운반자들로서 인간적인 충동을 지니고 있고, 각각 신을 대변하면서 각자의 방식으로 표현한다. 그러므로 역사발전은 다양한 모습을 보여 주며, 따라서 신은 지상에서 항상 다른 모습으로 나타나는 것으로 보인다. 그러므로 역사의 각 시대들, 국면들, 민족들, 세력들로서의 개체들은 인간에 의해 완벽하게, 결정적으로 판단 또는 평가될 수는 없으며, 오직 "공감(共感, Mitgefühl)과 공동인식(共同認識, Mitwissenschaft)"을 통해 파악되고 제시될 뿐이다.[196] 따라서 역사가로서 랑케는 그들의 역사들을 개별적으로이든, 통합적으로이든 신의 운명이 전개되고 있는 하나의 세계로 파악하면서, 그들 각자의 몫

195 랑케, 《근세사의 여러 시기들에 관하여》, 이상신 역, 35쪽.
196 본서 III-2-1, 186쪽 주 73 참조.

을 인정하는 가운데 그들을 공평하게 경청하고 제시하고자 했던 것이다. 요컨대 모든 역사적 개체들은 신과 직접 연결되어 있으며, 신성(神性)이 나타나는 모습은 복수적(複數的)이라는 그의 역사신학적 사상은 그로 하여금 모든 세력들을 다함께 공평하게 진열하면서 보편사적으로 관찰하고 서술하도록 했던 것이다. 이것이 궁극적으로 그에게는 비당파적인 객관적 서술이다.

랑케가 객관성을 위해 이와 같이 제시한 방법들은 모두 다 그 자신의 독창적인 것이라고 볼 수는 없겠다. 즉 그의 방법들에는 고대 그리스 및 로마 역사가들의 기본적인 방법들이, 그리고 17세기 말의 박학적·비판적 방법들이, 특히 18세기 교회사가들의 인식이론에서 제시되었던 방법들이 계승되고 있다. 모든 견해들을 다같이 보고한다(Herodotos)는, 적이든, 친구이던 다같이 경청한다(Thucydides)는, 개인적 동정심이나 적개심을 버리고 때로는 적들도 칭찬한다(Polybios)라는 고대의 방법들이, 사료들을 여러 지역들로부터 수집 및 검증하는 작업을 조직적, 체계적으로 수행했던 17세기 모르학파와 볼랑학파의 방법들이 그러하고, 모든 종교적 신조들에게 역사적 권리를 인정하는 "초당파적인"(Arnold), "최선의 지식과 양심에 따라서" 대립적인 견해들을 다함께 진열한다는 공평하고도 종합적인(Chladenius), 통일적인 교리와 진리를 회의하면서 이단들에게도 기독교의 진실성을 인정하는 "비당파적인"(Semler) 방법들이 랑케에게는 직접적으로 계승되고 있다. 그러므로 그는 19세기 초에 객관성을 새로이 요청하면서 집요하게 논의했지만, 전혀 독창적이었다고 볼 수는 없겠다.

그러나 고대 그리스 역사가들의 방법들은 그들의 역사순환론과 결합되어 있었고, 17세기의 문헌연구자들은 신학적 세계관에 예속되어 있었던가 하면, 18세기의 인식이론가들의 방법들은 주로 교회사 서술의 당파성을 극복하기 위한 것이었다. 그런가 하면 19세기의 랑케의 방법들은 역사를 끊임없는 생성변화 속에 진행하고 있는, 진보가 아닌 발전으로 보면서 모든 민족 및 국가들의, 모든 시대들의 발전 전체를 대상으로 하는 역사사고 속에서 제안된 것들이므로, 이전의 방법들을 수용하면서도, 그 적용 범위가 확대되어 다면적 기능을 지닌, 새로운 의미의 시도들이다. 그가 "현재적" 관심들의 당파성을, 또한 종파적, 민족적, 지연적으로 형성되어 있는 "전통적"인 당파성을 극복하기 위해 "자기 해소"를 시도했고, 모든 세력들에게 각각의 역사적 권리를 인정하면서 다같이 서술될 수 있는 기회를 공평하게 부여하여, 그들 모두를 초당파적으로 "다함께 진열"했던 방법들은 모두 다 그 자신의 종교성과 개체사상, 그의 복수적, 다원주의적 역사발전론, 그리고 역사 속에 인간적인 충동과 의지의 역할을 인정하는 사고와 부합된다. 역사서술의 객관성을 보증하기 위한 그의 이러한 학문적인 방법들은 모든 세력들의 화해와 타협에 의해 이루어지는 점진적인 형식의 역사발전을 위한 그 자신의 현실적 정치사상의 산물이자 미래건설을 위한 수단으로서의 의미도 지니고 있다.

랑케의 객관적 방법에 대해서는 그 유효성과 가능성의 면에서 많은 논란이 있어 왔다. 이미 그의 동시대인이자 슐로서의 제자인 게르비누스(Gervinus)는, 역사가가 종교적 결속과 법, 그리고 조국을 위한 자신의 내면적 의미마저 갖고 있지 않다면, 어떻게 역사를 서술할 수 있겠는가라는 질문을 제기하면서, 랑케가 모든 현실적 문제들로부터 초연하고자 했던 태도에 대해, 역사가는 "숙명(宿命)의 당파인(Parteimann des Schicksals)"[197]이라는 개념으로써 회의를 제기한 바 있으며, 랑케의 다음 세대인 "프로이센학파"의 역사가들도 그러했다. 특히 이 학파의 중심인물이자 당대의 역사이론가였던, 일찍이 랑케에게서 수학했던 드로이젠은, 랑케가 객관성의 반대개념으로 규정했던 당파성을 오히려 역사인식에 긍정적으로 기여하는 요소로서 수용하는 한편, 민족성의 모든 유대와 당파적 및 신분적인 견해들로부터 벗어난, 오직 진실을 위해 "분노없이 연구"(sine ira et studio)함

197 G. Gervinus, "Grundzüge der Historik," in: *Schriften zur Literatur*, Neudruck, Berlin 1962, S. 102.

으로써 이룩하는 객관성은 "환관적(宦官的) 객관성(eunuische Objektivität)"[198] 일 뿐이라고 지적하기까지 했다. 랑케의 객관성은 20세기에 와서도 항상 회의적인 논의의 대상으로 되어왔고, 베어드(Beard)에 의해서는 "그것은 고상한 꿈(That noble Dream)"[199]이라고 지칭되었다.

이러한 회의와 비판은 물론 제기될 수 있다. 특히 "나 자신을 해소시키고 (…) 사건들이 스스로 말하도록 했다"라는 그의 방법은 인식이론의 차원에서 회의를 불러일으킨다. 이미 드로이젠이, 관찰과 서술의 객체인 사실들은 인식주체인 역사가가 그것들에게 생기를 불어넣어 줌으로써 비로소 말한다는 것, 그러므로 역사가가 자신을 해소시킬 때에는, 사실들은 결코 스스로 말할 수 없다는 점을 이유로 회의를 제기한 바 있으며,[200] 많은 비판들이 그 뒤를 따랐다. "자기 해소"가 인식주체의 철저한 소멸을 의미한다면, 그러할 수 있다. 그러나 랑케에게서 그것은 그 자신의 깊은 종교성에 근거하는, 모든 개체들의 권리를 인정하는 경건한 자세로서, 자신에게 의식적, 무의식적으로 각인되어 있는 종파적, 이념적인, 또는 민족적, 전통적인 당파적 요소들로부터 벗어나는 것이지, 결코 인식주체인 그 자신의 완전한 해체라고 볼 수는 없겠다. 오히려 그는 인식 대상과의 교감을 왕성하게 전개시켰다. 그가 모든 역사현실을 "보편적이자 개별적인 정신생활이다"로 보면서, 빈번히 자신은 "내면적 역사", "내면적 발전", "내면적 완성"을 파악하여 서술하고자 했으므로 그러해야만 했다.

역사가는 연구대상을 정신적인 것으로 인식하면서 관찰할 때, 그는 대상과의 일체감에서 고도의 창조적인 수단을 발휘하게 된다. 랑케가 역사서술을 예술이라고 정의하면서, 대상들을 예술가처럼 관찰하고 파악할 때 활용했던 "정신적 통각(geistige Apperzeption)"이 그러한 것이다. 그는 특히

---

198 Droysen, *Historik*,(1858), München, 1971, S. 287; 드로이젠, 《역사학》, 이상신 역, 471쪽.

199 Ch. A. Beard, "That Noble Dream," *American Historical Review*(1935).

200 드로이젠, 《역사학》, 이상신 역, 576쪽.

"연관관계"를 파악하는 데 있어서 그러했다.[201] 이러한 방법은 그의 "공감과 공동인식"을 근거로 하는 직관적 이해이며, 그의 "관조"도 역시 그러한 경지이다. 이러한 경지는 인식주체와 대상이 혼연일체로 된다는 것을 의미한다. 그가《종교개혁 시대의 독일사》를 서술하면서, "사람들은 그렇게 강력하게 정신적 내용을 지닌, 동시에 외부적으로 그렇게 세계지배적인 의미를 지닌 사건에 대해서는 그것에 철저하게 사로잡히고 명확해지지 않고서는 접근할 수 없다"[202]고 말했던 바에서 보면, 그는 관찰대상에 자신을 몰입시켰던 것이다. 여기에서 보면, 그에게서는 "자기해소"와 대상에로의 "자기 몰입"이 함께 이루어지고 있었다. 그의 두 가지 자세는 상호배타적인 방법들이 아니다. 그가 대상에 대한 철저한 인식을 위해 그것에 사로잡히는 것과 자신에게 의식적, 무의식적으로 각인되어 있는 당파성으로부터 벗어나기 위해 자신을 해소시키는 것은 다같이 필요한 방법들이다. 그리하여 그에게서는 대상에의 몰입을 통한 직관적 이해와 자기해소를 통한 객관적 관찰이 조화를 이루면서 양립할 수 있었다. 그러한 한 그의 "자기해소"는 결코 인식주체의 완전한 해체가 아니었다.

랑케는 사실 그 자체를 파악하고자 했던 사료비판 작업에서는 경험론적이었지만, 그것만으로써 그칠 수는 없었다. 왜냐하면 사실들 그 자체가 그에게는 전부가 아니고, 그것들을 넘어서서 그들의 발전과 진행을 파악해야만 했기 때문이다. 그리고 그 발전과 진행은 정신적인 것이므로, 그는 "정신적 통각"을 통해 예감하면서 접근해 갔다. 이러한 점에서 그의 경험론적 방법은 현실 세계에 법칙적 질서를 전제하면서 그것을 찾고자 하는 실증주의에서의 경험론적 방법과는 다른 것이다. 그는 역사세계가 법칙적 질서 속에 있다고 사고하지 않았고, 따라서 인과론적, 도식적 파악을 거부했다. 그에게는 검증 및 파악된 사실들이나 그 발전들의 내용과 모습이 결

201 이거스,《독일 역사주의》, 최호근 역, 103쪽.

202 Ranke, *Deutsche Geschichte im Zeitalter der Refomation*, I (SW. 1), Vorrede, S. VII; 본서 II, 92쪽 주 126 참조.

코 최종적인 것이 아니다. 그러므로 경험론적 방법 역시 그에게는 결정적인 것이 아니었다. 그는 "유신론적(有神論的), 형이상학적 역사가"로서 역사세계를 정신생활로 인식함으로써, 그 진행의 파악에는 경험론적 방법 외에도 직관적 이해방법을 활용했다. 여기에서 그는 미학적이고 예술가적이었다.[203] 그러므로 그는 자신을 해체시키지는 않았던 것이다.

이상에서 볼 때 랑케의 모든 객관적 방법들은 역사에 관한 그 자신의 관념과 사상에 부합되고 있거니와, 근원적으로는 모든 사실들에게 "신과의 직접성"을 부여하는 그 자신의 종교성에 뿌리를 두고 있다. 그에게 객관성을 보증하는 결정적인 방법으로서 "자기 해소"는 "신의 숙명"이 전개되고 있는 세계사 속으로 자신을 침잠(沈潛)시키고자 했던 욕구에서였고,[204] "신(神)의 질서와 자신과의 융합"을 위해 필요한 것이었으며.[205] "신의 질서를 보여주는 세계사 전체를 관조하기 위한 것이었다."[206] 그에게는 "자기 해소"를 통해 세계사와 혼연일체가 되는 것이 "세계사의 비밀 이야기(die Mär der Weltgeschichte)"를 파악하는 길이며, 이것은 그가 젊었을 때 피히테(Fichite)의 영향 속에서 스스로 말했던 바대로, 신에 대한 봉사이며, 역사가로서 그의 직무(Amt)이자 사명(Beruf)으로 되었던 것이다.[207]

랑케가 제시한 객관적 방법들이 역사서술의 객관성을, 나아가서는 역사적 진실의 해명을 보증할 것이라고 확신하기란 어려운 일이다. 랑케 자신도 객관적 관찰과 서술은 어려운 일이고, "각기 다른 견해들의 대립 속에서 진실을 흔히 중간에서 바라보는 비당파성은 역사가에게 불가능할 수 있다"[208]라고 말한 바 있다. 칸트로부터도 영향을 받았던 그가 "사물 그 자

---

203 Srbik, a.a.O, S. 263.

204 Schieder, "Das historische Weltbild bei Ranke," in: *Begegnungen mit der Geschichte*, S. 126.

205 Th. Nipperday, "Zum Problem der Objektivität bei Ranke," in: *Leopold von Ranke und die moderne Geschichtswissenschaft*, hrsg. v. W. J. Mommsen, S. 217-218.

206 Masur, a.a.O., S. 76; Ranke, SW. 53/54. S. 168.

207 Srbik, a.a.O., I, S. 243.

체(Ding an sich)"의 본질이, 그러니까 역사적 사실의, 그 발전의 진실이 자신의 객관적 방법을 통해 보증될 수 있다고 생각했을 리는 없다. 그가 "세계사의 비밀스러운 이야기"에 대한 정의를 뒤로 미루어 두었던 것은, 객관적 진실이 그에게도 역시 완벽하게 확보될 수는 없는, 하나의 이상(理想)이었다는 것을 의미한다. 그러므로 그는 객관성을 추구하면서, "나는 사람들이 나에게 실현되기 어렵다고 말하는 이상(理想)을 설정한다. 실제로 그 이상은 무한하고, 그 실현은 성격상 제한되어 있다"[209]라고 말한 바 있다. 그러면서도 그가 객관성을 추구했던 것은 그의 종교성에서였다. 즉 그의 객관성은 현실적으로는 모든 가치판단을 포기하는, 인식주체의 의식적, 무의식적인 당파성을 해체시키는 것인가 하면, 세계 속의 신의 질서를 믿는 그의 신앙에 있어서는 모든 세력들의 신과의 직접성을, 그들의 개체적 가치를  다함께 인정하는 공평성이다. 그리하여 그에게서는 비당파적, 객관적이어야 한다는 것이 역사가로서의 학문적 의무인가 하면, 인륜적으로는 윤리적 과제이다. 다시 말하자면, 객관성으로서의 그의 비당파성의 배면에는 학문적 원칙이 도덕적 원칙과 함께 자리 잡고 있다. 요컨대 그는 역사서술에 학문적 과제와 윤리적 과제를 다함께 부여하고 있었으며, 그의 객관성 요청과 추구는 우선 그 자신으로 하여금 모든 역사적 사실들에 대해 경건한 자세로 임하도록 만들었던 것이다. 그에게서 객관성은 역사연구의 학문적 방법론의 원리인가 하면, 그 자신의 생(生)의 원리이자 지표(指標)이기도 하다.

이러한 점에서 보면 역사가로서 랑케의 중도적 입장과 객관성을 위한 그의 요청은 그의 깊은 역사사상과 함께 모든 역사가들에게 학문적 원리이자 생의 윤리로서 더욱더 음미되어야 할 지속적인 가치를 지니고 있는 것이다.

---

208 Kessel, a.a.O, S. 299.

209 Ranke, *Englische Geschichte*, III (SW. 21), S. 114.

# IV

# 랑케의 역사사상

## 1. 개체사상

랑케는 역사발전을 개별적인 것(das Individuelle)과 일반적인 것(das Allgemeine)의 상호관계를 매개로 하여 파악하고 있다. 이것은 그의 역사사고의 가장 근본적인 형식이다. 따라서 이 양자에 대한 그의 이해에는 역사적 사건들의 생성과 진행, 그 형식과 구조에 관한 그의 사상이 내포되어 있으며, 또한 그 이해에 따라서 그의 역사연구에서의 작업 순서도 결정되고 있다. 그의 "개별적인 것"과 "일반적인 것", 또는 "특수성(Besonderheit)"과 "보편성(Allgemeinheit)"이라는 용어들의 내용은 때로는 포괄적인 여러 의미를 지니고 있는가 하면, 그 대상들이 중첩되기도 하며, 따라서 때로는 모호해지기도 하므로, 그것들을 구체적인 개념으로 정의한다는 것은 어려운 일이다. 그러나 분명한 것은 그에게 양자는 역사발전에서 다함께 작용하며, 따라서 다함께 파악되어야 한다는 점이다.

## 개별적인 것과 일반적인것의관계

랑케에게서 "개별적인 것"이란 역사적으로 일정한 작용을 했고 그 영향과 함께 반(反)작용도 불러일으켰던 개별 인물들과 사건들을, 나아가서는 개별 민족들과 국가들을, 더 확대된 범위로는 역사적 시대들 자체와 역사적으로 형성된 특정한 제도들이나 특정한 사상 및 문화를 의미하기도 한다. 이러한 대상들이 그에게서 "개별적인 것"으로 지칭될 때, 이것들은 각각 그 자체의 통일성을 지니고 있는 역사적 개체성(Individualität)으로서 사고되었고, 그 고유성은 "특수성(Besonderheit)"으로 표현되기도 했다. 그런가 하면 그에게 "일반적인 것"이란 개별적인 것이 일어나는 상황에서의 일반적인 조건과 연관관계로서의 "객관적 세계관계", 또는 거대한 역사적 발전들과 진행(Gang) 그 자체, 그리고 "시대정신"이나 "지도적 이념들" 및 "지배적 경향성들"을 의미하기도 한다. 특히 이 용어가 그에게서는 역사생활에서의 시간적, 공간적 조건과 상태의 범위를 넘어서 역사 속에서 항상 지속되고 있는 힘들(Mächte)을 의미하면서 "보편성(Allgemeineheit)"으로 표현되었다. 이 경우에는 역사 속에 항상 나타나고 있는 바를, 그러므로 역사발전이 항상 보여 주고 있는 본질적인 성격과 모습을 의미하며, 때에 따라서는 일종의 역사적 법칙의, "필연성"의 의미도 지니고 있다.

랑케에게는 "거대한 사건들은 일반적인 것과 특수한 것의 충돌로부터 일어난다."[1] 다시 말하자면, 양자의 충돌 속에 다음 단계로의 발전을 위한 "역사적 순간"이 마련된다. 그는 그러한 순간들을 역사의 생동하는 모습으로 보면서, 자신의 역사서술에서는 그러한 "사건들의 통일성과 그 진행의 발전"을 제시하고자 했다. 그러므로 그에게는 역사발전에서의 개별적인 것과 일반적인 것이 다함께 주목되어야 할 대상들이다. 그에 의하면, "역사연구는 그 성격상 개별적인 것을 겨냥한다. 그러나 사람들은 역사학

---

1 Ranke, *Englische Geschichte im sechszehnten und siebzehnten Jahrhundert*, I(SW. 14), Vorrede, S. X. *Englische Geschichte*, V(SW. 18), S. 309; *Geschichte Wallensteins*(SW. 23), Vorrede, S. VIII.

적 연구가 개별적인 것에 대한 연구에만 머무른다면, 자체의 목적을 달성하지 못한다는 것을 시인할 것이다. 그러므로 일반적인 발전의 생동하는 순간들이 또한 연구대상으로 될 수 있어야 한다. 양자는 서로를 생기있게 만든다. 그들은 상호간에 제약하고 보완한다"[2]는 것이다. 그는 이와 같이 양자를 다함께 관찰해야만 하는 이유를 자신이 특별한 역사적 인물로 간주하면서 취급한《발렌슈타인 전기》에서, "사람들은 일반적인 것과 특수한 것을 마찬가지로 주목해야만 할 것이다. 이것은 그 하나가 행사하는 작용과 다른 하나가 겪게 되는 후속 작용을 모두 다 파악하기 위해서이다"[3] 라고 밝혔다. 그에게는 이와 같이 양자를 연관시켜서 다함께 주목하는 것이 연구를 해치는 일로 되지는 않는다. 오히려 그에 의하면, "보편적인 것에 대한 관조가 결여된 연구는 불모의 것으로 될 것이며", "특수한 것들에 대해 정확하게 될 수 없을 때, 보편적 관조는 혼란에 빠질 것이다."[4] 그러므로 양자를 다 함께 연관시켜서 관찰하는 것이 그에게는 역사발전을 파악하고 사실적으로 서술하는 데 당연하고도 필수적인 방법이다.

랑케는 때로는 개별적인 것에 대한, 때로는 일반적인 것에 대한 관찰을 더 강조하기도 했다. 그가, "역사에 대한, 특히 역사 속의 개체적인 생(生)에 대한 관찰은 하나의 전적으로 고유한 매력을 얻는다", 그리고 그러한 관찰에서는 "모든 시기는 그 자체에 있어서 가치있는 그 무엇으로 간주되어야 하며, 그러할 때 지극히 가치있게 나타난다"[5]라고 말했던 바는

---

2 Ranke, *Zwölf Bücher preußischer Geschichte*, 1. Bd., Vorrede der 1. Ausgabe, S. XI; Rudolf Vierhaus, "Ranke und die Anfänge der deutschen *Geschichtswissenschaft,"* in: *Geschichtswissenschaft in Deutschland*, hrsg. v. B. Paulenbach, München, 1974, S. 21.

3 Ranke, *Geschichte Wallensteins* (SW. 23), Vorrede, S. VIII: "Man wird das Allgemeine und das Besondere gleichgültig vor Auge halten müssen, um das eine und das andere zu begreifen; die Wirkung, welche ausgibt, die Rückwirkung, welche erfahren wird."

4 Ranke, *Geschichten der romanischen und germanischen Völker* (SW. 33), Vorrede der 2. Ausgabe(1874), S. IX.

5 Ranke, *Über die Epochen der neueren Geschichte*(1854), Darmstadt 1970; 랑케,《근세사의 여러 시기들에 관하여》, 이상신 역(신서원, 2011), 35쪽.

전자를 강조하는 의미이다. 요컨대 그에게는 "역사서술에서 개별 순간을 그 진실 속에, 그 특수한 발전 속에 관찰하는 것이 의심할 바 없이 그 자체로서 하나의 귀중한 가치를 갖고 있다." 왜냐하면 그에게 "특수한 것(das Besondere)은 그 자체 속에 보편적인 것(das Allgemeine)을 지니고 있는 것"[6]이기 때문이다. 다름 아니라 그에게 특수한 것들, 즉 "거대한 역사적 사건들은 그것들이 생성했던 순간 자체의 일반적 성격을 내포하고 있다. 그것들은 가장 중요한 창시자들의 활동력과 천재성에 의해, 그들이 발견했던 저항세력이나 지지세력에 의해, 민족의 감정과 시대의 정신에 의해 일어난다."[7] 요컨대 개별적인 것은 자체의 특수성 뿐만 아니라 해당 시대의, 순간의 일반적 성격을 다함께 지니고 있다. 그러한 한 특수한 것에 대한 관찰과 파악은 이미 일반적인 것에 대한 일정한 이해를 함께 가져다주는 것이다. 이러한 관계에서 그는 "사건들을 그것들 존재의 기반 속에서, 그것들의 고유한 모습 속에서 풍부하게 파악하는 데 성공하는 사람은 행복할 것이다"[8] 라고도 말한 바 있다. 또한 그는 1830년대에 작성했던 비망록 속의 "보편사의 범위"에서는 "개별적인 것에 대한 탐구에서는 매우 상세하게 작업하는 일이 보다 더 확실하다"고 말하면서 그러한 탐구의 장점을 언급했고, 심지어는, "우리는 이념들과 이것들에 관한 묘사들보다는 개인들과 이들의 행위들에 더 많이 주목하고자 한다"[9]라고까지 말한 바 있다. 이 점을 그는 방법론적인 언급들에서 빈번히 강조했다.

### 일반적인 것(보편성)의 우위성

그런가 하면 랑케는 때로는 개별적인 인물 및 사건의 행위나 작용보다는

---

6 Ranke, *Die großen Mächte*; 랑케, 〈강대세력들〉, 《강대세력들 · 정치대담 · 자서전》, 이상신 역(신서원, 2014), 27쪽.

7 Ranke, *Französische Geschichte*, II(SW. 9), Einleitung, S. 3.

8 Eberhard Kessel, "Rankes Idee der Universalhistorie," in: *Historische Zeitschrift*, Bd. 178(1954), S. 278.

9 Ebd., S. 287.

오랫동안 지속되고 있는 객관적인 일반적 조건 및 경향성의, 즉 보편적인 것의 작용을 더 중요시하기도 했다. 그의《발렌슈타인 전기》에서 보면, "수 세기들을 중단 없는 흐름 속에 채우고 있는 일반적 생활은 단지 짧은 시간만 허용되어 있는, 완성하기 위해서가 아니라 시작하기 위해서만 그곳에 존재하고 있는 것으로 보이는 개인적 생활보다 얼마나 더 압도적이고, 더 깊고, 더 포괄적인가! 인간들의 결심들은 일반적 상태들이 제공하는 가능성들로부터 나온다. 중요한 성과들은 동질적인 세계요소들의 공동작용 아래에서만 이룩된다. 모든 사람은 단지 자기 시대의 한 산물(產物)로서, 그의 외부에 존재하는 하나의 일반적 경향성의 표현으로서만 출현한다"[10]는 것이다. 또한 그는 역시 전기작품인《하르덴베르크(Hardenberg) 총리의 회고록》에서는, "사람들이 학자들의 생애에서 확인하는 바는 그들의 시대가 그들의 참여를 일깨웠고, 그들의 존재와 본질은 그들이 그들의 분야에서 이룩한 것의 영향 속에서만 나타난다는 점이다. 그러므로 한 학자의 생애는 그의 학문의 역사로 되어야만 한다. 이것이 정치가들의 경우에서는 훨씬 더 높은 차원으로 그러하다. 왜냐하면 공적(公的) 생활의 요소들은 매우 다양하고, 각자에게 매우 중요하기 때문이다. 일반적으로 그것들은 그 속에서 활동하고 있는 개인들보다 훨씬 더 큰 관심을 끈다. (…) 역사에서 본래적으로 활동하는 것은 보편적 운동이다. 정치가는 보편적 운동을 자신의 위치에서 촉진시키고 주도하는 한에 있어서만 진정한 의미를 갖는다"[11]라고도 말했다.

랑케의 역사적 전기작품들에서 보면 역사발전에서 다음 단계와 그 방향은 "역사적 개별 인간의 생(生)의 진행 그 자체와 그의 주위 세계와의 단

---

10 Ranke, *Geschichte Wallensteins*(SW. 23), Vorrede, S. V.

11 Ranke, *Hardenberg und die Geschichte des preußischen Staates von 1793-1813*(SW. 46), Vorrede zu den Denkwürdigkeiten, S. VI; Friedrich Meinecke, "Leopold von Ranke, Gedächtnisrede," in: Derselbe, *Die Entstehung des Historimus*, München, 1965, Beigabe, S. 591; Th. Schieder, *Begegnungen mit der Geschichte*, Göttingen, 1962, S. 120.

순한 만남이 아니라, 개인적 영역들에 대한 시대관계들의 작용과 영향, 그리고 개인의 생(生)을 세계사적 의미로 제고시키는 계기들의 형성" 속에서 세워진다.[12] 랑케는 역사적 개성과 시대와의 관계를 이와 같이 파악했으므로 발렌슈타인과 하르덴베르크에 관한 그의 전기작품들은 그들의 개인적 생애의 역사로서가 아니라, 그들이 살았던, 그들을 역사적 인물로 만들었던 해당 시대의 역사에 관한 서술로 되었다. 그는 역사적 인물들을 비록 풍부하게 묘사하고 탁월하게 해석했지만, 그들의 본래의 생애에 관한 요소들은 역사적인 정치적, 시대적 계기들에 의해 뒤로 밀려났다. 이러한 점에서는 그의 두 권의 전기 서술들에서 그의 본래의 역사학적 입장은 반전기적(反傳記的)이었다고도 볼 수 있겠다.[13] 실제로 그는 하르덴베르크의 전기에서 "그의 생(生)과 생애를 이해하기 위해서는 그가 작용을 했고, 그리고 그에게 반(反)작용을 했던 일반적인 사건들을 동시에 포괄하여 연구해야만 한다"[14]라고 말했거니와, 하르덴베르크에 관한 "나의 작품은, 내가 근거로 삼았던 자료들이 하르덴베르크 총리를 가장 중요한 대상으로 하여 수집되었듯이, 역사란 말의 충분한 의미를 지닌 역사로 될 수는 없고, 그러할 수도 없다. 그러나 그 시대의 역사와 이 총리의 활동의 역사가 분리될 수는 없다. 그것들은 하르덴베르크의 역사적 회고록들이자, 동시에 프로이센 국가의, 내가 제시하는 시대 자체의 회고록들이다"[15]라고도 부연했다. 이와 같이 랑케에게 전기(傳記)란, "때로는 역사로 확대될 수 있는 것"이므로, 그는 자신의《발렌슈타인 전기》를 동시에 그 시대의 역사라고 지칭했다.[16] 이러한 의미에서 보면 그는 결국 두 전기들을 반전기적(反傳記

12 Th. Schieder, "Ranke und Goethe," in: Derselber, *Begegnungen mit der Geschichte*, Göttingen, 1962, S. 94.

13 Th. Schieder, "Das historische Weltbild Leopold von Rankes," in: Derselber, *Begegnungen mit der Geschichte,* S. 121 *u. a.* S. 94. 본서 II-4, 151쪽, "반(反)전기적인" 성격 참조.

14 Ranke, *Hardenberg und die Geschichte der preuß ischen Staates*, Vorrede, S. VII.

15 Ebd., Vorrede, S. IX-X.

16 Ranke, *Geschichte Wallensteins*, Vorrede, S. VIII.

的)으로 서술했고, 또한 시대사로서는 충실하지 못하게 서술했던 것으로 된다. 그만큼 그에게 역사적 개체로서의 한 인물이나 사건은, 아무리 특별한 것이라 해도, 어디까지나 해당 시대의 조건과 상황의, 즉 일반적인 것의 표현이자 산물이므로, 그는 그렇게 서술해야만 했던 것이다.

랑케의 역사인식에서는 개별적인 것과 일반적인 것 속에는 역사발전에서의 자유와 필연성이 내포되어 있다. 그가 발렌슈타인과 하르덴베르크와의 다른 여러 역사적 인물들에 관한 자신의 단편적인 글들을 편집한《역사적·전기적 연구들》에서 보면, "역사 속에서는 자유와 필연(Notwendigkeit)이 상호투쟁하며 침투한다. 자유는 개성들 속에서, 필연은 공동체 생활 속에서 더 많이 나타난다"는 것이다. "모든 거대한 행위는 세계를 항상 양분(兩分)시키는 보편적인 대립들에 대한 공감(共感, Mitgefühl) 속에서 일어난다. 그 행위는 지배하고 있는 무력들의 한 가운데에서 전개된다. 의미있는 한 인물이 그 투쟁에 참여하는 몫은 물론 그 자신의 내면적 충동에 근거하고 있지만, 그러나 동시에 그의 충동이 행위로 나타날 때의 상황들(Umstände)을 또한 근거로 하고 있다. 그 충동이 발견하는 저항은 기존하는 관계들로부터, 그리고 시간의 경과 속에서 비슷한 작용과 반작용을 통해 형성되었던, 그 시대의 인간들과 공동체의 공동생활을 가져왔던 교양들의 힘으로부터 일어난다. 투쟁은 회피될 수 없으며, 이 투쟁은 하나의 필연성이다."[17] 요컨대 역사발전은 "자신의 내면적 충동에서" 참여하는 개인의 의지, 그리고 시간의 흐름 속에 형성된 "상황들"과의, 즉 공동체 생활원리와의 상충 속에 전개되며, 전자에서는 자유가 더 많이, 후자에서는 필연성이 더 많이 나타나면서 작용한다. 그리하여 랑케에게 역사는 자유와 필연과의 작용과정이 되며, 역사발전 자체는 필연적인 것이 된다. 그에게 이러한 진행에서는 역사가 자유나 필연의, 그 어느 한쪽 편의 우세한 형식으로 발전하지는 않는다. 그러나 이 진행을 필연적인 것으로 만드는 것은 필연이 더 많이 지배하고 있는 "상황들"이라는 객관적 관계이자, 이것이 지니고

17 Ranke, *Historisch-biographische Studien* (SW. 40/41), Leipzig 1877, Vorrede, S. V.

있는 공동체 생활의 원리이므로, 그에게서는 결국 이 영역의 원리가 역사발전에서 더 강력한 힘을 지니고 있는 것이 된다.

랑케에게서는, 시더(Schieder)에 의하면, 필연성이라는 개념이 초개인적, 초현실적인 힘이자 질서라는 의미로까지 확대된다. 그는《로마교황들》에서, 인간들은 자신들의 현존재가 근거하는 "정신적 세계질서의 법칙(das Gesetz der geistigen Weltordnung)"을 흔들 수 없으며, "그 법칙은 천체(天體)의 진행을 따르는 세계질서를 필연성을 통해 지배한다"[18]라고 말한 바 있으며, 이와 같은 의미의 견해를 후일에는《하르덴베르크와 프로이센 국가의 역사》에서, "나는 사람들이 저질러진 실수들, 놓쳐버린 기회들, 일어났던 태만들에 관해서 그것이 어떠했던가를 그렇게도 많이 언급해도 되는가를 알지 못하겠다. 모든 것은 참여했던 사람들의 위에 있는 하나의 필연성에 의해 전개된다. 이 필연성은 하나의 숙명과도 같은 그 어떤 피할 수 없는 것을 지니고 있다"[19]라고 표명한 바 있다. 그러므로 그에게 필연성은 어떠한 정신적, 물질적, 인간적, 현실적인 것도 거역할 수 없는 것으로서, 거대한 역사진행의 세계질서이며, 그의 종교성에 있어서는 신의 사상이기도 하다.

랑케의 이러한 사고에서는 역사생활의 작용요소로서 개별개성의 기능과 역할은 그의 표현대로 "사건들의 행렬(Zug der Dinge)", "거대한 진행(der große Gang)", "사건들의 필연성(die Notwendigkeit der Dinge)"에 대립해서는 뒤로 밀려난다. 왜냐하면, 바로 이것들이 그에게는 세계질서의 모습들로 보였기 때문이다. 다시 말하자면, 그는 역사의 이러한 거대한 운동의 힘들로서 "지도적 이념들", 또는 "지배적 경향성들"에는 모든 것을 자체의 궤도 속으로 수용해 버리는 하나의 거역할 수 없는 힘(Macht)이 있다고 보았던 것이다. 따라서 개별 인간이 이 이념들 및 경향성들의 운동하는 힘과 일치할 때는 그는 세계사적 업적을 이룩하는 순간에 서게 되지만, 이것들과

18 Schieder, *Begegnungen mit der Geschichte*, S. 120.
19 Ebd., s. 120.

대립할 때는 실패하지 않을 수 없게 되는 것이다.[20]

여기에서 보면 랑케에게서는 역사적 개별 인간의 행위는, 피어하우스의 해석대로, 두 가지 형식으로 일어난다. 그 하나는 개별 인간이 "사건들의 상황", 일반적인 발전의 경과 및 공동체의 원리에 따르면서 필연성을 실현하는 것이고, 다른 하나는 그가 "내면적 충동에서", 자유로운 개인적 결심에서 정치적, 사회적 관심을 또는 종교적, 도덕적 계율을 실현하는 것이다. 랑케에게서 전자의 경우가 후자의 경우보다 더 강력하게 나타나는 것은 그가 객관적 연관관계를 개인적 동기나 관심보다 더 중요시했기 때문이다.[21] 그가《발렌슈타인의 전기》에서 일반적 생활을 개인적 생활보다 "더 압도적이고 더 깊고 더 포괄적"이라고 말했던 바가 그러한 것이다.

랑케가 이와 같이 객관적 관계를 개별적인 것보다 더 강력한 것으로 보는 태도는, 마이네케(Meinecke)가 해석했듯이, 일종의 집단주의적 사고에 서였다고 볼 수 있겠다. 랑케의 사후(死後), 19세기 말에 뜨겁게 전개되었던 이른바 "문화사 논쟁"에서, "역사 속의 거대한 사건들과 업적들을 창조적인 개인들의 작품으로서 파악할 것인가, 아니면 인간 공동체 속에 생동하는 욕구들과 경향성들의 산물로서 파악할 것인가?", 다시 말하자면, "역사를 개인주의적으로, 그렇지 않으면 집단주의적으로 인식해야 할 것인가?"라는 문제에서 볼 때, 랑케는 비록 람프레히트(Lamprecht)로부터 개인주의적 역사파악의 대표라는 비판을 받았지만, 오히려 집단주의적인 면을 갖고 있었다는 것이다.[22] 확실히 랑케에게는 역사적 인물들, 특히 개별

---

20 Ebd., S. 120. 본서 IV-1, 251쪽 주 11 참조.

21 Rudolf Vierhaus, *Ranke und die soziale Welt*, S. 55.

22 Meinecke, a.a.O., S. 591. "문화사 논쟁"은 19세기 말에 람프레흐트(K. Lamprecht)가 12권이나 되는 그의 방대한 작품인《독일사》를 제6권까지 발표하는 동안에 그의 역사사고는 실증주의적, 마르크스적, 법칙적이라는 비판을 랑케의 후예들로부터 받게 되자, 〈역사학의 신·구 경향(Alte und neue Richtungen in der Geschichtswissenschft)〉(1896)과 〈문화사란 무엇인가(Was ist die Kulturgeschichte)〉(1896) 등의 글을 통해, 랑케의 역사학은 "구경향"으로서 "개인주의적 역사학"이며, 자신의 역사연구는 "신경향"으로서 "집단주의적 역사학"

정치가들의 행위와 업적을 국가생활의 거대한 필연성들로부터 추론해내는 성향이 있다. 그에게서는 창조적인 개인은 항상 일반적 경향성 및 전체정신(Gesamtgeist)과 함께 작용하며, 항상 새로운 배합들 속에서 등장하고 있다.[23] 《영국사》에서 그는 "인간에게 일어날 수 있는 가장 위대한 것은 자신의 문제 속에서 일반적인 문제를 지키는 일이다. 이때에 개인적 현존재(Dasein)는 세계사적 순간으로 확대된다"[24]라고 말했으며, 《하르덴베르크와 프로이센 국가의 역사》에서도 그러한 의미의 표현을 했던 점[25]에서 보면, 분명히 그는 일반적인 것, 즉 보편적인 것을 개별적인 것보다 더 우위에 두고 있었다.

랑케에게서는 보편적인 것이, 마이네케에 의하면, 두 개의 의미로 전혀 다르게 활용되기도 했다.[26] 그 하나는, 보편적인 것이 신의 사상 및 그 질서, 또는 세계사의 비밀 등과 같이 형이상학적인 의미를 지니고 있는 것으로서, 그에게서는 가끔씩만 사용되었고, 또한 그 자신의 목적을 위해 기피되기도 했다. 왜냐하면, 그에게 역사가는 무엇보다도 구체적인 사건들, 변화들, 그리고 역사적 형성물들의 생성과 변화 및 소멸을 취급하며, 사실적으로 서술해야하기 때문이다. 그런가 하면, 그에게서 보편적인 것의 또 다른 의미는, 그가 빈번히, "역사가는 일반적인 것에 주목해야 한다"고 강조할 때에서처럼, 그것이 형이상학적인 것이 아니라 구체적, 현실적인 것으로서 사고되었다는 점에 있다. 즉 그것은 "사건들의 거대한 진행(der große Gang der Dinge)"이며, 마이네케의 표현을 빌자면, "역사산맥들의 등고선(等高線)이자 고도선(高度線, die Höhen - und Gratlinien)"과 같은 것이다. 그곳에

---

이라는 주장을 펼쳤다. 이것이 이른바 제2의 "문화사논쟁"이었다. 마이네케는 랑케의 대표적인 후예이면서도 당시의 논쟁에 직접 참여하지 않고 관망만 했었다가, 후일에야 이와 같이 랑케에게는 일종의 집단주의적인 면이 있다고 해석했다.

23 Ebd., S. 591.

24 Ebd., S. 591.

25 본서 IV-1, 251쪽 주 11 및 255쪽 주 20 참조.

26 Meinecke, a.a.O., S. 593.

서는 여러 민족들이 상호접촉하며, 강대한 민족들의 연관관계가 "일반적인 것"으로 형성된다. 그리하여 그에게서는 서양민족들과 국가들의, "라틴 및 게르만 민족들"의 공동체가 등장하면서, 이것이 바로 "일반적인 것"의 범위로 되었다. 이 보편적인 것은 매 시기의 "역사적 개체들의 최고의 개체"인가 하면, 개별 개체들은 최고의 개체로서의 보편적인 것에 의존되어 있으면서, 동시에 이것을 형성시키는 데 기여하고 있다는 것이다.[27] 여기에서 보면 랑케에게서의 "일반적인 것"은 라틴 및 게르만 민족들의 공동체, 즉 근세 유럽의 "국가들의 체제"와 같은, 그 자체의 통일성을 지니고 있는 현실적인 실체이기도 하다. 여기에는 각 시대의 지도적이었던 이념 및 지배적이었던 경향성도 포함되어 있다. 그는 이와 같이 형이상학적인 의미의 것이 아닌, 현실적인 의미의 보편적인 것에 더 많은 관심을 보여 주었다. 그리고 이것이 개별적인 것보다 더 우세한 것으로 강조되었다.

### 개체의 독자성과 결정성

그러면서도 랑케에게서는 어디까지나 "사건들은 개별적인 힘과 객관적인 세계관계의 상충 속에 전개된다."[28] 그러므로 그에게 양자는 다함께 마찬가지로 중요하다. 그는 이미 1830년대의 비망록에서, "공동체의 생활과 이에 대한 개별 인간과의 관계에 그때그때의 세계의 비밀이 있다"[29]라고 표명한 바 있다. 이것은 랑케의 역사이론에서 근본 사상이다.[30] 그에게 역사생활은 개성의 "자유"와 일반적 생활에서의 "필연"과의 종합이다. 그러므로 그는 일반적인 것의 작용과 영향력에 못지않게 역사적 개성들의 독자성과 창조성을 또한 중요한 것으로 빈번히 언급했다. 그는《로마교황

---

27 Ebd., S. 593.

28 Ranke, *Geschichte Wallensteins* (SW. 23), Vorrede, S. VIII.

29 Ranke, *Zur eigenen Lebensgeschichte* (SW. 53/54), III, Tagebuchblätter, S. 571: "Auf dem Leben der Gemeinschaft und dem Verhältniß des Einzelnen zu ihm beruht das Geheimniß der jedesmaligen Welt."

30 Vierhaus, *Ranke und die soziale Welt*, S. 55.

들》에서 강력했던 교황들이 수행했던 창조적인 역할을 긍정적으로 시인한 바 있거니와, 《발렌슈타인 전기》에서는 개성들의 독자성과 역사적 작용의 중요성을 결정적으로 표현했다. 즉 그는, 일반적 생활이 개인적 생활보다 "더 압도적이고 더 깊고 더 포괄적이라는 의미에서", "인간들의 결심들은 일반적 상태가 제공하는 가능성들로부터 나온다. 의미깊은 성과들은 동질적인 세계적 요소들의 공동작용 아래에서만 이루어진다. 각자는 자신을 둘러싸고 있는 일반적 경향성의 표현으로서, 자기 시대의 한 산물일 뿐이다"[31]고 말하면서도, 곧이어 "그러나 개성들은 또 한편으로는 다시금 하나의 도덕적 세계질서에 속해 있으며, 그들은 그 속에서 전적으로 고유한 존재들이다. 그들은 독창적인 힘을 지닌 독자적인 삶을 갖고 있다. (…) 그들은 자신들의 시대를 대변하면서, 타고난 내적 추진력을 통해 다시금 그들의 시대 속으로 결정적으로 관여한다"[32]라고 부언하면서 개성의 역할을 강조했다. 《세계사》의 제1권에서도 보면, 대립적인 세력들의 우위권을 위한 투쟁 속에서 "특수한 것은 보편적인 것을 통해 변형되지만, 그러나 동시에 보편적인 것에 대립하여 자신을 주장하면서 반응한다"[33]는 것이다. 심지어 그는 나폴레옹을 세계의 주인이 되고자 했던 정복자로서 부정적으로 보면서도, 또 한편으로는 프랑스가 영국과의 전쟁에서 세계사적 역학관계를 결정적으로 변화시켰던 사실을 중요시함으로써[34], 결국 나폴레옹의 역할에 의미를 부여하기도 했다. 이러한 사고에서 보면, 마이네케가 해석하듯이, 랑케에게 "역사의 진행에서는 일반적인 경향성들이 결정하지는 않으며, 여기에는 그 경향성들을 가치 있게 만들기 위한 위대한 개성들이 항상 필요하다."[35] 그리하여 그는 자신의 작품들에서 역사적 개별 인물

31 Ranke, *Geschichte Wallenstein*(SW. 23), Vorrede zur 1. Auflage, S. V.

32 Ebd., S. V-VI; Schieder, "Ranke und Goethe," in: Derselber, *Begegnungen mit der Geschichte*," S. 93.

33 Ranke, *Weltgeschichte*, I, Vorrede, S. 5.

34 Meinecke, a.a.O., S. 590.

35 Ebd., S. 591.

들의 본성과 작용을 이전의 어떤 역사가들보다 더 깊이 있게 해명하게 되었던 것이다.

그러나, 랑케는 때로는 일반적인 것을 더 많이, 때로는 그 반대로 개성을 더 많이 강조하면서도 그 어느 한쪽 편에 치우치지는 않았다. 그는 전자의 경우에는 개인적 영역과 자유를, 그리고 후자의 경우에는 일반적 흐름과 필연성을 항상 함께 연관시켜서 관찰해야만 했다. 왜냐하면 그가《로마 교황들》에서, "물론 특수한 생(生)은 자체 내에 심어진 법칙들에 따라 자신의 고유한 정신적 기반으로부터 발전해 나간다. 즉 그것은 스스로 시대들을 통해 계속 운동해 나간다. 그러나 그것은 역시 자신의 발전과정에 강력하게 작용하는 일반적 영향들 아래에 있다"[36]라고 말했듯이, 그에게 개성과 일반적인 것은 모든 역사적 순간들에서, 특히 거대한 결정적인 진행들 속에서는 항상 함께 작용하기 때문이다. 그러므로 그는 개성을 역사 속의 주도적인 존재인 양 과도하게 부각시키지는 않았고, 그렇다고 일반적인 상황의 단순한 산물로만 격하시키지도 않았다. 오히려 그의 역사학적 바람은, 마이네케의 해석대로, 역사적 개성을 역사발전 속에 유지시키면서, 동시에 역사의 거대한 진행 속으로 완전하게 융합되도록 하는 것이었다.[37] 랑케가 그러해야만 했던 것은 "역사에서 본래적으로 활동하는 것은 일반적인 것"이지만, 역사발전은 그것만으로써가 아니라, 자체의 발전을 유효하게 만드는 개성들의 결심에 의해 비로소 이루어지기 때문이다. 그리하여 그는 개성을 연관관계들에 대한, 역사 전체에 대한 관찰로써 감싸는 형식으로 서술했던 것이다.

랑케에게서처럼 모든 역사적 순간에는 개체와 보편이 긴밀하게 결합되어 있는 한, 양자는 역사현실의 동질적인 양면성을 지니고 있다. 따라서 양자의 관계는 역사적 사건들의 생성과 그 성격도 해명해 준다. 다름 아니

36 Ebd.. S. 595.

37 Ebd., S. 592.

라 그에게서 개체적인 것은, 이미 알아보았듯이, 자체의 독자적인 생(生)을 갖고 있는 창조적인 힘으로서 처음부터 스스로 발전해 나가는 것이면서도, 개체의 역사적 발전은 결코 자체의 근본 맹아 속에 이미 존재하는 기반들만의 단순한 전개가 아니라, 오히려 자신에게 작용하는 시대적 힘들의 변화 속에서 형성과 변화 및 재생의 능력을 갖게 된다. 개체들의 행위와 운동은 그들 자신들의 의도와 능력을 넘어서는 이념들과 필연성들이 행사하는 외적 상황의 강제성 속에서 전개된다.[38] 요컨대 그들의 역사적 발전은 일반적 발전과의 관계 속에서 전개된다. 바로 여기에 매 시대의 역사적으로 특수한 것은 보편적인 것과 분해될 수 없이 결합되어 있으며, 여기에 역사적 생성과 발전에서의 양자의 통일성이 근거하고 있다.[39] 바로 그러한 결합관계가 랑케에게는 역사발전의 기반이자 순간으로 된다. 그가 《영국사》에서 말했듯이, "일반적인 것과 개성의 충돌 속에, 또는 그들의 결합 속에 세계의 생동하는 운동이 있다"[40]는 것이며, 《발렌슈타인 전기》에서 다시금 언급했던 바대로, "사건들은 개별적인 힘과 객관적인 세계관계와의 결합 속에서 전개된다"[41]는 것이다. 그가 이 문장에서 표현한 "개별적인 힘"은 "자유가 더 많이 지배하는" 역사적 개인의 능력을 의미하며, "객관적 세계관계"는 "필연성이 더 많이 지배하는" 공동체 생활의 원리들을, 시대정신과 그 이념들 및 경향성들의 힘들을 의미한다. 역사적 개인들에게 자극을 주었던 이 힘들에는 일종의 강제력이 내포되어 있고, 그러므로 사건들은 필연적으로 전개되는 것이다. 그에게 역사는 개인적 순간과 초개인적 순간의 그때그때의 결합을 통해 전개되며, 그러한 결합이 다름 아닌 역사적 순간으로 되는 것이다. 그리하여 그에게 역사는 자유와 필연의 종합으로 된다.

---

38 Vierhaus,"Ranke und die Anfänge der deutschen *Geschichtswissenschaft*," S. 21.

39 Meinecke, a.a.O., S. 595.

40 Ranke, *Englische Geschichte*, V (SW. 18), S. 309; Vierhaus, "Ranke und die Anfänge der deutschen *Geschichtswissenschaft*," S. 21.

41 Ranke, *Geschichte Wallenstein*(SW. 23), Vorrede, S. VIII; Vierhaus, *Ranke und die soziale Welt,* S. 55; Masur*, Rankes Begriff der Weltgeschichte*, S. 98.

## 최고의 개체로서 보편적인 것

역사적 사건들의 생성과 전개가 그러할진대, 하나의 시대에는 개별적인 것의 특수성과 일반적인 것의 보편성이 공존하고 있으며, 그러므로 각 시대는 이 양자의 성격을 다함께 지니고 있다. 그러한 한 보편적인 것으로서의 하나의 역사적 시대는 여러 개체들의 공동작용으로 하나의 통일성을 이루고 있는, 보다 더 포괄적인 의미의 개체이기도 하다. 랑케는 17세기 이래의 근세사에 관한 1867/68년의 강의의 입문에서, "같은 시기를 살아가는 개별적인 것들을 포함하는 보편적인 것이 바로 시대이며, 그 성격을 만든다. 그것들은 항상 모든 것이 출발하는 여러 개의 거대한 사건들이다. 그들의 준비와 실현 및 그 결과들이 하나의 시대(Epoche)라고 불리는 바를 구성한다"[42]라고 말한 바 있다. 다시 말하자면, 보편적인 것은 역사발전 속에서 개별적인 것들과 결합하면서 시대라는 개체로 된다는 것이다. 마이네케에 의하면, 랑케에게는 "세계를 지배하는 시대적 사건들", 즉 일반적 경향성들 및 이념들이나 활동적인 개체들, 이들 모두는 하나의 세계사적 진행으로서 나타난다. "이 진행은 자신을 형성시키는 수많은 개별 순간들을 통해 (…) 무한히 풍부하면서도, 그 자체에 있어서는 보다 더 통일적이고 개체적인 생(生)의 흐름으로서 나타난다. 왜냐하면 경향성들 또는 이념들도 또한 개체적이기 때문이다. 모든 개별 사건들은 물론이려니와, 특히 랑케가 '역사적 순간'이라고 명명한 것도 개체적이다."[43] 그에게 보편적인 것은 이념 및 경향성과 같은 것으로서, 공동체를 구성하는 많은 사람들의 의지와도 같은 것이다. 이 이념 및 경향성은 역사 속의 필연적인, 제한된 조건과 상황 속에서는 개별적인 특수한 개체성으로 나타난다.

그렇다면 랑케에게서는, 시더(Schieder)가 정의하듯이, "보편적인 것은 한 시대의 일반적인 경향성들 속에서 나타나는 바와 같은 개체적인 것의,

---

42 Ranke, *Vorlesungseinleitungen*, hrsg. v. Dotterweich, München, 1975, S. 414; Gerhard Lozeck, "Der Epochenbegriff bei Ranke," in: *Leopold von Ranke und die moderne Geschichtswissenschaft*, hrsg. v. W. J. Mommsen, S. 179.

43 Meinecke, a.a.O., S. 592; Vierhaus, *Ranke und die soziale Welt*, S. 56-57.

특수한 것의 최고의 형식이며, 모든 역사적 개체들의, 즉 민족 및 국가들의 상호접촉과 그 작용 속에서 보편사가, 세계사가 만들어지는 범위(Spähre)이다."[44] 또한 마이네케에 의하면, 랑케에게서 보편적인 것은 "매 시기의 모든 가시적인 역사적 개체들의 최고의 개체(die höchste Individualität)"이며, "모든 것은 이것에 의존되어 있으므로, 동시에 이것을 형성시키는데 기여한다."[45]실제로 개별 인간들은 민족과 국가라는 공동체에 결합되어 있고, 이것들은 그들에게 보편적인 것으로서 작용하는 "최고의 개체들"이다. 요컨대 보편적인 것은 역사발전 속에서 개체들과의 결합을 통해 다시금 역사적 개체로 되는 것이다. 그리하여 랑케에게서는 세계사는 거대한 보편적인 것으로서의 "전체적 개체성(Gesamtindividualität)"으로 된다.[46]

여기에서 고려되어야 할 바는 랑케의 보편적인 것은 개별 인물들 및 개별 사건들이 일어나고 있는 공동체나 사회와, 그 조건 및 구조와, 더 나아가서 세계사 또는 인류와 동일한 성격의 의미로 이해될 때는, 그 외연(外延)의 범위가 강조되는 한편, 그것의 내면적 성격과 의미는 간과될 수 있다는 점이다. 그러므로 보편적인 것은 공동체 및 사회, 민족 및 국가, 또는 시대, 나아가서는 세계 등의 외형적인 실체보다 더 많은, 더 깊은 의미의 것이기도 하다는 점이 또한 주목되어야 한다. 다름 아니라 그것은 공동체를 구성하는 많은 사람들의 의지이기도 하며, 역사적 국면과 그러한 순간을 형성하는 여러 사건들의 연관관계에서, 그리고 역사 속의 주된 흐름의 내면이나 그 배후에서 작용하는 지속적이고도 통일적인 힘들이기도 하다. 이념 및 경향성이 바로 그러한 힘들이다. 그것들은 역사 속의 특정한 조건과 상황 속에서는 개별적인 특수한 개체성으로서 나타나며, 그것도 정신적인 것으로서 그렇게 나타난다. 여기에서 우리는 랑케가 "모든 것은 보편적이자 개별적인 정신생활이다"[47]라고 정의했던 바의 깊은 의미를 파악할

44 Schieder, "Das historische Weltbild Leopold von Rankes," S. 124.

45 Meinecke, a.a.O., S. 593.

46 Ebd., S. 595, 598.

수 있게 된다. 정신적인 것으로서의 이념 및 경향성은 개별적인 것과 보편적인 것을 모두 포괄하며, 이들 모두에게 이들의 역사적 성격과 의미를 각인시킨다. 이념 및 경향성의 힘은 특수한 개별 인물이나 개별 공동체의 힘보다 더 강력하며, 그 결정들은 구성원들의 단순한 집합체인 공동체를 역사적 공동체로 만든다.[48] 이와 같이 랑케에게서 보편적인 것은 위에 언급된 바의 외형적, 공간적인 의미 외에도 역사생활의 정신적 기반으로서 지속되고 있는 내면적 본질의 의미도 지니고 있다.[49]

마찬가지로 랑케에게서 개체성(Individualität)의 성격과 의미도 역시 단순히 개별 인물 및 개별 사건으로서만 국한되지는 않는다. 물론 개체는 한편으로는 일회적인 것이기도 하지만, 또 한편으로는 특정한 제한적인 영역이나 시기를 넘어서서 역사적으로 보다 더 광범위하고 지속적으로 작용하면서 영향을 주고 있다. 그러할 때 그것은 비로소 의미있는 역사적 개체성으로 되며, 더 나아가서 민족 및 국가를 의미할 수도 있다. 특정한 역사시대(Epoche)와 문화세계(Kulturwelt)도 역시 자체의 고유한 통일적인 발전을 이룩해 왔던 한에 있어서는 거대한 역사적 개체성으로, 특수한 것으로 된다. 개별적인 개체들은 그러한 거대한 개체성에 속해 있고, 그것을 기반으로 하여 형성되고 있다. 그러므로 거대한 개체성은 자체적으로는 고유한, 특수한 것이면서도, 개별 개체들에게는 다름 아닌 "보편적인 것"이다. 이렇게 하여 개체성이란 하나의 특수한 것(ein Besonderes)이자, 동시에 하나의 보편적인 것(ein Allgemeines)이기도 하다. 시더에 의하면, 랑케에게서는 개별 인물이나 사건은 자신들의 일회적인 등장 속에 구체적이고 개체적인 현상들로서 운동하면서도, 하나의 보다 더 보편적인 것의 초상(肖像,

---

47 Ranke, *Englische Geschichte*, I(SW. 14), Vorrede, S. IX: "Alles ist allgemeines und individuelles geistigen Leben"; Helmut Berding, "Leopold von Ranke," in: *Deutsche Historiker*, Bd. 1, hrsg. v. H.-U. Wehler, Göttingen, 1971, S. 7; Vierhaus, *Ranke und die soziale Welt*, S. 18.

48 Vierhaus, *Ranke und die soziale Welt*, S. 56.

49 Ebd., S. 17-18.

Abglanz)이다.[50] 요컨대 랑케의 개체성은 역사생활의 기반인 일반적인 것이 역사적으로 구체화된 것으로서, 그 자체 내에 보편성을 지니고 있다. 그리고 그의 "모든 것은 보편적이자 개별적인 정신생활이다"라는 표현에서 보자면, 개별적인 개체의 특수성이나 일반적인 것의 보편성은 다함께 정신생활이 역사적으로 그때그때에 나타나는 모습들이다.

다음으로 주목되어야 할 바는 개별적인 것과 보편적인 것이 랑케에게서는 다같이 "정신적"인 것이지만, 그렇다고 그것들이 정신 그 자체는 아니라는 점이다. 다름 아니라 그것들은 정신생활이 역사적으로 현실로서 구체화된 것이므로, 랑케가 실제로 연구대상으로 삼았던 것은 정신 그 자체가 아니라, 〈정치대담〉에서 표현했던 그의 고유한 개념인 "현실적·정신적인 것(das Real-Geistige)"이다. 이 개념은 그가 모든 작품들에서 취급하면서 규명하고자 했던 대상을 의미하는 표지어(標識語, Kennwort)이다.[51] 그는 특히 국가를 역사생활에서 "현실적·정신적인 것"의 구조를 지닌 가장 의미있는 형성체로 보았으며, 신의 사상(Gottesgedanken)이라고도 표현했다.[52]

랑케가 모든 역사현실을 정신적인 것으로 이해했던 점에서는 헤겔(Hegel)에 가깝다. 그러나 양자 사이에는 차이가 있다. 다름 아니라 헤겔에게서는 정신은 그 자체로서 변증법적으로 발전해 나가는 것이다. 그는 사변적으로 미리 사유된 정신의 전체적인 발전 속에서 고대 동방세계에게 한 사람만의 자유라는, 다음으로 그리스·로마 시대에게는 몇 사람들만의 자유라는, 그리고 그 다음의 기독교 게르만 사회에게는 인간 그 자체로서의 인간의 자유라는 의미들을, 즉 정신적 자유의 형식들을 각각으로 부여했다. 이것은 자유라는 보편적 개념을 통해 역사발전의 각 단계들의 형식

---

50 Schieder, "Das historische Weltbild Leopold von Rankes," S. 124.

51 Ranke, *Politisches Gespräch*; 랑케, 〈정치대담〉, 《강대세력들·정치대담·자서전》, 이상신 역, 131쪽; Meinecke, a.a.O., S. 593.

52 랑케, 〈정치대담〉, 《강대세력들·정치대담·자서전》, 이상신 역, 26쪽.

과 성격을 정의한 것이다. 그러나 랑케에게서는 정신적인 것이 순전한 정신 그 자체가 아니므로, 개체적인 것이자 보편적인 것인 각 시대를 헤겔처럼 정신적 자유의 발전형식들로써 개념적으로 정의하는 것은 결국 역사발전을 사상의 체계에 따라 해석하는 비역사학적인 것이다. 그러한 정의에서는 개체의 자유가 폐기되고, 역사발전은 도식적인 것으로 된다. 그러므로 역사가로서 랑케는 개체를 "현실적·정신적인 것"으로 규정하고, 이에 대한 구체적, 사실적인 연구를 근거로 하는 보편사적인 관조 속에서 비로소 세계사의 비밀에 접근하고자 했다. 바로 이러한 점에서 헤겔과 랑케의 역사사고는, 비록 다같이 현실을 정신적인 것으로 보았으면서도, 구분된다.

### 연구실제에서의 개체와 보편

바로 이러한 차이에서 랑케에게서는 역사연구의 작업과정과 순서가 세계사에 대한 헤겔의 철학적 사유에서의 그것과는 명백하게 달라진다. 랑케는《정치대담》에서 "형식적인 것은 보편적인 것이고, 현실적인 것은 특수한 것, 생동하는 것이다"[53]라고 정의하면서, 이어서 "당신은 특수한 것으로부터 사려 깊게, 그리고 대담하게 보편적인 것에로 나아갈 수 있지만, 일반적 이론으로부터 특수한 것을 관찰하는 길은 없다"[54]라고 강조했다. 요컨대 그에게 역사연구는 형식적인 것인 보편적인 것에 대한 연구로부터가 아니라, 현실적인 것인 특수한 것에 대한 연구로부터 출발해야 한다. 다름 아니라 그에게는 역사연구가 역사생활을 과도하게 추상화시킨 일반적 이

---

53 Ranke, *Politisches Gespräch*, hrsg. v. Th. Schieder, S. 54: "Das Formelle ist das Allgemeine, das Reale ist das Besondere, Lebendige."; 랑케, 〈정치대담〉,《강대세력들·정치대담·자서전》, 이상신 역, 126쪽.

54 Ebd.: "Aus dem Besonderen kannst du wohl bedachtsam und kühn zu dem Allgemeinen aufsteigen; aus der allgemeinen Theorie gibt es keinen Weg zur Anschauung des Besonderen."; 랑케, 〈정치대담〉,《강대세력들·정치대담·자서전》, 이상신 역, 131쪽; Lozek, "Der Epochenbegriff bei Ranke," in: *Leopold von Ranke und die moderne Geschichtswissenschaft*, hrsg. v. W. J. Mommsen, S. 179.

론 및 개념들로부터 출발할 때, 개별 사실들의 특수성은 소홀히 취급 또는 배제될 수 있으며, 결국 역사발전에 대한 파악도 충실해질 수 없기 때문이다. 이 문제를 그는 처녀작의 제2판(1874)의 서문에서도 다시금 언급했다. 즉 "사람들이 특수한 것들에 대해 정확하게 알 수 없을 때는, 보편적 관조는 혼란에 빠지게 될 것이다. 기본 개념 자체는 보다 더 긴 역사적 발전을 충족시켜 주기에는 더 이상 포괄적으로 충분하지 못하다"[55]는 것이다. 이 말은 기본 개념들을 통한 역사연구는 충분할 수 없으므로, 보편적 관조는 어디까지나 개별 연구들을 근거로 해야만 한다는 점을 강조한 것이다. 그에게 역사발전의 긴 과정에서는 항상 새로운 요소들이 작용하며, 따라서 역사발전의 내용과 형식도 항상 변화하는 한, 기본개념들을 과거 파악에 곧바로 적용시킬 때는 과거에 대한 이해를 오히려 방해 또는 오도할 수도 있는 것이다. 그러므로 그에게서는 역사생활에서 생동하는 힘들인 개체들의 현실적인 특수한 모습들을 먼저 연구해야만 하고, 이를 근거로 보편적인 것에 대한 파악으로 나아가야 하는 것이다.

랑케는 특수한 것에 대한 연구를 이와 같이 우선시켰지만 보편적인 것에 대한 연구에 결코 소홀하지는 않았으며, 오히려 양자를 연관시켰다. 즉 그는 개별적인 것들에 대한 엄격한 사실적인 연구라는 원칙을 따르면서도, 연구대상을 항상 "전체와의 연관관계 속에서" 파악하고자 했듯이, 전체에 대한 이해를 함께 도모했다. 이것은 그에게 역사연구에서의 이상적인 목표였다. 그에게는, 개별적인 연구와 전체에 대한 이해와의 연계가 없는 연구는 취약해질 수밖에 없는 것이다. 이러한 점에서 그에게서는 역사연구가 "역사적 사건의 요인에 대한 탐구"와 "그것의 보편적 관계에 대한 이해"라는 두 개의 차원으로 전개되었다고 볼 수 있겠다.[56] 이 두 개의 차

---

55 Ranke, *Geschichten der romanischen und germanischen Völker*, 2. Ausgabe(1874) Vorrede, S. IX.

56 White, *Metahistory; The Historical Imagination in 19th Century Europe*; 헤이든 화이트, 《19세기 유럽의 역사적 상상력》, 천형균 역(문학과 지성사, 1991), 209쪽.

원은 그에게 결코 분리되어있지 않고, 다같이 필수적인 작업으로서 연계되어 있다. 그러면서도 그가 특수한 것으로서의 개별적인 것에 대한 연구를 선행시킨 이유는 우선, 그에게 보편적인 것은 특수한 것, 개별적인 것에 뿌리를 두고 있으며, 그러므로 그것은 오직 특수한 것에 대한 인식 위에서만 해명될 수 있다고 보았기 때문이다.[57] 이것이 그에게 가능하고 또한 필요한 이유는 특수한 것으로서의 개체 그 자체는 정신적인 것이자 동시에 현실적인 것이며, 이미 그 자체 내에 보편적인 것을 내포하고 있는 것이기 때문이다. 그리고 다음으로는, 그에게 개별적인 것들에 대한 엄격한 연구는 상세할 수 있는가 하면, 보편적인 것은 결코 일시에 파악될 수 있는 것이 아니기 때문이다. 그에게는 "엄격한 연구 없이는 보편성의 개념도 일종의 환상으로 전락해 버릴 것이다."[58]

그렇다면 개별적인 것들에 대한 연구로부터 보편적인 것에 대한 파악으로 나아가는 과정은 어떠한 것인가? 랑케에게 모든 개체들은 각각 역사적 형성체들이므로 비교될 수 없는 각각의 고유한 가치를 지니고 있고, 그것들의 의미는 다양하며, 특히 신과의 직접성에 따라 무한하기도 하다. 그러므로 그러한 개별적인 것들에 대한 연구결과들의 단순한 산술적인 종합이 곧바로 보편적인 것에 대한 인식을 가져올 수는 없다. 그가 "그렇게도 회의적인 문화의 촉진도 세계사의 유일한 내용은 아니다. 그것은 힘들, 그것도 생(生)을 불러일으키는 정신적, 창조적인 힘들, 생(生) 그 자체이며, 도덕적 에너지들이다"라고 말하면서 "그것들은 정의될 수 없고 추상적 개념들로 정리될 수도 없다. 그러나 그것들은 관조될 수 있고 인지될 수 있다. 사람들은 그것들의 현존재에 대한 공감(Mitgefühl)을 만들어 낼 수 있다"[59]라고 말했던 바에서 보면, 그에게서는 개별적인 것들, 특수한 것들에

---

57 Muhlack, "Leopold von Ranke," in: *Klassiker der Geschichtswissenschaft*, Bd. 1, hrsg. v. Lutz Raphael, München, 2006, S. 13.

58 *Geschichte und Geschichtsschreibung*, hrsg. v. Fritz Stern, München 1966, S. 61; 화이트, 앞의 책, 209쪽.

대한 연구로부터 전체적인 것, 보편적인 것에 접근하는데는 역시 "공감과 공유인식"을 근거로 하는 "관조(Anschauung)"와 "예감(Ahnung)"이 활용되었던 것이다. "정신적 통각"으로서 이 관조와 예감은 직관적 이해의 방법이다. 이것은, 그가 역사서술은 현존재의 핵심을 개념적으로 파악하는 철학의 정신적 힘과 결합해야 한다고 요구한 바 있듯이,[60] 철학적인 사유(思惟)도 내포하고 있다. 그가 헤겔의 역사철학을 거부했던 것은 그것이 엄격한 개별적인 사실연구를 결여하면서 추상화적이기 때문이며, 또한 니부어의 비판적 · 경험론적 개별연구를 높이 평가하고 계승하면서도, 니부어에게 만족할 수 없었던 것은 니부어가 전체적인 관조를 결여하면서 보편적인 것을 파악하는 경지로 나아가지 못했기 때문이다.[61] 그러므로 그가 비판적·경험론적 방법과 함께 철학적 사유와 방법을 다함께 활용한 것은 니부어와 헤겔을 종합하면서 그들의 한계를 극복하기 위한 것이다. 이 종합은 단순한 종합이 아니라, 그의 학문적 원칙에 근거하는 것이다. 다름 아니라 그는 역사에 관한 관념에 있어서는 신학적이면서도, 신학이 자체의 교의(教義, Dogma)에 따라 역사를 구성하고 해석하는 것에 대해서는 거부적이었으며, 또한 철학과 역사의 과제를 동일한 것으로 보면서도 철학이 곧바로 역사전체를 사변적으로 사유하면서 체계화하는데 대해서는 동의하지 않았던 대신에, 그 자신은 개별적인 것들에 대한 비판적·경험론적 연구와 그 성과들을 근거로 하여 보편적인 것을 "관조"하고 "예감"하면서 "세계사의 비밀"에 접근하고자 했던 것이다. 이러한 방법과 과정은 역사 그 자체와 역사서술의 고유한 성격에 대한 그 자신의 관념에서 세워진 것이다.

그러면서도 랑케는 자신의 연구방법이 세계사의 비밀을 해독할 수 있다고 생각하지는 않았다. 보편사(Universalhistorie)와 관계한다는 것, 즉 세계

---

59 랑케, 〈강대세력들〉, 《강대세력들·정치대담·자서전》, 이상신 역, 102쪽; Muhlack, a.a.O., S. 13.

60 본서 III-2, 182쪽 주 67 참조.

61 본서 III-2의 164쪽 주 28 및 177쪽 주 52 참조.

사를 총체적으로 파악하고 서술한다는 것이 그에게는 지극히 어려운 일이다. 세계사에는 수많은 사건들과 서로 다른 목표들을 지향하는 수많은 노력들이 있는가 하면, 우리는 아직도 많은 것을 모르고 있으며, 총체적인 것의 본질을 규명하지는 못한다는 것이다. 그리하여 그는, "나는 이 문제의 전적인 해결은 불가능하다고 생각한다. 신만이 세계를 안다. 우리는 모순들을 볼 수는 있다. 그러나 조화(調和)는, 인도시인이 말했듯이, 신만이 알 수 있으며, 인간은 알 수 없다. 우리는 단지 관조할 수 있을 뿐이며, 멀리서 접근해 갈 수 있을 뿐이다"[62]라고 말했던 바, 이것은 역사에 관한 그 자신의 신학적 관념에서 나온 고백이다. "역사는 신만이 알 수 있다." 그러므로 그는 일반적인 것보다는 개별적인 것이 더 상세하게 파악될 수 있기 때문에 후자에 대한 연구로부터 출발했지만, 모든 개체들의, 시대들의 가치는 신과의 직접성에 있으므로, 개체들도 역시 그에게는 완벽하게 인식될 수 있는 것이 아니다. 그럼에도 그가 개체들에 대한 연구로부터 출발한 것은 한편으로는 개체에 대한 그 자신의 미학적 관심에서였고, 또 한편으로는 그의 종교성에서였다. 다름 아니라 우선 그에게는 "개체적인 생(生)에 대한 관찰이 하나의 전적으로 고유한 매력을 얻는다. 왜냐하면 모든 시대는 그 자체로서 가치 있는 그 무엇으로 간주되어야 하며, 그러할 때, 그것들은 지극히 가치 있게 나타나기 때문이다."[63] 요컨대 그에게서는 개체들의 매력에 대한 미학적 관심이 그의 연구 열정을 불러일으켰다. 그리고 또 한편으로는 그의 종교성이 그로 하여금 모든 개체들에 대해 공평한, 나아가서는 역사 자체에 대해 경건한 자세를 세우도록 했다. 왜냐하면 그에게 역사적 개체는 신과 직접 접해 있는 근원적인 고유한 존재로서 자발성과 독창성을 지닌 정신적인 것이자 현실적인 것이기 때문이다. 그리하여 역사적 개체가 그에게서는 역사이해의 근거이자 그 연구의 출발점이었던 것이다.

---

62 Ranke, "Idee der Universalhistorie," in: Kessel, a.a.O., S. 301; 이거스, 《독일 역사주의》, 최호근 역, 141-142쪽.

63 랑케, 《근세사의 여러 시기들에 관하여》, 이상신 역, 35쪽.

이것은 그가 역사가로서 자신을 확고하게 세울 수 있었던 기반이다.

랑케의 이러한 개체사상은 역사연구와 서술에서 문제점을 제기한다. 다름 아니라 모든 개체들은 각각의 고유한 가치와 의미를 지니고 있으므로, 어떠한 기준에 의해서도 획일적으로 평가될 수 없다. 그렇다고 해서 그들 모두에게 서술될 권리와 기회가 부여되고 각각의 고유성이 강조될 때, 역사서술은 가치의 무정부 상태 속에 결국 상대주의로 나아가게 될 수 있다. 그러나 랑케에게서는 그의 개체사상이 곧바로 상대주의로 나아가는 것은 아니었다. 왜냐하면 그는 역사적 개성들의 생(生)을 그들이 속해있는 민족, 국가 및 시대와의 연관관계 속에서, 그리고 개체들로서의 민족 및 국가들이나 시대들을, 자신이 칭찬했던 귀차르디니(Gucciardini)가 이탈리아 역사를 그렇게 취급했듯이, 전체 유럽 역사와의 관계 속에서 파악했기 때문이다. 이것은 이른바 "전체와의 연관관계 속에서(im Zusammenhang mit Ganzen)"이라는 그의 보편사적 관조와 서술의 기본 토대이다. 이러한 관찰방법은 개별 역사들 위에는 "총체적인 것"이, "전체적이고 정신적인 것"이, 그의 역사신학적으로 말하자면 역사 속의 "신의 숙명(Gottes Geschick)"이 있다는 그의 믿음에서 세워진 것이다.[64] 이 믿음은 그로 하여금 역사진행을 결코 근원적인 질서도 없는, 혼란스러운 과정으로 서술할 수는 없도록 했다. 그에게 모든 개체들은 역사 속에 무질서하게 혼재(混在)하는 것이 아니라, 보편적 이념들 및 경향성들과 결합되어 있으면서 하나의 전체와의 연관관계 속에 있고, 이러한 역사발전의 전체 과정은 신의 섭리와 함께 전개되고 있다. 그 속에서 개별개성과 민족 및 국가들의 역사생활이 현실적으로 다양하게 전개되고 있는 것은 신의 이념이 그들에게서 다양하게 나타나고 있는 모습이다. 그의, "신은 자신을 다양한 민족들에게 표현했다"라는 말은, 신은 인류의 이념을 다양한 민족들을 통해 표현한다는 의미이다.[65] 그리고 그에게는, 신 앞에는 어떠한 시간도 놓여 있지 않으므로, 신은

64 이거스, 앞의 책, 106쪽.

인류 역사를 전체적으로 굽어보면서 도처에서 동일하게 평가하는 것으로 된다.[66]

이와 같이 종교성에 기반을 두고 있는 랑케의 역사사고에서는 개체들의 다양한 가치들이 결코 상대주의로 나아가지는 않으며, 오히려 그 다양한 발전들은, 역사 속에는 신의 뜻이 함께 있다는 그의 관념에 따라 보편사적으로 관조될 수 있게 된다. 그는 이미 첫 작품, 라틴 및 게르만 민족들의 역사들속에서 "하나의 전체적 유대(ein Generalband)"를, "하나의 전체적 의미(ein Gesamtsinn)"를 발견했듯이, 그는 모든 것이 포괄되는 하나의 전체성, 통일성, 연관관계라는 관념을 이미 일찍부터 세우고 있었고, 그 속에서 개별적인 것들을 파악하고자 했다. 이러한 그의 통일적이고 보편사적인 역사사고에서는 상대주의를 위한 자리가 있을 수 없었다. 그에게서는 개체는 보편적인 것을 항상 새로이 개체적인 것으로 만드는 것이므로, 개체성 원리가 가져올 수 있는 상대주의는 그의 종교적 역사주의에 의해 극복되었다.[67] 그는 개체를 역사생성의 요소로 보았고, 보편적인 것은 이 개체에 뿌리를 두고 있으므로, 개체에 대한 인식이 보편적인 것에 대한 이해를 가능하게 한다는 사고에서 개체에 대한 연구를 우선시했지만, 개체와 보편과의 연계 없이는 역사 전체에 대한 이해가 불완전하다는 전제하에 결국 모든 발전들을 양자의 작용관계를 통해 파악했던 것이다. 유럽 각 국가들과 여러 시대들에 관한 그의 작품들은 "유럽 국가들의 체제"라는 전체적 발전에 대한 관조를 통해 보편사적인 개별 국가들의 역사로 저술되었으며, 말년의《세계사》는 이전의 그러한 개별 국가들의 저술들을 근거로 하여 보편사적 세계사로서 서술되었다. 그는 처음부터 보편사적이었으며, 따라서 그에게 개별 국가들의 역사와 보편사는 상충되는 것이 아니었다. 왜냐하면, 그의 개체사상은 보편사의 필요성을 필연적으로 제기하는 그

65 위의 책, 133쪽.

66 랑케,《근세사의 여러 시기들에 관하여》, 이상신 역, 35쪽.

67 Masur, a.a.O., S. 62; 본서 IV-1, 262쪽 주 45 참조.

자신의 독특한 범신론, 즉 만유재신론(萬有在神論)에 근거하는 것이기 때문이다.

랑케에게서는 개체 사상이 그 자신의 시대에 대한 현재인식을 통해 하나의 정치사상으로서 더욱 근거있게 세워졌다. 그에게 프랑스 혁명의 전반적이고 급진적인 변혁은 유럽 각 민족들의 민족정신에 의해 역사적으로 형성된, 각각의 고유한 가치를 지니고 있는 정치적, 사회적 체제와 제도들을 일시에 파기할 수 있고, 그러므로 유럽의 문화적 전통에, 역사의 연속성에 단절을 가져올 수 있는 것이었다. 그의 이러한 위기의식은 19세기 초부터 유럽 각 지역에서 전개되고 있었던 자유주의적, 입헌주의적 혁명운동 속에 더욱 고조되었다. 그리하여 그는 30년대의《역사·정치 잡지》를 통해 "모든 민족에게는 그 민족 고유의 정치가 있다"는 것, 그러므로 외국의 정치사상과 제도를 자신들에게 이식시키는 것은 부정적인 결과들을 초래할 수 있다는 것, 독일인의 과제는 독일민족의 정신과 일치하는 진정한 독일국가를 세우는 일이라는 것 등의 견해들을 역설했던 것이다.[68] 그의 기본 입장은 역사주의의 개체사상이었던 바, 그는 자기 당대의 현실로부터 자극을 받으면서 더욱더 확신한 이 개체사상에 근거하여 자신의 모든 작품들을 서술했던 것이다. 이로써 그는 이미 17세기에 라이프니츠(Leibnitz)에게서 등장했었고, 18세기에는 헤르더(Herder)와 뫼제르(Möser)를 위시한 역사사상가들에 의해 계승되어 오던 개체사상을 이제 19세기에서 자신의 현실 정치사상이자 학문적 사고원리의 기반으로 만들었던 것이다.

## 2. 진보사상

랑케의 역사사고는 처음부터, 역사 속에는 "신의 숙명(Gottes Geschick)"이

68 Iggers, a.a.O, S. 100; 이거스, 앞의 책, 131-133쪽.

전개되고 있다는 관념으로부터 출발하고 있다. 이것은 그의 역사사상에서 근본 관념이다. 그에게 현실의 역사적 운동들은 인간들의 자유로운 정신적 힘들이 대립, 투쟁하는 가운데 전개되고 있는가 하면, 그 속에는 항상 신의 뜻이 함께 있다. 그러므로 인간들의 모든 역사적 운동들은 비록 다양한 형식으로 전개되고 있고, 다양한 내용과 성격들을 이룩하고 있지만, 그것들 모두는 신성(神性)이 여러 민족 및 국가들의 상이한 역사적 조건 속에서 다양하게 나타나고 있는 모습들이다. 결국 각 민족 및 국가들은 신의 운명을 각각 자신들의 방식대로 표현하고 있는 것으로 된다. 랑케의 이러한 역사사고에서는 모든 시기의 역사적 운동들과 그 발전들이 하나의 동일한 개념으로, 또한 그 발전들이 진보라는 하나의 가치기준에 따라서 정의될 수는 없는 것이다.

### 진보사상의 연원

진보사상은 인류역사가 보다 더 완전하고 행복한 상태를 향해 나아가고 있다고 사고하는 일련의 관념형식들을 지칭하는 개념이다. 이러한 역사사고가 고대인들에게서는 명확하지 못했다. 그들에게 역사는 "황금시대(das goldene Zeitalter)"로부터 몰락해 가는 과정으로, 특히 그리스·로마인들에게는 역사발전이 순환(循環)적인 진행으로 이해되었으므로, 그들에게서는 역사의 목표가 모호했다. 그런가 하면 고대 유태민족의 메시아니즘(Messianism)에서는 태초에 낙원이 있었고, 지상의 현실 역사는 쇠망의 길로 나아가고 있는 고난의 과정이지만, 미래에는 구원(救援)의 시대가 도래할 것이라고 상정되었다. 그리고 아우구스티누스(Augustinus) 이래의 기독교 역사철학에서는 "영원의 제국(das ewige Reich)"이 미래에 이룩될 역사의 목표로 설정되었다. 그러므로 고대의 비유태민족들에게서 일반적이었던 순환론적 역사사고는 아우구스티누스에 의해 기초된 중세의 기독교 역사철학에 의해 극복되었다고 볼 수 있겠다. 그러나 유태교의 메시아니즘이나 기독교의 "영원한 제국"이란 지상의 현실적인 것이 아니라 피안(彼岸)

의 목표일 뿐이며, 그들에게 지상의 역사는 "최후의 심판"을 통해 끝나 버리는 것으로 된다. 그러므로 그들의 종말론(Eschatologie)적 역사사고는 신학적으로는 고대의 순환론을 극복했지만, 그것이 지상의 역사에 관한 현실적인 진보사상일 수는 없는 것이다.

르네상스 시기의 인문주의자들은 중세를 "불편했던 시기"로 보는 한편, 고전고대를 "찬란했던 시기"로 보면서 고대의 역사순환론적 사고 경향을 계승하고 있었다. 따라서 그들에게서도 진보사상은 모호했다. 17세기에는 "고대인들과 근세인들의 차이"에 관한 논쟁이 일어났고, 이에 대해 퐁트넬(Fontenelle)이, 시간의 흐름에 따라 지식이 축적되어 왔으며, 결국 근세인들이 고대인들보다 더 현명해졌다는 견해를 제기했던 바,[69] 이것은 인간의 과학적 지식의 증대와 그 업적을 근거로 하여 역사 발전을 현실적으로 사고하는 최초의 근세적인 진보사상이었다. 이러한 사상이 등장할 수 있었던 것은 당시의 "과학혁명"을 통해 자연법칙들이 발견되고 있었고, 이를 통해 축적되는 지식들이 역사 속에서 인간의 능력과 역할을 보다 더 증대시킬 것이라는 전망을 세울 수 있게 만들었기 때문이었다. 그러나 17세기에서도 인간주의적, 현실적 진보사상은 왕성하지 못했으며, 역사사고를 지배하던 사상은 역시 기독교 신학적 역사철학이었다.

그러므로 현실적인 진보사상은, 인간은 신의 의지로부터 독립적이라고 사고하면서 기독교의 도그마를 거부하고, 인간이성을 모든 사고의 기준으로 삼고자 하는 18세기의 계몽사상에서 비로소 왕성하게 등장할 수 있었다. 실제로 이성(理性)의 시대인 18세기에는 진보에 대한 믿음이 거의 종교적 신앙처럼 되었다. 이 시기의 계몽사상가들은, 세계는 신에 의해 창조

69 퐁트넬은 17세기의 프랑스 저술가로서 《고대와 근세의 차이(Digresion ant he Ancient and the Moderns)》(1692)에서, 고대가 근세보다 우월하지 않았다는 견해를 보여주었다. 그는 예술에서는 고대와 근세 사이에 차이가 없고 비슷했지만, 과학과 산업에서는 수직적인 발전이 진행되었으며, 미래에는 더 위대한 발전이 있을 것이라고 전망하는 계몽사상적인 진보사상을 선구적으로 보여주었다. Condorcet, *Esquisse d'un tableau historique des progrès de l'esprit humain*, 1794; 콩도르세, 《인간정신의 진보에 관한 역사적 개요》, 장세룡 역(책세상, 2002), 142, 150쪽.

되었으나, 신이 세계의 운동에 더 이상 간섭하고 있지는 않으며, 세계는 일정한 질서 속에 형성되어 있으므로 그 자체의 법칙에 따라 운동하고 있다는 이신론(理神論, Deismus)적 역사사고를 보여 주었다. 이러한 사고는 여러 가지 형식의 진보사상이 등장하는 데 자극을 주었다. 이 시기에 진보사상을 대표적으로 대변했던 볼테르(Voltaire)는 최초의 문화사 작품으로 인정되고 있는 자신의 저서에서, 상업과 산업, 학문과 예술 및 법의 영역에서는 성장과 전진이 발견되며, 인간들 사이의 편견이 제거되면, 진보의 장애물인 종교와 전쟁이 극복될 수 있으며, 세계는 빨리 개선될 것이라고 전망했다. 그는 중세를 미신의 시대로 경멸하는 한편, 인간은 이성의 힘으로써 진보를 이룩할 수 있다고 믿었다.[70] 그리고 튀르고(Turgot)는, 인간성은 완성을 지향하며, 인간정신은 보다 더 계몽되어 가고 있으며, 격리된 민족들이 밀접한 관계를 맺으면서 역사는 보다 더 완성된 상태로 나아간다고 전망했다.[71] 그는 인간은 처음에는 야만 상태 속에 살았으나 종교에 의해, 다음으로는 철학에 의해 형제애를 의식하면서 보다 더 승화된 상태로 나아갔으며 여기에는 기독교가 크게 기여했다고 보았다.[72] 이로써 그는 종교에 대해 비판적이었던 다른 계몽사상가들의 태도를 극복했다. 특히 그는 "자연현상은 항상 동일한 순환 속에 폐쇄되어 있지만, 인간의 세계는 섭리 속에서도 항상 새로운 사건들을 포함하면서 계승된다"[73]고 사고함으로써, 모든 시대는 앞선 시대와 인과관계를 통해 연결되어 있다는, 역사적 시대들의 단계론을 표명하면서 역사발전을 연속성 속에 사고하는 모습을 보여 주었다.

---

70 Voltaire, *Essai sur les moeurs et l'ésprit des nations*(여러 민족들의 풍습과 정신에 관하여), 1753; K. Löwith, *Weltgeschichte und Heilsgeschehen*, Stuttgart, 1967, S. 102, 105.

71 Turgot, *Discours sur les progres succesifs d'esprit humaine*(인간정신의 연속적 진보에 관한 시론), 1756.

72 Turgot, *Discours sur les avantges que l' etablissement du christianisme a procuré au gene humain*(기독교 성립이 인류에게 제공한 이익에 관한 시론); K. Löwith, a.a.O., S., 95f.

73 콩도르세, 앞의 책, 150쪽.

18세기 말에는 콩도르세(Condorcet)가 튀르고의 사상에서 섭리의 작용을 배제하는, 보다 더 현실적인 진보 사상을 보여 주었다. 그는 진보에 대한 루소(Rousseau)의 비관적 관념을 거부하면서, 학문과 예술 및 자유의 발전이 오히려 전통과 관습을 순화 및 개선시켜 왔으며, 역사는 오랜동안의 과정을 거쳐 보다 더 완전해졌다는 견해를 자신의 최후의 저술에서 제시했다.[74] 그는, "생명체의 모든 자연적 소질은 언젠가는 완전하게, 그리고 목적에 맞게 발현되도록 결정되어 있다"라는 칸트의 〈보편사의 이념〉의 제1명제[75]보다 더 나아가서, 인간은 본성적으로 완전해질 가능성을 지닌 존재로 보았다. 그에게는 인간이 본능적이고, 때로는 선보다 악에 더 민감하지만, 바로 그러한 악덕과 오류를 극복하기 위해 사회적 통일성을 세워 나가는 과정이 인류 사회의 역사이다. 그러므로 그에게는 인간의 악덕과 오류가 역사발전의 동인으로 된다. 이러한 관점에서 그는 인간들의 적대주의(Antagonismus)를 "비사회적 사회성(die ungesellige Geselligkeit)"으로서 역사의 추진력으로 보았던 칸트의 제4의 명제와 일치했다.

콩도르세는 역사발전에서 상승과 진보뿐만 아니라 하강과 퇴보도 함께 보았다. 그에게 진보의 방해물들은 도그마, 광신주의(狂信主義), 비합리성, 그리고 불평등과 전쟁이다. 여기에서 그는, 인류 역사는 법칙적으로 발전해 왔으므로, 수학의 확률적 계산과 물리학의 추론적 방법을 정신생활의 법칙성을 파악하는데 활용할 것을 제안했다. 이렇게 그는 수학적 사회과학인 이른바 "사회수학(Sozialmathematik)"을 제시하면서, 이를 통해 인간은 미래를 예언이 아니라 합리적인 예측으로써 진보의 방해물들인 종교적 미신이나 정치적 독재를 극복할 수 있다고 주장했다. 또한 그는 수학과 물리학이 기술을 완성시키는 데 활용되었듯이 윤리학과 정치학은 인간의 감정과 행동의 방향을 결정하는 데 기여한다고 믿었다.[76] 이렇게 그는 과학의

74 위의 책, 71-107쪽

75 Kant, *Ideen zur allgemeinen Geschichte in weltbürgerlicher Absicht*(세계시민적 관점에서 본 보편사의 이념), 1784; 칸트, 《칸트의 역사철학》, 이한구 역(서광사, 1992), 25쪽.

발전과 정신생활을 결합시켜 사고하면서 사회질서가 완성되는 시대를 전망했던 것이다. 그에게 진보는 완전성을 지향하는 인간의 필연적인 역사적 운동이다. 그의 진보사상은 한 세대 뒤의 생시몽(Saint-Simon)에게, 특히 콩트(Conte)가 실증주의 철학을 세우는데 사상적 기초가 되었다. 양자는 다함께 자신들을 그의 계승자들이라고 자처했다.

이상의 18세기 프랑스 계몽사상가들의 진보사상에서 공통적인 점은 그들이 역사 생활을 자연의 전개에서처럼 법칙적인 진행으로 파악하고 있었고, 따라서 자연 과학의 발전과 역사생활을 결합시켜서 사회법칙을 발견함으로써 진보를 기대했다는 점이다. 그들에게 자연과학은 사회질서의 완성을 위한 수단이었다. 그리하여 그들에게서는 합리적인 이성의 작용과 그 역할이 역사발전의 진보수준을 평가하는 가치기준으로 되어 있었다. 그러므로 그들에게서는 신앙이 이성을 지배했던 중세 시기가 미신의, 암흑의 시대로 간주되었고, 각 시대의 역사성은 무시되면서 결국 각 시대들은 역사발전의 연속성 속에 사고되지 못하기도 했다. 따라서 그들의 진보사상에서 진보는, 20세기 초에 크로체(B.Croce)가 지적했듯이, "발전이 없는 진보(der Fortschritt ohne Entwicklung)"로 되었다.[77]

18세기의 독일에서는 헤르더(Herder), 레싱(Lessing), 실러(Schiller), 칸트(Kant) 등이 진보사상을 보여 주고 있었다. 헤르더는, 인간은 학문적 인식, 예술적 창조, 경제생활 등에서 보다 더 확대 및 풍부해지고자 하는 욕구를 실현시켜 나가며, 이러한 전진 속에서 문화가 발전하고, 여러 민족들 사이에는 문화의 상호작용과 전파 및 계승의 관계들이 형성된다고 보았다. 그는 개체로서의 각 민족들은 각각 자신들의 특정한 문화를 최고도로 이룩하고자 하는 욕구를 지니고 있는 바, 그들은 이 이상(理想)을 자신들의 고유한 특성을 근거로 하여 달성해 나아간다고 보았다. 이러한 역사진행을 그는 인간다움(Humanität)의 끝없는 실현과정으로서, "인간교육의 과정"

---

76 콩도르세, 앞의 책, 95쪽.

77 베네데토 크로체, 《역사의 이론과 역사》, 이상신 역, 203쪽.

이라고 이해했다.[78] 그는 각 민족들의 특수성을 강조하면서, 그들 각자가 자신들의, 즉 민족단위의 "문화적 사명"을 완수하기를 기대했다.

그런가 하면 칸트에게서는 진보사상이 보편사적이다. 그의 〈보편사의 이념〉에서는 생명체로서의 인간은 자신의 "자연적 소질"을 최대로 발휘하는 것을 목적으로 삼고 있다.[79] 이 자연적 소질에서 보편적인 것은 자유인 바, 인간은 이성의 힘을 통해 단순한 본능, 즉 야만적 자유로부터 벗어나고, 도덕을 통해 자유를 실현하며, 결국 자유의 윤리적 완성을 추구해 나간다. 이러한 역사발전에서 "자연이 인간들의 모든 소질들을 계발시키기 위해 사용하는 수단은 (…) 인간들 사이의 적대주의(Antagonismus)이다."[80] 즉 인간은 오히려 이것 때문에 야만적 자유를 포기하고 사회와 국가를 구성하여 상호파괴를 방지한다. 그에게는 자유의 이념이 윤리적으로 실현된 것이 문화이며, 이 실현은 정치적 정의에 기반을 두고 있는 "하나의 보편적인 세계시민적 상태(ein allgemeinen weltbürgerlicher Zustand)"에서 이루어진다는 것이다.[81]

19세기 초에는 독일에서 헤겔이, 다음으로 프랑스에서는 생시몽(Saint-Simon)과 콩트(A. Comte)가 진보사상을 대변했다. 헤겔에게서는 역사현실은 정신이 구체화된 것, 즉 정신현상이며, 이 정신의 본질은 자유이다. 그리하여 그에게 세계사는 정신이 자유를 의식해 나갔던 단계들에 따라서, 즉 한 사람만의(고대 동방의), 다음으로는 몇 사람들만의(그리스 · 로마의) 자유였던 단계를 거쳐 인간이 인간으로서 자유스러운(라틴 및 게르만 사회의) 단계로 발전해 왔다.[82] 그에게 정신의 본질인 자유의 이러한 발전, 즉 그 진보는 이성(Vernunft)을 근거로 하여 실현되며, 그러므로 역사는 곧 이성의

---

78 Herder, *Ideen zur Philosophie der Geschichte der Menschheit*(인류의 역사철학을 위한 이념들), 1784-1791.

79 칸트, 앞의 책, 25쪽.

80 위의 책, 29쪽.

81 위의 책, 40쪽.

82 Hegel, *Vorlesungen über die Philosophie der Geschichte*(역사철학 강의), Werke in zwangzig Bänden(12), Suhrkamp Verlag, 1970, S. 31.

역사이기도 하다. 그는 정신현상으로서의 역사의 진보를 보편사적으로 자명한 것이라고 사고했으며, 그리하여 그에게 "세계사란 자유의 의식에 있어서의 진보이다."[83]

생시몽과 콩트는 볼테르와 콩도르세의 진보사상을 계승하면서도 보다 더 보완적인 사고를 보여 준다. 생시몽[84]은 과거의 어느 시대든지 현재의 성립을 위해 필요했던 시기였다고 인정함으로써, 그에게서는 중세도 역시 역사의 진보과정에서 의미있는 시기로 되었다. 이와 같이 그는 각 시대를 역사의 연속성 속에 사고하면서 그들의 역사적 가치를 인정함으로써 18세기의 "발전없는 진보"사상을 극복했던 것이다.

다음으로 콩트[85]는 일찍이 사회발전을 자연의 진행처럼 필연적, 법칙적인 것이며, 역사는 진보의 불가피한 진행이라고 파악했던 콩도르세의 사상을 계승했다. 그는 역사가 발전해 온 과정을 인간의 사고형식에 따라 신학적(theologische), 형이상학적(metaphisische), 실증적(positive) 단계들로 구분하면서 이러한 발전을 진보의 과정으로 보았다. 그는 특히, 마지막의 실증적 단계는 경험적 관찰과 논리적 사고를 통해 현상들 사이의 관계들을 수학적으로 정리하는 단계로서, 자기 시대에 이루어지고 있는 과학적 단계라고 지칭했다. 그는 사회생활에서도 자연에서와 같은 법칙적 발전이 있으므로, 이것을 수학, 물리학 등의 자연과학적 방법을 통해 파악해야 하며, 이렇게 발견된 발전법칙들은 다시금 다른 사회와 시대 및 문명을 파악하는 데에도 응용될 수 있다고 생각했다. 여기에서 그는 자연과학적 방법을 통해 사회와 역사의 발전법칙을 발견하는 이른바 "사회물리학(Sozialphysik)"을 제안하면서 이를 통해 사회조직을 개조함으로써 혁명을 예방하고, 도덕적 발전을 이룩하면서 역사의 진보를 도모할 수 있다고 확신하고 있었다. 이러한 그의 사회철학과 방법론이 바로 실증주의

---

83 Ebd., S. 32: "Weltgeschichte ist der Fortschritt im Bewußtsein der Freiheit."

84 Saint-Simon, *Catéchisme des industriels*(산업의 교리문답), 3 Hefte, 1823-24

85 Auguste Comte, *Cours de philosophie positive*(실증주의 철학), 6 Bde. 1830-42.

(Positivismus)이다.

영국에서는 19세기 중엽에 버클(Th. Buckle)이 방대한 분량의, 자신의 유일한 역사작품인 《영국문명사》[86]에서 새로운 차원의 진보사상을 보여주었다. 그에 의하면, 역사생활에서는 기후(Climate), 식량(Food), 토지(Soil), 자연의 일반적 형세(General Aspect of Nature)가 인간에게 가장 강력한 영향을 주는 4개의 물질적 요소들(physical Agents)이며, 이것들의 물질적 법칙들(Physical Laws)과 인간의 정신적 법칙들(Mental Laws)이 함께 작용하면서 역사의 진보가 이루어진다. 유럽에서는 인간 정신이 자연의 유기적, 비유기적 힘들을 제어 및 지배하면서 인간에게 종속시켜 왔고, 이로써 유럽문명은 다른 문명들보다 우월함을 보여 주게 되었다는 것이다. 요컨대 그에게 역사의 진보에서는 물질적 법칙들보다 정신적 법칙들이 더 중요한, 주도적 작용을 한다. 그러므로 유럽 역사의 법칙들을 발견하는 것은 우선 정신적 법칙들을 발견하는 데 있으며, 그것들은 역사 현상들에 대한 귀납적 연구 방법을 통해 발견되어야 한다는 것이다.[87] 그에 의하면, 정신적 법칙들은 "정신적 진보(mental progress)"를 보여 주는 바, 이 진보는 "도덕적 진보(moral progress)"와 "지적 진보(intellectual progress)"로써 이중적으로 전개되며, 진보가 이 양자를 포함하는 것은 명백하다. "왜냐하면 한 민족의 정신(mentality)이 증가하는 악을 수반한다면, 또는 그들의 선이 증가하는 무지를 수반한다면, 그들은 진정으로 나아가고 있지는 않기 때문이다."[88]

그렇다면 도덕적 진보와 지적 진보가 다 함께 전개되지 못할 때, 진보를 말할 수는 없게 되는가? 버클은 여기에서 양자의 성격과 역할에 관해 언급하면서 그의 진보 개념을 보여 주었다. 그에 의하면, 선행, 자기희생, 이웃사랑, 자제, 부모공경 등의 모든 거대한 "도덕적 교의들(Moral Dogmas)"

---

86 Th. Buckle, *Hirtory of Civilization in England* (영국문명사), 2 Bde. 1857-61.

87 Th. Buckle, *Hirtory of Civilization in England*, summaridged and abridged by C. Wood, Introduction by Hans Kohn(New York: Frederick Ungar Publishing, 1964), p.15

88 *Ibid.*, p. 17.

은 시대를 초월하여 항상 같은 것이고, 변화하지도 추가되지도 않는다. 그것들은 신약성서의 윤리체계처럼 윤리의 본질적인 것이다. 그리하여 도덕적 진실은 정체적이며, 비활동적이다. 이와는 달리 "모든 지적 체계들(Intellectual Systems)"은 근본적으로 다르며, 지적 진실은 도덕적 진실보다 더 역동적이며 진보적이다. 그리하여 지적 활동은 종교적 박해와 전쟁억제에, 상업과 무역 및 문학과 과학의 발달에 기여해 왔던가 하면, 여기에 도덕적 감정의 작용은 무력했다는 것이다.[89] 그의 이러한 역사사고에서는 진보는 정신적 요소들(Elements)의 기능(Faculties)에 있지 않다. 그에 의하면, 인간의 도덕적, 지적 기능에는 어떤 지속적인 개선이 있어 왔다고 말할 수 없다. 그에게 진보는 능력(Capacity)의 진보가 아니라 기회의 진보를, 내면적 힘의 진보가 아니라 외면적 유리함(Advantage)의 진보를 의미하는 것이다.[90] 이로써 그는 정신생활에서의 전반적인 진보와 도덕 그 자체의 진보를, 또한 한 시대 전체의 진보를 인정하지 않았던, 자기시대의 독일 선배 역사가인 랑케의 진보개념에 접근했다. 역사가로서 그는 인간의 정신적 활동을 강조하면서도 자연 형세를 포함하는 물질적 조건들의 영향과 대중(Masse)의 역할을 중요시했다. 콩트의 실증주의로부터 영향을 받은 그는 마찬가지로 역사의 법칙성을 찾으면서 "일반화(generalization)"적, 귀납법적 방법을 활용했다. 이로써 그는 "역사의 과학(Science of history)", 즉 과학적 역사학의 창건자들 중의 한 사람으로 인정되고 있다. 그가 자기시대까지 소홀히 언급되었던 정신적 진보와 "지적 진실"의 역동성, 그리고 도덕개념의 불변성을 제기했던 것은 진보에 관한 논의를 더욱 풍부하게 만들었다.

19세기 전반까지 제기되었던 일련의 진보사상들에서 보면, 그것들은 시대마다 또는 사상가들에 따라서 다양하면서도, 각각 일면적이기도 하며, 공통적으로 문제점들을 지니고 있다. 18세기에는 진보라는 현상이 역

89 *Ibid.*, pp. 17-20
90 *Ibid.*, p. 17

사발전의 연속성 속에서 사고되지 못함으로써 과거의 시기들이 현재의 형성을 위해 기여해 온 바가 무시되기도 했다. 그들이 일반적으로 일치했던 바는 진보의 동력을 지식의 축적, 특히 과학적 기술과 이성으로 보았다는 점이다. 그러나 지식의 증대, 과학기술의 발달이 다른 영역들에서의 진보도 가져오는가, 도덕생활과 예술에서도 진보가 이룩되고 있는가, 모든 영역들에서 진보가 필연적인 것인가 등의 문제들은 정의하기 어려운 일이다. 이미 17세기에 퐁트넬(Fontenelle)은 지식의 축적과 그 증대를 진보로 보는 한편, 예술에서도 동일한 진보가 있느냐에 대해서는 회의적이었으며, 특히 도덕적 진보라는 개념을 부정한 바 있다. 다음으로 18세기에는 튀르고(Turgot)가 진보는 여러 민족들에서 똑같이 이루어지지는 않으며, 단지 인류를 하나의 전체로서 관찰할 때 인정될 뿐이라고 주장한 바 있고, 루소(Rousseau)는 "예술과 학문의 진보가 도덕의 악화 또는 개선에 기여하는가?"라는 디종(Dijon) 아카데미의 현상논문(顯賞論文)에서, 그것은 오히려 도덕의 악화를 가져온다고 주장했다.[91] 그리고 19세기에 와서는 콩트의 사상과 방법론을 계승했던 버클(Buckle)이 유럽에서의 진보는 순전히 지적 능력에 기인한다고 보는 한편, 인간의 내면적, 근원적 도덕에는 진보가 없다고 주장한 바 있다.[92]

### 랑케의 진보관: 직선적, 전반적 진보에 대한 부정

이러한 문제점들을 지니고 있는 진보사상에 관하여 19세기 중엽에 랑케는 역사가로서의 견해를 단호하게 보여주었다. 그에 의하면 인류 전체가 원시상태에서 하나의 긍정적인 목표를 향해 나아가고 있다는 철학자들의 사고에는 두 가지 상상이 있을 수 있는 바, 첫째로는, "하나의 보편적 지도의지(ein allgemein leitender Wille)"가 인류의 발전을 하나의 시점으로부터 다른 시점으로 운반해 나간다는 것이며, 두 번째로는, 인류에게는 사건들을

---

91 Rousseau, *Discours sur les arts et les science*(예술과 학문에 관한 시론), 1750.
92 Th.Buckle, *Hirtory of Civilization in England* (영국문명사), 2Bde., 1857-1861.

필연적으로 하나의 특정한 목표를 향해 밀고 나아가는 "정신적 본성(die geistige Natur)"이 있다는 것이다. 그에게는 이 두 상상들이 철학적으로 유지될 수 없거니와 역사학적으로는 증명될 수 없다.[93]

랑케는 우선 철학적으로 볼 때, 첫 번째의 경우에서는 인간의 자유가 곧바로 지양(止揚)되어 버리고, 인간은 의지가 없는 도구로 되어 버리는가 하면, 두 번째의 경우에서는, 즉 진보의 동력으로서 "정신적 본성"이 있다는 견해에서는 인간이 곧바로 신이거나 전혀 아무것도 아닌 존재로 되어 버린다는 것이다. 다음으로 역사학적으로 볼 때, 인류의 많은 부분들은 아직 원시상태 속에 있는가 하면, 거대한 역사적 발전을 보여 주는 라틴 및 게르만 민족들에게서처럼 원시시대에 기초를 잡았던 일정한 운동이 지속적으로 전개되고 있고, 이 역사적 운동에 참여했던 민족들은 하나의 체제를 이루고 있는 반면에, 여기에서 제외된 민족들이 있는가 하면, 하나의 체제를 이룩했던 민족들에게서도 퇴보가 있었다는 것이다. 그리고 15세기와 16세기까지에는 예술이 꽃피었으나, 17세기 말과 18세기 중엽까지에는 예술이 대부분 침체해 버렸듯이, 인류를 지배하는 거대한 정신적 경향성들은 지역적으로나 시기적으로 다르게 나타나기도 했다는 것이다.[94] 즉 그가 파악하기로는, 모든 시대들이 다같이 하나의 특정한 목표를 향해 나아가고 있지는 않으며, 각 시대에는 지배적 경향성들(die herrschenden Tendenzen)이 있을 뿐이다. 그는 이 경향성들을 "지도적 이념들(die leitenden Ideen)"이라고도 지칭했다.[95] 예를 들면, 16세기와 17세기의 역사를 지배했던 가톨릭과 프로테스탄트의 각 "신학체계들"은 당시의 경향성들, 즉 지도적 이념들로서 각각 세계를 자기의 체계 속으로 흡수하고자 했었다.[96] 그에게는 이러한 경향성들이 역사발전에서는 교체적으로 등장하면서, 여러 가지 변

93 랑케, 《근세사의 여러 시기들에 관하여》, 이상신 역, 32쪽.

94 위의 책, 33쪽.

95 위의 책, 37쪽.

96 M. Ritter, *Die Entwicklung der Geschichtswissenschaft*, München, 1919, S. 387.

화들을 가져오는 운동들이 끊임없이 전개되고 있는 것이다.

랑케는 진보로서의 발전을 역사생활의 영역들에 따라서는 인정했다. 그는 특히 물질적, 기술적인 영역에서는 "하나의 무조건적인 진보, 결정적인 상승"이 인정될 수 있다고 보았다. 뿐만 아니라 그는 도덕적 이념과 종교적 이념의 확대 및 고전연구의 확산을, 그리고 인류의 통일성에 관한 이념에서 인간주의 사상의 확산을 또한 진보로서 인정했으며,[97] 정치생활에서도 16세기와 17세기의 "유럽 국가들의 체제"의 형성을 당시의 시대적 진보로 보았다.[98] 그 시대의 정치체제가 그에게는 군주권 시대의 모범이었다. 그러나 그에게는 진보를 더 이상 기대할 수 없는 영역들이 또한 있다. 다름 아니라 그에게 도덕적 이념의 확산은 진보이지만, 도덕 그 자체의 진보는 추적될 수 없다.[99] 즉, 도덕적 현존재나 종교적 현존재에게서는 진보가 인정될 수 없다는 것이다.[100] 정신생활의 영역으로서 예술과 문학 및 철학에서도 완성적인 단계는 이미 그리스 시대에 달성되었다. 호메로스(Homeros)보다 더 위대한 서사시인이고자, 소포클레스(Sopokles)보다 더 위대한 비극작가이고자 하는 것은 가소로운 일이며,[101] 플라톤과 아리스토텔레스에게서는 이미 가장 오래된 철학이 형성되었으며, 어떤 누구도 투키디데스보다 더 위대한 역사서술가로 자부할 수는 없다는 것이다.[102] 요컨대 그는 진보적 발전이 시대적, 민족적으로, 그리고 인간생활의 영역에 따라서는 있다고 인정하면서도, 모든 시대들, 지역들, 영역들에 걸쳐 전개되는 전반적, 직선적인 진보를 인정하지는 않았다. 그에게는 역사가 "모든 시점에서 어떠한 정체도 없이" 진보하지는 않는다. 역사에서는 시대적, 영역적으로 진보가 있는가 하면, 정체와 퇴보도 있다. 그러면서도 그 모든 시

97 Kessel, a.a.O., S. 289-290.

98 Lozek, a.a.O., S. 181-182.

99 랑케, 《근세사의 여러 시기들에 관하여》, 이상신 역, 36쪽.

100 위의 책, 40쪽.

101 위의 책, 36쪽.

102 위의 책, 42-43쪽.

대들은 역사진행의 전체 과정 속에서 각각 자체의 의미를 지니고 있다.

역사의 진보에 대한 랑케의 이러한 부정적인 견해는 역사 속의 신에 관한 그의 관념과 개체사상, 그리고 인간 활동의 자유와 그 가치를 인정하는 그의 인간주의적 사고에 뿌리를 두고 있다. "모든 것은 보편적이자 또한 개별적인 정신생활이다"[103]라는 그의 정의는 역사생활의 본질을 표현한 것으로서 그의 역사개념의 첫 번째 총괄어(總括語, Generalwort)인가 하면, "모든 시대는 신과 직접적으로 접해 있으며, 그 시대의 가치는 그 시대로부터 출현한 바에 있지 않고, 오히려 그 시대의 고유한 자신 속에 있다"[104]라는 그의 정의는 모든 역사적 생(生)의 각각의 고유한 가치와 의미를 표현한 것으로서 그의 두 번째 총괄어이다.[105] 여기에서 "모든 시대들의 신과의 직접성"은 모든 사건들 및 시대들과 모든 민족 및 국가들은 물론이려니와, 각 시대에서 인간들이 추구했었고, 또한 그들의 활동을 촉진 및 지배했던 이념들, 그들이 형성시켰던 체제와 그 제도들, 그리고 주도적 인물들 등, 그것들 모두가 신과의 직접적인 관계 속에 있다는 것을 의미한다. 다시 말하자면, 모든 시대와 사건들, 민족 및 국가들과 인물들은 자체 속에 신적 근원성을 지니고 있고, 모든 역사현실들에는 신성(神性)이 함께 전개되고 있다. 그의 만유재신론(萬有在神論, Panentheismus)으로 지칭되고 있는 이러한 신학적 역사사상은 역사가들에게 모든 시대와 사실들에 대해 경건한 외경의식(畏敬意識)을 갖게 한다.

랑케에게서는 모든 시대들과 그 발전들이 신과의 직접성을 통해 각각 자체의 고유한 특수성과 가치를 지니고 있는 개체들이며, 결코 반복적인 것이 아니라 일회적인 것이다. 그러므로 모든 역사적 사실들이나 시대들은 어떤 하나의 통일적인 기준에 의해 비교 및 평가될 수 없다. 왜냐하면 각 개체들의 고유한 특성들을 획일적으로 평가할 수 있는 보편적 가치척

---

103 Ranke, *Englische Geschichte*, I(SW. 14), Vorrede, S. IX; Berding, a.a.O., S. 9.

104 랑케, 《근세사의 여러 시기들에 관하여》, 이상신 역, 35쪽.

105 Meinecke, a.a.O., S. 596.

도란 있을 수 없기 때문이다. 그러므로 그에게서는 각 시대들이 헤겔에게서처럼 추상화(抽象化), 또는 개념화(概念化)되어서 정리될 수는 없으며, 오히려 역사화(歷史化, Historiesieren)되어야 하는 것이다. 역사발전이 진보의 과정으로서 획일적으로 파악될 때는, 모든 후속하는 시대들은 선행했던 시대들을 능가하는 것으로, 그리고 모든 앞선 시대들은 뒤따르는 시대들을 위한 단순한 운반자들로 되어 버린다. 이것이 랑케의 만유재신론에서는 인정될 수 없다. 왜냐하면 그러한 경우에는 신성(神性, Gottheit)이 각 시대들에 대해 불공평한 것으로 되어 버리거나, 인간이 신으로 되어 버리기 때문이다. 그러므로 그는 역사의 진보를 믿는 사람들이 동시에 자신들의 관념과 기준에 따라서 진보가 없었다고 파악한 시대를 격하시키는 데 대해 거부적이다. 즉 그는《세계사》의 7권에서, 본시 인문주의자들이 인류 역사의 거대한 시기인 5세기 말부터 15세기까지의 역사를 인류의 보편문화가 1천년 동안이나 중단되었던 시기로 보았으며, 18세기에는 계몽사상가들이 중세를 고대 및 근세에 대치시켜서 "야만과 암흑의 시기"로, 교권체제와 귀족의 속박 아래 있었던 "굴종의 시기"로 보았다고 지적하면서, "그러나 보편사적 관찰"에서는 그러한 관념은 "진실로서 인정될 수 없다"고 주장했다.[106]

랑케에게는 인문주의자들과 계몽사상가들의 그러한 진보사상은 부당한 문제를 일으킨다. 다름 아니라 그에게 역사 속에는 신의 섭리가 있지만, 현실 역사의 형성은 인간의 몫이기 때문이다. 즉 신은 모든 시대들과 그 개별적인 발전들을, 역사 전체를 굽어보고 있을 뿐, 그들의 활동들을 조종하지는 않는가 하면, 현실 역사는 인간들의 충동들과 자유의지들의, 그들의 지도적 이념들 및 경향성들의 대립투쟁 속에 전개되고 있다. 역사 속의 "모든 생(生)은 자신의 이상을 자체 속에 지니고 있다."[107] 그러므로 그

---

106 Ranke, *Weltgeschichte*, VII, Eingang, S. 11; 랑케,《근세사의 여러 시기들에 관하여》, 이상신 역, 114쪽. 본서 II-3, 111쪽, 주 184 참조.

107 Ranke, *Zur Geschichte Deutschlands und Frankreichs* (SW. 49/50), S. 337; Srbik,

들의 대립투쟁들은 모두 다 그들이 자신들의 이상들을 실현하고 있는, 각각의 역사적 의미를 지닌 운동들이다. 그러한 한, 진보라는 획일적인 기준에 따라 역사발전을 평가한다는 것은 각 역사적 단계들에서 활동했던 인간들의 자유의지를 부인하는 것이며, 그들의 독자성과 창조성을 무시하는 것이다. 그러할 때, 인간들의 활동과 그 성과 및 가치들은 진보의 도식 속으로 배열되고, 그 그늘 아래로 드리워지게 된다. 헤겔에게서 그렇다. 그는 역사의 배면에 그 발전을 주도하는 세계정신(Weltgeist)을 설정하고, 현실역사를 그 정신이 자유를 실현시켜 나가는 진보의 과정으로 도식화함으로써, 인간은 세계정신의 작업도구로, 앞선 시대는 뒷시대를 위한 단순한 운반자로 격하되어 버린다. 그러나 역사 속에 신성(神性)과 함께 인간의 자유의지의 몫을 동시에 인정하고 있는 랑케에게서는 그러할 수 없다. 그는 역사 속에 인간적인 충동들의 자유로운 활동영역을 설정하고, 그 발전의 다양성을 인정함으로써, 그에게 역사발전에는 진보만 있지는 않으며, 일단 이룩된 정신적 업적은 결코 소멸되지 않는 가운데 때로는 정체적, 혹은 퇴보적인 현상들도 있다. 그렇다고 랑케에게 세계사가 혼란스러운 소용돌이이거나 우연적인 사건들의 결과들은 아니다. 각 민족들 및 국가들, 또한 각 시대들은 진보와 퇴보 속에서도 각각 자체의 고유한 방식으로 자신들의 길을 개척해 나가고 있으며, 그 진행들은 역사 전체의 총체성 속에 거대한 강(江)과 같은 흐름을 이루고 있다. 그리하여 인류 역사는 생성과 몰락, 진보와 퇴보를 겪으면서도 우리에게 알려지지 않는 신의 섭리와 함께 나아가고 있는 의미있는 진행이다.

### 계속 형성과 발전으로서의 역사진행

랑케는 역사진행의 그러한 모습을 "계속발전(Fortentwicklung)", 또는 "계속형성(Fortbildung)"으로 표현했다. 그는 이미 1832년에《역사·정치 잡지》의 발간 취지문에서 "규칙적인(regelmäßige) 계속발전과 성급하게 파괴적인 새

---

*Geist und Geschichte*, I, S. 259; Masur, *Rankes Begriff der Weltgeschichte*, S. 59.

로운 개혁 사이의 (…) 차이를 상기하는 일이 무엇보다 시급하다"[108]라고 말한 바 있거니와, 말년에 90회 생일을 맞이했을 때도, "우리가 경험했던 사건들에서는 무엇보다도 세계사의 규칙적인 계속발전을 불가능하게 만드는 혁명적인 힘들의 패배가 인식된다. 이 힘들이 자리를 잡았다면 역사적 힘들의 계속형성에 관해서는 (…) 말할 수 없을 것이다"[109]라고 술회했다. 그는 또한 "계속진행(Fortgang)"이란 표현을 사용하기도 했다. 그의 이러한 표현들에는 역사는 개별적, 집단적 행위들을 포함하는 수많은 사건들이 그 조건들 및 동기들과 함께 이룩하는 성과들로써 전개되어 가고 있으며, 그 진행은 바로 그것들의 연관관계 속에서 일정한 연속성을 이룩하고 있다는 의미가 담겨 있다. 그리고 여기에서 "계속(fort)"은 "끊임없이 앞으로 나아가는" 것이라는 의미라고 볼 수 있겠다. 역사의 그러한 전개과정 속에서 그는 연속성을 보았고, 그러한 모습을 그는 "진보"라는 표현 대신에 진보의 중립적인 의미를 지닌 "계속 발전", "계속 형성", "계속 진행"으로 표현했던 것이다.

랑케는 그러한 역사발전의 동력을 특정한 개념으로 명확하게 정의하지는 않았다. 그는 《세계사》의 1권에서 "역사발전은 여러 가지 자극들로부터, 특히 토지와 우위권을 위해 상호투쟁하는 민족들의 적대주의(Antagonismus)로부터 일어난다. 항상 문화의 영역도 포함하는 이러한 투쟁 속에서 세계세력들(Weltmächte)이 형성된다"[110]고 말함으로써 칸트처럼 적대주의를 역사발전의 한 동력으로 보기도 했다. 그러나 그것은 역사발전을 자극하는 여러 요소들 중의 하나일 뿐이며, 그에게서 근본적인 힘이자 요인이라고 간주될 수는 없겠다. 그는 또한, 역사는 대립적인 세력들의 상호투쟁 속에 개별적인 것과 보편적인 것의 만남과 충돌을 통해 "역사적 순간(der historishe Moment)"이 형성되어 다음 단계로 발전한다고 봄으로써 역

---

108 Ranke, Ebd.(SW. 49/50), S. 4.

109 Ranke, *Abhandlung und Versuche, neue Sammlung*, Hrsg. v. A. Dove (SW. 51/53). S. 598.

110 Ranke, *Weltgeschichte*, I, Eingang, S. 5.

사발전에서 그 동력 및 원인에 못지않게 그 과정과 진행을 중요시했다. 그러한 진행의 과정에는 신이 개입하거나 조정하지 않으며, 지상의 역사발전은 인간들의 몫이며, 그 힘들은 인간적인 충동과 자유의지이다. 그러나 이 힘들이 항상 새로이 형성시키는 이념들 및 경향성들과 그 성과들은 다시금 신과의 직접적인 관계 속에 있다. 그러므로 그에게는 역사발전의 동력이나 원인을 구체적인 실체로서 정의한다는 것이 어려운 일이었을 것이다. 그에게 "세계사의 비밀 이야기(die Mär der Weltgeschichte)"는 궁극적으로 알 수 없는 것으로서, 다만 예감하면서 접근해 갈 수 있을 뿐이다. 그러므로 결국 그는 "인류역사의 전체 진행의 일반적 원인들과 그 추진력에 관한 문제를 신과 종교에 넘겼다"[111]라는 해석이 나온다. 역사의 목표에 관해서도 마찬가지이다.

이러한 점에서 랑케는 불가지론자(不可知論者, Agnostiker)로 간주될 수 있다. 그러면서도 그는 역사 속에 인간의 본능적 충동과 자유의지의 활동영역을 보증했듯이, 역사연구에서는 역사현실을 신의 섭리로부터 분리시켜서 어디까지나 문헌들에 대한 비판적, 경험론적 연구 위에 사실적으로 서술하면서 항상 모든 역사적 운동들의 근원적인 힘들을 때로는 권력확보를 위한 정치세력, 신앙의 자유를 요구하는 종교세력, 또는 경제 및 신분제도의 개선을 요구하는 사회개혁세력 등으로 제시하기도 했다. 여기에서 상호대립하며 투쟁하는 "역사적 힘들"이 그에게는 역사의 추진력으로 된다. 그러한 힘들은, 그의 역사개념의 첫 번째 총괄어(Generalwort)[112]인 "모든 것은 보편적이자 개별적인 정신생활이다"[113]라는 정의에서 나타나듯이, 정신적 힘들이다. 즉 역사 속에 항상 새로운 이념으로서 등장하여 기존의 지배적인 경향성들과, 또는 동시대의 여러 이념들과 대립 및 투쟁하면서 역사를 발전시키는 "역사적 힘들"은 정신적 힘들이며, 또한 그것은 도

111 Lozeck, a.a.O., S. 181.

112 Meinecke, a.a.O., S. 596.

113 Ranke, *Englische Geschichte*, I(SW. 14), Vorrede, S. IX.

덕적 힘들이다. "문화의 촉진도 세계사의 유일한 내용은 아니다. 그것은 힘들, 그것도 창조적인, 생명을 불러 일으키는 정신적, 창조적인 힘들, 생(生) 그 자체이며, 우리가 그 힘들의 발전 속에서 알아보는 도덕적 에너지들이다."[114]

이러한 점에서 랑케에게서는 모든 역사현실을 정신현상으로 보았던 헤겔의 역사사고가 엿보인다. 그러나 양자에게서 역사의 동력으로서의 정신이라는 개념에는 차이가 있다. 다름 아니라 헤겔의 정신은 이성을 도구로 하여 자체의 본질인 자유를 실현시켜 나가는 정신 그 자체이자, 세계정신(Weltgeist)으로서 초현실적, 초월적 의미마저 지니고 있는 것이다. 그런가 하면 랑케의 정신적인 것은 역사의 진행 속에서 항상 새로이 형성되면서 작용하는 현실적인 것이다. 그가 16·17세기의 역사를 지배했던 가톨릭 및 프로테스탄트의 신학체계들과 당시 강대세력들의 정치적 동기들이 당대의 "지배적 경향성"들이자 "지도적 이념들"로서 국가와 교회의 힘들을 활용했다고 보았듯이, 그의 정신적인 것은 역사발전의 각 단계에서의 이른바 연관관계 속에서 형성되고 작용하는 것으로서, 정치적·종교적·문화적 요소들과 결합된, 역사적으로 "현실적·정신적인 것(das Real-Geistige)"이다. 그러므로 랑케와 헤겔에게서 정신은 동일한 개념이 아니다. 그것이 헤겔에게서는 초현실적, 형이상학적인 의미의 것인가 하면, 랑케에게서는 보다 더 인간적인 것이고, 역사적, 현실적인 것이며, 항상 새로이 형성되는 것이다.

헤겔과 랑케는 역사발전 일반에 관한 사고에서도 차이를 보여 주고 있다. 헤겔에게는 역사의 발전 방향에 자유라는 목표가 설정되어 있고, 그것이 실현되어 가는 형식은 변증법적이다. 즉 그 발전은 그 목표가 명확하므로, 기존하는 바의 테제(These)로부터 일어나는 모순들에 대립하여 형성되는 안티테제(Antithese)의 단계를 거쳐 종합(Synthese)을 이룩한 후에 지양(止

114 랑케, 〈강대세력들〉, 《강대세력들·정치대담·자서전》, 이상신 역, 102쪽.

揚, aufheben)되면서 다시금 새로운 테제를 세우는 과정으로서 역동적이다. 랑케에게서도 역시 역사는 새로이 등장하는 이념들과 기존 경향성들과의 대립·투쟁을 통해 발전하고 있으므로 그 전개 형식은 변증법적이다. 그러나 그는 역사발전 속에서 연속성을 파악하면서도 역사의 목표를 설정하지도, 정의하지도 않았으므로, 그에게서는 변증법적 발전이 명확하지도, 왕성하지도 못하다.[115] 헤겔이 세계사의 전개를 자유의 의식의 진보로 정의했던 데 비해, 랑케는 진보를 시대들에 따라, 또는 생활영역에 따라 부분적으로만 인정했을 뿐, 역사 전체의 진보에 대해서는 회의적이다. 그가 "진보" 대신에 "계속발전", "계속형성", "계속진행" 등의 모습으로 표현하는 역사발전의 형식들과 내용은 다양하다. 그러므로 그는 개체적인 역사발전들을 철학적, 도식적으로 정의하는 데, 또한 개념화시키는 데 거리를 두고 있었던 것이다.

역사가가 역사의 목표를 설정하지도, 정의하지도 않으며, 전반적인 진보를 회의한다는 것은, 그의 미래의식이 왕성하지 않다는 것을 의미한다. 랑케에게서 그렇다. 그런가 하면 역사의 진보를 믿으면서 역사서술에 현실개혁과 미래건설의 의미를 부여했던 계몽사상적 역사가들에게서는 미래의식이 왕성하다. 헤겔에게서도 그러하다. 그는 현재인식 위에서 과거 역사 전체를 사고하면서 미래의 목표까지 정의했다. 그러나 랑케는 현재인식으로부터 출발했지만, 현재까지 형성되어 온 전체 역사만을 사고 및 서술의 대상으로 삼았다. 그에게는 역사의 미래 목표를 정의한다는 것은 비역사학적인 일이다. 마찬가지로 그는 자기 당대의 이념 및 경향성들이 지향하는 바에 따라서 과거를 해석하지는 않았다. 현재인식 위에서만 과거를 서술한다는 것은 그에게는 역사연구의 원칙을 넘어서는, 과거를 비사실적으로 왜곡하는 경지로 나아가는 일이다. 그는 사상으로부터 사실을

115 Werner Berthold, "Die Konzeption der Weltgeschichte bei Hegel und Ranke," in: *Leopold von Ranke und die moderne Geschichtswissenschaft*, hrsg. v. W. J. Mommsen, S. 88.

선택하고 해석하지는 않았던, 오히려 사실로부터 사상을 세웠던 역사가이므로, 미래는 그의 역사사고의 한 범주로 될 수 없었다.

이와 같이 역사가가 랑케처럼 역사주의적 사고와 서술 원칙을 지키면서 과거를 해석할 때에는, 그는 보수적으로 될 수밖에 없을 것이다. 랑케가 그러했다. 실제로 그가 전반적인 진보를 회의했고, 자기 시대의 개혁이념들이 추구했던 바를 그대로 수용하지도, 또한 앞으로 형성되어야 할 바를 설정하지도 않았다. 그러나 그가 "운동"세력과 "저항"세력 각각의 일방성을 지적하면서, 양자의 균형 속에 전개되는 역사발전을 강조했으며,[116] 1832년에《역사·정치 집지》의 편집을 맡으면서 개혁세력과 보수세력의 어느 편에도 서지 않은, 양자의 균형과 화해를 도모하는 "제3의 방향"을 채택했던 바에서 보면, 그는 어디까지나 중도적 보수주의자였다.

랑케의 역사발전론은 당대의 실증주의적, 자연주의적 역사이해와도 구분된다. 그에게 "역사적 힘들"은 그의 첫 번째 총괄어(總括語, Generalwort)[117]가 의미하듯이, 정신적인 것이다. 또한 그것은, 문화에 관한 설명에서 표현되었듯이 "도덕적 에너지들"이다.[118] 이와 같이 "역사적 힘들"이 정신적인 것, 도덕적인 것인 한, 그들의 대립·투쟁과 발전은 다윈(Darwin)의 생존투쟁과 같은 자연주의적인 것이 아니다. 그들의 투쟁은 각 민족 및 국가들이 자신들의 현실적 생존조건을 확보하고 이상(理想)을 실현하기 위한 역사적 생(生)이며, 그들의 이상은 역사적 전통과 항상 새로운 현실적 조건 속에서 여러 가지 형식으로 항상 새로이 추구되는 것이므로, 결국 그들의 역사발전은 필연적으로 다양성을 보여 준다. 항상 새로운 내용과 모습으로 형성되는 "역사적 힘들" 사이의 대립관계 및 형식도 고

---

116 Ranke, "Idee der Universalhistorie," in: Kessel, a.a.O., S. 300; 랑케,《근세사의 여러 시기들에 관하여》, 이상신 역, 273쪽. 본서 III-3, 240쪽 주 195 참조.

117 본서 IV-2, 285쪽 주 103 및 주 104 참조.

118 랑케,〈강대세력들〉,《강대세력들·정치대담·자서전》, 이상신 역, 102쪽; 본서 V-3, 431쪽 주 237 참조.

정적인 것이 아니므로, 역사발전은 결코 법칙적인 것이 아니다. 그가 때때로 활용했던 "역사의 필연"이라는 말은 이른바 "역사적 순간"이 일정한 역사적 연관관계 속에서 마련되어, 한 시대가 다음 단계로 나아가는 필연적인 모습을 표현한 것으로 이해되어야 할 것이다. 그에게 이때의 "역사적 힘들"은 자연적, 물질적인 것이 아니라 어디까지나 정신적, 도덕적인 것이므로, 이 힘들에 의해 전개된 결과현상들로서의 역사발전은 결코 실증주의적, 자연주의적인 역사이해에서의 법칙적인 것이 아니다. 그러므로 그 발전은 통계적, 귀납적인, 또는 자연과학적인 방법으로 규명될 수 있는 것이 아니다. 또한 그것은 항상 새로운 생성과 변화 속에 전개되고 있으므로 철학적 사색을 통해 추상화될 수도, 개념들로써 연구될 수도 없는 것이다. 따라서 그것에 대한 인식에서는 그 자신은 문헌비판의 사실적인 경험론적 방법으로써, 또한 시문학적, 철학적 정신으로써 직관적, 예술적으로 접근하고자 했던 것이다.[119] 그에게 "세계사의 비밀"은 신만이 아는 것이므로, 궁극적으로 규명될 수 없는 그것에 그는 다만 예감하면서 접근하고자 했던 것이다.

세계사의 목표를 개념적으로 규정하지 않는 이러한 역사사고에 있어서 랑케는 결국 모호했다고도 볼 수 있겠다. 그러나 그것은 그가 보편사적 사고에서는 사상가들, 철학가들에 못지않게 광대하고, 그들보다 더 종합적이었기 때문이다. 역사의 동력에 관해서는 진보사상가들이 과학적 지식과 기술의 증대를, 철학자들이 인간성(헤르더), 적대주의(칸트), 이성(헤겔)을 내세웠고, 역사의 목표에 관해서는 행복, 문명화, 인간다움의 제고, 그리고 자유, 또는 도덕적 자유를 설정했지만, 랑케는 이러한 문제들에 대해서는 신의 섭리에 대한 믿음과 정신적 및 도덕적 힘들 외에는 확정적이지 않았고, 개방적이며 유보적이다. 그 대신에 그의 역사사고에서는 신의 섭리에 대한 믿음이 전제되어 있었고, 그러한 점에서는 비합리적이다. 그러

119 Kessel, a.a.O., S. 290.

나 신의 섭리가 그의 경험론적, 사실주의적, 직관적인 연구와 서술을 침범하지는 않았다. 그것이 그에게는 칸트의 실존하면서도 인식될 수 없는 "사물 그 자체(Ding an sich)"와 같은 것이다.[120] 그러한 한 그것은 그의 역사연구를 신비주의적으로 몰고 가는 것이 아니라, 오히려 그로 하여금 역사에 대한 외경의 감정으로 그 해명에 더욱 진지하게 매진하도록 만들었다. 실로 역사에 대해 그만큼 경건했던 역사가는 없다. 그리하여 그는 19세기에서조차 신에 관한 관념을 간직하고 있으면서도 역사연구와 서술을 사실주의적, 경험론적인 방법으로써 근대적 역사학으로 세울 수 있었던 것이다.

진보사상은 17세기의 과학혁명을 통해 인간이 역사발전에는 신의 의지가 아니라 그 자체의 법칙이 있다고 사고할 수 있는 기반이 마련되면서 등장했다. 그리고 18세기에는 이성의 발견과 함께 인간은 그 힘으로써 현실개혁과 미래건설을 기획할 수 있다고 의식하게 되면서 진보사상은 왕성해졌으며, 그 믿음은 거의 종교적 신념처럼 되었다. 이것은 "황금시대"는 과거에 있었다는 고대의 관념과는 달리, 그것은 미래에 있다는 새로운 믿음이자, 그러한 미래에 대한 염원이기도 하다. 그러므로 진보사상은 인간이 역사 속의 신에 관한 관념으로부터 벗어나게 되었을 때 등장했지만, 그 기원은 미래에서의 안녕을 염원하며 확신했던 고대 유대교의, 그리고 중세 기독교의 종교적인 미래의식에 있다고 볼 수 있겠다. 이러한 점에서 근세의 진보사상은 기독교적 역사관의 세속화(世俗化)된 모습이라고 해석되고 있다.[121] 결국 근세의 진보사상은 지식의 축적과 자연과학의 발전에만 근거하지는 않으며, 종교적 소망과 믿음에도 근거하고 있는 것이다.[122]

---

120 Berthold, a.a.O., S. 88.

121 K. Löwith, *Weltgeschichte und Heilsgeschehen*, Stuttgart, 1967; 칼 뢰비트, 《역사의 의미》, 이한우 역(문예출판사, 1990). 뢰비트는 이 저서에서 성서와 아우구스티누스로부터 비코(Vico)와 볼테르를 거쳐 헤겔과 마르크스에 이르기까지 13명의 역사철학가들을 분석하면서, 이들 모두의 역사사상이 근본적으로는 기독교적 역사관을 기반으로 하여 구성되었다고 해석하고 있다.

122 Ebd., S. 90.

이러한 진보사상이 근대적인 역사사상으로 될 수 있자면, 그것은 인류 역사 전체를 보편사적으로 사고 및 관조하면서 사실적이어야 한다. 고대 및 중세의 종교적 역사관도 역시 보편사적이다. 그러나 고대 및 중세와 근세의 역사사고에서 역사의 목표로서의 미래 세계는 각각 다른 것이다. 종교적 역사관에서의 미래는 지상의 역사와 구분되는 피안의 세계로서 비현실적, 비역사적인 것인가 하면, 근세의 진보사상에서 그것은 인간성의 완성이나 자유와 평등의 실현처럼, 관념적인 것이면서도 지상의 현실적, 역사적인 것이다. 그러나 이 현실적 진보사상은 사실적이지 못했다. 이 사상은 이성을 기준으로 하여, 그리고 현재인식에 따라서 과거를 재단함으로써 많은 역사적 사실들을 배제하기도, 추상화 및 개념화함으로써 개별사실들과 시대들의 고유한 역사적 의미를 소홀히 했다. 그리하여 계몽사상적 진보사상에서는 진보가 "발전이 없는 진보"로, 또한 비사실적, 비역사적인 것으로 되었던 것이다.

그런가 하면 랑케는 역사 전체에는 신성이 함께 있다고 사고하면서 보편사적 관조형식으로 나아갔다. 그러나 이것이 종교적인 것으로 되지는 않는다. 왜냐하면 그는, 역사에는 신이 개입하지 않으며, 역사는 어디까지나 인간의 충동과 의지에 의해 형성되는 것으로 보았으며, 종교적인 의미의 미래를 역사의 목표로 설정하지도 않았기 때문이다. 또한 그의 보편사적 관조가 계몽사상적 진보사상과 다른 것은 그가 모든 역사시대들을 연속성 속에 관조하면서, 이성적 판단기준을 배제한 채 엄격하게 사실주의적으로 사고했다는 점이다. 그러므로 그는 세계사에서의 쇠퇴와 몰락 및 퇴보의 현상들도 모두 수용해야 했으며, 그리하여 전반적이고 직선적인 진보가 아닌, 부분적, 시대적 진보만을 인정하게 되었던 것이다. 이것은 역사서술은 어디까지나 사실적이어야 한다는, 세계사 서술은 세계사 그 자체와 부합되어야 한다는 그 자신의 역사학적 원칙에 따르는 것이었다. 랑케의 이러한 사고는 역사의 진보에 관한 모든 논의들에서 항상 고려되어야 할 역사학적 사고의 모델이라고 볼 수 있겠다.

## 3. 역사의 연속성

"역사는 얼마동안 지속적인 발전을 이룩한 후에, 갑자기 자신이 전반적인 운동의 한 가운데에 서 있다는 것을 발견한다. 창조적 정신들은 자신들이 지금까지 유지하는 방법으로 도달했던 바에 한계를 느끼고, 그것을 극복하고자 노력한다. 그들은 확보한 것, 도달한 것에 만족하지 않고, 오히려 그것들로부터 벗어나며, 모든 힘들은 의식적, 무의식적으로 새로운 관점을 얻고자 작업한다."[123] 그러므로 랑케에게 역사는 항상 새로운 시도를 하며, 따라서 변화와 전환은 필연적인 것이며, 여기에는 창조적 정신들이 주도적인 작용을 한다. 그는 이와 같이 끊임없는 생성과 변화 속에 나아가고 있는 역사발전을 직선적, 전반적인 진보로 보지 않았듯이, 특정한 형식과 내용의 개념으로 정의하지 않았다. 왜냐하면, 그의 개체사상에서는 모든 역사적 개인들과 사건들 및 그 발전들은 해당 시대의 그들의 역사적 조건과 현실적 상황 속에서 형성된 역사적 개체들로서 일회적인 것이며, 각각의 고유한 의미를 지니고 있기 때문이다.

### 역사학적 과제로서 연속성의 파악

그렇다고 역사발전이 랑케에게서는 상호연관성도 없는 개체적 현상들의 다양성 속으로 해체되어 버리지는 않는다.[124] 그에게 세계사는 "국가들과 민족들의 우연한 혼란의 폭풍들, 중첩적인 기습들, 잇달아 일어나는 결과들(Durcheinanderstürmen, Übereinanderherfallen, Nacheinanderfolgen)이 아니다."[125] 왜냐하면 그에게 모든 시대들은 신과 직접으로 연결되어 있는 각각의 고유한 개체들이면서도, 전체적으로는 신의 섭리와 함께 운동하고 있으므

---

123 Ranke, *Deutsche Geschichte im Zeitalter der Refomation*, IV, (SW. 1), 7. Buch, Einleitung, S. 3.

124 Berding, a.a.O., S. 10.

125 랑케, 〈강대세력들〉, 《강대세력들 · 정치대담 · 자서전》, 이상신 역, 102쪽.

로, 결국 개체로서의 모든 시대들은 전체 역사의 작용관계 속에서 그 통일성을 함께 형성하고 있기 때문이다. 그리하여 그에게 인류역사는 결국 거대한 연관관계 속에 나아가고 있는, 그러므로 연속성 속에 발전하고 있는 하나의 의미 있는 진행으로 되는 것이다. 그에게는 이 연속성이, 피어하우스(Vierhaus)에 의하면, "객관적 연관관계"라는 의미를 갖고 있다.[126] 그는 자주 역사적 사건들을 "전체와의 연관관계 속에서(im Zusammenhang mit Ganzen)" 파악할 것을 강조했던 바, 이것은 그가, 모든 사건들은 하나의 거대한 연관관계 속에서 전개되고 있는 것으로 이해하고 있었기 때문이다. 그가 첫 작품에서 라틴 민족들과 게르만 민족들이 하나의 통일적인 문화세계를 이룩하고 있었다고 보았고, 그 후의 저작들에서도 유럽 각국의 역사들을 항상 유럽의 통일적인 문화체제 속에서 서술하고자 했던 것은, 그가 이 문화권 속에 있는 민족들은 다함께 그 연관관계 속에서 발전해 왔으며, 그러므로 그들의 역사적 운동들에서는, 나아가서 여러 시대들의 진행에서는 일정한 연속성이 인식될 수 있다고 사고했기 때문이다. 군주체제나 기독교 문화의 지속성이 그러한 것이다. 그에게는 그러한 연속성이 유럽 역사의 발전에서 유지 및 지속되어야 할 역사적 형식이자, 그것을 파악하는 것은 그의 역사학적 과제로 되었다.

### 역사발전과 연관관계로서의 연속성

랑케는 독자적인 자신의 역사작품을 저술해 보기로 결심했을 때인 1820년에, "나는 15세기 민족들의 생활에 관해, 고대가 씨 뿌렸던 모든 맹아들이 다시금 꽃피웠던 바에 관해 알고 싶었다"는 바람에서 "황제권과 교황권이 어떻게 몰락했고, 그곳에서 새로운 생명이 어떻게 새로운 숨결을 불어넣었는지를 (…) 그렇게 전반적으로 활기있게 만드는지를 배우게 되기

126 Vierhaus, "Die Idee der Kontinuität in historiographischen Welt Rankes," in: *Leopold von Ranke und die moderne Geschichtswissenschaft*, hrsg. v. W. J. Mommsen, Kletta-Gotta, 1988, S. 168.

를, 적어도 예감하기를 바란다"[127]라는 희망을 설정했었다. 이 바람은 그의 첫 작품을 위한 작업의 출발점이었다. 그리하여 그는 첫 작품에서, 민족들이 성장하고 몰락하는 것은 새로이 등장하는 것 외에도 무한하게 확산되는 또 다른 생동하는 힘들이 있기 때문에 일어난다는 점을 제시해 보고자 했다.[128] 이렇게 하여 그는 이미 첫 작품에서 몰락과 생성의 역사발전 속에서도 지속되고 있는 역사적 생(生)의 연속성을 관찰하고 사고하는 태도를 세웠던 것이다.

랑케는 이 첫 작품에서 유럽의 중세 사회를 로마의 라틴 민족과 정복자로서의 게르만 민족이 정치적 통일을 통해 상호융합함으로써 형성되었던 하나의 통일적인 공동체로 보았다. 각 민족들은 본시 각각의 법질서와 문화를 갖고 있었으나 상호융합하는 가운데 새로운 라틴적·게르만적 국가들이 형성되었다. 이들의 상호 내적 연관성은 게르만 민족들이 기독교로 개종하고, 로마문화에 동화되는 과정에서 강력해졌고, 나아가서 기독교 교회가 각 민족성을 초월하는 보편적 공동체로서의 세계교회로 성장하면서, 새로운 국가들에게 내면적인 공동체 의식을 채워 줌으로써 더욱 견고해졌다. 그러나 이 공동체의 통일성은 중세 말에 각 민족들이 정치적으로 각자의 독립의지를 세우고, 종교적으로 구원(救援)을 각각 주관적으로 추구함으로써 정치 및 종교생활에서의 보편적 지배를 거부하는 분열이 일어났다. 그리고 16세기 전반(前半)에는 종교개혁을 통해 교회의 통일성마저 무너졌다. 랑케는 그러나 그러한 해체의 과정을 오히려 역사발전의 새로운 단계가 마련되었던 계기였다고 보았다. 즉 그는 각 민족들이 자신들의 정치적 독자성과 종교적 신조의 자유를 확보하기 위해 투쟁했던 기반 위에서 근세 역사가 출발했다고 보았던 것이다.[129]

---

127 Ranke, SW. 53/54, II, Ausgewählte Briefe, S. 89; Muhlack, a.a.O., S. 7-8.

128 Fueter, *Geschichte der neueren Historiographie*, S. 476.

129 Ranke, *Geschichten der romanischen und germanischen Völker*(SW. 33), Vorrede der ersten Ausgabe, S. VI; Srbik, *Geist und Geschichte*, 1. Bd., S. 244; 본서 II-1, 42쪽 주

랑케의 이러한 견해는 그가 15세기 후반과 16세기 전반의 역사 발전을 그 연속성 속에서 사고하는 거대한 관조 속에서 세워진 것이다. 즉 그는 저 전환의 시기를 그 전·후시대들과의 관계 속에서 관찰하여 그것들 자체의 발전과정 속에 지속되고 있는 역사적 생(生)의 연속성을 파악하면서, 그것과 함께 각 사건들 및 국면들의 진실과 의미를 규명해 보고자 했으며, 그리하여 저 전환의 시기에서는 해체와 생성이 함께 진행되었던 것으로 보았던 것이다. 이러한 관찰방법은 그의 모든 역사작품들에서 그의 "고유한 역사적 관점"으로 되었다.[130]

랑케는 바로 이러한 관점으로 종교와 국가 및 문화생활에서 연속성이 전개되었던 모습들을 구체적으로 언급했다. 그는 첫 번째 대작인《로마 교황들》에서는, 교황권이 "교회적·세속적 권력(die kirchlich-weltliche Macht)으로서 새로이 세워진 시기를 그것의 갱신(更新)과 내면적 완성, 그리고 그것의 진보와 몰락을 개요적으로(im Umriß)으로 제시해 보고자"[131] 함으로써 중세 종교생활에서의 중요한 국면들을 그것들의 연속성 속에서 관찰했다. 그는 중세의 교황권을 보편주의적, 초민족적 권력으로서 "하나의 종교적·이상적인, 동시에 정치적·현실적인 세계권력"이었다고 보았다. 이러한 인식은 그보다 이전의 역사가들이 도달하지 못했던 것이었으며, 이로써 그는 중세라는 시대와 교황권의 역사적 역할 및 그 의미를 새로이 파악했다. 즉 그는 11세기 중엽부터 전개되었던 교황권과 황제권 사이의 대립투쟁과 이를 통해 일어났던 분열을 불행으로만 보아서는 안 된다고 주장했다. 왜냐하면 "그 분쟁은 사건들의 본성 속에 깊은 근거를 갖고 있었으며, 그러한 대립들에서 유럽 정신이 성숙했기 때문이다."[132] 그에게 역

---

4 참조.

130 Fueter, a.a.O, S. 476. 본서 II-1, 45쪽 주 11 참조.

131 Ranke, *Die römischen Päpste*, 1. Bd., Vorrede, S. V; Srbik, *Geist und Geschichte*, I, S. 268.

132 랑케,《근세사의 여러 시기들에 관하여》, 이상신 역, 114쪽.

사는 어떤 하나의 주도적 이념이나 지배세력의 작용에 의해 발전하는 것이 아니라, 대립적인 두 원리들의, 또는 다수의 요소들이나 세력들의 상호작용관계 속에 발전해 나간다. 그에게 유럽 중세는 교황권과 황제권의 이원적(二元的) 대립 속에, 그리고 유럽 근세는 이른바 강대세력들의 다원적(多元的) 대립 속에 발전해 나갔으며, 그러한 과정에서 대립적인 세력들이 상호견제를 통해 조화를 이룩하는 근세 유럽 정치의 특성이 형성되었으며, 그러한 정신이 기초되었던 것은 바로 중세시기에서였다. 그러므로 그는 교황권과 황제권의 대립투쟁과 분열을 유럽 정신이 다음 단계로 나아가는, 결코 불행이 아니라 오히려 근세 정치의식이 형성되었던 과정으로서 파악했던 것이다. 이로써 그는 중세의 교황권에 대해 비판적이었던 자기 시대의 자유주의적, 민족적 역사가들로부터 뿐만 아니라, 가톨릭을 미화시켰던 낭만주의적 역사가들로부터도 벗어나는 역사적 인식을 보여 주게 되었다.[133]

다음으로 랑케는 유럽의 14·15세기의 시기에는 한편으로는 교회의 대분열(das große Schisma), 교의(Dogma)로부터의 이탈(Wycliff, Huss), 황제권의 실추등의 사건들로써 "전반적인 해체"가 일어났던가 하면, 또 한편으로는 각 민족성들 및 세력들의 자주적인 의지가 각성되었고, 또한 고전시대의 문화로부터 영향을 받으면서 "인간의 개인적 독자성에 대한 위대한 감정"이 각성되었으며, 발명과 발견들이, 상업과 무역이 경제적 감각의 각성 속에 진보를 이룩하면서 새로운 시대가 전개되었다고 보았다.[134] 그러한 진행은 개인주의적 분권화(分權化)의 경향 속에서 전개되었다. 바로 이러한 인식으로써 그는 르네상스 시기의 인문주의자들이나 18세기의 계몽사상가들이 중세에서는 "야만과 암흑(Barbarei und Finsternis)"만을 보았고, 그 시기를 "교권체제와 귀족제에 속박되어 있었던 굴종의 시기" 로 보았던 것과는 달리, 오히려 근세 유럽정신이 성숙해 왔던 시기로 보았다.[135] 이것은

133 Srbik, *Geist und Geschichte*, I, S. 268.

134 랑케, 《근세사의 여러 시기들에 관하여》, 이상신 역, 114, 159쪽.

그가 이 시기와 근세시기를 연속성 속에 파악한 성과이다. 그가 발견했던 이 시기의 근세적인 개인주의적 요소들은, 부르크하르트가 르네상스 시기를 개인주의의 시기로 보는 데 근거로 되었다.

랑케는 두 번째 대작인《종교개혁시대의 독일사》에서는 종교개혁이 하나의 역사적 변혁으로서 양면적으로 작용했던 바와 하나의 역사적 제도가 변혁을 통해서도 어떻게 연속되었던가를 파악하는 모습을 보여주었다. 우선 그는, "종교개혁은 기존 교회의 통일성과 통일적인 제국체제를 분열시켰지만, 그렇다고 파괴적이기만 했던 것이 아니라 재건하는 힘으로서 독일 지역에 군주권을 새로이 세웠고, 황제와 신분들 사이의 기존의 법적 관계를 갱신시켰다"[136]고 보았다. 즉 종교개혁을 통해 신앙생활과 정치질서에서 분열이 일어났으나 갱신(更新)도 함께 진행되었다는 것이다. 그러한 진행이 그에게 의미있는 것은 그것이 혁명의 형식으로 전개되지 않았다는 사실이다. 그것은 종교생활의 전환과 함께 다른 영역들에서의 변화도 가져왔고, 그것도 전반적인 변혁없이, 어디까지나 정치적, 사회적 기반의, 특히 문화적 기반의 연속성을 지키면서 전개되었다는 것이다. 바로 이 사실이 랑케에게는 중요했다. 그러므로 그는 종교개혁을 주도하면서도, 이 운동에 연계하여 일어났던 농민봉기와 도시 시민계층의 급진적, 전반적인 변혁운동을 배척하면서 독일 군주들과의 협력 속에 교회개혁을 성공시켰던 루터를 "위대한 개혁자"이자 동시에 "세계의 계속 형성을 위해 활발하게 참여하도록 소명을 받았던 진정한 정신"으로서 "가장 위대한 보수주의자들 중의 한 사람"이라고 명명했다.[137] 이와 같이 그는 루터에게서 개혁적이자 동시에 보수적인 양면성을 파악하면서, 종교개혁을 해체와 갱신의

---

135 위의 책, 114쪽; Ranke, *Weltgeschichte*, VII, Eingang, S. 11-13; 본서 II-3, 111쪽, 주 183 참조.

136 Srbik, *Geist und Geschichte*, Ⅰ, S. 271.

137 Ranke, *Deutsche Geschichte im Zeitalter der Refomation*, IV(SW. 4), 7. Buch, Einleitung, S. 5.

과정으로, 변혁을 이룩하면서도 그 전환 속에 연속성을 지켰던 역사적 국면으로 보았다.

아울러 랑케는 당시의 복음주의자들이 억압적인 교권체제를 벗어나서 성서에 따르는 신앙생활을 염원하면서도 황제권과 공권력을 인정하면서 제국의 질서 속에서 계속 살아갈 수 있기를 바랐었다는 사실을 강조했다. 즉 그들은 신앙생활에서의 변화를 추구했지만, 기존하는 정치적, 사회적 질서의 변혁을 바라지는 않았다는 것이다.[138] 요컨대 루터의 개혁방향과 프로테스탄트들의 바람은 일치하고 있었으며, 그러한 부합 속에 종교개혁은 전반적인 사회변혁 없이 본래의 목표를 달성할 수 있었다는 것이다. 그렇게 진행되었던 종교개혁을 랑케가 "고유한 독일 정신의 작품"으로, 프로테스탄트 정신을 "독일정신의 진정한 대변자"로, 그리고 루터를 "민족적 자기 해방의 지도자"[139]로 보았던 것은 종교개혁과 프로테스탄트 정신 및 루터가 모두 다 역사의 연속성을 지켰다는 사실을 특히 중요시한 것이라고 볼 수 있겠다.

다음으로 랑케는 종교개혁에 의한 교황권의 몰락을 또한 그의 "고유한 관점"으로, 즉 연속성 속에서 파악했다. 그에게 종교개혁은 교황권 체제의 두 개의 본질적 요소들, 즉 종교적이고 이상적인 요소와 정치적이고 현실적인 요소를 거부하는 세력들과 교황권과의 대립이었다. 그는 이 대립의 결과를, 즉 종교개혁을 통해 교회의 통일성이 해체되었던 것을 슬퍼하지 않았다. 왜냐하면 그는 교회의 통일성이 유럽의 문화적 결합을 위한 전제조건이라고 보지도 않았으며, 중세의 종교적·세속적 보편주의는 그 생(生)을 다 살았고, 몰락할 수밖에 없었다고 보았기 때문이다. 그런가 하면 그는, 유럽의 문화적 결속성이나 독일 제국의 정치적 보편주의는 몰락하지 않았다고 보았다. 즉 제국은 더 이상 직접적이고 실제적인 권력은 아니

---

138 Vierhaus, *Ranke und die soziale Welt*, S. 164.

139 Srbik, *Geist und Geschichte*, I, S. 271.

었지만, 모든 전승(傳承)과 법의 이념적 힘으로서 남아 있었다는 것이다.[140] 그리고 유럽 민족들의 공동체는 기독교 문화 속에, 유럽 국가들의 권력체제 속에 존속하게 되었던 바, 이것은 종교개혁이 전반적인 변혁으로 나아가지 않았기 때문에 가능했었던 것이다. 또한 그는 교황권 역시 종교개혁을 통해 몰락했다고 보지는 않았다. 다름 아니라 교황권은 반동종교개혁을 통해 기독교 신앙을 새롭게 만들었고, 남부유럽에서는 세속권력의 중심점으로 다시 태어났으며, 이로써 정신적, 인륜적 권력으로서의 자체의 가치를 잃어버리지 않았다는 것이다.[141] 이와 같이 그가, 종교개혁은 기독교 문화를 단절시키지 않았고, 오히려 새로이 계승시켰으며, 교황권은 자체의 갱신(更新)을 통해 본래의 역할을 제한적으로 새로이 수행하게 되었다고 보았던 것은, 그가 모든 역사발전들은 생성과 해체를 겪으면서도 연속성 속에 진행되고 있는 것으로 파악했기 때문이다.

랑케가 국가의 정치생활의 발전을 연속성 속에서 파악했던 것은 특히 영국사 서술에서이다. 다름 아니라 그는《16·17세기의 영국사》에서 국가의 근본 원리와 그 이념이 여러 차례의 정치변혁들을 겪으면서도 연속되고 있었던 것으로 보았다. 그는 이 작품의 제1권에서, "모든 것은 보편적이자 개별적인 정신생활이다(Alles ist allgemeines und individuelles geistiges Leben)"라고 전제하면서, "우리는 대립적인 거대한 의도들이 어떻게 이전 시대들로부터 거의 불가피하게 일어났으며, 그것들이 어떻게 투쟁 속으로 빠져들었으며, 양편의 강력함은 어디에 있으며, 무엇이 성공적인 변화와 결심들을 일반적으로 제약했던가를 인식한다. (…) 보편적인 것과 특수한 것의 충돌로부터 거대한 변혁들이 일어난다. 그러나 역시 그들 운반자들의 근저에 심어져 있었던 것으로 보이는 노력들은 사건들의 진행에서 승자의 힘보다 더 지속적으로 작용한다. 정신들의 고민 속에는 그 나라와 시대 속

140 Ebd., S. 271.

141 Ranke, *Die römischen Päpste*, I(SW. 37), Vorrede, S. V; Srbik, *Geist und Geschichte*, I, S. 269.

에서 실현될 수 있는 것을 넘어서는, 아마도 바람직한 것까지도 넘어서 나아가는 이념들과 기도들(Entwürfe)이 나타난다"[142]라고 서술하고 있다. 요컨대, 일반적 경향성으로서의 보편성과 개인적 또는 시대적 특수성과의 충돌 속에서 다음 단계로 나아가는 역사적 계기들이 마련되지만, 그 배면에는 그것들을 넘어서는, 지속적으로 작용하는 힘이, 이념이 또한 있다는 것이다.

랑케는 바로 이러한 인식을 근거로 하여 반란(Rebellion)으로 불리우는 시민전쟁(Civil War, 1642-1660), 공화정 체제(Commonwealth, 1649-1660)와 왕정복고(1660), 그리고 명예혁명(1688)을 17세기 영국의 전체 역사 속에서 관조하면서, "거대한 동요들 속에서 전반적인 파괴의 경향성들이 필연적으로 나타나면, 그것들은 이 경향성들을 저지할 수 있는 힘들이 또한 일어나도록 촉진한다"[143]고 파악했다. 이러한 인식에서 그는 시민전쟁이 완전한 사회적 전복으로 나아가지 않았던 사실을 크롬웰의 역할과 함께 긍정적으로 평가하면서[144] 크롬웰의 공화정 체제와 왕정복고 및 명예혁명을 비연속적인 과정으로 보지 않았다. 다름 아니라 그 과정에서는 변혁들을 거치면서도 원래의 정치원리가, 즉 군주제가 다시금 회복되었기 때문이다. 그에 의하면, 이 "국가의 역사적 기반에는 어떤 무력을 통해서도 배제될 수 없었던 내면적 힘이 살아있었다. 사람들은 역시 왕권을 배제할 수 없었다. 새로이 소집된 의회는 왕권을 다시 세웠다. 외국세력의 영향 없이, 어떤 문서들의 조건도 없이, 그러나 구(舊)교회적, 정치적 법의 지배라는 조건 아래에서 말이다."[145]

---

142 Ranke, *Englische Geschichte*, I (SW. 14), Vorrede, S. IX-X. Vierhaus, "Die Idee der Kontinuität in historiographischen Welt Rankes," in: *Leopold von Ranke und die moderne Geschichtswissenschaft*, hrsg. v. W. J. Mommsen, S. 172.

143 Ranke, *Englische Geschichte*, IV (SW. 17), S. 21. Vierhaus, *Ranke und die soziale Welt*, S. 191-192. 본서 II-3, 130쪽 주 246 참조.

144 본서 II-3, 129쪽 주 244 참조.

145 Ranke, *Englische Geschichte*, VI (SW. 19), S. 235.

이와 같이 랑케는, 17세기의 영국에서 변화를 요구했던 힘들을 역사적 필연성 속에 등장했던 것으로 보면서, 따라서 그것들의 역사적 권리를 부인하지 않으면서도, 어디까지나 기존 질서와 그 정치원리의, 요컨대 군주제 원리의 회복 및 지속을 중요시했다. 결국 그에게는 정치적 변혁을 거치면서도 사회적 전복없이 다시금 군주제로 회귀한 것이 근세 영국 정치생활의 연속성이었다.[146] 그는 명예혁명을 자유주의적 관점에서 서술했던 휘그적(Whigs) 역사가인 매콜리(Macauly)를 넘어서서, 명예혁명이 지닌 보수적 요소에 주목했던 것이다. 그의 해석은 그러나 토리적(Torys)이라기보다는 어디까지나 영국 근세사의 중요한 국면들의 역사적 연속성에 대한 인식에서 나온 것이라고 볼 수 있겠다. 다름 아니라 그는 각각의 역사적 이유를 갖고 있는, 즉 유지시키고자 하는 힘과 변혁을 요구하는 힘 사이의 투쟁을 개인적, 당파적 입장에서가 아니라, 결과적으로 지속되었던 연속성을 근거로 하여 파악했으며, 이것은 그에게 외국인으로서의 객관적 관찰을 가능하게 했던 것이다.

랑케는 일찍이 〈강대세력들〉에서 "우리가 살고 있는 '세계순간(Weltmoment)'이 좀 더 분명히, 의심할 바 없이, 그것이 일어났던 바대로 명확하게 관찰되도록"[147] 해보겠다라는 서술의도를 밝혔던 바, 여기에서 그는 유럽 역사의 발전을 그 연속성 속에서 관조하면서 군주제의 원리가 범(凡)유럽사적으로, 그리고 자신의 시대에도 연속되고 있다는 견해를 보여 주었다. 즉 그는 이 글의 마지막 부분에서 우선, "사람들은 우리의 시대가 해체하는 경향성을 갖고 있으며, 우리 시대의 의미는 중세 시대로부터 남아 있는, 결속시키면서 구속하는 제도들을 종식시키는 데 있다고 생각한다"라고 언급하면서, "그러나 우리의 시대는 단순히 부정하는 일들에만 빠지지는 않으면서 가장 긍정적인 성과들을 가져왔다. 즉 이 세기는 거대한 해방

---

146 Vierhaus, "Die Idee der Kontinuität in historiographischen Welt Rankes," S. 172. 본서 II-3, 130쪽 주 245 및 주 246 참조.

147 랑케, 〈강대세력들〉, 《강대세력들·정치대담·자서전》, 이상신 역, 28쪽.

을 수행했지만, 해체(Auflösung)라는 의미에서는 그렇게 철저했던 것은 아니었다. 이 해방은 오히려 구성하고 유지하는 데 더 많이 기여했다. 이 세기는 우선 강대세력들을 살려냈고, 또한 모든 국가들의, 종교와 법의 원리를, 특히 각 개인들의 원리를 생생하게 갱신시켰다"[148]라고 서술했다. 그의 이러한 인식은, 프랑스 혁명이 기존 질서를 파기했고, 나폴레옹이 혁명 이념의 전파라는 명분으로 독재 체제를 유럽에 부과했을 때, 각 국가들에서 민족성이 각성되었고, 그들이 연합하여 결국 1인 체제를 극복하고 빈(Wien) 체제를 결성함으로써, 16세기 이래로 형성되었던 "유럽 국가들의 체제", 그리고 17세기부터 작용해 오다가 프랑스 혁명과 나폴레옹에 의해 파기되었던 "강대세력들"의 세력균형 체제가 다시금 복원되면서 유럽 역사의 연속성이 지속될 수 있게 되었다는 파악에서 나온 것이다. 그는 이미 중세 시기와 교황권에 대한, 그리고 르네상스 시기와 종교개혁에 대한 파악에서도 그러했듯이, 자기 시대에 대해서도 역시 몰락과 재생이, 해체와 생성이 구성하고 유지하는 힘을 통해 동시에 전개되고 있는 것으로 파악하면서, 자기 시대까지 범유럽사적으로 지속되고 있는 정치원리의 연속성을 인식했던 것이다. 그것은 다름 아닌 군주제 원리와 유럽 국가들의 체제, 그리고 세력균형이다.

유럽 근세사에 대한 랑케의 이러한 인식에서 보면, 그의 정치사상은 보수적이다. 그러나 그는 군주제 원리의 연속성을 부각시키면서도, 왕정복고시기에 군주제의 원리가 지난날의 기능과 역할로만 복원되는 것에 대해서는 부정적이었다. 다름 아니라 그는 유럽 국가들의 체제를 새로이 계승한 빈 체제가 근세국가들을 "살아있는 본질(Lebewesen)"로 만들었던 민족성의 원리를 왕정복고의 논리로써 탄압하는 현실에 대해, 그것은 시대의 정신에 역행하는 것이라고 부정적으로 보았다.[149] 요컨대 그는 자기 시대

148 위의 책, 97쪽.

149 Schieder, "Das historische Weltbild Leopold von Rankes," S. 113.

에서 그 연속성이 확인된 유럽 국가들의 체제와 군주제 원리는 이전의 왕조적, 혈연적 원칙들에 집착해서는 안 되며, 그동안에 더욱 각성된 민족성의 원리를 인정 및 수용해야 한다고 사고했던 것이다. 이러한 점에서 그에게서는 정치적 정통성(正統性, Legitimität)이란 단순히 구체제와 그것의 단순한 복원이 아니라 기존 원리와의 연속성 속에 새로운 것을 수용하면서 세워지는 것이라는 의미를 갖게 되는 것이다. 그것이 그에게는 역사적인 것이다. 결국 그에게서는 급격한 혁명과 같은 전반적인 변혁도, 변화를 인정하지 않는 지속도 비역사적인 것이다. 그에게 변화는 어디까지나 기존 원리와의 연속성 속에서 이루어져야 하며, 연속성은 변화들을 수용하면서 지속되어야 하는 것이다. 그러므로 그는 군주권이 대중운동의 파괴적인 경향성들을 제압하지 못하고, 결국 혁명의 원리가 승리한다면, 전체 유럽 문화와 기독교 전통은 위협받게 될 것이라고 우려하면서,[150] 군주권이 이에 대해 방어할 수 있기를 바랐던가 하면, 또한 군주권은 시대의 변화요구들을, 그것들이 역사적인 것인 한, 수행함으로써, 결국 유럽 공동체의 역사가 변화와 함께 연속성 속에서 발전하기를 바랐던 것이다.[151]

이러한 점에서 랑케는 단순한 수구적 보수주의자가 아니다. 그는 수차례의 범 유럽적인 정치변혁들을 겪으면서 변화들 속에서의 연속성을, 연속성 속에서의 변화들을 확인했다. 그러한 그에게는 국가도 역시 시대들의 연속 속에서는 기존 체제에 집착만 할 것이 아니라, 오히려 새로운 계급들의 필연적인 등장과 요구를 그 내용과 정도에 따라 수용하면서 스스로도 변화해야 하는 것이다. 그리하여 그에게는 기존의 국가체제가 새로운 입헌이념을 수용하는 것은 "신의 사상"을 포기하는 것이 아니라, 오히려 그것을 새로운 형식으로 대변하면서 계승하기 위한 것이다. 이것은 국가를 역사의 연속성 속에서 사고할 때 당연히 도출되는 결론이다. 역사는 연

150 Berding, a.a.O., S. 17.

151 랑케, 《근세사의 여러 시기들에 관하여》, 이상신 역, 273쪽.

속성 속에서 발전해야 한다는 사고는 보수적인 사상이지만, 그 연속성이 역사적 변화를 수용하는 것일 때는, 그 사상은 더 이상 수구적인 것이 아니다. 랑케에게서의 역사적 연속성은 지속의 원리와 개혁의 이념을 다함께 수용하고 변화를 내포하면서 전개되는 것이다. 그는 변혁의 시대를 살아가면서 기존 체제와 새로운 이념들의 각각의 권리를 인정하면서 그들의 운동을 연관시켜서 역사의 연속성을 사고했던 종합적인 정신의 소유자였다.[152] 그러므로 그는 중도적 보수주의자일 수밖에 없었던 것이다.

랑케의 이러한 연속성 사고에서는 국가의 권력이 합리화된다. 다름 아니라 역사발전에는 모든 개체들이 다함께 참여하며, 따라서 역사의 연속성은 그들 모두의 참여 속에 지속된다는 점에서 그러하다. 그에게 각 국가의 역사는 자체의 모든 계층과 집단들이 함께 이룩해 온 것이고, 유럽 근세사는 유럽 국가들의 공동작용에 의해 발전해 왔다. 그에게 국가의 권력은 대내적으로, 구성원들이 자발적으로 참여하는 한, 결코 강제적, 일방적인 것일 수 없듯이, 국가들 사이의 투쟁이 일어나는 대외관계에서도 그렇다. 그 투쟁은 각 국가들의 이념들이, 민족공동체들의 생(生)의 원리들이, 그 에너지들 및 관심들이 각자의 자기 형성과 완성을 위해 상호 대립하는 데 있어서의 수단[153]으로서, 그들 각자가 자신들의 고유한 본질을 표현 및 실현시키는 과정에서 필연적으로 일어나는 모습인 바, 그 투쟁들이 랑케에게서는 어디까지나 도덕적 에너지에 의해 결정되어야 하는 것이다.[154] 그리고 강대세력들은 그러한 투쟁들을 통해 유럽 국가들이 다함께 공존하게 되는 세력균형을 이룩함으로써, 마치 자연의 질서에 따라 운행하고 있는 별들이 자체의 궤도를 지키듯이, 결국에는 "유럽 국가들의 체제"라는 공동체의 질서로 귀환한다.[155] 이것은 인류세계의 질서에 대한 랑케의 믿음

---

152 Schieder, "Das historische Weltbild Leopold von Rankes," S. 113.

153 Srbik, a.a.O., S. 261.

154 랑케, 〈정치대담〉, 《강대세력들 · 정치대담 · 자서전》, 이상신 역, 135쪽.

155 위의 책, 140쪽.

이기도 하다. 이 믿음에서는 권력투쟁이 필연적, 자연적인 것으로서 유럽 국가들의 질서를 연속성 속에 유지시키며, 대립과 투쟁 다음으로는 새로운 것을 형성시킨다. 이 새로운 것은 전혀 별개적인 것이 아니라 역사의 연속성 속에서 형성되는 것이다. 이렇게 하여 권력이 그에게서는 목표가 아니라 수단으로서 역사의 연속성 속에서 합리화되는 것이다.

랑케는 역사발전을 그 연속성 속에서 관찰하는 자신의 고유한 관점을 종교 및 정치생활뿐만 아니라, 문화생활의 영역에도 적용했다. 다름 아니라 그는 종교개혁을 통해 교회의 통일성이 무너졌지만, 그 대신에 유럽 문화의 통일적인 발전이 들어서면서, 이전에 통일적인 교회가 담당하다가 상실한 것을 유럽문화의 통일성이 확보해 나갔다고 보았다. 즉 교권체제가 담당하던 교육사업의 위대한 유산을 유럽문화의 통일성이 계승해 나갔다는 것이다. 이것은 이제 유럽 민족들의 공동체가 이른바 "유럽 국가들의 체제"를 형성하면서 더 이상 교회의 형식을 통해 묶여 있지 않는 문화를 표현해 나가게 됨으로써 보여 준 모습이다.[156] 그가《종교개혁 시대의 독일사》에서 밝힌 바에 의하면, "시대들의 변화 속에서 항상 중요한 것은 일단 확보된 문화의 기반은 손상 없이 남으며, 지나간 인류가 가져온 본질적인 성과들은 한 세기로부터 다음 세기로 전수된다는 사실이다."[157] 그리고 창조적 정신들의 문화적 작품들은 지역적 조건 속에서 생산되었지만, "보편적·인간적인 것을 대변한다."[158] 그러므로 그에게는, 문화의 중심이 일단 형성된 곳에서 그 문화는 모든 방향으로, 다음 세대로 전파되는 성향을 갖고 있다.[159] 이것은 그에게 진정한 문화의 고유한 특징이다.[160]

그러므로 랑케에게 문화는 연속성 속에 발전하고 있는 것으로 된다. 그

---

156 랑케,《근세사의 여러 시기들에 관하여》, 이상신 역, 188쪽.

157 Ranke, *Deutsche Geschichte im Zeitalter der Refomation*, IV (SW. 4), 7. Buch, Einleitung, S. 4.

158 Ranke, *Weltgeschichte*, 1. Bd., Vorrede, S. 6.

159 랑케,《근세사의 여러 시기들에 관하여》, 이상신 역, 42쪽.

160 Masur, a.a.O., S. 71.

러한 발전이 그에게는 "모든 시점에서 어떠한 정체도 없는 진보"의 형식으로 나아가고 있는 것은 아니지만, 분명한 것은 역사의 모든 발전에는 문화가 항상 함께 있다는 사실이다. 요컨대 그에게 문화는 모든 역사생활의 보편적 성과물로서 연속성 속에 지속되고 있다. 그리하여 그에게는 "모든 유혈의 파괴들에서도 여러 민족들의 숙명들이 교차하는 가운데, 문화의 요소가 어떻게 유지되고 지속되었던가를 파악하는 것이 가장 고귀한 세계사적 문제로 되었다."[161] 왜냐하면 그에게 "문화의 발전은 믿을 수 있는 전승이 남아있는 시대들의 가장 강력한 현상을 형성하기" 때문이다.[162] 다시 말하자면, 역사의 연속성이 가장 명확하게 나타나는 영역이 그에게는 바로 문화의 발전이다.

랑케는 이와 같이 역사생활의 가장 중요한 운반자들인 국가, 종교, 문화의 발전들을 항상 연속성 속에 관찰하면서 사고했다. 그의 역사적 관찰대상이 전체적인 것이든, 개별적인 것이든, 즉 유럽사 전체에 대해서는 물론 이려니와 개별국가들과 그 사건들 및 인물들, 그리고 역사적 제도들에 대해서도 그러했다. 그는 역사 속의 생(生)에 관한 자신의 관념에 있어서 그러해야만 했다. 다름 아니라 그에게 "역사 속의 생은 결코 완전하게 소멸되지는 않으며, 비록 어떤 것은 완전히 몰락해 버리기도 하지만, 그렇게 보일 때, 그것은 하나의 보다 더 완전한 공동체에 접속되며, 이것과 융합된다. 그리하여 하나의 새로운 생과 하나의 다른 계열의 사건들이 일어난다. 이것은 이전의 생과 밀접하게 연관되어 있으며, 소급해서 그것과 결합한다."[163] 그것이 역사적 생이다. 결국 역사 속에는 생이 끊임없이 지속되고 있으므로, 성장과 몰락, 해체와 생성의 역사적 변화들은 역사적 생의 연속

---

161 Meinecke, "Ranke und Burckhardt, Anhang(Ein Wort über Kultur und Zivilisation)," in: *Zur Geschichte der Geschichtsschreibung*, München, 1968, s. 112.

162 Ranke, *Weltgeschichte, I, Vorrede, S. 4. Ranke, Deutsche Geschichte im Zeitalter der Refomation*, IV (SW. 4), 7. Buch, Einleitung, S. 4.

163 Ranke, *Über die Verwandschaft und den Unterschied der Historie und der Politik*, SW. 24, S. 53.

성 속에서 일어나고 있으며, 이 연속성은 끊임없는 변화들 속에서도 지속되고 있다. 그러므로 모든 역사적 사건들과 시대들을 그것들의 연속성 속에서 관찰 및 파악해야 하는 것은 모든 역사가들의 과제로 되는 것이다.

랑케처럼 모든 시대들의 발전을 연속성 속에서 관찰하고 사고한다는 것은 그것들 자체의 전개과정뿐만 아니라 그 전후 시대와의 관계도 포함하는 전체적인 발전을 관찰 및 파악하는 것이다. 그러므로 그에게서 연속성은 "발전(Entwicklung)"이라는 의미를 지니고 있는 것이다. 이러한 의미에서 하나의 발전은 해당 시대의 다른 요소들 및 다른 발전들, 그리고 전후 시대의 작용에 의해 구성된 일정한 "연관관계(Zusammenhang)" 속에서 이루어진 것이다. 따라서 하나의 역사적 사건을 발전으로서 관찰하는 것은 그가 자주 언급했던 바의 "전체와의 연관관계 속에서(im Zusammenhang mit Ganzen)" 관찰하는 것으로 된다. 그러므로 그에게서 연속성은 "객관적 연관관계"라는 의미도 함께 지니고 있는 것이다.[164] 결국 그에게서 역사적 사건을 연속성 속에서 관찰하는 것은 그 사건의 발전에 대한 관찰이자, 동시에 그 사건의 연관관계에 대한 관찰이다. 실제로 그에게서는 하나의 "연관관계" 속에서 다음 단계로 "발전"하게 되는 "역사적 순간(der geschichtliche Moment)"이 형성되고, 이를 통해 세계사적 사건들이 전개된다. 요컨대 하나의 역사적 사건은 그 연속성 속에서, 그 연관관계 속에서 관찰될 때, 그것은 하나의 발전으로서 파악된다.

### 역사서술의 전제조건으로서 연속성 인식

여기에서 보면 랑케에게서는, 피어하우스가 해석하고 있듯이, 연관관계 및 발전이라는 의미를 내포하고 있는 연속성에 대한 관찰과 파악은 역사를 서술할 수 있는 전제조건으로 되고 있다. 다름 아니라 역사가는 사건들의 생성과 시대들의 형성, 그리고 그들의 발전들과 나아가서는 세계사

---

164 Vierhaus, "Die Idee der Kontinuität in historiographischen Welt Rankes," S. 168.

속에서의 그들의 위치와 의미를 제시해야 하는 바, 그러하기 위해서는 그들의 연관관계와 연속성을 파악해야만 한다. 왜냐하면 사건들이 일어나는 역사적 순간들은 그것들의 연관관계 속에서 형성되고 있으며, 그 순간들을 통해 다음 단계로의 발전이 이루어지기 때문이다. 그러므로 역사가가 사건들의 연관관계와 그 연속성을 파악할 때, 그는 사건들이나 그 발전들을 , 랑케가 자주 언급했듯이, "통일적으로 서술"할 수 있게 되는 것이다. 역사가가 그들의 연관관계와  연속성을 파악하지 못하거나, 그것에 모호할 때, 그는 전후 시대의 진보적, 정체적, 퇴보적인 현상들 앞에서 당황해질 것이며, 그의 서술은 혼란스러워지거나, 연관관계와 발전을 결여한 연대기적 서술로 될 뿐이다.[165] 그런가 하면, 역사가가 사건들과 그 발전들 및 시대들을 그것들의 연관관계와 연속성 속에서 관찰하는 것은 그것들을 공시적(共時的, synchronisch)으로, 또한 통시적(通時的, diachronnisch)으로, 그리고 통일적으로 관찰하는 것이므로, 이로써 그는 그것들을 해당시대의 상황 속에서, 또한 전후 시대와의 관계 속에서 파악하면서 역사화(historisieren)시킬 수 있고, 그것들에게 시대사적, 세계사적 위치와 의미를 부여할 수 있게 되는 것이다. 왜냐하면 그것들의 역사적 위치와 의미는 그것들의 연관관계와 연속적인 발전에 대한 인식으로부터 확보되는 것이기 때문이다. 이러한 인식은 역사가가 사건들의 고유한 성격과 의미를 파악하고자 하는 과정에서 빠질 수 있는 상대주의를 극복할 수 있다. 왜냐하면 그가 인식하는 바의, 즉 그 사건들을 둘러싸고 있었던, 일어나게 했던 연관관계와 다음 단계로 나아갔던 발전은 그것들을 통일적으로 관찰하면서 파악된 "객관적 연관관계"이고 발전이기 때문이다. 그러므로 사건들을 그것들의 연관관계 속에서, 그 발전들의 연속성 속에서 관찰하는 것은 그것들을 객관화시켜서 통일적으로 파악할 수 있게 하는 방법론적 기능을 수행하게 되는 것이다. 랑케의 보편사적 관조에서는 그러한 경지가 발견된다.

165 Ebd., S. 160.

랑케는 역사 속에서 연속성을 보여 주고 있는 지속적인 힘들의 발전형식들을 구체적으로 언급하지는 않았다. 그것들을 정의하는 것은 역사에 관한 그 자신의 관념에, 그의 역사학적 원칙에 맞지 않는 일이다. 그 힘들은 "지도적 이념들", 또는 "지배적 경향성들"과 같은 정신적인 것으로서, 굳이 언급해본다면, 군주제와 같은 정치적인, 기독교의 종교적인, 또한 인간을 인간답게 만들고 인간에게 명예가 되는 문화적인 원리들에서 발견될 수 있는 "도덕적 힘들"이라고 표현될 수 있겠다. 그는 역사 현실에서의 그러한 원리 및 힘들의 연속성을 구체적인 개념들로써 정의하지는 않았지만, 그의 연속성 사고에는 그러한 원리들이 내포되어 있다. 그에게서 연속성은 근본적으로 인간의 정신적 힘들이 역사 속에서 끊임없이 표현되고 있는 진행이다. 그것은 지속적이지만, 항상 일률적으로 전개되지는 않는다. 그 힘들은 역사적 현실의 여러 조건들과 작용요소들의 항상 새로운 결합관계 속에서 자신을 표현하고 있으므로, 그것들의 연속성은 역사의 변화적, 전환적인 발전들에서처럼 때로는 쇠퇴했다가 다시금 소생하여 이전과는 다른 형식으로 전개되면서 결국 장기적인 지속성을 보여준다. 그러므로 랑케의 연속성은 어떠한, 처음부터 결정된 특정한 목표를 지향하지는 않으며, 어떠한 일정한 형식으로 전개되지도 않는다. 요컨대 그에게서 연속성은 목적론적인 것이 아니며,[166] 정형적(定型的), 법칙적인 것도 아니다. 이러한 점에서 그의 연속성들은 정신적 힘들의 경향적인 표현들로서 상대적인 것으로 보일 수도 있다. 특히 모든 시대들의 신과의 직접성을 강조하는 그의 역사사상에서는 모든 시대들이 각각의 고유한 가치를 지니고 있으므로 더욱 그러하다. 그러나 그는 각 시대들의 가치를 획일적으로 비교 및 평가하는 것을 거부할 뿐, 그에게서 전후 시대들 사이의 전승과 계승관계마저 부정된 것은 아니다. 그에게서는 그 전승과 계승의 내용과 형식이 전반적이지도, 법칙적이지도 않을 뿐이다. 각 시대들은 각각의 가치를

166 Th. Nipperday, "Zum Problem Objektivität bei Ranke," in: *Leopold von Ranke und die moderne Geschichtswissenschaft*, hrsg. v. W. J. Mommsen, S. 221.

실현시켜 나가면서도 다함께 연관관계를 이루면서 연속성들을 보여주고 있는 진행들이다. 그 연속성이 그에게서는 신학적으로는 신의 섭리와 함께하는 인간의 정신이 형성시키면서 전개되고 있는 진행인가 하면, 역사학적으로는 모든 역사적 사실들의 위치와 의미를 부여하는 틀이다. 다시 말하면 사실들은 연관관계와 발전이라는 의미를 내포하고 있는 연속성에 대한 역사가의 인식을 통해 역사화되면서 자신들의 역사적 필연성을 보여주게 된다. 그러므로 모든 역사적 사건들, 국면들 및 시대들은 그들의 발전 속에 지속되고 있는 연속성에 대한 인식을 통해 파악 및 서술되어야 하는 것이다.

## 4. 혁명론

랑케의 역사발전론에서 보면, 모든 역사적 사건들은 각각의 역사적 필연성 속에서 일어나는 것으로 된다. 그는 해체와 생성, 몰락과 재생의 역사적 과정을 사실적으로 추적하여 그것들의 진실을 해명하고자 노력했지만, 철학자로서 칸트가, 사회학자로서 콩트(Comte)가, 보여주었던 바와 같은, 혁명과 전쟁은 어떻게 예방될 수 있을 것이며, 진보와 평화는 어떻게 이룩될 수 있을 것인가라는 방안들을 적극적으로 제시하는 시도를 하지는 않았다. 그것은 그 자신의 역사학적 원칙에 맞지 않는 일이다. 그가《역사·정치 잡지》의 편집자 시절에 자기 시대의 보수와 개혁이념들 사이의 대립 속에서 "제3의 방향"을 설정해 보고자 했던 바는 이른바 "진정한 정치"를 위해 과거를 근거로 하여 현재를 진단하면서 그 대립을 극복하는 바람직한 방향을 세워보고자 하는 것이었을 뿐, 현재에서 미래를 대처하는 처방약을 본격적으로 제시하는 것이었다고 볼 수는 없겠다. 그러한 면이 얼마큼 있다 해도 그것은 매우 소극적인 것이었다. 그러한 시도는 그에게 예언적인 것으로서, 결코 역사학적 과제로 될 수는 없는 것이다. 그러나 그가 유럽 근세 역사에서 일어났던 거대한 개혁적, 혁명적 변혁들을 비교 언급한 바들에서 보면, 그가 바람직한 것으로 상정하고 있었던 형식의 역사발전에 관한 견해는 여러 곳에서 발견된다. 그는 이미 자기 당대에서는 물론, 다음 세대들에게서도 혁명을 역사발전에 저해적인 변혁형식으로서 부정적으로 보았던 보수적 역사가로 이해되어 오고 있다. 그러나 그에게 혁명은 다른 모든 변혁들과 마찬가지로 역사적 필연성 속에 일어나는 것이며, 동시대에서는 물론, 다음 시대들에서도 일정한 작용을 한다. 그러므로 그에게서 혁명은 자체의 역사적 필연성을 통해 역사화 되면서 합리화되기도 하며, 그것의 역사적 작용을 통해서는 때로는 긍정적, 때로는 부정적으로 평가되기도 한다.

### 네덜란드와 세르비아 혁명

혁명에 관한 랑케의 견해가 처음으로 표명된 것은 그의 두 번째 작품인 《16·17세기 남부유럽의 군주들과 민족들》(1827)에서였다. 이 작품의 "스페인 군주국가"편에서 그는 스페인의 지배에 대한 네덜란드 시민계층의 투쟁을 하나의 "혁명"으로 보았다. 그에 의하면, 스페인의 카를 5세(Karl V)는 네덜란드의 역사적, 지역적 권리를 인정 및 보장하는 한편, 네덜란드는 그를 지원함으로써, 두 나라는 상호간에 협력을 유지하고 있었다.[167] 그러나 다음의 펠리페 2세(Philipp II)는 자신의 군주권을 강화하고자 네덜란드에 스페인 관리를 임명하고 군대를 주둔시켰으며, 종교재판소(Inquisition)도 설치하고자 했으므로, 네덜란드인들은 이에 청원도 하면서 저항하게 되었고, 때마침 우상파괴운동(Bildersturm)이 여러 곳에서 일어나면서, 스페인에 대한 반란은 시민전쟁(Bürgerkrieg)으로 나아갔다. 이어 펠리페는 스페인 및 이탈리아 군대를 파병하면서 새로운 총독에게 종교재판소의 권위를 넘어서는 권력까지 부여했으나, 결국 네덜란드인들은 스

---

167 Ranke, *Die Osmanen und die spanische Monarchie* (SW. 35/36), S. 252.

페인의 모든 간섭을 물리치게 되었다는 것이다.[168] 이러한 과정에 대한 설명에서 랑케는 네덜란드인들의 종교적 감정과 오렌지공(公) 윌리암(1533-1584)의 역할에 주목했고, 그들은 "청원하고 상상했을 때"가 아니라 봉기와 같은 행동으로 "저항했을 때" 비로소 자신들의 주장을 쟁취할 수 있었다고 서술했다. 그는, 그들의 투쟁은 한 지역이 외국의 지배무력에 대항하여 "지역관심(das lokale Interesse)"을 관철시킨 사건이었으며, "전제정치(Tyrannei)"에 대한 저항을 통해 자신들의 대외적 자주권과 종교적 자유를 쟁취했던 "혁명(Revolution)"이었다고 서술했다.[169]

랑케는 세 번째 작품인 《세르비아 혁명》(1829)에서는 터키의 지배에 대한 세르비아인들의 독립운동을 또한 "혁명적 진행"이라고 보았다. 그에 의하면, 이 민족은 오랫동안 오스만 터키의 지배를 받아 왔고, 이른바 "동방문제"를 둘러싸고 대립해 왔던 기독교 유럽의 강대세력들로부터도 지속적으로 영향을 받고 있었지만, "본시부터 자신을 근거로 하면서" 독립의지를 강화하여 결국 "완전한 해방"과 함께 "민족의 자주권(Autonomie)"을 스스로 쟁취했다는 것이다.[170] 그는 그러한 과정의 "해방전쟁(Befreiungskriege)"을 서술한 이 저술에 "세르비아의 혁명"이라는 제목을 붙였다. 그에게 세르비아 독립운동의 보편적 의미는, 그것이 자유를 위한 민족적 투쟁이며, 그 투쟁을 통해 한 민족이 오랫동안의 굴종의 역사로부터 벗어났다는 사실에 있다. 그는 그들의 독립운동은 사회적 관심들에 의해 주도되지는 않았지만, 민족 전체의 문제로서 전개되었으며, 그 진행의 전체 모습은 "대중운동(Massenbewegung)"[171]이었다고 보았다. 다름 아니라 이 운동에서는 부정적인 인간적 충동들도 민족의 자유와 독립에 대한 정

---

168 Ebd., S. 262.

169 Ebd., S. 263; Vierhaus, *Ranke und die soziale Welt*, S. 144. 본서 II-1, 53쪽 주 28 참조.

170 Ranke, *Serbien und die Türkei*(1879)(SW. 43/44), Vorrede, S. VIII. 본서 II-1, 54쪽 주 31 참조.

171 Vierhaus, *Ranke und die soziale Welt*, S. 145.

당한 욕구와 결합하여 대중운동으로 되었다는 것이다. 그리하여 사회적 운동으로서 이 운동은 새로운 상태를 세우기 위해 기존하는 상태를 파괴하고,진정한 국가생활을 위한 전제조건을 마련했다는 것이다. 피어하우스에 의하면, 랑케는 바로 이러한 점들에 하나의 혁명으로서 이 운동의 정당성이 있다고 보았다는 것이다. 랑케에게 이 혁명은 하나의 전복이 아니라, 하나의 건설이었으며, 한 민족의 새로운 출발을 가능하게 만들었던 운동이다.[172] 그에게 이 운동의 의미는, 그가 몇 년 후 〈정치대담〉에서, 인간은 "그 무엇이 되기 위해서는 자신의 힘으로 일어나야 하고, 자유로운 독자성을 발전시켜야 하며, 자신에게 주어져 있지 않는 권리를 쟁취해야 한다"[173] 라고 말했던 바, 바로 그것이다.

이와 같이 초기 작품들에서 표명된 랑케의 혁명에 관한 개념은, 그것은 한 민족의 독자적 생존권과 자주성을 위한 것이고, 민족 구성원들 사이의 신분적, 계급적, 이념적 대립이나 분열없이 민족 전체의 공감과 참여 속에 전개되는 것이며, 그러한 경우 그것은 "대중운동"으로서도 전개될 수 있으며, 그 성과는 하나의 "자연 민족(Naturvolk)"에 대한 외국 세력의 부당한 비자연적 지배상태를 파기하고, 민족 전체의 새로운 출발을 가능하게 하는 것이다. 바로 이러한 형식으로 전개되었고 성과를 이룩했던 네덜란드와 세르비아의 독립운동을 랑케는 긍정적인 의미에서 혁명이라고 지칭했던 것이다. 그는 항상 역사의 생동하는 순간과 모습들에 특히 매력을 느끼면서, 그것들을 규명해 보고자 했던 바, 이러한 태도는 이미 그의 초기 연구생활에서 세워졌던 것이다. 다름 아니라 저 두 사건들은 그에게 역사의 바로 그러한 생동하는 모습들이었다.

랑케는 그러나 1832년에《역사·정치 잡지》의 편집을 맡으면서 당시 정치·사회적 이념들의 대립들에 대해 자신의 견해를 제시하게 되면서부터

172 Ebd., S. 145.
173 랑케, 〈정치대담〉,《강대세력들·정치대담·자서전》, 이상신 역, 135 쪽.

는 혁명에 대해 회의적·부정적 견해를 보여주기 시작했다. 그는 이 잡지에서 "혁명도 아니고, 반동도 아닌", 오히려 두 개의 경향성들 사이에서 "제3의 방향"을 표명하고자 하는 대담한 시도를 했다. 이에 관해 그는 후일에 자서전에서, "그것은 기존하는 것을 연결시켰고, 지나가 버린 것 위에 근거하면서도 하나의 미래를 열었으며, 그 속에서는 사람들이 새로운 이념들에 대해서도, 그것들이 진실을 내포하고 있는 한, 공정하게 될 수 있는 방향이었다"[174]라고 회고했다. 그가 이른바 "제3의 방향"을 취해야만 했던 이유는 당시에 혁명 이념과 군주제 이념을 표방하는 좌·우의 정치 이론들이 그에게는 정치·사회적 대립집단들을 자극하여 국가의 본질 자체를 위태롭게 만들고 있는 것으로 보였고, 근원적으로 그러한 이론들은, 중세의 스콜라 철학(Schola)이 현실 세계를 자체의 "교의(Dogma)"와 "체계(System)"에 따라 판단했었던 것처럼, 사실성을 결여하는 오류를 범하고 있는 것으로 파악되었기 때문이었다. 그러므로 그 자신은 "사실로서의 진실"에 근거하는 "순수한 판단"을 세워보겠다는 것을 이 잡지의 목표로 설정했다. 왜냐하면 그에게 유럽 국가들의 상태들은 매우 다양하므로, 어떠한 유일한, 지배적인 요구에 의한 정치이론이 아니라, 사실적인 파악 위에서 각 지역의 권리에 따르는 "상대적 이론"을 세워 볼 필요가 있었기 때문이었다.

랑케는 실제로 이 잡지에 기고했던 많은 글들에서 "제3의 방향"이 세워져야 할 필요성을 역사적으로 제시하면서, 혁명에 대한 회의적, 거부적인 견해를 표명했다. 〈프랑스와 독일〉에서는 그는 프랑스 혁명을 유럽 역사의 발전을 위한 하나의 보편적 모델로 보지 않았다. 그에게, 그 혁명은 "프랑스적인 사건"이었다. 프랑스에서는 혁명이 기존 체제의 전복으로 나아갔지만, 독일에서는 기존 체제가 너무 확고하므로 과거로부터의 완전한 결별과 같은 변혁이 반복되지는 않았다. 이곳에서는 성직계급에 대한 증

174 랑케, 〈자서전〉, 《강대세력들·정치대담·자서전》, 이상신 역, 251쪽.

오, 신·구 귀족들 사이의 갈등, 군주들에 대한 축출 등이 없었고, 그러므로 왕정복고처럼 그동안에 무너진 것들에 대한 복구시도도 필요하지 않았다. 이러한 차이들은 프랑스인들과 독일인들의 서로 다른 성격들과 상황들 속에서 나왔다. 그리하여 독일에서는 혁명이 아닌 "갱신(更新, Neuerung)"이 독일 군주들 사이의 결속 속에 이루어졌다는 것이다.[175] 이러한 모습에서 랑케는 독일인들이 정치원리에서는 "합법적(rechtmäßig)"이고, "사건들의 성격에서는" 제한적이며, 자신들의 위치에서 민족과 함께 하나의 해체될 수 없는 전체를 형성하고 있었다고 보았다.[176]

랑케는 이러한 견해를 이 잡지의 마지막 책자인 제2권의 제4책에 게재했던 〈정치대담〉에서 결정적으로 표명했다. 그에 의하면, "모든 자주적인 국가는 자신의 고유한 근원적인 생을 갖고 있다", 그러므로 "세계에서 의미있는 국가들은 모두 다 그들의 특별한, 그들에게 고유한 경향성들에 의해 실현되었다." 바로 이 경향성들은 "각 국가의 구성원들의 정신적 성향에 따라서 다양하며, 이 다양성을 통해 각 국가의 공동체적 필요성에서 형성되는 헌법체제는 그 형식들에 있어서 곳곳에서 다르게 수정된다".[177] 그러므로 그러한 헌법체제들 중에서 어떤 것이 보다 더 완벽한 것으로서 정의될 수도 어렵거니와, 그러한 것이 있다 해도 그것이 곧 다른 국가에게 모범으로서 적용될 수는 없는 것이다. 한 국가의 헌법(Konstitution)이란 그 구성원들의 고유한 정신적인 것인 한, "복제(kopieren)"될 수 없으며, 다른 국가에로 이식(移植)될 수도 없는 것이다. 설사 그것이 일정한 준비와 양성(養成) 후에 이식된다 해도, 그것은 역사적으로 다른 조건들 속에서는 곧 부적당한 것임이 드러나기 마련이다.[178] 그에게 하나의 국가와 그 제도들은 모두 다 역사적으로 형성된 것이다. 그러므로 "진정한 정치는 역사적

175 Ranke, "Frankreich und Deutschland," in: *SW. 49/50*, S. 64.

176 Vierhaus, *Ranke und die soziale Welt*, S. 149.

177 랑케, 〈정치대담〉, 《강대세력들·정치대담·자서전》, 이상신 역, 137쪽.

178 위의 책, 123-124쪽.

기반을 갖고 있어야만 한다".[179] 결국 이 글에서 표명된 그의 견해는 프랑스 혁명과 그것이 세운 입헌적 공화체제를 다른 국가들에게도 적용하고자 하는 자기 시대의 정치이론들을 명백하게 거부하는 것으로서 그 자신의 개체사상과 역사주의적 사고 위에서 세워진 보수적 정치이론이다.

그러나 랑케는 단순히 보수적이지는 않았고, 오히려 봉건적, 반동적인 경험론을 멀리했다. 실제로 그는 당시의 극우파 잡지인《베를린 주보(Das Berliner Wochenblatt)》가 신분제적 세습군주체제 국가(Patrimonialmonarchie)를 독일 정신의 특수한 형성물로서, 기독교 게르만적 국가 그 자체로서 합리화시키고 있었던 보수적 정치이론에 대해 거부적이었다.[180] 그러면서도 그는 당시의 자유주의적 당파나 보수주의적 당파의 국가이론들이 표방했던 바의 진정한 내용 자체마저 논박하지는 않았고, 단지 그들 중 어떤 한 당파의 단독적인 지배 요구에 대해서는 거부적이었다. 마이네케에 의하면, 랑케의 입장은 양측에게, 국가는 교과서적인 이론들에 따라서가 아니라 "현실적 힘들(die realen Kräfte)"을 통해 형성된다는 것, 그러므로 표준적, 규범적인 국가란 없으며, 모든 국가는 하나의 살아있는 개체적 본질 그 자체라는 것, 이 본질은 자체의 법칙들과 필요성들에 따라서 발전한다는 것 등의 견해를 제시하는 것이었다.[181] 이론적으로 볼 때, 그는 자연법적 국가이론의 도식적인 주장들을 거부하면서 이상주의적-현실주의적인(idealistisch-realistische) 방향을 세우고자 했던 것이다.

랑케는《역사·정치 잡지》의 편집활동을 마치고 강단으로 돌아온 후 발표한 첫 번째 대작인《로마 교황들》(1834-36)에서는, 거대한 역사적 변혁은 종교적 운동에서도 출발할 수 있다는 것, 그러나 그것이 혁명의 형식으

---

179 위의 책, , 131쪽.

180 Meinecke, *Weltbürgertum und Nationalstaat*, Berlin 1919; 프리드리히 마이네케,《세계시민주의와 민족국가》, 이상신 · 최호근 역(나남, 2007), 336쪽.

181 Meinecke, "Rankes 'Große Mächte'," in: *Zur Geschichte der Geschichtsschreibung*, München, 1968, S. 69.

로 전개될 때, 그 성과는 회의적일 수 있다는 견해를 표명했다. 그에게 "교회의 정신은 전체 인류를 위해 절대적으로 가치가 있는 보편적 정신"이며, 그러므로 모든 교회는 보편적 교회이고자 하듯이,[182] 종교적 신념들은 공동체 내의 사회적 차이와는 아무런 관계를 갖지 않는 "가장 깊은 공동감정(das tiefste Gemeingefühl)"을 근거로 하고 있다. 따라서 종교적 운동은 모든 계급들에서 일어날 수 있으며, 그들에게서 공감(共感)과 공명(共鳴)의 반향을 발견할 수 있다.[183] 그리고 그들의 종교적 운동의 동기들은 신분적, 계급적 관심을 넘어서는 요구들을 제기할 수도 있다. 이때 그 동기들이 종교적 공동체의 특히 외형적 형식들에 작용할 때는, 그 운동은 정치적, 사회적 영역으로 나아가게 된다는 것이다. 그는 스코틀랜드, 네덜란드, 프랑스에서 대중적 봉기들을 불러일으켰던 추진력들은 종교적인 것이었으며, 그것들이 공화주의적, 민족주의적 경향성들로 나아갔던 것은 필연적이었다고 보았다. 그러나 여기에서 그 추진력들이 정치적·사회적 영역에서 가져온 성과들에 대해서는, 특히 그것이 혁명적인 형식을 채택하고, "종교적 형식들을 대중의 열정들과 직접으로 결합시켰던 경우"에 대해서는 비판적이었다.[184] 종교개혁 운동에 연계했던 정치적·사회적 운동이 그러한 경우였다.

### 종교개혁과 영국혁명

랑케의 혁명에 대한 회의적, 거부적인 견해는 자신의 두 번째 대작인《종교개혁 시대의 독일사》(1839-47)에서는 보다 더 구체적으로 표현되었다. 종교개혁은 혁명이 아니었지만, 그는 그 운동의 여러 국면들에 따라서 역

182 랑케, 〈정치대담〉, 《강대세력들·정치대담·자서전》, 이상신 역, 157쪽.

183 Ranke, *Die römischen Päpste*, I (SW. 37), 2. Buch, S. 88. 본서 II-2, 87쪽 주 110 참조.

184 Ranke, *Die römischen Päpste*, II(SW. 38), S. 65; Vierhaus, *Ranke und die soziale Welt*, S. 158. 본서 II-2, 87쪽 주 111 참조.

사적 사실들을 근거로 하여 혁명에 대한 거부적인 견해를 매우 신념있게 표명했다. 그는 특히 교회개혁운동에 연계하여 등장했던 "대중적 요소들(Massenelemente)"을 사회전복을 추진하는 힘들로 보았다. 그 힘들은 기존하는 사회적 긴장들을 첨예하게 불러일으켰고, 사회에 내재하는 모든 파괴적인 힘들을 풀어헤쳤으며, 이로써 "공적 질서(die öffentliche Ordnung)"를 위협하면서 새로운 체제의 건설을 지향했다는 것이다.[185] 피어하우스에 의하면, 랑케에게 "공적(公的)질서"란 두 개의 계기들을 근거로 하여 유지된다. 그것은 우선은, 지배하고 있는 권력이 안전하게 존속할 때, 그리고 그것이 모든 개별적인 경우에서는 아니라 해도, 일반적으로 인정되고 있을 때 유지된다. 기존 질서에 대한 이러한 일반적 확신이 손상받지 않은 채 남아있는 한, 새로운 견해나 시도들은 위험한 것이 못되며, 폭력적인 전복도 일어나지 않을 것이다. 그러나 기존 세력들 사이에, 또한 그들과 새로운 세력들 사이에 투쟁이 일어나고, 기존 질서를 부정하는 견해들이 만연하는 곳에서는 공적 질서는 위험에 빠져든다는 것이다.[186]

랑케는 그러한 경우들을 종교개혁과 연계되었던 농민봉기와 도시하층민들을 포함하는 시민계층의 변혁운동에서 보았다. 그에 의하면, 농민들은 이미 1500년경부터 영주 및 지주들의 임의적인 과세증대와 이 문제에 대한 제국의회(Reichstag)의 무능에 대해 불만을 품고 있다가, 교회개혁운동이 일어나자 이에 쉽사리 연계했다. 그들은 처음에 제시했던 "12개 조항들"에서는 "일반적인 인간 이해에 가까운 것"을 넘어서지 않았으나, 탄압을 받게 되자 그들의 "타고난 조야함(die angeborene Roheit)"과 대중의 본능이 폭발했으며, 다음으로는 "근본적인 전복의 이념들"이 등장했고, 공적 질서는 위험에 빠졌다는 것이다.[187] 랑케는 농민들이 빈곤퇴치와 자유설교를 요구하는 수준에 머물렀다면, 자신들의 목표를 달성했을 것이고, "법

---

185 Ranke, *Deutsche Geschichte im Zeitälter der Refomation*, II(SW. 2), S. 6.

186 Vierhaus, *Ranke und die soziale Welt*, S. 161.

187 Ebd., S. 162.

적인 진보의 의미있는 미래(bedeutende Zukunft gesetzlichen Fortschritt)"로 나아갈 수 있었겠지만, 오히려 그들은 뮌스터(Münster)에서 완벽한 재산 공동체의 건설을 위해 군주제적 신정체제(神政體制)를 세웠고, 이로써 인류 사회의 모든 종교적, 인륜적 기반을 총체적으로 전복시키는 방향으로 나아갔다는 것이다.[188] 랑케는 뤼베크(Lübeck)에서의 불렌베버(Wullenweber)[189]의 지배에 대해서도 그러한 관점으로 파악했다. 그에 의하면, 뤼베크에서는 도시하층민들이 아니라 상업과 무역에 관심을 갖고 있는, 자기의식을 갖춘 시민계층과 불렌베버 시장이 종교개혁운동을 수용하면서 이 도시를 교권체제로부터 분리시키고, 이곳에 민주적인 정치체제를 세웠다.

그러나 농민봉기나 시민계층의 사회적, 정치적 변혁시도들은 대중운동으로서 지역적으로 일시적인 성과를 거두었을 뿐이다. 그들은, 랑케에 의하면, 종교개혁운동의 본래의 목적으로부터 이탈하여 전반적 변혁을 시도하는 비현실적인 목표를 위해 공적 질서를 파기함으로써 결국 실패하고 말았다는 것이다. 그러한 과정에 대해 그는, "세계를 거대하게 변화시키고자 시도하고, 성과를 이룩하면서 밀어닥치며, 매순간 미래에 새로운 전망을 열어주는 공명심은 구경꾼들의 주목과 참여를 보다 더 강하게 불러일으킨다. 그러나 그러한 공명심은 거대하고도 지속적인 작용을 거의 하지 못하거나, 한두 번 그러할 뿐이며, 하나의 유성(流星, Meteor)처럼 사라져 버린다"[190]라고 서술했다. 그에게는 농민봉기나 도시시민계층의 봉기가 모두 실패할 수밖에 없었던 것은 그들의 운동이 본질적으로 절제될 수 없는 "군중(群衆, Menge)의 본성"에서 일어났었고, 또한 전반적인 전복을 도모했기 때문이었다.[191]

그런가 하면 루터의 개혁 원리는 성공했다. 그 이유는, 랑케에 의하면,

---

188 Ebd., S. 163.

189 본서 II-2, 95쪽 주 134 참조.

190 Ranke, *Deutsche Geschichte*, IV(SW. 4), 7. Buch, Einleitung, S. 6.

191 Vierhaus, *Ranke und die soziale Welt*, S. 163. 본서 II-2, 94쪽 주 132 및 주 133 참조.

당시의 지배적인 관심은 종교적, 교회적 관계들의 변화로써 만족하는 한편, 세속적, 정치적 관계들은 유지되기를 바랐고, 루터의 주도적 방향도 교회적으로는 개혁적이면서도, 정치적·사회적으로는 보수적이었다는 사실에 있다. 우선 랑케는, 기독교 공화국이라는 의미의 국가체제를 세우고자 했던 급진 과격파들의 시도는 기독교의 진실마저 훼손시키는 경지로 나아갔다고 보았다. 왜냐하면 그에게는 그러한 국가건설의 이념이 프로테스탄트의 교리 속에는 있지 않으며, 근본적으로 기독교에 근거 할 수 없는 것이기 때문이다. 다음으로, 본시 "프로테스탄트들은 새로운 법을 세계에 부여하고자 생각하지는 않았다. 그들은 이미 형성된 정치적, 시민적 생활기반을 흔들고자 하지는 않았으며, 단지, 일방적이고 세속화된, 절대적이고 신적인 권위를 요구하는 교권체제로부터 벗어나는 것만을 바랐었다"[192]는 것이다. 그에 의하면, "사람들이 프로테스탄트들은 황제권을 무너뜨리고 제국을 분열시키려는 의도를 갖고 있었다고 본다면, 그것은 복음파의 신분들(Stände)을 오해하는 것이다. 그러한 의도는 그들에게서 전혀 일어날 수 없었다. 그들은 오히려 제국 속에서 신적(神的) 제도를 보았고, 자신들과 제국과의 연결 속에서 자신들의 존속을 위한 근본 조건과 고귀한 명예를 보았다. 그들은 황제권을 자신들의 공권력(Obrigkeit)으로 인정하고 있었다."[193]

요컨대 랑케가 보기에는 프로테스탄트들은 제국의 평화 속에 자신들이 다시금 수용되고, 자신들이 선의(善意)로 시작한 교회개혁을 이룩하는 것 이외에는 아무것도 바라지 않았다. 그들은 교리와 교의(教義)의 문제에서는 성서와 모순적인 것으로 보이는 것만을 멀리했던가 하면, 이 범위를 넘어서는 파괴적인 경향성들을 거부했으며, 제국의 문제에서는 제국법정과 신·구법령들을 수정하는 것, 그리고 교황권과 황제권 사이의 무력적 결속

192 Ranke, *Deutsche Geschichte*, III(SW. 3), S. 478; Vierhaus, *Ranke und die soziale Welt*, S. 164.

193 Ranke, *Deutsche Geschichte*, IV(SW. 4), 7. Buch, Einleitung, S. 5.

관계를 완화시키는 것 등이 그들이 바라는 전부였다는 것이다. 랑케는 루터와 프로테스탄트들이 그러한 범위를 지킴으로써 종교개혁에 성공할 수 있었다고 보았다.[194] 그는 특히 개혁적이면서도, 혁명적이지는 않았던 루터의 보수성을 주목했다. 그는 루터가 교회개혁을 위해 교황청에 대립하면서도 농민봉기와 도시 시민계층의 혁명적 운동들에 대해서는 독일 군주들과의 연대 속에 진압을 주장했던 태도를 두고서, "루터는 그렇게 예리하게 기존하는 질서의 한쪽 편을, 즉 종교적인 면을 공격했던가 하면, 그렇게 강력하게 다른 한쪽 편에, 즉 세속적인 편에 확고하게 결속했다"[195]라고 서술하면서, 종교적 영역과 세속적 영역의, 즉 교회영역과 정치영역의 분리를 통해 종교생활에서의 전환을 이룩했던 루터를 "위대한 개혁자"이자 동시에 "가장 위대한 보수주의자들 중의 한 사람"으로 명명했다.[196] 랑케는 또한 루터의 태도를 "실천적 보수주의"라고 변호하면서 그 자신이 보수주의자임을 보여 주었다.

16세기의 종교개혁 운동에 대한 랑케의 이러한 파악은 자기 시대의, 즉 19세기의 혁명적 운동들에 대한 자신의 부정적인 견해를 내포하고 있다. 그는《역사·정치 잡지》에서, 프랑스 혁명에서와 같은 총체적인 변혁 시도, 즉 기존의 정치적, 사회적 질서를 전반적으로 해체시키려는 혁명적 시도는 인간성 속에 잠복해 있는 무정부적 성향으로부터 나오는 것으로서, 하나의 거대한 정치적, 사회적 운동에서는 성공할 수 없다고 주장했듯이, 300여 년 전의 뮌스터에서의 "신정적(神政的)·사회주의적 시도"와 뤼베크에서의 시도도 그러한 것으로 보았던 것이다.[197] 그에게는 근본적인 변화를 의도하는 혁명은 어디에서나 확실하지 못한 결과로 나아가는 것으로 보였다.

---

194 Ebd., S. 6.

195 Ranke, *Deutsche Geschichte*, II(SW. 2), S. 168; Vierhaus, *Ranke und die soziale Welt*, S. 162.

196 Ranke, *Deutsche Geschichte*, IV(SW. 4), 7. Buch, Einleitung, S. 5.

197 Vierhaus, *Ranke und die soziale Welt*, S. 165.

그런가 하면 종교개혁은 랑케에게 어떻게 정치적·사회적 기반을, 특히 문화적 기반을 해체하지 않으면서도 변혁이 가능할 수 있는가를 일찍이 보여 주었던 역사적 사례였다. 즉 16세기에 "복음주의(Evangelium) 위에 세워진 신앙과 새로운 교회형식은 제국의 거대한 협동적 공동체(Genossenschaft) 속에서 인정 및 보호를 받게 되었을 때, 비로소 확고해졌다. 이것은 오직 조용히, 자제(自制)와 절제(節製)를 통해 이룩되었다"[198]는 것이다. 그러한 과정을 그는 사회적 질서의, 특히 문화의 연속성을 위해 절대적으로 필요한 순간들이라고 보았다. 그는 그러한 순간들을 19세기의 혁명들에서는 볼 수 없었으나, 프로이센의 개혁에서는 발견할 수 있었다. 즉 16세기의 종교개혁과 19세기의 프로이센의 개혁은 다같이 비(非)혁명적으로 변화를 이룩하면서 문화의 연속성을 유지시켰다. 그러므로 그에게 16세기의 종교개혁은 "고유한 독일정신의 한 작품"이자 "조국의 가장 중요한 사건"이었으며, 19세기의 프로이센은 문화의 연속성을 지키는 정치적, 사회적 발전의 대변자로 보였다. 따라서 그는 독일의 종교개혁을 서술하면서, 그것이 정치적, 사회체제의 변화 없이 교회체제와 신앙생활에 국한하여 진행되었으므로 성공적이었다는 사실을 부각시키는 가운데, 프랑스에서와 같은 전반적인 혁명적 변혁은 역사발전에서 성공적일 수 없다는 견해를 우회적으로, 그러나 명확하게 표명했던 것이다. 그에게 역사발전에서 변혁을 위한 시도는 필연적으로 일어나지만, 그것은 문화의 유지 속에, 그 연속성 속에 진행되어야 하는 것이므로, 이를 파기 및 단절시킬 수 있는 급진적, 전반적인 혁명에 대해서는 그는 거부적이었던 것이다. 그에게 역사는 혁명적 변혁으로서가 아니라 "진화(Evolution)"로서, 즉 점진적·개혁적 전환을 통해 발전해야 하는 것이다.[199]

랑케가 혁명에 관해 직접적으로, 비교적 명확하게 자신의 견해를 표

---

198 Ranke, *Deutsche Geschichte*, IV(SW. 4), 7. Buch, Einleitung, S. 6.

199 Ranke, "Idee der Universalhistorie," in: Kessel, a.a.O., S. 300.

명한 것은《16·17세기의 영국사》(1859-68)에서이다. 그는 이 작품보다 《16·17세기의 프랑스사》를 먼저 발표했지만, 프랑스는 그 시기에 혁명적 변혁을 겪지 않았던가 하면, 영국은 "반란(Rebellion)"[200]이라고도 불리는 "시민전쟁(Civil War, 1642-1660)" 기간에 찰스 1세의 처형(1649)과 크롬웰의 공화정체제(Commonwealth, 1649-1658) 및 왕정복고(1660), 그리고 명예혁명(1688) 등, 정치체제의 급진적 변혁과 교체를 여러 차례에 걸쳐 겪었으므로, 자연히 혁명에 관한 견해를 구체적으로 표명하게 되었던 것이다.

랑케가 영국의 역사에서 특히 찬탄하는 바는 이 나라의 정치생활이 의회제도의 성립과 그 역할을 통해 고유한 모습을 갖추게 되었다는 사실이다. 이 나라의 의회는 국민의 대표기관으로서 국가권력에 참여한다는 사실에 그 의미를 지니고 있다. 이 제도는 이미 고대시기에 영국의 왕권과 로마교황권이 결속해 있을 때, 이에 대립했던 신분들(身分, Stände)의 투쟁과정에서 일어났었고, 다음으로는 신분들과 왕권이 함께 영국의 대외적 자주성을 위해 교황권에 대립하는 공동전선(共同戰線)을 만들었을 때 확고해졌다. 그리고 의회적 군주체제의 이념이 명확하게 등장했던 것은 14세기에 에드워드 2세(Edward II, 1307-27)가 기사층과 지역 공동체(Gemeinde)의 대표들로 구성된 국가 공동체(Communität des Reichs)의 도움으로 반란집단을 진압하고자 시도했을 때부터였으며, 그 후로 의회와 왕권은 다함께 영국의 대외적 독자성과 국내 통치를 위해 공동으로 협력하는 전통이 형성되었다는 것이다.[201]

그러나 스튜어트 왕조의 찰스 1세(1625-1649)가 1630년에 의회를 해산하고, 의회없이 통치하고자 시도했을 때, 왕권과 의회 사이에는 심각한 대립이 일어나게 되었다.[202] 랑케는 이 대립을 "하나의 역사적 필연"으로 보

---

200 랑케, 《근세사의 여러 시기들에 관하여》, 이상신 역, 206쪽 및 208쪽 주20 참조. 랑케는 영국에서의 1642-1660 기간의 왕권과 의회의 대립을 반란(Rebellion) 또는 시민전쟁(Bürgerkrieg)으로 지칭했다.

201 Vierhaus, *Ranke und die soziale Welt*, S. 187-188.

았다. 다름 아니라 왕권과 신분의회 사이의 대립은 오래전부터 있어 왔지만, 그동안 국민의 감정과 관습 속에는 의회적 군주체제의 통치형식이 깊이 뿌리를 내렸고, 민족의식의 한 구성요소가 되어 왔으므로, 국민들은 찰스 1세의 시도를 위로부터의 쿠테타(Staatsstreich)로, 그를 배신자로 보았다. 비록 당시의 영국에서도 국왕에 대한 개인들의 결속감정이 다른 라틴 및 게르만 국가들에서와 마찬가지로 결여되어 있지는 않았지만, 국민의 자유의식이 그만큼 강력해졌고, 더 이상 제압될 수 없었기 때문에, 이제 의회와 왕권사이의 결전은 불가피하게 되었다는 것이다. 그리하여 의회는 왕당파 스트라포드(Strafford)를 처형함으로써(1641) 일단 왕권에 승리했다. 그러나 이러한 과정에서 의회의 다수파가 활용했던 수도와 군대라는 두 개의 세력들 중에서 군대는 이미 의회가 감당할 수 없을 만큼 강력해졌고, 여기에 독립파(Independenten)가 들어왔으며, 이들은 교회체제 뿐만 아니라 정치체제의 변화도 추구했다.[203] 여기에서 극단적인 민주주의적 경향성들이 확산되었고, 그들은 결국 찰스 1세의 처형과 공화정 체제(Commonwealth)의 형성(1649)으로 나아갔다는 것이다.[204] 이것이 이른바 청교도 혁명(puritan Revolution)이다.

랑케는 이 혁명에서 공화정이라는 이념은 "구(舊)의회의 요구들"로부터가 아니라, 오히려 당시까지의 신분제적 의회체제에 대해, 또한 왕권에 대해서도 대립했던 사상들로부터 출현했으며, 여기에는 또 다른 방향의 종교적, 사회적 이념들이 합류했다고 보았다. 그러한 이념들은 우선 위클리프(Wycliff) 운동 속에서 등장했었고, 급진적 후스파(Hussisten)인 타보르파(Taboriten)와 재세례파(Anabaptisten)의 교리들 속에서 계속되었으며, 민주적·종교적인 독립파(Independenten)에게서 나타났다는 것이다. 특히 위

202 랑케, 《근세사의 여러 시기들에 관하여》, 이상신 역, 206쪽.

203 Vierhaus, *Ranke und die soziale Welt*, S. 188.

204 Ranke, *Englische Geschichte*, III (SW. 16), S. 288; Vierhaus, *Ranke und die soziale Welt*, S. 188-189. 본서 II-3, 128쪽 주 242.

클리프 운동의 "민중적·시민적(populäre-bürgerliche) 요소들"을 통해 자극받은 지방 하층민들은 인간의 보편적 평등에 관한 사상을 의식하게 되었고, 여기에 또한 "도시 시민들의 소수계층들"이 합류했다는 것이다. 그리고 그들이 지방귀족들에게 대항하여 정치적, 사회적 요구들을 제기했을 때, 국가권력은 그들을 진압했으나, 그들의 주장들을 정서적으로 말살시키는 못했다는 것이다.[205] 결국 랑케는 16·17세기에 영국에서 일어났던 봉기들은 기본적으로는 종교적 자유를 위한 운동으로 일어났으면서도, 그러한 운동들에서는 항상 정치적, 사회적 요소들이 함께 작용하여 민주적, 사회혁명적, 공산주의적 사상들이 나타났으며, 그중에서도 공화정 이념이 크롬웰을 통해 현실 정치체제로 실현되었던 것으로 파악했다.[206]

랑케는 그러한 과정의 영국 혁명을 프랑스 혁명과 비교하면서 두 진행들에서의 유사점들과 차이점들을 발견했다. 그에 의하면, 두 나라들에서는 공화정 체제의 형성, 국민주권론의 실현, 군사적 찬탈, 그리고 왕정복고 등의 과정이 공통적으로 진행되었으며, 그러한 사건들이 순수한 정치적 진행으로서는 동일하지 않다 해도, 유사하다. 그러나 그에게는 차이점들이 더 중요했다. 그는《영국사》를 저술하기 전, 1854년의《근세사의 여러 시기들에 관하여》에서 이미, 프랑스 혁명과 영국 혁명을 "두 개의 대립되는 사건들"로 보면서 양자의 성격을 구분했었다. "프랑스 혁명은 철저하게 민중적(populär)인 것인가 하면, 영국혁명은 그 성격상 귀족적(aristokratisch)인 것이다. 이 혁명은 프랑스에서 나타났던 것과 같은 전반적인 변혁운동을 저지하려는 의도를 갖고 있었으므로 근세 혁명의 이념들과는 근본적으로 다른 의미를 갖고 있었다. 이 점이 그가 바로 이 혁명을 변명하는 중요한 이유이다."[207] 그에게 프랑스 혁명은 민중적이고 정치적인

---

205 Ranke, *Englische Geschichte*, I(SW. 14), S. 75.

206 Vierhaus, *Ranke und die soziale Welt*, S. 188-189. 본서 II-3, 128쪽 주 242 참조.

207 랑케,《근세사의 여러 시기들에 관하여》, 이상신 역, 213쪽. 본서 II-3, 114쪽 주 196 참조.

것으로서 파괴적이었던가 하면, 영국 혁명은 귀족적 이고 종교적인 것으로서 긍정적인 면을 지니고 있는 변혁이었다.[208] 물론 영국에서도 "하나의 안정된 사회적 상태"를 유지시켜 왔던 입헌체제에 대한 개혁시도, 특히 정치체제와 결속된 국교회의 주교단우위체제(Episkopalverfassung)에 대한 전복의도 등의 혁명적 경향성이 나타났었다. 그리하여 "근세 세계의 영원한 동요 요소"인 국민주권설의 이념이 확산되었고, 1/10세 폐지 운동이 일어났으며, 수평파(Levellers)는 사회혁명적 목표를 추구했었다. 그러나 영국혁명은 사회전복으로 나아가지는 않았다. 랑케에 의하면, "영국 혁명은 사회적 상태들을 장악하고자 했을 때 멈추었다. 이와는 달리 프랑스 혁명은 사회적 상태들 속에서 유효하게 되었다."[209] 이것이 그에게는 영국 혁명과 프랑스 혁명 사이의 차이일 뿐만 아니라, 모든 이전 혁명들과 근대 혁명들 사이의 차이를 말해 주는 것이다.[210]

그렇다면 영국에서는 어떠한 계기들이 사회적 변혁들을 저지했던가? 이에 관해 랑케는 첫째로는, 영국에서는 민족의 다수가 역사적으로 형성된 상태들에 정서적으로 강하게 결속되어 있었다는 사실을 강조했다. 즉 그는, 영국은 질서와 보수의 나라이며, '어디에서도 중세의 제도들을 그렇게 많이 유지하고 있는 나라는 없다'[211]라고 보았으며, 영국인들의 전통주의와 보수성이 사회변혁을 저지하는 데 기여했다고 파악했다. 그리고 그는 둘째로는, 크롬웰의 개인적 특성과 그의 역할을 중요시하고 있다. 그에게 크롬웰은 기존 질서에 집착하는 사람들과 변화를 추구하는 사람들의 중간에 서 있었던 인물이었다. 크롬웰은 추종자들을 자유농민들(Freeholder)과 젠트리(Gentry) 아래의 불만계층들에게서 찾았고, 의회의 목표를 위해서보다는 종교적 자유와 평등을 위해서 더 많이 투쟁했지만, 성

208 Vierhaus, *Ranke und die soziale Welt*, S. 190.

209 Ebd., S. 191.

210 랑케, 《근세사의 여러 시기들에 관하여》, 이상신 역, 213쪽.

211 Gooch, *op. cit.*, p. 88.

직자들 및 법률가들의 사회를 파괴하는 사회적 혁명을 목표로 세우지는 않았다. 그는 옛 질서에 대한 동정심이 지방에서는 강력하다는 것을, 또한 확고한 국가권력이 필요하다는 것을 의식하고 있었으므로, 민주적인 선거법을 군대 내에 도입하는 것에 반대했고, "공산주의적인 수평파"를 진압했다. 프랑스에서는 나폴레옹이 권력을 잡기 전에 이미 사회적 전복이 진행되었지만, 영국에서는 크롬웰이 시민사회의 기반이 아직 전복되기 전에 자신의 군대와 함께 등장하여 군주제의 정치체제를 파괴했으나, 사회적 상태의, 시민재산권의, 그리고 하층 성직자들의 보호자가 되어야만 했던 것이다.[212] 이러한 점들에서 랑케는, 크롬웰은 "법과 사회 상태들의 전복을 예상했었던 모든 사람들로부터", 특히 장로파(Presbyterianer)로부터 지지를 받았고, 그에게 부여되었던 호국경(護國卿, Protektorat)이라는 칭호는 "사회의 필요성(Bedürfnis der Gesellschaft)"과 일치했었다고 서술했다.[213]

이러한 점들에서 랑케에게 크롬웰은 정치적 변혁을 추구하면서도 사회적 변혁에는 대립했었던, 법적 질서를 다시금 세웠던 인물이었다.[214] 그에게 크롬웰이 추구했고 세웠던 바는 크롬웰 자신의 개인적 성향에서가 아니라, 오히려 기존 질서에 강하게 결속되어 있던 당시 영국인들 다수의 정서를, 시대의 동요 속에서 요구되었던 확고한 국가권력의 필요성을, 그리고 장로파와 하층 성직자들의 바람 등을 고려함으로써 세워진 것이었다. 그러한 한, 크롬웰은 랑케에게 단순한 개인이 아니라, 해당 시대의 상황과 일치했던 개인으로서, 루터와 유사한 성격의 역사적 인물이었다.

영국 혁명에 대해서 랑케는 비판적이기보다는, 오히려 이해하는 태도였다고 볼 수 있겠다. 그는《영국사》의 제2권 5책 입문에서 "나는 나 자신을 해소시키고, 오직 사실들이 말하도록, 강력한 세력들이 나타나도록 했을 뿐이다"라고 말했듯이, 이 혁명을 왕당파나 의회파의 어느 한 당파에

---

212 Vierhaus, *Ranke und die soziale Welt*, S. 192.

213 Ranke, *Englische Geschichte*, IV (SW. 17), S. 139.

214 Ebd. IV (SW. 17), S. 110; Vierhaus, *Ranke und die soziale Welt*, S. 192.

치우치지 않고, "자연적 관점"에 따라 사실적으로 서술하고자 했다. 요컨대 그는 이 혁명에 대해 긍정적이거나, 부정적인 견해 없이, 외국인으로서 객관적이고자 했다. 그에게 이 혁명은, 종교개혁이 그러했듯이, 전반적인 전복으로 나아가지 않으면서 정치체제의 변화와 특히 종교적 자유문제에서 긍정적인 변화를 가져올 수 있었다는 점에서 의미 있는 유형의 변혁모델이었다. 그렇다고 그가 이 혁명을 정당한 혁명으로 파악했다고 볼 수는 없다. 다름 아니라 그는 찰스 1세가 법정에서 "군주권에 관해 하나의 개념을 갖고서" 처신했었던 모습을 후일의 루이 16세의 비굴한 모습에 비해 당당했던 태도로 부각시켰고,[215] 또한 왕정복고와 명예혁명을 통해 군주제 원리가 연속성 속에 발전하게 되었다는 사실에 의미를 부여했다.[216] 그만큼 그에게 군주제 원리는 지속되어야 할 정치원리이므로, 이 혁명이 그에게 정당화될 수는 없는 것이다. 그러면서도 이 혁명은 역사적 필연성 속에 일어났으며 국민 다수의 일반적 정서에 따라 전반적 변혁 없이 진행되었으므로 그에게는 역사적으로 합리화될 수 있었다. 그리하여 그는 "자기해소"를 통해 사실적, 객관적으로 서술하고자 했으며, 실제로 그러했다는 평가도 받고 있다. 그에게 이 혁명은 군주제 원리와 국민주권설의 대립으로 전개되었던 변혁도 아니었다.

### 북아메리카의 혁명과 프랑스 혁명

랑케는 18세기 후반에 일어났던 북아메리카의 독립전쟁(1776-1783)에 대

---

215 랑케, 《근세사의 여러 시기들에 관하여》, 이상신 역, 217-218쪽. 랑케에 의하면, 찰스 1세는 마지막 순간에 판사들에게 "당신들은 누구의 이름으로 여기에 임하고 있는가"라고 물었으며, "국민의 이름으로"라는 그들의 대답에 대해서는 "자치단체들이 국민이라는 선례를 제시하라"라고 되받았던가 하면, 후일의 루이 16세는 판사들을 인정하면서 자신의 왕관에 관해서는 의식하지 못하고 있었다는 것이다(위의 책, 218쪽). 랑케는 찰스 1세의 처형을 "광신적인 한 당파의 사건"으로 보았다(위의 책, 215쪽 참조).

216 Ranke, *Englische Geschichte*, VI (SW. 19), S. 235.

해서는, 그것을 프랑스 혁명 이전의 "가장 거대한 사건"으로서[217] 하나의 혁명으로, 그것도 "이전의 어떤 혁명보다 더 큰 혁명"[218]으로 정의했다. 그에 의하면, 영국 정부가 식민지들에게 대외과세(die äußere Auflage)를 부과했을 때, 그들이 새로운 과세는 영국 의회의 승인을 받아야만 하는 것이며, 자신들이 대표되지 않은 의회가 자신들에 대한 과세를 승인할 수 없다는 논리로써 저항했던 바, 이것 자체는 "왕권에 대해서도, 의회체제에 대해서도 반대하는 것이 아니었다."[219] 그는 또한 영국 국왕과 의회도 잘못했다고 볼 수는 없다고 말하면서 결국 영국정부와 식민지인들의 권리를 다같이 인정했다. 다름 아니라 그에게 "두 집단 사이의 투쟁은 왕권주의적 경향과 민주제적 경향 사이의 투쟁으로서, 양자는 다같이 영국헌법에 뿌리를 두고 있었다."[220] 그러므로 그는 이 투쟁에 대해 자신의 고유한 중용적(中庸的) 입장에서, 양자가 각자의 권리를 일방적으로 고집하지 않았더라면 문제는 적절하게 조정될 수 있었을 것이라고 보기도 했다. 그러나 보스턴 차(茶) 사건(Boston Tea Party, 1773)이 일어났고, 이에 영국정부는 식민지들을 무력으로 제압하기로 결정했던가 하면, 식민지들은 영국의 국왕과 의회가 결속하는 것을 보고서는, 처음과는 달리 국왕과 의회 모두에 대한 반대로 나아갔다. 그들의 목표는 공화적 정치체제와 대의제(代議制)적 의회의 창설로 되었고, 결국 전쟁이 일어났다. 랑케는 식민지들이 독자적으로 전쟁을 수행할 능력을 갖고 있었던가에 대해서는 회의적이었고, 그러므로 프랑스와 스페인이 식민지들의 편에 섰다는 사실을 전쟁의 발발과 성과에서 함께 작용했던 것으로 보았다.[221]

랑케가 이 독립전쟁에 혁명이라는 명칭과 함께 부여한 특별한 의미는

---

217 Ranke, *Der Ursprung und der Beginn der Revolutionkriege*(SW. 45), Einleitende Bemerkung, S. 1.

218 랑케,《근세사의 여러 시기들에 관하여》, 이상신 역, 252쪽.

219 위의 책, 247쪽.

220 위의 책, 249쪽.

221 위의 책, 249쪽.

이 전쟁이 17세기의 영국 혁명과는 달리 국민주권설을 근거로 하는 공화주의 세력에 의해 일어난 변혁이었다는 사실이다. 17세기 영국의 봉기들에서는 항상 종교적 자유가 중심문제였으며, 이를 둘러싼 왕권과 의회 사이의 투쟁은 근세 절대주의 국가의 왕권에 대한 특권신분들의 저항으로서 귀족적인 성격을 지니고 있었으나, 18세기의 북아메리카 혁명은 왕권과 신분제적 의회 모두에 대립하는 국민주권설의, 공화제의 원리를 위한 투쟁이었으며, 경제적 성격도 지니고 있었다. 영국의 군주제 원리는 17세기에 귀족 및 시민세력의 저항으로 위기를 겪으면서, 공화체제의 성립에 의해 일시 중단되었다가 왕정복고를  통해 다시금 회복되었고, 명예혁명(1688)을 통해서는 자체의 원리를 새로이 공고히 함으로써 그 연속성을 국내에서는 지속시킬 수 있었으나, 이제 북아메리카에서 새로운 형식의, 국민주권설의 저항을 받고서는, 이를 제압하지 못했다.

이렇게 하여 북아메리카에서 "새로운 공화국"이 창설되었다. 랑케에게 이 사실은 국민주권설의 이념이 "라틴 및 게르만 민족들"의 세계에서 처음으로 실현되었던 사건이었다.[222] 이 "새로운 공화국"은 일찍이 네덜란드 혁명이 세웠던 귀족제적, 제한적인 공화체제와는 다른, 또한 크롬웰의 공화정과도 다른, 국민주권설의 직접적인 공화체제로서, 보다 더 진보된 민주적인 것이다. 이 체제의 형성은, 그에 의하면, 인간은 신하로서 복종만 하는 존재가 아니라, "자신의 가치를 지니고 있다"는, 군주제가 국민의 이익을 가장 잘 대변하는 것이 아니라, "국민이 스스로 통치해야 한다"는, 그리고 "권력은 아래로부터 형성되어야 한다"는 이론을 등장시켰다. 이 이론은 랑케에게 옛 신분의회들과 오늘날의 입헌의회들을 구분시키는 차이점이다.[223] 이러한 점들에서 그는 이 "새로운 공화국"체제의 탄생을 "세계사를 위한 가장 의미있는 사건"이라고 정의했다.[224] 그리고 그는 이 혁명

---

222 Ranke, *SW. 49/50*, III. Politische Denkschriften aus den Jahren 1848-1851, S. 594.

223 랑케,《근세사의 여러 시기들에 관하여》, 이상신 역, 251-252쪽.

224 위의 책, 248쪽.

이 외부로부터의 지배를 극복하는 투쟁과정에서 "내부적으로는 어떠한 투쟁도 하지 않았다"는 사실을 이 혁명의 특징으로서 강조했으며, 이 혁명이 영향사적으로는 유럽의 게르만 민족들에게 "그들 자신의 내면적 생(生)의 능력"을 일깨웠고, 이것을 위한 "공간"을 마련해 주었으며, "거대한 공동 감정"을 불러일으켰다고 보았다.[225] 실로 이 혁명은 그 이전 및 이후의 어떤 혁명보다도 그에게서는 가장 긍정적이고 가장 의미 있는 변혁으로서 평가되었다.

그런가 하면 랑케는 북아케리카 혁명으로부터 가장 큰 영향을 받으면서 일어났던 프랑스 대혁명에 대해서는 그 어떤 혁명에 대해서보다도 가장 비판적이었다. 그는 이 혁명에 대해 두 개의 차원으로 관찰한 견해들을 보여주고 있다. 즉 그는 이 혁명의 원인과 성격을 일찍이 1833년의 〈강대세력들〉에서는 이 국가의 대외적 관계들 속에서, 그리고 그로부터 20년 후인 1854년의 《근세사의 여러 시기들》에서는 대내적 관계들 속에서 언급했다. 먼저 〈강대세력들〉에서는 그는, 이 혁명의 가장 중요한 원인들 중의 하나는 "대외관계들의 변화 속에"있다고 전제하면서, 프랑스가 유럽에서 오랫동안 누려온 지배적 위치를 18세기 동안에 상실해 갔다는 사실을 강조했다.[226] 그에 의하면 오스트리아 왕위계승전쟁(1745-46), 그리고 "프랑스는 독일의 전장(戰場)에서 아메리카를 잃었다"라는 7년 전쟁(1756-63), 또한 오스트리아·프로이센·러시아에 의한 폴란드 분할(1772) 등에서 프랑스는 외교적으로 실패하기도, 배제당하기도 했다. 그리하여 이 사건들은 프랑스 정부를 국가통치, 외교, 전쟁 수행 등에서 무능한 존재라는 "악평 속으로" 몰아넣었다는 것이다. 그에 의하면 그 모든 것은 "변화된 세계정세의 작품"이지만, 루이 14세의 황금시대를 기억하는 국민들은 모든 책임을 정부의 대외정책과 국내 상태에 전가시켰다. 그리하여 프랑스

225 Ranke, *Der Ursprung und der Beginn der Revolutionkriege* (SW. 45), Einleitende Bemerkung(1875), S. 3.

226 랑케, 〈강대세력들〉, 《강대세력들·정치대담·자서전》, 이상신 역, 81쪽.

의 명예와 위신의 실추에 대한 국민의 분노는 결국 국내의 당파적 대립들과 봉기들을 전반적인 변혁으로, 즉 혁명으로 나아가게 만들었고, 나아가서는 대외전쟁으로까지 몰고 나아갔다는 것이다.[227] 그는 이 글에서 재정적자와 이를 해결하기 위한 정부의 시도들에 대한 특권신분들의 저항, 국왕과 삼부회에 대한 제3신분의 거부를 혁명의 도화선으로 언급하기도 했지만, 대외관계들에서 프랑스의 명예 및 위신의 몰락과 이에 대한 국민의 분노가 혁명발발의 가장 큰 몫을 차지한다고 거듭 강조했다.[228] 이러한 해석은 한 거대한 사건이 일어날 때의 사회심리적 정서에 관한 그의 탁월한 파악을 보여 준다.

다음으로 랑케는 20년 후인 1854년의 《근세사의 여러 시기들》에서는, 프랑스 국내의 여러 국면들이 전반적인 변혁으로 나아가게 되었던 계기들에 주목했다. 그에 의하면, 유럽의 여러 국가들은 이미 18세기에 개혁을 시도해 왔다. 그 개혁들은 군주들이 이른바 계몽절대주의(der aufge-klärte Absolutismus)의 경향성 속에서 특권 신분들의 권리를 제한 또는 배제하는 형식으로 진행되었고, 그러므로 귀족 및 성직자들의 강력한 저항을 받았다. 프랑스에서도 역시 그러했으며, 혁명 직전에는 왕권이 특권신분을 제어할 수 없을 정도로 허약해졌다. 즉 정부는 그동안 여러 국가들의 분쟁들과 특히 북아메리카의 독립 전쟁에 깊이 관여함으로써 누적된 재정적자를 타개하고자 노력했으나, 매번 특권신분들의 강력한 저항을 극복하지 못했다. 튀르고(Turgot)는 세금제도의 개혁을 시도했으나 고등법원(Parlamente)의 반대에 부딪혔으며, 칼론(Calonne)은 1787년에 명사회(名士會, Notablen)를 소집했으나, 그의 방안들은 부분적으로만 승인되었을 뿐, 그것도 최종적으로는 고등법원의 반대에 부딪혔다. 이 때에 새로운 세금의 부과는 명사회가 아니라 삼부회(三部會, Generalstände)에서 승인되어야 한다는 요구가

227 위의 책, 82-83쪽.

228 위의 책, 87쪽.

제기되었고, 이에 네케르(Necker)는 1614년 이후로 한번도 소집되지 않았던 삼부회를, 제3신분의 대표들이 귀족 및 성직자 대표들의 숫자만큼 선출되도록 하여, 1789년 5월에 개최했다. 그러나 삼부회가 개최되자, 법안의 표결을 머릿수에 따르느냐(頭數制, par tête), 신분들의 수에 따르느냐(部數制, par ordre)의 문제가 결정되지 못하여 혼란이 일어났다. 전자의 경우에는 제3신분이, 후자의 경우에는 귀족과 성직자 신분들이 유리할 것이다. 이때 미라보(Mirabeau)는 제3신분의 이름으로, "우리는 민족의 대표들이다. 어떤 누구도 우리에게 명령할 수 없다"라고 선언했고, 파리 시민들은 국왕을 베르사유 궁으로부터 파리로 옮겼으며, 모든 안건들을 머릿수에 따라 표결하는 방법을 관철시켰다.[229]

랑케는 이 계기를 중요시했다. 다름 아니라 프랑스에서도 역시 분쟁이 처음에는 대의제(代議制)이론과는 관계없이, 국왕에 대한 고등법원의 저항에서처럼 군주와 특권신분들 사이에서 일어났었으나,[230] 혁명적 상황이 전개되고 제3신분이 주도권을 장악하면서부터는 대의제이론이 우세해졌다는 것이다.[231] 그리하여 이제 권력은 아래로부터 형성된다는 국민주권론에 따라 대의제 이론이 실현될 수 있게 되었고, 입법의회(Legislative Versammlung)가 개최되었으며, 여기에서는 자코뱅파(Jacobiner)의 우세로 공포정치가 지배하면서 전반적인 변혁으로 나아갔다는 것이다.

이렇게 진행되었던 프랑스 혁명이 랑케에게는 귀족적이고 종교적인 성격의 영국 혁명과는 다른, 민중적, 정치적인 것이었다.[232] 대혁명이 그에게는 파괴적인 것이었다.[233] 그런가 하면 그에게는 16세기 독일의 종교개혁이나 17세기 영국의 청교도 혁명, 그리고 18세기 후반의 북아메리카 혁명

---

229 랑케, 《근세사의 여러 시기들에 관하여》, 이상신 역, 257쪽.
230 위의 책, 252쪽.
231 위의 책, 213쪽.
232 위의 책, 213쪽.
233 Vierhaus, *Ranke und die sogiale Welt*, S. 190.

이 모두 다 사회전반의 전복으로 나아가지 않았다는 사실이 중요했다. 물론 그 혁명들에서도 사회전복을 지향하는 세력과 경향성들이 있었지만, 그것들은 항상 배제, 진압, 회피될 수 있었다. 요컨대 변혁이 전반적인 전복으로 나아갔던가, 아니었던가가 그에게는 프랑스 혁명을 그 이전의 다른 혁명들과 구분시켜 주는 가장 중요한 차이점이다.

그렇다면 프랑스 혁명은 어떠한 계기들에서 전반적인 변혁으로 나아가게 되었던가? 랑케는, 이미 언급되었듯이, 먼저 대외관계에서 프랑스의 명예와 위신의 추락에 대한 국민의 분노가 국내의 모든 당파적 대립들과 봉기들을 전반적인 변혁으로 나아가게 만들었으며, 대외전쟁으로까지 몰고 나아갔다고 보았다.[234] 그러한 분노의 분위기는 혁명이 일어나기 전에 이미 형성되었지만, 혁명적 상황이 일단 진행되었을 때에는 집단심리로서 매우 자극적인 힘으로 작용하면서, 상황을 지배하게 되었던 것이다. 다음으로 랑케는 국내 관계에서는 당파들의 대립적인 상황이 아직 전반적인 전복으로 나아가기 전의 시점에서, 루이 16세가 제3신분의 대표들을 귀족 및 성직자 대표들의 수(數)만큼 증가시켰던 사실을 결정적인 실책으로 보았다. 그것은 장차 제3신분이 대중세력으로서 혁명의 주된 운반자로 될 수 있는, 그리고 전반적인 전복으로 나아가는 길을 마련해 준 것이었으며, 실제로 상황은 그렇게 진행되었다. 국왕은 제3신분의 대표를 증가시켜서 그들을 자신의 지지세력으로 만들 수 있을 것이라고, 이로써 자신이 제어할 수 없을 만큼 강력해진 특권신분들의 저항을 견제할 수 있을 것이라고 생각했었겠지만, 그것은 지극히 위험한 일이었다. 왜냐하면 제3신분에게서는 "공화제의 이념"이 자리잡고 있었기 때문이다.[235] 그러므로 국왕이 제3신분의 대표들을 증가시킨 것은 왕권이 민중적 이념의 무력에게 구원을 요청한 것으로 되었다.[236] 다시 말하자면 국왕이 공화제 이념의 세력

234 랑케, 〈강대세력들〉, 《강대세력들 · 정치대담 · 자서전》, 이상신 역, 81쪽 및 87쪽.
235 랑케, 《근세사의 여러 시기들에 관하여》, 이상신 역, 256쪽.

에게 군주권을 맡겨버린 격이었다. 이것은 분명히 루이 16세와 그의 정부가 위기를 극복하는 데에만 급급했던가 하면, 군주권에 대한 의식에는 투철하지 못했기 때문에 저질렀던 실책이었다. 그리하여 제3신분세력이, 미라보처럼, 실제로 독자노선을 선언했을 때는, 그들은 정부에게 특권신분들보다 더 위협적인 존재로 되었다. 그리하여 정부는 자신이 추구하는 방향으로부터 그들이 이탈하는 것을 보고서는, 자신이 창안했던 방안, 즉 제3신분의 대표들을 증가시켰던 것에 대해 스스로 경악하면서, 자신이 제압하고자 했었던 특권신분들의 품으로 되돌아갔다. 이에 제3신분은 양자의 그러한 결합을 보고서는, 마치 북아메리카 식민지들이 보스턴 차(茶) 사건 후에 영국의 국왕과 의회가 결속하는 것을 보고서 그러했던 것과 마찬가지로, 더욱 분노했다. 즉 그들은 본시는 귀족 및 성직자들에 대해서만 적대적이었지만, 이제는 국왕에 대해서도 적대적으로 되었던 것이다. 그러므로 루이 16세와 그의 정부는 결국 제3신분이 특권신분들과 귀족정치뿐만 아니라 왕권과 국가정치를 모두 파괴하는 전반적인 변혁운동으로 나아가도록 만들었던 장본인으로 되어버린 것이다.

이제 혁명의 주된 운반자로서 제3신분의 등장, 그리고 기존 체제의 전반적인 전복, 이 두 개의 특징적인 현상들은 랑케의 프랑스 혁명이라는 개념을 구성하고 상징하는 핵심내용이다. 바로 이 특징적 현상들은 이 혁명과 이전의 다른 혁명들을 구분시키는 차이점이며, 바로 여기에 이 혁명에 대한 랑케의 부정적인 견해가 근거하고 있다. 다름 아니라 그러한 두 개의 현상들이 모두 다 그에게는 혁명을 역사의 부정적인 발전형식으로 만드는 요소들이다. 우선 제3신분이란 그에게는 회의적인 집단이다. 프랑스 혁명은 "민중적(populär)"이라는 그의 정의는 이 혁명의 주된 운반자인 제3신분의 성격과 특성을 의미하는 것이다. 민중으로서 그들은 농민과 시민계층을 포함하는 비특권적인 사회구성원들의 다수를 지칭하며, 대중(Masse)이

---

236 랑케, 〈강대세력들〉, 《강대세력들·정치대담·자서전》, 이상신 역, 89쪽.

란 의미도 지니고 있다. 그는 그들이 하나의 이념을 새로운 정치제도로 실현시키는 데 주도적으로 작용할 수 있는가에 대해 회의적, 거부적이었다. 그는 이미 《종교개혁 시대의 독일사》에서 농민들과 도시 하층민, 그리고 시민계층을 포함하는 대중(Masse)들을, 그들은 "타고난 조야함"에서 인간의 부정적인 힘들을 풀어헤쳤고, "공적 질서"를 파기하면서 재산 공동체의, 신정적(神政的) 기독교 공화국의 건설이라는 비현실적인 목표를 설정하고 전반적인 변혁으로 나아갔다고 부정적으로 보았다. 그 다음의 영국혁명에서도 그는 민주적, 공화적, 또는 공산주의적 사상까지도 추구하는 자유농민들과 젠트리 아래 계층들의 사회집단들 및 종파들이 등장하여, 전반적인 전복을 시도하는 비현실적 목표를 세웠었다고 보았다. 그에게는 대중으로서의 그들의 운동과 목표가 종교개혁과 청교도 혁명의 경우에서처럼 제압 및 저지되었던 경우에는 개혁 운동이 종교적 자유의 확보와 부분적인 정치변화로써 성공할 수 있었다. 그러나 그들이 프랑스 혁명에서처럼 제압되지 못했던, 오히려 주도적으로 되었던 경우에는 전반적인 전복으로 나아갔다. 그리하여 그에게는 대중으로서의 그들의 참여정도와 범위 및 목표가 종교개혁을 포함하는 근세의 모든 변혁운동들에서 그 전개양상과 성공, 혹은 실패를 결정했던 중요한 요소들이었다. 대중이란 그에게 하나의 이념을 실현시키는 방법에 있어서나 지향 목표를 설정하는 데 있어서 직접적인 주도적 주체로서는 부적당한 집단이다. 요컨대 그는 국가 정치 및 공적 문제에 대중이 직접 참여 및 결정하는 것에 대해 회의적이고 부정적이었다.

다음으로 랑케가 프랑스 혁명이 기존 체제의 전반적인 전복을 지향했던 것에 대해 부정적이었던 것은, 그러한 형식의 발전이 그에게는 비역사적인 것이기 때문이었다. 이 혁명의 "전반적인 변혁"시도에는 하층 귀족과 성직자들, 그리고 이성의 힘을 과신(過信)하는 지식인들도 함께 작용했다. 그들은 진보 신념에 충만하여, 기존의 제도들을 그것들의 역사적 뿌리와 형성 과정에 대한 고려없이 일시에 파기하는, 그리고 새로운 것을 이성적으로 일시에 세우는 경지로 나아갔던 것이다. 여기에서 랑케가 사상적, 이론적으로 제기하는 문제는 혁명파들이 프랑스의 "오래된 악습들"을 파기하고자 시도했을 때, 그들은 영국과 북아메리카의 형식들을 모방하고자 했다는 사실이다. 그에게 "모든 민족은 자신의 고유한 정치(Politik)를 갖고 있다. 이 이론은 모든 마음들을 채우고 있는 민족의 독립성을 말하는 것이다."[237] 그러므로 그에게는 독자적이어야 하는 한 민족 및 국가가 다른 국가의 이념과 변혁형식들을 "모방(Nachahmung)"한다는 것은 "회의적, 저해적"인 것이며, "가장 위험스러운 것"이기도 하다. 그에게는 "어떤 하나의 이념을, 그것이 아무리 순수하고 적절한 것이라 해도, 생활 속으로 실현시킨다는 것은 이미 매우 어려운 일이다. 그것을 모방하고 넘겨받을 때는, 그것은 더 이상 순수한 사상 및 이상적인 것과는 관계하지 않게 된다." 그러므로 그는, 프랑스가 다른 국가들의 이념과 변혁형식을 모방했던 것은 "큰 실책"이었고, 실제로 "북아메리카의 현실로부터 직접적으로 일어났던 사상들은 구(舊)프랑스를 철저하게 파괴하는 데 기여할 수밖에 없었다"[238]고 보았다.

랑케의 이러한 역사주의적 사고에서는 프랑스 혁명은 이미 처음부터 비현실적인 사상과 잘못된 형식으로 출발했으며, 그렇게 급진적, 전반적인 전복으로 나아가면서 새로이 세워진 것은 비역사적인 것이다. 그에게 그러한 혁명은 역사적으로 형성되어온 바들을 그것들의 원리 및 역사적 권리와 함께 파기하는 것이며, 문화의, 역사의 연속성을 단절시킬 수 있다. 그에게 역사적으로 형성되어온 바들은 결코 일시에 파기되어서는 안 되며, 오히려 시간의 흐름 속에 점진적, 단계적인 변화를 통해 유지되어야 할 가치를 지니고 있다. 그에게 역사는 변화 속에 발전하고 있지만, "그러나 진화(Evoilution)로서이지, 혁명으로서는 아니다."[239] 그러므로 그는 "혁

237 Ranke, "Frankreich und Deutschland," in: *SW. 49/50*, S. 72.

238 Ebd., S. 72.

239 Ranke, "Idee der Universalhistorie," in: Kessel, a.a.O., S. 300.

명을 통해서는 어떠한 변화도 가져올 수 없다"라고도 말했던 것이다. 그는 1854년의《근세사의 여러 시기들》다음으로 다시 20여 년 후,《혁명전쟁들의 기원과 시작》(1875)에서는 북아메리카의 혁명으로부터 가장 큰 영향을 받았던 프랑스가 그 이념을 유럽에 전파시키는 데 가장 큰 역할을 했지만, 이로부터 자극과 영향을 받았던 유럽에서의 혁명운동들은 어디에서도 큰 성과를 거두지 못했다고 말했다.[240] 그 이유를 랑케의 입장에서 설명해 보자면, 프랑스가 북아메리카의 혁명이념을 수용했고, 그것을 유럽의 혁명운동들에게 제공하는 역할을 했지만, 프랑스의 실제 혁명은 그들에게 현실적으로 가능한 변혁모델을 제공하지 못했기 때문이었다고 말할 수 있겠다. 프랑스 혁명은 랑케에게 "아메리카의 이념을 추상화시킨 것이지 현실적인 것은 아니었다."[241]

여기에서 "이념의 추상화"라는 말은 이념을 현실에 맞지 않게, 부적절하게, 부당하게 실현시켰다는 것을 의미한다. 랑케에게서 이념은 정신적인 것으로서 일시에 완전히 실현되지는 않으며, 다만 시간 속에서 점진적으로 실현되어 가는 것이다. 그리하여 그에게 모든 역사적 현실은 이념이 완성적으로 실현된 것이 아니라, 그때마다 부분적, 단계적으로 실현되어 갔던 성과들이다. 이념을, 비록 완성적으로 실현시킬 수는 없지만, 현실의 일반적 조건과의 관계 속에서 미완성적으로나마, 가능한 한 현실에 맞추어 실현시키는 경우, 그 실현된 모습은 해당 시대의 현실적인 것인가 하면, 그렇지 않고서 이념을 이론적으로, 즉 역사적 전통 및 현실적 조건을 무시하면서 급진적으로 실현시키는 경우, 그 실현된 모습은 현실적인 것이 못된다. 이러한 점에서 "아메리카 이념의 추상화"라는 랑케의 표현은, 프랑스 혁명은 아메리카의 이념을 프랑스 자체의 역사적 전통 및 현실적 조건과의 관계 속에서 실현시킨 것이 아니었다는 것, 그러므로 "현실적인 것이

---

240 Ranke, *Der Ursprung und der Beginn der Revolutionkriege*(SW. 45)(1875) Einleitende Bemerkung, S. 3-4.

241 랑케,《근세사의 여러 시기들에 관하여》, 이상신 역, 258쪽.

아니었다"는 것을 의미한다. 요컨대 "아메리카 이념의 추상화"란 말은 프랑스 혁명 자체를 비현실적인 것, 비역사적인 것으로 파악하는 그의 결정적인 표현이다. 그가 프랑스 혁명에 뒤따라 일어났던 19세기 전반(前半)의 유럽에서의 혁명운동들이 어디에서도 큰 성과를 이룩하지 못했다[242]고 보았던 것도 마찬가지 이유에서였다. 다름 아니라 유럽에서는 기존하는 제도들이 그만큼 우세하게 지속되고 있었던 반면에, 당시의 급진적인 시도와 목표는 비현실적인 것이었으므로, 결국 프랑스는 자신들의 비역사적, 비현실적인 혁명모델을 통해 그 후의 혁명운동들이 모두 다 큰 성과를 이룩하지 못하게 되었던 사실에 기여한 셈이다.

프랑스 혁명에 관한 랑케의 해석에는 한계성도 발견된다. 즉 그는 이 혁명의 직접적인 원인들을 대외적 사건들 및 국내 사건들의 전개와 그 영향 속에서 찾았고, 이 혁명의 성격을 "민중적"이라고 규정하는 데 있어서는 명확했지만, 제3신분의 등장과 시민사회의 형성을 가능하게 했었던 경제적, 사회적 변화를 혁명 발발의 한 요인으로 언급하지는 못했다. 그는 16세기의 종교개혁과 17세기의 청교도 혁명을 서술하면서, 경제적, 사회적 변화와 새로운 사회적, 종교적 집단들의 바람과 불만에도 주목했었다. 그러나 그는 18세기의 프랑스 혁명을 저술하지는 않았으므로 그러한 한계를 보여주게 되었던 것이다.

### 혁명에 대한 랑케의 이중적 해석

랑케는, 이상에서 알아보았듯이, 역사에서 혁명을 때로는 긍정적인, 때로는 부정적인 의미의 발전형식으로 보았다. 그에게 역사발전은 기본적으로 "진화로서이지 혁명으로서는 아니다." 그러므로 혁명이 그에게는 바람직한 발전형식일 수 없다. 그러면서도 그는 프랑스 혁명 이전의 몇몇 혁명들에 대해서는 인정하기도, 긍정적이기도 했다. 즉 그는 일찍이 대외적 독립

242 본서 IV-4, 342쪽 주 240 참조.

성과 종교적 자유를 쟁취했던 네덜란드의 투쟁과 "민족의 자주권"을 확보했던 세르비아의 독립운동을 각각 혁명으로 명명하면서 긍정적인 변혁으로 보았다. 독일의 종교개혁은 종교 생활에서의 필요한 변화를 당대인들의 바람과 역사현실에 부합시키면서 혁명이 아닌 형식으로 성공적으로 이룩했고, 다른 영역들에서도 변화를 가져왔으므로, 그에게는 바람직한 역사적 변혁의 한 모델이었다. 영국의 청교도 혁명은 그에게서 정당화되었다고 볼 수는 없지만, 사회전반의 전복을 저지하고 정치와 종교 영역에서의 변화를 가져왔던 혁명으로 인정됨으로써 역사적으로 합리화되었다. 그리고 북아메리카의 독립전쟁은 그에게 귀족적, 제한적이었던 네덜란드 및 영국혁명보다 더 전진한 직접적, 민주적인 공화정 체제를, 자체 내의 분열적인 대립 없이, 모두의 참여를 통해 세웠던 혁명으로서 "세계사적으로 가장 의미 있는 사건"이었다. 그런가 하면, 그는 프랑스 혁명에 대해서는 부정적이었고, 그 이후의 혁명적 운동들에 대해서는 회의적이었다.

혁명에 대해 랑케가 이와 같이 각각의 경우에 따라서 이중적으로 파악했던 것은 그가 혁명들을 결코 일정한 기준에 따라 획일적으로 관찰하지는 않았다는 것을 의미한다. 그에게 혁명은 여러 시대 및 민족들에게서 각각의 역사적, 현실적 조건과 민족성에 따라서 항상 일어날 수 있다. 그리고 그 조건과 상황들은 물론, 주된 운반자들의 성격도 항상 동일한 또는 동질적인 것일 수는 없으므로, 혁명들은 다양한 형식으로 일어날 수 있고, 그것들의 역사적 성격도 다양하다. 그러므로 그것들에 대한 관찰과 해석도 다양하게 이루어 질 수 있다. 따라서 혁명에 대한 랑케의 다양한 해석은 결코 혼란스러운 것이 아니라, 그의 역사주의적 사고와 관찰에서 나온 것이다. 그의 해석은 군주제의 원리와 기존 체제의 역사성에 가치를 부여하면서 역사의 점진적인, 개혁적 발전을 선호하는 보수성을 보여 주고 있다.

그러나 랑케의 보수성은 새로운 이념들 및 경향성들에 대해 때로는 회의적이기는 했지만, 결코 배타적이지는 않았다. 왜냐하면 그에게 그것들은 모두 다 각각의 역사적 조건 속에서 일어나는 것이고, 그러므로 자체의 역사적 권리를 갖고 있기 때문이다. 그러므로 그는 다양한 요구와 주장들에 대해 공평해지고자 했다. 일찍이 1830년대에 그는 비망록에서 기존 체제를 지속시키고자 하는, 즉 개혁에 "저항"하는 세력에게는, "옛것을 파괴하고자 하는 투쟁 속에서 변혁을 통해 현존하는 것이 형성되었음을 고려하지 않고 있다"고 지적하는 한편, 개혁지향적인 "운동"하는 세력에게는, "합법적이지 않는, (…) 이성에 의해 공격받을 수 있는 상태란 있을 수 없으며, 이성은 지역성과 특수한 관심들에 대한 고려 없이 (…) 옛것의 파괴를 승인할 수 없다"고 지적한 바 있다.[243] 이로써 그는 저항세력에게는 운동의 원리와 그것의 역사적 역할에 대해 고려하도록 권고하는 한편, 운동세력에게는 지역성 및 특수성을 무시하는 획일적인 변혁시도의 부당함을 강조하면서, 양자사이의 상호 이해와 조화를 강조한 바 있다.

랑케는 그러해야만 했다. 왜냐하면 그에게 역사는 각각의 역사적 권리를 갖고 있는 세력들 및 이념들의 상호대립과 투쟁 속에 발전해 왔고, 그러므로 그러한 발전 과정을 그들 중의 어느 한편에 서서 관찰 및 서술한다는 것은 일방적이며 부당한 일이기 때문이다. 따라서 그는 대립적인 세력들에 대해 제3자의 입장에서 관찰했던 것이다. 그가 영국 혁명에서는 왕당파와 의회파가, 북아메리카 혁명에서는 영국 국왕 및 의회와 식민지인들이, 그리고 프랑스 혁명에서는 국왕 및 특권신분 세력과 제3신분이 각기 자신들의 주장을 일방적으로 고집하지 않고 적절하게 타협했었더라면, 더 좋았을 것이라고 해석했던 것은 바로 그러한 관찰에서 나온 것이었다. 그에게는 기존 체제와 원리가 새로이 등장하는 이념들을 이해하고, 타협을 통해 급진적, 전반적인 변혁이 아닌, 점진적인 개혁을 이룩하는 것이 역사의 진정한 운동으로 된다. 요컨대 그가 대립적인 세력들에 대해 중립적이면서 그들에게 "화해적인 길"을 찾도록 제안했던 점에서, 그는 개방적인 중도적 보수주의자였다.

---

243 Kessel, a.a.O., S. 300. 본서 III-3, 239쪽 주 194 참조.

바로 그러한 관점에서 랑케는 근세 혁명들을 그 전개양식, 주된 운반자들의 성향, 지향목표와 그것의 현실성, 자체 내에서의 여러 세력들의 대립양상 등에 따라 구분하면서 당대와 후대에서의 그 작용과 영향 관계의 긍정적, 또는 부정적인 면을 역사주의적 사고로 파악했다. 그리하여 그에게 모든 혁명은 해당 민족 및 국가의 역사적, 현실적 조건과 민족 특성에 따라 다양한 형식으로 일어나는 것으로서 역사화(歷史化, historisieren)되면서 각각 필연적인 것으로 된다. 그렇다고 모든 혁명이 각각의 역사적 필연성을 근거로 하여 정당화되지는 않으며, 또한 그 자신의 바람직한 역사발전론에 따라 부정적인 것으로 파악되지도 않는다. 그에게 모든 근세 혁명들은 각각의 역사적 필연성에서 일어난 것인 한, 일정한 역사적 기능과 역할을 해왔다. 다름 아니라 그는 근세 국가들에게 새로운 삶을 갖도록 만들었던 민족성의 원리를 각성시켜 준 것은 혁명이었다고 보았다.[244] 네덜란드 및 세르비아의 혁명과 독일의 종교개혁은 민족성의 원리를 각성시켰고, 이것을 프랑스 대혁명은 범유럽적으로 확산시켰다. 그리고 1830년 7월 혁명은 입헌주의에 대한 열망을 불러일으키면서 영국의 자유주의적 의회개혁(1832)에 영향을 주었고, 1848년의 2월 혁명은 여러 주변 국가들에서 새로운 입헌체제가 형성되도록 하는 데 큰 영향을 주었다.[245] 특히 북아메리카 혁명이 그에게서는 인간의 가치, 국민 스스로의 통치, 아래로부터의 권력 형성, 국민 자체의 내면적 생(生)의 능력 등에 대한 의식을 각성시켜 주었던 것으로 파악되었다. 요컨대 그는 역사적 생에 대한 새로운 의식들과 중요한 "역사적 순간들"이 근세 혁명들에서 유래되었거나 활발해졌던 것으로 파악했다. 이와 같이 그는 근세혁명들의 긍정적인 역사적 기능과 역할을 인정함으로써 혁명을 부정적으로 보는 다른 보수주의자들과는 달리 깊은 역사학적 사고를 보여 주었다.

244 랑케, 〈강대세력들〉, 《강대세력들 · 정치대담 · 자서전》, 이상신 역, 98-99쪽.
245 랑케, 《근세사의 여러 시기들에 관하여》, 이상신 역, 266-267쪽.

랑케는 긍정적인 혁명의 조건들을 미리 정의하지는 않았다. 그 대신에 그는 여러 유형들의 혁명들을 역사주의적 관점으로 관찰하면서 바람직한 혁명의 형식들에 관해 언급했다. 그것들은 우선 세르비아와 네덜란드의 경우에서처럼 민족 및 국가의 자주성과 개인적, 종교적 자유를 위한 투쟁이 개별 계층의 문제로서가 아니라 민족 전체의 문제로서 구성원들의 공감과 참여로, 그리고 북아메리카에서처럼 "내부적으로 어떠한 투쟁도 하지 않으면서",[246] 즉 자체 내에서 신분적, 계급적, 이념적으로 대립하지 않으면서 국민 전체의 자유와 대외적 자주성을 위해 전개되는 것이다. 그러할 때 그것은 "대중운동"으로서 전개된다 해도 긍정적으로 인정될 수 있다.[247] 왜냐하면 그것은 부정적인 인간적 욕구와 충동들도 개인 및 민족 전체의 자유에 대한 욕구와 결합함으로써 결국 보편적 가치를 추구하는 운동으로 되기 때문이다. 그리고 종교개혁과 청교도 혁명에서처럼 급진적, 전반적인 변혁시도들이 일시적으로 우세하기도 했었지만, 결국에는 그러한 시도들이 저지되고, 부분적인 개혁을 통해 다른 영역들에서의 변화도 가능케 하여 역사의 점진적인 발전에 기여했던 경우들도 역시 긍정적인 형식이다. 여기에서 고려되어야 할 바는 랑케에게서 긍정적으로 파악된 혁명들은 그 운반자들이 해당 시대의 역사 속에서 설정했었던 목표와 이룩했었던 성과에 있어서는 성공적이었지만, 역사적 한계성을 지니고 있다는 점이다. 즉 그 자신이 규정했듯이, 네덜란드와 영국의 혁명은 귀족적, 제한적이었던가 하면, 북아메리카의 혁명(1776. 7. 4)은 국민의 생의 능력을 의식시켜 주었던, 실로 "이전의 어떤 혁명보다 더 큰 혁명"이었지만, 그것은 백인들의 자유와 국가적 독립을 위한 것이었을 뿐이었다. 이 혁명의 인종적이고 부분적, 제한적인 성격을 랑케는 언급하지 못했다. 노예해방이 국가적으로 실현되었던(1866) 사회적 대변혁은 그로부터 90년 뒤의 일이

246 랑케, 《근세사의 여러 시기들에 관하여》, 이상신 역, 251쪽.

247 Ranke, *Serbien und Türkei*(SW. 43/44), Vorrede, S. VIII.

었다.

그런가 하면 랑케가 부정적인 혁명으로 보았던 사례는, 그것이 특정한 신분 및 계층의 운반자들에 의해, 특히 제어되기 어려운 대중의 적극적 참여에 의해 전반적, 급진적인 변혁으로 전개되었던 경우이다. 그에게 그것은 이미 전개과정에서 부정적인 모습을 드러냈거니와, 후속적인 영향에서도 그러했다. 일반적으로 혁명운동에서는 역사적으로 형성되어 온 체제와 제도들, 그리고 그것들을 형성시켜 왔고 운영하고 있는 이념들과 집단들이 저항세력으로서 작용한다. 하나의 혁명이 전반적이고 급진적으로 시도될 때, 운동세력과 저항세력 사이의 투쟁은 그만큼 극심하고, 수많은 손실이 일어나며, 기존 체제와 이념의 파기를 통해 결국 문화의, 역사의 연속성이 단절될 수 있는 위기를 불러일으킨다. 랑케에게는 근세의 개혁적 및 혁명적 변혁들 중에서 부분적, 점진적인 형식이 전반적, 급진적인 것보다 더 성공적인 것이다. 그에게 또한 부정적인 경우는 혁명의 목표가 비현실적인 것일 때이다. 공산주의적 "재산공동체"나, "신정적(神政的) 기독교 공화국 체제"와 같은 비현실적인 목표가 설정될 때, 그 시도는 실패하며, 지극히 부정적으로 작용하기도 한다. 그러므로 그 목표가 보편적 가치의 실현이라는 이상적인 것이라 해도, 그것은 어디까지나 해당 민족의 역사적, 현실적 조건과의 관계 속에서 추구되어야 하며, 그렇지 않을 때, 그 노력은 "이념의 추상화"로서 많은 시행착오를 불러일으킨다. 이러한 점들에서 랑케는 중도적 보수주의자로서 16세기의 종교개혁과 19세기 프로이센의 "위로부터의 개혁"을 바람직한 변혁의 모델로서 긍정적으로 보았던 것이다. 그는 그러한 형식의 역사발전을 노년에 가서는 더욱 바랐던 것으로 보인다. 즉 그는 젊은 시절에 발표했었던 작품의 《세르비아 혁명》이라는 제목을 후일에 자신의 전집(全集) 속에 편집해 넣을 때에는 《세르비아인들과 터키》라는 중립적인 의미의 새로운 제목으로 바꾸었다.

그렇다면, 랑케의 혁명론에서 나타나듯이, 급진적이고 전반적인 사회변혁 형식의 혁명은 확실히 바람직하지 못한 것인가? 만일 랑케가 오래 살았다면, 그는 틀림없이 러시아 혁명을 프랑스 혁명보다 더 가공스럽고 부정적인 역사적 변혁으로 보았을 것이다. 그러나 그에게 모든 사건들, 발전들은 그 자체의 "역사성(歷史性)"을 지니고 있는 한, 러시아 혁명의 급진적, 전반적인 모습은 그것의 역사적 필연성 속에 어떻게 해석되었을까? 그가 20세기 후반까지 살았다면, 그는 자신이 선호했던 역사의 변혁형식을, 즉 혁명이 아닌 진화를 여전히 유효한 것으로 보았을까?

역사는 문화의 생성과 전파 및 확산처럼 모든 민족 및 국가들을 융합시켜 버리는 성향을 자체의 본성으로 지니고 있다. 역사의 그러한 유기적 성격은 19세기 초의 낭만주의자들에게서 강조되었으며, 그 후로 그것은 의심되지 않는 역사적 인식으로 되었다. 그들에게 의식되었던 역사의 유기성은 랑케 시대까지만 해도 문화적, 의지적(意志的), 생물학적, 감정적 성격의 유연한, 인간적 유기성(有機性)으로서, 제어 및 조정될 수 있는 것이었다. 그러나 20세기 중반부터 모든 민족 및 국가들을 융합시켜 버리는 또 다른 성향이 형성되어 새로운 역사적 본성으로 작용하고 있는 바, 기술·산업자본주의 체제가 그것이다. 이 체제의 힘은 이전의 인간적인 유기성과는 달리 제어되기 어려운 기계론적 유기성으로서 인간의 모든 자유의지를 종속시켜 버리면서 민족 및 국가 내에서는 물론, 문화권을 넘어서, 지구적(global)으로 인간생활을 가장 강력하게 획일적으로 지배하는 틀이 되고 있다. 그리고 그 틀 속에서 기술·산업자본주의에 의해 차별화된 각 계급들에게서는 기계론적 유기성이 각각의 관심에 따라 더욱 강력하게 작용하고 있다. 그렇다면 인간은 그러한 틀 속에 빠져 버린 자신들의 사고습성과 기계화된 역사발전의 논리를 과연 부분적, 점진적인 변혁으로 극복할 수 있을까? 인간성마저 이미 현대의 기술·산업자본주의에 의해 탈인간화되어 버리고 있는 한, 그러한 인간성으로써 본래의 인간성을 회복시킬 수 있을까? 이미 오래전부터 정치적, 경제적, 종교적, 문화적, 사회적 제도와 생활구조가 탈인간화된 인간성에 의해 형성되어 왔다면, 그 구조는 부분적, 점진적 변혁을 통해서는 결코 수정될 수 없을 것이다. 인간의 본래적인 가치와 내면적 생(生)의 자유로운 능력을 새로이 각성시키고 문명의 재조정이 가능해질 수 있도록 하는 것은 전반적인 변혁을 통해서일 것이다. 그 변혁은 결코 급진적인 사회전복을 통해 이루어져서는 안 된다. 오늘날에는 그러한 변혁이 바람직하지도, 가능하지도 않은 일이다. 그렇다면, 역사의 필연성에 따라서는 급진적이 아닌, 단계적·점진적이되 사회 전반에 걸쳐서 동시적으로 전개되는 변혁이 항상 새로이 시도될 필요가 있는 것이다.

# V

# 랑케의 역사의 운반자들

## 1. 랑케의 국가관

### 랑케의 정치사적 서술

랑케는 이미 첫 작품에서 라틴 및 게르만 민족들의 역사들을 정치관계들을 중심으로 하여 서술했으며, 이러한 형식은 그의 중요 작품들에서 항상 계승되었다. 그렇다고 그의 작품들에서 경제적, 사회적 계기들이 항상 소홀히 취급되지는 않았다. 이미 그의 두 번째 작품인《16·17세기의 남부유럽의 군주들과 민족들》에서 그는 근세국가들의 발전에서는 왕권과 군사력(상비군)의 강화를 위해 재정문제(중상주의)가 중요했다는 인식에서 정치적 관계를 경제적, 사회적 관계들과 함께 설명하면서 일찍이 민족경제적·자유경제적인 사고를 보여 주었으며,[1]《12권의 프로이센 역사》에서는 "대중적·행정주도적·민족경제적"인 "국가경제(Staatswirtschaft)"정책이 국력강화와 국민통합에 기여했던 사실을 주목했다.[2] 특히《16·17세기 프랑스

---

1 본서 II-1, 52쪽 주 26 참조.

의 역사》는 절대주의적 정치발전을 사회집단들 및 그들의 변화와 연관시켜서 서술함으로써 다른 작품들보다는 사회적 요소들과 그 작용들을 많이 취급했다는 평가를 받고 있다.[3] 그러나 전반적으로 볼 때 그의 작품들에서는 경제적, 사회적 관계들이 정치사에 비해 적게 취급되었다. 그런가 하면 종교적, 문화적 관계들은 정치관계와 마찬가지로 항상 중요하게 연관적으로 서술되었지만, 그 범위와 역할에 관해서는 정치사에 비해 역시 적게 취급되었다. 이러한 점들에서 보면 그는 역사생활에서 여러 작용요소들을 함께 고려하는 종합적인 역사가이자, 여러 민족 및 국가들의 역사들을 통일적인 발전으로 관찰하는 보편사적인 역사가이지만, 그에게서는 국가들의 정치관계가 역사생활의 중심 영역이자 또한 주도적, 결정적인 작용요소로 파악되고 있다.

정치사 중심의 역사서술은 이미 고전고대 시기에서부터 시작되었다. 키케로(Cicero)에 의해 "역사의 아버지"로 명명되었던 헤로도토스는 9장으로 구성된《역사(Historie)》의 6장까지를 그리스와 페르시아 지역의 풍습과 제도 및 인물들에 관해 서술함으로써 최초의 문화사가로 불리기도 하지만, 그의 작품의 주된 관심은 결국 7장부터의 페르시아 전쟁에 관한 서술로 집중된다는 점에서 그의 역사서술은 정치사적이다. 그리스와 로마 시대의 최대의 역사가들이였던 투키디데스와 타키투스가 그러했었고, 도덕주의적이었던 살루스투스도 역시 그러했었다. 특히 그리스 최후의 위대한 역사가인 폴리비오스는 정치사를 발견했던 역사가로 인정받고 있다.[4]

---

2 본서 II-3, 102쪽 주 156 참조.

3 본서 II-3, 124쪽 주 225 참조.

4 폴리비오스는 사건들의 원인들과 상태들을 정확하게 파악하지 못하는 역사서술가들에게서는 신들의 영향, 또는 숙명(Tyche)이 원인으로 된다고 지적하면서, 그 자신은 지리적 조건과 함께 특히 인간들의 정치행위를 중요시했다. 그에 의하면, "국가의 헌법체제는 모든 기도(企圖)들에서의 행복과 불행의 가장 중요한 원인으로 간주되어야 한다. 왜냐하면 그것으로부터 모든 계획들과 노력들이 나오며, 이것들은 그것으로부터 성공적인 완성을 위한 힘을 얻기 때문이다." F. Wagner, *Geschichtswissenschaft*, 2. Aufl, München, 1966, S. 19. 이러한 사고에서 그는 헤로도토스와는 달리 인간주의적

이와 같이 정치사 중심의 역사서술은, 이미 고대의 위대한 역사가들에 의해 세워졌다. 중세 시기에는 기독교 교회사 중심의 서술이 한동안 지배적이었고, 18세기에는 세계사적, 문화사적 서술이 등장하기도 했었지만, 정치사적 서술은 항상 역사서술에서 일반적인 주된 형식으로서 계승되어왔다. 이것은 현실 역사의 중심 영역은 국가의 정치생활이라는 사고가 이미 역사서술이 시작되었을 때부터 형성되었으며, 오랫동안 마치 당연한 것인 양 수용 및 계승되어 왔다는 것을 의미한다. 실제로 정치영역이 다른 영역들에 대해 지배적이었고, 역사생활 전체가 정치영역을 중심으로 하여 발전하고 있었던 시기에 관해서는 정치사 중심의 역사서술이 합리화될 수도 있다.

19세기에는 역사생활의 여러 영역들의 역할에 대한 의식이 각성되면서 "역사학의 세기"라는 명성에 걸맞게 경제사, 사회운동의 역사, 상업사, 문화사 등의 연구들이 활발하게 등장했었다. 그럼에도 국가중심의 정치사적 역사서술은 혁명운동과 정치변혁의 물결 속에 민족의식의 확산과 함께 오히려 어느 시기에서 보다도 왕성했었다. 랑케는 19세기의 그러한 정치사적 서술의 대표적인 역사가라고 볼 수 있겠다. 그러나 그의 서술은 이전의 정치사적 서술형식을 단순히 계승하는 것이 아니었다. 다름 아니라 그는 18세기의 세계사적 서술경향을 계승하여 유럽 각국의 역사들을 통일적, 보편사적으로 서술했다. 이로써 그는 19세기의 민족 국가적 역사서술의 폐쇄적인 한계를 극복했다. 또한 그는 각 국가들의 정치적 발전을 종교 및 문화와의 관계 속에서 파악함으로써 역사관찰의 범위를 확대시켰다. 뿐만 아니라 그는 근세 국가들의 발전을 민족성의 각성과 연관시켰으며 국가 그 자체에 관해, 그리고 그 정치가 대외적 관계들에서 작용하는 결정적인 역할에 관해 일정한 관념을 확고하게 세우고 있었다. 그리하여 그의 정치사적 서술은 이전의 그것들과는 다른 차원의, 또한 자기 당대와 후일의

---

역사서술을 시작했던 투키디데스를 계승했으며, 특히 정치사를 발견했던 역사가로 인정되고 있다.

정치사적 서술들과도 구분되는 종합적, 보편사적인 성격을 보여 주고 있었다.

랑케 이전의 18세기의 독일에서는 슈피틀러(Spittler), 가테러(Gatterer), 슐뢰저(Schölzer) 등의 괴팅겐 대학의 역사가들이 계몽사상의 영향 속에 유럽 국가들의 역사들을 세계사적으로 서술한 바 있다. 이른바 "괴팅겐 학파"[5]로 불리우는 이 역사가들은 비교적 합리적이었으나, 확고한 이론과 방법론을 공유(共有)하고 있지는 않았으며, 유럽 국가들의 관계들을 깊이 연관시키지도 못했고, 연대기적, 도식적이었다는 평을 받기도 했다.[6] 그럼에도 랑케는 그들의 서술에서, 16세기 이래로 "근세 유럽 국가들의 체제(das moderne europäische Staatensystem)"가 형성되어 왔었다는 사실을 발견했다.[7] 또한 그는 일찍이 헤르더(Herder)가 민족들에 대한 관심에서 그들의 문학 속으로 몰입했었고, 헤르더 이후로는 낭만주의자들이 역시 같은 관심에서 민족정신(Volksgeist)을 파악해 보고자 했었으며, 그들의 역사인식에서도 유럽 역사에는 강력한 민족들이 활동하면서 하나의 체제를 형성하고

5 괴팅겐 학파(Göttingen-Schule): 18세기의 독일의 계몽사상적 역사가들 중에서 모슈하임(J. L. Mosheim), 가테러(J. Ch. Gatterer), 슐레처(A. L. Schlözer), 슈피틀러(T. Spittler), 플란크(G. J. Planck), 헤어렌(A. H. L. Heeren) 등의 중요한 역사가들이 괴팅겐 대학의 교수들이었으므로, 이 대학은 당시 독일에서 역사연구의 중심지로 되었으며, 이들은 "괴팅겐 학파"로 불리었다. 그러나 이들은 확고한 이론을 공유하고 있지 못했으며, 방법론에서도 그러했다. 그러므로 괴팅겐 학파란 단지 유명한 역사교수들이 모여 있었기 때문에 붙여졌을 뿐이라는 지적도 있다. 그럼에도 분명한 것은 종교성이 강한 독일 대학들에서 이들 괴팅겐의 역사교수들은 프랑스의 볼테르, 몽테스키외로부터 영향을 받고서 계몽사상적이었고, 비교적 합리주의적이었으며, 가테러는 1764년에 이곳에 독일에서는 처음으로 역사연구소(Historische Institut)를 세웠다. 이들에게서는 18세기의 세계사적 서술경향의 작품들이 다수 나왔다. Spittler, *Entwurf der Geschichte der europäischen Staaten*(유럽 국가들의 역사를 위한 기획), 1792; Gatterer, *Versuch einer allgemeinen Weltgeschichte*(보편적 세계사를 위한 시도), 1792; Schlözer, *Weltgeschichte nach ihren Hauptteilen*(중요지역들을 중심으로 본 세계사), 1785-1789; Schlözer, *Vorstellungen der Universalhistorie*(보편사의 표상들), 1772.

6 Eduard Fueter, *Geschichte der neueren Historiographie*, Berlin, 1936, S. 375.

7 Ernst Schulin, "Leopold von Ranke," in: *Europa Historiker*, Bd., 1, hrsg. v. Heinz Duchhardt u. Winfried Schulze, Göttingen, 2006, S. 137.

있었다는 것을 발견했다. 그에게 그 체제는 다양한 모습의, 상호대립적인 국가들이 다함께 작용하는 하나의 "유럽 국가들의 체제"로서 세계사적으로 운동하고 있었던 것으로 파악되었다.[8]

그의 이러한 이해들은 그가 유럽 국가들을 각각의 개체성으로 보면서도 그들의 역사발전들을 그들 상호간의 대외관계들 속에 결속된 하나의 체제의 역사로서 서술하게 되었던 기반으로 되었다. 그리하여 그는 정치영역이, 즉 국가들의 내외적(內外的) 정치관계들이 역사발전에서 가장 결정적, 지배적인 역할을 하는 것으로 파악하면서 유럽 각국의  개별 역사들을, 또한 말년의 《세계사》를 서술했으므로 그의 역사서술은 기본적으로 정치사적으로 되었던 것이다.

### 근대국가들의 형성과 민족성의 역사적 기능

랑케는 첫 작품에서 "유럽 국가들의 체제"의 형성에 주목하면서, 그들의 발전과정을 특히 각 국가들의 민족적 발전과의 관계 속에서 관찰했다. 그에 의하면, 민족들의 발전은 본시 중세시기에 당시의 종교적 통일성으로부터 독립하려는 경향 속에 일어났으며, 이 경향성은 기독교회를 통해 추진되었다. 그리고 16세기 초의 종교개혁을 통한 프로테스탄티즘의 등장은 새로운 종파적인 국가통일체들이 형성되는 데 자극을 주면서 민족적 발전을 더욱 강력하게 촉진시켰다. 다음으로 17세기에는 반동종교개혁 속에  30년 전쟁이 유럽 전쟁으로 확대되면서, 국가들 사이의 종교적 권력투쟁은 세속적인 것으로 되었으며, 17세기 후반부터는 5개의 절대주의적인 강력한 국가들(Pentarchie)이 형성되었다는 것이다.[9] 그는, 이들의 등장과 발전은 17세기 후반부터 유럽 근세사의 세계사적 내용으로서, 프랑스혁명까지 1세기 동안의 유럽 역사에서 "가장 거대한 사건"[10]이었으며, 그

---

8 랑케, 《근세사의 여러 시기들에 관하여》, 이상신 역, 238쪽; ebd, S. 138; 본서 II-2, 63쪽 주 48.

9 Ebd., S. 138-139.

것에 의해 여러 민족성들이 새로워졌다고 파악했다. 그에 의하면, "프랑스 혁명 이전의 마지막 100년 동안의 사건은 강대 국가들이 유럽의 독립성을 보호하기 위해 등장했었던 사실이라면, 그 이후로 진행된 시기의 사건은 민족성들(Nationalitäten)이 스스로 갱신되고 왕성해지면서 새로이 발전했다는 사실이다. 그것들은 국가 속으로 의식적으로 들어왔고, 그것들 없이는 국가는 존속할 수 없게 될 것이다."[11]

랑케에게 이와 같이 근대국가들은 민족의식의 각성과 정치적 발전을 통해 "살아있는 존재(Lebewesen)"로 새로워졌으며, 더욱 강력해질 수 있었다.[12] 먼저 프랑스는 전형적인 근대 군주국가로서 정치적·문화적·종교적으로 통일된 최초의 민족국가(Nationalstaat)[13]로 세워졌다. 다음으로 영국은 프랑스와는 전혀 다르게, 보수세력과 개혁세력의 2개의 당파들이 상호대립하면서도 민족적 발전을 위해 상호논의할 수 있는 의회체제를 통해 근대국가를 형성시켰다. 이것이 랑케에게는 경탄스러운 모습이며, 그 의회적 원리는 세계적 명성을 얻게 되었다는 것이다.[14] 러시아는 표트르 대제(공동 차르, 1682-1696, 단독 차르, 1696-1725)에 의해 유럽적인 정부형식과 슬라브 민족성의 결합을 통해 강력한 국가로 되었다. 랑케는 외국 제도들의 과도한 도입이 슬라브 민족의 전통적, 윤리적 상태의 발전을 어렵게 만들었다고 보면서도, 당시 러시아의 유럽화가 바람직하지 못했다는 견해에 대해서는 동의하지 않았다. 즉 그는 러시아가 아시아에만 계속 관심을 두고 있었다면 야만국가로 되었을 것이라고 보면서, 표트르에게는 유럽 문화의 도입이 불가피한 일이었다고 언급했다.[15] 다음으로 독일은 정치적,

---

10 랑케, 〈강대세력들〉, 《강대세력들·정치대담·자서전》, 이상신 역, 77, 96쪽.

11 위의 책, 96쪽; Schieder, *Begegnungen mit der Geschichte*, S. 113.

12 Friedrich Meinecke, "Rankes 'Große Mächte'," in: *Zur Geschichte der Geschichtsschreibung*, S. 69; Schieder, *Begegnungen mit der Geschichte*, S. 112; Heinrich Ritter von Srbik, *Geist und Geschichte*, I, S. 250-252.

13 Moriz Ritter, *Die Entwicklung der Geschichtswissenschaft*, S. 385.

14 랑케, 《근세사의 여러 시기들에 관하여》, 이상신 역, 217쪽.

종교적으로 분열된 채, 오스트리아는 여러 민족들을 통합함으로써 민족성을 갖지 못한 가톨릭 국가로 되었던가 하면, 프로이센은 독일이 배출했었던 "가장 위대한 정치가"[16]인 프리드리히 2세에 의한 군사력 증대와 독일문학 및 민족의식의 각성을 통해 강력한 프로테스탄트 국가로 되었다는 것이다.[17]

랑케는 이와 같이 근대국가들의 발전을 항상 그들 각각의 민족성 의식과의 관계 속에서 파악했다. 그는 특히 강대세력들의 등장에서 민족성은 그 에너지로 작용했던 효소(酵素)였으며, 그러한 작용 없이는 그들은 강대세력으로 될 수 없었다고 보았다. 그에게 근대 국가들이 강력해지고 독자성을 세우는 데 민족성 의식이 기여했던 것은 바로 민족성의 역사적 기능이었다.[18] 그는 자기 시대의, 즉 19세기의 국가들도 자신들이 세웠던 도덕적 힘과 민족성의 원리로부터 새로운 삶을 수용했으므로, 그 의미를 다시 한 번 더 관찰하게 되었다고 보면서, "어떤 누구도 국가가 민족성의 원리 없이 존속할 수 있을 것이라고 생각하지는 못할 것이다"[19]라고 말했다.

랑케는 이른바 "강대세력들"은 자체의 존립과 강화를 위해 권력 확보를 추구하면서도 자신들만의 이익이 아닌 또 다른 목적에 이바지하고 있었다고 보았다. 즉 그들은 상호 경쟁과 투쟁을 하면서도 17세기 후반부터는 일종의 "연맹(Verein)"과 같은 체제를 형성시켰던 바, 이 체제는 로마 제

---

15 위의 책, 226쪽.

16 위의 책, 237쪽.

17 랑케, 〈강대세력들〉, 《강대세력들·정치대담·자서전》, 이상신 역, 75쪽; Schulin, a.a.O., S. 139. 랑케는 이 5개의 강대세력들이 근거하고 있었던 원리들을, 프랑스는 "가톨릭적 · 군주제적 원리", 영국은 "게르만적 · 해양적 · 의회적 원리", 러시아는 "슬라브적 · 그리스적 원리", 오스트리아는 "가톨릭적 · 군주제적 · 독일적 원리", 프로이센은 "프로테스탄트적 · 군사적 · 행정적 원리"라고 정의했다. 랑케, 《근세사의 여러 시기들에 관하여》, 이상신 역, 238쪽.

18 Schieder, "Das historische Weltbild Leopold von Rankes," in: *Begegnungen mit der Geschichte*, S. 113; Gerhard Masur, *Rankes Begriff der Weltgeschichte*, Berlin, 1926, S. 92-93.

19 랑케, 〈강대세력들〉, 《강대세력들·정치대담·자서전》, 이상신 역, 98쪽.

국이나 이슬람 제국, 또는 중국의 왕조와 같은 통일적인 것은 아니지만,[20] 그들은 이 체제를 통해 집단적으로 유럽 국가들의 안전을 대내적, 대외적으로 유지시키면서 민족성의 원리를 보호하는 과제를 수행하고 있었다.[21] 이러한 점에서 랑케에게 그들 강대세력들은 패권적 권력들이 아니라, 다른 국가들과의 공존관계 속에 있는, 상호 견제 및 보호하면서 다른 국가들을 자신들과 함께 유지시키는 권력들이다. 그는 유럽이라는 세계 속에서의 그들의 위치와 활동을 자주 태양계(Planetensystem)의 별들(Himmelskörper)의 운행과 비교했다.[22] "그들은 끊임없이 함께 나란히, 때로는 일정하게 서로 접합하면서, 때로는 일정하게 서로 이탈하면서 운동하는 수많은 별들과 비교될 수 있을 것이다."[23] 요컨대 그들은 상호 투쟁을 하면서도 종국에는 유럽이라는 공동체 속으로 회귀하여 공존체제를 유지시킨다. 이것이 바로 그들 사이의 세력균형의 원리였다.

랑케에게는 그들 강대세력들의 등장과 발전이 유럽 역사를 파악하고 인식하는 데 있어서 거대한 주제였다. 그는 그들의 생성과 발전 및 변화 속에 "세계사의 비밀"이 있다고 보면서 자신의 프로이센사, 프랑스사, 영국사 작품들에서는 모두 다 그들의 형성시기인 16세기와 17세기의 역사를 취급했다. 그는 이 강대세력들은 프랑스 혁명과 나폴레옹에 의해 변화를 겪은 후에도 자신들이 일찍이 세웠던 저 "연맹"과 같은 체제를 빈(Wien) 체제(1815)에서처럼 다시금 계승시켜서 명확하게 만들었다고 보았다. 그러나 그는 이 1815년의 체제가 각국에서 일어나는 민족운동을 탄압하는 데 대해서는 부정적이었다. 왜냐하면 그에게 근대국가들은 민족성의 원리를 통해 형성되었던 만큼, 각국의 민족 운동을 탄압하는 빈 체제의 정책

---

20 Schulin, a.a.O., S. 138; 본서 II-2, 63쪽 주 48 참조.

21 Ebd., S. 113.

22 랑케, 〈정치대담〉, 《강대세력들 · 정치대담 · 자서전》, 이상신 역, 159쪽; Schieder, a.a.O., S. 113; Masur, a.a.O., s. 91.

23 랑케, 《근세사의 여러 시기들에 관하여》, 이상신 역, 239쪽; 랑케, 〈정치대담〉, 《강대세력들 · 정치대담 · 자서전》, 이상신 역, 159쪽.

은 근대국가들이 세웠던 자주적 주권성과 민족성 원리의 결합을 해체시키는 것이며, 결국 시대의 정신에 거역하는 것이기 때문이었다.[24] 그러므로 그가 〈강대세력들〉에서 민족성 원리의 역사적 기능을 강조했던 것은 자기 시대의 혁명적 운동들이 각 민족의 독자성을 주장하면서도, 자체의 특수성을 무시한 채 국민주권론을 여러 국가들에게 적용시키고자 하는 데 대한 비판일 뿐만 아니라, 왕정복고 체제의 보수적·복고적 세력들이 민족성 원리를 탄압하는 데 대한 비판이기도 했다.

유럽 근세사에 대한 랑케의 이상과 같은 파악은 그가 근대국가들의 발전을 그들의 대외정치관계들을 중심으로 관찰하면서, 또한 각 국가들의 대외관계들을 항상 그들의 국내 정치관계들과의, 특히 민족정치와의 관계 속에서 관찰한 결과이다.[25] 다름 아니라 그에게 강대세력들은 각각의 민족성 원리에 힘입으면서 등장했었고, 그러므로, 그들 사이의 대외관계에는 자연히 그들 자체 내의 민족정치생활이 연관되어 있었기 때문이다. 그리하여 그들의 대외관계들을 그들의 국내 민족정치와의 관계 속에서 관찰하는 것이 그에게는 그들의 공동작용을 서술하기 위한 것이며, 또한 그렇게 함으로써 그들 각각의 특수한 국가체제가 부각 및 정의될 수 있었던 것이다. 그에게 근세 국가들은 각자의 민족의식과 그 정치를 통해 "살아있는 존재"로 되면서 강력해질 수 있었으므로, 당연히 그러해야만 했던 것이다.

그렇다면 랑케에게 민족(Nation)은 역사적으로 어떠한 존재인가? 그에게 본시 민족은, 후일의 역사가들이 정의하는 "상상의 공동체"가 아니라, 근원적으로 혈통, 언어, 종교의 공통성을 통해 결합되어 하나의 전체를 형성한, 자체의 고유성을 지니고 있는 집단이다. 따라서 민족이 그에게서는 혈연적인 부족(Stamm)과 민족(Volk)이라는 개념들과 동일한 의미로 사용되기도 했으며, 또한 그들이 정치적, 종교적 의식에 있어서 보다 더 높은 형식의 통일체로 발전된 경우를 위해서도 사용되었다. 여기에서

---

24 Schieder, a.a.O., S. 111.
25 Schulin, a.a.O., S. 140.

"고유성"은 "여러 부족들과 민족들에게서 타고난 특성들", 또는 "민족들에게 본래적으로 심어진 정신"을 의미한다.[26] 이러한 조건들을 지닌 유럽의 여러 민족들(Nationen)이 중세시기에는 "재편성과 계속 형성(Umbildung und Fortbildung)"을 겪었으며, 그 과정에서는 전래된 민족 공동체들이 부분적으로 분열되거나 파괴되기도 했다. 그다음으로는 그 잔해들로부터 보다 더 풍부한 생활내용을 갖추면서 보다 더 확고하게 내면적으로 결합된 새로운 민족들이 성장했다. 영국민족은 켈트족(Kelts), 앵글로색슨족(Angelsachsens), 노르만족(Norman)으로써, 프랑스 민족은 라틴족(Latins)과 정복자들인 게르만족(Germans)으로써, 그리고 독일 민족은 독자적인 여러 게르만 부족들의 결합으로써 각각 형성되었다는 것이다. 이 새로운 형성은 완전히 새로운 것이 아니라, 이전의 동질적인 요소들로부터 성장했으며, 그러한 과정을 고유하게 결정하면서 주도하는 힘은 융합에 저항하는 부분들을 결합시키는 국가로부터 나왔다. 이렇게 형성된 민족이 바로 근세 민족(die moderne Nation)으로서, 랑케가 민족을 일반적으로 언급할 때에는 주로 이 형식의 의미였다.[27] 그러므로 그에게는, 스스로 말하듯이, "민족들은 철저하게 자연발생적인 것만은 아니다."[28] 즉 그들은 오직 순수한 혈통을 통해서만 결정된 혈연적인 집단들이 아니라, 오히려 역사적으로 "재편성과 계속형성"을 통해 형성된, 역사성을 또한 지닌 집단들이다. 이상에서 보면, 랑케에게는 모든 민족은 각각 공동의 혈통과 언어 및 종교를 통해, 또한 역사적으로 "재편성과 계속 형성"의 과정 속에 형성된 역사적 특성을 통해 형성된, 각각의 고유한 민족정신(Volksgeist)을 갖고 있다. 이 정신은 그러므로 본래적인 것이면서도 역사적인 것이다.

랑케에게서는 민족과 민족감정이 의식적으로 형성되는 것보다, 이미

---

26 Ranke, *Deutsche Geschichte im Zeitalter der Refomation*, I, Einleitung, S. 3-4; Ritter, a.a.O., S. 384.

27 Ritter, a.a.O., S. 385.

28 Ranke, *Weltgeschichte*, 1. Bd., Vorrede, S. 5.

존재하는 것으로서, 근원적인 것이라는 점이 더 많이 강조되고 있다. 그가 〈정치대담〉에서 표명한 바에 의하면, "우리의 조국은 우리와 함께, 우리들 속에 있다. 독일은 우리들 속에 살아있다. 우리가 원하든, 원하지 않든 우리는 우리가 나아가는 모든 나라에서, 모든 지역에서 조국을 표현한다. 우리는 처음부터 조국을 근거로 하며, 그것을 벗어날 수 없다. 가장 고귀한 것과 마찬가지로 가장 작은 것도 채우고 있는 이 비밀스러운 그 무엇—우리가 숨쉬고 있는 그 정신적 공기—은 모든 체제에 선행하는 것이며, 그것의 모든 형식들을 생기있게 만들고 채우고 있다"[29]는 것이다. 랑케의 이러한 사상에서는 한 민족의 민족감정은 그들의 모든 제도들에 선행하는 것이며, 그것들에게 형식을 부여하는 것이다. 그리하여 그에게서는, 마이네케에 의하면, "근세 민족의식의 생성에서 그렇게 중요하게 함께 작용했던 고유한 의식적 의지, 즉 주관적 요소가 해소되어 버린다. 그에게 하나의 민족은 하나의 민족이고자 의지하는 바가 아니라, 그 반대이다. 즉 하나의 민족은 이를 구성하는 개별 인간들이 이에 속하고자 원하든, 원하지 않든 간에 이미 존재한다. 민족은 자유로운 결정이 아니라 결정되어 있는 바를 근거로 한다"[30]는 것이다. 요컨대 랑케에게서는, 마이네케에 의하면, 민족감정은 의식적, 의지적인 것이기 이전에 전래적, 문화적, 정신적인 것이다. 특히 민족형성의 첫 단계에서 그것은 무의식적이고 본능적인 것이며, 눈으로 볼 수 없는 "하나의 비밀스러운 그 어떤 것이고, 숨어있는 상태에서 작용하는 힘"[31]이라는 것이다. 그리하여 랑케에게서는 "민족들은 사려깊은 고려들에 의해 주도되지는 않으며, 오히려 거대한 감정들에 의해 결정된다"[32]는 것이다. 그러므로 민족정신은 이성적인 것이라기보다는 감정적이고 근원적인 것이며, 이성적인 것보다 더 강력하고 지속적인 것일 수도 있다.

---

29 랑케, 〈정치대담〉, 《강대세력들·정치대담·자서전》, 이상신 역, 132쪽.

30 마이네케, 《세계시민주의와 민족국가》, 이상신·최호근 역, 335쪽.

31 위의 책.

32 Ritter, a.a.O., S. 390.

랑케에게 이러한 "민족정신은 국가와 교회의 형성에서 나타나고, 언어와 시문학 및 예술과 풍습에서 고유하게 표현되고 있으며, 때로는 그것의 가장 중요한 힘은 학문영역에로 집중된다."[33] 그것은 종교생활에서는 교회가 선언한 교리들을 수용하면서도, "항상 회의와 확신, 긍정과 부정"을 반복하면서 적응하며, 국가생활에서는 국가이념과 정책을 추진하거나 저지하면서 개입하기도 한다.[34]

랑케에게 민족과 민족성은 그러므로 역사의 매 단계마다 일정한 역할을 한다. 이 역할은 일시적, 경향적, 타의적인 것이 아니라 민족이 자체의 본질을 표명하는 것이자, 자체의 과제를 실현하는 자연적이고 주체적인 활동이다. 랑케는 1832년의 《역사·정치 잡지》에서, "모든 민족은 자신의 고유한 정치(Politik)를 갖고 있다. 이 이론은 또한 모든 마음들을 채우고 있는 민족의 독립성을 의미하는 것이다"[35]라고 말했던 바, 이 주장은 그에게 이론적으로 당연한 것이며, 현실적으로도 필요한 것이다. 다름 아니라 그에게 모든 민족은 자신들에게 "본래적으로 심어진", 그리고 역사적으로 형성된 각각의 고유한 민족정신을 갖고 있는 바, 그들은 이 정신을 자신들의 모든 생활영역들에서 표현하고 있으므로, 이를 위해 그들 각자에게는 독립성이, 자주성이 절대적으로 필요하기 때문이다. 요컨대 그에게는 민족의 "고유한 정치"란 "민족적 독립성(Nationalunabhängigkeit)"을 세우는 일이다. 이것은 그에게는 현실적이고 구체적으로, "우리가 우리의 정신적 특성들을 다른 민족에게 의존하지 않고 완벽한 경지로 실현시키며 (…) 우리가 신으로부터 부여받은 본성(Natur)을, 우리의 근원적인 자산을, 우리의 본질을 신으로부터 요구된 방식으로 독자적으로 형성시키는 일이다."[36]

---

33 Ranke, *Deutsche Geschichte im Zeitalter der Refomation*, 1. Bd., S. 4; *Englische Geschichte*, 1. Bd., S. 37; Ritter, a.a.O., S. 389.

34 Ritter, a.a.O., S. 389.

35 Ranke, "Frankreich und Deutschland," in: *SW. 49/50*, S. 72.

36 Ebd., S. 72.

그는 바로 이러한 자신의 역사신학적 사고에서 민족의 과제도 역시 신학적 의미로 정의했다. "하나의 위대한 민족은 자신의 적들을 국경에서 방어할 줄 안다는 것만으로써 인정되지는 않는다. 그 민족의 실존 조건은 인간정신에게 하나의 새로운 표현을 마련하고, 그 정신을 하나의 새로운, 자신의 고유한 형식들로 표현하면서, 새로이 나타나도록 하는 데 있다. 이것은 그 민족이 신으로부터 위임받은 사명이다."[37] 그가 이 사명을 신적인 것으로 정의한 것은, 그만큼 그 실천이 각 민족에게는 현실적으로 절대적인 사명이며, 민족의 존재이유라는 의미를 지닌다. 그는 이와 같이 자기목적을 갖고 있는 민족들의 각성과 역사적 기능 및 역할을 통해 근대 국가들은 각각 자체의 민족적 특성과 권력을 강화시켜 나갔던 것으로 보았다. 특히 5대 강대세력들(Pentarchie)은 자체의 권력을 증대시켜 나갈 때 마다 각자의 민족성의 형성을 통해 더욱 확고하게 되었던 것이다.[38] 결국 그는 민족들을 국가들보다 선행했던 것으로, 특히 근대 국가들의 형성을 민족성(Nationalität)의 각성 및 발전과 연관시켜서 관찰하여, 양자가 상호 매개적인 작용을 해왔던 것으로 파악했던 것이다.

### 국가와 민족

그러므로 랑케에게서는 국가(Staat)와 민족(Nation)이 동일하지 않는 것으로 된다. 실제로 그는 양자가 항상 상호부합되는 것으로 보지 않았다. 그에게 민족들은 각자 국가로 되고자 하는 성향을 갖고 있지만, 국가와 민족이 일치되었던 경우는 드물었다.[39] 국가와 민족의 외형적 모습을 지리적, 공간적으로 볼 때, 국가의 범위는 민족의 범위와 때로는 일치하지만, 때로는 전자가 후자의, 또는 후자가 전자의 범위를 넘어서며, 때로는 전자가 후자를 부분적으로만 채운다. 프랑스는 오랫동안 모든 프랑스인들을, 예를 들

37 Ebd., S. 73.

38 Schulin, a.a.O., S. 139; Schieder, a.a.O., S. 112.

39 랑케, 〈정치대담〉, 《강대세력들 · 정치대담 · 자서전》, 이상신 역, 132쪽.

면 캐나다와 사부아(Savoy)의 프랑스인들을 포괄하지 못했고, 영국은 북아메리카 식민지들의 독립운동을 겪고 나서 결국 그들과는 분리되었다. 이와는 반대로 오스만(Osman) 국가와 오스트리아 국가는 자신들의 국경 내에 다양한 민족들을 포함하고 있다. 또 다른 형식으로서는 하나의 민족이 주로 문화의 공통성을 통해 결합된 초국가적인 공동체를 이루고 있으면서 작은 민족국가들(nationale Staaten)로 분열되어있는 경우들이다. 고대 시기의 헬레네인들(Hellenen)이 그러했고, 중세 후반 이래로 이탈리아인들이, 그리고, 신성로마제국시기와 제2제국이 건설되기까지 독일 민족이 그러했다.[40] 랑케에 의하면, 독일인들은 독일 연방(Deutscher Bund, 1815-1866)을 사실상의 국가로 인정하지 않았다는 것이다.[41] 이와 같이 모든 민족들은 각각 국가이고자 하는 성향을 갖고 있지만, 그들의 역사적, 현실적 조건과 필요성에 따라, 그리고 정신적 특성에 따라 세워진 국가들은 각각 하나의 민족성과 항상 일치하지는 않는다. 하나의 국가이고자 하는 민족적 성향이 실현되는 경우에는, 국가와 민족이 부합하는 것으로 된다. 그러한 경우에 그것은 민족국가라고 할 수 있겠지만, 현실적으로 항상 그렇게 실현되고 유지되는 경우는 드물다. 그리하여 그는 "국가는 그 성격상 민족보다 더 좁게 결속되어있다. 국가는 민족적 현존재의 한 변형(變形, Modifikation des nationalen Daseins)이다"[42]라고 정의했던 것이다. 이것은 그가 하나의 민

---

40 Ritter, a.a.O., S. 385.

41 랑케, 〈정치대담〉, 《강대세력들·정치대담·자서전》, 이상신 역, 132쪽. 독일연방(Deutscher Bund: 1815-1866)은 나폴레옹이 몰락하면서 결성된 독일국가들의 연합체로, 1866년까지 존속했다. 랑케가 이 글을 쓸 때에도 존속했지만 국가체제로 인정하지 않았다. 이 체제는 출범할 때 34개의 독일국가들과 4개의 자유도시들로 구성되었고, 여기에는 하노버(Hannover: 영국), 홀슈타인(Holstein: 덴마크), 룩셈부르크(Louxemburg: 네덜란드) 등 외국 소속의 지역들도 가입되었으며, 각 구성 국가들의 대표들로 구성된 연방의회를 갖고 있었다. 이 연방체제는 오스트리아와 프로이센에 의해 주도되었고, 각 구성국가들의 주권을 인정하고 있었으므로, 민주적, 자유주의적, 민족주의적 운동을 탄압했고, 따라서 독일이 민족국가로서 발전하는 데 기여하지 못했으며, 1866년에 프로이센이 탈퇴함으로써 해체되었다.

42 랑케, 〈정치대담〉, 《강대세력들·정치대담·자서전》, 이상신 역, 133쪽.

족이 다양한 민족국가들로 분열되어 있는 경우를 인정하는 것이었다.[43]

그렇다면 국가란 랑케에게 어떠한 것이며, 그 본질과 과제는 무엇인가? 그는 본시 역사발전을 국가들의 정치생활을 중심으로 파악하면서 출발했거니와, 1832년부터《역사 · 정치 잡지》의 편집을 맡고서 부터는 국가에 관한 자신의 견해를 집중적으로 표명했다. 그는 자기 시대의 혁명적, 개혁적 운동에서의 자연법적, 자유주의적 국가개념을 회의하면서, 각 국가들은 형성 및 발전해 온 각각의 역사적 과정에서 자기 민족의 고유한 본질들에 의해 각인된 고유한 특성과 자체의 발전원리를 갖고 있다는 점을 제시해 보고자 했다. 그렇게 함으로써 그는 보수세력과 개혁세력 사이의 대립 속에서 유럽 역사의, 기독교 문화의 연속성을 유지할 수 있는 바람직한, 역사적으로 가능한 방향을 세울 수 있을 것이라고 생각했다. 이것은 그가 이 잡지의 편집을 맡게 되었던 동기이자 의도이기도 했으며, 그러한 취지의 글들을 수차례에 걸쳐 게재했다.

이 잡지에서 랑케는 "국가들도 역시 하나의 창조적 정신(ein schöpferischer Genius)의 산물들이며 (…) 탁월한 고급 개성들의 영향이 아무리 크다 해도, 개별 인물들의, 개별 세대들의 산물들이 아니다. (…) 국가들은 민족적 성격의 표현이다. 그들은 인간정신의 근원적인 에너지로부터 나오듯이, 내면적 형성을 위한 그들 자신의 법칙을 갖고 있다",[44] 그리고 "국가의 이념은 국가 밖에 있지 않으며, 국가 자체 속에서 발견된다. 이 이념은 국가의 운동에 활력을 제공하며, 이것 없이는 국가는 경직 또는 정체되거나 사멸될 것이다. 이 이념은 국가의 정신생활이며, 숨겨져 있는 기반으로부터 솟아나서 현재의 세대를 규합하고 일련의 세대들을 함께 결합시킨다"[45]라는 견해들을 표명했다. 또한 그는 "우리가 과거를 살펴보면 국가들은 수천가지의, 항상 근원적인 형식들을 발전시켜왔다"고 보면서 "모든 국가에는

---

43 Ritter, a.a.O., S. 386; Vierhaus, *Ranke und die soziale Welt*, Münster, 1957, S. 72.

44 Ranke, *Restoration und Julirevolution* (SW. 49/50), Reflexionen(1832), S. 244.

45 Ebd., S. 246.

내면적 충동이 있고, 이것이 그 국가를 형성시켰다. 이 충동은 국가를 개별 현상들의 지속적인 변혁 속에서 항상 생동하는 활력으로써 유지하며, 그 국가에게 가능한 완성의 단계로 인도한다"[46]라고도 말했다.

랑케는 또한 1836년의 〈정치대담〉에서는 국가에 관해, "세계에서 무언가 의미있는 국가들은 모두 다 그들의 특별한, 그들에게 고유한 성향들에 의해 실현되었다. (…) 이 성향들은 정신적인 것이고, 이것을 통해 모든 구성원들의 성격이 결정되었으며, 그들에게 지울 수 없이 각인되었다. 여기에서 일어나는 다양성들을 통해 공동체적인 필요성에서 형성되는 헌법 체제는 그 형식들에 있어서 곳곳에서 다르게 수정된다. 모든 것은 가장 높은 이념에 달려 있다. (…) 왜냐하면 이 이념은 신적인 근원에서 나오는 것이기 때문이다. 모든 자주적인 국가는 자신의 고유한 근원적인 생(生)을 갖고 있다"[47]라고도 설명했다. 이어서 그는 이러한 국가들을 각각의 고유한 개체들로 보면서, 그러한 "개체성들은 서로 유사하지만, 본질적으로 각자 독립적이다. 당신에게 구름덩어리처럼  계약이론으로부터 일어나는 저 일시적인 혼합체들(Konglomerate) 대신에, 나는 정신적 본질들(geistige Wesenheiten)을, 인간정신의 독창적인 창조물들을 본다. 그것은 신의 사상(Gedanken Gottes)이라고 말할 수 있겠다"[48]라고 설명했다.

이상의 두 글에서 보면 랑케에게 국가란 "창조적 정신의 산물"이며, "인간정신의 근원적 에너지"에서 나오듯이 그 자체의 "내면적 형성력"을 갖고 있다. 그리고 국가의 이념은 구성원들의 정신생활이며, 모든 국가들은 자신들의 고유한 정신적 경향성들에 의해 실현되었다. 이와 같이 그는 국가를 정신적인 것이 현실 속에 구체화된 것으로 파악함으로써, 결국 국

---

46 Ebd., S. 229; Carl Hinrichs, *Ranke und die Geschichtstheologie der Goethezeit*, Göttingen, 1954, S. 125.

47 Ranke, *SW. 49/50, Politisches Gespräch*, S. 328; 랑케, 〈정치대담〉, 《강대세력들 · 정치대담 · 자서전》, 이상신 역, 137쪽.

48 랑케, 〈정치대담〉, 《강대세력들 · 정치대담 · 자서전》, 이상신 역, 138쪽.

가를 "현실적·정신적인 것(das Real-Geistige)"이라고 정의했다.[49] 그리고 그에게 모든 자주적인 국가들은 자신들의 고유한 근원적인 생(生)을 갖고 있는 개체들로서 서로 유사하지만 독립적인 "정신적 본질들"이며, "인간정신의 독창적인 창조물들"이자 "신의 사상"이다. 이것은 그가 "모든 시대는 신과 직접 연결되어 있다"라고 파악했듯이, 신적인 것을 현실의 구체적인 것, 즉 살아있는 국가 속에서 발견했다는 것을 의미한다.[50]

국가에 관한 랑케의 이러한 정의들에서 보면 그는, 마이네케가 말하듯이, 국가를 정신화(精神化)시킴과 동시에 신성화(神聖化)시켰다.[51] 이러한 사고는 랑케에게서 처음으로 일어났던 것은 아니다. 그것은 우선 지상의 역사를 구원(救援)의 역사(Heilsgeschichte)로 보는 기독교 신학적 역사사상에서 그 기초가 마련되었거니와, 피히테(Fichte)와 헤겔에게서도 그러했다. 피히테가 〈학자의 본질(Wesen des Gelehrten)〉에서, "자연적 현상의 근거는 보다 더 고차원적이며 숨겨져 있는 그 어떤 것(etwas höherer und verborgenes)"으로서 "신적 이념(göttliche Idee)"[52]이라고 정의했던 사상은 랑케의 "인간들에게는 신이 표현되고 있다"[53]라는, 그리고 "신의 이념은 때로는 종결되고 있는 사건들에서는 많은 사람들의 행위에서 등장하며, 위대한 개인들의 작용에서는 직접적으로 나타난다"라는 사고에서 계승되고 있다.[54] 다음으로, 국가를 정신화 및 신격화하는 사고는 이미 헤겔에서 보다 더 구체적으로 제시되었었다. 헤겔은 역사현실을 정신이 객관화된 것, 즉 정신현상으로 보았고, 정신의 본질인 자유를 실현시켜 나가는 매개체를 국가

49 위의 책, 131쪽.

50 Srbik, *Geist und Geschichte*, I, S. 252.

51 Meinecke, "Rankes 'Politisches Gespräch'," in: *Zur Geschichte der Geschichtsschreibung*, S. 79.

52 Fichte, *Über das Wesen des Gelehrten*(1805), de Gruyter, 1971; 요한 G. 피히테, 《학자의 본질에 관한 열 차례의 강의》, 서정혁 역(책세상, 2017), 15쪽.

53 Ranke, *SW. 53/54*, S. 570.

54 Carl Hinrichs, *Ranke und die Geschichtstheologie der Goethezeit*, Göttingen, 1954, S. 123-124.

로 보면서, "우리는 국가를 하나의 '지상적·신적인 것(ein Irdisch-Göttliches)'으로 경외해야 하며, 자연을 파악하는 것이 어렵다면, 국가를 파악하는 것은 더욱 무한히 어렵다는 것을 인식해야만 한다"[55]라고 말한 바 있다. 바로 이러한 헤겔의 신학적·정신주의적 역사사고와 랑케 사이에는 계승관계가 발견된다. 다름 아니라 랑케의 "정신적인 것"과 헤겔의 "정신" 사이에는, 이미 앞에서 알아보았듯이[56], 동일한 개념으로 이해될 수 없는 차이가 있지만, 랑케는 헤겔의 "지상적·신적인 것"이라는 개념을 모델로 하여 자신에게도 "신의 사상"인 국가를 또한 정신적인 것으로 파악하면서 그 실체적인 모습을 강조하여 "현실적·정신적인 것"이라고 새로이 정의했다고 볼 수 있기 때문이다. 이 정의는 그러면서도 인간적인 요소를 헤겔에게서 보다 더 많이 내포하고 있다. 그는 신의 뜻을 담고 있는 인간의 정신적 본질이 구체화된 실체를 현실 속에서 찾으면서 그것을 국가와 동일시했던 것이다. 그에게서 정신화되면서 동시에 신성화된 국가는 인간정신이 신에 의해 인간본성에 심어진 목적을 수행하기 위해 세운 기관이다. 그리고 그 자신이 표현한 바대로, "국가의 정신은 비록 신의 입김이지만, 동시에 인간적인 충동이다."[57] 이 정의는 신의 사상인 국가에, 나아가서는 역사발전에 인간 정신이 참여하는 몫을 인정하는 것이다.

랑케에게서는 국가가 정신화 및 신성화됨으로써 모든 국가들이 동일화되지는 않았으며, 오히려 개별화되었다. 즉 그에게 모든 국가는 신에 직면해 있는 모든 시대와 마찬가지로 각각 고유한 본성을 지닌, 자체의 독자적인 생을 갖고 있는 개체들이다. 그들은 "정신적 본질"로서, "창조적 정신의 산물"이자 "신의 사상"으로서 각각 모방될 수 없는 자체의 고유한 개

---

55 Hegel, *Jubiläumsausgabe*, Bd. 7, §272, S. 390; Vierhaus, a.a.O., S. 74.

56 본서 IV-2, 290쪽에서 헤겔의 "세계정신(Weltgeist)"과 랑케의 "현실적-정신적인 것(das Real-Geistige)" 참조.

57 랑케, 〈정치대담〉, 《강대세력들·정치대담·자서전》, 이상신 역, 157-158쪽; Meinecke, "Rankes 'Politisches Gespräch'," S. 79.

체성을 지니고 있다. 이 개체성은 국가가 자체의 근원적인 힘에 의해 자신을 형성 및 발전시켜 나가는 데 있어서의 원리이며, 각 국가의 발전과 완성을 성취시켜 주는 "내재적 힘(Entelechie)"이다.[58] 랑케에게서 국가들은 바로 이 원리에서 자신들을 완성적으로 실현시켜 나간다. 그들은 그러해야만 한다. 그들이 그렇게 하지 않고서 "멈춰서 있다면, 그것은 죽음일 것이며, 다른 국가들을 모방하는 것은 이미 일종의 예속인가 하면, 자발적인 형성과 발전은 생명이자 자유이다."[59]

그렇다면, 각각의 고유한 독립적 개체들인 국가들에게서 신의 사상은 어떻게 나타나고 있는가? 랑케에 의하면, "인류의 이념을 신은 상이한 민족들 속에 표현했다. 국가의 이념은 상이한 국가들에서 표현된다. 만일 국가의 완벽한 가능성이 단 하나만 있다면, 그리고 국가의 정당한 형식이 단 하나일 뿐이라면, 보편군주체제(Universalmonarchie)만이 이성적일 것이다."[60] 그러나 랑케에게서는 그러할 수 없다. 그에게 "한 민족의 정신은 다른 민족이 고안해낸 형식들 속으로 단순히 전달되어 지거나, 그것들이 상이한 상태들로부터 상이한 상태들에게로 전용될 수 있을 만큼으로 그렇게 조야하지는 않다. 정신은 원칙(Principium)으로 작용하며, 자연적인 방법으로 자신의 현재와 과거로부터 하나의 새로운 미래로 발전할 것이다."[61] 요컨대 신은 여러 민족들, 여러 국가들에서 인류의 이념을 표현하지만, 이것이 상이한 민족 및 국가들에게서 다르게 나타나는 것은 각 민족의 고유한 정신이 원칙으로 작용하며, 따라서 국가의 형식과 가능성이 현실 속에서는 단 하나일 수 없기 때문이다. 각 민족 및 국가들의 고유한 특성과 그들

---

58 Meinecke, "Rankes 'Politisches Gespräch'," S. 77.

59 Ranke, "Frankreich und Deutschland," in: *SW.49/50*, S. 72: "Stehenbleiben: es wäre der Tod; Nachahmen: es ist schon eine Art von Knechtschaft; eigene Ausbildung und Entwicklung: das ist Leben und Freiheit."

60 Ebd., S. 72-73.

61 Ebd., S. 73; *Die großen Mächte*, hrsg. v. U. Muhlack, Stellenkommentar *politisches Gespräch*, S. 205-206.

의 역사적, 현실적 조건에 따라서 말이다. 랑케에게서 각 국가들은 신이 심어준 인류의 이념을 각각의 역사적 상황 속에서 정신적으로 각각 다르게 새로운 형식으로 표현하면서 실현시켜 나가는 개별적, 독자적인 개체들이다. 그들은 각각 분리된 공동체들이면서도, 다함께 역사의 운반자들이다.[62] 그들은 각각 "신의 사상"으로서 "자신들이 신으로부터 부여받은 본성을, 근원적인 자산을, 자신들의 본질을 신으로부터 요구받은 방법으로 독자적으로 형성한다."[63] 요컨대 그에게 국가들은 자신들의 "정신적 고유성"을, 그 개체성을 자신들의 역사적 조건 속에서 새로이 표현하고 그것을 완성적으로 실현시켜 나간다. 이것은 그들이 신으로부터 받은 사명으로서 바로 "국가의 최고의 과제"로 된다. 국가에게는 이것보다 더 높은 다른 어떠한 과제도 없다.[64]

이상에서 보면, 랑케의 국가관은 기독교 신학적 역사사상과 독일 이상주의 철학의, 특히 피히테와 헤겔의 역사사상, 그리고 낭만주의의 개체사상으로부터 영향을 받으면서 세워진 것이다. 그러면서도 그는 이전의 사상들을 그대로 계승하지는 않았고 사상과 현실을 종합하는 경지를 보여주었다. 우선 그는 역사가로서 신학적, 추상적 사고에 머무르지 않고, 신의 사상이자 정신적 본질의 실체를 현실 속에서 확인해 보고자 했으며, 그것을 국가와 동일시함으로써 결국 국가를 "현실적·정신적인 것"이라고 정의했던 것이다.[65] 이 정의는, 즐비크가 표현하고 있듯이, 이념과 현실을, 근원과 현상을, 초월적인 것과 현세적인 것을, 자연과 정신을 상호 작용 속에 결합시키는 개념이다.[66]

다음으로 랑케는 자신의 개체사상에서 국가들을, 비록 유사하지만, 각

---

62 Masur, a.a.O., S. 91.

63 Ranke, *SW. 49/50*, S. 72.

64 Ranke, *SW. 49/50*, S. 73; *Die großen Mächte*, hrsg. v. U. Muhlack, Stellenkommentar, S. 206.

65 랑케, 〈정치대담〉, 《강대세력들·정치대담·자서전》, 이상신 역, 131쪽.

66 Srbik, *Geist und Geschichte*, I, S. 260.

각 독자적이고 독립적인 본질들이라고 파악하는 데 있어서는 낭만주의로부터 영향을 받았지만, 낭만주의의 개체사상에만 머무르지 않았다. 다름 아니라 낭만주의 역사가들, 특히 법제사가들에게서는 민족 및 국가가 각각의 유기체로서 파악됨으로써, 그 역사가 각각 고립된 유기적인 발전의 역사로 되었지만, 랑케에게서는 각 민족 및 국가가 독자적인 유기체이면서도, 다 함께 신과 연결되어 있고, 신과의 직접성 속에 통일성을 이루고 있는, 그리고 현실적으로는 이른바 "유럽 국가들의 체제"에 결합되어 있는 개체들이다. 그러므로 그에게 유럽 국가들의 권력관계들은 각 국가의 국내정치에도 항상 영향을 주고 있는 것이다. 따라서 개별 국가들의 역사는 자체의 성향과 법칙에만 따르지는 않으며, 여러 국가권력들의 충돌을 통해서도 결정되는 것이다.[67] 이것은 그가 근세 국가들의 발전에서 민족성(Nationalität)의 역사적 기능과 역할을 중요시했지만, 개별 국가들에서 작용하는 생의 원리들에서는 국가(Staat)와 민족(Nation)이 항상 부합되지는 않는다고 보았던 점에서도 그러하다.[68] 요컨대 각 민족 및 국가들은 독자적 개체들이지만, 다른 민족 및 국가들로부터 유리된 채로 자체의 힘으로써만 발전하지는 않으며, 오히려 상호 영향을 주고 대립 및 투쟁하는 가운데 자신들의 생의 원리를 실현시키면서 발전하고 있는 것이다.[69] 민족 및 국가에 관한 랑케의 이러한 파악은 이미 처녀작에서 제시되었던 바이며, 그의 역사인식의 지평을 낭만주의적 역사가들보다 더 넓게 확대시킴과 동시에 국가를 "현실적, 정신적 실체"로서 파악하도록 만들었던 것이다.

랑케에게 이 "현실적, 정신적" 실체로서 국가는 "예감되지 않은 원형(Originalität)"으로서, 어떠한 보다 더 높은 원칙(Prinzip)으로부터도 추론될 수 없다.[70] 그에게 국가는 이미 정신적인 것이고, 더욱이 신의 사상이므로

---

67 Fueter, a.a.O., S. 476.

68 Meinecke, "Rankes 'Große Mächte'," S. 78.

69 Srbik, *Geist und Geschichte*, I, S. 260.

70 랑케, 〈정치대담〉, 《강대세력들·정치대담·자서전》, 이상신 역, 131쪽.

물질적, 인과관계적으로 설명될 수 없는 개체이다. 그것은 예감과 공감을 통해서 파악될 수 있을 뿐이다. 그런가 하면 그에게 자연법적 국가이론은 보편적 이념으로부터 출발하면서 "가장 좋은 국가"의 모델을 추구하는 이론이므로, 그는 그러한 국가사상과 국민주권론(Volkssouveränität)을 자신의 역사주의적 사고에서 거부했다. 왜냐하면 보편타당한 헌법이상을 제안하는 그러한 모든 이론들이 그에게는 비현실적인 전제(前提)들로부터 출발하는 허구들(Fiktionen)이기 때문이다.[71] 그에게 보편타당한 헌법이란 실재하지 않으며, 헌법은 오히려 각 국가들의 역사적, 현실적 조건들과 필요성에 따라서 개별적으로 결정된다. 이것은 그의 기본적인 정치이론이다. 이 문제를 우리는 국가권력에 관한 그의 사상과 연관시켜서 알아볼 필요가 있겠다.

### 국가의 권력과 최고의 법칙: 국가와 권력의 동일화

랑케는 국가권력의 일차적인 의미를 자기 시대의 어떤 다른 역사가들보다도, 드로이젠을 제외하고는, 가장 명확하게 파악하고 있었다고 언급되고 있다.[72] 그에게 국가생활은 가장 기본적으로 필요한 욕구들로부터, 즉 실존을 위한 생활공간을 확보해야만 하는 투쟁으로부터 출발한다. 이 투쟁은 국가가 일정한 영역을 근거로 하여 구성원들의 활동과 안녕을 위해 대외적으로 주권과 독립성을 세워야만 하는 과정에서 치르게 되는 것이며, 여기에는 힘이, 권력이 필요하다. 이 권력이 랑케에게는 한 국가가 다른 국가들에게 종속적, 예속적으로 되지 않고 자주적, 독자적일 수 있기 위해서는 절대적인 필요조건이다. 권력 없이는 대외관계에서 세력균형 자체가 유지될 수 없다. 그리하여 그에게서는 국가 생활에서 무엇보다 중요한 사항이 권력을 근거로 하는 대외정치 관계로 되며, 이것은 모든 정치생활의 중심으로 된다. 그에 의하면, 프로이센을 강대세력들 중의 한 국가로 만들

---

71 Ranke, *Die römischen Päpste*, II (SW. 38), S. 128; Ritter, a.a.O., S. 419.

72 Fueter, a.a.O., S. 426.

었던 프리드리히 빌헬름 1세는 "처음부터 국내권력의 조건들을 열정적으로 실현시키고자 노력했던 바, 그것도 항상 모든 대외적 가치는 국내의 권력에 근거한다는 견해에서 그러했다."[73] 랑케는 이러한 사실에 공감하면서, 한 국가의 "독립성의 척도는 그 국가에게 세계 속에서의 위치를 제공한다. 그 척도는 동시에 국가에게 모든 국내의 관계들을 저 목적을 위해 설정하면서 자신을 주장하도록 하는 필요성을 제공한다. 이것은 국가의 최고의 법칙(das oberste Gesetz)이다"[74]라고 정의했다. 요컨대 국가의 국내정치와 제도들은 대외관계의 목적에, 즉 국가의 주권과 독립성을 세우는 과제에 따라서 설정되며, 그것에 따라서 결정된다는 것이다. 이것은 랑케에게 불멸의 법칙이다.[75] 후세 역사가들에 의해 이른바 "대외정치 우위론(Primat der Außenpolitik)"이라고 지칭되면서 때로는 비판적으로 언급되기도 하는 랑케의 저 정의는, 마이네케에 의하면, 실로 그의 "천재적인 착상"[76]으로서, 그의 정치이론에서 핵심적인 사상이자 가장 강력하게 관철되고 있는 사상이다.[77]

여기에서 우리는 랑케가 어째서 역사발전을 국가의 정치관계를 중심으로, 그것도 대외관계를 중요시 하면서 서술했던가를 이해할 수 있겠다. 그에게 "유럽 국가들의 체제"의 역사에서는 대외 정치관계가 결정적인 것이며, 그것은 그들의 국내정치 및 제도들과도 연관되어 있다. 그러므로 결국 대외정치 관계의 파악은 국내의 모든 관계들을 연관적으로 파악할 수 있게 하는 것이다. 그는 《강대세력들》에서, 자신은 유럽역사를 관찰하면서 "의도적으로 대외관계들의 전개에 집중"했으며, "그러한 사건들의 가장 다양한 작용과 영향 속에 있는 대내적 관계들에 대한 해명은 대외적 관계

---

73 Ranke, *Zwölf Bücher preußischer Geschichte*, 3. und 4. Bd., (SW. 27/28), Einleitung, S. 5.

74 Ranke, *Politisches Gespräch*, hrsg. v. U. Muhlack, S. 94; 랑케, 〈정치대담〉, 《강대세력들 · 정치대담 · 자서전》, 이상신 역, 136쪽.

75 Srbik, *Geist und Geschichte*, I, S. 249-250.

76 Meinecke, "Rankes 'Große Mächte'," S. 63.

77 Meinecke, "Rankes 'Politisches Gespräch'," S. 76.

들 속에서 대부분 발견될 수 있을 것이다"[78]라고 밝힌 바 있다. 마이네케에 의하면, 독일에서 대외정치의 중요성에 관한 사상은 국가의 개체성 사상과 함께 헤르더 이래로 헤겔을 거쳐 랑케에 이르기까지 "독일 학문정신이 이룩한 최대의 업적들 중의 하나"이다.[79] 랑케는 그러한 사상적, 학문적 전통을 계승하여 국가의 대외정치 관계를 파악하면서 유럽 국가들의 역사를 서술했던 것이다.

랑케에게는 "국가의 최고의 법칙"인 주권과 독립성을 세우는 것이 다름 아닌 권력(Macht)이므로 그에게 권력은 국가와 분리될 수 없는 상관개념이다. 이 권력이 그에게서는, 시더(Schieder)에 의하면, "하나의 국가 속에 객관화된 정치적 힘"으로서 국가와 동일한 의미로 사용되었다.[80] 랑케 자신이 《프로이센의 역사》에서 말한 바에 의하면, "국가와 권력 사이에는 아마도 그 자체로서는 아무런 차이가 없다. 왜냐하면 국가의 이념은 자신에게 상응되는 권력 없이는 주장될 수 없는 독립사상으로부터 나오기 때문이다."[81] 다시 말하자면, 국가를 세우는 창조적 힘들(schöperische Kräfte)이 권력을 통해 실현되는 한, 이 권력은 현실적으로, 자체 내에 근원적인 창조적 정신을 지닌 국가와 같은 성격을 지닌다. 그리하여 그에게 국가의 권력은 "그 어떤 고유한, 추론되지 않은, 근원적인 것(etwas ureigenes, unabgeleitetes, ursprungliches)"이다.[82] 그는 혁명적, 입헌적 국가의 군주권에서가 아니라, 기존의 제한적인 군주권에서 권력의 그러한 성격을 보았다.

### 권력의 도덕성과 국가의 최고의 과제 · 생명력 · 가장 고귀한 노력

랑케의 권력론에서 매우 의미있는 바는 이 권력이 도덕성을 지니고 있다

---

78 랑케, 〈강대세력들〉, 《강대세력들 · 정치대담 · 자서전》, 이상신 역, 28쪽; Schulin, a.a.O., S. 137.

79 Meinecke, "Rankes 'Große Mächte'," S. 68.

80 Schieder, *Begegnungen mit der Geschichte*, S. 116.

81 Ranke, *Zwölf Bücher preußischer Geschichte*, 3. und 4. Bd., (SW. 27/28), Einleitung, S. 4.

82 Ranke, *SW. 49/50*, III. Politische Denkschriften, S. 595; Ritter, a.a.O., S. 418.

는 점이다. 그는 〈강대세력들〉의 마지막 절(節)에서, "세계사가 보여주는 것"은 국가들과 민족들의 "우연한 혼란의 폭풍들, 중첩의 기습들, 잇따르는 결과들(Durcheinanderstürmen, Übereinanderfallen, Nacheinanderfolgen)"이 아니라, "생을 불러일으키는 정신적·창조적 힘들"이자 "도덕적 에너지들(moralische Energien)"[83]이라고 정의했으며, 또한 〈정치대담〉에서도 국가들은, 즉 "지상적·정신적 공동체들은 창조적 힘들과 도덕적 에너지들에 의해 일어났다"[84]라고 표현했던 바, 이 말들은 모두 다 국가의 권력이란 창조적 힘과 도덕적 에너지를 근거로 한다는 것을 강조한다. 결국 그에게서는 도덕성이 권력의 내재적(內在的) 개념으로 되어 있다.

랑케는 자신의 이러한 권력개념을 국가지도자들, 군주들에게도 적용시켰다. 즉 지도자가 국가의 "최고의 법칙"에 따르며, 이에 충실한다면, 그의 의지와 주장은 단순한 무력(Gewalt)의 맹목적인 이기주의로부터 해방되며, 나아가서 보편적 이념을 위한 것으로 된다. 랑케에게는 개인의 의지와 행위가 전체의 의지 및 복리와 부합될 때, "그때에는 개인적 존재는 하나의 세계사적 계기로 확장된다."[85] 그가 오렌지공(公) 윌리엄 3세(William III)를 평가했던 것이 그러한 경우이며, 프로이센의 프리드리히 2세(大王)를 자신이 알고 있는 가장 위대한 군주라고 지칭했던 것도 그러한 의미에서였다. 이와 반대되는 경우는 루이 14세이다. 왜냐하면 그는 전체를 위한 보편적 의지와는 다른, 영토욕과 지배욕의 화신이기 때문이다. 랑케는 나폴레옹의 정치적, 군사적 행위에서도 그러한 성격을 보았다. 이 두 인물들이 그에게는 도덕성을 결여한 권력을 행사했던 지배자들이었다. 권력의 도덕성은 그의 정치이론의 핵심부분인 "대외정치"에서도 당연히 마찬가지로 적용된다. 다름 아니라, 그에 의하면, 국가들의 투쟁에서는 "조야한 무력을 통

83 랑케, 〈강대세력들〉, 《강대세력들·정치대담·자서전》, 이상신 역, 102쪽.

84 랑케, 〈정치대담〉, 《강대세력들·정치대담·자서전》, 이상신 역, 159쪽.

85 Ranke, *Hardenberg und die Geschichte des Preußischen Staats* (SW. 46), Vorrede zur den Denkwürdigkeiten, S. VI. 본서 IV-1, 251쪽 주 11 및 255쪽 주 20 및 256쪽 주 24 참조.

해서가 아니라, 도덕적 에너지들을 통해서만 경쟁자들과 적들이 극복되어야 한다"[86]는 것이다.

국가의 권력은 국내 정치에서도 결코 일방적인 복종을 강요하는 것일 수 없다. 그에 의하면, 국가생활에서 결정적인 역할을 하는 대외정치 관계를 위해서는 국가는 내부적으로 자신을 확고하게 세워야 한다. 이것은 국가생활의 자연법칙으로서, 국가가 자체의 고유한 개체성을 최대한으로, 완성적으로 실현시켜야 하는, 즉, "신으로부터 위임받은 사명"인 자신의 최고의 과제[87]를 수행할 수 있기 위해 필요한 일이다. 랑케는 바로 이 과제를 위해서는 국가구성원들의 단합과 국가에 대한 그들의 자발적인 참여가 필요하다고 보았다. 그에게는, 마이네케가 언급하고 있듯이, 국가구성원들의 상호결속과 국가에 대한 자발적인 참여가 국가의 "최고의 생명력"이다.[88] 그는 이러한 경우를 독일민족의 모든 신분들이 단합하여 자발적으로 참여했던 1813년의 해방전쟁에서 보았다. 그에게는 "생의 충동들에서 자발성(Spontaneität)보다 더 바람직한 것은 없다."[89] 그리고 개인은 그러한 참여를 통해 비로소 자신을 완성시키게 된다는 것이다. "나는 (…) 사람들이 공동체에 참여하는 몫의 진실에 개인적 특성의 발전이 달려 있다고 확신한다."[90]

그렇다면 자발적인 참여는 언제, 어떻게 일어나는가? 피어하우스에 의하면, 랑케에게 국가는 어떠한 당파적 관심을 대변하지는 않으며, 오히려 전체의 복리를 목표로 삼는다. 그러므로 국가운반자들의 과제는 국민(Staatsvolk) 모두에게 전체를 위해 노력하는 사고를 심어주고, 그들이 국가에 집중하도록 만들어야 한다.[91] 그리고 국민은 자신들의 사적, 공적 관심

86 랑케, 〈정치대담〉, 《강대세력들 · 정치대담 · 자서전》, 이상신 역, 135쪽.
87 본서, V-1, 370쪽 주 64 참조.
88 Meinecke, "Rankes 'Große Mächte'," S. 78.
89 랑케, 〈정치대담〉, 《강대세력들 · 정치대담 · 자서전》, 이상신 역, 153쪽.
90 위의 책, 150쪽.
91 Vierhaus, a.a.O., S. 75.

을 펼칠 수 있는 사회적 기회와 공간을 국가 속에서 발견할 때, 그들은 자신들이 정당한 대우를 받고 있다고 생각하게 되며, 나아가서 국가의 과제를 위해 자발적으로 참여하게 된다. 랑케에게는 국가에 대한 개인들의 이러한 참여(Teilnahme)가 개인에게는 높은 인륜적 가치를 지닌다.[92] 그러므로 국가가 국민에게 자발적으로 국가에 기여하게 되는 동기를 제공하는 것은 국가의 의무이다. 따라서 그는 "권력이 국내정치에서 수행하는 가장 고귀한 노력(das vornehmste Bestreben)은 모든 자발적인 참여들이 통일적으로 종합되도록 설정해야 한다"[93]라고 보았다. 왜냐하면 그에게 국가는, 피어하우스가 해석하는 바대로, "사회의 상부구조"와 같은 것이 아니라, 오히려 모든 구성원들의 관심들을 수용하는, 그들 전체로써 구조된 "유기적 통일체(die organische Einheit)"이기 때문이다. 그러므로 국가는 구성원들 모두의 자발적인 참여를 통일적으로 종합하는 "가장 고귀한 노력"을 통해 자체의 "최고의 생명력"을 확보할 수 있으며,[94] 이로써 해방전쟁에서처럼 자신을 대내적, 대외적으로 확고하게 세울 수 있게 되는 것이다. 여기에서 국가의 동기부여와 구성원들의 참여관계는 결코 일방적, 강제적인 형식이 아니라, 상호간의 필요성과 자발성에서 이루어지는 것이다. 이러한 점에서 랑케에게서는 국가권력이 대내적으로나 대외적으로도 결코 조야한 무력적인 것일 수는 없으며, 어디까지나 도덕적 에너지로서 인륜적 성격을 지니고 있는 것이다.

그렇다면, 국가가 구성원들에게 부여하는 바와 구성원들의 바람은 상호부합되는가? 이 문제를 우리는 우선 국가체제에 대한 랑케의 견해에서부터 알아볼 필요가 있겠다. 그에게서는 군주제가 항상 국가체제의 바람직한 모델로서 언급되고 있다. 특히 그의 정치이론인 〈정치대담〉은 자기 시대의 격랑을 군주제 원리와 국민주권론의 대립으로 보면서, 모든 변화

---

92 Ebd., S. 76.

93 랑케, 〈정치대담〉, 《강대세력들·정치대담·자서전》, 이상신 역, 148쪽.

94 위의 책, 149쪽; 본서 II-2, 77쪽 주 86 및 주 87 참조.

는 군주제의 유지 속에서 이루어져야 한다는 점을 변호하는 글이기도 하다. 그는 본시 군주제를 라틴적·게르만적 국가들의 고유한 공통점으로 보았던가 하면, 군주의 권한을 무제한적인 것인 것으로 보지는 않았다. 다름 아니라 군주제에는 신분제적 헌법이 법적 제한으로 부과되어 있었기 때문이다. 그리고 이러한 체제의 국가가 행사하는 권력은 신에 의해 심어진 목적을 수행하는 것이므로, 비개인적·초개인적인 것이다. 그러나 이 체제가 허약해지거나 무너질 때에는 개인적인 힘들이 등장하며, 이들은 자신들의 개인적 의식을 공동체가 지향하는 방향과 일치시킬 수 있을 때 강력해질 수 있지만, 구성원들의 관심과 바람을 벗어나는 국가와 군주는 몰락의 위험에 빠진다.[95] 그러므로 시대들이, 또는 헌법체제들이 교체되는 과정에서는 민족 및 국가의 목적과 방향을 파악하고 실현시켜 나갈 수 있는 능력 있는 개성들과 세력들이 주도권을 가져야 한다. 그러므로 그는 왕권주의자들과 입헌주의자들이 극심하게 대립하고 있던 무정부 상태를 제어하면서 하나의 유지될 수 있는 체제를 세우는 데는 프로이센이 지도적일 수 있으며,입헌주의 사상을 실현시켜야 한다고 주장했던 것이다.[96]

바로 이러한 이유에서 랑케는 일반 대중에게 차별 없이 부여되는 동등한 참정권을 통해 국가의 운반자들을 선출하는 이론들에 반대했다. 그는 왕권은 국민의 의지(Volkswille)로부터 나온다는 국민주권론을 비현실적인 "허구들(虛構, Fiktionen)"[97]이라고, "근대 헌법체제는 불확실한 것(Schwankendes), 진실하지 않은 것(Unwahres)"[98]이라고 표현했으며, 그러한 이론들에 의해 구성되는 국가란 "구름 덩어리"와 같은 비역사적, 일시적인 "혼합체(Konglomerate)"[99]에 불과하다고 보았다. 그가 가장 위험한 것으로 간주했던 바는 신분제적으로 구분되지 않는 일반 및 평등 선거권에 의

---

95 Ritter, a.a.O., S. 418-419.

96 Ranke, "Politische Denkschriften," SW. 49/50, S. 594.

97 Ranke, *Die römischen Päpste* II (SW. 38), S. 128. Ritter, S. 419.

98 Ranke, "Politische Denkschriften," SW. 49/50, S. 595.

99 랑케, 〈정치대담〉, 《강대세력들·정치대담·자서전》, 이상신 역, 138 쪽.

해 등장하는 의회가 국가기관을 대변하는 경우이다. 왜냐하면 그러한 선거권의 배후에는 사회변혁의 의지가 있기 때문이다. 그러므로 그는 루이 16세가 1789년 5월에  삼부회의를 소집할 때, 제3신분 대표자들의 수(數)가 귀족 및 성직자 대표자들의 수와 동일하게 선출되도록 인준했던 것을 결정적인 잘못이었다고 지적했던 것이다.[100] 요컨대 그는, 국가는 창조적 정신들과 엘리트 집단에 의해 주도되어야 한다는 견해를 견지하고 있었다. 그는 플라톤을 상기시키면서, "모든 사람들이 모든 것을 추진해야 하는 것은 아니며, (…) 일반적으로 유용한 것은 각자가 자신의 것을 수행하도록 하는 것이다"[101]라고 주장했다. 이것은 신분제적 국가체제를 긍정하는 사고이다.

랑케는 이와 같이 엘리트적 권력구조를 선호하고 있었으므로, 7월 혁명의 영향 속에 유럽 각국에서 일어났던 민주적 입헌체제를 위한 운동들에 대해 회의적·거부적이었다. 그는 1836년의 〈정치대담〉에서는 "협의(協議)적 형식들(deliberativen Formen)"은 "없어서는 안 되는(unentbehlich) 것"이라는 견해를 거부했다. 왜냐하면 그는 "공적(公的) 정신은 자신에게 더 잘 기여하는 기관들을 아직도 갖고 있다"고 보았기 때문이다.[102] 특히 1848년에 프로이센에서 일어났던 헌법제정 요구들에 대해 그는 두 개의 전제 조건들을 설정하기도 했다. 즉 입법의회는 "이성적인, 이해력이 있는 사람들의 다수가 파괴적인 경향들에 대처할 수 있는" 형식으로 구성되어야 한다는 것, 그리고 "왕권은 당파들의 동요들(Fluktuationen der Parteien)에 대립하여 국가의 재정적, 군사적 기반들을 유지할 수 있기 위해 강력하게 남아 있어야 한다"는 것이다.[103] 1850년에 랑케는 프로이센의 새 헌법은 그렇게 세워졌다고 보았다. 즉 그것은 새로운 것을 많이 수용하면서도 군주제와

---

100 랑케, 《근세사의 여러 시기들에 관하여》, 이상신 역, 260쪽.

101 랑케, 〈정치대담〉, 《강대세력들 · 정치대담 · 자서전》, 이상신 역, 15쪽.

102 위의 책, 156쪽; Ritter, a.a.O., S. 420.

103 Ritter, a.a.O., S. 420.

군사국가의 원리를 유지하게 되었다는 것이다.[104]

랑케가 자유주의적, 평등화적인 입헌체제 운동에 거부적이었던 데는 무엇보다도 일반 대중에 대한 그의 불신이 작용하고 있었다. 그에게는 국가를 주도하는 집단은 소수의 엘리트들이며, 국가의 현실정치와 그 방향을 설정하는 것은 이들의 몫으로 된다. 그러나 그렇게 된다면 구성원들의 자발적인 참여에는 한계가 있게 된다. 다름 아니라 해방전쟁(1813)에서는 그들 모두가 자발적으로 참여했었지만, 새로운 헌법체제를 세우는 문제에서는 타의적으로 배제될 수 있게 되기 때문이다. 그렇다면 국가와 구성원들 사이에는 중재와 타협이 필요하게 된다. 그러나, 그것이 랑케의 국가관에서는 국가와 정부가 최종적으로 설정하는 범위와 방향 내에서일 것이며, 따라서 그것은 어디까지나 국가가 주도하는 형식일 것이다. 그의 적극적인 의미의 중용(中庸, Justemilieu)의 개념에 있어서도 국가는 대립하는 당파들의 한 가운데에 서서 그들의 투쟁을 저지 및 조정하는 것만으로써 그칠 것이 아니라, 오히려 당파들을 물리치고 자신의 본질과 과제에 충실한 방향을 세우고 있어야 한다는 것이다.[105] 이것은 그가 국가의 본질과 고유성을 당파적 이념들보다 더 높이 설정하고 있었음을 의미한다.[106] 요컨대 그에게서는 기존 체제의 유지 속에 국가가 개혁을 주도하는 형식이 바람직한 모델로 설정된다. 여기에서 보면, 보수적인 그의 국가는 자체의 목적을 추구하는 동시에 구성원들 전체의 관심과 안녕을 마찬가지로 보장 및 유지해야 하는 기관이지만, 구성원들의 바람과 국가의 목표가 항상 부합되지는 않을 수도 있게 된다.

그러나 랑케가 국가주도의 변화 형식만을 주장하면서 당파들의 주장을 일방적으로 배제했던 것으로 보이지는 않는다. 그는 1848년의 혁명으로 더욱 왕성해진 헌법제정 요구에 대해 회의적이었으면서도, 프로이센에서

---

104 Ranke, "Politische Denkschriften," SW. 49/50, S. 612.

105 랑케, 〈정치대담〉, 《강대세력들 · 정치대담 · 자서전》, 이상신 역, 116-117쪽.

106 Srbik, *Geist und Geschichte*, I, S. 252.

의 헌법제정 운동에 대해서는, "프로이센은 입헌사상을 실현시켜야 한다. 입헌체제는 편애나 증오없이, 현재의 인간들이 한 번 살아보고자 하는 하나의 형식으로서 간주되어야 한다. 헌법은 사람들이 그것과 함께 살아갈 수 있도록 제정되어야 한다"[107]라고 말하면서 프로이센의 체제개혁과 그 변화의 필요성을 인정하게 되었다. 그것이 그에게는 당시의 무정부 상태를 조정하고 질서를 세우기 위해 필요한 것이었다.

랑케가 이와 같이 시대의 요구를 부분적으로 수용하는 입장은 그가 1854년에 바이에른의 막시밀리안 2세에게 행한 연속강의의 마지막 대화에서 보다 더 명확하게 나타난다. 여기에서 그는 "종교적 권력과 세속적 권력 사이의 투쟁이 유럽의 기독교 세계를 발전시키는 데 기여했듯이, 오늘날의 군주제 원리와 국민주권 원리 사이의 투쟁도 역시 그러하다"[108]라고 말하면서, 영국이 무역을 통해 세계전체를 지배하면서, 인도와 중국을 유럽에 개방시킨 것은 다름 아닌 그들의 "입헌제적·공화제적 원리"가 지닌 엄청나게 우세한 힘에 의해서라고 설명했다.[109] 이어서 그는, "오늘날의 독일 통치자의 과제는 무엇인가?"라는 젊은 국왕의 질문에 대해, "군주는 할 수 있는 한 세습권의, 즉 위로부터의 통치라는 자신의 원리를 유지해야 하지만, 그럼에도 불구하고 시대의 방향 속에 있는 바를, 그리고 국민주권으로부터 일어난 힘이 행하게 될 바를 수행해야 한다"고 권고하면서, "나는 의회들(Kammern)은 폐지될 수 있다고 믿지 않지만, 그러나 그것들은 수정되어야 한다"[110]라고 부언했다. 바로 여기에서는 그의 중도적 보수주의의 진면목이 표명되었다. 그는 군주제 원리를 선호하되, 결코 그것을 유지 및 보수하는 데만 집착하지는 않았고, 오히려 시대의 변화 속에 일

107 Ranke, *SW. 49/50*, Politische Denkschriften aus den Jahren 1848-1851, S. 594; Ritter, S. 420-421.

108 랑케, 《근세사의 여러 시기들에 관하여》, 이상신 역, 270쪽.

109 위의 책, 270쪽.

110 위의 책, 273쪽

어나고 있는 국민주권론의 요구들을 역사적, 필연적인 것으로 인정하면서 정도껏 수용되기를, 또한 의회체제를 위한 요구도 마찬가지로 수정되기를 바라고 있었던 것이다. 그에게 시민계급의 요구들은 역사적 권리를 갖고 있는 것들이며, 국가가 적극적인 의미의 "중용"의 방향을 유지하면서 장차 정도껏 실현시킬 수도 있는 것들이다. 이러한 점들에서 보면, 그는 새로운 변혁요구를 결코 일방적으로 거부하지는 않았고, 오히려 개혁요구가 제기되고 있는 현실적 필연성에 따라 국가 체제의 일정한 변화필요성을 인정하는 한편, 새로운 요구들의 일정한 수정도 동시에 요청하는 중도적 보수주의자였다.

### 국가권력의 역사화 및 합리화

랑케의 이러한 현실주의적 입장은 그 자신의 개체사상 및 역사발전론과 부합되는 것이다. 다름 아니라 그가 군주제 원리를 선호하면서도, 자기 시대의 국민주권론(Volkssouveränität)의 원리에게도 일정한 권리를 인정하고 있었다[111]는 것은 그가 두 원리들을 다같이 역사발전의 작용요소들로 보았기 때문이다. 그리고 그는, 양자의 대립 속에는 "하나의 엄청난 운동이자 동시에 하나의 거대한 생의 요소(ein ungeheuer Bewegung zugleich ein großes Lebenselement)"가 있다고 보았다. 그 대립이 그에게는 역사발전에서 "하나의 적극적인 순간(ein positives Moment)"으로 보였던 것이다. 그러므로 그에게서는 국가 역시 불변적, 고정적인 체제일 수는 없다. 국가는 "신의 사상"으로서 "예감되지 않은 원형"이지만,[112] 현실 속에서는 "창조적 힘들"과 "도덕적 에너지들"에 의해 형성되었으며, 끊임없이 발전하고 있다.[113] 국가의 이상(理想)은 항상 완성적으로만 실현되어 가는 것이 아니다. 그에게 국가

111 Berding, "Leopold von Ranke," in: *Deutsche Historiker*, Bd., 1, S. 17.

112 랑케, 〈정치대담〉, 《강대세력들·정치대담·자서전》, 이상신 역, 131쪽; 본서 V-1, 371쪽 주 70 참조.

113 위의 책, 159쪽. 본서 V-1, 375쪽 주 83 및 주 84 참조.

는 여러 가지 세력들 및 요소들의 방해를 겪으면서 자체의 이상을 추구하는 과정 속에 있다. "신의 사상"은 그 과정 속에서 자신의 모습을 여러 가지 형식으로 드러낸다. 신의 사상이 이와 같이 여러 국가들에서 항상 다르게 나타나고 있듯이, 하나의 국가도 역시 시대들의 연속 속에서 항상 동일한 형식으로 머무르지는 않으며, 오히려 새로운 역사적 조건 속에서는 새로운 모습을 갖추며, 신의 사상을 새로운 형식으로 대변하면서 자신의 사명을 연속적으로 수행하고 있는 것이다. 이것은 그의 연속성 사상이자 그의 역사발전론의 기본 골격이다.

랑케는 국가의 변화적인 발전 모습 속에서 신의 사상의 연속성을 파악함으로써, 그에게서는 국가의 권력이 역사화(歷史化)되었다. 여기에서는 그가 헤라클레이토스(Heraklitos)의 사상을 계승하고 있다는 점이 발견된다. 헤라클레이토스는 "만물(萬物)은 유전(流轉)할 뿐, 정지(停止)된 것은 없다"고 하면서 유전하는 현상들 속에서 통일적인 법칙을 발견하고자했다. 그리하여 그는 다원성(多元性) 속에서 통일성을, 통일성(統一性) 속에서 다원성을 파악하면서 "전쟁은 모든 사건들의 아버지이다"라고 정의한 바 있다.[114] 이와 같이 헤라클레이토스가 전쟁조차도 만물의 유전 속에서 자연적, 필연적인 것으로 보았듯이, 랑케에게서도 역사에서의 새로운 발전은 국가들의 "대립된 충돌로부터 일어나는 위험, 불행, 봉기, 구원의 거대한

---

114 헤라클레이토스(ca. 500 B. C.)는 소크라테스 이전 시기에 민주제를 반대하면서 역사 속에서의 대립과 투쟁의 원리를 정당화시켰던 그리스 철학가였다. 그에게 "만물은 유전할 뿐, 정지된 것은 없다." 그러면서도 그는 유전하는 현상 속에서 통일적인 법칙을 발견하고자 함으로써 다원성(多元性) 속에 통일성이, 통일성 속에 다원성이 있다는 사고를 보여주었다. 그에게 세계 전체는 이념들 사이의, 계급들 사이의, 민족들 사이의 투쟁을 통해 조화를 이루면서 형성된다. 그러므로 그는 "전쟁은 모든 사건들의 아버지이고, 모든 것의 왕이다"라고 주쟁했던 것이다. 대립과 투쟁 및 그 상호작용을 이와 같이 사고했던 그의 사상은 헤겔의 변증법적 사고의, 마르크스의 계급투쟁 이론의 선구적 사상이라고 볼 수 있으며, 특히 다양성들의 대립 속에 조화가 보증된다고 사고했던 랑케에게서도 그의 영향이 발견된다. Hermann Diels, *Die Fragment der Vorsokratiker*, Hamburg, 1957, S. 27(Fragment 53); 김인곤 외 공역, 《소크라테스 이전 철학자들의 단상(斷想)들》, 대우고전총서(아카넷, 2017), 249 쪽.

순간들 속에서 결정적으로 일어난다."[115]

이와 같이 랑케는 국가들 사이의 권력투쟁을 자연적인 과정으로 보았으므로, 그에게서는 국가의 권력, 그리고 대외관계에서의 본질적인 모습인 권력정치(Machtpolitik)가 역사화된다. 이 권력이 때로는 루이 14세나 나폴레옹에게서처럼 조야한 것, 비도덕적인 것일 수 있지만, 그러한 경우들이 랑케에게서는 역사의 특정한 단계의, 필연적인 과정의 산물들로 간주됨으로써 현실정치(Realpolitik)의 한 모습으로 된다. 다름 아니라 그는 마키아벨리의 《군주론(君主論)》을 "과도한 독약"이었다고 표현하면서도, 15세기 피렌체의 지속적인 혼란을 극복하기 위한 처방약이었다고 보았으며, 이로써 그것이 그에게서는 특정한 역사적 상황에서 나왔던 필연적인 사상으로 이해되었던 것이다. 마찬가지로 그에게서는 국가들의 권력투쟁도 화합과 평화라는 이상으로부터의 단순한 이탈이 아니라, 헤라클레이토스에게서처럼 역사발전에서 다음 단계를 형성하는 데 작용하는, 그것을 위한 수단으로 되는 것이다. 이렇게 하여 그에게서는 국가의 주권과 독립성을 보증하는 권력의 역사적 기능, 역사발전의 필연적인 과정으로서의 권력투쟁, 그리고 도덕적 에너지로서의 권력 등의 의미들로써 종합되는 근대적 의미의 권력정치라는 개념이 선구적으로 세워졌던 것이다.

랑케에게서 국가의 권력정치가 역사화 및 합리화되는 근원적인 근거는 무엇보다도 국가가 그에게서는 신의 사상이자 또한 동시에 인간의 정신적 본질이 구체화된 것으로서 인류의 이념을 실현시켜 나가는 기관으로 사고되었다는 점이다. 그에게 국가는 "인간사회에 없어서는 안되는 형식들을 결정적으로 수정하여 현실성(Realität)을 실현시키는 원리를 갖고 있는"[116] 기관이며, "민족보다 더 좁게 결속된"[117] 공동체로서 역사의 현실적·정신적 운반자이다. 그는 종교가 보편적 이념을 구현시킨다는 점에서 종교의

---

115 랑케, 〈강대세력들〉, 《강대세력들·정치대담·자서전》, 이상신 역, 94쪽.

116 랑케, 〈정치대담〉, 《강대세력들·정치대담·자서전》, 이상신 역, 127쪽.

117 Ranke, *Politisches Gespräch*, S. 92; 위의책, 133쪽

세계사적 의미를 국가의 그것에 못지않게 평가하면서도, 그 대변기관인 교회의 기능을 민족성들에 따라서 국가 아래에 세웠다.[118] 즉 그는 가톨릭을 프로테스탄티즘과 비교하면서 민족성과 부합되지 않는 교회를 국가발전에 기여하지 못하는 저해적인 요소로 보았고, 가톨릭 교회의 쇠퇴를 그렇게 아쉬워하지 않았다.[119] 그는 근본적으로 교회는 국가가 세워진 다음에 성립된다고 보았다.[120] 또한 그는 역사발전에서 문화의 역할과 그 연속성을 중요시했지만, 국가의 작용보다는 낮게 평가했다. 즉 그는 한편으로는, 루이 14세 시대의 프랑스 문학과 프리드리히 대왕 시기의 "독일민족문학"처럼 문화가 근대 국가들의 형성과 발전에 기여했던 바를 인정하면서도, 또 한편으로는, "문화의 촉진이 세계사의 유일한 내용은 아니다"[121]라고 말했다. 왜냐하면 그에게는 "정신적인 창조적 힘들", "생(生) 그 자체", "도덕적 에너지들"이 세계사의 내용이지만, 이 힘들은 무엇보다도 국가권력의 보호 속에, 이것에 의해 실현되기 때문이다. 그러한 까닭에 그는 문학을 포함하는 문화의 모든 작용을 국가의 현실적 근거인 권력의 작용 아래에 세웠던 것이다.[122] 그에게 국가는 자체의 목적을 세우고, 이것을 경쟁자들과의 투쟁에서 권력정치를 통해 쟁취하며, 승리를 거둔 후에 비로소 자신의 진정한 과제를 문화의 촉진 속에서 인식하게 된다.[123] 따라서 그에게 국가가 우선 대내적으로 확고한 기반 위에 서야 하는 것은 대외적인 투쟁에서 우위권을 확보할 수 있기 위한 것이다. 요컨대 그에게 국가의 과제는 다 같이 역사의 운반자들인 종교와 문화의 과제들 보다 선행하는 것이며, 더 중요했다. 심지어 그는 "나는 시민들을 현명하고 선하게 만드는

118 Srbik, *Geist und Geschichte*, I, S. 252.

119 Fueter, S. 417.

120 랑케, 《근세사의 여러 시기들에 관하여》, 이상신 역, 63쪽.

121 랑케, 〈강대세력들〉, 《강대세력들 · 정치대담 · 자서전》, 이상신 역, 102쪽.

122 Schieder, *Begegnungen mit der Geschichte*, S. 116-117; Masur, a.a.O., S. 93; Ritter, a.a.O., S. 381.

123 Ritter, a.a.O., S. 382.

것보다 국가를 위대하고 강하게 만드는 것을 더 많이 생각하며, 나의 목표를 평화와 안락함보다는 투쟁과 활동에 더 많이 두고 있다"[124]라고까지 말했다. 이와 같이 국가는 그에게 역사의 주된 운반자이며, 이에 따라서 국가의 권력정치도 국가체제의 연속성 속에서 합리화된다.

랑케에게서 합리화된 국가권력사상은 후일에 국가주의적인 민족주의를 추진하는 동력으로 되었다는 비판이 그동안에 제기된 바 있다. 물론 그러한 이해를 유발할 만한 근거들이 그에게 없지는 않다. 즉 그는, "개인의 사적(私的) 실존"은 존재하지 않으며, 개인이 "자신의 정신적 조국으로서 하나의 특정한 국가 속에 속하지 않는다면, 자신의 현존재의 존재가 아닐 것이다"[125]라고 말했을 뿐만 아니라, "다른 민족이 우리를 위협할 때, 우리는 오직 우리의 고유한 민족성의 발전을 통해서만 대처할 수 있다. 이 민족성은 본질적인, 현존하는 국가 속에 표현되어 있는 민족성을 의미한다"[126]라고도 말한 바 있다. 그의 이러한 언급들은 다분히 국가주의적이고 민족주의적인 의미로 해석될 수도 있겠다. 그러나 첫 번째 언급에서는 모든 개인들은 자신들이 속해 있는 공동체로서의 국가에 자발적으로 참여할 때 비로소 실제적인 현존재가 된다는 점이, 그리고 두 번째 언급에서는 모든 국가는 신으로부터 위임받은 과제인, 자신들의 고유한 민족성을 발전시킬 때, 비로소 생존할 수 있다는 점이 강조되고 있다. 무엇보다 그는 국가의 대외적 승리는 도덕성에 의해 결정되어야 한다고도 말했다. 따라서 그의 언급들이 배타적 민족주의나 패권적 국가주의의 필요성을 주장한 것이라고 볼 수는 없겠다. 그가 "우리가 안녕을 갖는 곳이 우리의 조국은 아니다. 우리의 조국은 오히려 우리와 함께, 우리 속에 있다. 독일은 우리 속에 살아있으며, 우리가 원하든, 원하지 않든 간에 우리를 필요로 하는 모든 지방, 모든 지역에서 우리는 조국을 세운다. 우리는 처음부터 조국을 근거로

---

124 랑케, 〈정치대담〉, 《강대세력들 · 정치대담 · 자서전》, 이상신 역, 137쪽.

125 Ranke, *Politisches Gespräch*, S. 102; 위의 책, 147쪽.

126 랑케, 〈강대세력들〉, 《강대세력들 · 정치대담 · 자서전》, 이상신 역,103쪽.

하고 있고, 이로부터 벗어날 수 없다"[127]라고 말했던 바에서 보면, 그가 조국에 대한 뜨거운 감정을 간직하고 있지만, 그 조국은 민족주의와 제국주의의 실제적인 목표들에 속하는 영토적, 지리적, 물질적인 것이 아니라, 정신적인 것이고, 보편적인 것이며, 도덕성을 지니고 있다.

랑케에게 민족들은 비록 자신들의 유기적인 실체를 하나의 정치적인 실체 속으로, 즉 국가로 결합시키고자 하지만, 민족과 국가가 항상 일치되지는 않는다. 그러므로 그는 오히려 세계 어디에서나 각 민족성의 고유성이 국경을 초월하여 존중되는 것을 바랐던 것이다. 그에게 민족성은 국가를 "살아있는 존재(Lebewesen)"로 만들고 독자적으로 될 수 있도록 하며, 민족적 특성을 하나의 고유한 문화로 완성시키는 과제를 수행하지만, 그 이상의 것을 추구하지는 않는다. 그의 이러한 입장은 그가 "그러나 오직 민족주권(Nationalsouveränität)만이 모든 것을 지배하게 되리라는 사실 속에서만 세계사의 한 경향성을 보고자 하는 사람은 괘종(掛鐘)이 무엇을 쳤는지를 알지 못한다. 왜냐하면 민족주권을 위한 노력들에는 그렇게도 많은 파괴적인 경향들이 결합되어 왔으므로, 그 경향들이 우세를 확보했더라면, 문화와 기독교 세계는 위협을 받았을 것이다"[128]라고 말했던 바에서 명확하게 나타난다. 여기에서 그의 "민족주권"이란 개념은 그가 19세기의 두 개의 지배적 이념들로서 군주제적 원리와 함께 작용하고 있는 것으로 보았던 "국민주권" 원리와는 다른 것이다. 후자는 민주제적·공화제적 헌법 체제를 위한 요구들을 의미하는 것인가 하면, 전자는 민족국가를 가장 일찍이 세웠던 루이 14세의 민족국가 체제, 그리고 프랑스의 민족적 권위를 혁명이념의 전파라는 명목으로 범유럽적으로 확산시키고자 했던 나폴레옹 체제를 의미하는 것이다. 그들의 민족주권 이념은 패권적 민족주의로 나아갔다. 그러나 랑케에게서 민족성은 국가를 살아 있는 존재로 만드는 "효소"이지만, 배타적이고 패권적인 "민족주권"으로 나아가도록 하는 것

127 랑케, 〈정치대담〉, 《강대세력들 · 정치대담 · 자서전》, 이상신 역, 132쪽.
128 랑케, 《근세사의 여러 시기들에 관하여》, 이상신 역, 271쪽.

은 아니며, 오히려 국가로 하여금 천체(天體)의 별들처럼 각자의 운행궤도를 지키면서 다른 국가들과 공존하도록 만드는 것이다.

랑케는 자기 시대의 민족적 염원이었던 통일문제에서도 역시 민족주권에만 근거하는, 그것만을 지향하는 통일국가를 바라지는 않았던 것으로 파악되고 있다. 다름 아니라 그는 독일 영방국가들의 역사적 전통을 정당화했고, 엄격한 정치적 통일을 포기했다는 것이다.[129] 그는 독일 민족의 오래된 정치적 전통에서처럼 독일 각 지역 국가들의 역사적 다양성이 유지 및 배려되는 통일 국가체제를 희망했었던 것이다. 국가들이란 그에게 단일 혈통의 민족으로써만 구성될 수 없듯이, 자체 내에 다양한 제도와 문화적 특성을 지닌 집단들을 포괄하는 정치적 통일체로서 "집단적 개체들(Kollektivindividuen)"이다.[130] 이러한 국가들은 각각의 고유성을 발전시키면서 "유럽 국가들의 체제"와 같은 보다 더 큰 공동체의 형성 속에 공존한다. 그러므로 그는, "유일한 국가의 결정적인 적극적 지배는 다른 국가들에게 비운(悲運)으로 될 것이며, 모든 국가들의 혼합은 각자의 본질을 파괴할 것이다"[131]라고 생각했으며, 그들이 자신들의 과제를 위한 각각의 특수한 발전을 추구하는 가운데, 비록 상호투쟁을 하면서도, 결국에는 "하나의 유럽 공동체로 회귀할 것"임을 의심하지 않았다.[132] 이러한 점에서 그의 국가관은 낙관주의적인 것이며, 결코 배타적·패권적으로 민족주의적인 것이거나, 제국주의적인 것이 아니다. 그에게 국가는 신이 심어준 이념을 실현하는 기관으로서 "신의 사상"이므로, 더욱 그러하다. 그의 역사서술은 처음부터 민족국가적 관점이 아니라 보편사적 관점으로부터 출발했으며, 이 방향을 그는 말년의 《세계사》에서처럼 생애의 마지막까지 추구했었다. 요컨대 그의 국가사상은 19세기 말과 20세기 초의 독일의 국가주의적 성격과 이

129 마이네케, 《세계시민주의와 민족국가》, 이상신·최호근 역, 339쪽.

130 Srbik, *Geist und Geschichte*, I, S. 261.

131 랑케, 〈강대세력들〉, 《강대세력들·정치대담·자서전》, 이상신 역, 104쪽.

132 랑케, 〈정치대담〉, 《강대세력들·정치대담·자서전》, 이상신 역, 140쪽.

것이 나아갔던 제국주의적인 방향과는 거리가 멀었다.[133]

그러나 역사가 실제로 나아갔던 과정과 사실들은 랑케의 국가사상과 연관성을 갖고 있다. 그러므로 그가 그것들로부터 전적으로 면책될 수는 없겠다. 다름 아니라 시민계급이 성장하여 국가의 한 중요한 집단으로 되었고, 그들이 더 이상 이상주의적인 민족 및 국가개념에 만족하지 않게 되었을 때, 그리고 자본이 국가권력과 결속하게 되었을 때는, 패권적 국가주의와 제국주의의 기치가 일어날 수 있었으며, 여기에서는 그의 민족 및 국가개념이 오용될 수 있었던 것이다. 국가의 이념은 변화하고 있는 정신적, 물질적, 계급적 사회구조 속에서 주도적 엘리트 집단이나 새로운 참여자들인 자본가들 및 부르주아지의, 그리고 부르크하르트가 불신했던 대중의 요청에 의해서 변질될 수 있다. 랑케에게 국가와 동일한 의미를 지니고 있는 권력도 역시 변화된 사회의 새로운 경향성 속에, 변질된 목표를 추구하는 국가들 간의 또 다른 형식의 상호대립과 투쟁 속에 랑케에게서의 그것과는, 즉 도덕성을 내재적 개념으로 지니고 있는 권력과는 다르게 기능하게 될 수 있다. 실로 한 국가의 정치권력은 국내의 여러 가지 창조적 힘들뿐만 아니라 다른 국가들의 권력들까지도 자신의 목표를 위해 종속시키고자 하는 자기팽창의 속성을 지니고 있다. 랑케도 이것을 인식하고 있었다. 그러므로 그는 국가들 간의 투쟁에서 승리는 도덕적 힘에 의해 결정되어야 한다[134]고 말했던 것이다. 이 말은 권력이 조야한 무력으로 행사되어서는 안 된다는 의미이다. 그리하여 그에게서는 국가권력이 도덕성을 갖춤으로써 순화(純化) 및 해독(解讀)되었고, 이로써 정당화되었던 것이다. 권력을 그렇게 만드는 도덕적 힘들이 그에게서는 곧 "역사적 세계권력들(historische Weltmächte)"[135]로서 세계사 속에서 항상 작용하는 것으로 된다. 그러나 부르크하르트는 권력을 "악마적(dämonische)"인 것으로 보면서, 국

---

133 Srbik, *Geist und Geschichte*, I, S. 261.

134 랑케, 〈정치대담〉, 《강대세력들 · 정치대담 · 자서전》, 이상신 역, 135쪽.

135 Schieder, *Begegnungen mit der Geschichte*, S. 117.

가의 역할과 기능을 오직 문화의 보호와 육성이라는 과제에로만 제한시켰던가 하면, 낙관주의적이었던 랑케는 변화하고 있는 역사진행 속에서 권력의 메커니즘이 가져올 부정적인 역기능을, 그것의 세계사적인 작용을 염려하지 않고 있었다. 이러한 점에서 그는 미래를 전망할 줄 몰랐다는 지적을 받고 있다.

그러나 랑케가 자기시대의 정치적, 사회적 이념들의 투쟁들이 타협과 조화없이 새로운 세력들의 일방적인 승리로 나아갈 때에는, 유럽 문화의 연속성을 기대하기 어렵다고 우려했던 점에서는, 그의 역사사고에는 위기의식이 일정한 미래전망으로서 작용하고 있었다고 볼 수도 있겠다. 그럼에도, 마이네케가 2차 세계대전 후에, 부르크하르트는 "랑케보다 미래를 더 정확하고 확실하게 전망할 줄 알았던가 하면", "랑케는 과거에 몰두했었다"[136]고 지적했듯이, 랑케는 과거와 현재를 연속성 속에 사고했지만, 그만큼으로 미래를 현재와의 연속성 속에서 전망해 보지는 못했다. 그는 자신의 이상주의적 국가개념에서 도덕성을 통해 해독되는 권력의 순기능을 낙관적으로만 이해하고 있었던가 하면, 다가오는 시대에서 전개될 권력들의 새로운 양식의 충돌을, 그리고 그 과정에서 자신의 국가 및 권력의 개념들이 오용될 것을 예견하지 못했다. 이러한 그의 한계를 변호해 보자면, 우선 그는 "유럽 국가들의 체제"가 민족성과 종교 및 문화의 보호자로 기능했던 구(舊)세계의 전통에 익숙해져 있었으며, 그러므로 자기 시대의 변혁의 물결 속에 문화의 단절을 염려하면서 국가를 질서와 안녕의 보루로서 이상주의적으로 파악할 수밖에 없었다는 점이 고려될 수 있겠다. 다음으로, 그는 자기 시대까지의 인류 역사를 전체적으로 관조하는, 철학적이기도 한 역사사상가이지만, 그의 역사학적 사고의 범주는 어디까지나 과거와 현재이며, 아직 형성되지 않은 미래는 기록이 없는 태고시대와 마찬가지로 그의 역사적 사고의 대상이 될 수 없었다는 점이 또한 고려될 수 있겠다.

---

136 Meinecke, "Ranke und Burckhardt," in: *Zur Geschichte der Geschichtsschreibung*, München, 1968, S. 94.

## 2. 랑케의 종교관

랑케에게는 역사생활에서 중심적이고 결정적인 영역은 정치생활인가 하면, 이것과 가장 긴밀한 관계 속에 있는 영역은 종교생활이다. 그는 "모든 것은 보편적이자 개별적인 정신생활이다"라고 말했거니와, 이 정신생활은 정치와 종교생활에서 가장 왕성하고 명확하게 나타나는 것으로 파악하고 있었다. 그에 의하면, "정신생활은 그 깊이와 에너지에 있어서 같은 것이자 하나의 동일한 것인 두 제도들(국가와 교회) 속에서 표현되고 있다. 이 두 제도들은 다양한 변화들을 겪으면서 상호침투하고자, 또는 배제 및 제거하고자 시도하지만, 결코 와해되지 않으며, 어느 한쪽이 다른 한쪽을 배제할 수도 없다"는 것이며, 칼리프 체제에서와는 달리, "서양 기독교 세계의 생활은 교회와 국가와의 끊임없는 상호작용을 근거로 하고 있다. 이로부터 정신의 항상 보다 더 자유로운, 보다 더 포괄적인, 보다 더 깊은 운동이 일어난다"는 것이다. 이러한 인식 에서, 그는 "그러므로 교회사는 정치사 없이는, 그리고 정치사는 교회사 없이는 이해될 수 없게 된다. 양자를 결합시킴으로써 비로소 각 역사는 그들에 대한 진정한 조명 속에 나타날 수 있으며, 그들이 등장하는 보다 더 깊은 생활을 예감(Ahnung)하게 되는 것이다"[137]라고 말했다. 실제로 그의 역사학적 관심의 주된 시기인 16·17세기는 바로 종교개혁과 반동종교개혁의 시대로서 프랑스, 영국, 독일을 비롯한 근세 국가들의 정치생활이 항상 종교운동과의 관계 속에서 전개되었으므로, 그가 이 시기의 각국의 역사발전을 정치체제와 교회제도와의 상호작용 속에서 관찰하고 서술했던 것은 당연하고도 필요한 역사학적 방법이었다고 볼 수 있겠다. 그는 그러한 서술에서 항상 두 제도의 본질과 성향 및 과제를 비교 언급하면서, 양자가 역사 속에서 함께 작용하되 그들 각자가 기능해야 할 합당한 범위와 경계에 관한 자신의 견해도 제시했다.

137 Ranke, *Deutsche Geschichte im Zeitalter der Refomation*, I, Einleitung, S. 4; 랑케, 〈정치대담〉, 《강대세력들·정치대담·자서전》, 이상신 역, 158쪽 주 60; Ritter, S. 381.

## 다신교와 일신교

랑케는, 종교생활은 이미 고대 문화민족들에게서 시작되었던 것으로 파악했다.[138] 다름 아니라 그들의 역사생활에서 지배적인 동기로 작용하고 있었던 것은 "신에 관한 관념"이었다는 것이다. 그에게 "신적인 것(das Göttliche)은 항상 인간들에게 빛을 밝혀 주는 이상(das Ideal, das den Menschen vorleuchtet)이다. 인간들의 활동과 가능성에는 비록 또 다른 것, 즉 현실적 실존의 조건을 지향하는 성향이 있지만, 그것 역시 끊임없이 신적인 것을 추구한다."[139] 즉, 그가 파악하는 바로는, 고대의 문화민족들은 자신들의 실존을 위해 특별히 가치가 있는 자산들(Güter)을 이상적인 것으로 세웠으며, 이것들을 가져다주는 힘들을 신적인 것으로부터 나오는 것으로 생각했다는 것이다. 그리하여 그들에게서는 이 힘들에 관한 일정한 관념 위에 종교가 형성되었고, 그들의 생활지역 및 조건과 관념에 따라 각각의 특정한 종교들이 성립되었다. 이집트인들은 물질적인 자산들을 이상적인 것으로 생각하면서, 그것들을 가져다주는 계절의 변화, 나일강의 범람, 이것들에 의한 토지의 비옥화, 그리고 그러한 진행을 통해 얻어지는 수확은 신적인 힘들에 의해 일어난다고 믿었다. 페르시아인들은 진실과 정의를 이상적인 것으로 설정하면서, 그것들은 신에 의해 실현되는 것이라고 믿었다. 유태인들은 유일신(唯一神)이 세계를 창조하여 인간들에게 높은 도덕률과 신에 대한 경배를 부과했다고 믿었다. 그리하여 고대의 문화민족들은 각각 자신들의 민족신(民族神)을 세우고 있었으며, 이를 통해 국가적인 통합을 이룩하였고, 그들의 신들은 각각 민족생활의 고유성과 독자성을 보증해주는 존재로서 경배되었다.[140] 고대의 일신교(Monotheismus)에서 그러했다는 것이다.

랑케는 이러한 일신교의 단계를 역사발전에서 다신교(Polytheismus)의

---

138 Ritter, a.a.O., S. 365.

139 Ranke, *Weltgeschichte*, I, 1. Kapitel, S. 9.

140 Ritter, a.a.O., S. 369-370.

다음 단계로 보았다. 그에 의하면, 고대인들은 민족 종교로서 일신교를 세우기 전부터 자연신들(Naturgötter)을 신봉하기도 했다. 그러나 그러한 다신교의 단계에서는 여러 가지 특수한 신들이 경배됨으로써 결국 종교가 일어나게 되었던 본래의 이념 자체가 사라졌고, 그것은 우상숭배(Götzendienst)로 변해 버렸다. 여기에 대립하여 순수한 신성(Gottheit)에 관한 절대적인 이념이 등장하면서 일신교가 세워졌으며, 이것은 필연적이었다는 것이다.[141] 그리하여 일신교에서는, 모세(Mose)의 십계명(Dekalog)이 그러하듯이, "윤리적 규범들(Sittengesetze)"이 세워졌던 바, 랑케는 이 규범들을 종교와, 또한 당시의 생활질서로서의 "시민적 질서(bürgerliche Ordnung)"와도 구분될 수 없는 것이었다고 보았다. 다름 아니라 그 규범들은, 안식일(Ruhetag)처럼, 노예들에게도 유효하므로, 공동체의 모든 인간들은 그것들에 의해 신의 나라(Gottesstaat)에 포함될 수 있게 되었기 때문이다. 그는 일신교에서 신의 나라가 그렇게 사고되었다는 것은 인간이 사적(私的) 봉사로부터 벗어나는 "일종의 해방"이었으며, 그러한 기초 위에 다음 단계의 "가장 단순한 시민법들(einfachsten bürgerlichen Gesetze)"이 세워질 수 있었다고 보았다. 이러한 인식에서 그는 "민족들이 자연신들을 숭배하는 단순한 진행에서는 인류의 어떠한 역사도 없었을 것이다. 역사는 자연숭배로부터 벗어나는 일신교에서 비로소 근거와 기반을 확보한다. 일신교는 모든 압제를 멀리하는 시민사회를 기초한다"[142]라고 보았다.

이와 같이 랑케는 일신교의 단계를 다신교의 단계보다 더 전진한 것으로 보았다. 그러나 일신교의 단계에서는 인류의 정신생활에 공통적인 기반이 아직 마련되지 않은 상태였으므로, 여러 민족들 및 국가들에게서는 각각의 민족신들이 경배되면서, 각 민족성은 자체의 종교와, 그리고 각 국가는 자체의 교회와 통일체를 세우고 있었다. 그런가 하면, 인류의 통일적인 정신적 근원에 대한 기억은 창조적 정신들의 작품들에서만 나타났을

141 Ranke, *Weltgechichte*, I, 1. Kapitel, S. 27.
142 Ebd., S. 27.

뿐이었다는 것이다.

### 보편종교로서 기독교

랑케에 의하면 고대 세계의 정신생활에서 우상들을 숭배했던 다신교적 상태나, 각 민족들이 각자의 민족신들을 경배했던 일신교적 상태에 변화를 가져온 것은 로마였다. 로마는 통일제국을 이룩하는 과정에서 각 민족들의 독자성을 박탈하는 한편, 그들의 종교를 수용함으로써, 각 민족들의 종교들은, 유태교를 제외하고는, 민족신의 원리라는 의미를 상실했다. 그리고 그들에게는 로마제국의 황제숭배교가 부과되었다. 통치자를, 즉 인간을 숭배하는 이 종교는 로마에 의한 다른 민족들의 예속을, 그리고 로마의 세계지배를 축복하는 종교이므로, 다른 민족들의 자유와 민족종교들의 자주권은 사라졌다. 그런가 하면 그들은 로마 속에서 융합되면서 자신들을 "하나의 함께 속해 있는 인류(ein zusammengehörendes Geschlecht)"로 느끼게 되었으며, 이로써 자신들의 "공동체적 성격(Gemeinschaftlichkeit)"을 의식하기 시작했다. 랑케에게 그러한 현상은 자유로운 국가들의 몰락과 그 폐허 속에 "하나의 새로운 생"이 일어나는 모습이었다.[143]

랑케는 세계사의 바로 그러한 시기에 그리스도가 등장했다는 사실을 세계사 발전의 의미있는 순간으로 보았다. 즉 그리스도가 태어난 유대민족은 본시 일신교를 엄격하게 유지함으로써 배타적, 폐쇄적이었으나, 그리스도는 그러한 종교를 계승하면서도 그 신을 특정한 민족적 경배의 대상으로서가 아니라, 모든 민족들을 위한 "보편적 신(der allgemeine Gott)"으로 선언했던 것이다. 이로써 그리스도는 우상숭배의 다신교를 극복했고, 일신교의 배타적, 폐쇄적인 율법들을 해체시켰다. 이제 그에게서는 일신교에서 모호했던, "세계에 대한 신의, 신에 대한 인간의 영원하고도 보편적인 관계"가 제시되었다. 랑케에 의하면, "신의 숨결(Gottes-Odem)"로 들

---

143 Ranke, *Die römischen Päpste,* I(SW. 37), 1. Buch, Einleitung, S. 4.

리는 그리스도의 말들과 그의 행적 및 삶과 죽음에서 그는 사람들에게, "그보다 더 순수한, 더 강력한, 더 고결한, 더 신성한 존재는 지상에 없었던", "인간의 아들이자 신의 아들(Menschensohn, Gottessohn)"로서 나타났다는 것이다.[144] 그리하여 사람들은 그를 통해 인간에게 근원적으로 부여되어 있는 신성(神性)을 의식하게 되었고, 또한 신을 경배하는 내면적 자유와 "보편적 신"에 대해 의식하게 되었다. 바로 이러한 의식이 랑케에게는 기독교가 보편적 종교로 성립하게 되었던 전제조건이었다.[145] 다름 아니라 그리스도는 사람들에게 인간적이자 보편적 신으로서 나타났고, 그를 믿는 기독교는 개별 민족들 및 국가들을 위한 종교가 아니라 보편 종교로서 성장하게 되었던 것이다. 랑케에 의하면, 이 새로운 신앙은 여러 민족들에게서 근원적인 옛 종교적 의식을 각성시켜서, 그 의식을 세계지배적인 로마 권력에 대치시켰고, 결국 황제숭배교를 극복하게 되었다. 이 대립을 그는 "지상적인 것과 정신적인 것의, 굴종과 자유의, 점진적인 몰락과 생동적인 회춘(回春, Verjüngung)의 대립"이었다고 정의하면서, "인간은 이로써 하나의 정신적 요소를 확보했고, 그 속에서 다시금 독자적이며 자유로운, 개인적으로 극복될 수 없는 존재로 되었다. 이것은 지상 세계에 새로운 삶의 능력을 가져왔다"[146]라고 설명했다.

이와 함께 랑케는 기독교를 박해했던 로마가 기독교의 성립과 발전에 기여했던 바를 중요시하면서, 그 의미를 무한한 것으로 보았다. 즉 로마는 여러 민족들의 자유와 민족신들의 자주권을 파기했지만, 제국 속에 통합된 그들이 "하나의 함께 속해 있는 인류"를 느끼게 만들었고, 다음으로 자신의 품 속에서 진실한 종교가 "하나의 공동의식의 가장 순수한 표현"으로서 일어나는 것을 보았으며, 이제 자신의 통일성을 기독교의 발전 속에서 발견했고, 그 속에서 자신의 역사적 필연성을 보여주게 되었다는 것이

144 Ebd., S. 4.

145 Ritter, a.a.O., S. 370.

146 Ranke, *Die römischen Päpste*, I(SW. 37), 1. Buch, Einleitung, S. 6.

다.[147] 실로 로마제국과 기독교는 다함께 세계사 발전의 새로운 단계를 이룩했다. 우선 제국은  외면적인 정치적 통일을 이루었고, 그때 그리스도를 통해서는 내면적인 정신적 통일성이 세워졌으며, 이때부터 이념, 종교, 정신, 문화의 통일성이 이루어졌던 것이다.[148] 기독교는 오랫동안 박해를 받았지만, 결국 로마제국에 의해 공인되었고(313), 나아가서는 로마의 제국종교였던 황제숭배교를 극복하고서 로마의 국교로 되었다(380). 랑케에게 이러한 과정은 인간 속에 있는 신성(神性)이 처음에는 여러 민족들의 신들에 의해, 또한 황제숭배교에 의해 각각으로 분리된 채 사고되는 가운데 망각되기도 했었으나, 그리스도와 함께 보편적 신에 대한 의식을 통해 신성(神性)에 관한 관념들이 결국에는 현실적으로 통일되었다는 것을 의미한다.[149] 인간들이 자신들 속에 있는 보편적 신의 신성(神性)을 의식했을 때, 그들이 종교적으로 추구하는 이상적인 것은 보편적 이념으로 되었고, 그들의 종교는 인류 전체의 "세계종교"로 되었던 것이다. 이것이 랑케에게는 "기독교의 세계사적 행위"[150]이자, "세계사적 순간"이었다.[151] 그러므로 그는 세계종교로서의 기독교를 "세계사적인 창조적 산물들 중에서 가장 위대한 작품"[152]이라고 정의했다.

기독교의 등장에 관한 랑케의 견해에서 특별한 것은 그가 "기독교의 본질적인 것은 이전의 불완전했던 상태들을 통해 준비된 것이 아니며, 기독교는 하나의 갑작스럽게 나타난 신적(神的) 현상으로서 등장했다"[153]고 보았다는 점이다. 이러한 견해는 역사발전을 사건들의, 시대들의 연속성 속에서 관찰하고, 그 조건을 근거로 하여 해석하는 그에게서는 실로 비약적

---

147 Ebd., S. 7-8.
148 Hinrichs, a.a.O., S. 180.
149 Ebd., S. 174.
150 Ritter, a.a.O., S. 370.
151 Masur, a.a.O., S. 88.
152 랑케, 《근세사의 여러 시기들에 관하여》, 이상신 역, 62, 66쪽.
153 위의 책, 41쪽.

인 역사사고이며, 모순을 일으키는 것으로 보이기도 한다. 이 문제를 우리는 인간과 그리스도에 관한 그의 역사신학적 견해와 개체사상을 통해 알아볼 필요가 있겠다.

우선 랑케의 역사신학에서 근본 사상은 "인간 속에 있는 신성(die Göttlichkeit im Menschen)"에 대한 믿음이다. 즉 인간들에게는 신성(神性)이 근원적으로 부여되어 있다는 것이다. 힌리히스(Hinrichs)에 의하면 랑케에게 "그리스도에 대한 인간들의 믿음은 곧 인간들에게 머물러 왔던 신에 대한 믿음"이다. 그리하여 그는 "그리스도는 인간 속에 있는 신이며, 내가 그를 믿을 때, 나는 인간 속에 있는 신성을 믿는다"라고 확신하면서 "인간은 근원적으로 신적 본성을 지니고 있으며, 신성과 인간성은 동일하다는 계시로서 그리스도가 세상에 나타났다"고 말했다는 것이다.[154] 결국 그리스도가 랑케에게는 "신인적(神人的) 통일성(die gottmenschliche Einheit)"이 객관적으로 구체화되어 있는 역사적 개인이며, 보편적 인간의 근원적 이념을 지닌 존재이다. 요컨대 "인간들에게는 신성(神性)이 나타난다"[155]라는 랑케의 믿음은 인간적인 그리스도의 출현을 통해 현실적으로 입증된 것이다. 그러므로 그리스도는 결코 준비를 통해서가 아니라,인간의 의식 속에 보편적 인간의 본래적인 모습으로서 즉각적으로 출현했던 존재이다. 이러한 출현에서 그리스도는 육체를 갖춘, 신적인 것과 인간적인 것의 통일체로서 파악되며, 인간들은 그에게서 자신들의 최고의 본질을 발견한다. 그리하여 인간들은, 힌리히스에 의하면, 그를 통해 자신들의 정신적, 도덕적 생활을 만드는 기반인 "신에 대한 확고한 의식"을 얻었으며, 이 의식은 바로 당시의 문화세계에서 확보된 신의 개념이었다.[156] 이 의식은 유태교로부터 전승된 기반 외에는 어떠한 다른 종교들을 통해 준비된 것이 아니라, 인간들에게 근원적으로 부여되어 있는 신성이 그리스도의 출현을 통해 새로

154 Hinrichs, a.a.O., S. 154.

155 Ranke, *SW. 53/54*, Tagebuchblätter, S. 570; Ritter, a.a.O., S. 371.

156 Hinrichs, a.a.O., S. 243.

이, "직접적으로 각성된" 것이다.

다음으로 랑케의 만유재신론(萬有在神論, Panentheismus)적 개체사상에서 보면, 그에게 "모든 시대는 신에 직접적으로 연결되어"있고, 모든 시대가 자체의 정신적 내용으로써 신에게 직접적으로 기여하는 것인 한, 어떤 시대도 다른 시대에 대한 단순한 이전 단계, 또는 후속 단계일 수 없다. 이것은 학문, 예술, 시문학 등의 창조적 정신들의 작품들에게서도, 개별적인 도덕적 또는 종교적 현존재에게서도 역시 마찬가지이다. 그에게 "그러한 작품들은 비록 해당 시대에 근거하지만, 본래적으로 창조적인 것은 선행했던 것과 후속하는 것으로부터 독립적이다."[157] 바로 이러한 의미에서 그는 "기독교의 본질적인 것은 이전의 불완전한 상태들을 통해 준비된 것이 아니며, 기독교는 하나의 갑작스러운 신적 현상으로서, 마치 창조적 정신의 위대한 작품들 일반이 직접적으로 계발(啓發)되었던 것과 같은 성격을 지니고 있다"[158]라고 말했던 것이다. 그에게는 그렇게 나타난 창조적 작품들이나 사건들 및 시대들은 각각의 독자성과 고유성을 지니고 있지만, 그렇다고 상호무관하지는 않다. 왜냐하면 그것들은 다같이 신에 직접 접해 있으므로, 다함께 작용공동체 속에 있기 때문이다.[159] 랑케에게 그것들은 다같이 정신적이고 도덕적인 힘들의 산물들로서 상호작용하면서 변화하고, 여기에서 새로운 정신적 발전이 일어나며, 이것은 "항상 보다 더 큰 내용과 보다 더 높은 의미와 보다 더 넓은 범위"를 확보해 나간다. 바로 여기에, 그가 〈강대세력들〉에서 말했듯이, "세계사의 비밀"이 있다.[160] 그 가장 큰 사례가 그에게는 바로 세계종교로서의 기독교의 등장과 전파이다.

이상에서 보면, 랑케가 기독교의 등장을 준비된 것이 아니라 갑작스럽게 나타난 신적 현상으로 보았던 것은 역사발전을 연속성 속에 파악하는

157 랑케, 《근세사의 여러 시기들에 관하여》, 이상신 역, 40쪽.

158 위의 책, S. 41.

159 Hinrichs, a.a.O., S. 172.

160 랑케, 〈강대세력들〉, 《강대세력들 · 정치대담 · 자서전》, 이상신 역, 102-103쪽.

그 자신의 태도와 결코 모순을 일으키지 않는다. 그는 특별하게 의미 있는 사건들이나 작품들이 일어나는 데 있어서 인간 정신의 자발성(Spontaneität)과 독자성을 중요시했다. 그에게 그것들의 생성과 표현은 본시 "인간 속에 있는 신성(神性)"의 출현처럼, 독자적이고 고유한 것이다. 요컨대 그러한 사건들이나 작품들의 생성에는 연속성과 복합성의 일반적 발전논리와 조건들을 넘어서는, 그것들 자체의 창조적인 힘의 자발성과 독자성이 작용하며, 그것들이 고유한 것일수록 어떠한 준비나 모방 없이도 일어나는 것이다. 그러한 작용이 없다면, 모든 사건들이나 작품들은 일반적인 법칙 속에 일어나는 것들일 뿐인 것으로 된다. 그런가 하면, 그러한 사건들이나 작품들은 그렇게 고유한 방식으로 일어나고 표현되면서도 보편적 이념과 부합될 때, 그것들은 세계사적인 것으로 된다. 여기에서 작용했던 자발성과 독자성은 그것들의 고유한 개체성을 발전시키고 "역사적 순간(historische Moment)을 형성한다." 그리고 바로 그 순간 속에 "세계사의 비밀"이 있다는 것은 그것이 인과 관계적으로나 논리적으로 규명될 수 없는 것이라는 의미이다.

랑케는 기독교의 생성을 "준비되지 않은" 즉각적인 것으로, 인간정신의 독창적인 근원적 현상으로 보면서도, 사실주의적인 역사가로서 이 종교가 세계종교로 되는 과정에서의 정치적, 문화적, 종교적, 인간적인 현실 조건들의 작용에도 주목했다. 그는 1세기에 로마가 정복사업을 완수했고, 2세기에는 세계문학이 발전했으며, 3세기에 로마법이 완성됨으로써 "하나의 거대한 민족들의 복합체"가 로마의 통일제국을 통해 형성되었다는 사실들을 세계종교의 이념이 각성될 수 있었던 조건들로 보았다.[161] 그 첫 번째 이유는, 만일 그러한 정치적 통일체가 없이 여러 민족들이 상이한 종교들을 갖고 있는 각각의 개체들로서 나란히 존속했더라면, 다수의 민족신(民族神)들만이 가능했었을 것이기 때문이다. 이 문제에 관하여 그는 "국

161 랑케, 《근세사의 여러 시기들에 관하여》, 이상신 역, 62쪽.

가가 먼저 존재해야만, 그다음에 교회가 출현한다"는 자신의 확신이 로마제국에서 기독교가 출현했던 사실을 통해 최고의 경지로 증명되었다고 보았다.[162] 두 번째 이유로서는 문화적으로 하나의 보편적 언어와 문학이 당시에 있었으므로 기독교는 보편적인 효력을 갖게 될 수 있었다는 것이다. 만일 기독교가 그리스도 자신이 말했던 시리아어(語)로 전도되었더라면, 기독교는 단지 하나의 특별한 종교로 간주되었을 뿐이었겠지만, 당시의 "세계언어(Weltsprache; Aram)"[163]로 전달됨으로써 인간들에게 다른 교양들과 마찬가지로 친근해졌다는 것이다. 그리고 종교적으로 로마가 모든 외국 민족들의 신들을 수용함으로써, 민족신들은 민족적 원리로서의 가치를 상실해 버리게 되었고, 이로써 기독교는 여러 민족종교들의 숭배(禮拜)들을 그만큼 쉽게 극복할 수 있었다는 것이다.[164]

랑케는 이러한 조건들 외에도 로마인들의 도덕적이고 인간적인 면을 기독교 전파에 기여했던 계기로서 또한 언급했다. 그에 의하면, 로마인들은 세계의 어떤 다른 민족들보다도 엄격한 도덕 개념을 갖고 있었으며, 우상을 숭배하는 다른 민족들에게서 인간을 제물로 삼는 신앙을 금지시켰던 사실에서 나타나듯이, "그들은 인간의 가치에 관해서 다른 어떤 민족들보다 더 높은 개념을 갖고 있었다". 이러한 점들에서 로마인들의 관념은 기독교적 관념과, 비록 완전하게는 아니지만, 일치하고 있었다. 그러했기 때문에 그들은 "기독교가 인간정신이 낳은 최대의 작품들에 해당된다는 사실을 곧바로 인식했으며, 이 인식은 세계종교의 전파에서 가장 강력한 지렛대들 중의 하나였다"[165]는 것이다. 결국 랑케는 로마제국의 세계적 통일체제, 보편적 문학과 결합되어 있었던 여러 민족들의 통일적인 공

162 위의 책, 63쪽.

163 위의 책, 63쪽. 여기에서 랑케가 당시의 "세계언어"라고 지칭한 언어는 기원 전후 시기에 근동 지역의 여러 민족들에게서 국제 공용어로 사용되었던 아람어(Aram)를 의미한다.

164 위의 책, 64쪽.

165 위의 책, 66쪽; Hinrichs, a.a.O., S. 171.

동체, 민족신들의 수용과 동시에 다신교 숭배(崇拜)들의 극복, 그리고 로마인들의 고유한 인간적, 도덕적인 성향 등이 모두 다 기독교가 다른 종교들에 대해 우월성을 갖게 되는 데 함께 작용함으로써, 기독교는 세계 종교로 될 수 있었던 것으로 보았다.[166] 물론 그러한 과정에서는 콘스탄티누스(Konstantinus)도 일정한 기여를 했지만, 랑케는 그의 정치적 관심들과는 별도로 이상의 4개의 작용요소들을 중요시했다.

### 교회와 국가의 분리

랑케는 기독교 교회의 설립근거와 그 과제에 관해서는 종교와 국가와의 관계 속에서, 즉 교회의 현실정치적 역할과 그 의미 속에서 설명했다. 그에게 국가는 자신이 통치하는, 일정한 지역에 살고 있는 인간들 사이의 관계를 담당하며, 그들에게만 공통적인 지역적, 민족적인 특별한 목표를 국가의 이념으로 설정하고, 이를 실현하고자 한다. 그런가 하면 종교는 국가와는 달리 신의 이념이자 모든 인간들에게 공통적인 목표인 보편적 이념을 모든 인류에게 전파하고 실현시키고자 한다. 이 사업을 위해 종교는 지상에 자신의 공동체를, "살아있는 대표기관"을 필요로 한다.[167] 그리하여 국가와는 다른 공동체로서 교회가 종교에 의해 설립된다. 이 교회는 신과 인간과의 관계를 담당하며, 개별 인간들을 민족과 국가 위에 있는 종교적 공동체에 결속시키면서 종교의 보편적 이념을 실현하고자 한다. 그러므로 기독교회는, 지역적, 민족적 교회가 아니라 인류의 교회여야 하는 것이다. 이것은 기독교 교회가 설립된 이래로, 비록 여러 가지 신조들을 대변하는 많은 교회들로 분열된 후에도, 계속 유지되고 있는 고유한 특성이다. 랑케에게 "교회의 정신은 전체 인류를 위해 절대적으로 가치가 있다. 그것은 보편적 정신이다. 그 자체의 성격에 있어서 적어도 모든 기독교 교회는 보

---

166 위의 책, 63-64쪽.

167 Ranke, *Die römischen Päpste*, I(SW. 37), S. 69

편적 교회이고자 한다."[168]

국가와 교회는 그러나 각각 자신들의 과제로부터 이탈하기도 한다. 랑케에게 우선, 국가는 자신의 특수한 개별적 이념을 추구하므로 그 기반인 일정한 지역을 넘어서서는 안 된다. 그럼에도 국가는 대립적인 세력들과의 투쟁 속에서 항상 권력을 확대시키고 다른 민족 및 국가들을 종속시키고자 한다. 그러할 때 국가는 "무력지배로 타락하거나 일방적인 외국인 혐오로 경직되어 버리는 위험"에 빠지게 되며,[169] 그렇게 "국가가 세계를 포괄하고자 할 때는, 국가의 이념은 몰락할 것이다."[170] 그러므로 랑케는 보편군주체제(Universalmonarchie)를 거부했다. 그에게 국가는 세계국가이고자 해서는 안된다. 그런가 하면 교회는 종교의 원리에 따라 보편교회(Universalkirche)이어야 한다. 그럼에도 교회는 보편적 이념을 추구하는 종교적 원리를 현실에 적용하여 "국가를 자기 속으로 동화시키고자 하는"성향을 지니고 있다. 그리고 교회에게는 "민족성들과 국가들의 근원적인 정당성을 자신과 나란히 인정하는 것이 어려운 일"이므로, 교회는 그들을 자신의 교리들에 종속시키고자 한다. 그러나 자신들의 원리들을 갖고 있는, 그 실현을 위해 절대적으로 자유가 필요한 민족 및 국가들은 "자신들에게 근원적으로 심어져 있는 정신의 능력과 내용을 교리들에 따라서 실현하는 것을 거부한다."[171] 그리하여 국가와 교회는 상호대립 및 투쟁하면서, 11-12세기의 서임권 투쟁에서 그러했듯이, 때로는 국가가 교회에, 때로는 교회가 국가에 예속되는 상황도 일어났다. 그러나 양자 사이의 우열은 결정되기 어렵다는 것이 랑케의 견해이다. 그에게 국가와 교회는 다같이 정신생활이며, "이 두 제도들은 지극히 다양한 변화들을 겪으면서 상호 침투, 제거, 또는 배제하고자 시도하면서도 결코 몰락하지 않으며, 결코 어느

---

168 랑케, 〈정치대담〉, 《강대세력들 · 정치대담 · 자서전》, 이상신 역, 157쪽.

169 Ranke, *Deutsche Geschichte im Zeitalter der Refomation*, I(SW. 1), Einleitung, S. 4.

170 랑케, 〈정치대담〉, 《강대세력들 · 정치대담 · 자서전》, 이상신 역, 157쪽.

171 Ranke, *Deutsche Geschichte im Zeitalter der Refomation*, I(SW. 1), Einleitung, S. 4.

한편이 다른 한편을 극복할 수 없다."[172]

그렇다고 양자가 상호 대립 또는 배제하고자만 할 때에는, 각자는 자신들의 과제를 효과적으로 수행할 수 없게 된다. 그렇다면, 양자사이에는 적절하고도 정당한 관계가 유지될 수 있도록 하는 원칙이 필요하다. 그것은 다름 아니라 교회와 국가의 분리이다. 국가는 인간들 사이의 관계를 담당하는 자체의 과제를 수행하는 데 있어서 때로는 무력을 사용하기도 하며, 다른 세력들을 종속시키거나 이들에 의존하기도 한다. 이와는 달리 교회는 신과 인간들과의 관계를 담당하는 자체의 과제를 수행하는 데 있어서 현실세력들로부터 자유로워야 한다. 랑케는 이것을 위한 원칙이 기독교가 이미 등장할 때 교회를 국가로부터 분리시킴으로써 마련되었으며, 그것은 기독교의 외부적 필요성에서였다고 보았다. 그에 의하면, 로마 황제는 모든 것은 자신으로부터 나온다고 주장함으로써 "국가와 종교를 결합"시켰던가 하면, 기독교는 모든 것을 정신적인 것의, 초지상적인 것의 진실로 파악하면서 "신에게 속하는 것을 황제에게 속하는 것으로부터 구분시켰다"는 것이며, 이로써 국가와 종교는 분리되었다는 것이다. 여기에서 그는, 사람들이 황제에게 헌신하는 것은 "굴종"이었지만, 기독교가 신자들에게 황제에 대한 헌신을 금지시켰던 것은 "해방의 한 행위"였다고 보았다.[173] 그는 특히, "기독교가 등장할 때 국가에 대립하여 하나의 분리된 성직자 신분(ein abgesonderter geisterlicher Stand)이 하나의 고유한 체제와 함께 형성되었다"는 사실을 중요시하면서, 이것은 "정치적 요소들로부터 종교의 해방"이었다고 보았으며, "교회와 국가의 이러한 분리 속에 기독교 시대들의 가장 위대한, 가장 결정적으로 유효한 고유성이 있다"[174]라고 정의했다. 양자의 분리가 그에게 이와 같이 중요한 것은 신과 인간들과의 관계를 담당

172 Ebd., Einleitung,, S. 4; 랑케, 〈정치대담〉, 《강대세력들·정치대담·자서전》, 이상신 역, 158쪽의 주 60참조; Ritter, S. 381.

173 Ranke, *Die römischen Päpste*, I(SW. 37), 1. Buch, Einleitung, S. 6.

174 Ebd., I, S. 8; Masur, a.a.O., S. 88; Ritter, a.a.O., S. 370.

하는 교회는 국가의 간섭을 받지 말아야 할 뿐만 아니라, 교회 자체도 세속 문제에, 즉 국가의 과제에 개입하는 것이 교회의 정신적인 고유한 작용에 해가되기 때문이다. 그러므로 그에게서는 "국가와 교회는 영원히 분리되어 있다 (…) 교회는 자신을 해칠 수 있는 모든 것을 멀리하고자 노력한다. 그러나 여기에서도 역시 교회의 작용에는 한계가 있다. 교회는 인간사(人間事)에 적극적인 방식으로는 어떠한 영향력도 갖고 있지 않다. 교회는 세속적인 작용에 관해 요구하는 바를 정신적 작용에서 잃어버린다. 국가의 건설에서 교회는 어떤 것도 직접적으로 창조하지는 말아야 한다."[175] 이것이 랑케에게는 "카이사르의 것은 카이사르에게로, 신(神)의 것은 신에게로" 라는 기독교의 근본 교리에 속하는 것이다. 그는 특히 이 교리를 교회와 국가의 분리를 확정지었던 근거로 보았다.

랑케는 이와 같이 국가와 교회의 분리를 당연한 원칙으로 인정했으며, 이것을 신학적으로 정당화하는데만 그치지 않고, 양자의 현실정치적 역할과 기능에 있어서도 그러해야만 하는 것으로 보았다. 즉, 그는, 양자의 그러한 분리를 통해서 서양의 역사는 역동적으로, 다양하게 발전할 수 있는 조건들 중의 하나가 세워졌다고 보았다. 다름 아니라 국가가 종교를 그 자체로서 인정한 것은 종교와 그 작용에 하나의 자유로운 길을 열어 준 것이며, 국가 역시 양자의 분리 원칙을 통해 비로소 자유로이 발전할 수 있게 되었다는 것이다. 그가, 루터는 "공권력(公權力, Obrigkeit) 개념을 종교적 관계로부터 해방시켜서 파악함으로써" "세속권력의 발전을 위한 새로운 기반을 제공했다"[176]고 보았던 것은 그러한 의미에서였다. 결국 그에게는 종교와 국가의 분리를 통해 "종교와 국가의 자유로운 발전이 가능했기 때문에, 서양 역사의 역동적이고 다양한 발전이 가능했던 것이다."[177]

랑케가 국가와 교회의 분리를 인정했다고 해서, 양자가 그에게서는 각

---

175 랑케, 〈정치대담〉, 《강대세력들 · 정치대담 · 자서전》, 이상신 역, 157쪽.

176 랑케, 《근세사의 여러 시기들에 관하여》, 이상신 역, 175쪽.

177 Vierhaus, a.a.O., S. 79.

각 별개적인 제도들이자 기관들로서 작용하는 것은 결코 아니다. 오히려 양자는 다같이 역사의 공동의 운반자들로서 공동의 작용관계 속에 있다. 그에게 교회는 국가가 세워진 후에 비로소 설립되었듯이, 국가의 보호 속에서 비로소 종교의 보편적 이념을 전파할 수 있다. 그리고 국가는 신의 사상이면서도 인간적인 것이고, 따라서 충동적 본능을 지니고 있는 한, 일탈할 수 있으므로, 교회에는 국가를 인도해야 하는 사명도 부과되는 것이다. 다시 말하자면 기독교 교회의 정신이 전체 인류에게 필요한 것인 한, 국가가 여기에서 예외로 될 수는 없는 것이다. 그런가 하면 국가는 위기에 봉착했을 때 종교의, 교회의 힘을 활용한다. 칼리프 제국(Kalifat)이 세계권력으로 등장하여 동방지역(Orient)을 포괄한 후, 서방(Occident)마저 공격했을 때, 프랑크 제국(Frank)은 기독교와 그 교회의 힘을 통해 자신을 방어할 수 있었으며, 또한 이로써 교회에 기독교 이념들이 유지될 수 있게 했다.[178] 나아가서 국가는 자기 지역의 안녕만을 도모하는 데 그치지 않고, 종교의 보편적 이념을 전파하는 교회의 사업과 그 발전에 기여할 때, 비로소 교회와 함께 역사의 쌍둥이 운반자로 되는 것이다. 이것은 아우구스티누스(Augustinus) 이래로 계승되고 있는 기독교 국가의 사명이다. 요컨대 양자는 서로를 필요로 하는 기관들이며, 따라서 공동의 작용 속에서 때로는 상호 협력 또는 견제하는 역할을 할 수 있다. 다만 랑케에게서 강조되고 있는 바는 이때의 상호작용이 결코 일방적 관심에 의해 "적극적인 방식"으로 되어서는 안 된다는 점이다. 양자가 각각의 독립성을 인정하면서 각자의 과제에 충실할 때, 그 관계는 이미 상호보호하고 견제 및 인도하는 역할을 수행하게 되는 것이다.

랑케는 기독교 교회가 자신을 국가로부터 분리시키면서, 내부적으로 자체의 체제를 갖추어 나갔던 중요한 역사적 국면들을 추적하면서 이에 관한 자신의 견해를 밝히기도 했다. 그에 의하면 기독교 교회는 출발하면

178 Ranke, *Weltgeschichte*, VII, Eingang, S. 14.

서부터 유태교로부터 몇 개의 요소들을 가져왔다. 성직자들(Geistlichen)과 속인들(Laien) 사이의 구별이 그러한 것이다. 유태교에서는 예배를 담당하는 특별한 부족, 즉 레위인들(Leviten)이 있었듯이, 기독교회에서도 성직자들은 민중(Laos)과는 달리 신의 선민(選民, Los Gottes: Klerus)으로서 간주되었다. 그러나 기독교 교회에서 특히 달랐던 점은 주교회의들(Synoden)과 공회의들(公會議, Konzilien)이 고유하게 형성되었다는 사실이다. 초기 교회의 시기에 이미 교구들(Gemeinde)이 형성되었고, 각 교구의 대표들인 주교들이 회합을 했으며, 여기에서 교의(教義, Dogma)에 관한 논쟁점들을 최종적으로 결정했다. 이 주교회의들은 처음에는 지역적 성격을 갖고 있었으나, 후일에는 보편적 공회의(Konzil)로, 즉 세계 여러 지역의 대표들이 합류했던 회의로 확대되었으며, 기독교 원리를 위한 보다 더 큰 대표권을 행사하게 되었다는 것이다.[179]

기독교 교회의 이러한 발전에서 랑케가 특히 의미를 부여하는 바는 "국가체제가 절대적인 체제를 갖추는 동안에, 교회에는 전혀 다른 현상이 등장했던 바, 특히 아래로부터의 자치행정과 자기결정이 그것이었으며, 이 현상은 모든 것을 종합하면서 거대한 국가와 나란히 하나의 독자적인 제국을 형성했다"[180]는 사실이다. 그리하여 종교적 공동체로서 기독교 교회는 국가와 함께 역사의 두 운반자로서, 전자는 정신적으로, 후자는 현실정치적으로 작용하게 되었다는 것이다. 랑케가 이와 같이 교회는 처음부터 자체의 제도들을 자치적, 민주적인 것으로 형성시켰고, 교리와 중요 문제들을 역시 그러한 방식으로 논의 및 결정해 나갔다는 사실을 중요시한 것은 다름 아니라 교회는 그렇게 함으로써 국가와 대등하게 설 수 있었다는 이유에서이다. 이것은 그가 역사에서 민주적 제도의 형성을 긍정적인 발전모습으로, 즉 그러한 제도들의 형성을 통해 각 영역들이 각자 자신들의 기능을 효과적으로 발휘할 수 있으며, 정당한 상호관계도 가능해지는 것

179 랑케, 《근세사의 여러 시기들에 관하여》, 이상신 역, 67쪽.
180 위의 책, 67쪽.

으로 인식하고 있었다는 것을 의미한다. 그는 다음으로 국가와 교회가 통일적인 체제를 이룩하는 계기를 마련했던 콘스탄티누스의 역할에 의미를 부여했다. 즉 그는 콘스탄티누스가 정치적 통치자로서 4세기 초에 자신의 관심에 따라 기독교를 수용한 후, 교회의 가장 높은 위치에서, 즉 "대외적인 주교"로서 활동하게 되었던 것은 로마제국이 정치적, 정신적 통일을 완벽하게 이룩했던 사실이라고 보았다.[181]

그러나 이 제국은, 랑케에 의하면, 그 후로 행정의 부패, 인구의 감소, 도덕의 몰락 등으로 기독교의 보편적 이념을 더 이상 전파할 능력을 상실해 버렸고, 그 대신에 그동안 전쟁들을 통해 로마인들과 접촉해왔던 게르만 민족들이 기독교의 세계화 사업을 담당하게 되었다. 그들은 라틴 민족들과 정치적, 종교적, 문화적으로 융합함으로써, 유럽은 10세기와 11세기까지에는 완전히 기독교화되었으며, 그 사이에 교회는 국가와 상호협력의 관계를 유지하면서 자신의 과제를 실현시켜 나갔다는 것이다. 교회가 오토(Otto)에게 신성로마제국 황제의 관을 부여했던 것(962)은 그 대표적인 사례이다.

### 교권과 제권의 대립 및 교권체제

그다음의 시기에서는 국가와 교회의 분리원칙이 무너졌다. 11세기 중엽에 교황 그레고리 7세(Gregor VII; Hildebrand)는, 세계를 인도하는 과제는 본시 교회에 속한다는 신념에서 자신이 모든 군주들의 최고 봉건적 통치자라고 주장하는 "키메라(chimär)적" 사상을 제기했다.[182] 그리고 교황권과 황제권 사이에는 카노사의 굴욕(1077)으로 상징되는 서임권 투쟁 시기(1077-1122)에 분쟁이 계속 되었다. 그 과정에서는 황제가 교황을 분사(憤死)시키거나 해임했던 경우들도 있었으나, 보름스(Worms) 회의(1122)에서는 양자가 화해를 이룩했으며, 결국 교황이 황제를 파문할 수 있게 되었

181 위의 책, 68쪽.

182 위의 책, 115쪽.

다. 그리고 수차례의 십자군 원정들은, 비록 실패했으나, 동방원정에 대한 충동을 지속시키면서, 기사도와 도시체제 및 교통망을 형성 및 확대시켰으며, 무엇보다도 교황권에게 확고한 우위성을 부여하는 결과를 가져왔다.[183] 그리하여 13세기에는 교황권의 영향 아래 정치와 성직제도 및 기사제도에서뿐만 아니라, 시문학과 예술 및 건축에서도 종교적 이념이 지배했고, 대학은 신학교와 다를 바 없는 기관으로 되었다. 요컨대 모든 영역들이 종교적 이념으로 통합되었다는 것이다.

랑케에게는 교황권을 정점으로 하여 형성된 그러한 모습이 장관스러운 것이었다. 그는 교황권을 "하나의 종교적·이상적인, 동시에 정치적·현실적인 세계권력(Weltmacht)"으로 파악했다. 즉 교황권이 그에게는 하나의 현실제도였다.[184] 이러한 인식을 이전의 역사가들은 하지 못했다. 그는, 교황권의 세계지배는 근원적으로 라틴 세계와 게르만 세계의 결합에 의해 형성된 유럽 공동체가 본시 그러한 방향을 갖추고 있었다는 사실에서 기원했다고 보았으며, 특히 11-13세기의 시기를 이른바 "교권체제(敎權體制, Hierarchie)의 시기"로 지칭했다. 그에게 유럽 기독교 민족들의 그러한 공동체는 하나의 전체로서, 하나의 국가 공동체로서 간주될 수 있었다.[185] 그러나 피어하우스에 의하면, 랑케가 그러한 유럽 공동체적인 국가형식의 교권체제를 곧 개별 국가체제와 동일한 것으로 간주했다고 볼 수는 없다는 것이다. 왜냐하면 가톨릭의 교권체제는 개별 국가에서와 같은 군주제적, 귀족제적 요소들과 결합되어 있지는 않았으며, 오히려 여러 가지 정치적 이념들을, 즉 예수회가 국민주권설을 배제하지 않았듯이, 공화주의적, 혁명적인 것도 자체의 목적을 위해 활용해왔기 때문이다.[186] 다시 말하자면, 교권체제는 종교적으로는 하나의 신조를 유럽 민족들에게 획일적으로 부

183 위의 책, 130쪽.

184 Srbik, *Geist und Geschichte*, I, S. 268.

185 랑케, 《근세사의 여러 시기들에 관하여》, 이상신 역, 130쪽.

186 Vierhaus, a.a.O., S. 157.

과했지만, 세속적으로는 여러 가지 이념들을 수용하면서 지배체제로서 군림했던 통일적인 공동체였다. 이러한 점에서 교권체제가 랑케에게는 교회와 여러 국가들을 교황의 우위권 아래 통합시킨 하나의 억압적인 체제이기도 했다. 그러므로 교황권이 개별 국가들의 정치적 이해관계와 다시금 상충하고 이들에게서 신앙의 자유가 각성될 때, 이 공동체의 통일성은 해체될 수밖에 없다. 그것은 시간문제일 뿐이었다.

랑케는 이 교권체제 시기에 전개되었던 교황권과 황제권 사이의 분열과 대립투쟁을 자신의 고유한 관점에서 "하나의 불행"으로 보지는 않았다.[187] 다름 아니라 그에게 그 투쟁은 사건들의 본성 속에 깊은 뿌리를 두고 있었고, 그러한 대립을 통해서 "유럽 정신"이 성숙해졌기 때문이다. 그는 국가와 교회 사이의 대립관계를 이스라엘 역사에서 사무엘(Samuel)과 사울(Saul)과의 관계와, 로마 역사에서 로물루스(Romulus)와 누마(Numa)와의 관계와 같은 것이라고 보았다. 로물루스는 초대 왕으로서 대외문제와 전쟁을 관장했던가 하면, 누마는 제 2대 왕으로서 신적 권리와 소유관계의 구분을 포함하는 정의의 문제를 담당했으므로, 그들은 로마 공동체의 2명의 수호자들(Schildhalter)로서 최고 권력을 차례로 대표했었다. 랑케는 그들 사이의 관계 속에서 중세의 교황권과 황제권 사이의 대립관계와 같은 것을 발견하면서 중세의 황제권(Imperium)과 성직권(Sacerdotium)은 로마에 의해 마련되었던 틀이며, 세속권력과 성직세력 사이의 대립은 고대 시기로부터 유래된 것으로서 "서양세계의 가장 두드러진 특성"이라고 보았다.[188] 이 "특성"이란 다름 아니라 두 세력의 대립관계가 유럽 역사의 발전에서 저해적인 요소가 아니라, 오히려 항상 상호보완과 견제를 통해 효소와 같은 작용을 했다는 의미이다. 그에 의하면, "종교권력과 세속권력은 가장 가깝게 접촉할 수 있고, 가장 긴밀한 공동체 속에 있을 수 있다. 양자가 완전하게 일치할 수 있는 것은 기껏해야 예외적인 방법으로, 그리고 짧은 기간 동안

187 랑케, 《근세사의 여러 시기들에 관하여》, 이상신 역, 114쪽.

188 Ranke, *Weltgeschichte*, VI, S. 64.

에서였을 뿐이다. 그때 이후로 모든 역사의 가장 중요한 계기들은 그들의 상호관계와 입장 속에 놓여 있다"[189]는 것이다.

랑케에게 기독교의 등장 이후 유럽 역사는 항상 국가와 교회와의 대립관계 속에 발전해 왔다. 이것은, 교회가 자체의 보편적 성격에서 "국가를 자기 속으로 동화되도록" 시도해 왔던가 하면, 국가는 자체의 본질에 있어서 "제한적인 체제"임에도 불구하고, 항상 권력을 팽창시키고자 하는 성향을 지니고 있기 때문이다. 그리하여 국가와 교회는 항상 대립해왔으며 단지 타협을 통해서만 일시적으로 조정될 수 있을 뿐이다.[190] 양자의 관계가 그러할 수밖에 없는 것은 랑케의 세계사에는 신의 보편적 이념을 지향하는 운동과 현실 국가의 발전을 지향하는 운동이 함께 전개되며, 교회와 국가는 두 운동을 각각으로 대표하는 기관들이기 때문이다.[191] 양자 사이에서 우열을 결정할 수는 없으며, 더욱이 어느 한 쪽이 우위를 독점할 수는 없다. 그렇다면, 양자는 각각의 독자적 운동을 인정 및 보호하면서 상호협력과 견제 속에 인류에게 필요한 가치들을 함께 추구할 때, 그 이원론적 발전은 세계사를 그만큼 더 풍부하고, 왕성하게 만드는 것이다. 랑케가 11세기와 12세기의 교황권과 황제권과의, 교회와 국가와의 대립투쟁과 분열을 불행으로 보아서는 안 된다고 말했던 것도 그러한 의미에서였다. 이러한 견해는 실로 그의 거시적이고도 깊은, 이원론적·변증법적 역사사고에서 나온 것이다.

다음으로 랑케는 14-15세기의 유럽 역사를 13세기까지 형성되었던 교권체제가, 즉 교회와 국가의 통일성이 해체되어갔던 시기로 보았다. 1303년에 프랑스의 미남왕 필립(Philipp der Schöne)이 교황을 습격하여 분사하도록 만들었고, 교황의 거주지를 아비뇽(Avignon)으로 지정함으로써 "교황의 바빌론 포로시기(1305-1378)"가 시작되었으며, 이어서 2명 또는 3

189 Ranke, *Die römischen Päpste* I(SW. 37), S. 8; Masur, a.a.O., S. 88.

190 Ritter, a.a.O., S. 381.

191 Masur, a.a.O., S. 91-92.

명의 교황들이 공존했던 "교회의 대분열(große Schisma, 1378-1417)"이 뒤따랐다. 이로써 교황권의 통일적 권위가 해체되었고, 이것은 유럽의 모든 영역에서 일반적 해체를 가져왔다. 그리하여 14-15세기 기간에 유럽에는 확고한 정치적 체제도, 종교적 체제도 존재하지 않았다. 그는 그러나 그러한 해체과정에서도 의미있는 변화들을 보았다. 즉 르네상스의 물결 속에 개인의 독자성과 민족성(Nationalität)에 대한 의식이 각성되었고, 군주제적 국가체제가 형성되는 경향 속에 성직자들은 국왕에 의존적인 존재로 되었다.[192] 그는 이러한 변화과정의 마지막 국면인 종교개혁에서 나타난 민족성은 프로테스탄티즘과 결합함으로써 유럽 민족국가들의 형성에 기여하면서 그 발전을 더욱 확고하게 만들었다고 보았다.[193]

### 종교와 교회의 역사적, 현실적 과제

랑케는 이와 같이 유럽 역사에서 16세기부터 중요한 작용요소로 나타났다고 파악한 민족성과 국가 및 교회와의 관계에 관한 자신의 견해를《종교개혁시대의 독일사》, 제1권의 입문에서 표명했다. "종교적 진실은 국가로 하여금 지상생활의 근원과 목표에 대해, 그리고 이웃들의 권리와 모든 민족들의 동포적 관계에 대해 계속 기억하도록 하기 위해 하나의 살아있는 대표기관을 가져야 한다. 그렇지 않으면 국가는 무력지배로 퇴화하고 일방적인 이방인 혐오로 경직되는 위험에 빠지게 된다. 그런가 하면, 민족적 발전의 자유는 종교적 원칙(Doktrin)을 위해 필요하다. 그렇지 않으면 그 원칙은 진실하게 파악되지도, 내면적으로 수용되지도 못할 것이다. 항상 반복적인 회의와 확신, 긍정과 부정, 탐구와 발견 없이는 어떠한 오류도 지양될 수 없을 것이고, 어떠한 보다 더 깊은 이해도 이루어질 수 없을 것이다. 그리고 교회도 역시 자신으로부터 벗어나는 독립적인 운동을 배제

192 랑케,《근세사의 여러 시기들에 관하여》, 이상신 역, 151-152쪽.

193 Ranke, *Deutsche Geschichte im Zeitalter der Refomation*, IV, 7. Buch, Einleitung, S. 3.

할 수 없다. 교회는 영혼을 죽이는, 파악되지 않은 교리들의 공허한 반복으로부터 벗어나서 자신을 유지하기 위해서는 정신들의 변화하는 욕구들을, 자체의 고유한 형식들의 변화가능성을 기억할 필요가 있다."[194]

랑케가 19세기 중엽에서 이와 같이 300여 년 전의 종교개혁시기를 서술하면서 표명한 바는 우선은, 가톨릭 교회의 권위와 신뢰가 르네상스 시기 이래로 몰락하면서 교회에 대한 회의와 불신이 일어났지만, 교회는 그래도 신의 대행기관으로서, 종교적 진실의 대변기관으로서 역사생활에 필요하다는 것을, 또한 교회는 국가가 무력적, 배타적인 길로 나아가지 않도록 인도해야 하는 것은 자체의 현실적 임무이자 과제라는 점을 재천명한 것이다. 이 주장은 국가와 교회는 분리되며, 교회는 인간사에 적극적으로 영향을 줄 수 없다는, 국가 건설에서 직접적으로 개입하지는 않는다는 그 자신의 견해[195]와 상충하는 것으로 보이기도 한다. 그러나 그것은 교회와 국가는 다같이 인간생활에서 "하나이자 동일한 정신"이 표현되고 있는 기관들로서 공동의 작용 관계 속에 있는 한, 양자는 비록 각자의 과제를 수행하지만, 상호무관 할 수 없으며, 오히려 상호보완의 공동작용을 한다는 점을 시인하는 견해이다. 그에게 교회는 국가에 직접적, 적극적으로 간섭하지는 않지만, 국가로 하여금 스스로 자신의 근원과 목표, 그리고 다른 국가들과의 동포적 관계를 항상 기억하도록 상기시켜 주고, 이로써 국가가 일탈하지 않도록 한다는 것이다. 이것은 교회의 현실정치적 과제이다. 이러한 점에서 국가와 교회의 분리원칙과 상호보완이라는 그의 견해는 결코 이율배반적인 것일 수 없는 것이다.

랑케의 이 입문에서 두 번째로 제시되고 있는 바는 종교적 원칙(Doktrin)의 진실을 파악하고 그것을 내면적으로 수용하기 위해서는 "민족적 발전

---

194 Ranke, *Deutsche Geschichte im Zeitalter der Reformation*, I, Einleitung, S. 4. Hinrichs, a.a.O., S. 175.

195 랑케, 〈정치대담〉, 《강대세력들·정치대담·자서전》, 이상신 역, 157쪽; 본서 V-2, 404쪽 주 175 참조.

의 자유"가 필요하다는 견해이다. 이것은 그가 교의(教義, Dogma)의 경직화 및 절대화와 함께 교회의 일탈적인 행위가 교권체제의 몰락을 가져왔던 사실을 상기시키면서, 절대화된 교의는 오용될 수 있으므로 이에 대한 끊임없는 회의와 확신, 긍정과 부정의 비판작업이 필요하다는, 즉 교회의 교리를 항상 새로이 정립하는 과제를 강조한 것이다. 이 과제를 위해 그에게 민족적 발전의 자유가 필요한 이유는 민족성이 근대 국가의 형성에 한 기반으로 작용함으로써 범유럽적이고 획일적인 교권체제의 문제점들을 극복하는 데에 기여했듯이, 앞으로도 그러한 역할을 할 수 있어야 하기 때문이다.

이 입문에서 세 번째로 제시된 바는 교회자체도 "정신의 변화하는 욕구들과 자체의 고유한 형식들의 변화가능성을 기억해야 한다"는 점이다. 이것은 교회가 종교의 보편적 이념을 실현하는 대행기관이지만, 현실적으로는 역사의 변화 속에 있으므로, 이 변화를 수용할 수 있어야 한다는 것이며, 결국 역사적 필연성이 있을 때에는 교회가 스스로 자신을 재정립하는 노력을 해야 한다는 견해의 표명이다.

랑케의 대표저작인 이 작품의 입문에서 제시된 이상의 3개의 주장들은 그에게서 항상 일관되고 있는 견해들이다. 그 중에서도 종교적 원칙(Doktrin)의 재정립을 위해 "민족적 발전의 자유"가 필요하다는 주장은 그가 14-15세기에 교권체제의 통일성이 해체되어 가면서 전개된 16세기부터의 역사를 관조하면서 보여준, 유럽 역사에 대한 한 차원 더 확대된 역사인식이다, 민족성은 초기 기독교 교회의 성립에서 국가로부터 교회의 분리에 관한, 그리고 중세 시기의 교회와 국가 사이의 대립투쟁에 관한 그의 논의들에서는 중요한 작용 요소로서 언급되지 않았다. 그러나 그는 유럽 역사가 국가와 교회의 이원적 관계 속에서 발전하던 차원을 넘어서 16세기부터는 "민족성"의 작용과 함께 새로운 형식으로 발전하게 되었던 모습을 인식했던 것이다. 그리하여 그는 민족성이 함께 작용했던 종교개혁 시기를 독일민족의 정치적, 사회적 발전에서 "가장 주목되는, 가장 결정적인 시기들 중의 하나"[196]로 보았다. 개혁운동이 일어나기 이전의 독일에는, 중앙국가도, 통일적인 민족의식도 없었지만, 종교개혁 시기에 독일민족은 자신의 가장 내면적인 통일성을, 독일정신을 가장 많이 표현했다.[197] 그리하여 독일 민족과 그 국가들은 프로테스탄트 교회의 성립과 프로테스탄티즘의 전파를 통해 중세적인 독일제국(신성로마제국)체제로부터 벗어났고, 또한 이 제국과 결합되어 있었던 종교적·세속적인 교권체제를 극복했던 것이다. 이러한 성과들은 종교개혁 운동에 독일민족의식이 결합하여 이룩한 결과들이다. 그에게 독일의 민족성 의식이 종교개혁 운동에서 기여했던 바는 민족(Nation)의 "가장 고유한 세계사적 업적"이었다.[198]

랑케가 이와 같이 민족성의 작용을 중요시했던 것은 그것이 억압적이었던, 더 이상 유효할 수 없었던 교권체제(Hierachie)를 해체시키는 데에 기여했고, 근대 국가들의 새로운 발전을 가능하게 했기 때문이다. 그는 루이 14세의 경우와 같은 국가의 절대주의 못지않게 11-13세기에서와 같은 교권체제의 절대주의에 대해 부정적이었다. 그는 자기 시대의 낭만주의자들이 국가와 교회가 통일성을 이루고 있었던 중세시기의 교권체제를 동경했던 것[199]과는 달리, 그 체제의 절대주의가 개별 국가들의 발전을 오히려 저해하는 억압적인 체제였다고 보았다. 왜냐하면 그에게 유럽 기독교 세계의 통일성은 오로지 동일한 신조 위에만 근거하는 것일 수는 없는 것이기 때문이다. 그는 민족성이 함께 작용했던 종교개혁을 통해 교회의 통일성이 무너졌지만, 그 대신에 유럽문화의 통일적인 발전이 들어서는 것을 보았고, 교회의 통일성이 상실한 것을 유럽 문화의 통일성이 확보해나갔던 모습을 발견했다.[200] 교권체제가 담당하던 교육사업의 위대한 유산을 유

---

196 Ranke, *Deutsche Geschichte im Zeitälter der Refomation*, IV, 7. Buch, Einleitung, S. 3. Vierhaus, a.a.O., S. 159.

197 Ranke, *SW. 53/54*, S. 53;랑케, 《강대세력들·정치대담·자서전》, 이상신 역, 257쪽.

198 Masur, a.a.O., S. 92.

199 Ebd., S. 91.

200 랑케, 《근세사의 여러 시기들에 관하여》, 이상신 역, 158-159쪽.

럽문화가 계승해 나갔던 것이 그러했다. 이것이 그에게는 이제 유럽 민족들의 공동체가 이른바 "유럽 국가들의 체제"를 형성하면서 더 이상 교회의 형식을 통해 묶여있지 않는 문화를 표현해 나가면서 보여준 모습이었다. 이러한 관계들에서 그는 낭만주의자들과는 달리 교권체제의 몰락을 슬퍼하지 않았던 것이다.[201] 오히려 그에게는 초기 기독교 교회의 원리와 교의를 새로이 진작시킨 프로테스탄티즘의 등장이 역사적이고 필연적인 것이었다. 그리고 그 여파로 반동종교개혁을 통해 가톨릭 교회도 새로이 정비될 수 있게 되었다. 그리하여 두 교회는 종교의 기능을 각각으로 회복시켜서 역사발전에 국가와 함께 다시금 기여하게 되었던 것이다.

이상에서 보면, 랑케에게는 신의 사상인 국가도, 신의 대변기관인 기독교회도 역시 역사의 생성과 변화의 법칙 아래에 있다. 기독교는 역사적으로 여러 신조들의 교회들과 그 거대한 경향성들을 통해 나타났던가 하면, 교회의 보편적 이념은 항상 개별 국가들의 특수한 현실적 이념들과의 논쟁들에 부딪쳐 왔다.[202] 요컨대 교회와 국가라는 두 제도들은 "그 깊이와 에너지에 있어서는 하나이자 동일한 정신생활"에 의해 표현되지만, 현실적으로는 항상 각각으로 변화를 겪어 왔다. 이것은 종교적 진실이 역사적으로 항상 동일하게 나타나지도, 완벽하게 파악되지도 않기 때문이다. 즉 그것은 여러 시대들과 민족들 및 국가들 속에서 여러 가지의 경향성들로 나타났으며, 또한 그렇게 다양하게 파악되어 왔다. 이러한 사실들은 교회가 역사의 생성과 변화 속에서 종교적 진실을 다양한 방식으로 대변하기 때문에 일어나는 것이다. 랑케가 "성서에는 언제인가는 한 사람의 목자(牧者)와 한 무리의 양들만이 있게 될 것이라는 잠언이 있지만, 그러나 지금까지 그것이 세계사의 지배적인 진행으로서 입증되지는 않았다"[203]라고 말했던 것은 그러한 의미에서이다. 요컨대 역사 자체가 생성변화하고 있고,

---

201 Masur. a.a.O., S. 93.

202 Hinrichs, a.a.O., S, 175.

203 랑케, 《근세사의 여러 시기들에 관하여》, 이상신 역, 39쪽.

교회가 현실세계의 그러한 변화들로부터 결코 독립적일 수 없는 한, 교회가 독점적으로 종교의 원리와 교의들을 불변적으로 해석하면서 주장할 수는 없는 것이다. 더욱이 그에게는 근본적으로 현실이, 즉 국가가 교회보다 먼저 실재하는 것이다. 그에게는, 정치적·사회적 질서의 영역에서는 시민권력이 교회권력보다 우위에 있고, 또한 종교권력보다 더 오래된 것이며, 게다가 신적 권력을 요구하는 것이다.[204] 그럼에도 교회가 종교적 교의들을 불변적으로 주장할 때, 이것은 교회가 자신의 실존조건인, 자신보다 선행하는 정치적·사회적 관계들에 개입하는 것으로 된다. 이것은 교회가 세속문제에 개입하는 것은 자체의 고유한 작용에 해가 된다는 랑케의 확신에 위배되는 일이다.[205] 그렇다고 교회가 국가의 일탈 현상과 교의(教義)의 오용을 방관할 수는 없다. 교회는 자신이 시대와 정신들의 변화 속에 서 있고, 자신도 변화하고 있다는 것을 인식하는 한, 자신의 교의를 항상 재정립해야 할뿐만 아니라 현실 정치적 과제들의 재정립에도 기여할 수 있어야 한다. 물론 이때 교회는 변화된 상황들을 종교와 국가의 원리 위에서 새로이 파악하되, 세속 문제들에 대해 관심을 표명하는 데 있어서는 자신의 작용경계를 지켜야만 한다. 그러한 한 교회는 자체의 본래의 과제에 충실하면서도 이미 현실개혁에 기여하게 되는 것이다.

랑케는 이러한 사례를 루터의 종교개혁 속에서 보았다. 루터는 이 개혁운동에 연계하여 일어났던 농민운동과 도시 하층민을 포함한 시민계층의 운동에 대해서는 적대적이었다. 왜냐하면 그에게는 정치체제와 사회구조를 변혁하고자 하는 그들의 요구와 시도가 비종교적인 것이기 때문이다. 그러므로 기존의 사회질서를 신의 뜻으로 보는 그는 그들의 요구와 시도를 지역 군주들과 결속하여 배제 및 저지했던 것이다. 랑케는 루터의 그러한 방향을 정당했던 것으로 보았다. 다름 아니라 그에게 루터는 개혁운동

---

204 Vierhaus, a.a.O., S. 80; Ranke, *SW. 53/54*, S. 707.

205 랑케, 〈정치대담〉, 《강대세력들·정치대담·자서전》, 이상신 역, 157쪽; Vierhaus, a.a.O., S. 80.

에서 근원적인 기독교를 소급하여 추구함으로써 종교를 의문에 부치지도, 그 기반을 벗어나지도 않았으며, 사회질서의 전체 구조를 파괴하지도 않으면서 기독교의 순수한 모습을 복구시켰기 때문이다. 그는 루터가 이와 같이 개혁운동을 종교생활에 국한시켰던 사실에 결정적인 의미를 부여했다. 왜냐하면 그에게 루터는 종교개혁 운동을 그렇게 주도함으로써 종교생활의 변혁을 이룩했거니와, 그 후로 독일의 정치체제가 교권체제를 벗어난 독자적인 체제로, 프로테스탄티즘이 독일 민족정신의 대변자로 되는데 기여했기 때문이다.[206] 그러므로 그는 루터를 "위대한 개혁자"이자 동시에 "가장 위대한 보수주의자들 중의 한 사람"[207]이라고 지칭했던 것이다.

랑케의 이러한 루터해석에 대해서는 피어하우스(Vierhaus)와 함께 몇 가지 의문들이 제기될 수 있겠다. 우선, 농민을 포함하는 시민계층의 요구를 적대시했던 루터를 랑케가 정당화한 것은 그 자신도 역시 그들의 바람을 부당한 것으로 보았던 것인가? 그러했다면 그것은, 기독교가 이슬람(Islam)과 다른 점은 기독교의 본질이 "대중적 성격"을 갖고 있다는 사실이라고 보았던 그 자신의 견해에 배반되지 않는가? 피어하우스에 의하면, 실제로 랑케는 기독교가 사회적 하층민들로서의 대중(Volk) 속에 기반을 굳히면서 출발했었고, 이러한 관계를 기독교회가 사랑의 계율에 기초된 자선활동을 통해 항상 유지해 왔으며, 중세에는 국가에 토지를 헌납하여 가난한 자들을 도왔으며, 승자(勝者)와 하층민을 연결시키고 사회의 모든 계층들을 신앙 속에 결합시켜 왔다는 사실들을 찬양했던 바, 랑케는 기독교의 그러한 "대중적 성격"을 사회혁명적인 것이라고 보지 않았다는 것이다. 그런가 하면 랑케에게는 몽타누스파(Montanus)로부터 재세례파(Wiedertäufer), 수평파(Levellers)에 이르기까지 급진적 개혁을 추구했던 모든 노력들은 사회혁명적인 것이었으며, 기독교에 대한 망상에서 나온 과도한

---

206 Vierhaus, a.a.O., S. 159.

207 Ranke, *Deutsche Geschichte im Zeitälter der Refomation*, IV(SW. 4), 7. Buch, Einleitung, S. 5.

해석이므로, 그는 그러한 운동들을 기독교의 본질로부터 벗어난 것으로 간주했다는 것이다.[208] 마찬가지로 그는 종교개혁운동에 연계하여 사회전반의 변혁을 도모했던 농민들과 상인계층의 운동들은 비종교적, 혁명적인 것이라고 보면서 거부적, 부정적이었다. 결국 그에게서는 역사생활에서의 개혁은 기존의 체제와 그 질서 속에서 부분적, 점진적으로 이루어지는 것이 바람직한 것이며, 그러할 때 성공적인 것으로 될 수 있는 것이다. 바로 그러한 형식의 종교개혁 운동은 독일 국가들이 독자적인 체제를 세우는 데도 기여했듯이, 다른 영역들에서의 변화도 가져올 수 있었다는 것을 확인하면서 그는 루터를 정당화했던 것이다. 루터가 그러한 변화를 처음부터 기대했던, 아니했던 간에 실제 역사는 그렇게 전개되었다.

그렇다면 우리는, 랑케가 농민들과 시민계층의 변화요구 형식과 방법을 거부했었지만, 그들의 변화요구 자체를 그 동기와 함께 근본적으로 거부했다고 볼 수는 없겠다. 아무리 랑케에게는 기존의 신분적 사회구조가 신적 질서에 따른 것이라 해도, 그가 역사는 항상 변화 속에 발전하고 있는 것으로 사고했던 한, 어떤 한 영역에서의 개혁요구만을 인정하고, 그것이 인정되지 않는 다른 어떤 영역이 있는 것으로 사고하지는 않았을 것이다. 그러했다면, 그는 자신의 역사사고를 모순 속에 빠뜨리게 된다. 오히려 그에게서는 억압적 지배체제에 대해 제기되고 있었던 기본적인 변혁요구들 자체는, 그것이 어느 영역에서 제기되던 간에, 근본적으로 부정될 수는 없는 것이다. 그가, 농민들이 "일반적인 인간 이해에 가까운 상태"를 넘어서지 않았다면, 그리고, 빈곤퇴치와 자유설교를 요구하는 수준에 머물렀다면, "법적인 진보의 의미있는 미래"를 만들 수 있었을 것이라고 보았던 것[209]은 그가 교회개혁을 요구하는 그들의 권리를 기본적으로는 인정했다

208 Vierhaus, a.a.O, S. 81. 랑케는 몽타누스가 자체적으로 나아가고 있는 인간적 상태들의 조용한 발전을 위해 과도한 종교적 개념을 거부했던 몽상가들의 첫 번째 인물이었다고 보았다.

209 Ebd., S. 162.

는 것을 의미한다. 그가 그들의 운동에 대해 부정적으로 되었던 것은 그들이 탄압을 받게 되자 "공적 질서"를 파기하는 경지로, 사회전복으로 나아갔기 때문이다. 이러한 점들에서 보면 그에게는 그들의 당시의 요구와 의도의 범위 및 정도가 수정 및 연기되어야 마땅한 것일 수는 있어도, 그들의 요구 자체가 전적으로 그들의 동기와 함께 인정될 수 없는, 근본적으로 폐기되어야 하는 것이었다고 볼 수는 없겠다.

이렇게 해석해 볼 때, 19세기에서 3세기 전의 종교개혁과 루터를 바라보고 있었던 랑케에게서는 자기 시대의 정치·사회적 운동들의 양상과 방법에 대해서 부분적으로는 거부적이지만, 그것들이 지향하고 있는 핵심적인 방향의 일정한 부분은 수용되고 있었다는 점이 발견된다. 그가 보았던 자기 시대의 정치적·사회적 개혁요구들이란 차별적인 신분제적 질서와 제한적·폐쇄적인 참정권을 보다 더 평등화적이고 민주적인 체제로 전환시키려는 바람들이었다. 그에게서는 민주적 제도가 생소한 것이 아니었다. 그는 기독교 교회가 성립 당시부터 이미 아래로부터의 자치적, 민주적인 행정제도와 자기 결정의 형식을 갖추어 나갔으며, 기독교의 교의들(Dogmen)이 주교회의들, 나아가서는 공회의(公會議)들에서 대표들을 통해 결의될 수 있도록 했다는 사실을 긍정적인 발전으로 중요시했었다. 왜냐하면 그는 교회가 그러한 자치적이고 민주적인 제도와 체제를 갖춤으로써 자체의 독자성을 지키면서 당시의 거대한, 절대적인 국가체제와 대등하게 설 수 있었고, 결국 종교와 국가의 분리원칙을 지킬 수 있었다고 보았기 때문이다.[210] 그는 이러한 견해를 종교개혁시기의 프로테스탄트 교회들에 대해서도 적용시켰다. 즉 그는 가톨릭 교회와 결속한 프랑스의 국가권력에 대항했던 프랑스의, 그리고 국교회와 결속한 영국의 국가권력에 대립했던 스코틀랜드의 프로테스탄트 교회들은 "민주적 기초"위에 세워졌으며, 이러한 모습 속에 프로테스탄트 교회는 "엄청난 세계사적 중요성"을

210 랑케, 《근세사의 여러 시기들에 관하여》, 이상신 역, 67쪽; 본서 V-2, 406쪽 주 180 참조.

확보했었다고 보았다.[211]

요컨대, 랑케는 종교생활에서도 민주적 제도와 체제의 형성을 긍정적이고 발전적인 것으로 보았다. 그에게 그러한 제도와 체제는 자체 내의 다양한 견해들을 존중하고 수용하는 형식이며, 이를 통해 교회는 자체 내의 역량을 증대시킬 수 있을 뿐만 아니라, 다른 영역들과의 관계에서도 독자성을 지키면서 자체의 고유한 역사적 기능을 발휘할 수 있게 되는 것이다. 그의 역사인식에서 항상 중요한 개념으로 되고 있는 다양성은 바로 민주적 제도에 의해 더욱 보증되며, 종교생활에서도 그러한 것이다. 이러한 사고에서 그는 1840년대에 변혁을 시도하는, 또는 저지하는 운동들의 당파적 주장들이 타협과 조화 속에 단계적인 개혁으로 나아가기를 바랐다. 그리하여 3세기 전의 역사를 서술한《종교개혁사》에서 그는 단순한 보수주의자로서보다는, 역사의 변화적 발전을 인정하는, 기존 제도에 대한 개혁요구를 일정부분 수용하는, 요컨대 중도적 보수주의자로서의 입장을 보여주게 되었던 것이다.

랑케에게서 종교와 교회의 과제는 이상에서 논의된 바들로부터 다음과 같이 정리될 수 있겠다. 그에게 종교는 모든 인간들에게 공통적인 목표들을 추구하며, 보편적 이념을 실현 및 전파시키는 것을 과제로 삼고 있다. 그러므로 종교의 현실 대표기관인 교회는 보편교회여야 하는 것이다. 그러나 교회는 국가가 먼저 존재함으로써 비로소 설립될 수 있는 기관이므로, 보편적 이념과는 다른, 개별적인 특수한 이념을 추구하는 국가의 보호뿐만 아니라 지배를 받을 수도 있게 된다. 이 지배관계를 벗어나기 위해 기독교회는 성립될 때부터 교회와 국가의 분리라는 원칙을 세웠던 것이다. 그러나 역사적으로 양자 사이에는 각각의 본질과 이념에서의 차이 때문에 항상 대립투쟁이 계속되어 왔다. 랑케가 그러한 대립투쟁을 불행으로만 보지 않고, 오히려 유럽 정신이 성숙해 갔던 과정으로, 특히 유

211 Vierhaus, a.a.O., S. 82; Ranke, *Deutsche Geschichte im Zeitalter der Refomation*, II (SW. 2), S. 342.

럽 역사의 특징적인 발전양식으로 보았던 것은 역사발전에 대한 그의 이원론적, 변증법적 사고에서였다. 그에게 국가는 세계적인 보편군주체제(Universalmonarchie)로 되어서는 안 되듯이, 교회 역시 교권체제와 같은 현실적인 세계권력(Weltmacht)이고자 해서는 안 되며, 인류의 보편적 이념을 추구하는 종교의 원리에 따라 보편교회(Universalkirche)여야 한다. 국가와 교회는 각 이념의 성격과 활동범위에 있어서 구분되지만, 양자가 별개적인 기관들일 수는 없다. 오히려 양자는 다같이 "하나이자 동일한" 인간정신에 의해 세워진 기관들로서, 역사 속에서 신의 뜻을 전파시키는 데 다함께 협력하는 쌍둥이 세력들로서 공동의 작용관계 속에 있다. 교회는 종교적 원리에 있어서 국가의, 즉 세속적인 과제에 개입해서는 안되지만, 현실적으로는 이미 국가의 업무에 일정한 범위와 정도로 연관되어 있다. 교회가 항상 약자를 보호하는 편에 서왔고, 빈자를 위한 자선사업을, "학문과 예술을 결합시키는" 역할을 해왔던 것이 그러하다. 특히 중세의 교회는 고대의 기록들과 기념물들을 보존시키고, 그것들의 내용과 가치를 새로운 것과 연관시켜서 계속 전승될 수 있도록 하여 문화의 계승과 전파에도 기여해왔다.[212] 국가의 과제들이기도 하는 이러한 사업들을 교회는 이미 수행해 왔거니와, 나아가서 국가로 하여금 배타적인 무력으로 되지 않도록 그 자체의 본래의 과제를 항상 상기시켜 주어야 한다. 그러므로 교회에는, 국가이념이 강조됨으로써 게르만적 요소인 개인의 권리가 소멸되는 경우나, 개인의 권리가 강조되어 모든 것이 사적(私的) 관계로 되어 버리는 위험이 있을 때, 국가이념과 개인권리와의 관계를 제3자로서 조정하는 임무가 부여된다.[213] 교회의 이러한 역할들은 모두 다 교회의 역사적, 현실적 과제들에 속한다.

교회는 이를 얼마나 성공적으로 수행할 수 있는가? 랑케에게 모든 민족

212 Ranke, *Weltgeschichte*, VII, Eingang, S, 14.
213 랑케, 《근세사의 여러 시기들에 관하여》, 이상신 역, 87쪽.

들과 인류 속에는 구성원들을 종교적으로 결속시키는 성향이 있고, 종교적 신념들은 구성원들의 사회적 차이와는 관계를 갖지 않는 "가장 깊은 공동감정(das tiefste Gemeingefühl)"을 근거로 하고 있다.[214] 이것은 랑케의 근본 견해이다. 요컨대 종교적 운동은 모든 신분들 및 계급들에서 일어날 수 있고, 공감과 공명의 반향을 발견할 수 있다. 여기에서 주목되어야 할 바는 랑케에게는 종교적 운동의 동기가 종교적 공동체의 외면적 형식들에 작용하여 정치적, 사회적 영역으로 나아갈 때는 부정적인 것인가 하면, 그것이 교회체제와 신앙형식에 국한될 때는 긍정적인 것이라는 점이다. 종교개혁의 과정에서 실제로 그러했다. 그러므로 교회가 역사적, 현실적 과제를 수행하는 데 있어서는 자신의 기능과 역할의 범위와 경계를 의식해야만 하는 것이다. 근본적으로 교회는, 역사가 항상 새로운 생성과 변화 속에 진행되고 있으므로, 자체의 종교적 교의를 절대화, 경직화시켜서는 안 되고, 오히려 항상 새로이 정립시켜야 하며, 여기에는 초기 기독교회가 그러했듯이 자주적, 독자적으로 될 수 있는 민주적 기초도 항상 새로이 다져야 할 필요가 있는 것이다. 그러할 때 종교와 교회는 인간들의 정신생활에서 인도적(引導的), 치유적 기능을 다 할 수 있는 것이며, 이때의 그 역할은 결코 개입이나 간섭처럼 직접적, 적극적인 것이 아니라, 국가와 교회의 분리원칙을 지키면서, 어디까지나 교리적, 간접적으로 행해져야만 한다. 이러한 점에서 랑케는 자기 시대의, 19세기의 교회가 자체의 본질보다는 국가이념에 더 많이 따르고 있는 모습을 비판적으로 보았다.[215]

왜냐하면 랑케에게 교회는 인류에게 공통적인 보편적 이념을 추구하는 보편교회이어야 하기 때문이다. 이 개념은 인류문명의 재조정 역할을 "보편교회(Universal Church)"에게 기대하게 되었던 후일의 토인비(Toynbee)에게 계승되고 있다. 랑케에게 신은 역사에 개입하지 않으며, 역사는 어디

214 Ranke, *Die römischen Päpste*, I(SW. 37), S. 88; Vierhaus, a.a.O., S. 158.
215 랑케, 《근세사의 여러 시기들에 관하여》, 이상신 역, 87-88쪽.

까지나 “신인적(神人的) 통일성(die gottmenschliche Einheit)”을 지닌 인간들에 의해 만들어지고 있다. 그러므로 역사 속에는 항상 신의 뜻이 함께 있으며, 결국 역사현실은 신적 현상으로 된다. 그러나 “신인적(神人的)”인 인간들은 신에게 책임을 지는 존재들이지만, 또한 악마적인 힘들에 의해 추진되면서 신 앞에서 자유롭기도 하는 존재들이다.[216] 그러므로 역사발전은 지역적·민족적, 일시적·경향적인 이념들에 의해 추진되기도 하면서 때로는 침체와 후퇴를, 재난과 몰락을 겪기도 한다. 그러한 한 종교의 보편적 이념은 항상 살아있어야 하고, 보편교회를 통해 추구되어야 하는 것이다. 랑케에게 기독교회는 보편교회로서 그러한 역할을 해왔다. 그리하여 그에게서는 보편종교의 원리와 그 교회가 국가와 함께 역사의 중요한 운반자가 된다.

## 3. 랑케의 문화관

랑케의 역사 작품들에서는 국가와 종교 및 교회의 발전과 그들 사이의 관계들이 역사의 주된 흐름으로서, 그리고 양적으로도 가장 큰 비중으로 서술되고 있다. 그런가 하면 그는 문화에 관해서는 비교적 적은 분량의 지면을 배당했지만, 정치적, 종교적 발전에 관한 서술에 이어서 항상 해당 시대의 예술, 시문학, 학문에 관한 서술을 추가했다. 그리하여 그의 역사서술에서는 문화관계가 항상 빠지지 않는, 역사발전의 한 중요한 내용으로 되어 있다. 문화에 관해 그는 체계적, 이론적으로 논의하지는 않았지만, 여러 곳에서 언급했던 바들에서 보면, 문화의 본질과 내용 및 그 역사적 역할과 또한 다른 영역들과의 관계에 관한 그의 깊은 사고가 파악된다. 그리고 문화가 그에게서는 국가가 궁극적으로 촉진시켜야 할 대상으로서, 근본적으로

---

216 Srbik, *Geist und Geschichte*, I, S. 240.

는 역사생활의 한 원리로서 사고되었다는 점이 발견된다.

랑케에게서는 문화라는 단어가 시문학, 예술, 학문, 사상 등의 정신활동과 그 자산들, 즉 좁은 의미의 문화로서만 사용되지는 않았다. 그에게 "문화라는 단어는 종교생활과 정치생활을, 법과 인간사회의 기반들을 포괄한다." 따라서 그에게서는 문화가 넓은 의미의 문화로서 사고되었다. 그리하여 그는 "문화의 본질을 하나의 개별 단어로서 표현한다는 것은 불완전할 뿐이다"[217]라고도 말했다. 그러므로 그는 문화의 개념을 생물학적, 민속학적인 또는 사회학적, 인류학적인 보조 가설들을 통해 설명하는 모든 시도들을 거부했다.[218] 왜냐하면 그에게 "문화의 근원들은 우리가 그 비밀을 해독할 수 없는 시대에 속해 있기" 때문이다. 그러나 그에게 분명한 것은 "문화의 발전은 믿을만한 전승을 남기고 있는 시대들의 가장 강력한 현상을 형성한다"[219]는 사실이다. 그리하여 그에게 문화는 역사생활의 모든 영역들에서 작용하는 하나의 힘이자, 그 성과들로서 모든 시대들을 관통하면서 가장 강력하게 전개되고 있는 현상으로 된다.[220]

### 역사의 시작과 문화: 문화와 문화세계

그렇다면, 문화의 발전으로서 역사는 어느 시점에서부터 서술될 수 있는가? 랑케에게 문화는 역사생활의 모든 영역들의 기반들을 포괄하는 것이므로, 적극적인 의미에 있어서는 역사생활을 가능하게 만들었던 기반이다.[221] 따라서 그에게 인류의 역사는 문화로부터, 문화와 함께 비로소 출발하는 것으로 된다. 그가 "민족들은 문자를 발명하기 전에 문화의 기원을 갖고 있었으며, 역사는 문자를 근거로 하여서만 비로소 증명된다"[222]라고

---

217 Ranke, *Weltgeschichte*, I, Vorrede, S. 4; Meinecke, "Ranke und Burckhardt", S. 111.

218 Masur, a.a.O., S. 109.

219 Ranke, *Weltgeschichte*, I, Vorrede, S. 4.

220 Ranke, *Deutsche Geschichte im Zeitalter der Refomation*, IV (SW. 4), 7. Buch, Einleitung, S. 4; Ranke, *Weltgeschichte*, I, Vorrede, S. 4. 본서 IV-3, 310쪽 주 162 참조.

221 Ritter, a.a.O., S. 388.

말했던 바에서 보면, 그는 문화의 일정한 기반이 형성됨으로써 비로소 인류의 이른바 역사시대가 시작되었던 것으로 보면서 그 계기를 문자의 발명 및 그 사용과 연계시켰던 것이다. 그에게 역사는 "모든 기념물들이 이해되고, 믿을만한 기록들이 남아있는 시기에서 비로소 시작된다."[223] 그러므로 그는 선사시대에 관해서는 서술하지 않았고, 기록으로 된 문헌들이 있는 시점에서부터 역사를 서술했다. 따라서 그에게 역사는 바로 그 시점부터 문화의 역사로서 출발했던 것으로 된다.

랑케가 역사에서 문화의 발전을 얼마나 중요시했던 가는 그가 자신의 각 작품에서 해당 시대와 민족 및 국가들에서의 문화적 상태와 그 작용에 관해, 그리고 의식적, 무의식적이었던 간에 문화의 육성과 그 전파에 특별하게 기여했던 인물들의 업적과 또한 그러한 국면들의 역사적 의미에 관해 항상 언급했다는 사실에서 나타난다. 그러한 서술은 그가 역사발전을 그 전체적인 의미에 있어서 문화의 발전과정으로 보았다는 것을 의미한다. 그에게 그러한 발전 속에는 일정한 원리가 있다. 그에 의하면 "개별 민족들의 역사들을 포함하는 일반 역사에는 그 자체의 고유한 원리"가 있고, 그것은 "인류의 공동체적 삶의 원리(das Prinzip des gemeinschaftlichen Lebens des menschlichen Geschlechts)"이다. "이 원리는 민족들을 포괄하지만, 그것들 속으로 소멸하지는 않으며, 오히려 그것들을 지배한다. 이것을 우리는 문화세계(Kulturwelt)의 형성, 유지, 확산이라고 지칭할 수 있겠다."[224] 그리하여 그에게는 바로 그러한 과정에서 여러 민족 및 국가들이 "인류의 공동체적 삶의 원리"에 의해, 그것을 위해 이룩해 온 바가 다름 아닌 문화세계의 역사이며, 또한 세계사이기도 하다.

그렇다면 랑케에게서 문화세계란 무엇이며, 어떻게 형성되는가? 그에게 "문화세계는 종교와 국가, 그리고 이상(Ideal)을 추구하는 모든 힘들의

---

222 Ranke, *Weltgeschichte*, I, Vorrede, S. 3.

223 Ebd., S. 4.

224 Ranke, *Weltgeschichte*, VII, Eingang, S. 12.

자유스러운 발전(Entwicklung)을 포괄한다. 이 세계는 세대로부터 세대로 나아가면서 전파되고 증가되는, 인류의 가장 고귀한 유산과 자산을 형성한다. 이 세계는 일단 확보된, 다시는 소멸하지 않는 지식들, 여러 시기들에 걸쳐 전승되었고 전수받은 완성품들, 인간이 타고난 것들이지만 발전되기를, 분명한 의식에로 제고되기를 바라는 도덕성과 권리의 보편적 개념들 모두를 포괄하며, 인간 그 자체에게 명예가 되고 어울리는 바에 대한 공감(共感, Mitgefühl)이다." 그에게는 "이러한 기반 위에서 활동하는 것만이 문화세계에 속한다. 그리고 그 활동은 결코 분리된 노력이 아니라 정치와 전쟁 및 역사적 사실들을 만드는 모든 사건들과 불가분으로 결합되어 있다."[225]

이상에서 보면 랑케에게서 우선 문화활동은 학문과 예술뿐만 아니라 종교와 정치도 포함하는 모든 영역들에서 이상을 추구하는 모든 힘들의 활동이며, 그 성과들로서의 문화는 지식들과 완성된 작품들, 그리고 도덕성과 권리에 관한 보편적 개념들을 포함한다. 이로써 그에게서는 문화의 의미와 문화활동의 범위가 확대되었다. 그런가 하면 그의 문화의 역사는 제한된다. 즉 그것은 우선, 인류의 모든 사건들을 사실 그대로 포괄하는, 그것들 모두로써 구성되는 세계사가 아니라, 그의 문화의 개념에 따라 모든 영역들에서 이상을 추구하는 힘들의 활동, 곧 문화활동들의 역사이다. 그리하여 문화는 결국 국가 및 종교와 함께 역사발전의 거대한 흐름을 이룩하고 있는 하나의 운반자이다. 그러므로 그에게는 문화의 형성과 전파 및 확산에 관계되었던, 직접적으로이던 간접적으로이던, 인물들과 사건들의 역사적 역할과 의미가 파악 및 서술되어야 하는 것이다.

실제로 랑케는 서양 고대 시기의 역사적 인물들과 사건들을 그러한 관계 속에서 해석했다. 그에게 고대의 위대한 정복자들은 문화도 동시에 전파시켰던 사람들이다. "카이사르는 갈리아 지방을 소유하기 위해 정복했을 뿐만 아니라, 그곳을 동시에 로마화 및 문화화 시켰다." 다음으로 아우

225 Ebd., S. 13.

구스투스가 등장하여 정복사업을 통해 이룩했던 바는 서방을 위해 막대한 공적이었다. 다름 아니라, "아우구스투스는 스페인을 완전히 로마인들의 지배 아래 굴복시켰고, 갈리아 지방을 리옹(Lyon)으로부터 모든 방향으로 식민화시켰으며, 자신의 문화사업을 라인강(Rhein)강까지 확대시켰기 때문이다." 이어서 랑케는 "카이사르가 전쟁에서 수행했던 바는 어떤 누구에 의해서도 능가될 수 없는 것이었던가 하면, 아우구스투스가 완수했던 바는 보다 더 영속적인 것이었다"[226]고 언급함으로써 문화전파에 기여한 후자의 업적에 더 큰 의미를 부여했다.

카이사르와 아우구스투스에게는 아마도 문화전파보다는 자신들의 정치적 목적을 위한 군사적 정복이 더 중요했을 것이다. 따라서 그들은, 특히 전자는 문화전파를 처음부터 의식하지는 않았을 수도 있다. 그러나 랑케에게는 그들의 정복사업이 결국에는 고대 세계를 문화화시키는 사업으로 되었던 것이며, 고대 세계 전체가 그러한 과정을 통해 문화화 되었다는 사실이 세계사적으로 의미있는 국면이었다. 그에 의하면, "기원 1세기에서 가장 중요한 사건은 동방적·그리스적 문화가 로마에 수용되어 라틴문화와 통합되었고, 다음으로 이 문화가 서방으로 흘러들어갔으며, 그러므로 이 첫 번째 세기에 로마에 의해 정복되었던 모든 지방들이 문화지역으로 되었다는 사실이다. 그러한 정복이 독일에서 경계를 이루었다는 것은 하나의 행운이다. 로마인들의 정복이 없었다면, 우리는 문화에 관해 아무것도 몰랐을 것이다. 그 경계들 내에서 문화의 출현은 일찍이 있었던 가장 위대한 세계사적 사건이었다."[227]

이렇게 일단 형성된 문화가 랑케에게는, 역사생활이 문화와 함께 시작되었듯이, 역사발전 속에 항상 계승되면서 지속된다. 그는《종교개혁시대의 독일사》에서, "시대들의 변화 속에서 항상 중요한 것은 일단 획득된 문

226 랑케,《근세사의 여러 시기들에 관하여》, 이상신 역, 51-52쪽.
227 위의 책, 53쪽.

화의 기반은 손상없이 남아 있으며, 지나간 인류가 이룩한 본질적인 성과들은 한 세기로부터 다음 세기로 전수된다는 사실이다"[228]라고 말한 바 있거니와, 이와 동일한 의미의 견해를 말년의《세계사》에서도 밝혔다. "인류는 수세기들의 과정 속에서 물질적인, 그리고 사회적인 진보 속에 있는, 특히 종교적 발전 속에도 있는 자산을 확보해 왔다. 이 자산의 한 부분은, 말하자면 그 보석(das Juwel)은 시문학, 문학, 학문, 예술에서 창조적 정신이 이룩한 불멸의 작품들이다.이것들은 지역적 조건들 아래에서 생산되었지만, 보편적·인간적인 것을 대변한다. 여기에는 지역적 조건들로부터 분리될 수 없이, 옛 시기의 사건들과 형성물들 및 위대한 인간들에 대한 기억들이 함께 수반되어 있다. 한 세대는 이 기억들을 다음 세대에 전수시키며, 또한 이 기억들은 항상 새로이 보편적 기억 속으로 재생되어서 소생된다."[229]

그런가 하면, 랑케에게 민족 및 국가들이 일정한 발전을 이룩한 후에 몰락할 때에는 그들이 세웠던 문화세계도 부분적으로는 정복된다. 그리하여 문화도 역시 시대들과 민족 및 국가들에 따라서는 일시적인 침체와 부분적인 몰락을 겪기도 한다. 그는 "문화세계가 여기에 참여하지 않는 세력들로부터 끊임없이 공격과 위협을 받는다는 사실은 인간의 자연적 성격에 있어서 본질적으로 그러한 것"이며, 문화세계의 내부의 무력들이 상호 격렬한 대립에 빠지는 것도 마찬가지라고 보았다. 여기에서 그는 특히, "문화의 운반자들이 인간적 품위의 내면적 명령에, 도덕적 세계질서에 위배되는 행위들을 통해 공적(公的), 사적(私的) 생활에서 스스로 타락해 버리고, 자신들의 보편적 사명을 수행하기에는 쓸모없이 되어 버리는 현상들이 일어난다"고 언급하면서 로마제국의 몰락을 그러한 경우라고 보았다.[230] 이로써 그는 "창조적 소수자들(creativ Minorities)"이 창조성과 도덕성

---

228 Ranke, *Deutsche Geschichte im Zeitälter der Refomation*, IV, (SW. 4), 7. Buch, Einleitung, S. 4.

229 Ranke, *Weltgeschichte*, I, Vorrede, S. 6.

230 Ranke, *Weltgeschichte*, VII, Eingang, S. 13.

을 상실할 때, 문명은 몰락의 위기에 빠진다는 토인비(Toynbee)의 문명론에 앞서는 선구적인 사고를 일찍이 보여 주었다.

랑케에게 문화는 그러한 과정을, 즉 민족과 국가들이 몰락하고, 문화세계가 정복당하는 경우를 겪으면서도, 소멸되지는 않는다. 일단 이룩된 문화는 새로이 등장하는, 또는 계속 살아남는 민족 및 국가들에서 수용되고 계속 형성되어 나간다. "문화는 그 중심이 일단 형성된 곳에서 모든 방향으로 전파되는 성향을 갖고 있다."[231] 그에게 진정한 문화의 고유한 특성은 문화가 과거의 창조물들을 현재를 채우고 있는 자산으로서 간주한다는 데 있다.[232] 그리하여 그에게는 문화가 과거 역사생활에서 이룩된 "본질적인 결과들"로서, 현재를 채우고 있는 자산(Eigentum)으로서 시대들의 변화를 통해 다른 민족들에게로, 또한 다음 세기로 계승 및 전파되는 것은 문화 그 자체의 성격이다. 그러한 계승과 전파가 그에게는 "모든 시점에서 어떠한 정체도 없는 진보"의 형식으로 나아가고 있는 것은 아니지만, 분명한 것은 역사의 모든 발전에는 문화가 항상 함께 있다는 사실이다. 그러므로 그에게 문화는 연속성 속에 발전하고 있는 것으로 된다. 그것도 매우 강력한 모습으로 그러하다. 다름 아니라 그의 "문화의 발전은 믿을 수 있는 전승이 남아있는 시대들의 가장 강력한 현상을 형성한다"[233]라는 말은, 문화는 모든 시대들을 가장 강력하게 관통하며, 따라서 역사의 연속성을 가장 명확하게 보여준다는 의미이다. 그리하여 그에게서는, 마이네케에 의하면, "모든 유혈의 파괴들에서도, 여러 민족들의 숙명들이 교차하는 가운데에서도, 문화의 요소가 어떻게 유지되고 지속될 수 있었던가를 파악하는 것이 가장 고귀한 세계사적 문제로 되었다."[234] 그러므로 문화는 그의 역사작품에서 서술되어야 할 역사적 사실들을 선택해 주는 하나의 기준으로

---

231 랑케, 《근세사의 여러 시기들에 관하여》, 이상신 역, 42쪽.

232 Masur, a.a.O., S. 71.

233 Ranke, *Weltgeschichte*, I, Vorrede, S. 4.

234 Meinecke, "Ranke und Burckhardt", S. 112.

되는 것이다.

랑케에게 문화는 세기들의 변화 속에서도 항상 전파 및 전수되면서 일정한 역사적 작용과 역할을 한다. 그는 문화를 이념들(Ideen)이라고도 표현했던 바, 이것들에게서 바로 그러한 작용관계들이 명확하게 나타난다. 릿터(M. Ritter)에 의하면, 과거로부터 현재까지 "실제로 이룩된, 문화의 개념에 해당되는 자산(資産)들이 자신들의 정신적 초상(肖像, Abbild)을 발견하는 사상들"이 랑케에게서는 "객관적 이념들(die objektiven Ideen)"이다. 그리고 이미 이룩된 성과들은 자산으로서만 머물러 있지는 않으며, 오히려 "그것들은 지금까지 확보된 바를 방어 및 검토하고 완성 및 증대시키도록 자극하는 힘을 갖고 있는 바, 이 힘은 그러므로 이룩된 자산들에 관한 관념 외에도 앞으로 실현되어야 할 목적관념들(Zweckvorstellungen)을 불러일으킨다." 이 관념들이 랑케에게서는 "주관적 이념들(die subjektiven Ideen)"이다. 이 두 가지의 이념들은 다함께 개인들의 정신뿐만 아니라 집단적 개체들의 사상을 채우고, 앞으로의 목표를 실현하는 데 기여하면서 자신들의 활동을 결정한다.[235] 랑케는 이러한 사상들을 "이념들"이라는 표현 외에도 "경향성들(Tendenzen)"이라고도 지칭했다. 이 경향성들은 역사 속에 항상 새로이 등장하며, 이전에 나타났던 경향성들과 투쟁하면서 자신들을 완전하게 실현시키고자 한다. 예를 들면, 16·17세기에 가톨릭 신학체계와 프로테스탄트 신학체계가 대립하면서, 국가 및 교회세력들의 당파적 목적들이 등장했고, 이 경향성들이 각자 자신들의 실현을 위해 상호투쟁하는 가운데 역사가 전개되었다. 당시의 문화였던 그러한 경향성들이 이미 이룩된 자산으로서 작용했던가, 또는 추구되었던 목표로서 작용했던가에 따라서 그것들은 객관적, 또는 주관적 이념들로서 나타났던 것이다.[236] 그러므로 그에게서 문화는 객관적 이념들로서 이든, 주관적 이념들로서 이든, 개인들과 집단들의 사고와 행위에 의식적, 무의식적으로 자극을 주면서 작

235 Ritter, a.a.O., S. 386-387; Srbik, *Geist und Geschichte*, I, S. 258.
236 Ritter, a.a.O., S. 387.

용한다. 이것이 경향성 또는 이념으로서의 문화의 역사적 작용이며, 이 작용을 통해 문화는 연속성 속에 발전하고 있는 것이다.

그렇다고 문화가 랑케에게서는 역사발전에서 주도적으로 작용하지는 않으며, 따라서 역사의 모든 것도 아니다. 그에 의하면, "첫눈에 잘 나타나는 바와 같이, 국가들과 민족들의 이와같은 우연적인 혼란의 폭풍들, 중첩적인 기습들, 잇따르는 결과들이 세계사를 보여주지는 않는다. 흔히 그렇게 회의스러운 문화의 촉진도 세계사의 유일한 내용은 아니다. 우리가 그것들의 발전 속에서 보는 것은 힘들이며, 그것도 생명을 불러일으키는 정신적인 창조적 힘들, 생(生) 그 자체이며, 우리가 그 힘들의 발전 속에서 알아보는 도덕적 에너지들이다."[237] 그의 이러한 역사사고에서는 역사가 항상 새로운 모습을 형성시키면서 전개되어 가는 것은 "민족들과 부족들이 자신들의 근원적인 권리와 억제될 수 없는 내면적인 것을 지니고 있기" 때문이다. 그에게 "역사발전은 결코 문화노력들만을 근거로 하지는 않는다. 그 발전은 전적으로 다른 종류의 충동들로부터, 특히 영토 소유욕과 우위권을 위해 상호 투쟁하는 민족들의 적대주의(Antagonismus)로부터도 일어난다. 항상 문화영역도 포괄하는 이러한 투쟁들 속에서 지배권을 위해 끊임없이 상호투쟁하는 역사적 세계세력들이 형성된다. 왜냐하면 여기에서 특수한 것은 보편적인 것을 통해 변형되지만, 또한 동시에 보편적인 것에 대립하여 자신을 주장하면서 반응하기 때문이다."[238] 요컨대 그에게 문화는 인류역사의 출발점이며 기반이지만, 모든 역사발전의 유일한 근거는 아니다.[239] 다시 말하자면, 그에게서는 문화가 세계사의 유일한 내용도, 결정적인 작용요소도 아니며, 독립적으로 발전할 수도 없다. 오히려 문화는 역사발전에서 작용하는 많은 요소들과의, 특히 민족 및 국가와 교회에 대

---

237 랑케, 〈강대세력들〉, 《강대세력들·정치대담·자서전》, 이상신 역, 102쪽.

238 위의 책, 102-103쪽. Ranke, *Weltgeschichte*, I. Bd., Vorrede, S. 5; Schieder, *Begegnungen mit der Geschichte*, S. 116.

239 Ranke, *Weltgechichte*, I, Vorrede, S. 5; Ritter, a.a.O., S. 388.

한 관계 속에서 형성되고 작용하면서 발전한다.

### 문화의 역사적 기능과 역할 : 민족 및 국가와 종교 및 교회에 대한 문화의 관계

그렇다면 그것들과 문화와의 관계는 어떠한가? 랑케에게서 국가는 자신의 이념과 목적을 실현시키는 데 필요한 권력과 독립성으로부터 출발한다. 한 국가는 경쟁자들과의 투쟁을 통해 독립성을 쟁취한다는 점에서, 이에 필요한 권력은 국가의 존재 근거이자 국가 그 자체이기도 하다.[240] 이 투쟁이 승리로 끝나면, 인간본성의 모든 평화욕구들이 가치를 발휘하게 되며, 이제 국가는 자신의 진정한 과제를 문화의 촉진 속에서 인식하게 된다.[241] 요컨대 랑케에게서는 국가가 독립성을 갖춘 후에 궁극적으로 추구해야할 바는 문화의 촉진이며, 이것이 그에게는 국가의 진정한 과제이다. 그러나 국가는 문화를 직접적으로 창조하지는 않으며, 문화자산의 생산과 평가활동은 구성원들의 몫이다. 그러면서도 국가는 문화를 보호하고 촉진시켜야 하므로, 결국 문화권력(Kulturmacht)으로서 모든 문화목적들과 그 운반자들에 대해 고유한 방법으로 관계한다.

그런가 하면 종교적 정신의 대변기관으로서 교회는 국가와는 달리 종교적 문화자산을 직접 창조하고 관리 및 발전시킨다. 이것은 교회가 비록 역사적으로 시대와 지역, 특히 국가와의 제약적인 관계 속에서 다양한 형식과 내용으로 등장하지만, 본질적으로는 초국가적인 종교적 기관이므로, 기본적으로 자체의 문화자산을 독자적으로 창조하기 때문이다.

그런가 하면 민족(Nation)은 자체의 고유한 정신을 갖고 있는 바, 이 "민족정신(Volksgeist)은 국가와 교회의 형성에서 나타날 뿐만 아니라, 언어와 시문학, 예술과 풍습에서 고유하게 표현되고 있으며, 때로는 그것의 가장 훌륭한 힘들은 학문영역에로 쏟아진다."[242] 랑케에게 민족의 이러한 고유

---

240 Ranke, *Zwölf Bücher preußischer Geschichte*, 3. und 4. Bd., (SW. 27/28), Einleitung, S. 4. 본서 V-1, 374쪽 주 81 참조.

241 Ritter, a.a.O., S. 381-382. 본서 V-1, 385쪽 주 123 참조.

242 Ranke, *Deutsche Geschichte im Zeitaler der Refomation,* 1(SW. 1), Bd., S. 4.

한 정신은 "비밀에 가득 찬, 무의식적인 존재"로서, 이성적인 것이라기보다는 감정적인 것, 근원적인 것이며, 따라서 해당 민족의 문화생활에서 이성적인 것보다 더 강력하고 지속적으로 작용한다. 이러한 점에서 민족은 결국 "자신의 권역에서 전개된 문화의 인간적인 운반자이다."[243]

이상에서 보면 랑케에게서 문화는 민족과 국가, 그리고 교회와 긴밀한 관계 속에서 작용한다. 문화는 자체의 형성과 발전에서 무엇보다도 민족성으로부터 근원적인 힘을 확보하며, 국가로부터는 자체의 모든 활동을 보장받는가 하면, 교회로부터는 신학적, 철학적 관념들을 제공받는다. 문화는 특히 위기에 봉착했을 때, 국가의 보호에 의존할 수밖에 없다. 서방세계가 칼리프 제국의 공격을 받았을 때, 문화가 프랑크 제국의 보호를 받으면서 유지될 수 있었던 것이 그러하다.[244] 그러므로 랑케는 혁명적 운동들이 지속되고 있던 시대를 살면서 군주권이 실패하면, 유럽의 문화는 기독교의 전통과 함께 결정적으로 위협받을 것이라는 위기의식에서, 국가권력이 정치집단들과 사회세력들을 제어할 수 있어야 한다고 주장했던 것이다. 그러할 때 비로소 문화가 연속성 속에 계속적으로 발전할 수 있기 때문이다. 요컨대 그에게는 "사회적 힘들과 정치당파들에 대한 국가 권력의 우위가 문화의 존속을 위한 전제조건"이다.[245] 이것은 단순히 보수적 사상에서 나온 결론이 아니라, 역사발전에서 문화와 국가 및 종교와의 복합적인 작용관계에 대한, 요컨대 역사발전의 깊은 구조적 관계에 대한 그의 인식에서 나온 것이다. 그러한 인식 위에서 그는 그동안에 이룩된, 자기 시대에 지속되고 있는 기독교 문화가 중단 없이 계속 발전할 수 있기를 염원했던 것이다.

이것은 랑케가 문화와 그 연속성이 역사발전에서는 그만큼 중요하고도

---

*Englische Geschichte*, I, S. 37; Ritter, a.a.O., S. 389.

243 Ritter, a.a.O., S. 389-390.

244 Ranke, *Weltgeschichte*, VII, Eingang, S. 14.

245 Vierhaus, "Ranke und die Anfänge der deutschen Geschichtswissenschaft," S. 23.

필요한 것이라고 인식하고 있었기 때문이다. 그에게 문화는 우선, 창조적 정신들이 이룩해 온 결실들이며, 문화적 작품들에는 항상 인간적인 것, 보편적인 것이 표현되어 있으므로, 이미 그 자체만으로서도 인류의 자산으로서 가치를 지니고 있다. 다음으로 문화는 과거생활이 남긴 화석(化石)처럼 단순히 잔존하고만 있지는 않으며, 국가와 종교에 일정하게 작용하면서 고유한 역할을 수행한다. 그는, 일찍이 로마가 통일적인 세계제국으로 발전하면서 두 개의 언어들로, 즉 그리스어와 라틴어로 서술되었던 보편적 문학을 형성시켰던 것은 로마의 창조적인 업적이었다고 보았던 바,[246] 그는 그렇게 형성되었던 당시의 보편문학이 그 보편언어와 함께 제국을 유지 및 발전시키는 데 기여했다고 보았던 것이다. 제국 내의 모든 민족들에게 유효한 보편법으로 완성되었던 로마법도 역시 그러한 역할을 했다.

랑케는 근대 국가들의 등장에서도 문화는 그들의 형성에 근원적인 힘으로서 작용했던 민족정신을 각성시키는 데 문학을 통해 기여했다고 보았다. 루이 14세 시기에 프랑스가 가장 일찍이 민족국가로서 강대세력으로 등장할 수 있었던 과정에서는 프랑스 아카데미를 "민족적 기관"으로 만들었던 리슐리외의 활동에 힘입으면서 형성되었던 프랑스문학이 기여했고, 나아가서는 당시의 유럽 문화를 지배하게 되었다는 것이다. "프랑스의 문학은 국가와 일치했으며, 국가가 패권을 확보하는 데 기여했다."[247] 독일에서는 민족정신이 18세기에 이르기까지도 16세기 이래로 형성되어 온 신학체계를 완성시키는 데 주로 나타났지만, 18세기 중엽부터는 시문학적 문학의 형성을 시도하게 되었으며, "이 문학은 더 이상 민족의 한 부분에만 머무르지 않고, 민족을 전체적으로 포괄했으며, 자체의 통일성을 처음으로 본래적으로 의식하도록 했다"는 것이다. 당시 분열된 민족에게서 자유로운 생(生)을 느끼지 못하고 있던 독일 사상가들과 작가들은 민족의 해방을 위해 정치적, 군사적으로 독일 민족을 엄청나게 감탄시켰던 프리

---

246 랑케, 《근세사의 여러 시기들에 관하여》, 이상신 역, 188쪽.
247 랑케, 〈강대세력들〉, 《강대세력들 · 정치대담 · 자서전》, 이상신 역, 40-41쪽.

드리히 2세에게서 사상적, 문학적으로 하나의 구심점을 발견했다. 그리하여 프리드리히는 자신이 독일 문학에 결합되어 있다는 것을 인식하지 못했지만, 독일 문학은 그를 통해 왕성해졌고, 결국 "그는 독일문학과 함께 있었다"[248]는 것이다.

랑케에게 문화는 종교에 대해서도 일정한 기여를 해왔으며, 종교가 담당했던 역할을 대신하기도 했다. 그는 우선 기독교가 세계종교로 확대되었던 데는 이 종교가 그리스도에게서 사용되었던 시리아어(語)를 통해서가 아니라 당시의 세계언어(Weltsprache, 아람어)를 통해 전도될 수 있었던 사실이 중요한 기여를 했다고 보았다.[249] 다음으로 그가 르네상스 시기와 종교개혁 시기에 가톨릭의 통일적인 교권체제가 무너지면서, 교회의 통일성 대신에 유럽 문화와 그 힘의 통일적인 발전이 들어섰고, 교권체제가 담당하던 교육사업의 위대한 유산을 문화가 계승했다고 파악했던 바,[250] 그러한 발전 역시 문화의 작용과 역할이었다. 그리하여 그는 유럽세계가 17세기에 비록 30년 전쟁을 통해 두 개의 당파들로 나뉘어졌지만, "서양 세계가 두 개의 가지들로 갈라진 하나의 나무처럼 여전히 하나의 통일체로 남을 수 있었던 것은 더 이상 교황권이 아니라 제도들과 문화의 공통성, 그리고 라틴 및 게르만 민족들의 상호작용을 근거로 했다"[251]고 보았다. 그러한 사실들이 그에게는 "유럽 국가들의 체제"라는 공동체가 형성됨으로써, 그 틀 속에서 문화가 자신의 역할을 수행하면서 보여 주었던 모습이었다. 문화의 이러한 기능을 확인하면서 그는 교권체제의 통일성이 몰락해갔던 사실에 대해 낭만주의자들과는 달리 슬퍼하지 않았던 것이다.

문화의 이러한 기능과 역할은 문화가 "주관적 이념"으로서 개인 정신이나 집단 정신에게 앞으로 실현되어야 할 일정한 목적관념들을 불러일으

---

248 위의 책, 75쪽.

249 랑케, 《근세사의 여러 시기들에 관하여》, 이상신 역, 63쪽; 본서 V-3, 400쪽 주 163 참조.

250 Masur, a.a.O., S. 93.

251 랑케, 《근세사의 여러 시기들에 관하여》, 이상신 역, 188쪽.

킴으로써 작용한다. 그리하여 문화는 국가가 항상 새로운 정신으로써 계속 형성 및 발전할 수 있도록 하는가 하면, 국가는 자체의 발전을 향한 근원적인 힘과 자극을 문화로부터 공급받는다. 그러므로 문화는 국가로부터 보호를 받기만 하는, 그리고 종교로부터는 정신적 관념들을 제공받기만 하는 수동적, 소극적 위치에만 있지는 않으며, 오히려 국가와 종교의 발전에 능동적, 적극적으로 작용하기도 한다. 랑케는 특히 문화와 국가 사이의 이러한 상호관계 속에서 건전한 문화의 모습을 보았으며, 결국 역사발전을 국가와 문화와의, 또한 종교와 문화와의 상호관계를 통해서도 파악했던 것이다. 특히 문화와 국가 사이의 상호기여관계에 대한 그의 확신은 그가 권력과 정신의 조화를 믿고 있었다는 것을 의미한다. 그러한 관계가 그에게는 역사의 조화 있는 발전을 가능하게 하는 것이며, 이것은 문화가 연속성 속에 발전하고 있을 때 더욱더 기대될 수 있고 효과적일 수 있는 것이다. 그러므로 문화세계의 유지와 확대가 그에게는 세계사의 고유한 과제이자 그의 관찰대상으로 되었던 것이다.

랑케는 문화가 연속성 속에 발전하고 있다고 파악했지만, 그렇다고 그 발전을, 이미 알아보았듯이, 진보의 과정으로 보지는 않았다. 그에게 모든 시대들은 신과의 직접성을 통해 각각의 고유한 가치를 지니고 있으므로, 역사의 전반적이고 직선적인 진보가 인정될 수 없다. 그에게서는 자연에 대한 지배를 포함하는 기술의 발전과 물질적 생활에서 발견되는 일정한 진보 외에는, 도덕이나 예술을 포함하는 정신생활에서의 진보는 인정되지 않는다. 그에게 문화는 일단 형성된 후에는 여러 방향으로 전파 및 확산되며 국가들의 발전과 몰락 속에서도 계속되고 있고, 이 계승은 문화의 지속적인 전개이며 전진이지만, 그렇다고 그것이 문화생활 전반에서의 진보를 의미하지는 않는다. 그에게는 시문학과 예술에서는 이미 고전고대(古典古代) 시기에 더 이상 능가될 수 없는 작품들이 생산되었다. 투키디데스의 역사서술은 "그 양식에 있어서 초월적인 것"이며, 플라톤은 "그 언어와 문체에 있어서, 그리고 전체적으로 그의 시문학적 표현에 있어서 비교될 수 없으므로", 그들을 능가할 수 있는 역사가나 철학자는 다시 나타날 수 없으며, 소포클레스(Sopokles) 이상의 비극작가도 나올 수 없다는 것이다.[252]

그렇다면 이러한 문화작품들은 어떻게 등장하는가? 랑케에게 문화활동은 역사생활에서의 여러 영역들과 결속되어 있고, 그러므로 문화는 여러 가지 요소들의 작용 속에서 형성되지만, 창조적 정신들은 그러한 관계들 속에 예속되어 있지 않고, 오히려 그 속에서도 독자적이며 자신들의 길을 추구한다. 그들의 작품들은 보편적인 것, 인간적인 것을 표현하는 것이면서도 일회적인 것이다.[253] 그에게 기독교의 등장은 그 이전의 불완전한 상황 속에서 준비된 것이 아니라, "돌연한", "갑작스러운", "신적" 현상이었듯이, 마찬가지로 문화에서도 천재적인 위대한 창조는 계시적인 성격을 지니고 나타나는 "돌연한 신적 현상"과 같은 것이며, "참으로 창조적인 것은 선행(先行)했던 것이나 후속(後續)하는 것에 좌우되지 않는다."[254] 결국 그는 시문학, 예술, 학문, 역사서술 등의 좁은 의미의 문화에서는, 즉 창조적 정신의 활동 영역에서는 전반적인 진보를 인정하지 않았다.

랑케에게서는 결국 창조적 정신들의 문화작품들은 상호 비교될 수 없는 각각의 고유한 성격과 가치를 지니고 있다. 이것은 개별적인 문화작품들의 범위를 넘어서서 각 시대 및 민족들의 문화적 성과들에서도 그러하다. 모든 민족 및 시대들이 각각의 역사적 단계들에서 당시의 시대정신이나 고유한 민족정신을 근거로 하여 이룩한 문화들은 고유한 개체적 현상들이다. 그것들은 그들이 각각 자신들의 문화적 본성을 최대한으로 실현시켜야 하는 문화목적(Kulturzweck)과 함께 이룩된 것들이다. 그들에게 처음부터 공동의 단일한 문화목적이 부과될 수는 없는 것이다. 그에 의하면, "프랑스 문학이 유럽을 지배하고 있을 때, 사람들은 세계 문학에 관해서는 이야기 하지 않았다. 유럽의 대부분의 중요한 민족들이 자신들의 고유

252 위의 책, 40-41쪽.

253 Masur, *Rankes Begriff der Weltgeschichte*, S. 116.

254 랑케, 《근세사의 여러 시기들에 관하여》, 이상신 역, 40쪽.

한 문학을 독립적으로, 흔히는 상호간의 대립 속에서 충분하게 발전시킨 후에야 비로소 세계 문학의 이념이 파악되었고, 표명 및 확산되었다"[255]는 것이다. 이어서 그는 "서로 다른 문학들이 자신들의 고유성을 혼합시키면서 융합시켜야 한다면, 그것은 단지 불쾌한 권태만을 제공할 것이다. (…) 모든 문학들의 연결은 각 문학의 독자성을 근거로 한다. 그것들은 하나의 문학이 다른 문학을 능가하지 않으면서, 그리고 그 본질을 침해하지 않으면서 비로소 왕성하게 계속해서 상호 접촉할 수 있다"는 것이며, "이러한 관계는 국가들의, 민족들의 경우에도 다르지 않다. 하나의 유일한 국가의 결정적인 적극적 지배는 다른 국가들에게 비운으로 될 것이다. 모든 국가들을 하나로 혼합시키는 것은 각자의 본질을 파괴할 것이다"[256]라고 부연했다.

랑케의 견해에서 보면, 여러 민족 및 국가들이 처음부터 보편적 문화목적을 설정할 수는 없다. 그렇게 한다면, 그 목적은 아마도 유일한 보편적 지배체제를 통해 가장 효과적으로 실현될 것이고, 개별 민족 및 국가들의 문화적 본질과 과제는 아예 실현될 수 없으며, 필요도 없게 될 것이다. 그것은 역사의 손실이다. 물론 문화는 보편적인 것, 인간적인 것을 표현하고 대변하므로, 보편적인 문화목적이 설정될 수도 있다. 그러나 그것에 대한 사고와 표현은 각 민족들의 고유한 민족정신과 역사적 조건들에 따라서 다양할 수 있다. 이 다양성은 문화를 풍부하게 만들어 주는 것이다. 그러므로 문화세계에게 보편적 문화목적이, 또한 개별민족에게도 특정한 문화목적이 처음부터 획일적으로 부과되어서는 안되며, 문화활동은 어디까지나 자발적이고 자유로워야 한다. 그렇지 못할 때는 다양성 속에 발전해야 하는 역사에 손실이 일어날 수밖에 없다. 이것은 인류가 이룩해 온 문화세계의 역사를 연구 및 해석하는 데 있어서도 마찬가지이다. 랑케에 의하면, "우리가 문화(Kultur) 또는 문명(Zivilisation)이라고 부르는 바에는 그 내

255 위의 책, 103쪽.

256 위의 책, 104쪽.

면적 발전의 가장 강력한 동기들의 하나가 있다. 그 발전에 우리가 하나의 특정한 목표(Ziel)를 부여하게 되면, 미래를 어둡게 만들고, 세계사적 운동의 무한한 의미를 잘못 인식하게 될 것이다."[257]

랑케의 문화에 관한 견해들에는 모순적으로 보이는 것도 있다. 그의, "민족들은 문자가 발명되기 전에 문화의 기원들을 갖고 있었으며, 역사는 문자를 근거로 하여서만 증명된다"[258]라는 말은 결국 역사는 문자가 사용되었던 문화로부터 출발한다는 것을 의미한다. 그런가 하면 그의 "문화의 촉진이 세계사의 유일한 내용은 아니다"[259]라는 말은 앞의 언급과 상충되는 것으로 보인다. 그러나 이 문제를 우리는 그가 문화를 좁은 의미에서 뿐만 아니라 넓은 의미로도 사고했다는 점을 고려하면서 숙고해 볼 필요가 있겠다. 즉 그는 전자의 표현에서는 넓은 의미의 문화를, 후자의 표현에서는 좁은 의미의 문화를 생각했던 것이다. 그에게 문화란 시문학, 예술, 학문 등의 정신활동과 그 성과들뿐만 아니라, 국가 및 종교생활과 물질생활의 활동 및 그 성과들로서의 자산도 포괄한다. 즉, 그에게서는 문화는 역사생활의 모든 영역들에서 이상적(理想的)인 것을 추구하는 힘으로서 "인류의 공동체적 삶의 원리"이며, 이것 위에 "인류 역사가 근거하고 있다."[260] 그러므로 문화는 역사 생활에서, 비록 주도적이지는 않지만, 일반적 목표로 된다. 그의 이러한 넓은 의미의 문화에는, 마이네케가 해석하듯이, 정신과 영혼이 추구하는 바와 같은, 또는 윤리적이고 도덕적인 면에서 이미 상대적으로 높은 단계의 생(生)을 유지하는 높은 수준의 문화가 있을 수 있는가 하면, 본능적이고 생존투쟁적인 생(生)의 단계에서 일어나는 바와 같은 낮은 수준의 문화가 있을 수 있다. 즉 국가생활은 보다 더 높은 단계의 정신적, 도덕적 생활을 지향하면서도, 독립성을 확보하기 위한 투쟁을 병행

257 Ranke, *Weltgeschichte*, I, Vorrede, S. 5.

258 Ebd., S. 3.

259 Ebd., S. 5. 본서, V-3, 431쪽 주 237 참조.

260 Ranke, *Weltgeschichte*, VII, Eingang, S. 12. 본서 V-3, 425쪽 주 224 참조. Ritter, a.a.O., S. 388.

시키고 있는 바, 이 권력투쟁은 정신적이고 창조적인 문화노력과는 다른, 생물학적이고 자연적인 성격도 지니고 있는 것이다. 그러므로 랑케에게서는 국가생활은 넓은 의미의 문화이면서도, 그 권력투쟁은 문화에 속하지 않는 것으로 된다.[261] 이러한 점은 분명히 그의 문화개념에서 혼선을 일으키는 것으로 보인다.

### 랑케와 칸트의 문화개념

그러나 이 문제는 역사의 복합적인 구조에 대한 랑케의 깊은 사고와 함께 다시금 숙고될 필요가 있다. 다름 아니라 그에게서는 역사생활 모두가 넓은 의미의 문화활동이거나 이것과 연관되어 있으므로, 권력투쟁이 비문화적인 의미로서만 구분되어서 이해될 수는 없겠다. 역사생활의 성과는 일반적으로 독일에서는 문화(Kultur)로, 서유럽에서는 문명(Zivilisation)으로 표현되어왔다. 이 양자를 구분하는 견해는 칸트에 의해 1784년에 제기되었다. 그에 의하면, 인간은 자신의 자연적 소질의 계발을 위해 자신을 "사회화(vergesellschaften)"하려는 성향을 갖고 있는가 하면, 또한 자신의 마음에따라 행동하는 "비사회적인(ungesellige)" 특성을 지니고 있으므로 자신을 "개별화(vereinzeln)"시키려는 성향도 동시에 갖고 있다. 그리하여 인간은 명예욕과 지배욕 및 소유욕에 따라 행동함으로써 사회의 도처에서 적대적인 저항에 부딪치고, 또한 불화를 불러일으킨다. 이 과정에서 인간은 자신이 수용하기도 어렵지만, 그러나 벗어날 수도 없는 동시대인들 속에서 일정한 위치를 확보해야만 한다. 이때에 "조야함으로부터 본래 인간의 사회적 가치 속에 있는 문화에로의 최초의 진정한 전진들"이 이루어지며, "병리적으로(pathologisch)" 뭉쳐진 공동감정을 사회를 위해 "하나의 도덕적 전체(ein moralisches Ganze)"로 바꿀 수 있는 사고방식의 기초가 세워진다는 것이다.[262] 이렇게 하여 인간들은 야만의 무법상태로부터 벗어나서 적대주

261 Meinecke, "Ranke und Burckhardt," S. 112.

의(Antagonismus)를 극복하는, 법이 지배하는 "시민사회"를, 나아가서는 민족들 및 국가들 사이에 평화와 안전이 보장받는 "국제연맹(Völkerbund)"을 세우고 "세계시민적 상태"를 이룩하게 된다는 것이다.[263]

칸트에게 역사발전의 이러한 진행은 인간의 모든 소질들이 실현되는 가운데 "합법적인 질서"로 나아가는 과정이고, 문화화(kultivieren)의 과정이며, 그 동력은 다름아닌 사회 속에서의 적대주의이다. 그에게는 이 적대주의가 사회를 파괴하려는 인간의 끊임없는 저항의 성향이면서도, 사회를 이룩하고자 하는 성향과 결합되어 있으므로 "비사회적 사회성(ungesellige Geselligkeit)"이다. 그에 의하면, "자연이 인간들의 모든 소질들을 실현시키기 위해 활용하는 수단은 사회 속에서의 그들의 적대주의이며, 이것은 결국 사회의 합법칙적인 질서의 원인으로 된다."[264] 결국 자연은 국가들 간의 적대주의에 의한 전쟁을 통해, 이에 따른 황폐화와 몰락을 거쳐 "국제연맹"을 세우도록 하므로, 적대주의는 "세계시민적 상태"를 이룩하게 되는 원인이자, 동력이기도 하다.

칸트에 의하면, 역사가 그러한 질서에 도달하기 위해서는 많은 시행착오를 겪게 된다. 여기에서 그가 제기하는 문제는 "우리는 예술과 학문을 통해 고도로 문화화(kultiviert)되었고, 여러 가지 사회적 예의범절(공손함과 단정함)을 위해 과도할 정도로 문명화(zivilisiert)되었지만, 우리가 이미 도덕화(moralisiert) 되었다고 보기에는 아직도 많은 것을 결여하고 있다"는 점이다. 그에 의하면, "문화에는 도덕성의 이념이 속해있다. 그러나 이 이념은 명예욕과 외면적 단정함에서 단지 예의범절에 유사한 것(Sittenähnliches)만을 지향하는 데 활용되고 있으며, 그러한 활용은 단지 문명화를 이룩할 뿐

---

262 Kant, "Idee zu einer allgemeinen Geschichte in weltbürgerlicher Absicht," in: Deutsche Geschichtsphilosophie, Ausgewählte Texte von Lessing bis Jaspers, hrsg. von Kurt Rossmann, München 1969, S. 117(Vierter Satz).; 칸트, 〈세계시민적 관점에서 본 보편사의 이념〉, 《칸트의 역사철학》, 이한구 역(서광사), 29쪽.

263 칸트, 〈제5 및 제7 명제〉, 《칸트의 역사철학》, 이한구 역, 31-37쪽.

264 위의 책, 29쪽.

이다." 또한 "국가들이 모든 힘을 공허하고 무력적인 확대정책들에만 쏟아붓고, 시민들의 내면적 교육을 위한 점진적인 노력을 끊임없이 저지하며, 그러한 의도의 모든 지원을 시민들에게 제공하지 않는 한, 도덕성에 관해서는 아무것도 기대할 수 없다. (…) 도덕적으로 선(善)한 신조 위에 근거하지 않는 모든 선(善)은 단지 외면적 모습이자 암울한 비참함에 불과하다. 인류는 내가 언급하는 바의 방법으로 국가관계들의 혼란스러운 상태로부터 벗어날 때까지는, 그러한 상태에 머무르게 될 것이다"라는 것이다.[265] 이로써 칸트는 독일에서 처음으로 "문화"라는 개념을 서유럽의 "문명"이라는 개념으로부터 구분시켰다.[266] 그에게 문명은 외면적, 사회적 관계에 관한 것인가 하면, 문화는 인간생활의 내면적이고 정신적인 것으로서, "도덕적 선(善)의 신조"를 근거로 하며, 인간의 "내면적 교육"에 기여하는 것이다.

칸트의 이러한 문화개념에서 본질적 사상은 랑케에게 계승되고 있다. 즉 칸트의, "문화에는 도덕성의 이념이 속해 있다"라는, "문화는 도덕적 신조에 근거한다"라는 사고와 랑케의, "문화세계는 (…) 도덕성과 권리의 보편적 개념들 모두를 포함한다"라는, "문화의 운반자들은 인간적 품위의 내면적 명령에, 도덕적 세계질서에 위배되는 행위들"을 해서는 안 된다라는 사고[267]는 다같이 문화의 본질적 요소를 도덕성으로 보고 있는 것이다. 요컨대 양자에게는 도덕성이 문화의 내재적 개념으로 되어 있다.

그리고 랑케에게서는 문화가, 이미 알아보았듯이, 정신생활뿐만 아니라 현실의 국가생활도 포함하는 넓은 의미로 이해되었다. 그에게서는 칸트가 지적하는 바의 "국가관계들의 혼란한 상태"도 역사발전에 기여하는 것으로 파악되고 있다. 다름 아니라 그러한 "혼란한 상태들"이 그에게는 역사발전에서 일어나는 필연적, 필수적인 과정이며, 바로 세계사적 문제

---

265 위의 책, 37쪽.

266 Meinecke, "Ranke und Burckhardt," S. 116.

267 Ranke, *Weltgeschichte*, VII, Eingang, S. 13..

들을 형성시키는 것들이다. 새로운 문화의 요소들은 몰락과 파괴들의 한 가운데에서 일어나고 있다. 이러한 점에서 랑케의, "역사발전은 (…) 영토 소유욕과 우위권을 위해 상호투쟁하는 민족들의 적대주의로부터도 일어난다"[268]라는 견해에는 민족들 사이의 적대주의가 세계시민적 질서를 세우는 동기라고 보았던 칸트의 역사사고가 계승되고 있다. 양자는 다같이 변증법적이며, "전쟁은 모든 사건들의 아버지이고, 모든 것의 왕(王)이다. (…) 전쟁은 인간들을 노예로 만드는가 하면, 또 한편으로는 자유인들로 만든다"라는 헤라클레이토스(Heraklitos)적 사고를 계승하고 있다.[269]

그러나 역사발전에 관한 랑케와 칸트의 이러한 공통적인 사고가 문화에 관해서는 차이점을 보여주고 있다. 다름 아니라 랑케에게서는 국가생활에 문화가 내면화되어 있으므로, 문화와 문화노력이 국가생활, 특히 그 권력활동과 완전히 구분되어서 일어나는 것이 아니다. 그는, 이미 알아보았듯이, 국가권력 자체 속에서 정신적 요소를 인식하고 있었으며, 나아가서 국가를 정신화시켰다.[270] 따라서 그에게서는 권력투쟁은 바로 그 정신적 요소를 매개로 하여 문화노력들과 친근한 관계 속에 있는 것이다. 그에게 국가의 권력은 문화의 보호와 촉진에 기여할 수 있도록 되어야 하며, "이념들"로 채워져야 한다[271]는 점에서 특히 그러하다. 이 이념들이란 그에게서 종종 문화의 의미로 표현되고 있는 단어이다. 그러므로 이념들로 채워진 권력에는 이미 문화가 내면화되어 있다. 이러한 점에서 국가는 문화권력이며, 국가의 정치생활과 권력투쟁도 역시 문화생활을 위한 노력을 내포하고 있는 것이다. 결국 그에게서는 국가생활의 높고 낮은 수준의 모든 단계들이 문화화의 과정에 포함된다. 그는 인간의 정신과 영혼이 추

---

268 랑케, 〈강대세력들〉, 《강대세력들·정치대담·자서전》, 이상신 역, 102쪽.

269 Hermann Diels, *Die Fragment der Vorsokratiker*, Hamburg 1957, S. 27(Fragment 53); 본서 V-1, 383쪽 주 114 참조.

270 Meinecke, "Rankes 'Politisches Gespräch'," S. 79; 본서 V-1, 367쪽 주 51 참조.

271 Ranke, *Die römischen Päpste II*, S. 120; *Französùsche Geschichte*, I, S. 215; Ritter, a.a.O., S. 381-2.

구하는 최고의 경지에서부터, 즉 종교, 예술, 학문에서부터 국가의 정치생활은 물론 일상의 수공업과 농업 및 무역에 이르기까지 인간을 품위있게, 더욱 세련되게 만드는, 이상적인 것을 추구하는 모든 것을 문화라는 단일한 개념으로 통합하여 파악했던 것이다. 이것은 그의 역사사고의 실로 고유한, 위대한 결실이다.[272] 이로써 그는 역사에 대한 칸트의 도덕주의적 사고를 넘어서 문화(Kultur)를 정신생활의 성과로, 문명(Zivilization)을 기술 및 물질생활의 성과로 보는 구분을 극복하여 역사생활 자체를 문화로 보는, 실로 역사가로서 보편사적 사고의 지평을 확대시켰다. 문화는 그에게 역사생활의 보편적 모습이며, 모든 역사생활은 문화화의 과정으로 된다.

문화에 관한 랑케의 이러한 사고는 결국 그가 유럽 민족들의 역사들을 보편사적으로 관찰하고 서술하는 데 있어서 국가 및 종교에 관한 사고에 못지않게 중요한 기여를 했다. 즉 그는 넓은 의미의 문화라는 개념을 통해 그들의 역사를 통일적으로 관찰했던 것이다. 물론 그는 문화사가로서보다는 정치사가로서 간주되고 있지만, 그에게 문화는 역사생활의 출발점으로서 뿐만 아니라 그 속에서 항상 작용하는 하나의 원리이자 기반이다. 그러므로 그는 중요한 역사적 국면들에 관한 서술에서는 해당 시대의 문화에 관해 다른 정치사가들보다는 많이 언급했으며, 이로써 그는 문화의 본질과 역사적 작용 및 기능에 관한 견해들을 포함하는 일정한 문화개념을 보여 주게 되었던 것이다.

### 문화사적 역사서술의 연원과 랑케의 위치

여기에서 우리가 문화사적 역사서술의 연원과 그 서술들에서는 문화가 어떻게 파악되었던 가를 개괄적으로나마 알아본다면, 랑케의 문화개념과 그 위치에 대한 이해에 보다 더 가까이 접근할 수 있게 될 것이다.

문화사적 역사서술은 18세기 볼테르(Voltaire)에게서 처음으로 시도되었

272 Meinecke, “Ranke und Burckhardt,” S. 113.

던 것으로 인정되고 있다. 그는《여러 민족들의 풍습과 정신에 관하여》[273]에서 문명이란 도덕과 법률, 과학과 기술, 그리고 상업과 무역활동의, 요컨대 인간 생활의 역사적 성과들이라는 개념과 함께, 역사는 문명의 진보 과정이라는 관점으로 세계사적 서술을 보여주었다. 따라서 이 작품은 당시까지 역사서술의 주된 형식이었던 정치사를 극복하는 문명사(Historie de Civilisation)였으며, 독일에서 지칭되는 문화사(Kulturgeschichte)에 해당되는 것으로서, 여러 민족들의 역사들을 포괄하므로 실로 역사서술의 대전환을 보여준 최초의 세계사적 문화사 서술로 인정되고 있다. 18세기의 독일에서는 모스하임(J. L. Mosheim), 제믈러(J. S. Semler), 슈피틀러(L. J. Spittler), 플랑크(G. J. Planck) 등이 볼테르의 진보사상과 문화사적 서술을 계승했던가 하면, 빙켈만(J. J. Winckelmann)과 뫼제르(J. Möser)는 볼테르와는 관계없이 독자적인 문화사 서술을 보여주었다. 전자는《고대 예술의 역사》[274]에서 당시까지 일반적이었던 "예술가들의 역사"가 아닌 "예술의 역사"를 서술하겠다고 선언하면서, 예술의 개념의 역사를 취급한 새로운 예술사를 보여 주었다.[275] 그러나 그것은 좁은 의미의 문화사 서술이었다. 후자는《오스나 브뤼크의 역사》[276]에서 민족(Volk)은 "하나의 자연적, 역사적 개체성이자 통일체"이고, 한 민족의 언어, 법, 풍습에는 해당 민족의 민족정신(Volksgeist)이 표현되어 있으며, 이 정신이 그것들의 생성근거라는 견해를 제시했다.[277] 이로써 그는 18세기에 독일에서 민족과 문화에 관한 역사적 사고에서 새로운 길을 선구적으로 제공했다.

랑케가 18세기 문화사가들의 영향을 받고 있었다는 점은 그가 역사발전을 국가와 종교 및 문화와의 관계 속에서 사고 및 서술하고 있었으므로

---

273 Voltair, *Essai sur les moeurs et l'esprit des nations,* 1753.

274 J. J. Winckelmann, *Geschichte der Kunst des Altertums*, 1764-1767.

275 Fueter, a.a.O., S. 390.

276 J. Möser, *Osnabrückische Geschichte*, 1768-1780.

277 Srbik, *Geist und Geschichte*, II, S. 137.

자명한 일이다. 그는 비록 문화의 발전을 역사의 주된 흐름으로 보지는 않았지만, 그에게 문화는 역사의 출발점이자 역사 발전에서 항상 함께 작용하고 있다. 그러므로 그에게 역사는 곧 '문화세계의 역사'이며, 문화는 국가 및 종교와 함께 역사의 내재적 개념으로 된다. 이와 같이 그가 문화를 자신의 역사사고에 수용하게 되었던 데는 18세기 문화사가들이 상당한 영향을 주었다고 볼 수 있겠다. 그에게서는 특히 뫼제르의 민족과 문화의 개념이 계승되고 있고, 볼테르의 세계사적 사고와 서술형식의 영향도 발견된다. 즉 랑케가 국가와 종교와의 관계에 항상 문화를 종합시켜서 역사 발전을 보편사적으로 관찰하며 서술했던 형식은 문명이라는 개념을 통해 세계사적 문화사를 서술했던 볼테르의 서술형식을 계승한 것이라고 볼 수 있기 때문이다.

19세기 중엽에는 독일에서 문화사 서술이 사회사적, 경제사적 서술들처럼 전통적인 정치사적 서술에 대한 대립적인 의미를 지니고 등장했다. 그러나 이 문화사는 푸에터(Fueter)가 지칭했던 바처럼 "무국적적(staatenlos)"이지는 않았고, 국가를 문화의 한 운반자이자 본질적인 한 부분으로 보면서, 민족의 정신생활에 우위성을 부여했던, 독일 역사서술에서의 하나의 새로운 경향이었다.[278] 릴(W. H. Riehl)과 프라이타그(G. Freitag), 부르크하르트(J. Burckhardt) 등의 작품들이 그러했다. 리일과 프라이타그는 대조적이다. 먼저 리일은 《독일 사회사의 기반으로서 민족의 자연사》[279]에서 문화사를 민족 전체의 풍습에 관한 역사로 파악하면서, 이것을 국가의 정치사로부터 분리시켰던 첫 역사가였다. 그는 정치적, 군사적 제도와 조직을 부수적인 것으로 간주하는 한편, 민족(Nation)은 변화스러운 국가보다 더 오래 지속되는 근본적 기반이라고 보았다. 그리하여 그는 주로 농민들과 소시민들을 중심으로 그들의 지방풍습과 민속관습을 대상으로 하

278 Ebd., S. 138.

279 W. H. Riehl, *Naturgeschichte des Volks als Grundlage einer deutschen Sozialgeschichte*, 1858.

여 문화사서술을 개척했던 선구자로 인정되고 있다.[280] 그런가 하면 프라이타그는《독일의 과거 모습들》[281]에서 16세기부터 19세기 중엽까지의 독일 정신사를 취급하면서, 리일과는 달리, 농민과 하층민들에게는 별다른 의미를 부여하지 않는 한편, 귀족, 군대, 융커를 국가의 중요한 구성원으로 간주하면서 이들과 함께 시민계급을 곧 독일민족으로 보았다. 그리하여 그에게서는 문화사가 곧 시민계급을 중심으로 하는 정신의 문화사이다.[282] 그리하여 19세기 중엽의 리일과 프라이타그의 공통점은 그들이 다같이 비정치사적인 문화사 서술을 보여 주었다는 점이다. 그것은 시문학, 예술, 학문 등의 성과에 관한 좁은 의미의 문화사가 아니며, 그렇다고 넓은 의미의 문화사도 아니다. 그들의 서술은 다같이 일종의 사회사적 문화사 서술이지만, 민족구성원들의 전체가 아닌, 일정한 부분들만을, 즉 전자는 농민들과 소시민들을, 그리고 후자는 지배층과 시민계급을 대상으로 삼았으므로, 결국 제한된 것이다.

부르크하르트는 19세기 후반의 문화사가로서 수차례에 걸쳐 행했던 강연들(1868-71)을 편집한《세계사적 성찰》[283]에서 역사와 문화에 관한 의미있는 사고를 보여주었다. 그에게 역사는 3개의 잠세력들(潛勢力, Potenzen)인 국가, 종교, 문화의 상호보완과 제약 작용 속에 발전한다. 국가는 권력에 근거하며, 법의 수호자이면서도 폭력적인 성향을 갖고 있으나, 이것은 창조적 개인들을 통해 긍정적인 힘으로 될 수 있다. 종교는 인간의 형이상학적인 욕구에서 등장했으며 일정한 교리들을 교회를 통해 강제적으로 부과함으로써 국가와 문화에도 영향을 준다. 그런가 하면 문화는 도덕, 예술, 학문 등의 정신생활뿐만 아니라 기술의 발전과 물질적 생활도 포괄하는 역사생활의 성과로서 국가와 종교를 수정하는 역할을 한다. 이 3개의 잠

280 Srbik, *Geist und Geschichte*, II, S. 144.

281 G. Freitag, *Bilder der deutschen Vergangenheit*, 1859-62.

282 Srbik, *Geist und Geschichte*, II, S. 144.

283 J. Burckhardt, *Weltgeschichtliche Betrachtungen*, 1868-71(1905); 야콥 부르크하르트,《세계사적 성찰》, 이상신 역, 개역개정판(신서원, 2010).

세력들은 역사의 균형적인 발전을 위해 다같이 중요하며, 어느 하나도 우세적이거나 억압되어서는 안 된다. 그의 이러한 역사사고의 근저에는 국가 권력에 대한 회의가 자리 잡고 있다. 실제로 그는 권력 그 자체를 악마(Dämon)적인 것으로 보았고, 국가의 과도한 역할과 그 권력의 증대에 대해 거부적이었다. 그리하여 그는 자기 시대의 소독일주의적인 프로이센 학파의 역사가들이 국가를 역사의 주된 운반자로 간주하면서 국가정치사에 집중하던 경향성에 대립하여《이탈리아의 르네상스 문화》와 같은 문화사 서술로 나아갔던 것이다.[284] 그리하여 그는 스승과는 다른 성격의, 특징적인 문화사가로서 평가받게 되었다.

부르크하르트와 랑케는 흔히 각각 문화사가와 정치사가로서 대립적으로 언급되어 왔다. 그러나 양자 사이에는 공통적인 관심과 서술태도가 발견된다. 랑케는, 비록 프로테스탄트적·프로이센적 당파성을 지니고 있지만, "자기해소"를 통해 비당파적이고자 했으며, 실제로 자기시대의 정치적, 사회적 당파들의 관심들에 대해 초연한 태도를 견지하고자 했다. 부르크하르트도 역시, 랑케와는 어느 정도 다른 관점과 감정에서이지만, 즉 자기 시대의 물질주의와 대중화 및 평등화의 경향성에 의해 인간정신의 고양을 위한 노력과 문화가치가 사라지고 있던 상황에 대해 혐오감을 느끼면서, 당대의 권력정치적, 민족주의적 물결을 멀리함으로써, 결국 랑케처럼 현실문제에 대해 초연했다. 그리고 랑케가 교훈적·실용적 서술에서 일어나는 사실왜곡을 사실주의로써 극복하고자 했다면, 부르크하르트는, 역사로부터는 "미래를 위해 영리해지기보다는 현명해지기를 바란다"[285]라는 제안으로써 "역사는 생의 교사이다(Historia magistra vitae)"라는 고대로부터의 사고전형(思考典型)을 벗어나고자 했다. 양자는 다함께 역사서술에서 현재적 관심과 교훈적, 실용적 해석을 멀리했던 것이다.

---

284 J. Burckhardt, *Die Zeit Konstantins des Großen*(콘스탄티누스 대제시대), 1853; *Die Kultur der Renaissance in Italien*(이탈리아의 르네상스 문화), 1860.

285 야콥 부르크하르트,《세계사적 성찰》, 이상신 역, 개역개정판(신서원, 2010), 25쪽.

다음으로, 국가권력과 문화와의 관계에 관해서도 양자 사이에는 공통적인 사고가 발견된다. 즉 랑케는 권력을 국가의 자주성과 독립성의 근거로 보았고, 국가와 권력을 동일시까지 했던가 하면, 부르크하르트는 권력을 그 자체에 있어서 "악마적"인 것으로 보면서도 전혀 부정적인 것으로만 이해하지는 않았다. 랑케가 국가는 경쟁자들과의 투쟁에서 승리를 거둔 후에 비로소 자신의 진정한 과제를 문화의 촉진 속에서 인식한다고 사고했듯이,[286] 부르크하르트에게도 "모든 문화는, 특히 예술과 학문은 자유 속에서보다는 오히려 견딜만한 전제군주들 아래에서 훌륭하게, 또한 보다 더 잘 번영한다. 이러한 의지점이 없이는 예술이 자체의 최고의 경지를 이룩하기란 어려운 일이다."[287] 즉 그에게도 국가권력은 문화를 보호하는 높은 사명을 갖고 있으며, 권력에 의해 안정된 기반 위에서 문화들은 최고의 경지로 발전할 수 있다고 사고했다.[288] 그에게 진정한 권력은 평화와 안녕을 보장하며, 이러한 권력을 근거로 하는 국가가 보다 더 많은 물질적, 정신적 발전을 이룩한다. 더욱이 그는, 전쟁은 파괴적인 힘이지만, 긴 평화 속에 무기력해져 버린 신경을 강화시켜 주며, 여러 가지 부패와 몰락현상들에 대한 위생적인 청소작업을 한다고까지 보았다.[289] 이러한 사고에 있어서 그는 랑케처럼 변증법적이다. 칸트가, "국가관계들의 혼란한 상태들"이, 민족들 및 인간들 사이의 적대주의가 공동체 생활을 "사회화"시키는 동기라고 보았고, 랑케 또한 그러한 상태들에서 세계사적 계기를 보았듯이, 부르크하르트도 역시 전쟁을, "정당하고 명예스러운 것"인 한, 필요한 과정으로 봄으로써 랑케와 가까웠다. 즉 그에게서도 헤라클레이토스적 사고가 계승되고 있었던 것이다.

다음으로, 종교에 관해서도 부르크하르트와 랑케에게서는 공통점이 발

286 본서, V-1, 385쪽 주 123 참조.

287 부르크하르트, 《세계사적 성찰》, 이상신 역, 135쪽

288 Srbik, *Geist und Geschichte*, II, S. 154.

289 부르크하르트, 《세계사적 성찰》, 이상신 역, 244-245쪽; Ebd., S. 154.

견된다. 부르크하르트에게 종교와 국가 및 문화는 3개의 동등한 잠세력들로서 균형을 유지해야 한다. 그러므로 그는 그렇지 않았던 경우들, 즉 반동종교개혁 시기에 국가에 따라 종교와 왕권이 결탁했었던 사실이나, 프로테스탄티즘이 프로이센 국가에 종속되어 있는 사실이 그것들의 균형적인 발전을 저해하는 현상들이라고 보았다. 이 점에 있어서 그는 랑케가 국가와 종교의 결탁을, 즉 국가권력이 영국에서는 국교회와, 프랑스에서는 가톨릭과 결속했던 것을 부당한 것으로 보았던 견해와 공통적이었다.

부르크하르트와 랑케에게서 특히 주목되는 공통점은 양자가 역사에 대한 보편사적 관찰에서 문화의 개념을 넓은 의미로 확대시키는 데 다함께 기여했다는 점이다. 랑케에게 문화는 국가들의 변화와 몰락을 넘어서 항상 역사발전에서 작용하는 요소이다. 그에게서는 문화라는 단어가 때로는 좁은 의미로, 즉 예술, 시문학, 학문 등의 정신생활로 언급되고, 여기에는 종교생활과 신학적 이론들도 포함되는가 하면, 때로는 넓은 의미로, 즉 기술의 발전과 교역활동의 성과들, 즉 물질생활까지도 포괄적으로 언급됨으로써, 결국 문화가 역사생활에서 이상(理想)을 추구하는 모든 노력들과 그 성과들을 의미하는 것으로 된다. 그에게 역사생활은 곧 문화현상이다. 그리하여 그는 문화개념의 외연(外延)을 확대시켰고, 문화와 문명을 구분하는 칸트의 사고를 극복했던 것이다. 그런가 하면 부르크하르트에게서는 문화와 국가 및 종교가 다함께 대등하게 강조됨으로써, 각각 구분되는 것으로 보이기도 하지만, 그가《이탈리아의 르네상스 문화》에서 르네상스 시기를 하나의 "문화시기(Kulturepoche)"로 파악하면서, 이 시기의 문화생활 전체 상태를 제시하고자 했던 서술에서는 개별 인간, 사회, 민족이 모두 문화의 운반자들로 나타나고 있다.[290] 이러한 점에서 보면, 그의 문화사는 좁은 의미의 문화의 역사에만 국한되는 것이 아니다. 그는 특히 르네상스 문화의 특징을 개인주의의 등장에서 파악하면서 그러했다. 다름 아니라 그의 사고에서는 보편적 가치를 지닌, 그리고 강제적이지 않는 인간행

290 Ritter, a.a.O., S. 435.

위의 자발성이 문화에서의 고유한 특징이다. 그리하여 그에게서는 순수한 물질적 욕구를 위한 행위라 해도, 그것이 자발적인 것인 한, 즉 특정한 가치에 대한 강제적 요구 없이 일어나는 보편적인 것인 한, 문화로 간주될 수 있게 된다. 그에 의하면 페니키아에서는 문화가 "일(Geschäft)"이었다는 것이다. 그러므로 대장장이의 일이나 베틀 짜는 일도 문화에 속하게 되는 것이다. 따라서 그는 19세기의 물질주의적 영리감정을 혐오하면서도, 그것을 당시 문화를 형성하는 하나의 주된 힘으로 보았던 것이다.[291] 그러므로 그에게서도 역시 문화는 역사생활의 모든 영역에서 형성되는 것이다. 그러므로 랑케와 부르크하르트에게서는 역사생활의 모든 영역들을 다함께 관찰하는 것이 문화사가의 과제로 되는 것이다.

이상에서 보면, 랑케와 부르크하르트를 정치사와 문화사로 대치시키는 것은, 마이네케가 지적하듯이, 양자를 각각으로 지나치게 단순화시키는 것이라고 볼 수 있겠다.[292] 랑케가 정치사를 중심으로 역사발전을 서술했던 것은 국가가 역사의 주된 운반자로서 역사생활에서 가장 강력한 작용을 한다고 파악했기 때문이지만, 그는 또한 문화를 역사생활의 근본원리이자 기반으로 인정하면서 자신의 서술에 종합시켰던가 하면, 부르크하르트는 국가정치를 서술의 중심대상으로 삼지 않았을 뿐, 국가와 종교를 문화와 함께 동등한 잠재력들로 파악하면서 문화사를 서술했던 것이다. 이러한 점에서 보면, 랑케의 강의를 들었던 그에게는, 비록 문화사 서술로 나아갔지만, 랑케의 넓은 의미의 문화개념이 계승되고 있다. 랑케가 교권체제의 붕괴 속에서 개인의 독자성에 대한 의식이 각성되었던 사실을 새로운 정신현상으로 보았고, 역사생활에서 자발성(Spontaneität)보다 더 바람직한 것은 없다고 보았던 사고가 부르크하르트에게서는 르네상스 문화의 특징을 개인주의의 등장으로, 문화의 고유성을 인간행위의 자발성으로 보는 사고로 계승되었다. 이른바 "세 개의 잠재력들"이라는 그의 개념은 근본

291 Meinecke, "Ranke und Burckhardt," S. 114.

292 Ebd., S, 103.

적으로 국가와 종교 및 문화가 역사의 주된 운반자들로 설정되어 있는 랑케의 보편사적 역사사고에서 계승된 것이다.

19세기 말에는 부르크하르트를 계승하여 고타인(E. Gothein)이 일련의 저술들[293]을 통해 정신생활의 역사를 사회사, 경제사 및 정치사와 통합하는 경지를 보여 주었다. 그는 "예술가적 안목과 철학적인 태도로써, 또한 실증주의의 사회학적인 안목으로써 문화사의 모든 영역들을 포괄시킬 줄 알았다"는 평가를 받고 있다.[294] 그런가 하면, 고타인에 대립하여 신랑케학파의 셰퍼(D. Schäfer)는, 역사서술의 목적은 국가의 정치사를 서술하는 것이며, 국가가 가장 중요하고 결정적인 연구대상이라는 주장을 제기했다. 그에 의하면, 모든 영역들을 포괄하는 종합적인 문화사 서술은 불가능한 요구이며, 그것은 개별 분야들로 분해되어야 한다는 것이다.[295] 이에 대해 고타인은, 역사생활에는 정치 외에도 경제, 종교, 법, 예술 등의 영역들이 있으므로, 역사가의 과제는 이들을 하나의 유기체로 간주하면서 복합적인 사회적 사실들로부터 그 근저에 놓여 있는 통일적인 이념을 끄집어내는 것이라고 주장했다.[296] 그는 여러 영역의 모든 사실들에서 이념들을 파악하고, 그것을 문화의 기반으로 보고자 했던 것이다. 그러므로 그에게 문화사란 "민족의 보편적 정신사"로 된다. 이들 사이에 전개되었던, 19세기 말의 "제1차 문화사 논쟁"은 역사연구의 방법론보다는 작업영역에 관한 견해 상의 대립이었다. 그것은 전통적인 정치사 중심의 역사서술과 새로운 종합사적 연구 시도와의 대립으로서 역사서술의 대상과 그 범위에 관한 재검토를 자극했던 의미 있는 논쟁이었다.

---

293 E. Gothein, *Kulturentwicklung Süditaliens*(남부이탈리아의 문화발전), 1886; *Die Aufgabe der Kulturgeschichte*(문화사의 과제), 1889; *Staat und Gesellschaft des Zeitalters der Gegenreformation*(반동종교개혁시기의 국가와 사회), 1908.

294 Srbik, *Geist und Geschichte*, II, S, 174쪽.

295 D. Schäfer, *Das eigentliche Arbeitsgebiet der Geschichte* (역사의 고유한 작업영역), 1888.

296 Srbik, *Geist und Geschichte*, II, S. 175

이른바 "제2차 문화사 논쟁"은 람프레히트(K. Lamprecht)가 12권의 방대한《독일사》[297]를 제6권(1896)까지 발표하는 동안에 신랑케학파로부터 실증주의적, 물질주의적이라는 비판을 받게 되면서 일어났다. 람프레히트는 비판자들에 대한 반격문들[298]을 통해, 당시까지의 전통적인 역사연구는 지도적인 역사적 인물들에게서 신비적, 초월적인 힘들을 발견하고자 함으로써 사실들의 깊은 원인들과 집단 생활의 발생적인(genetische) 면을 무시했으며, 개인사적·정치사적·형이상학적이며 목적론에 빠져 있었다고 주장했다. 그는 그러한 연구를 역사연구에서의 "구 경향"으로서 "개인주의적(individualistische) 역사학"이라고 규정하면서 자신의 연구대상과 방법을 제시했다. 그에 의하면, 역사 속의 위대한 개인이란 당대의 문화적 발전관계들과 결합되어 있으며, 대중과 집단의 심리적 총체성의 결정(結晶)이다. 그러므로 역사연구는 집단 및 사회의 "상태들(Zustände)"을 파악해야 한다. 이러한 연구는 랑케식으로 "그것은 본래 어떠했던가"가 아니라, "그것은 본래 어떻게 형성되었던가(Wie es eigentlich geworden ist)"를 파악하는 것이며, 여기에는 경험적, 귀납법적, 비교적, 통계적, 인과관계적 방법들이 활용된다는 것이다. 그는 특히 사회심리를 연구대상으로 설정했다. 그에게 그것은 해당 "시대의 정신적 전체기풍(der geistige Gesamthabitus der Zeit)"이며, 역사발전에서 본래적인 것이므로, 그것이 나타난 현상으로서 "일반적인 것", "유형적인 것"을 "발생적으로" 파악하는 것이 그에게는 인류의 역사적 발전을 보편사적으로 서술하게 되는 것이다. 그는 자신의 이러한 연구방향을 역사연구에서의 "신경향"으로서 "집단주의적(kollektivistische) 역사학"이라고 정의하면서, 이것은 정치, 경제, 사회, 종교, 학문, 예술 등의 모든 분야들을 종합하는 문화사로 된다고 주장했다. 결국 그에게서는 문화의 의미와 범위가 그의 "문화사"라는 개념을 통해 역사생활의 모든 영역들

---

297 K. Lamprecht, *Deutsche Geschichte* (독일사), 12 Bde.1891-1913.

298 K. Lamprecht, *Alte und neue Richtungen der Geschichtswissenschaft*(역사학의 신 · 구 경향), 1896; *Was ist die Kulturgeschichte* (문화사란 무엇인가), 1896.

의 성과들을 포괄하는 것으로 확대되었다.

이상에서 보면, 람프레히트는 랑케의 이념론적 사고를 신비적, 이상주의적인 것으로서만 이해했던 반면에, 그 자신은 인간정신의 독창성과 자발성을 소홀히 하면서 역사진행을 자연의 전개처럼 파악했던 것으로 보이기도 한다. 그러므로 그는 실증주의적, 물질주의적, 자연주의적이라는 비판을 받게 되었던 것이다. 그러나 그가 사회심리를 해당 시대의 "정신적 전체 기풍"으로 보았던 것은 역사생활의 내면적 발전과 그 전체성을 파악해 보고자 하는 독일 역사학의 전통에서 나온 것이며, 그가 역사생활의 모든 영역들을 총괄하여 "문화사"로 명명했던 데는 문화의 의미를 확대시켜서 역사발전을 문화의 과정으로 이해했던 랑케의 사고가 계승되고 있다. 랑케의 후예들은 람프레히트의 이러한 면을 간과했던가 하면, 람프레히트 자신도 랑케의 문화개념에 대해 깊이 숙고해보지 못했다고 볼 수 있겠다. 그리하여 그들은 다같이 역사연구의 방법론에 관한 논쟁에 빠졌던 것이다.

랑케의 넓은 의미의 문화의 개념이 그의 깊은 역사사고의 성과이듯이, 람프레히트의 "문화사" 서술도, 비록 현실적으로는 실현하기 어려운 과제이지만, 역사연구의 한 이상(理想)으로 설정될 수 있는 것이며, 그러할 필요도 있다. 객관성을 추구하고 보증하고자 하는 것이 지난한 일이면서도, 역사가의 이상이듯이 말이다. 람프레히트의 문화사를 현실적으로 불가능하다는 이유로 배척한다면, 이것은 객관성을 인식이론적으로 불가능하다는 이유에서 포기하는 것과 같은 것으로 된다. 랑케와 부르크하르트를 정치사와 문화사로 대치시키는 것도, 마이네케(Meinecke)의 지적대로, 지나친 단순화이듯이, 랑케와 람프레히트와의 관계도 마찬가지일 수 있다. 왜냐하면 부르크하르트와 람프레히트의 문화사 개념에서 보면, 랑케의 문화개념이 면면히 계승되고 있다는 점이 발견되기 때문이다. 랑케는 역사생활의 모든 영역들에서 문화적 활동과 현상을 발견함으로써 문화와 문명을 구분했던 칸트를 극복했었고, 비록 자신은 정치사에 집중했지만, 그의 거대한 보편사적 사고 속에서는 정치사적 발전이 결국 넓은 의미의 문화사적 발전 속으로 융합되었던 것이다. 부르크하르트가 인간의 모든 활동을, 자발적이고 도덕적인 것인 한, 문화생활로 파악했던 것이나, 람프레히트가 모든 영역들의 역사생활들을 종합하는 문화사를 주장했던 것은 이들도 역시 역사생활과 그 발전을 문화의 과정으로 파악하는 랑케의 사고 전통 속에 있다고 볼 수 있겠다.

# VI

# 보편사적 역사가로서 랑케

## 1. 세계사의 개념과 서술의 문제점

랑케의 《세계사》는 그가 말년에 유럽 문명권에 속하는 여러 국가들의 역사들을 그들의 연관관계 속에 파악하면서 하나의 통일적인 세계사로 서술하고자 한 작품이다. 그는 항상 유럽 국가들의 역사들을 개별적으로 서술했지만, 각 작품들은 모두 다 이른바 "유럽 국가들의 체제"라는 틀 속에서 서술되었다. 그는 첫 작품에서부터 유럽 국가들을 하나의 전체로서, 그리고 그들의 역사발전을 각각 하나의 통일적인 진행의 가지들로서 바라보는 관찰과 서술방식을 세우고 있었으며, 이것은 그의 모든 작품들을 지배하고 있는, 그의 역사서술에서의 고유한 특징이다. 이러한 그의 보편사적 관찰에서 그 기준과 서술방법 및 그 역사학적 의미를 이해하고 정의해 보기 위해서는 우리는 서양의 고대 시기부터 시도되어 왔던 세계사적 서술들의 연원과 그 과제, 그리고 세계사의 개념을 그 문제점들과 함께 먼저 알아볼 필요가 있겠다.

세계사란, 단어 그 자체로서는 역사시대가 시작된 이래의 인류 전체의 역사를 의미한다. 그러한 한, 각 민족들 및 국가들에게서 일어났던 바 모두를 포괄하는 세계사를 사실적으로 서술하고자 한다는 것은 전혀 불가능한 일이다. 그럼에도 고대로부터 많은 역사가들은 자신들의 역사서술 속에 다른 민족 및 국가들의 사건들도 포함시켜 왔으며, 그 내용은 그들 각각의 관심과 관점에 따라 세계사적 사건들로서의 의미를 부여받은 사건들로써 구성되어 세계사로 간주되었다. 이러한 점에서 보면, 세계사적 서술은 이미 고대 시대부터 시도되어 왔고, 그러한 서술들에는 세계사 서술을 위한 학문적 이론이 전제되었던 아니되었던 간에, 항상 세계와 세계사에 관한 역사가들의 개념이 각인되어 있다. 세계사를 서술하는 역사가들은 세계사적 운동들에는 일정한 연관성이 있으며, 따라서 그 운동들은 하나의 지속적인, 의미에 찬 진행으로 파악될 수 있다는 믿음을 갖고 있을 수 있다. 즉 그들은 세계사의 진행 속에서는 수많은 사건들이 하나의 통일성 속에 연관되어 있다고, 그리고 인류 역사의 주된 흐름이, 역사의 중심적인 발전이 발견될 수 있다고 생각한다.[1] 그리하여 그들은 자신들의 특정한 관점과 가치기준에 따라 수많은 사건들을 정리 및 선택하면서 세계사를 서술하는 것이다.

"역사의 아버지"로 불리는 헤로도토스(Herodotos, ca. 484-425 B.C.)는 페르시아 전쟁을 취급한《역사(Historie)》에서 자신이 견문했던 여러 민족 및 지역들의 관습과 문화를 모두 함께 서술했다는 점에서, 그는 그 대상들이 일정한 연관성을 갖고 있다고 사고했었으며, 그러한 한 그는 최초의 문화사적, 세계사적 역사가로 간주되기도 한다. 그러나 그의 서술은 여러 지역과 민족들의 풍물과 사건들을 보고하는 것이었을 뿐, 그것들을 하나의 역사로 파악하고자 했다는 의식을 명확하게 보여주지는 못했다.

그런가 하면 폴리비오스(Polybios, ca. 200-120 B.C.)에게서는 그러한 의식이 명확했다. 그는 포에니 전쟁(B.C. 218-201, 159-146)과 마케도니아 전

---

1 Gerhard Masur, *Rankes Begriff der Weltgeschichte*, Berlin, 1926, S. 6.

쟁(B.C. 200-197, 171-168)이 일어났던 자기 시대의 역사를 취급한《역사(Historiai)》에서, "이전 시대들에서는 모든 세계사건들이 그것들의 기도와 성과에 따라서, 또한 장소들에 따라서 구분되었으므로 분리되었었다. 그러나 지금부터는 역사가 육체와 비슷하게 되었고, 이탈리아와 아프리카의 사건들이 아시아와 그리스의 사건들과 결합되어 있으며, 모든 것들이 하나의 목표(Ziel)를 향하고 있다. 그러므로 나는 나의 역사작품을 지금의 시기들로부터 시작했다"[2]라고 자신의 서술동기를 밝혔다. 즉 그에게는, "숙명(Tyche)이 인간세계(Oikoumene)의 거의 모든 사건들에게 하나의 시점(Punkt)으로 나아가는 방향을 부여했고, 모든 사건들이 필연적으로 하나이자 동일한 목표(Ziel)를 향해 운동하도록 했듯이, 나는 역사를 통해 숙명이 모든 사건들을 완성되도록 인도하기 위해 사용했던 바를 하나의 개관(Überschau) 속으로 들어오도록 해야만 했다. 나에게 역사를 서술하도록 자극했던 것은 무엇보다도 이러한 인식이었다." 그리고 그에 의하면, "우리 시대에서는 아직 어느 누구도 전체 세계의 사건들을 연관관계 속에 파악하는 하나의 역사를 서술하고자 시도하지는 않았다. (…) 비록 몇몇 사람들이 개별 전쟁들과 그것들에 연관된 행위들을 취급했지만, 어느 누구도 하나의 보편적인, 모든 개별적인 것들을 포괄하는, 사건들의 연관관계를 탐구하는 시도를 하지는 않았다"[3]는 것이다. 이로써 그는 포에니 전쟁 이후로 모든 지역들이 하나의 세계로 되었으므로, 자신은 그들의 역사들을 하나의 세계사로서, 즉 보편사로서 서술하겠다는 의식을 고대 역사가로서는 처음으로 명확하게 표명했다. 그러나 그에게서뿐만 아니라 고대 역사가들에게 "인간세계"는 지중해를 둘러싼 민족들의 세계일 뿐이었다.

그런가 하면 고대 시기에서 보편사적 서술의 또 다른 의식은 고대 유태인들의 역사의식과 유세비우스(Eusebios, ca. 260-340)를 비롯한 초기 기독

---

2 F. Wagner, *Geschichtswissenschaft*, 2. Aufl, München, 1966, S. 14(Polybios, Historiai, Buch I, Kap. 3.).

3 Ebd., S. 15(Polybios, Historiai, Buch I, Kap. 3.).

교 교부들의 세계 연대기적 서술들, 특히 아우구스티누스(Augustinus, 354-430)의 《신국론(De Civitate Dei)》(413-427)에서 발견된다. 그들에게는 지상의 역사 전체가 신의 역사로 의식되었으므로, 그들이 선택하여 서술했던 사실들은 그들에게 종교적으로 의미있는 사건들이자, 적어도 그들의 믿음에 있어서는 세계사적으로 상호연관성을 갖고 있는 사건들이었다. 그들은 역사의 출발점을 천지창조로, 그리고 그 목표를 최후의 심판으로 설정하여 역사진행을 종말론(終末論, Eschatologie)적으로 파악하면서 세계사를 하나의 목적론(Teleologie)적인 과정으로 구성했으므로 더욱 그러했다. 그러나 그들에게서 사건들을 그들의 세계사 속으로 연관관계적으로 구성시켰던 근본이념은 그들의 신의 섭리이며, 그들이 설정한 천지창조와 최후의 심판은 역사실제에서 도출된 개념들이 아니라, 종교적 신앙에서 나온 것으로서 비역사적인 것이다. 그러므로 세계사 그 자체와 그들의 세계사 사이의 괴리는 클 수밖에 없다. 그럼에도 이러한 기독교적 세계사의 개념은 고대 예언자들에 의해 형성되었던 이른바 "네 개의 세계제국들(Vier Weltmonarchien)"[4]이라는 세계사적 개념과 함께 중세의 역사서술을 지배했고, 중세 최대의 역사가 오토 폰 프라이징(Otto von Freising)[5]과 16세기 슬라이다누스(Sleidanus), 그리고 17세기 후반의 보쉬에(Bossuet)에 이르기까지

---

4 4제국설은 제롬(Jerome=Hieronymus; ca 348-420)이 고대 기독교 역사에들에게 전래되고 있던 4제국설을 변형시켜서, 세계사는 아시리아 · 바빌로니아, 메디아 · 페르시아, 미케도니아, 로마로 발전해 왔다고 정리했던 학설이다. 이 도식이 중세에는 구약성서(Daniel)에 의거하는 것으로 해석되면서 시대구분의 한 형식으로 계승되었고, 16세기 슬라이다누스(Sleidanus)와 18세기 보쉬에(Bossuet)에게서도 채택되었다. 19세기에 헤겔이 자유의식의 진보과정을 동방, 그리스, 로마, 게르만 사회의 4단계로 파악했던 데는 고대 4제국설의 사고모형이 엿보인다.

5 오토 폰 프라이징(Otto von Freising, 1115-1158)은 《2개 제국들의 역사(Historiae de duabus civitatibus)》에서 천지창조부터 자기 시대까지(1146)의 역사를 아우구스티누스의 역사관 위에서 서술했다. 아우구스티누스는 역사신학자였던가 하면, 오토는 현실 역사를 철학적으로 사색했던 중세의 가장 심오한 역사사상가로서 최초의 역사철학가로 인정되고 있다. 중세까지의 유럽역사를 세계제국과 보편교회라는 두 공동체들의 상호작용의 역사로 파악했던 그의 역사사상은 후세의 이원주의(二元主義)적 역사사고에 깊은 영향을 주었다.

계승되었다.[6]

르네상스 시기에는 역사의 세속화(世俗化)를 통해 거의 모든 인문주의적 역사가들이 지역사적(地域史的)이었다. 그러나 사벨리쿠스(Sabellicus, 1436-1506)는 고대의 자료들과 자기 시대까지의 박학적 역사서술들을 활용하여 저술한《에네아덴(Enneaden)》(1504)에서 "가장 오래된 시기로부터 1504년까지의 세계사"라는 서술을 보여 주었다. 그는 자료비판에 충실하지 못했고, 이전의 역사작품들에 의존적이었으나, 연대적 배열을 자신의 세계사를 구성하는 원리로 삼았으며, 어떠한 정치적, 신학적 관점에도 의존하지 않았다고 평가되고 있다. 그는 무엇보다도 4제국설의 체제를 따르지 않았다는 점에서 그의 작품은 탈신학적이고 현실적인 세계사 서술의 첫 모델로 인정되고 있다. 이러한 역사서술이 다시금 나타나기까지는 그 후로도 2세기가 더 필요했었다.[7]

기독교적, 신학적 세계사 개념은 18세기에 와서야 비로소 파기되었다. 다름 아니라 17세기 후반에 보쉬에가 마지막으로 대변했던 신학적 세계사 이념은 그동안에 이루어진 지리적 세계의 발견과 17세기의 과학혁명을 통해, 그리고 18세기의 여러 가지 현실적 이념들의 등장 속에서 더 이상 효력을 유지할 수 없게 되었고, 이제 세계사의 개념은 "세속화(世俗化)" 되었기 때문이다. 그리하여 18세기에 세계시민주의 사상과 함께 왕성하게 나타났던 세계사적 서술들은 이전에 나왔던 서술들보다는 실제 역사와 보다 더 많이 부합될 수 있게 되었다. 왜냐하면 18세기의 역사가들은 역사 실제와 서술된 역사 사이의 괴리를 야기시키는 신의 섭리라는 이념을 멀

---

6 보쉬에(Jacques-Bénigne Bossuet)는《보편사론(Discours sur l' histoire universelle)》, 1681에서 천지창조에서부터 카를 대제 시기까지의 세계사를 아우구스티누스의 역사관을 기반으로 하여 신학적 관점으로 서술했다. 그러나 아우구스티누스는《신국론》에서 역사를 신의 의지의, 교회의 승리의 역사로 구성했던가 하면, 보쉬에는 현실 역사를 구체적으로 서술했다는 점에서 그의《보편사》는 신학적이면서도 사실적인 세계사 서술이다.

7 Eduard Fueter, *Geschichte der neueren Historiographie*, Berlin, 1936, S. 33-35.

리했을 뿐만 아니라, 보다 더 많은 민족 및 국가들의 역사들을, 즉 지리적 세계의 확대에 의해 알려진 여러 지역들과 그 문명들의 역사들을 새로이 자신들의 서술 속에 포괄시켜 나갔기 때문이다. 그렇게 저술된 작품이 바로 18세기 영국에서 여러 명의 역사가들에 의해 공동으로 편집되었던《가장 오래된 시기로부터 현대까지의 보편사》[8]이다. 이 작품은 17세기의 박학적(博學的, gelehrte) 연구방법을 활용하면서 유럽과 북아프리카 및 오리엔트, 그리고 아시아의 역사까지도 포함시켰으므로, 실로 최초의 세계사 서술이라고 할 수 있다. 그러나 이 작품은 당대의 계몽사상적 역사이해를 근거로 하여 서술된 것은 아니다. 왜냐하면 이 작품은 미신적인 풍습도 수용했으며, 보쉬에의 신학적 이념과는 다른, 여러 역사들을 통일적으로 파악할 수 있는 어떤 현실적인 이념을 세우지도 않았고, 여러 민족들과 문명권들의 역사들을 연대순으로 정리한 세계사적 서술이기 때문이다. 다시 말하자면 이 작품은 공동저자들의 관점에 따라 세계사적 의미가 부여된 사건들이 "집합적, 포괄적"으로 서술된 세계사이다.

그런가 하면 18세기의 계몽사상적 역사가들에게서는 문명의 진보에 대한 신념이 여러 민족 및 국가들의 역사들을 연관시켜서 서술할 수 있게 하는 통일적인, 즉 세계사적 관찰의 관점으로 되기도 했다. 볼테르의 문화사적 작품[9]과 몽테스키외의 법제사적 작품[10] 등이 그러하다. 그러나 그들의 진보관념은 세계사적 사건들과 그 진행의 사실적인 구성을 어렵게 만들었다. 다름 아니라 그들의 서술에서는 여러 민족 및 국가들의, 시대들의 사건들이 문명의 진보라는 관점에 따라서 취사선택되었고, 사건들의 발전은 진보의 근거인 이성의 기준에 따라 구성되어 버림으로써, 사건들의 실제 연관성은 깊이 탐구되지 못하거나 소홀히 취급되어 버리기도 했던 것이

8 *Universal History from the Earliest Account of Time to the Present*(가장 오래된 시기로부터 현재까지의 세계사), 1736-1756.

9 Voltaire, *Essai sur les moeurs et l'esprit des nations*(여러 민족들의 풍습과 정신에 관하여), 1753.

10 Montesquieu, *L'esprit des lois*(법의 정신), 1748.

다. 이와 같이 사건들 및 시대들이 그들이 상정하는 진보의 정도와 이성의 기준에 따라 평가될 때, 그 사건들 및 시대들의 역사적 필연성, 즉 사건들 사이의, 특히 전후 시대들의 역사적 연관성은 무시될 수 있으며, 결국 그것들의 발전과정은 역사실제에 따라서가 아니라 그들의 진보신념에 따라 구성되어 버린다. 그러한 한 각 시대들과 사건들의 역사적 의미는 역사의 연속성 속에서 파악되지 못하게 된다. 이러한 점에서 계몽사상적 역사서술에서는 역사진행이, 크로체(Croce)가 지적한 바대로, "발전이 없는 진보(ein Fortschritt ohne Entwicklung)"[11]로 되었으며, 실제 역사와 서술된 역사 사이에는 상당한 괴리가 있을 수밖에 없는 것이다. 무엇보다도 계몽사상의 진보이념 자체는 역사 실제에 대한 연구를 근거로 하여 세워진 것이 아니라, 이성적으로 의식된 역사이해에서 나온 신념이자, 인간의 역사창조가능성을 각성시키는 사상이므로, 결국 현실의 목적의식에서 역사서술에 교훈적, 실용적 의미를 부과하게 되었던 것이다. 그러므로 그것은 그만큼 사실성을 간과 및 배제할 수 있고, 또한 왜곡할 수도 있는 것이다.

18세기 말부터 19세기에 나온 칸트(Kant), 헤겔(Hegel), 마르크스(Marx), 콩트(Comte) 등의 철학적, 경제학적, 사회학적 역사사고들에서도 역시 마찬가지의 현상이 일어난다. 그러한 사고형식들은 모두 다 인류역사를 전체적으로 사유하는 각각의 세계사적 관조들로서, 그 발전이 칸트에게서는 도덕적 자유를 향한, 헤겔에게서는 자유의 의식에 있어서의 진보를 향한 과정으로, 마르크스에게서는 공산사회를 향한 계급투쟁의 과정으로, 그리고 콩트에게서는 과학적인 실증주의적 사유양식으로 나아가는 과정으로 사고되었다. 그들은 여러 가지 이념들과 경향성들이, 발전과 몰락들이 병행하는 세계사를 각자의 관심과 관점에서 정신주의적 또는 물질주의적으로, 또는 사유양식(思惟樣式)에 따라 통일적으로 관조하는 일방성에 빠지기도 한다. 따라서 세계사가 그러한 관점들에 따라 구성될 때에는 역시 실제 세

11 B. Croce, *Zur Theorie und Geschichte der Historiographie, übersetzt von Enrico Pizzo*, Tübingen, 1915; 크로체, 《역사의 이론과 역사》, 이상신 역, 203쪽.

계사와 서술된 세계사 사이의 괴리는 클 수밖에 없게 된다.

세계사 서술은 결코 세계사 실제와 부합될 수 없다. 근본적으로 모든 역사서술은 역사 그 자체와 부합되지 않는다. 그 이유는 현실적, 학문적으로도 자명한 일이다. 우선 우리가 알고 있는 역사란 실제로 일어났던 역사의 부분들에 불과하며, 우리에게는 아직도 알려지지 않은 사건들, 국면들, 진행들이 얼마든지 있을 수 있기 때문이다. 다음으로 우리는 이미 알려진, 실존했던 바들에 대해서도, 칸트의 "사물 그 자체(Ding and sich)"가 의미하듯이, 그 본질에 대한 완벽한 인식을 기대할 수는 없기 때문이다. 역사적 인식에는 많은 어려움들이 있다. 모든 개별 사실들은 이미 각각의 개체성으로서 각각의 고유한 가치와 의미를 지니고 있거니와, 역사발전 속에서 그것들은, 그리고 그것들을 형성시켰던 연관관계는 합리적, 법칙적인 방법으로이든, 이해론적 방법으로이든, 결코 완벽하게 인식될 수 없다. 또한 개별 사실들은 물론, 연관관계들도 역사의 계속적인 진행 속에서는 항상 새로운 의미로 해명되고 있다. 이것은 시간의 경과 속에 보다 더 풍부한, 정확한 사료들이 더 많이 확보될 수 있기 때문이기도 하거니와, 보다 더 앞으로 전개된 역사 속에서는 과거 사건들이 항상 새로운 의미를 추가적으로 확보하게 되기 때문이기도 하다. 실로 개별 사실들과 함께 역사 그 자체의 진실과 의미는, 딜타이(Dilthey)와 함께 뢰비트(Löwith)가 말하는 바대로, 역사의 미래 속에서 조금씩 보다 더 가까이 접근될 수 있고 채워질 수 있을 뿐이다.[12] 그럼에도 세계사 서술이 고대로부터 항상 시도되어 왔던 것은 헤로도토스에게서처럼 세계 여러 지역들에 관한 보다 더 많은 지식을 제시하려는 보고 정신에서, 그리고 투키디데스와 폴리비오스에게서처럼 교훈적, 실용적 의도에서, 또는 중세의 기독교적 역사서술에서처럼 인류 역사를 신학적 이념에 따라 하나의 통일적인 진행의 구원의 역사

---

12 W. Dilthey, *Der Aufbau der geschichtlichen Welt*, Frakfurt, 1970, S. 288; K. Löwith, "Vom Sinn der Geschichte," in: *Der Sinn der Geschichte*, hrsg. v. L. Reinisch, München, 1974, S. 32; 이상신, 〈"미래"의 역사학적 의미〉, 《역사학보》, 172 집(2001).

(Heilsgeschichte)로 보고자 하는 종교적 신념에서, 또는 근세의 역사서술들에서처럼, 확대된 지리적 세계와 여러 민족들 및 문명들에 관한 지식들을 새로이 제시하기 위한 의식에서였으며, 또한 계몽사상의 그것에서처럼 이성의 각성에 의해 역사의 진보를 확신했던 의식에서, 그리고 이에 따르는 현실개혁과 미래건설을 위한 의지에서였다.

이상의 여러 가지 형식들의 세계사 서술들은 구성적인 면에서 볼 때, 세계의 사건들을 신학적 이념에 따라 통일적으로 정리한 세계사, 또는 연대적 순서에 따라 정리한 세계사, 그리고 일정한 현실적 이념 또는 사상을 통해 통일적으로 정리한 세계사로 구분될 수 있겠다. 17세기 이래로 등장했던, 여러 민족 및 국가들에 관한 "집합적·포괄적" 세계사는 여러 지역의 사건들이 역사가들의 개인적 관심에 따라 선택되어 연대적으로 정리된 것으로서 지리적 세계사라는 의미를 지닌다. 이와는 달리 일정한 현실적 이념과 사상을 근거로 하여 모든 사건들이 종합적, 통일적으로 관조되고 이에 따라서 사건들이 취사선택되면서 서술될 때, 여기에서는 역사의 동력과 진행양식 그리고 그 목표에 관한 관념과 함께 일정한 세계개념이, 세계상(世界像)이 각인된다. 이와 같이 서술된 세계사는 이른바 보편사(Universalgeschichte)적 서술이라고 지칭될 수 있겠다. 여기에서는 모든 민족들 및 문명권들의 사건들에는 특정한 이념이 구체화되어있는 것으로, 그러므로 그 역사들은 모두 다 그 이념의 보편적인 전개과정으로 사고된다. 고대의 기독교적 역사서술은 그러한 보편사를 가장 일찍이 보여 주었고, 중세의 기독교적 세계사 서술의 형식으로 되었다. 그러나 그것들 모두는 신학적 이념을 근거로 함으로써 비역사적이다.

그런가 하면 18세기 말부터 19세기 중엽까지 나왔던 관념주의적(칸트, 헤겔), 또는 물질주의적(마르크스), 또는 실증주의적(콩트) 역사사고들은 세계사 전체를 신학적 이념이 아닌, 현실적, 정신적 이념들인 자유와 도덕성, 물질적 법칙과 계급투쟁, 또는 사유양식 등의 개념들을 통해 통일적으로 관찰한 것이다. 이러한 유형들의 의미는 이것들이, 비록 각각의 관점과 기준에 따라 사건들을 선택 및 축소 또는 생략하면서 추상화, 개념화시키기도 함으로써 역사 그 자체와 부합되지 않기도 하지만, 어디까지나 현실적, 정신적 이념과 개념을 근거로 하고 있으므로, 신학적 보편사와는 달리 사실적인 보편사라는 점에 있다. 요컨대 여기에서는 세계사 그 자체와 세계사적 서술 사이의 괴리가 그만큼 극복될 수 있다.

19세기의 전문 역사가들은, 소수의 경우들을 제외하고는, 세계사적 서술을 별로 시도하지 않았다. 그들은 역사적 사실들과 발전들을 추상화 및 개념화시키는 것을 거부하며, 역사와 철학의 혼합에 대해서도 반대했다. 왜냐하면 그들에게 추상화적, 개념화적, 법칙화적 방법은, 신학적 이념에 따라서 서술되었던 세계사에서와 마찬가지로, 사실들에게 폭력을 행사하는 것이기 때문이다. 그러한 반대는 객관주의적 역사가들에게서나, 주관주의적 역사가들에게서나 공통적이었다. 그들의 그러한 입장은 역사주의적 사고에서 나온 것이다. 이 사상에서는 모든 사실들, 국면들, 시대들이 각각의 고유한 의미를 지닌 역사적 개체들로 파악되면서, 이제부터는 사실들의 진실과 의미는 그것들이 일어났던 해당 시대의 역사적 조건과 상황 속에서 해명되어야 하며, 이를 위해서는 엄격한 사료비판과 경험론적인 사실연구, 그리고 직관적 이해 등이 역사학의 고유한 방법론으로 준수 및 활용되어야 한다. 그러므로 이 사상을 공유하는 역사가들은 실증주의적, 자연과학적 방법이나 추상화적, 개념화적인 철학적 사유 방법을 역사학적 연구에 적용하는 것에 대해 거부적일 수밖에 없었던 것이다.

그렇다고 역사가들이, 대표적으로 랑케가 그러했듯이, 역사를 전혀 철학적으로 사유하지 않았던 것은 아니다. 이상주의적 사고전통을 계승하고 있었던 역사가들에게는 일정한 철학적 사유가 필요했다. 그것은 해명되지 못한, 사료들이 부족한 국면들과 연관관계들에 대한 깊은 성찰과 세계사적인 관조를 위해 필요한 것이다. 그럼에도 많은 전문 역사가들은 사실들의 연관관계, 국면들, 그리고 시대들의 연속적 발전 등을 추상화, 개념화, 법칙화 하는 데 대해 회의적이었고, 그 대신에 개별적인 것들에 대해 관심을 집중시킴으로써, 그들에게서는 19세기 초의 슐로서(Schlosser)를 위시한 소수의 역사가들을 제외하고는 보편사적 세계사 서술이 별로 시도되지 않았다. 그들은 개별 사실들, 개별 민족들에 대한 연구에, 또한 역사생활의 각 영역들에 관한 분야사별 연구에 몰두했다. 그런가 하면, 여러 민족들과 문명권들의 실제 역사들을 통일적으로 관조하고 사유하는 보편사적 세계사를 위한 시도는 철학자들에게 맡겨졌고, 경제학적, 사회학적 시도도 등장했던 것이다.

보편사적 세계사 서술은 역사학적 연구가 인류 역사생활의 많은 지역들과 영역들에로 확대되어 갈수록 더욱더 어려워진다. 다름 아니라 역사가는 자신의 주관적 인식기반과 전망을 극복한다는 것, 그리고 사실적인 세계사적 관찰을 가능하게 하는 객관적인 보편사적 관점을 세운다는 것이 지극히 어려운 일이라는 점을 이미 의식하고 있거니와, 더욱이 그동안 비판과 검증을 통해 해명되어 누적적으로 축적되어 온 수많은 연구성과들을 세계사적인 관조 속에 통일적으로 종합하는 일은 역사가의 능력 밖의 일이라는 점을 더욱더 확인하게 되기 때문이다. 20세기에 들어와서는 세계사, 또는 보편사라는 개념과 그 가능성에 대해서는 부정적인 견해들도 제기되어 왔다. 뢰비트에 의하면, 보편사라는 단어는 잘못된 개념이다. 다름 아니라, 세계 속에서 인간세계는 일시적인 것일 뿐이므로, 세계사 서술은 불가능하다는 것이다.[13] 비트람(Wittram) 역시 회의적으로, 세계사는 공동의 종말이 상정될 때에나 비로소 생각해 볼 수 있다고 본다. 그에게 세계사는 우리의 파악능력이, 비록 접근해 가고 있지만, 결코 미치지는 못하는 경계선상에 있는 하나의 "가능성"일 뿐이다.[14] 이와 비슷한 의미에서, 하나의 "보편적인", 유일한 진정한 역사로서 종합된 세계사란 외면적 범위와 관점에 있어서도 불가능하며, 단지 여러 가지 방식(Modus)의 하나로서의

13 Löwith, a.a.O., S. 43.

14 Reinhard Wittram, *Das Interesse an der Geschichte*, Göttingen. Aufl. 1968, S. 135-136.

세계사가 있을 뿐이다라는 견해도 있다.[15] 이보다 더 심각하게 크로체는, 보편사는 하나의 요구일 뿐, 포기될 수밖에 없다고까지 주장한 바 있다.[16]

그렇다면 보편사적 세계사의 서술은 불가능하며, 정녕 포기되어야 하는가? 랑케에게는 "세계사는 신(神)만이 안다. 우리는 모순들을 알지만, 조화들(Harmonien)은, 인도시인이 말했듯이, 신들에게만 알려져 있고, 인간들은 모른다. 우리는 단지 예감(ahnen)할 수 있을 뿐이고, 그것들에게 멀리서부터 접근해갈 뿐이다." 그럼에도 "우리에게 분명한 것은 하나의 통일성(eine Einheit)이, 하나의 진행(ein Fortgang)이, 하나의 발전(eine Entwicklung)이 있다는 사실이다."[17] 이 말은 세계사는 전개되고 있으므로, 그 총체성을, 그 본질의 발전을 해명하고 서술하는 작업은 시도될 수 있고, 시도되어야 한다는 의미를 내포하고 있다. 실로 랑케처럼 세계사적 운동들의 통일성을 파악하여 그 발전을 하나의 지속적인 진행으로서 구성해보고자 하는 사상가들 및 역사가들에게서는 보편사적 세계사 서술에 대한 시도가 포기될 수 없다. 그들은 자신들이 파악하는 역사의 연속성 속에서는 사건들이 통일적으로 결합되는 세계사의 주된 흐름이 인류역사의 중심적인 발전으로서 발견될 수 있을 것이라고 전망한다. 적어도 칸트와 헤겔의 이상주의적 역사철학에서, 마르크스의 법칙적인 물질주의적 역사파악에서, 콩트의 실증주의적 사고체계에서는 그러할 수 있다.

그러나 경험론적이며 사실적이어야 하는 역사가들에게는 여러 시대들, 민족들, 문화권들의 사건들을 종합시킬 수 있는 하나의 유일한 통일적 관점을 세운다는 것은 어려운 일이다. 그럼에도 그들이 역사 속에는 특정한 본질들이나 유형들이 지속적으로 전개되고 있다고 확신할 때에는, 그들은 여러 개의 이념들이나 경향성들 속으로 세계사의 사건들을 결합시켜 보고

15 A. Heuß, *Zur Theorie der Weltgeschichte,* Berlin, 1968, S. 30.

16 크로체, 《역사의 이론과 역사》, 이상신 역, 53쪽.

17 Ranke, "Idee der Universalhistorie," in: Kessel, "Rankes Idee der Universalhistorie," in: *H. Z.*, Bd. 178(1954), S. 301.

자 시도해 볼 수 있을 것이다. 이것은 필요한 일이다. 왜냐하면 현재는 분명히 과거와의 연속성 속에 형성되어 왔기 때문이다. 그러나 다수의 이념들 및 경향성들의 연속성들을 하나의 전체적인 통일성 속으로 세우는 일은 역시 어려운 일이다. 그것이 가능하자면, 역사세계 전체를 들어 올릴 수 있는 아르키메데스(Archimedes)의 지렛점과 같은 역사학적 관점이 세워질 수 있을 때의 일일 것이다. 그러나 그러한 지렛점이나 지렛대는 역사세계의 피안(彼岸)에나 있을 것이며, 현실세계에서는 선험적으로(a'priorisch) 세워지는 것, 또는 윤리적, 도덕적, 규범적인 것이거나, 그 외의 단지 추상적이고 개념적인 것일 수밖에 없다. 그런가 하면, 역사학적 아르키메데스의 지렛점은 어디까지나 역사실제에 대한 경험론적 인식 위에 세워지는, 역사실제로부터 세워지는 것이어야만 하며, 또한 그것은 절대화되어서는 안 된다. 왜냐하면 역사는 지금도 끊임없는 생성과 변화의 흐름 속에 항상 새로운 이념들 및 경향성들을 등장시키면서 전개되고 있는 중이기 때문이다.

이러한 점들을 고려 및 숙고 한다는 전제 아래에서라면, 보편사적 세계사의 서술은 아무리 어렵다 해도 시도해 볼 만하며, 또한 필요한 일이기도 하다. 다름 아니라, 세계사적 서술은, 이미 항상 시도되어 왔다는 사실이 의미하듯이, 역사 전체를 이해하기 위한 형식들 중의 하나였으며, 그것이 비록 완벽하게 사실적인 것은 아니면서도 개별 민족사나 시대사의 해명과 서술을 위해서도 이미 기여해 왔기 때문이다. 19세기 초부터 민족사 연구와 서술이 왕성하게 일어났을 때, 이를 위해서는 세계사에 대한 이해가 필요하다는 견해들이 제시되기도 했다. 랑케가《세계사》를 저술할 때, "세계사가 민족사들의 확고한 기반으로부터 벗어나고자 할 때는 환상들과 철학적 명제들(Philosopheme) 속으로 변질해 버릴 것이다"라고 말했던 바는 역(逆)으로 민족사들도 세계사에 대한 이해 없이는 공허해질 수 있다는 의미를 내포하고 있다. 그에게는 "민족들 자체 속에는 인류의 역사가 나타난다. 하나의 민족으로부터 다른 민족으로, 하나의 민족권(圈)으로부터 다른 민족권으로 나아가는 역사생활이 존재한다", 그리고 "다양한 민족체제들의 투쟁 속에 보편사가 일어나며, 민족성들은 자신을 의식하게 된다."[18] 그러한 한, 민족 및 국가들의 역사에 관한 연구에서는 세계사에 대한 이해가 필요하며, 이를 통해 보편성으로서의 세계사의 총체성에 대한 이해가 이루어질 때, 이 이해는 다시금 민족사 연구를 보완해 주면서 세계사 이해를 보다 더 확고하게 만들어 준다. 이 관계는 랑케의 특수성과 보편성에 관한 이론에서처럼 자명한 이치이다. 요컨대 민족사 및 국가사는 보편사적 관찰과 이해 속에서 확인되어야 한다. 그렇지 못할 때, 그것은 랑케가 말하는 바 "민족 자체 속에서 나타난다"는 "인류 역사"를 파악하지도 못하며, 공허해져 버린다. 그러므로 각 민족들의 역사들을 종합적으로 관조하면서 그들의 상호작용 및 연관관계 속에서 세계사의 통일적인 발전모습을 파악하는 것은 보편사적 세계사 서술의 과제로 된다. 그러한 관조에 의한 세계사에 대한 이해 속에서 비로소 개별적인 민족사 및 국가사나 시대사는 세계사 속에서의 그들의 위치와 의미를 사실에 맞게, 요컨대 세계사적 연관관계 속에서 확보할 수 있게 되는 것이다.

보편사적 세계사의 서술은 엄격한 의미에서는 불가능하리만큼 어렵다. 그런가 하면 즐비크(Srbik)는, 세계사는 유럽 중심적 관점으로부터 벗어나서 그 작업 영역을 시간적, 공간적으로 확대시키고, 사실적(sachlich)으로도 확장시켜서 항상 새로운 문제설정을 통해 새로이 종합함으로써 시도해 볼 수 있으며, 세계사 서술을 회피하는 것은 겁먹은 태도라고 주장한 바 있다.[19] 실로 보편사적 세계사의 서술은 역사가들에게서 포기될 수 없는 이상(理想)이기도 하다. 이 점은 세계사 서술이 그 어려움을 자명하게 의식시켜 준 역사주의 사상이 형성되기 이전이나 이후에서도 항상 면면히 추구되어왔다는 사실에서 입증되고 있다. 이 사실은 "세계사 없이는 역사의 의미도 없다"라는 사고가 모든 시대의 역사의식 속에 있었다는 것을 의미한

18 Ranke, *Weltgechichte,* I, Vorrede, S. 5.

19 Heinrich Ritter von Srbik, *Geist und Geschichte*, II, S. 377.

다.[20] 18세기 말에 철학자로서 칸트는 "세계사의 전개과정이 어떤 식으로 진행되어야 한다는 이념에 따라 역사를 서술하는 것은 기이하고 도리에 맞지 않는 시도처럼 보인다"고 전제하면서도, "그러나 그러한 이념은 매우 필요한 것이다. … 그러한 이념은, 그것 없이는 인간행위들의 무계획적인 집합체에 불과할 것들을 적어도 전체적으로 하나의 체계로서 제시해주는 실마리 역할을 해준다"[21]라고 말한 바 있다. 한 국가 내에서는 물론, 국제적으로도 "세계시민적 정치체제"가 형성될 것을 염원했던 그는 그러한 체제가 세계 도처에서 전개되고 있을 국제관계를 전망해 보면서, 그러한 이념적 실마리를 발견할 수 있다고 생각했던 것이다. 그는 이어서 자신이 말하는 "실마리"는 "인간사의 혼란스러운 유희를 설명해주거나 미래의 국가변화를 정치적으로 예언하는 기술로서 뿐만 아니라, 미래에 대한 희망찬 전망을 가능하게 해주는 데 유용할 것이다"[22]라고 말하면서 보편적 세계사 서술의 필요성을 제기했다.

오늘날에 와서는 보편사적 세계사의 서술은 더욱 더 필요한 것으로 되고 있다. 다름 아니라 인류는 이미 현실적으로 "실제적인 하나의 세계" 속에 살고 있기 때문이다. 그러므로  우리는, 비록 세계사의 발전 동력과 그 형식 및 구조를 완벽하게 정의할 수 없고, 더욱이 종국적인 결과는 영원히 알 수 없다 해도, 마이어(Maier)의 주장대로, "우리가 이제 공동 운명의 세계 속에 살고 있고, 이것을 의식하고 있는 한, 세계사 서술은 시도되어야 하는 것이다."[23] 이미 오래전에, 2차 세계대전을 치른 직후에, "세계사 서술의 가능성에 대한 학문적 회의(懷疑)는 세계사가 지금 전개되고 있다는 사실에 의해 극복되고 있다"[24]는 주장이 제기된 바 있다. 이 말은 세계가

---

20 Wittram, a.a.O., S. 135.

21 칸트, 《칸트의 역사철학》, 이한구 역, 40-41쪽.

22 위의 책, 42쪽.

23 Franz Georg Maier, "Das Problem der Universalität," in: *Geschichte heute*, hrsg. v. G Schulz, Göttingen, 1973, S. 85.

24 Oskar Köhler, "Was ist 'Welt' in der Geschichte," in: *Saeculum*, Bd. 6(1945), S. 2.

여러 민족들, 문명권들의 생활 속에서 이미 "하나의 세계"로서 진행되고 있는 현실에 대한 인식에서 나온 것이다. 세계화는 근세 초의 지리적 발견들 이래로 기술의 발달과 그 공유(共有)를 통해 계속 확대되어 왔고, 19세기에는 자본주의 경제체제에 의해, 그리고 19세기 말·20세기 초부터는군사적, 경제적, 문화적 제국주의를 통해 더욱 명실상부하게 전개되어 왔다. 특히 20세기 후반에는 이른바 "세계화"가 인류 공동체에 대한 의식에 의해서보다는 자본주의적 세계체제와 기술산업문명의 확대를 통해 더욱 가속화되어 물질주의적, 기계론적으로 전개되는 "하나의 지구촌"을 형성시키고 있다. 인간은 그러한 공동체 속에서 살도록 이미 강요당하고 있으므로, 이러한 세계의 형성연원과 과정을 알아보기 위해서는, 보편사적 세계사 서술이 시도될 필요가 있다. 다름 아니라 이를 통해 얻어지는 세계사에 대한 항상 새로운 인식은 물질주의적, 기술-산업적 자본주의에 의한 탈인간주의적, 기계론적인 세계화의 부정적인 현상들을 극복할 수 있는 방안을 모색하는 데 기여할 수 있을 것이기 때문이다.

랑케는 역사적 사건들, 민족 및 국가들, 시대들의 개체성을 강조하는 역사주의 사상을 완성시켰던 역사가이다. 따라서 그가 보편사적 세계사를 서술한다는 것은 그 자신의 역사사상에 맞지 않는 것으로 보일 수도 있다. 그러나 그는 이미 처녀작에서부터 보편사적이었고, 그후로 개별 국가들을 취급했던 모든 작품들에서도 항상 그러했었다. 그리고 그는 말년에《세계사》서술을 착수하면서, 비판적 연구를 겸비하는 종합적 이해를 갖춘 세계사를 서술해야 한다는 최고의 요구들을 만족시킨다는 것은 불가능한 일이지만, 그것을 시도한다는 것은 필요한 일이라고 말했다.[25] 이에 우리는 그가 개별 국가들의 역사들을 어떻게 보편사적으로 관찰했으며, 그러한 관찰의 기준과 서술방법은 어떠한 것인가를 그의 역사이론적, 철학적 기반과 함께 알아보면서, 마지막으로 그의《세계사》는 어떻게 구성되었고, 그

25 Ranke, *Weltgeschichte*, I, Vorrede, S. 5.

의 보편사적 관조에서 역사의 목표는 무엇으로, 어떻게 설정되었던가를 함께 알아볼 필요가 있겠다.

## 2. 랑케의 보편사적 《세계사(Weltgeschichte)》

### 2-1. 랑케의 보편사적 관찰과 서술의 이론과 방법

랑케는 첫 작품에서 "라틴 및 게르만 민족들은 하나의 통일체로서 나타난다"고 전제하면서, 자신은 그들 민족들의 "연관관계적인 역사들을 그들의 통일성 속에서 파악하고자 했다"[26]라고 밝혔다. 이어서 그는 이 작품에서, 첫째로는 "사실들에 관한 엄격한 서술"이 아무리 제약적이고 아름다울 수 없다 해도, "최고의 법칙"이므로, 여러 민족들 및 권력들 등 개별적인 것들이 어떠했던가를 앞세웠고, 그 다음으로는 "사건들의 통일성과 그 진행의 전개"를 제시하기 위해 민족들 및 권력들이 활발하게, 또는 주도적으로 등장할 때는 상세하게 서술했다고 부연했다. 특히 이 두 번째 방법을 통해 그는 "그들이 일반적으로 유지했던 노선(Linie)이, 그들이 취했던 길(Strsße)이, 그들을 움직였던 사상(Gedanken)이 더욱 잘 파악될 수 있도록 했다"[27]고 밝혔다.

랑케의 이러한 관찰과 서술방법은 말할 것도 없이 15세기 후반과 16세기 전반의 유럽의 민족 및 국가들은 "하나의 국가들의 체제(ein Staaten-system)"를 통해 통일성을 이룩하고 있었다는 그 자신의 인식에 따라 시도되었던 것이다. 이 통일성이라는 관념이 그에게는 기독교 이념의 유산이다.[28] 이 이념은 근세 유럽국가들의 역사에서 세력균형의 원칙 속에 살아

---

26 Ranke, *Geschichten der romanischen und germanischen Völker*, Vorrede, S. V.

27 Ebd., S. VII.

있었고, 계몽사상의 세계사적 역사서술에서는 이론적 기반으로 되었다. 그에게 이 이론은 1500년 전후의 유럽 민족들의 비슷한 법질서와 제도들, 공통적인 업적들, 동일한 양식의 문화와 정신적 창조들, 그리고 이른바 "세 개의 거대한 호흡들(Atemzüge)"로서 "민족이동, 십자군 운동, 비잔틴제국 건설"이라는 공동의 기도(企圖) 등에서 역사적으로 확인 및 증명되는 것이었다. 그들은 동일한 운명에 참여하는 듯 함께 활동했고, 그러한 참여는 개별민족들을 긴밀하게 결속시켰으며, 그들에게 통일적인 공동체에 속할 수 있는 권리를 부여했다. 그러므로 그들의 역사들이 랑케에게는 하나의 통일체로서 관찰되어야만 했던 것이다.[29] 그에게는 이 통일체에 대한 관찰에서 "항상 중요한 것은 우리가 취급하는 바는 인류(Menschheit)가 어떠했던가를 서술해 보는 일"이었다.[30] 그리하여 그의 역사적 관찰은 궁극적으로 인류의 역사를 알아보는 보편사적 관찰로서 이미 첫 작품에서 세워졌으며, 그의 모든 작품들에서 항상 변경 없는 관찰형식으로 되었다.

랑케의 첫 작품에서 오스만 제국과 러시아가 제외되었던 것은 그들의 전체 상태가 철저하게 파악될 수 없었기 때문이기도 하려니와, 무엇보다도 그들이 당시까지는 유럽 민족들의 공동의 생활과 공동의 노력에 참여해오지 않았기 때문이다. 그러므로 그들은 그의 통일성이라는 관념에서는 제외될 수밖에 없었던 것이다. 그런가 하면 기독교 이념을 기반으로 하여 하나의 공동체를 형성하고 있었던 유럽 민족들의 역사들은 전체적, 포괄적으로 수용되었다. 그의 이러한 관찰 및 서술은 자기 시대의 낭만주의적 서술 경향을 극복하는 것이었다. 다름 아니라 낭만주의자들에게서는 각 민족들의 개체성이 강조되면서 자신들의 민족 및 국가에 대한 개별적인 연구가 왕성해지는 가운데 18세기의 세계사적 사고는 계승되지 못했고, 결국 양자는 상호배타적인 것으로 되었지만, 랑케는 두 방향들을 각각

---

28 Masur, a.a.O., S. 84.

29 Ebd., S. 84.

30 Ranke, *Geschichten der romanischen und germanischen Völker*, Vorrede, S. VIII.

으로 소외시키지 않고 오히려 종합하면서 그 자신의 고유한 보편사적 관찰과 서술로 나아갔던 것이다.

여러 민족 및 국가들의 역사들을 보편사적으로 관찰하고 서술하는 데는 많은 사실들이 생략 및 배제될 수 있고, 결국 그 서술은 압축적인 정리로 되어 버릴 수 있다. 이러한 문제들에도 불구하고 랑케는 보편사적 관찰의 필요성을 1833년의 〈강대세력들〉의 맨 앞에 제시한 바 있다. "의심할 바 없이 역사서술에서는 개별 순간에대한 관찰도 역시 그 진실 속에, 특수한 발전 그 자체 속에 하나의 귀중한 가치를 갖고 있다. 즉 특수한 것은 그 자체 속에 보편적인 것을 지니고 있다. 그러므로 자유로운 관점으로 전체의 연관관계를 개관하고자 하는 요구는 결코 배제될 수 없다."[31] 요컨대 그는 진실과 많은 의미들이 함축되어 있는, 보편적인 것을 그 자체 속에 지니고 있는 개별 순간들에 대한 관찰로부터 출발하여 그것들의 연관관계에 대한 전체적인 관찰로 나아갔던 것이다. 역사가가 역사발전 전체를 관조하면서 그 총체적인 성격을 파악하여 제시하기 위해서는 자신에게 주도적이었던 것으로 보이는 사건들과 이념들 및 경향성들을 중심으로 하여 보편사적으로 관찰할 수밖에 없을 것이다. 랑케는 그렇게 강대세력들의 대외정치와 상호관계를 중심으로 유럽 각국의 역사들을 전체적, 통일적으로 관찰했으며, 이것은 그로 하여금 수많은 사건들을 통제하고 배제할 수 있게 만들었던 것이다.

랑케는 자신의 이러한 관찰과 서술을 항상 자신의 고유한 방법으로 활용하면서 이것을 대단한 긍지로 삼고 있었다. 즉 그는 1854년의 《근세사의 여러 시기들에 관하여》에서, 어떤 누구도 투키디데스보다 더 위대한 역사가로 자부할 수 없지만, 자기 자신은 역사서술에서 고대인들과는 다른 어떤 것을 수행한다는 것을 자부할 수 있다고 말했다. "왜냐하면, 우리의 역사서술은 그들의 서술보다 더 풍부하게 이루어지고 있으며, 우리는 여

31 랑케, 〈강대세력들〉, 《강대세력들·정치대담·자서전》, 이상신 역, 27쪽.

러 민족들의 전체 생활을 포괄하는 또 다른 능력들을 역사서술에 도입하고자 탐색하고 있기 때문이다. 한마디로 말하자면, 우리는 역사를 통일적으로 파악하고 있기 때문이다."[32] 이와 비슷한 의미의 사고는 이미 그리스 최후의 위대한 역사가인 폴리비오스가, 자기 시대부터는 "모든 것들이 하나의 목표를 향해 나아가고 있다"라고 의식하면서 세계의 사건들을 연관관계 속에 파악하는 하나의 역사를 서술하고자 시도했던 바[33]에서 표명된 바 있으며, 19세기 초에는 훔볼트가 또한 그러한 의미의 견해를 이론적으로 제시한 바 있다. 그러나 분명한 것은 여러 민족 및 국가들의, 시대들의 역사들을 그들의 연관관계 속에, 특히 통일적으로 서술한다는 의식을 랑케는 누구보다 명확하게 세우고 있었고, 그것을 구체적으로 실현시켰으며, 그것도 폴리비오스의 "세계"보다는 현실적으로 더 확대된 세계를 사실적으로 수용했다는 점이다.

랑케에게는 세계사 전체를 그렇게 연관관계 속에서 통일적으로 서술하는 것이 고대의 역사가들에 못지않는, 그 어떤 다른 것을 수행하는 것이었다. 그렇다면, 그의 보편사적 서술은 그에게 "최고의 법칙"인 개별적인 것들에 대한 엄격한 서술과 어떻게 양립될 수 있는가? 이 문제는 그가 자신의 여러 작품들에서 항상 자신의 관찰범위와 기준 및 방법에 관해 언급한 이론들에서 해명되고 있다. 그는 첫 번째 대표작품인《교황사》의 1권에서, "세계사가 변화하고 있듯이, 교황권도 역시 그러하다"고 말하면서 "여러 시대들의 교황들도 역시 한 제국의 왕조들과 크게 구별되지 않는다. (…) 교황권의 변화들 속에는 보편사(die allgemeine Geschichte)의, 전체적인 세계 발전의 한 부분이 나타난다. (…) 16세기 및 17세기들에서처럼 작용과 반(反)작용이 상충하던 시기에서는 더욱 그러하다"는 것이며, "이 교황권은 당연히 하나의 높은 보편적 의미(eine hohe allgemeine Bedeutung)를 갖고 있다.

---

32 랑케,《근세사의 여러 시기들에 관하여》, 이상신 역, 43쪽.

33 본서 VI-1, 459쪽 주 3 참조.

교황권을 이러한 관점으로 파악하는 것은 우리에게 우리의 자연적 입장(natürliche Stellung)을 요구하며, 이제 나도 그렇게 시도할 것이다"[34]라고 자신의 의도와 관찰방법을 밝혔다. 그리하여 그의 이 작품은 단순히 교황들의 역사가 아니라, 교황권이 공격과 위협을 받으면서 동요되었던 와중에서도 "또 다른 세력들에 의해 신선한 열정으로써 견고하게 유지되면서" 스스로 지켜 나갔던, 교황권을 구성하는, 교황권이 파기할 수 없는 기본 원칙과 이념들의 역사로 되었다. 그것들은 인류가 추구하는 이념들이기도 하며, 교황들의 역사는 그것들과 함께  보편사의 한 모습으로 발전해 나갔으므로, 그는 바로 그러한 역사를 보편사적으로 서술하고자 했던 것이다.

랑케는 교황권의 역사에서와 마찬가지로 개별 민족들의 역사에서도 보편사의 모습들을 발견했다. 즉 그에게는 세르비아의 독립운동사와 독일의 종교 개혁사, 그리고 프랑스사와 영국사가 그러했다. 바로 그들의 보편사적인 모습들이 그에게는 항상 그들에 대한 특별한 연구관심을 자극하는 것이었다. 왜냐하면 그에게 민족사의 보편사적인 모습은 그 민족사를 세계사와 연관시켜 주기 때문이다. 그가《프랑스사》의 1권에서 밝힌 바에 의하면, "위대한 민족들과 국가들은 민족적이자 세계사적인 이중의 과제를 갖고 있으며, 그들의 역사는 그러한 두 개의 측면들을 보여준다. 그 역사가 얼마나 인류의 보편적 발전(allgemeine Entwickelung) 속에서 하나의 본질적인 순간을 형성하고, 또한 그 속에서 지배적으로 활동하느냐에 따라서, 그 역사는 민족성의 한계를 넘어서는 지적 호기심을 일깨워 주며, 외국인에게 관심과 연구를 불러 일으킨다"[35]는 것이다.

랑케는 특히 프랑스 근세사의 발전에서 발견되는 보편사적 모습을 구체적으로 설명했다. 그에 의하면, "근세 민족들 중에서는 어떤 민족도 프

---

34 Ranke, *Die römischen Päpste*, I(SW. 37), Vorrede, S. XII . 본서 II-2, 88쪽 주 114의 "자연적 입장(natürliche Stellung)" 및 132쪽 주 249의 "자연적 관점(natürlicher Standpunkt)" 및 본서 III-3, 226쪽 주 168의 "자연적 입장" 참조.

35 Ranke, *Französische Geschichte*, I(SW. 8), Vorrede, S. VII.

랑스만큼 다른 민족들에게 다양하고도 지속적인 영향을 행사하지는 못했다"는 것이며, "프랑스는 유럽 문화세계의 네 개의 다른 거대한 민족들에 둘러싸여서 그들로부터 일어나는 자극들에 대해 결코 봉쇄되어 있지 않았다. 프랑스는 이탈리아의 문학적, 예술적 문화를 수용했고, 17세기에 군주권을 세웠던 창건자들은 스페인을 모델로 삼았으며, 프랑스의 종교개혁적 성향들은 독일과 연관되어 일어났으며, 정치개혁적 성향들은 영국의 사례들에 연계되었다"는 것이다. 그리고 근세 프랑스의 민족사는 "그들이 이룩한 의미를 통해, 또한 그들이 연관된 일반적 영향의 범위를 통해 하나의 보편사적 성격(ein universalhistorischer Charakter)을 갖게 되었던 시기들로 나아갔다"[36]는 것이다. 그리하여 그 자신은 프랑스가 유럽 국가들과의 관계 속에서 그렇게 발전했던 시기를 현재화시켜 보고자 했고, 그러한 거대한 사건들의 "객관적인 것"을 파악하고자 했으며,"사소한 의미들에 머무르지 않으면서 세계사적으로 중요한 것을 더 상세하게 설명하고자 했다"[37]는 것이다. 여기에서 그에게 "세계사적으로 중요한 것"이란 프랑스가 주변의 네 국가들로부터 정치적, 종교적, 문화적으로 자극을 받으면서 근세 유럽에서 가장 일찍이 민족국가 형식의 절대주의 체제를 세웠으며, 그 과정에서 문학과 언어가 근세 국가의 형성에 문화로서 기여하는 작용을 다른 국가들에게 모델로서 제공해 주었던 모습들이다. 바로 그러한 발전을 서술한 그의《프랑스사》는 미녜(Mignet), 미슐레(Michlet), 티에리(Thierry), 티에르(Thiers) 등, 19세기 프랑스 역사가들의 민족사적 서술의 경지를 넘어서, 프랑스 근세사가 유럽 역사 속에서 지니고 있는 보편사적 의미를 제시하는 작품으로 되었다.

랑케는《영국사》의 1권에서도 역시 자신은 하나의 개별 국가인 영국의 한 특별한 시기를 보편사적으로 관찰 및 서술하고자 했다고 밝혔다. 즉 그

36 Ebd., S. VII - VIII.

37 Ebd., S. X; 본서 II-3, 126쪽 주 231 참조.

는 영국사를 서술하는 자신의 입장을, "한 저자가 자신이 속해 있지 않는 다른 한 민족의 과거를 포괄적인 학문적 작업의 대상으로 삼을 때, 그는 그들의 민족사(Nationalgeschichte)를 서술하고자 생각하지는 않을 것이다. 그것은 그 자체가 모순일 것이다. 그의 의도는 그의 자연적 관점(natürlicher Standpunkt)에 따라서 인류의 발전을 위해 가장 깊이 영향을 주었던 시대들을 주목할 것이다. 그는 선행했던 것과 후속했던 것을 그것이 인류의 발전에 대한 이해를 위해 필수적인 것일 때만, 취급하게 될 것이다"[38]라고 밝혔다. 이어서 그는, 프랑스인들은 영국의 역사에서 "입헌적 관점"을 유지하면서 자신들의 "정치적 원칙을 위한 예시(例示)와 모델"을 찾겠지만, "독일인들은 사건을 (…) 그 정치적, 종교적 전체성 속에서, 동시에 그 보편사적 관계들 속에서(in seinen universalhistorischen Beziehungen) 파악하고자 할 것이다"[39]라고 부언했다. 요약해 보자면, 그는 영국의 역사를 "인류의 발전을 위해 가장 깊이 영향을 주었던 시기들", 그리고 "인류의 발전을 이해하는 데 필수적인 것"을 중심으로 하여 그것들의 "정치적, 종교적 전체성" 속에서, 동시에 "보편사적 관계들 속에서" 파악하며 서술하고자 했던 것이다. 그에게 그것들은 보수와 개혁의 두 당파들이 상호대립하면서도 국가의 발전을 함께 도모하면서 형성시켰던 17세기의 의회제도와 의회적 군주체제이다. 그것들은, 프랑스가 그 시기에 절대적 군주체제를 통해 유럽 국가들에게 강력한 영향력을 행사하고 있었던 것과는 다른 차원으로, 즉 당시에는 물론 그 후로도 다른 국가들에게 정치체제의 바람직한 모델로서 지속적으로 영향을 주고 있다[40]는 점에서 보편사적으로 의미있는 제도 및 체제이다. 이러한 그의 관점에서는 영국의 고대사도 역시 그러한 의미를 지닌다. 즉 그는 영국의 기원을 로마 시기까지 소급시키면서, 이 민족이 유럽문화를 대서양의 변경에 전파시켰다는 사실을 중요시했다. 이로써 그는

38 Ranke, *Englische Geschichte*, I(SW. 14), Vorrede, S. VI.
39 Ebd., S. XI.
40 Ebd., S. VIII.

영국사에 "제국의 계승(Translatio imperi)"이라는 옛 개념을 부여하게 되었던 것이다.[41]

랑케가 이 작품의 마지막 권의 입문에서, "나는 사건들을 오직 그것들의 결정적인 변화들에 따라서, 그것들의 거대한 개요 속에서(in ihrem großen Umrißen) 현재화시켜 보고자 시도한다"[42]라고 말했던 바는 그의 보편사적 서술의 한 형식이자 방법이다. 즉 그것은 그가 16·17세기의 영국 역사를 간략하게 정리하지 않고 무려 8권으로 상세하게 서술하면서도, 어디까지나 그 역사에서 세계사의 발전에 영향을 주었던 사건들과 그 변화들의 흐름을 "개요적으로" 파악하여 제시하는 방법이다. 따라서 그것은 단순한 개괄적인 서술이 아니다. 그는 그러한 관점과 방법으로 영국사를 서술함으로써 18세기의 흄(Hume)과 19세기의 매콜리(Macauly)를 넘어섰다. 그들은 영국사 자체를 서술했지만, 랑케는 영국사에서 세계사적으로 영향을 주면서 작용하고 있는 사건들의 의미를 유럽 국가들과의 관계 속에서 파악하는 보편사적인 시각으로 서술했던 것이다.[43]

랑케는 첫 작품을 포함하는 대표 작품들에서 빠짐없이 자신의 보편사적 관찰과 서술의 동기 및 필요성, 그 대상과 범위 및 기준, 그리고 그 서술 방법에 관하여 언급했으며, 특히 《세계사》에서 그러했다. 그는 자신이 시도하는 《세계사》를 기존의 세계사 서술들과는 다른 것으로 설명했다. 그에게 "세계사(Weltgeschichte)는 모든 민족들의, 시대들의 사건들을 포괄하는 것이다." 그러나 그는 《세계사》의 제1권에서 "사람들은 다양한 민족들의 역사에 머물러 있을 수는 없었다"고 전제하면서, "좁은 의미로, 또는 넓은 의미로 여러 민족들의 역사들을 수집(Sammlung)한 것은 결코 하나의 세계사를 만들 수 없다. 그러한 수집은 사건들의 연관관계(Zusammenhang)를 주목하지 않게 될 것이다. 그러나 바로 그 연관관계를 인식하고, 모든

41 Masur, a.a.O., S. 95.

42 Ranke, *Englische Geschichte*, VIII (SW. 21), 22.Buch, Einleitung, S. 6.

43 본서 II-3, 132쪽 주 250.

민족들을 연결시키며, 지배적인 거대한 사건들의 진행(Gang)을 증명하는 것이 세계사적 학문의 과제이다"[44]라고 밝혔다. 그러므로 그에게 세계사는 어디까지나 민족사들의 기반 위에 세워져야 한다. "세계사가 민족사들의 확고한 기반으로부터 벗어나고자 할 때는, 세계사는 환상들과 철학적 학설 속으로 퇴화될 것이다. 그러나 세계사도 마찬가지로 이 기반에만 머물러 있을 수는 없다. 민족들 자체 속에는 인류의 역사가 나타난다."[45] 이러한 언급들은 19세기 랑케의 세계사 개념이다. 그리고 그는 "거대한 사건들의 진행(Gang)"에, 즉 자신이 주목하면서 서술하고자 하는 대상에 관해서는《세계사》의 제7권에서, "나는 내가 보편사적 연구들 일반(universalshistorischen Studien überhaupt)에 결합시키는 개념을 다시 한번 더 상기한다. 개별 민족들의 역사와 나란히, 또한 그 위로 나는 보편적 역사(allgemeine Geschichte)에 그 자체의 고유한 원리를 주장한다. 그것은 인류의 공동체적 삶의 원리(Prinzip)이다. 이 원리는 민족들을 포괄하고, 그들을 지배하며, 그러면서도 그들 속으로 사라지지는 않는다. 사람들은 이것을 문화세계의 형성과 유지 및 확대라고 지칭할 수 있다"[46]라고 밝혔다. 요컨대 그에게는 여러 민족 및 국가들의 거대한 사건들을 그것들의 연관관계 속

---

44 Ranke, *Weltgeschichte*, I, Vorrede, S. 4. 랑케는 말년의《세계사》제1권에서 밝힌, 세계사에 관한 이상의 견해를 이미 1830년대에 작성했던 비망록에서도 표명한 바 있다. "오랫동안 전승되어 왔던 서술방법(세계사의)은 외면적인 것에 의지했다. 그 방법은 시간, 장소, 연속관계, 과거 현상들의 사실적인 것 전체를 세우고자 하며, 시작까지 소급하여 최근까지 모든 것을 제시하고자 하며, 때로는 단순히 수집하여 끝없이 지루한 인상을 준다. (…) (독자들은) 그 모든 것들이 무엇을 위해 일어났었고, 사람들이 무엇을 위해 있었으며, 살았던 가를 보지 못한다. 내면적 연관관계조차 곡해된다." Kessel, a.a.O., S. 305.

45 Ranke, *Weltgeschichte,* I, 1, S. VIII

46 Ranke, *Weltgeschichte*, VII, Eingang, S. 12: "Ich erinnere noch einmal an den Begriff, den ich mit den universalhistorischen Studien überhaupt verbinde. Neben und über der Geschichte der einzelnen Völker vindiziere ich der allgemeinen Geschichte ihr eigenes Prinzip: es ist das Prinzip des gemeinschaftlichen Lebens des menschlichen Geschlechts, welches die Nationen zusammenfaßt und sie beherrscht, ohne doch in denselben aufzugehen. Man könnte es bezeichnen als die Bildung, Erhaltung, Ausbreitung der Kulturwelt."

에 관찰하면서 그들의 역사생활을 지배하는 "인류의 공동체적 삶의 원리"에 주목했고, 이것의 형성과 유지 및 확대, 즉 문화세계의 발전들을 전체적, 통일적으로 파악하여 제시하는 것이 보편사적 세계사 서술이다.

이상에서 보면, 랑케에게서 보편사적 관찰의 대상으로 되는 것, 즉 보편적인 것은, 그것이 어느 민족, 어느 시대가 이룩한 것이든 간에, "인류의 공동체적 삶의 원리"에서 이룩된 것, 그리하여 인류 역사의 발전에 지속적으로 영향을 주면서 계속 작용하고 있는 것, 요컨대 인류 역사 전체와 일정한 연관관계 속에 있는 것이다. 그것은 모든 민족들을 포괄하며, 그들의 삶을 지배한다. 그러므로 그것은 어느 시대, 어느 민족 및 국가들의 역사에서도 역사생활의 본질적인 모습으로 항상 나타나면서, 작용하는 것이다. 그것과 "개별 민족체제들과의 투쟁 속에서", "개체적인 것과의 충돌 속에서" 보편사적 발전이 일어나고 있으므로,[47] 그것은 "생동적인 순간들(lebedigen Momente)"[48]이 일어나는 기반이기도 하다. 그리고 그것은, 《정치대담》에서 정의되었듯이, 개별적인 것과 같은 구체적인 것이 아니라, 형식적인 것(das Formel)이며, 개념적으로 정의될 수 있는 것이 아니라, 그러한 성향을 보여주는 이념 및 경향성과 같은 것이다. 또한 그것은 정신적인 것이다. 왜냐하면 그에게 "모든 것은 보편적이자 개별적인 정신생활"이기 때문이다.

랑케의 보편사적 관찰의 대상이자 범위는, "우리가 취급하는 것은 인류(Menschheit)가 어떠한 것인가를 설명해보는 일이다"[49]라는 말에서 표명되고 있듯이, 다름 아닌 인류의 역사이다. 그 역사가 각 개별 국가들에서 전개되는 모습을 그는 《프로이센사》에서는 "생동적인 순간들을 국가생활 전체와의 관계 속에서(im Zusammenhang mit den gesamten Staatsleben)",[50] 《영국사》에서는 "사건들을 정치적·종교적 전체성 속에서(in seiner politisch-

---

47 Ranke, *Weltgeschichte,* I, Vorrede, S. 5.

48 Ranke, *Zwölf Bücher preußischer Geschichte*, 1. Bd., Vorrede, S. VII.

49 Ranke, *Geschichten der romanischen und germanischen Völker*, Vorrede, S. VIII.

50 Ranke, *Zwölf Bücher preußischer Geschichte*, 1. Bd., Vorrede, S. VII.

religiösen Gesamtheit), 동시에 그 보편사적 관계들 속에서",[51] 그리고《독일 세력들과 군주동맹》에서는 "내적 분쟁들을 전체체제와의 관계 속에서(in Beziehung auf die Gesamtverfassung)"[52] 관찰하면서 파악하고자 했다. 이 "전체"란 각 국가의 사건들을 그 국가의 모든 역사생활과의 관계 속에서, 나아가서는 개별 국가들의 역사들을 인류역사와의 관계 속에서 파악할 때의 그 외연(外延)이며, 그의 역사적 관찰을 보편사적인 것으로 만들어 주는 바로 인류이다. 그리하여 그에게서 "전체와의 연관관계 속에서(im Zusammenhang mit Ganzen)", 또는 "전체성 속에서(in Gesamtheit)" 파악한다는 것은 "통일적으로" 관찰한다는 것과 함께 그의 보편사적 관찰의 기본적인 방법으로 된다. 이 "전체"는 그러나 그의 보편사적 관찰을 통해서도 인류역사 그 자체로서 완벽하게 서술되지는 않는다. 그에게는 그 모든 역사생활이 모두 다 서술될 수는 없었다. "전체" 속에서도 그에게 역사발전의 본질적인 모습으로서, 보편적인 것으로서 파악되는 것들이 선택되어서 서술되었다. 예를 들면, 근동 아시아 민족들의 경우는 유럽 역사의 통일성과 관계를 갖는 범위 내에서만 서술되었다. 그러므로 그에게서 "전체"란 개별 국가의 경우에는 그 국가의 역사생활 모두인가 하면, 세계사의 경우에는 그에게 통일성 속에 나타나는 유럽 문화의 세계로 된다.

랑케는 자신이 보편사적으로 서술하고자 선택한 대상들의 성격과 그 서술방법을 구체적으로 설명하기도 했다.《프랑스사》에서 그는, 프랑스가 "보편사적 성격"을 갖는 시기로 나아갔던 과정에서의 거대한 사건들의 "객관적인 것"을 파악하고자 했고, "사소한 의미들에 머무르지 않고 세계사적으로 중요한 것을 더 상세하게 설명하고자 했으며",[53]《영국사》에서는 "사건들을 오직 그것들의 결정적인 변화들에 따라서, 그것들의 거대한 개요 속에서 현재화시켜 보고자 시도했다."[54] 요컨대 그는 거대한 사건들

---

51 Ranke, *Englische Geschichte*, I, Vorrede, S. XI.

52 Ranke, *Die deutschen Mächte und der Fürstenbund* (SW. 31/32), Vorrede, S. VI.

53 Ranke, *Französische Geschichte*, I(SW. 8), Vorrede, S. X.

의 "객관적인 것"을, "세계사적으로 중요한 것"을 보다 더 상세하게, 그것도 "그들의 거대한 개요 속에서" 서술하고자 했다.

여기에서 "거대한 개요 속에서"(im großen Umrißen)라는 방법은 단순히 수많은 사건들 중에서 소용될 만한 것들을 간추려서 개괄적으로 서술하는 "발췌적(拔萃的, epitomatorisch)"[55] 방법과는 다르다. 그것은 그가 첫 작품의 입문에서 밝혔던 바의, 사실들에 관한 엄격한 연구를 근거로 하여 "사건들의 통일성과 그 진행의 전개"[56]를 제시하기 위해 활용한 정리 방법이다. 그에게 "발췌적" 서술에서는 개별 사건들의 확실성과 고유성을 확인하는 연구의 철저성이 결여되는가 하면, "거대한 개요 속에서"의 서술은 개별 사실들에 대한 엄격한 연구 위에서 사건들의 진행을 그것들의 "결정적인 변화들에 따라서" 정리하는 것이므로, 그 진행을 개괄적으로이지만, 어디까지나 변화들이 일어나는 "연관관계 속에서" 서술하는 것으로 된다. 이것은 "사소한 것에 관해서는 간략하게, 세계사적으로 중요한 것에 관해서는 상세하게 설명하는 것과 함께 그의 보편사적 관찰에서 대상들을 취사선택하는, 또한 경중(輕重)으로 서술하는 방법"으로 된다. 이와 같이 랑케의 보편사적 관찰과 서술에는 그 기준과 범위, 서술대상의 성격, 그리고 그 선택과 서술방법이 간략한 표현으로이지만, 명확하게 갖추어져 있다. 그것들은 그의 세계사적 서술을 집합적, 포괄적으로, 또는 연대적으로 정리된 세계사 서술들과 구분시켜 주면서 보편사적인 서술로 만들어주는 조건들이자 근거이다. 이로써 그에게서는 세계사 서술이 세계사 실제의 주된 흐름과 보다 더 부합될 수 있게 되었다.

여기에서 주목되어야 할 바는 랑케의 이러한 보편사적 관찰은 이미 그 자체로서 객관적 서술을 위한 방법론적 기능을 한다는 점이다. 다름 아니

---

54 Ranke, *Englische Geschichte*, VIII (SW. 21), 22. Buch, Einleitung, S. 6; 본서 II-3, 133쪽 주 254 참조.

55 Ranke, *Zwölf Bücher preußischer Geschichte*, 1. und 2. Bd.(SW. 25/26), Vorrede der neuen Ausgabe, S. XI.

56 Ranke, *Geschichten der romanischen und germanischen Völker,* Vorrede, S. VII.

라 그는《교황사》에서, 교황권의 변화들 속에는 보편사의, 전체적인 발전의 한 부분이 나타난다고 보면서, "교황권은 높은 보편적 의미를 갖고 있다는 관점에서" 교황권을 파악하는 것은 "우리의 자연적 입장(natürliche Einstellung)을 요구한다"[57]라고 말했던 바 있으며,《영국사》에서는 역시 같은 의미로, 한 역사가가 외국의 역사를 학문적 대상으로 삼을 때, 그는 자신의 "자연적 관점(natürlicher Standpunkt)에 따라서" 그 나라가 인류의 발전을 위해 가장 깊이 영향을 주었던 시대들에 주목하게 된다고 말했다.[58] 그의 이러한 반복된 언급들은 보편적 의미를 갖고 있는 대상들에 대한 관찰에서는 당파적 의도와 견해들로부터 벗어난, 순수한 "자연적 입장"을 요구한다는 것, 또한 "자연적 관점"에 따를 때는 동시에 보편사적인 발전들에 주목하게 된다는 것을 의미한다. 결국 그에게서는 보편적인 것들에 대한 관찰은 역사가로 하여금 특정한 의도로부터, 또는 당파적 관점으로부터 벗어난, 순수한 객관적 관찰로 나아가게 만드는 방법으로 된다. 그리하여 그에게서 보편사적으로 관찰한다는 것은 모든 민족들 및 국가들의 역사생활과 연관되어있는 거대한 세계사적 진행을 통일적으로 관조한다는 의미인가 하면, 역사서술 실제에서는 사실들을 통일적인 관조 속에서 통제 및 선택하여 설명함으로써 결국 서술의 객관성을 보증하는 데 기여하는 방법이기도 하다.

### 2-2. 랑케의 보편사적 사고의 신학적, 철학적 기반

랑케의 역사이론에서는 역사발전의 계기는 개별적인 것과 보편적인 것이 상충하는 가운데 형성되므로 이 양자는 항상 다함께 파악되어야 한다. 그의 연구 실제에 있어서는 개별적인 것이 보편적인 것보다 먼저 연구되어야 한다. 왜냐하면 개별적인 것에 대한 연구는 보편적인 것에 대한 연구보

57 Ranke, *Die römischen Päpste*, I, Vorrede, S. XII.

58 Ranke, *Englische Geschichte*, III (SW. 14), Vorrede, S. VI.

다 더 상세하고 확실하며, 또한 개별적인 것은 자체 내에 보편적인 것을 내포하고 있는 것인가 하면, 보편적인 것은 처음부터 일시에 파악될 수 없는 것이기 때문이다. 따라서 그에게 역사연구는 어디까지나 역사연구의 "최고의 법칙"에 따라 개별적인 것에 대한 엄격하고 상세한 파악으로부터 출발하며, 이를 통해 비로소 보편적인 것에 대한 인식에 접근한다. 이러한 과정에서 보편적인 것에 대한 인식은 개별적인 것에 대한 파악을 보완시켜 주며, 이를 통해 보편적인 것은 다시금 보다 더 완벽하게 인식된다. 그리하여 양자는 각각 서로에 대한 파악과 인식에 기여하며, 결국 양자의 상호작용에 의한 "역사적 순간"의 형성과 역사발전이 보다 더 충실하게 해명 되는 것이다.

그런가 하면 보편적인 것이 랑케에게 중요한 이유는, 그것이 역사생활에서 항상 영향을 주고 있고, 개별적인 것의 형성과 작용에서 그 조건이자 기반으로서 작용하면서 그 성격을 결정해 주는 것이기 때문이다. 보편적인 것이 랑케에게서는 비록 많은 개별적인 사실들이 해명되었다 해도, 그 성과들의 단순한 종합을 통해서는 완벽하게 파악되어지는 것이 아니다. 왜냐하면 그것은 끊임없는 생성과 변화의 역사발전 속에서 형성되어 온 것이며, 더욱이 정신적인 것이므로, 법칙적, 귀납적, 통계적 방법으로 파악될 수는 없는 것이기 때문이다. 그러므로 랑케에게서 그것에 대한 인식은 개별적인 것들에 대한 연구결과들을 근거로 하여 역사 전체를 관조하면서 "정신적 통각"과 "예감"을 통해 비로소 이루어지는 것이다. 역사가가 이와같은 방법과 과정으로 보편적인 것을 파악하고자 했다는 것은 그가 역사 속에서 지속적인 것, 항시적인 것을 파악하고자 노력하면서 결국 현존재의 핵심을, 그리고 역사 속에서의 무한한 것을 파악해 보고자 하는 철학적 사색을 함께 활용하고 있었다는 것을 의미한다.

그러나 랑케는 역사철학을 처음부터 거부했다. 그는 현상의 근저에는 "신의 이념"이 있다는 피히테의 사상에서처럼, 그 자신도 "신은 항상 우리와 함께 있다"고 사고하면서도, 피히테의 사변적 역사철학에 대해서는 회의했고, 또한 헤겔의 철학적 역사구성을 거부했다. 그는 일찍부터, 역사연구는 철학으로부터 구분되어야 하고, 다른 학문들에게 의존적, 예속적이어서는 안 되며, 독자적이어야 한다는 견해를 세우고 있었다. 그는 이미 1830년대의 비망록에서 역사학과 철학 사이의 차이점들에 관해, 철학은 "가장 높은 사상의 진행"을 기억하면서 항상 보편적인 것에 관심을 갖고 있고, "모든 개별적인 것을 전체 속의 가지들"로서 간주하며, 또한 자신이 동의하고자 하는 상태를 멀리 설정하면서 예언적 눈길을 미래로 향하며, 무한한 것(das Unendliche)을 오직 진행과 발전, 그리고 총체성 속에서 찾는가 하면,[59] 역사서술(Historie)은 개별적인 것, 특수한 것에 애정과 관심을 가지며, 철학과는 달리 무한한 것을 모든 실존(Existenz) 속에서, 영원한 것을, 신으로부터 유래하는 것을 모든 상태와 본질 속에서 인정하는 바, 이것은 역사연구의 원리라고 언급했었다.[60] 이러한 이유들에서 그는 철학이 역사를 구성하는 것이 정당하다면, 역사서술은 독립성을 상실하고 철학의 지배를 받게 되며, 그렇게 되면 개별 현상들에 대한 관심은 사라지고, 오직 인류 역사의 총체성에만 관심을 갖게 될 것이라고 지적했다. 그리고 그는 철학이 역사에 행사하고 있는 횡포를 이전에는 신학이 죄악과 구원의 교리, 천년왕국설, 다니엘의 4제국설 등을 통해서 행사했었다고 부연했다.[61]

랑케의 이상의 견해들에서 보면, 철학과 역사학의 차이는, 전자가 사상을 중심으로 하여 무한한 것에 관심을 갖고, 미래를 겨냥하면서 그것을 역사의 진행과 발전 속에서, 그 총체성 속에서 찾고자 하는가 하면, 후자는 개별적인 것들에 관심을 갖고, 무한한 것을 모든 실존하는 것 속에 있다고 보면서 그것을 과거 속에서 찾고자 하는 데 있다. 그런가 하면, 그에게 철학적 사유와 역사학적 사고 사이에는 공통점도 있다. 즉 양자는 각각의 관심을 쏟는 대상과 방향에서 차이를 보여 주고 있을 뿐, 다함께 궁극적으

59 Ranke, "Idee der Universalhistorie," in: Kessel, a.a.O., S. 295.

60 Ebd., S. 295.

61 Ebd., S. 293.

로는 역사 속에서 "무한한 것"을 파악하고자 한다. 랑케가 자주 "보편적인 것"이라고 표현하기도 하는, 그러나 좀더 깊은 의미를 지닌 이 "무한한 것"이란 역사의 외면적 현상들에서 가시적으로 발견되는 것이 아니다. 그것은 역사발전의 내면에 항시적이고 지속적으로 전개되고 있는 것이다. 그러한 한, 랑케처럼 무한한 것을 파악하고자 하는 역사가는 역사와 현실을 현상들 그 자체로서 관찰하고 서술하는 것만으로써 그칠 수는 없다.

더욱이 랑케는 근본적으로 역사발전 속에는 신의 뜻이 항상 함께 있는 것으로 사고했던가 하면, 역사의 실제 운반자는 인간으로, 그리고 역사현실은, "모든 것은 보편적이자, 개별적인 정신생활이다"가 의미하듯이, 정신적인 것으로 보았다. 그리하여 그에게서는 역사가, 이미 알아보았듯이, "신성화됨과 동시에 정신화"되었다. 그러므로 그는 모든 사건들, 발전들, 시대들의 내면에 지속적으로 전개되고 있는 바를, 곧 정신적인 것을 파악하고자 했던 것이다. 그는 여러 곳에서 자신은 "여러 민족들의 내면적 발전"을, "정신적 현존재의 전체 범위"를, "거대한 역사의 연관관계"를, "세계사의 이념"을 파악하고자 했다고 언급했다. 이 표현들은 모두 다 그가 역사현실은 정신적인 것이므로, 유럽 민족들 및 국가들의 역사들 속에는 정신적 흐름으로서 하나의 통일적인 역사가 전개되고 있다고 의식하면서 그들의 역사 전체 속에 항시적으로 지속되고 있는 보편적인 것이자 "무한한 것"을 파악해 보고자 했다는 것을 의미한다. 그의 이러한 태도는 분명히 역사를 전체적으로 관조하면서 그 총체성 속에서 무한한 것을 찾고자 하는 철학적 사색을 내포하고 있는 것이다. 요컨대 그는 신학적, 철학적 역사구성을 모두 거부했지만, 그의 역사사고에는 신에 대한 종교적 믿음과 무한한 것에 대한 철학적 사색이 다함께 내면화되어 있었으므로, 결국 그러한 믿음과 사색은 그로 하여금 역사전체를 하나의 통일적인 역사로 보는 보편사적인 관조와 서술로 나아가게 했던 것이다.

랑케의 연구방법론(III장)에서 나타나는 바로는, 그에게서는 역사연구가 두 개의 차원으로 전개되었다. 그 하나는 개별 사실들을 문헌학적·비판적 검증을 통해 규명하는 경험론적 방법이며, 또 하나는 역사발전을 "공감(共感)과 공동인식(共同認識, Mitwissenschaft)"을 근거로 하는 "정신적 통각(geistige Apperzeption)"을 통해 파악하는 직관적 이해의 방법이다. 전자는 그에게 역사서술은 문헌들을 근거로 해야 한다는 원칙에 따르는 1차적인 필수 작업인가 하면, 후자는 사료들이 없는 부분을, 또는 있다 해도 비판적 연구를 통해서도 규명되지 않는 바를 파악하는 방법으로서, 전자를 보완 또는 주도하기도 하므로 역시 필수적인 작업이다. 여기에서 이 "이해"는 개별 사건들에 대해서뿐만 아니라 국면들 및 시대들의 진행과 발전에 대한 파악에서도 작용한다. 다름 아니라 역사 발전 속에 지속되고 있는 "무한한 것"을 파악하고자 하는 랑케에게는 "정신적 통각"으로서의 이해가 역사 발전을 전체적, 통일적으로 관조하는 방법으로 되며, 이때 그것은 철학적 사색과 같은 경지로 되는 것이다.

랑케에게 특히 이 방법이 필요했던 것은 경험론적 연구가 "연관관계"나 "내면적 발전"을 파악하는 데 충분할 수 없기 때문이다. 그리고 연관관계의 파악이 중요한 이유는 바로 그 속에서 역사의 다양한 발전들의 계기가 마련되기 때문이다.[62] 즉 연관관계는 여러 가지 원인들과 동기들이, 여러 민족들 및 국가들의 의지와 목표들이 함께 작용하면서 대립·투쟁하는 가운데 개별적인 것과 보편적인 것이 상충하면서 새로운 발전들이 전개되는 "역사적 순간들"을 형성한다. 그리고 그러한 발전 속에 역사의 보편성이 나타나는 것이다. 그러므로 역사적 순간을 파악하기 위해 그는 개별적인 것들에 대한 경험론적 연구를 선행시키고, 다음으로 보편적인 것을 인식하기 위해 역사적 사건들의, 국면들의 연관관계에 대한, 그리고 긴 기간에 걸쳐 진행되었던 내면적 발전들에 대한 파악으로 나아갔던 것이다. 이것은 결국 역사 전체에 대한 보편사적 관조이며, 역사서술의 목표를 "인류가 어떠했던가를 서술하는 것"[63]으로 삼고 있었던 그에게는 결국 역사연

---

62 Ranke, *Zwölf Bücher preußischer Geschichte*, 1. Bd., Vorrede der 1. Ausgabe, S. XI; Kessel, a.a.O., S. 289.

구의 필요하고도 궁극적인 방법으로 된다.

랑케가 역사발전에서의 보편적인 것을 파악하고자 했던 것은 인류역사 속에는 "하나의 통일성이, 하나의 진행이, 하나의 발전이 있다"[64]라는 그 자신의 확고한 믿음에서였다. 그리하여 그것들을 파악 및 서술하고자 하는 역사연구가 그에게는 "시간 속에 나타나는 인류생활의 전체를 포괄한다."[65] 그러므로 그는 역사를 전체적으로, 통일적으로 관조했던 것이며, 이것은 결국 역사의 총체성 속에서 "무한한 것"을 파악하고자 하는 철학적 사색이기도 하다. 이러한 점에서 그에게 역사연구는, 스스로 언급했듯이, 철학과 대립하지는 않고, 오히려 친근해지며, 결국 "무한한 것"을 역사의 총체성 속에서 파악하는 철학의 과제를 함께 실천하는 것이다.[66] 그에 의하면, "우리는 역사학적 방법으로 철학의 과제에 도달한다. 철학이 마땅히 철학다워야 할 바가 그것이라면, 그리고 역사연구가 그렇게 완전하게 명확하고 완성되어진다면, 양자는 일치하게 될 것이다. 그리고 역사학적 학문은 자신의 요소를 철학적 정신으로써 추구하게 될 것이다."[67]

랑케가 이와 같이 역사학적 학문은 철학과 함께 "무한한 것"을 역사의 총체성 속에서 파악하고자 하며, 그것에 대한 파악과 인식이 역사연구의 궁극적인 과제라고 사고하게 되었던  근원은 그의 역사신학적 사상에서 발견된다. 그는 젊은 시절에, 1820년에 아우 하인리히(Heinrich)에게 쓴 편지에서 "모든 역사에는 신이 있으며, 살아있다는 것이 인식될 수 있다. 모든 행위가 그를 증명하고, 모든 순간이 그의 이름을 설교하고 있으며, 가

---

63 Ranke, *Geschichten der romanischen und germanischen Völker*, Vorrede, S. VIII. 본서 VI-2, 474쪽 주 30 참조.

64 Ranke, "Idee der Universalhistorie," in: Kessel, a.a.O., S. 301.

65 Ebd., S. 302.

66 Ebd., S. 304.

67 Ebd., S. 302: "So kommen wir auf historischem Wege bey der Aufgabe der Philosophie an. Wäre die Philosophie das, was sie seyn soll; wäre die Historie so vollkommen klar und vollendet, so würden sie beyde übereinstimmen. Mit philosophischem Geiste würde die historische Wissenschaft ihr Element durchdringen."

장 많이 그러한 것은, 내 생각으로는, 거대한 역사의 연관관계이다"[68]라고 말하면서, "신은 역사 속에, 마치 하나의 신성한 상형문자(eine heilige Hieroglype)처럼, 극명하게 파악되어서 보존되어 있으며, 이로써 아마도 신은 미래의 수세기들 속에서도 사라지지 않는다. 그렇다! 우리에게는 우리의 몫으로 이 상형문자를 해명하는 것이 중요하다. 그렇게 우리는 신에게 봉사하며, 또한 그렇게 우리는 성직자(Priester)이자 교사(Lehrer)이다"[69]라고 부연했다.

랑케의 이러한 신학적 역사사고는 피히테의 《학자의 본질(Wesen des Gelehrten)》로부터 영향을 받았던 것으로 보인다. 피히테에게는 "세계 전체는 실제와 진실에 있어서는 교육받지 않은 자연적 인간의 감각에 나타나는 바와 같은 세계가 결코 아니며, 오히려 자연적 현상의 근저에 놓여있는 하나의 보다 더 높은 것이다. 현상의 이 근거는 마땅히 세계에 관한 신의 이념(die göttliche Idee von der Welt)이라고 지칭될 수 있다. 이 이념의 내용에서 일정한 부분은 도야(陶冶)된 사색을 통해 접근될 수 있고, 파악될 수 있다."[70] 그리고 이 이념과 결합된 삶은, 즉 "신의 삶(das göttliche Leben)은 그 자체가 철저하게 자체적으로 완결된 하나의 통일체이며, 어떠한 변화도, 변경도 겪지 않는다. (…) 그러한 삶은 (…) 끝이 없는 시간의 흐름 속에서 무한하게 계속 발전하는, 항상 보다 더 높이 상승하는 삶이다. (…) 현상 속에 살아있는 이 현존재를 우리는 인류라고 부른다."[71] 여기에서 보면, 피히테에게서는 인류는 역사 속에 항상 함께 있는 신의 이념과 동화(同化)하는가 하면, 신의 이념은 모든 인간적, 정신적 현상, 즉 인류의 전체생활과 동화하는 것으로 된다.[72]

---

68 Ranke, *SW. 53/54*, II. Ausgewählte Briefe, S. 89; Carl Hinrichs, *Ranke und die Geschichtstheologie*, S. 115.

69 Ranke, *SW. 53/54*, ebd., S. 90.

70 피히테, 《학자의 본질에 관한 열 차례의 강의》, 서정혁 역, 15쪽; Hinrichs, a.a.O., S. 113.

71 위의 책, 34쪽; ebd., S. 113.

피히테의 이러한 사상이 랑케에게서는 "모든 역사에는 신이 있으며, 살아있다는 것이 인식될 수 있다"는 사고로, 또한 신의 이념은 역사 속에서 작용하거나 조종하지는 않으며, 모든 시대를 굽어보고 있을 뿐이며, 인간 정신이 활동하고 있는 인류의 전체 생활 속에는 신의 이념이 항상 함께 있다는 사고로 계승되었던 것이다. 그의《종교개혁사》에서 보면, "우리는 아마도, 바로 그렇기 때문에 시대들이 연속하고 있고, 이로써 모든 것 속에서는 어떠한 개별적인 경우에서도 가능하지 않는 바가 일어나고, 이로써 신성(神性, Gottheit)에 의해 인류에게 심어진 정신적 생활의 전체 내용이 세기들의 순서에 따라서 등장한다고 말할 수 있을 것이다"[73]라는 것이다. 여기에서는 역사의 근저에는 신의 이념이 있다는 랑케 자신의 젊은 시절의 역사개념이 더욱 나아가서, 신의 이념은 인간 정신의 활동 속에 나타나고 있다는 사상으로 표현되고 있다. 이것은 역사에 관한 그의 근본 사상으로 되었다. 그에게 인류의 정신생활 전체에는 신성이 있고, 그러므로 그 속에는 신성이 무한한 것으로서 숨어 있는 채 계속 나타나고 있다. 힌리히스(Hinrichs)에 의하면, 신성의 이러한 출현 모습을 랑케는 젊은 시절에 루터에게서 보았다. 즉 신성은 위대한 인물들에게서는 자신을 구체화시켜서 직접적으로 드러내는가 하면, 또한 역사의 일정한 정점(頂點)들, 역사적 국면들에서는 많은 사람들에게서 예고하면서 나타나기도 한다.[74] 전자의 경우는 변화의 필요성이 마련되어 있음에도 다음 단계의 발전이 일어나지 못하고 있을 때, 소명된 개인들이 출현하여 역사의 필연적인 도약을 이룩하는 모습이고, 후자의 경우는 여러 가지 동기들과 다양한 목적들을 지닌

---

72 Ebd., S. 113.

73 Ranke, *Deutsche Geschichte im Zeitalter der Refomation*, IV (SW. 4), 7. Buch, Einleitung, s. 3. "Wir dürfen vielleicht sagen: eben darum folgen die Zeiten auf einander, damit in allen geschehe, was in keiner einzelnen möglich ist, damit die ganze Fülle des dem menschlichen Geschlechte von der Gottheit eingehauchten-geistigen Lebens in der Reihe der Jahrhunderte zu Tage komme."

74 Hinrichs, a.a.O., S. 114.

많은 사람들이 앞으로 이루어져야 할 바를 위해 함께 노력함으로써 역사적 성과를 이룩하는 경우이다. 그리하여 랑케에게 신성은 그러한 인물이나 집단에서는, 그리고 그러한 시점에서는 인식될 수 있는 것이다. 그러나 신의 이념을 인식하는 것은 단 한 번에 가능할 수는 없고, 또한 완벽하게 이루어지는 것도 아니며, 오직 긴 기간의 발전을 통해서만, 수세기들에 걸쳐서만 가능한 것이다. 왜냐하면 신의 이념은 오랜동안 민족들 및 시대들, 그리고 인간집단들에게서 다양하게, 그리고 부분적으로만 나타나기 때문이다.

이러한 사상을 랑케는 1854년의 《근세사의 여러 시기들》에서 표명했다. "신의 이념이라는 관점으로부터 나는, 인류는 무한하게 다양한 발전들을 자체 내에 지니고 있으며, 이 발전들은 점차로 나타나며, 그것도 우리에게 알려지지 않는 법칙들에 따라서, 사람들이 생각하는 것보다 더 비밀스럽고 더 거대하게 일어난다고 생각하지 않을 수 없다."[75] 이것은 독일 이상주의의 근본 사상의 표현이다.[76]

여기에서 보면, 인류 역사의 발전에 관한 랑케의 사상과, 보편사에 관한 그의 개념은 피히테의 신학적 역사사상 위에서 세워졌다고 볼 수 있겠다. 다름 아니라 그 자체가 완결된, 그리고 어떠한 변화도 없는 신의 이념은 모든 역사 현상들의 근저에, 그 속에 있고, 그러한 현상들 속에 살고 있는 현존재가 인류[77]라는 피히테의 사상에 따라 랑케도 역시 신의 이념은 변함없이 항상 역사와 함께 있으며, 현실 속에서는 오직 역사발전을 통해서만 점차적으로 그 모습을 드러낸다고 사고했던 것이다. 그러한 "세계사의 비밀이야기(Mär der Weltgeschichte)"를 해명해 보고자 하는 그에게 그 작업은 인

---

75 랑케, 《근세사의 여러 시기들에 관하여》, 이상신 역, 37–38쪽.

76 이러한 사상은 슐라이어마허에게서 가장 일찍이 표명되었던 것으로 언급되고 있다. "영원한 인류는 자기 내면의 비밀에 가득 찬 존재로부터 세상에 나타나고, 유한한 生의 일시적인 현상 속에 가장 다양하게 나타나기 위해 지칠 줄 모르게 몰두해 왔다." *Über die Religion*, ed. Lessing, Kröner, S. 79; Hinrichs, a.a.O., S. 163.

77 피히테, 《학자의 본질에 관한 열 차례의 강의》, 34쪽; 본서 VI, 491쪽 주 71 참조.

류역사 전체에 대한 보편사적 관찰을 통해서만 시도될 수 있는 것이다. 그것을 그는 특히 "역사의 거대한 연관관계들"에 대한 해명을 통해서 시도했으며, 민족사와 국가사를, 또는 개별 사건이나 지역사를 연구하는 경우에도 그에게는 보편사적 관찰만이 만족을 줄 수 있었던 것이다.

또한 랑케가 신의 이념을 역사 전체 속에서 찾는 연구작업을 신에 봉사하는 직무로 삼았던 것도 역시 피히테로부터 받은 영향으로 보인다. 다름 아니라 피히테가 "성실한 학자"에 관해, "그는 자신의 삶이 신의 삶과 하나이며, 자신의 삶의 곁에는, 그 속에는 신의 작업이 수행되며 신의 의지가 있다는 것을 의식한다. 따라서 그는 (…) 신의 삶이 옳고 선하다는 불멸의 확신을 갖고 이에 의존한다. 이것을 통해 그의 눈길은 구원(救援)되고 거룩해지며 종교적으로 된다"[78]라고 말했던 바가 랑케에게서는 "신은 역사 속에 마치 신성한 상형문자(聖文字)처럼 극명하게 파악되어서 보존되어 있으며", 이 "성문자를 해명하는 것"은 "신에게 봉사하는 일이며, 그렇게 우리는 성직자이자 교사이다"라는 사상으로 계승되었던 것이다. 랑케는 1820년의 젊은 시절에 아우에게 말했던 이 생각을 평생 동안 지니고 있었다. 즉 그는 말년에도 아들 오토(Otto)에게 쓴 편지에서 "역사학적 학문과 서술은, 비록 그것이 관계하는 대상들은 세속적인 것이지만, 성직자의 업무와만 비교될 수 있는 직무이다"[79]라고 말했다. 이러한 사고는 그가 역사 연구에서 자신의 학문적 태도를 세우는 데 결정적인 영향을 주었다고 볼 수 있겠다. 다름 아니라 피히테에게서는 역사가가 자신이 "세계에 관한 신의 개념에 관여한다"고 스스로 생각하면서 역사를 관찰할 때 모든 것을 넘어서서 고귀해지고 신성해지듯이, 랑케는 자신의 직무를 성직자의 직분으로 삼으면서 모든 역사적 사실들을, 민족 및 국가들의, 시대들의 역사들을 그

78 Fichte, *Das Wesen des Gelehrten*, SW. 6. S. 411; 위의 책, 136쪽; Hinrichs, a.a.O., S. 115.

79 Hinrichs, a.a.O., S. 116 zitiert bei Hans F. Helmbolt, *Leopold Rankes Leben und Wirken*, 1921, S. 134 f.

것들의 신과의 직접성 때문에 결국 "자기 해소"를 통해 객관적으로, 보편사적으로 관찰하는 자세를 세웠던 것이다. 이러한 태도는 인류 역사전체를 곧 신성(神性)의 역사로 대면하는 경건한 종교성에서 세워진 것이다.

랑케는 보편사적 사고의 사상적 기반에서는 역사 속의 "신의 이념"에 관한 피히테의 역사신학적 사상과 계승관계를 보여주는가 하면, 그가 세계사를 실제로 보편사적으로 관조 및 서술할 수 있게 되었던 데는 헤겔의 역사철학적 사상과 사고형식이 발견된다. 다름 아니라 헤겔이야 말로 자신의 철학적 사유를 세계사에 적용시켜서, 비록 사상적으로, 그러므로 추상화되기도 했지만, 처음으로 철학적 세계사를 제시했다. 그는 역사현실을 정신이 객관화된 것으로, 정신현상으로 보면서 세계사를 정신의 본질인 자유의 실현과정으로 파악했던 것이다. 그에게 "세계사는 자유의 의식에 있어서 진보이다." 그는 역사를 정신화시켜서, 이를 통해 세계사를 보편사적으로 관찰하게 되었고, 이로써 역사 속에 항시적으로 지속되고 있는 보편적인 것은 자유의 실현모습이라고 파악했던 것이다.

헤겔의 이러한 역사사상과 관조형식은 랑케에게서도 발견된다. 즉 그는 "정신적 힘"을, "도덕적 에너지"를 역사발전의 작용하는 힘으로 보았고, 국가를 "현실적·정신적인 것"이라고 정의했으며, 나아가서는 모든 역사현실을 정신화시켰다. 다름 아니라 그에게 "모든 것은 보편적이자, 개별적인 정신생활이다." 그리하여 그에게서도 세계사가 정신을 통해 보편사적으로 관찰될 수 있게 되었던 것이다. 랑케와 헤겔 사이의 차이점은, 이미 언급된 바 있거니와, 헤겔에게서는 정신이 "세계정신(Weltgeist)"처럼 초개인적, 초월적인 의미를 내포하고 있는가 하면, 랑케에게서의 정신은 보다 더 인간적, 현실적인 것이라는 점이다. 헤겔은 정신의 본질을 자유로 봄으로써, 자유가 역사의 목표로 되는가 하면, 랑케는 정신의 본질을 정의하지 않음으로써, 역사의 목표는 개방되어 있다. 이것은 그가 역사가로서 현실을 개념적으로 규정 및 정의하기를 회피했고, 또한 역사발전을 진보의 과정으로 보지도 않았기 때문이다. 그러면서도 그가 세계사를 보편사적으로 관찰할 수 있었던 것은 헤겔처럼 역사의 정신화를 통해서였다. 이렇게 하여 헤겔의 철학적 사고는 랑케의 사실주의적 역사사고 속에 계승되고 있었다. 랑케의 보편사적 사고와 관조에는 1790년대에 〈학자의 본질〉을 발표했던 피히테보다는 1820년대에 베를린 대학에서 자연철학 및 종교철학과 함께 역사철학을 강의하면서 철학적 사유를 세계사에 사실적, 보편사적으로 적용시켜 보았던 헤겔이 더 구체적으로 영향을 주었을 것이라고 볼 수 있겠다.

그런가 하면 랑케는 훔볼트로부터도 영향을 받았던 것으로 보인다. 훔볼트는 헤겔과 같은 시기에 이상주의의 역사철학적 관념으로 "역사서술가의 과제"를 매우 난해하고 치밀하게 논의하는 가운데 결국 역사가의 관찰시야는 보편사적이어야 한다는 것을 당위적인 과제로서 제시한 바 있다. 그에 의하면, 역사가는 자료들을 전체적으로 관찰하면서 이것들을 정확하고 비당파적, 비판적으로 규명해야 하고, 연구된 바들을 연결하되 비판적 작업을 통해서도 도달될 수 없는 것을 예감해야 한다. 그리고 이러한 작업에서 가장 중요한 것은 "역사적 이념(die historische Idee)"을 파악하는 일이라는 것이다. 그에게 역사적 이념이란 신적(神的)인 "세계정부(Weltregierung)"의 표명으로서 측량될 수도, 설명될 수도 없지만, "세계정신"과 같은 신비적이고 파악될 수 없는 것이 아니라, 인간 자체 속에 의식적으로 작용하는 충동들이며, 역사현실 속에서 파악될 수 있는 것이다. 그에 의하면, 역사는 이 이념의 실현을 목표로 삼고 있으므로, 역사가에게는 이 이념을 파악하고 서술하는 것이 궁극적인 과제이다.[80] 이러한 역사사상으로써 훔볼트는 이상주의 철학가로서 "역사적 이념"을 헤겔의 "세계정신"보다 더 인간적이고 현실적인 개념으로 만들었으며, 그가 역사 연구 작업에서 수행되어야 할 바들을 그 순서에 따라 구체적으로 제시했던 것은 실로 역사연구에서 지켜져야 할 이정표로 되었다. 특히 그의 "역사적 이

80 W. v. Humboldt, "Über die Aufgabe des Geschichtsschreibers(1821)," in; *Deutsche Geschichtsphilosophie*, hrsg, v. K. Rossmann, S. 211ff.

념"은 세계사 속에 항시적, 지속적으로 전개되고 있는 것이므로, 그것의 파악을 궁극적인 과제로 삼아야 하는 역사가는 모든 역사를 당연히 보편사적으로 관조하며 사색하게 된다. 그의 "역사적 이념"은 랑케의 보편사적 사고에 피히테나 헤겔보다 더 영향을 주었을 것임에 틀림없었던 것으로 보인다.

역사는 보편사적으로 서술될 필요가 있다는 견해가 독일에서는 랑케 이전에, 그리고 피히테와 헤겔에 앞서서, 이미 18세기 말에 철학가로서 칸트가, 다음으로는 시인이자 극자가인 실러(F. Schiller)가 제시한 바 있다. 칸트는 〈보편사의 이념〉(1784)에서 역사를 자유의 실현과정으로 보면서, 자유의 이념은 정의에 기반을 두는 "세계시민적 상태"에서 윤리적으로 실현될 것이라고 전망하면서, 그러한 발전을 위한 과제와 단계들에 관한 설명과 함께, 세계사는 "어떻게 진행되어야 한다는 이념에 따라 서술될 필요가 있다"라는 견해를 제기했다. 그에게 그러한 서술은 무계획적인 사건들로 보이는 인간행위들을 "전체적으로 하나의 체계로서 제시해주는 역할을 해줄 것"이므로 필요한 것이다.[81] 곧 이어 실러는, 한 민족이 자신의 자주성과 신앙의 자유를 위해 스페인의 전제주의와 투쟁했던 역사를 서술한 《네덜란드 연맹의 몰락의 역사》(1788)에서, 역사발전은 군주들의 이기주의와 종교적 광신주의를 극복하면서 인간권리와 자유의 이념을 추구하는 과정이라고 보았으며, 칸트의 《보편사의 이념》으로부터 깊은 인상을 받고서는, 정신의 자유는 도덕성과 인간품위를 제고하면서 인류의 진보를 지향한다는 사상을 수용했다.[82] 이러한 사상에서 그는 예나(Jena)대학의 교수취임강의로 〈보편사란 무엇이며, 어떠한 목적으로 연구하는가?〉(Was heißt und zu welchem Ende studiert man Universalgeschichte?, 1789)를 발표했다.[83]

---

81 Kant, *Idee zu einer allgemeinen Geschichte in weltbürgerlicher Absicht*, 1784; 칸트, 《칸트의 역사철학》, 이한구 역, 40-41쪽.

82 Heinrich Ritter von Srbik, *Geist und Geschichte*, I, , S. 153

83 실러는 《네덜란드 연맹의 몰락의 역사》(*Geschichte des Abfalls der vereinigten Niederlande*, 1788)를 저술하여 역사가로서의 능력을 인정받고서 예나대학의 문

칸트와 실러에게서는 보편사가 여러 민족 및 국가들의 역사들을 포괄하는 인류의 역사로 파악되어 있다. 이 점에 있어서는 그들과 다음 세대의 랑케는 공통적이다. 그러나 칸트와 실러는 계몽사상 시대가 끝나는 시기를 살면서 그 영향속에 역사의 의미를 교훈적, 실용적으로 이해하고 있었고, 그들의 진보신념에서는 역사는 현재와 미래를 위해 유익한 지식을 제공하도록 서술되어야 하는 것이다. 그들에게 세계사는 세계법정(Weltgericht)이다. 바로 이 점에서, 즉 역사 그 자체와 역사서술에 대한 근본적인 이해에 있어서 그들과 랑케 사이의 괴리는 크다. 그들은 보편사적 서술의 방법과 내용에 관해서도 별로 언급하지 못했다. 그들의 의미는 18세기 말에 독일에서 통일적인 세계사 서술의 필요성을 제기했다는 데 있다.

보편사적 사고 및 관조형식은 근원적으로 기독교 신학적 역사관에 뿌리를 두고 있다. 뢰비트(Löwith)에 의하면, 중세와 근세의 역사가들과 19세기의 헤겔과 마르크스에게서도 기독교적 역사관의 틀은, 그것을 구성하고 있는 개념들이 세속화 된채로, 계승되고 있다는 것이다.[84] 랑케도 역시 그러한 사고전통 속에 있다고 볼 수 있다. 그러면서도 그는 특히 자기 시대에서 한 세대 위의 이상주의 철학자들과 직접적인 계승관계를 보여준다. 피히테의 역사 속의 "신의 이념"이라는 관념과 그 자신의 "역사 속에는 항상 신이 함께 있다"라는 사고는 다함께 모든 역사들을 전체적, 통일적으로 관찰하도록 하는 사상적 기반이 된다. 그리고 헤겔이 현실을 정신현상으로 보면서 세계사를 정신이 자신의 본질인 자유를 실현시켜 나가는 거대한 과정으로 파악했던 것과, 랑케가 역사의 주된 운반자인 국가를 "현실적·정신적인 것"이며, "모든 것은 보편적이자 개별적인 정신생활이다"라고 보았던 것은 양자가 다함께 역사를 정신화시킨 것이다. 이를 통해 양자는,

---

학 및 역사 교수로 부름을 받았으며, 〈보편사란 무엇이며, 어떠한 목적으로 연구하는가?〉라는 제목으로 교수취임강의를 했다. 곧이어 《30년 전쟁사》(*Geschichte des dreißigjährigen Krieges*, 1791-1793)를 저술하여 역사가로서의 이름을 세웠다.

84 K. Löwith, *Weltgeschichte und Heilsgeschehen*, Stuttgart, 1948; 칼 뢰비트, 《역사의 의미》, 이한우 역(문예출판사, 1990).

물론 헤겔이 먼저, 세계사를 하나의 역사로서 관찰할 수 있게 되었던 것이다. 그런가 하면 훔볼트의 역사이론과 서술 방법론은 랑케에게 어느 철학가나 역사가의 그것들 보다 많이 계승되고 있을 뿐만 아니라, 특히 "역사적 이념"론은 랑케의 보편사적 관찰의 의도와 방향에 깊은 영향을 주었던 것으로 나타난다.

그러므로 랑케의 보편사적 사고는 현상의 배면에 있는 이념을, 역사 속의 "무한한 것", 보편적인 것을 역사의 총체성 속에서 파악하고자 하는 독일 이상주의의 신학적, 철학적 역사사상과 사고형식을 기반으로 하여 세워진 것이라고 볼 수 있다. 그렇게하여 그는 유럽 개별 민족 및 국가들의 역사들을 항상 통일적인 유럽문화권의 각 부분들로서, 나아가서는 그들의 역사 전체를 하나의 공동체의 역사로서 파악하게 되었던 것이다.

그러나 랑케는 보편사적 관찰과 서술에서 어디까지나 개별사실들에 대한 문헌학적·비판적인 경험론적 연구를 선행시켰다. 이로써 그는 신학적, 철학적 보편사의 비사실적인 구성을 극복하고, 보편사적 관조와 서술이 사실적으로 될 수 있도록 했다. 이러한 점에서 그는 전통적인, 또한 자신에게도 내면화 되어 있는 신학적, 철학적 사고를 사실주의(Realismus)와 통합시켰던 역사가였다. 그리하여 그의 보편사적 관조는 사실을 이념의, 현실을 정신의 진행과 부합시켰고, 지역사를 문화권의 역사 속으로, 민족 및 국가들의 역사들을 세계사 속으로 수용하여, 궁극적으로는 인류역사 속에서 그 보편성을 파악하고 서술하는 경지로 나아갔던 것이다.

여기에서 주목되어야 할 바는 랑케의 종교성과 신학적 역사사상이 그의 실제 연구 작업을 지배하지는 않았다는 해석이다. 마이네케에 의하면, 랑케는 역사 속에는 신의 섭리가 있다고 믿으면서도, 그러한 관점에서 역사를 파악하는, 역사 속의 신의 계획을 개별적으로 증명하는 위험을 저지르지는 않았다[85]는 것이다. 그는 신이 함께하고 있는 역사에 대한 연구를

85 Friedrich Meinecke, "Ranke und Burckhardt," in: *Zur Geschichte der Geschichtsschreibung*, München, 1968, S. 102.

신에 봉사하는 일로서 사제(司祭)의 사명과 같은 것으로 삼고 있었지만, 연구실제에 있어서는 자신의 과제를 어디까지나 비판적, 경험론적으로 수행하는 사실주의 원칙을 지켰던 것이다. 그는 유럽 국가들의 역사들을 모두 종합하는 하나의 세계사를 서술하겠다는 계획을 항상 간직하고 있다가 말년에 가서야《세계사》를 저술하게 되었다.

## 2-3.《세계사(Weltgeschichte)》(8Bde., 1881-1887)의 보편사적 의미

### 랑케에게서 역사의 목표: 목표 없는 목적론

랑케는 첫 작품을 저술할 때부터 언젠가 "세계사의 비밀 이야기(die Mär der Weltgeschichte)"를 설명해 보겠다는 의도를 세운 바 있었다. 그러나 그는 항상 개별 민족 및 국가들의 역사들을 보편사적으로 서술해왔고, 젊은 시절의 계획을 오랫동안 미루어 오다가 베를린 대학에서 은퇴한 후(1871), 하르덴베르크(Hardenberg)의 전기(傳記)를 저술하고 있던 1877년에 81세를 맞이하면서 비로소 세계사를 서술하기로 결심했다. 그는 하르덴베르크의 전기를 완료한 후《세계사》저술에 곧 착수하여 85세 때인 1881년에 제 1권을 발표했다. 이어서 그는 매년 1권씩 출판하여 1886년에는 제 6권까지 발표하고 나서 사망했다. 그는 고대 이집트와 그리스 민족들의 역사로부터 출발하여(1권), 로마 공화정과 세계지배 및 아우구스투스의 원수정(元首政, Prinzipat) 성립(2권), 로마의 황제체제와 기독교의 기원 및 콘스탄티누스 대제(3권), 콘스탄티노플의 황제체제와 라틴 및 게르만 왕국들의 기원(4권), 카를 대제의 카롤링 제국에 이어 독일 제국의 형성(5권), 그리고 독일 제국의 융성과 쇠퇴 및 그레고리 7세의 교권체제와 하인리히 4세(Heinrich IV)까지의 역사(6권)를 서술했다. 그는 10세기까지의 역사를 직접 서술했으나, 그다음으로, 하인리히 4세가 사망(1106)하고 십자군 원정이 시작되었을 때까지, 즉 12세기까지의 역사는 구술의 방법으로 서술되었다. 다름 아니라 그는 말년에 눈과 귀가 어둡고 멀어졌으므로, 조교들이 문헌을 읽으면, 듣고 나서 함께 토론을 거친 후에 자신의 구술을 받아쓰게 했고, 이를 다시 수정하는 과정으로 작업을 진행시켰던 것이다. 그는 사망하기 몇 주 전에 자기에게는 "한 번의 공양제 기간(ein Lustrum)"[86]이 더 필요하며, 그렇다면 작업이 완료될 것이라고 말한 바 있으나, 1886년에 91세의 나이로 사망함으로써, 결국 14세기 이후의 역사를 서술하지는 못했다. 그가 사망한 뒤에 도페(Alfred Dove)가 조교들과 함께 스승의 강의노트들을 근거로 하여 십자군 원정과 교황의 세계지배(7권), 14·15세기의 근세 세계로의 전환시기와 콘스탄티노플 함락까지의 역사(8권)를 편집하여 1888년에 출판하게 되었다.[87]

이 《세계사》의 구성에서 우선 주목되는 바는 선사시대(太古史, Urgeschichte)가 서술되지 않았다는 점이다. 랑케는 이 시대를 무시하지는 않았지만, 그 서술은 자신의 원전 연구와 역사서술의 원칙에 위배되기 때문에 결국 제외시켰다.[88] 즉 그는, 역사서술은 "기록으로 된 문헌들을 근거로 한다"는 자신의 원칙에서 그러한 자료들이 없는, 즉 원전연구를 할 수 없는 선사시대를 서술할 수는 없었던 것이다. 또한 그에게는 원시일신교(Urmonotheismus)를 학문적으로 규명하는 것도 어려운 일이었으므로 그러

---

86 공양제(Lustrum): 고대 로마에서 5년마다 치렀던 속죄의 제의(祭儀) 기간.

87 도페는 이 8권에 랑케가 생전에 자신의 전집(Sämtliche Werke)에서 배제했던, 1854년에 바이에른 국왕 막시밀리안(Maximilian II)에게 했었던 연속강의를 〈근세사의 여러 시기들에 관하여(Über die Epochen der neueren Geschichte)〉라는 제목을 붙여서 보록으로 첨부했다. 랑케가 바이에른 궁정속기사에 의해 정리된 강의내용의 텍스트를 후일에 베를린에서 받았으나, 이것을 출판하지 않았던 것은 아마도 그 자신과 프로이센 군주와의 관계에 대한 고려에서였던 것으로 보인다.

88 Ranke, "Idee der Universalhistorie," in: Kessel, a.a.O., S. 302. 랑케는, 역사서술은 기록을 근거로 한다 라는 자신의 원칙에 따라서 기록이 없는 선사시대를 서술하지 않았지만, 신화는 한 민족이 자신에 관해, 또한 세계에 대한 자신의 위치에 관해 일정한 견해를 표현하고 있으며, 이 견해는 한 민족의 객관적인 것이 아니라 주관적인 것을, 자신의 사상을 기록했다는 점에서 역사학적 연구를 위해 신뢰할만하다고 보았다. 또한 그는 세계사의 범위에 관해서는 지리학적 배합과 자연사 연구의 성과들로부터 얻어진 것들과 태양계와 지구의 형성에 관한 것들도 세계사(Welthistorie)에서는 제외된다고 언급했다.

할 수밖에 없었다.[89] 다음으로 주목되는 바는 극동(Ferne Osten)의 민족들과 문화, 슬라브 문화, 그리고 멕시코 및 페루 등의 고대 문화가 배제되었다는 점이다. 이것은 랑케가 세계사를 "하나의 거대한 전체적 개체성(eine große Gesamtindividualität)"으로 이해함으로써, 그러한 통일적인 문화를, 즉 유럽 문화를 형성시키는 데 다함께 참여해 왔던 민족들과 국가들을 중심으로 하여 세계사를 서술할 수밖에 없었기 때문이었다. 그러므로 그는 근동 아시아의, 즉 동방지역(Orient)의 민족들과 문화에 관해서도 그들이 유럽 민족들 및 문화와 관계를 가졌던 범위와 정도 내에서만 함께 취급했을 뿐이었다. 결국 그의 《세계사》는 그가 하나의 통일적인 세계라고 이해하고 있었던 유럽 민족들과 동방지역의 일부 역사에 관한, 그것도 도페에 의해 편집된 제7권과 제8권을 포함시킨다면, 15세기까지의 유럽 역사에 관한 서술이다.

랑케가 이 작품에서 설정한 세계는 자신이 속해 있던 "문화세계(Kulturwelt)"이다. 이 세계가 그에게는 상호연관적인 작용 속에 있는 문화민족들 및 국가들에 의해 운반되어 왔고, 그 역사는 그들의 정치와 종교가 결합되어 있던, 그들 사이의 세력균형을 통해 각자의 독립성이 유지되어 왔던 하나의 통일적인 문화세계의 역사이다. 그리하여 그의 《세계사》가 취급한 대상들과 범위는 "세계사"라는 제목에 맞지 않게 시간적, 공간적으로 제한되어 있다. 그리고 이 작품은 개별 국가들을 중심으로 서술되었을 뿐, 어떠한 공동의 이념이나 특정한 목표를 향해 나아가는 통일적인 발전으로서 서술되지는 않았으며, 그동안에 나온 연구성과들을 모두 수용하지는 못했을 뿐만 아니라, 그 자신의 이전의 작품들에서와 같은 독창성이나 철학적 논의를 더 이상 보여주지 못했다는 지적을 받고 있다. 무엇보다도 역사 속의 신의 존재에 대한 그의 믿음이 19세기 말에는 역사전공자들에게서는 물론, 일반 독자층에게서도 더 이상 공감을 얻을 수 없었다.[90] 이러한 관계

89 Friedrich Meinecke, "Leopold von Ranke, Gedächtnisrede," *in: Entstehung des Historismus*, hrsg. v. C. Hinrichs, München, 1965, *Beigabe* S. 597-598.

들에서 이 작품은 그의 다른 모든 저술들 중에서 가장 주목받지 못하는 작품으로 남게 되었다고 언급되고 있다. 그러나 이 작품은 그가 평생 동안 저술했던 유럽 각국의 역사들이 종합된 것이며, 여기에는 세계사 서술에 관한 그의 이론과 방법론이 그의 다른 어느 저술들에서보다도 많이 제시되고 있다. 그리하여 이 작품은 당시까지 나왔던 세계사 서술들과는 다른 차원의 보편사적 세계사 서술로서의 성격과 요소들을 지니고 있다. 따라서 우리는 그가 이 작품을 말년에 가서야 저술하게 되었던 배경과 동기, 그리고 역사의 목표에 대한 그의 관념을 연관시켜서 알아볼 필요가 있다.

근대적인 세계사적 서술은, 1절에서 알아보았듯이, 18세기 중엽에 나타났다. 영국에서는 여러 저자들이 공동으로《최초의 시기부터 현대까지의 보편사》(1736-1765)[91]를 저술한 바 있으며, 프랑스에서는 볼테르가《여러 민족들의 풍습과 정신에 관하여》(1753)[92]를 발표한 바 있다. 전자는 17세기까지도, 보쉬에에게서처럼, 계승되고 있던 신학적 세계사 이해를 극복하고 유럽, 북아프리카, 오리엔트, 그리고 일부 아시아의 역사도 포함시킨 최초의 탈(脫)신학적 세계사 서술이다. 그리고 후자는 18세기 계몽사상의 영향 속에서 인간정신의 발전을 "문명"이라는 관점으로 추적한 최초의 문화사적 세계사 서술로 인정되고 있다. 독일에서는 18세기 말에 괴팅겐학파(Göttingen-Schule)의 슐뢰저(A. L. Schlözer),[93] 가테러(J. Ch. Gatterer)[94] 등이 세계사 서술을 보여주었다. 이들은 영국의 세계사 서술로부터 자극을 받았고, 계몽사상의 세계시민주의와 볼테르의 문화사 서술로부터 영향을 받았지만, 볼테르만큼 비판적이지는 못했다고 평가되고 있다.

---

90 Rudolf Vierhaus, "Ranke und die Anfänge der deutschen Geschichtswissenschaft," S. 27.

91 *Univeralhistory from the Earliest Account of Time to the Present*, 1736-1765.

92 Voltaire, *Essai sur les moeurs et l'esprit des nations*, 1753.

93 Schlözer, *Vorstellungen der Universalhistorie*, 1772; *Weltgeschichte nach ihren Hauptteilen*, 1785-1789.

94 Gatterer, *Versuch einer allgemeinen Weltgeschichte*, 1792.

탈신학적인 근대적 세계사 서술은 이와 같이 18세기 이래로 시도되어 왔고, 19세기에도 계속되었다. 물론 19세기에는 낭만주의와 민족주의 영향 속에 각국에서는 개별적인 민족사 서술이 지배적이었으나, 세계사 서술도 면면이 계속되었고, 그것들은 탈신학적이었다. 랑케가 1877년에《세계사》저술을 결심하기 직전에는 이미 1844년부터 출간되기 시작하여 10년 후에 완성되었던 슐로서(Schlosser)의《독일 민족을 위한 세계사》[95], 1844-1856가 그의 사후 1870-1875년의 기간에 새로이 편집되어 출판되었다. 이 작품은 저자가 칸트의 영향 속에 도덕성을 가치기준으로 하여 세계사를 "세계법정"으로서 서술한 것이다. 이러한 도덕주의적, 교훈적 서술은 랑케의 역사서술의 원칙에 어긋나는 것이었다. 그러나 이 작품이 저자의 사후에도 다시금 출판되었다는 것은 그만큼 당시의 독자들에게서 널리 읽혔기 때문이었다. 랑케가《세계사》저술을 1877년에 착수하기로 결심했을 때, 그는 아마도 이 작품의 재출간으로부터 자극을 얼마간 받았을 것이다. 그러나 랑케 자신의《세계사》서술동기와 의도 및 그의 시대의식은 어떠했던가?

랑케에게 유럽 민족들 및 국가들의 역사는 하나의 문화 공동체의 역사이며, 유럽 문화는 그 역사와 함께 연속성 속에 발전해 왔다. 그러나 이러한 이해가 그에게서는 오랫동안 의문에 부쳐졌었다. 즉 그에게는 1815년 이후의 왕정복고의 시기가 불안 속에서 안정을 가져다주는 "폭풍 전야의 정적(靜寂)의 시기(Halicarnische Zeit)"였던가 하면, 1830년 7월 혁명의 영향이 독일에 전파되었을 때, 그리고 1848년의 2월 혁명 후 독일과 유럽의 여러 나라들에서도 혁명적 운동이 전개되었을 때는, 유럽 문화의 연속성에 대한 그의 확신은 항상 흔들렸었다. 그동안 그에게서는 혁명적인 급진적 운동들이 가져올 변혁에 의해 문화의 계속적인 발전이 저지될 수도 있을 것이라는 불안감, 민주화적·평등화적 운동들에 대한 거부감, 그리고 기존

95 Schlosser, *Weltgeschichte für das deutsche Volk*, 19 Bde., 1844-1856.

의 국가적, 종교적, 문화적 제도들의 역사적 가치와 연속성에 대한 애착심 등이 항상 교차했었다. 당시의 혼란 속에서 그는,《역사·정치 잡지》의 편집 활동시기에서처럼, 군주제적 원리를 변호하면서도 개혁요구를 역사적인 것으로 인정하면서, 군주제적 원리의 유지와 그 주도 아래에서 개혁이 이루어지기를 바랐다. 그에게서는 바로 이러한 보수적·중도적인 태도를 유지하면서 역사의 연속성을 설명해 보는 것이 그동안의 그의 모든 역사서술에서 하나의 강력한 동기로 되고 있었다.[96]

그러했던 랑케가 이제, 1877년에《세계사》저술을 결심하게 되었던 것은 유럽 문화가 연속성 속에 발전할 수 있게 되었다는 것을 새로이 확인했기 때문이었다. 다름 아니라 그는 노년에 프로이센에 의한 독일 국가들의 통일을 체험했고, 이로써 안정의 시대가 전개되고 있다는 것을 확인하게 되었던 것이다. 이제 그는 1790년대의 혁명적 힘들의 재등장이나 나폴레옹 시대에서와 같은 전쟁에 대한 공포, 그리고 1830년대와 1840년대의 혁명적 운동들로부터 벗어났다고 생각하게 되었던 것이다. 그리하여 그는 이제 군주제의 원리 아래 유럽 문화의 연속 가능성을 새로이 확신하면서, 오랫동안 간직해왔던 세계사 서술의 계획을 실천하고자 결심했던 것이다. 이 시점은 그가 80세를 막 넘겼을 때였다. 그 결심의 동기를 그는《세계사》의 제5권을 발표하고 1885년에 90회 생일을 맞이하면서 표명했다. "우리가 경험했던 사건들에서는 무엇보다도 세계사의 규칙적인 계속 발전(regelmäßige Fortentwicklung)을 불가능하게 만드는 혁명적인 힘들의 패배가 인식된다. 이 힘들이 득세했었다면, 역사적 힘들의 계속형성(Fortbildung der historischen Kräfte)에 관해서는, 그리고 이것들에 관한 비당파적 관조에 관해서는 말할 수 없게 되었을 것이며, 객관적 의미의 세계사 서술은 불가능하게 되었을 것이다. 나는 두 개의 거대한 세계무력들의 문제가 오랫동안의

96 Rudolf Vierhaus, "Die Idee der Kontinuität in historiographischen Welt Rankes," in: *Leopold von Ranke und die moderne Geschichtswissenschaft*, hrsg. v. Mommsen, S. 116.

투쟁들과 변화들 뒤에 나에게서 전반적으로 결정되지 않았다면, 그리하여 이전 세기들에 대한 비당파적인 회고가 허락되지 않았다면, 하나의 세계사 서술을 생각하지 않았을 것이다."[97] 요컨대 그는 독일 민족의 통일과 유럽의 안정을 통해 군주제 원리와 국민주권 원리 사이의 투쟁이 지양되었고, 유럽 문화의 연속성이 가능해졌으며, 이를 통해 과거의 역사발전을 비당파적으로 관찰 및 서술할 수 있게 되었다고 의식함으로써 비로소 세계사 서술을 착수하게 되었던 것이다.

그러나 그의 그러한 의식은 우리에게 깊은 의문을 야기시킨다. 그의 말대로 혁명적 힘들과 국민주권설이 승리했다면, 세계사는 당파적으로 서술되거나 아예 서술되지 않을 수도 있게 되는가? 역사에는 승리가 있으면, 패배가 있고, 어느 한쪽이 항상 승자이거나 패자일 수 없다. 양자는 다함께 역사 형성에 참여했으므로 다함께 서술되어야, 그것도 비당파적으로 서술되어야 한다. 이러한 점에서 90회 생일 때 그의 말은 마이네케의 언급대로 그의 약점이자 한계이다.[98] 그것은 그가 오랫동안 위기의식 속에서 세계사의 연속적인 발전에 대해 회의적이었다가 그 위기가 극복되었다고 의식했을 때 표명했던 감정적인 표현이었을 것이다.

이제 우리는 랑케의 《세계사》의 결정적인 특징을 세계사의 진행에 관한 그의 관념과 함께 알아볼 필요가 있겠다. 그의 《세계사》는 그가 평생 동안 연구하여 서술했던 유럽 각국의 역사들을 종합하여 보편사적으로 서술한 것이다. 랑케에게 보편사란, 세계 여러 지역들 및 시대들의, 민족 및 국가들의 역사들을 수집하여 년대적으로 정리하여 제시하는 일반적인 세계사와는 달리, 그들의 역사발전들을 하나의 전체의 역사로 보면서 그것들의 연관관계를 파악하여, 그것들 속에서 전개되고 있는 보편적인 모습과 그 발전들을 중심으로 모든 것을 하나의 통일적인 역사로 서술하는 것이다. 이것은 아우구스티누스의 기독교 신학적 역사관이나 칸트 및 헤겔

---

97 Ranke, *Abhandlungen und Versuche: Neue Sammlung*(SW. 51/52), S. 597-598.

98 Meinecke, "Ranke und Burckhardt(1948)," S. 96.

의 이상주의 역사관에서도, 마르크스의 물질주의적 역사관에서도 마찬가지이다. 그러나 그들의 역사관들과 랑케의 역사 발전사상 사이에는 차이가 있다. 다름아니라 그들에게서는 역사의 시작과 동력, 그 발전 형식과 방향, 그리고 목표가 각각으로 정의되거나 설정되어 있지만, 랑케에게서는 그렇게 구성된 하나의 정형적(定型的)인 역사관이 갖추어져 있지 않다. 그는 역사발전의 전체 모습이나 발전형식을 특정한 개념들로 정의하지 않았다. 그의 "역사의 규칙적 발전"은 물질적, 자연과학적 법칙과 같은 것이 아니라, 개체성과 보편성의 충돌 속에 항상 신의 이념과 함께 나아가고 있는, 역사발전의 어김없는 모습이라는 의미를 지니고 있는 것이다. 그는 아우구스티누스의 신의 의지나 헤겔의 세계정신, 또는 마르크스의 경제적, 물질적 법칙과 같은, 역사의 동력으로서의 어떠한 개념을 설정하지도 않았다. 또한 그는 세계사의 발전에 영원의 제국, 자유 또는 도덕적 자유, 공산사회 등의 어떤 특정한 개념을 역사의 목표로 부여하지도 않았다.

요컨대 랑케는 역사의 보편적 발전을 어떤 하나의 개념을 통해 관조하지도, 그 내용을 정의하지도 않았다. 이것은 그가 인류역사와 함께 있는, 그러나 결코 완벽하게 그 모습을 드러내지는 않는 신성(神性)을 제쳐두고서 어떤 하나의 개념을 역사의 목표로 정의할 수는 없었기 때문이었을 것이다. 또한 인간적인 충동과 의지 및 도덕적 힘에 의해 나아가고 있는 역사현실이 그에게는 법칙적인 것이 아니라, 끊임없는 생성과 변화 속에 전개되고 있는 것이기 때문이기도 하다. 그에게 문명의 발전에는 내면적 발전의 강력한 동기들이 있다. 그러므로 그는 "그러한 발전에 하나의 특정한 목표가 설정된다면, 우리는 미래를 어둡게 만들고, 세계사적 운동의 무한한 의미를 오인하게 된다"[99]고 말하면서 역사발전의 지향점을 정의하지는 않았던 것이다. 그것을 정의한다는 것은 인간이 마치 신의 섭리를 미리 알고 있는 것처럼 되고, 또한 인간이 스스로 미래를 제한시켜 버리게 되는 것

99 Ranke, *Weltgeschichte*, I, S. 5.

이며, 과거와 현재에 대한 세계사적 관찰을 오도하게 된다. 역사발전의 내용과 형식은 다양하고, 그 미래는 열려있는 것이므로, 세계사를 목적론적으로 관찰 및 서술하는 것이 그에게는 분명히 비역사적인, 또한 비역사학적인 방법이다.

그렇다면 랑케의 세계사적 관조는 보편사적인 것이라고 볼 수 없지 않는가? 세계사 전체를 그가 가능한 한, 모든 사건들의, 그 발전들의 연관관계 속에서 관찰하는 것은, 그리고 그것들이 그에게서 전체적, 통일적으로 관찰되는 것은 무엇을 근거로 하여, 어떻게 가능한가? 그의 보편사적 관찰을 가능하게 했던 근거들은 그가 여러 곳에서 부분적으로 언급했었던 바들과 그의 사상적 기반에서 찾아질 수 있다. 그에게는 모든 역사현상들의 근저에는 신성(神性)이, 즉 신의 이념이 전개되고 있다. 이 신은 헤겔의 "이성의 간계(List der Vernunft)"처럼 인간들을 특정한 목표를 위해 활용하거나 그것에 적용시키지 않는다. 신은 역사발전과 항상 함께 하고 있으며, 때로는 자신의 모습을 드러내기도 하지만, 그러나 그것이 결코 단 한번에, 그리고 완벽하게 나타나지는 않는다. 따라서 신의 이념은 결코 전체적으로 인식되지 못하며, 수세기들 동안의 역사발전 속에서 점차적으로, 부분적으로 파악될 뿐이다. 그런가 하면 인간들은 신(神)의 이념을 미리 구체적으로 알지는 못한 채 자신들의 목적들을 인간적인 충동과 자유의지에 따라 도덕적 힘으로써 추구할 뿐이며, 결코 신이 설정했을 것이라는 특정한 목표를 상정하면서 그것을 향해 특정한 형식으로만 활동하지는 않는다. 그러므로 역사발전의 내용과 형식들은 다양할 수밖에 없다. 그리고 인간들은 불멸의 존재가 아니므로 결국 사멸하며, 동시에 그들이 이룩한 바들의 많은 부분들도 몰락하지만, 정신적인 것은, 문화는 결코 완전히 사멸하지 않으며, 항상 더 많은 몰락을 겪으면서도 항상 더 많이 확대되며, 항상 새로운 것을 창조한다. 역사발전의 이러한 생성변화를 신은 세계 밖에서, 그 위에서 굽어보고 있으며, 역사적 순간이나 국면에 따라서 때로는 특별한 인물들에게서, 때로는 집단들에게서 자신의 모습을 드러낸다.[100] 이것이 랑케에게는 인식된다는 것이다. 그러나 신의 이념은 때때로, 그리고 부분적으로만 나타날 뿐이므로, 그 전체적인 모습은 파악될 수 없다.

여기에서 우리는 랑케가 어째서 역사발전을 이론적으로 관찰하는 것도, 개념화하는 것도 거부했던가를, 무엇보다도 역사의 목표를 상정하지 않았던 가를 이해할 수 있겠다. 그에게 신은 시간의 경과 속에 전개되고 있는 모든 역사발전 속에 항상 함께 있으며, 그것도 항상 자체의 전체성과 함께 있다. 신은 그 자체로서 완결되어 있으므로 자기 앞에 어떠한 차원의 시간도 갖고 있지 않으며, 그에게는 시간은 영원한 현재이다.[101] 신은 역사 속에서 자신을, 자신의 이념을 발전시키지 않으며, 자신의 모습을 부분적으로 보여줄 뿐이다. 그런가 하면 신의 이념을 미리 알고 있지 않는 인간들은 신에 의해 심어진 바를 시간의 경과 속에 점차적으로 전개시켜 나가고 있으므로, 그들에게 역사는 발전하고 있는 것으로 된다. 이것이 그러나 랑케에게는 그대로 적용되지는 않는다. 즉 역사는 그에게 영원한 현재적 시간을 갖고 있는, 항상 그 자체의 전체성 속에 완결되어 있는 신의 이념과 함께 있으므로, 특정한 목표를 향해 나아가고 있는 것이 아니다. 그러므로 그는, 비록 인간들에게는 역사가 발전하고 있는 것으로 의식되겠지만, 그것의 목표를 정의할 수는 없다. 왜냐하면 그는 신이 역사발전에 특정한 목표를 세웠던 것으로 사고하지도 않았거니와, 현실 역사는 아직 완료되지 않았고, 앞으로도 진행될 것이며, 그러므로 역사의 발전 속에 비로소 점차로 드러나는 신의 이념이나 역사발전의 다양성은 아직 다 알려지지 않고 있기 때문이다. 인간들이 완료되지도 않은 역사의 목표를 정의할 수 있다면, 신의 뜻을 이미 전체적으로 알고 있는 것으로 되어 버린다. 인간들이 그렇게 전지(全知)하고 현명하다면, 그들은 곧 신으로 될 것이 아닌가? 요컨대 랑케에게 역사는 끊임없이 발전하고 있지만, 그 목표는 인간들이 미리 알 수 있거나 설정할 수 있는 것이 아니다. 그리하여 결국 랑

---

100 Hinrichs, a.a.O., S. 114.

101 랑케, 《근세사의 여러 시기들에 관하여》, 이상신 역, 35쪽.

케에게서는 역사발전이 목표가 없는 발전이다. 마주어(Masur)와 함께 힌리히스(Hinrichs)가 랑케의 발전사상은 "목표가 없는 목적론(Teleologie ohne Telos)"[102]이라고 표현했던 것은 그러한 의미에서이다. 그리고 마이네케에 의하면, 랑케는 18세기의 진보사상을 파괴하고, 역사 속의 신의 섭리를 믿으면서 역사의 숙명을, 그 비밀을 규명해 보고자 함으로써, 결국 "그의 역사적 사고는 하나의 종교적 비밀(ein religiöses Geheimnis)로 끝난다"[103]는 것이므로, 결국 그에게서는 역사의 목적이 비밀스러운 목적으로 된다.

이 문제를 좀 더 숙고해 보자면, 랑케에게 역사는 특정한 목표를 지향하고 있지는 않지만, 앞으로 계속 나아가고 있다는 것은 사실이다. 그리하여 그에게서는 목표 없는 발전 그 자체가 역사의 목적으로 된다. 즉 역사에게는 발전 그 자체가 자기목적(Selbstzweck)으로 되는 것이다. 신은 자체적으로 완성되어 있고, 항상 역사 속에 있다는 그의 관념에 있어서는 그렇다. 그에게 모든 역사현상들의 근저에, 그 위에 있는 신은 역사 속에서 대립·투쟁하는 모든 인간적 힘들의 출발점이자 회합(會合)하는 통일점이다.[104] 그렇게 인간들의 역사는 신의 이념과 항상 함께 있는 것이다. 왜냐하면 역사발전은 인간들이 자신들의 모든 잠재력들을 자신들의 능력으로써 전개시켜 나가고 있는 과정이지만, 그 잠재력들은 신이 심어준 것이기 때문이다. 그리하여 그 모든 잠재력들을 끊임없이 실현시켜 나가고 있는 역사는 특정한 목표를 겨냥하지 않으면서도, 발전 그 자체를 이미 자기목적으로 삼고 있는 것이다. 이러한 점에서 역사발전 전체에 대한 랑케의 관조는 목적론적 관찰로서의 보편사적 관찰로 된다. 왜냐하면 그가 역사 속에, 그 위에 설정하고 있었던 신은 아우구스티누스의 신학적, 칸트와 헤겔의 철학적 보편사에서 각각 "영원의 제국", 또는 "자유"로서 설정된 역사의 목표

102 Hinrichs, a.a.O., S. 168; Masur, a.a.O., S. 105.

103 Friedrich Meinecke, "Gedanken über Welt-und Universalgeschichte (Aphorismen und Skizzen zur Geschichte, 1949)," in: *Zur Theorie und philosophie der Geschichte*, Stuttgart, 1965, S. 144.

104 Masur, a.a.O., S. 64.

와 같은 자리에 서 있기 때문이다. 그리하여 인간과 항상 함께있다는 신에 관한 그의 관념은 그로 하여금 여러 민족들 및 국가들의, 여러 지역들 및 시대들의 발전들을 전체적, 통일적으로, 요컨대 보편사적으로 관찰할 수 있게 해 주었던 것이다.

랑케의 보편사적《세계사》는 최후의 기독교적 세계사로서의 성격을 지니고 있다고도 볼 수 있겠다. 17세기의 보쉬에(Bossuet)의《보편사론(Discours sur l'histoire universelle)》, 1681이 아우구스티누스의 기독교 역사관으로써 현실 세계사를 서술한 근세 최후의 종교적 세계사였다면, 랑케의《세계사》도 역사 속에는 신이 함께 있다는 사상을 19세기에 와서도 최후적으로 유지하면서 서술된 것이라는 점에서 그러하다. 그러나 그의 세계사는 그 자신의 기독교적 종교성과 독일 이상주의 역사 철학과의 결합 위에 구성된, 역사 전체에 대한 이해 위에서 서술된 것[105] 이면서도, 어디까지나 사실주의(Realismus)를 근거로 하고 있다. 그리하여 그는 종교성을 지니고 있으면서도 역사현실을 신의 의지의 작용으로, 인간들을 신의 도구로 해석하지는 않았고, 또한 이상주의 철학의 정신적 관념을 계승하면서도 역사현실을 결코 사상적으로 추상화, 이론화 및 개념화하지도 않았으므로, 그의《세계사》는 신학적, 또는 철학적 보편사와는 구분되는, 사실적인 것이다. 바로 이러한 점에서 그의 보편사적《세계사》는 칸트가 제안했던 그것과도 구분된다. 즉 그는 자기보다 한 세대 앞서서 칸트가 보편적 세계사 서술을 위해 제안했던 바를 그대로 수용하지는 않았다. 다름 아니라 칸트는 보편적 세계사를 "세계의 과정이 어떤 식으로 진행되어야 한다는 이념에 따라서 서술하는 것"[106]으로 정의했지만, 랑케에게는 세계사의 진행이 특별히 설정된 어떤 이념에 따라서 전개되는 당위적인 과정으로 파악 및 서술될 수는 없는 것이다. 그러므로 그는 보편적 세계사라는 개념을 수용하되, 특정한 이념을 전제로 하는, 즉 어떤 구체적인 목표가 설정된, 결국 역

---

105 Ebd., S. 127.

106 칸트,《칸트의 역사철학》, 이한구 역, 40쪽.

사현실과 서술 사이에 괴리를 불러일으키게 되는 서술을 하지는 않았던 것이다. 그러므로 그의 《세계사》는 그가 자신의 종교성과 철학적 사색을 유지하면서도, 비역사적인 신학적 해석과 비역사학적인 철학적 구성을 극복하면서 세계사를 어디까지나 사실주의적으로 구성했다는 점에서 탈신학적(脫神學的)이며, 또한 개념화되지 않은 사실적인 보편사적 세계사의 모델로 되는 것이다.

탈신학적 세계사 서술은 랑케에게서 처음으로 시도된 것이 아니다. 그것은 이미 18세기 계몽사상적 역사가들에게서 나타났다. 그러나 그들의 세계사적 서술들은 세계 여러 지역들의 민족 및 국가들의 발전들을 하나의 구심점(求心點)도 없이 연대순으로, 포괄적·집합적으로 정리했을 뿐, 그것들을 통일적으로 파악한 것은 아니다. 18세기에 추진되었던 "백과사전"의 편찬 작업에서 분화(分化)된 전문분야들의 지식들이 정리되었던 것도 그러한 것이었다. 그것들은 괴테가 《시와 진실》에서 표현했듯이 "거대한 공장의 방식(nach der Art einer großen Fabrik)"으로 정리된 것이다.[107] 그것들은 "현실에 관한 지식들을 공간과 시간 속에서 정리하고, 그 증가를 조직하기 위한 계몽사상적 노력의 전형적인 모범이며"[108] 그 성과이다. 당시 지식세계의 그러한 성향 속에서 역사서술도 역시, 비록 세계사적이었지만, 통일적으로 서술되지는 못했던 것이다. 그런가 하면 볼테르에게서처럼 18세기 계몽사상의 신념인 진보의 관점에서 서술된 세계사에서는 문명의 진보라는 개념이 세계사적 사실들을 선택하고 서술하는 기준으로 되었으므로, 많은 사실들이 배제되면서 그 서술은 그만큼 세계사 실제와는 부합되지 못하게 되었다.

그런가 하면 19세기 초부터 역사가들이 낭만주의의 영향 속에 자신들의 개별 민족사 서술에 집중하게 되었을 때에는, 그들은 그만큼 세계사적

107 Wolfgang Hartwig, "Historismus als ästhetische Geschichtsschreibung," in: *Geschichte und Gesellschaft*, Bd. 23(1977), S. 112.

108 Ebd.; Hans Blumenberg, *Legitimität der Neuzeit*, Frankfurt, 1973, S. 18.

시각을 결여하게 되었다. 바로 그러한 경향 속에서 랑케는 18세기의 세계사적 서술을 계승하되 유럽 국가들의 세계를 하나의 문화공동체의 역사로 파악하면서 그들의 역사들을 그들 사이의 정치적, 종교적, 문화적 연관관계 속에서 관찰하고 서술하고자 했다. 이로써 그는 세계 여러 지역 역사들의 합계로서의 "집합적, 포괄적 서술"의 형식을, 또한 진보신념을 기준으로 하는 18세기의 서술형식을 극복했던 것이다. 여기에서 그가 슐로서의 도덕성과 같은 하나의 가치개념을 기준으로 삼지 않았던 것은, 또한 사변적 역사철학의 사상적인 도식적 구성을 거부했던 것은 거대한 세계사 전체를 대상으로 하는, 그러므로 수많은 연관관계들이 간과될 수 있는 보편사적 관찰과 서술을 가능한 한 세계사 실제와 부합시키고자 하는 바람에서였다. 이렇게 그는, 비록 관념적으로는 신의 이념은 현실 역사 속에 항상 함께 있는 것으로 사고하고 있었지만, 역사실제를 관찰 및 서술하는 데 있어서는 경험론적 방법을 근거로 하는 사실주의 원칙을 지킴으로써 역사(Geschichte) 그 자체와 탐구된 역사(Historie)를 부합시키는 데 기여했다. 그는 이미 1830년대에, 그에 앞서서 헤겔이 정의했던 바처럼, "역사(Geschichte)는 객관적 관계를 더 많이, 역사서술(Historie)은 주관적 관계를 더 많이 표현한다. 전자에서는 사실이 학문으로 되고, 후자에서는 학문이 대상을 수용한다"라고 정의하면서, "양자는 부합하며, 부합시키는 것이 과제이다"[109]라는 명제를 세운 바 있다. 이 명제를 그는 말년까지 지키면서 유럽 여러 민족 및 국가들의 역사들을 "유럽 국가들의 체제", 그리고 기독교 문화의 통일성이라는 연관관계 속에서 서술함으로써 세계사 서술과 세계사 실제가 보다 더 부합되도록 시도했던 것이다.

109 Ranke, "Idee der Universalhistorie," in: Kessel, a.a.O.,S. 307.

## 맺는말

랑케가 역사학에 기여한 가장 큰 공적은 니부어(Niebuhr)가 고대사 연구에 도입했던 문헌학적·비판적 방법을 근세사 연구에 활용하여 사실주의의 원칙을 세움으로써, 역사연구와 서술의 학문적 기반을 마련했다는 데 있다고 평가되고 있다. 이와 함께 또한 주목되어야 할 바는 그가 "비판작업 다음에는 직관이 필요하다"는 인식에서 문헌과 자료들이 없는 부분이나 사건들의 연관관계를 파악하는 데 "공감과 공동인식"에 의한 "정신적 통각"이라는 방법을 활용함으로써, 결국 문헌비판의 경험론적 방법과 함께 직관적 이해 방법을 또한 기본적인 연구수단으로 활용했다는 사실이다. 이것은 그가 역사연구에 가져온 새로운 변화였다.

이 변화는 랑케가 역사를 "신성화" 및 "정신화"[1] 시킴으로써 이루어졌다. 그는 역사 속에는 항상 신의 뜻이 있다고 믿으면서도, 현실적으로 역사는 인간의 충동에, 정신에 의해 형성된 것으로 보았다. 그리하여 그는 국가들은, "정신적 본질들"이고 "인간정신의 독창적인 창조물들"이며, 곧 "신의 사상"이라 보았다.[2] 그는 국가를 "현실적·정신적인 것"이라고 정의했던 바, 이것은 그에게 정신은 초월적, 형이상학적인 것이 아니라, 인간적, 현실적인 것이므로, 사실주의자인 그에게는 필요한 정의였다. 그는 종교 및 교회 생활도, 문화 활동도 역시 정신생활로 보았다. 그러므로 그에게 역사의 모든 것은 정신생활이 구체화된, 객관화된 것이다. 그에게 "모든 것

---

1 Friedrich Meineke, "Ranke und Burckhardt," in: *Zur Geschichte der Geschichtsschreibung*, S. 101.

2 랑케, 《강대세력들·정치대담·자서전》, 이상신 역, 138쪽.

은 보편적이자 개별적인 정신생활이다."

이러한 역사인식을 역사가로서는 랑케가 처음으로 분명하게 보여 주었다. 기독교적 역사관에서는 역사가 구원의 역사(Heilsgeschichte)로서 그 내면에는 신의 뜻이 전개되고 있는 것으로 사고되었지만, 그것은 신학적인 것이다. 헤겔에게서도 역사 현실은 정신현상으로서 역사의 내면적 발전이 사고되었지만, 그 정신은 인간적인 것이면서도 "세계정신"처럼 초개인적, 초현실적인 의미도 내포하고 있는 것이다. 그런가 하면 랑케가 항상 민족 및 국가들의, 시대들의 "내면적 발전", "내면적 형성"을 밝혀 보고자 했던 것은 그들의 역사를 정신사적으로 해명하는 작업이며, 그 "정신"은 보다 더 인간적, 현실적인 것이다. 그리하여 그는 누구보다도 역사의 내면적 발전을 성과 있게, 그것도 비판적, 경험론적 연구를 기반으로 하여 사실적으로 제시할 수 있게 되었다. 그는, 18세기의 볼테르가 여러 민족들의 풍습과 정신에 관하여 세계사적인, 그러나 비정치사적인 문명사를 서술했던 것보다 더 종합적으로 국가와 종교 및 문화를 포괄하는 역사생활 전체를 문화세계의 역사로서, 정신의 역사로서 용해시켰다.

랑케는 역사의 정신화를 통해 역사연구에서 새로이 고유한 방법을 도입하고 활용하는 계기를 마련했다. 그에게 역사적 힘으로서, "도덕적 에너지"로서 정신은 이룩된 것에 머무르지 않고, 항상 변화하는 새로운 조건들 속에서 항상 새로운 차원을 향해 다양한 형식으로 나아간다. 그에게 역사는 끊임없는 생성과 변화의 흐름 속에 있으며, 그 진행은 결코 정형적(定型的)이지 않다. 그러므로 그는 역사발전을 실증주의자들처럼 자연에서와 같은 법칙적 진행으로 보지는 않았고, 따라서 자연과학적, 수학적, 통계적으로 연구하지도 않았다. 그 대신에 그는 역사발전을 경험론적 방법 이외에도 "공감과 공동인식"에 의한 "정신적 통각"을 통해 파악했다. 이것은 역사 속에서 "정신적 혈관(die geistige Ader)"을 찾는 데, 개별 사실들의 파악뿐만 아니라, 수세기에 걸친 발전을 관조하는 데 필요한 방법으로서, 철학자인 홈볼트 외에 역사가로서는 랑케가 처음으로 명확하게 제시한, 역사

연구의 고유한 직관적 이해 방법이다. 역사의 모든 것이 정신화됨으로써 이제 그 모든 것은 직관적으로 이해될 수 있는 것으로 되었다. 이 새로운 역사인식과 고유한 연구방법이 그에게서는 역사의 정신화를 통해 이루어졌다. 이것은 그가 문헌학적·비판적 방법을 도입하여 역사서술을 학문화시켰던 업적에 못지않는 중요한 공적이다. 이러한 의미에서 시더는 랑케의 "본질적 공적은 자료취급에서의 새로운 비판적 방법이 아니라 정신적 원리들을 역사서술 속으로 불어넣었다는 데 있다"[3]라고 언급했던 것이다.

랑케는 문학적 역사서술과 철학적 역사구성을 거부했다. 그가 낭만주의의 문학적 역사서술을 거부했던 것은 그것이 비사실적, 허구적인 서술로 되어 버리기 때문이다. 그러면서도 그는, "역사서술은 수집하고 발견하여 파악함으로써 학문인가 하면, 발견된 것을 다시금 구성시킴으로써 예술이다"라는 인식에서 그 자신도 연구 결과들을 "가시적으로", 명료하게 제시하기 위해 문학적으로 서술했다. 그러나 그의 문학적 서술은 엄격한 비판적 연구를 근거로 하여 사실주의를 지킴으로써 낭만주의의 그것과는 다른 것이다. 그는 역사철학에 대해서도, 그것은 사실들을 개념화시켜서 세계사를 선험적, 도식적으로 구성함으로써 비역사학적, 비사실적이라는 이유에서 거부적이었다. 그러면서도 그는, 철학은 무한한 것, 보편적인 것을 역사 전체의 총체성 속에서, 역사서술은 그것을 실존하는 것 속에서 파악하고자 한다는 점에서, 결국 양자는 다 함께 역사 속에서 보편적인 것을 인식하고자 하는 동일한 과제를 추구한다고 보았다. 그리하여 그는 역사서술은 사라진 생(生)을 재생산하고 구성하는 시문학적 정신과, 또한 역사발전의 핵심을 개념적으로 파악하는 철학적 정신과도 결합해야 한다고 주장했다. 이로써 그는 독일 이상주의 철학과 낭만주의를 자신의 사실주의와 종합하는 경지를 보여 주었다.

랑케는 역사관찰과 서술에서의 객관성을 어느 누구보다도 강력하게 요

3 Theodor Schieder, "Das historische Weltbild Leopold von Rankes," in: *Begegnungen mit der Geschichte*, Göttingen, 1962, S. 107.

청함으로써, 객관성은 역사학에서 그를 상징하는 개념으로 되었다. 그가 "역사는 생의 교사이다"라는 오래된 전통적 관념(Topos)으로부터 유래된 교훈적, 실용적, 도덕주의적인 서술들을 거부하고, 모든 현재적, 전통적인 당파적 견해들로부터 벗어나서 사실들이 스스로 말하도록 하기 위해 "자신을 해소(Sich-auslöschen)"시켰던 것은 역사를 사실적, 객관적으로 서술하기 위해서였다. 그에게 "객관성은 곧 비당파성이다". 그러므로 그는 모든 대립적인 세력들을 불편부당하게 취급했다. 이것은 그가 그들 모두는 역사적으로 형성되었으므로, 그들 모두에게 각각의 역사적 권리를 인정하면서, 모두가 다 함께 서술될 수 있는 기회를 부여하는 것이었다. 이러한 서술 방법이 필요했던 이유는, 그에게 역사적 진실은 여러 세력들의 대립투쟁과 그들의 연관관계 속에 있으며, 바로 그 속에서 형성되는 "역사적 순간"을 통해 역사는 다음 단계로 발전하고 있기 때문이다. 그들이 모두 다 역사발전에 참여했던 한, 그들은 "다 함께 진열"되어야만 한다는 그의 방법은 역사서술에서의 공평성이자, 민주적인 방법이기도 하다.

랑케의 역사사상에서 특징적인 것은 그가 19세기의 역사가이면서도 역사 속에는 항상 신의 뜻이 함께 있다고 사고했다는 점이다. 그에게 신은 이미 그 자체로서 완성되어 있고, 그 앞에서는 시간이 흐르지 않으며, 모든 시간은 영원한 현재이다. 그의 신은 지상의 모든 역사적 발전들을 굽어보고 있을 뿐, 인간사(人間事)에 개입하지는 않는다. 그에게 역사는 어디까지나 인간들의 의지와 충동, 정신적인 힘, 그것도 도덕적 에너지에 의해 형성되어 간다. 신은 때로는 창조적 인간들에게서, 때로는 집단들에게서 자신의 모습을 드러내면서 항상 부분적으로만 나타날 뿐이므로, 인간들은 신의 뜻을 모른 채, 자신들에게 신에 의해 심어진 바를 항상 끊임없는 생성과 변화 속에 형성되고 있는 새로운 조건들 속에서 실현시켜 나간다. 그러한 진행에는 항상 신이 함께 있다. 그에게 "모든 시대는 신과 직접 연결되어 있다."

랑케의 이러한 만유재신론(Panintheisuns)에서는 개별 인물 및 사건들, 민족 및 국가들은 모든 시대들처럼 그것들 자체로서 통일적인 독자적인 개체들이며 각각의 고유한 특성과 가치를 지니고 있다. 그런가 하면 보편적인 것은 해당 시대의, 지역의 일반적 조건과 상태, 또는 지도적 이념 및 지배적 경향성, 또는 역사의 거대한 진행에서 나타나는 일반적 현상들과 그 특징을 의미한다. 개체는 이것들로부터 자극과 제약을 받으면서 형성되고, 다시금 이것들에 작용하므로, 자체 내에 보편성을 지니고 있다. 그리하여 개체는 보편적인 것의 초상(肖像, Ablglanz)[4]이다. 그런가 하면 보편적인 것은 한 시대 전체 역사생활 속에서, 또한 수세기에 걸쳐서 형성되고, 많은 개체들을 수용하여 이념 및 경향성과 같은 거대한 개체로 된다. 그리하여 보편적인 것은 개체적인 것의 "최고의 형식"[5]이자, 한 시대의 역사적 개체들의 "최고의 개체"[6]로 되며, 다시금 시대적, 역사적 보편성과 만나서 상호작용한다. 그리고 역사는 개체와 보편적인 것의 만남과 충돌 속에서 형성되는 "역사적 계기(순간)"를 통해 다음 단계로 발전한다. 그러므로 양자는 다 함께 관찰 및 서술되어야 한다. 그러나 랑케의 연구작업에서는 개체들에 대한 연구가 선행되고, 그 결과들 위에서 보편성이 파악되며, 이 결과는 다시금 개체에 대한 인식을 보완한다. 그의 개체사상에서는 개체가 자체의 생과 독자성을 갖고있는 것으로 부각되면서도, "사건들의 행렬", "거대한 진행", "사건들의 필연성"등의 역사의 전체적인 흐름 속으로 용해된다. 결국 그는 역사주의의 두 개의 근본 사상들인 개체성 사상과 발전 사상 중에서 자유가 더 많이 지배하는 개체보다는 역사적 필연성이 더 많이 지배하는 보편적인 것을 더 우세한 것으로 보았다.[7]

랑케의 만유재신론(Pannentheismus)에서는 역사발전이 진보로서 파악될

---

4 Ebd., S. 124.

5 Ebd.

6 Friedrich Meinecke, "Leopold von Ranke, Gedächtnisrede," in: *Die Entstehung des Historismus*, S. 593.

7 Friedrich Meinecke, "Ranke und Burckhardt", in: *Zur Geschichte der Geschichtsschreibung*, S. 106.

수 없다. 왜냐하면 모든 시대들은 신과의 직접성을 통해 각각의 고유한, 비교될 수 없는 특성과 가치 및 의미를 지니고 있기 때문이다. 그렇다고 그들은 별개의 개체들이 아니다. 그들은 신에 의해 자신들에게 심어진 과제를 수행하고 있으므로, 결국 공동의 작용관계 속에 있으며, 그 속에서 다음 단계로의 발전을 이룩해 나간다. 랑케에게 이러한 발전은 민족 및 국가와 지역 및 시대에 따라 다르며, 전반적이고 직선적인 진보가 아니라 진보와 함께 정체와 후퇴도 보여 준다. 실제로 그는 모든 역사적 국면들과 시대들에게서 몰락과 재생의, 해체와 생성의 동시적인 진행을 발견했다. 변증법적이기도 하는 그러한 이중적인 진행에 대한 파악에서 그는, 모든 전후 시대들이 연관되어 있고, 그들은 연속성 속에 발전하고 있는 것으로 인식하게 되었다. 일단 이룩된 것은 몰락을 통해서도 사라지지 않으며, 새로운 것의 생성 속에 재생한다. 그에게 "모든 것은 보편적이자 개별적인 정신생활"이므로 몰락과 해체 속에서도 정신적인 것은 전승 및 계승되고 있는 것이다. 그러므로 모든 국면들 및 시대들은 그것들의 연속성 속에서 관찰 및 파악되어야 한다. 이것은 그의 고유한 역사적 관점이다.

랑케는 이 연속성을 위협하는, 파기 및 단절시킬 수도 있는 발전형식을, 즉 급격하고 전반적인 변혁인 혁명을 부정적으로 보았다. 그러나 그는 내부의 대립 없이, 타민족으로부터의 압제를 극복하기 위해, 그리하여 한 민족의 자유와 독자성을 위해 대중적으로 일어났던 혁명을 긍정적, 필연적인 것으로 보았으므로, 혁명 그 자체에 대해 거부적이지는 않았다. 그는 종교적 자유와 민족적 자주성을 위한 네덜란드와 세르비아의 독립운동을 혁명으로 지칭했고, "새로운 공화국체제"를 탄생시킨 북아메리카에서의 혁명을 "세계사를 위한 가장 의미 있는 사건"이라고 정의했다. 그가 부정적으로 보았던 것은 프랑스의 경우처럼 내부의 대립 속에 특정한 집단의, 대중의 주도적인 참여로 시도되었던 급진적, 전반적인 혁명이다. 왜냐하면 그러한 변혁은 역사적으로 형성된 모든 제도들과 기독교 문화의 연속성을 일시에 파기할 수 있기 때문이다. 그에게 바람직한 역사발전은 "진화로서

이지, 결코 혁명으로서는 아니다".

랑케는 역사발전을 국가와 종교의 역할을 중심으로 하여 서술했고 문화의 기능도 함께 중요시했다. 그에게서는 국가와 종교 및 문화가 역사의 운반자들이 된다. 그는 특히 국가의 대내외적 정치관계를 가장 결정적인 흐름으로 파악함으로써 이를 중심으로, 또한 이에 관하여 가장 많이 서술했다. 종교에 관해서는 그는, "종교를 제외한 정치사나, 정치를 제외한 종교사는 서술될 수 없다"라는 인식에서 항상 양자의 상호작용에 주목했다. 문화에 관해서는 그는 국가와 종교에 비해 가장 적게 서술했으나, 매 국면 및 시대들의 발전에서 항상 당시 문화의 상태와 그 역사적 기능을 언급했다. 여기에서는 문화가 시문학, 예술, 학문, 사상 등의 정신활동과 그 자산을 포함하는 좁은 의미의 문화뿐만 아니라, 물질생활도 포함하는, 인간사회의 모든 영역들에서 이상(Ideal)을 추구하는 모든 자유로운 노력과 발전들을 포함하는 넓은 의미의 문화로 사고되었다. 이 문화가 그에게는 모든 시대들의 발전에서 가장 강력하게 관철되고 있는 현상으로서 역사의 연속성을 가장 뚜렷하게 보여 준다. 그리하여 그에게 역사는 "인류의 공동체적 삶의 원리"가 지배하는 "문화세계"의 운동으로 되었다. 이로써 그에게서는 문화가 국가 및 종교보다 적게 서술되었지만, 역설적으로 이 양자가 오히려 문화 속으로 용해되어 버린다. 그런가 하면 그는 사회경제적인 관계도 작품들에 따라서는 많이 취급했으며, 비록 사회 및 대중운동을 역사변혁을 위한 한 힘으로 인정하는 데는 주저했지만, 역사적, 필연적으로 나타나는 현상으로 파악했다.

그러므로 랑케는 역사발전에 참여했던 모든 세력들과 힘들을 모두 그들의 몫에 따라서 함께 고려했던, 자기 시대까지의 어떤 누구보다도 종합적인 역사가였다. 그가 유럽 국가들의 역사들을 개별적으로 서술할 때, 그 발전들을 항상 기독교 문화의 통일성 속에서 파악하면서 유럽 전체 역사의 한 부분으로서 서술했다는 점에서도 그렇다. 그에게 역사연구는 궁극적으로 "인류의 보편적 발전"을 파악하는 것이며, 그 속에서 "인류의 공동체적 삶의 원리"를 해명해 보는 작업이다. 그러므로 그의 서술은 개별 사건들의 발전들을, 여러 국가들의 역사들을 종합적으로 관찰하여 보편사적으로 사고 및 관조하는 기반 위에서 이루어졌다. 그는 이미 첫 작품에서부터 그러했었고, 모든 작품들에서도 보편사적 관점과 서술을 항상 유지했다. 말년의 그의《세계사》는 비록 완성시키지는 못했지만, 그 의도에 있어서는 기독교 문화를 공유하는 여러 국가들의 역사들을 연관관계적으로, 통일적으로 관찰하여 보편적인 발전 모습을 제시하고자 했던 작품으로서 보편사적 세계사 서술의 한 모델이라고 볼 수 있겠다.

랑케의 역사학에 대해서는 이미 당대에, 그리고 후세에 비판적인 지적들이 많이 제기되어 왔다.

우선, 객관성을 위한 그의 "자기 해소"에 대해서는, 모든 자료들과 검증된 사실들은 서술자의 주관에 의해 정리되면서 비로소 말할 수 있으며, 근본적으로 인식주체의 해체는 인식이론적으로 불가능하다는 비판이다. 이와함께, 그가 모든 정치적, 종교적, 당파적 견해들로부터 벗어나고자 했던 것에 대해서도, 역사가가 자신의 민족성과 종교성도 없이 세우는 객관성은 "환관적 객관성"일 뿐이라는 비판도 제기되었다. 그러나 그의 "자기해소"는 모든 현재적, 전통적인 견해들의 당파성을 극복하고, 모든 세력들을 "다함께 진열"하기 위한 비당파적인, 곧 공정성을 위한 방법이다. 이것은 그들이 모두 다 역사에 참여했고, 따라서 역사적 권리를 갖고 있으므로 다함께 제시되어야 하며, 역사적 진실은 그렇게 "다 함께 진열된" 바 속에 있는 것이기 때문에 필요한 방법이다. 그의 "자기해소"는 세계사의 흐름 속으로 자신을 침잠시켜서 그들 모두와 함께 호흡하면서 "세계사의 비밀"을 파악하는 방법이다. 그는《종교개혁 시대의 독일사》와《프로이센사》에서처럼 대상에 몰입하여 그것과 함께 호흡하면서 "정신적 통각"의 직관적 이해방법을 활용했듯이, 결코 자신을 해체시키지는 않았다. 요컨대 그의 "자기해소"는 역사 전체와 동화(同化)되어서 역사발전을 사고 및 관조하기 위한 것이었다.

다음으로, 랑케의 개체사상은 모든 사실들, 민족 및 국가들, 발전 및 시대들에게 각각의 고유한 역사적 가치를 인정함으로써, 결국 그러한 서술은 가치의 무정부상태로, 상대주의로 나아갈 수 있다는 지적이다. 그러나 그는 모든 사실들을, 역사적 개성들과 집단들을 그들의 민족과 국가 및 시대와의 관계 속에서, 그리고 유럽의 개별 민족 및 국가들의 역사를 유럽 전체 역사의 통일성 속에서, 요컨대 항상 "전체와의 연관관계 속에서" 파악하면서 서술하고자 했다. 그리고 그에게 역사는 개체들의 주도적인 작용에 의해서가 아니라, 한 시대의 전체생활 속에서, 또한 수세기의 과정 속에서 형성되는 보편적인 것과 개체와의 충돌 속에서 발전하는 것이므로, 양자는 항상 다함께 고려되었다. 그리고 그는 수세기들의 역사를 관조하면서 사소한 것과 결정적인 것을, 일시적인 것과 지속적인 것을 구분하면서, 당대에는 물론, 후대에도 영향을 주고 있는 사실들과 발전들의 주된 흐름을 서술하고자 했다. 그러한 한, 그에게서는 상대주의가 일어날 수 없는 것이다. 무엇보다도 그의 개체사상은 개체와 신과의 직접성때문에 역사가들에게는 모든 개별 개성 및 사실들에, 나아가서는 역사일반에 대해 외경의식(畏敬意識)과 함께 경건한 태도를 갖게 함으로써, 그들의 연구는 그만큼 진지하고 충실해질 수 있게 된다는 점에서 의미가 있다.

다음으로, 랑케의 역사서술은 정치사 중심이라는 지적과 함께, 그는 물질적, 사회경제적 영역들의 힘들을 중요시하지는 않았다는 비판이다. 그러나 그는 역사발전을 물질주의적 관점으로, 또는 사회운동을 주제로 하여 서술하지 않았을 뿐, 국가재정, 국민경제생활 및 사회운동에 관해서도, 비록 정치 및 종교생활과 균형적으로는 아니지만, 항상 고려했다. 다만 그는 그것들이 작용했던 정도와 몫에 따라서 때로는 많이, 또는 적게 서술했을 뿐이다. 역사는 항상 여러 영역들의, 세력들의 공동작용에 의해 발전하지만, 그것들이 항상 균등하게 작용하지는 않는 한, 또한 역사발전에는 주도적으로 작용해 온 영역이 있다고 볼 때는, 그것을 중심으로, 즉 정치사적으로, 또는 종교사적으로, 때로는 사회경제사적으로 서술될 수 있는 것이다. 그러한 의미에서 랑케는 정치사적이었다. 그러면서도 그는 항상 여러 영역들 및 세력들을 그들의 연관관계 속에서 그들이 작용했던 몫에 따라 배려했다. 이러한 종합적인 역사가로서의 모습을 그는 당시까지의 어느 역사가들보다 뚜렷하게 보여 주었다.

이러한 점에서는 랑케의 역사사고는 구조사적이기도 하다. 이 개념을 그에게 일단 인정해본다면, 그에게서의 구조는 현대 역사학의, 20세기 중반의 아날학파(Annalen)에서의 구조(Strukture)와는 다르다. 아날학파의 구조는, 비록 후일에는 망탈리테의 역사(Histoire des Mentalités)를 보완했지만, 주로 자연적, 물질적인 성격의 것인가 하면, 랑케는 여러 영역들의 인간 활동들을 그것들의 연관관계적인 공동작용 속에서 파악했으므로, 그에게서의 구조는 인간행위들의, 그 정신들의 작용구조라고 볼 수 있겠다. 그가 이와 같이 구조사적이면서도 정치사 중심으로 서술했던 이유는, 그에게 역사서술은 결정적인 것과 지속적인 것들을 중심으로 하여 역사발전의 주된 흐름을 제시해야 하는 것이고, 유럽의 통일적인 역사에서는 중세의 짧았던 "교권체제" 시기를 제외하고는 항상 정치생활이 다른 생활영역들에 대해 주도적이었던 것으로, 즉 그것이 주된 흐름을 형성시켜 왔던 것으로 파악되었기 때문이다. 그가 살았던 시대까지도 역사는 그러한 형식으로 발전해 왔다. 그러한 한, 그의 정치사 중심의 서술형식은 합리화 될 수 있는 것이다. 이러한 서술형식은 지금도 유효할 수 있다. 다름 아니라, 비록 오늘날에는 자본과 경제생활이 과거에 종교와 문화가 행사했던 영향력보다 더 강력하게 작용하고 있고, 정치마저 예속시키면서 자체의 비인간적, 비사회적인 속성과 기계적 논리를 전(全) 지구적으로 전개시키고 있다 해도, 그것을 제어 및 조정할 수 있는 것은 역시 정치이기 때문이다. 정치는 민주주의 제도와 입법의 힘으로 그러한 역할을 할 수 있고 해야 한다. 그렇다면 현대의 역사도 정치의 긍정적, 부정적 역할을 중심으로 하여 서술될 필요가 있는 것이다. 왜냐하면 여기에서 역사서술은 현실에 대해 학문으로서의 비판적 기능을 가장 효과적으로 발휘할 수 있을 것이기 때문이다.

다음으로, 랑케는 정치이념에 있어서 보수적이라는 지적이다. 그는 근세국가의 군주체제를 봉건국가 체제나 평등화적인 민주체제보다 더 선호했고, 근본적으로 그의 역사주의적 사고에서는 기존하는 모든 형성체들이 역사화(歷史化)를 통해 합리화되므로, 그는 보수적이라는 지적을 받을 수 있다. 그러나 그가 긍정적으로 보았던 군주제는 의회체제를 갖추고 그 힘으로써 대양을 석권할 수 있었던 영국의, 그리고 독일 국가들 중에서 국민과 함께, 또한 국민의 자발적인 참여를 가능하게 하면서 가장 일찍이 개혁적이었고 선진적으로 되었던 프로이센의 군주제인가 하면, 프랑스의 절대주의적 군주제에 대해서는 부정적이었다. 그에게 국가는 국민의 생존권과 안녕 및 자유를 보장하고, 국가의 이념을 그들의 일반적 바람을 근거로 하여 세우며, 이로써 그들의 자발적 참여를 가능하게 함으로써 정당성을 갖추게 된다. 특히 대외전쟁에서의 승리는 도덕성에 의해 결정될 때 정당성을 확보한다. 이른바 "강대세력들"은 세력균형을 통해 다른 국가들의 자주성을 보증하는 "권리의 체제(das System des Rechts)"[8]이며, 그들은 대립투쟁을 치루고 난 후에는 "별들의 체제"에서처럼 유럽 국가들의 공동체 체제로 회귀한다. 그리고 권력으로서의 국가의 체제는, 비록 군주제가 그에게는 정통적인 것이기는 하지만, 불변적인 것으로 머물러 있을 수는 없다. 그는 대립하는 신·구세력들의, 그 이념들의 각각의 역사적 권리를 인정하면서 보수세력에게는 현실은 기존했던 것의 개혁을 통해 형성되었다는 것을, 개혁세력에게는 이성적으로 파기되어야 할 것은 없다는 것을 상기시키면서, 양자 사이의 화해와 균형을 통한 점진적인 발전을 제안했으며, 군주에게는 자체의 원리를 유지하되 새로운 이념과 운동들에서 시대의 방향 속에 있는 바를, 또한 국민주권론으로부터 일어난 힘이 행하게 될 바를 수행할 것을 권고하는 한편, 의회들(Kammer)의 새로운 요구들도 폐지될 수는 없지만 수정될 것을 요청했다. 이것은 그의 중도적 보수주의의 핵심적

8 Friedrich Meinecke, "Rankes 'Große Mächte'," in: *Zur Geschichte der Geschichtsschreibung*, S. 70.

인 입장이다. 실제로 그는 처음에는 입헌운동들에 회의적, 거부적이었으나, 후일에는 군주가 재정권과 군사권을 유지하는 범위 내에서 입헌체제의 도입을 수용했다. 요컨대 그에게 정치적 정통성은 역사의 연속성 속에서 새로운 것을 수용하면서 세워지는 것이다. 그에게는 변화를 배제하는 연속성이나, 연속성을 파기하는 변화는 모두 다 비역사적인 것이다. 그런가 하면 연속성을 보여 주는 역사적 국면들에서 나타났던 자발적, 자치적 운동과 민주적 제도의 형성이 그에게는 긍정적인 발전으로 평가되기도 했다. 이러한 점들에서 보면, 국가권력에 관한 그의 사상은 결코 배타적인 민족주의나 패권적인 제국주의로 나아가는 것이 아니었다. 그러므로 20세기 전반의 양차 세계대전의 비극에 대한 정신적, 학문적 책임의 한 부분이 그의 역사학에 전가되기도 했으나, 그의 정치이념은 결코 수구적 보수주의가 아니라, 점진적 개혁을 도모하는 발전적이고 개방적인 중도적 보수주의라는 점이 고려되어야 할 것이다.

다음으로, 랑케의 신학적 역사사상은 그의 학문적 역사서술과 양립될 수 있는가에 대해 회의가 일어날 수 있다는 점이다. 확실히 그가 19세기에서도 역사에는 항상 신이 함께 있다고 믿고 있었다는 것은 비근대적이며, 그 자신의 경험론적인 사실주의에 배치된다. 그러나 그의 신은 그에게 하나의 관념적인 상징일 뿐이다. 신은 지상의 역사를 굽어보고 있을 뿐, 그것에 개입하거나 조정하지는 않는다. 그에게 역사는 어디까지나 인간들의 충동과 자유의지 및 그들의 대립투쟁에 의해 이루어지고 있다. 그러므로 그의 인간주의적, 사실주의적 역사사고에서는 그의 신학적 관념이 그의 사실연구와 서술의 실제에 어떤 작용을 하지는 않는다. 마이네케에 의하면 "랑케는 (…) 역사의 수수께끼들 위에서 자신의 마음을 안정시키기 위한 사고수단(Denkmittel)을 신의 섭리(Providenz) 속에서 찾았다"[9]는 것이

9 Friedrich Meinecke, "Gedanken über Welt-und Universalgeschiehte(Aphorismen und Skizzen zur Geschichte, 1949)," in: *Zur Theorie und Philosophie der Geschichte*, S. 144.

다. 요컨대 신의 섭리라는 개념은 그가 역사의 다양한 발전들을 통일적으로 관찰하고 그 속에 항상 계속 전개되고 있는 바를, 무한한 것을 사색하도록 했던 사고수단이다. 그는 신학적 관념으로 역사를 파악 및 해석하는, 역사 속에서 신의 계획을 개별적으로 증명하는 위험을 저지르지는 않았다.[10] 우리가 생각해 보자면, "신은 역사 속에 항상 함께 있다"라는 그의 신학적 관념이 그의 역사연구와 서술에서는, "우리에게 확실한 것은 하나의 통일성이, 하나의 진행이, 하나의 발전이 있다는 사실이다"[11]라는 현실적 믿음으로 갈음되었다고 해석해 볼 수 있겠다. 바로 이러한 믿음에서 그는 유럽의 개별 민족 및 국가들의 역사들을 통일적인 유럽 역사의 부분들로 파악하면서 보편사적으로 관조했던 것이며, 이것은 그의 고유한 역사적 관점으로 되었던 것이다. 그의 신학적 관념은 세계사를 통일적으로 관조하는 사상적 기반이지만, 세계사 실제에 대한 통일적인 파악과 서술에서는 역사의 "모든 것은 보편적이자, 동시에 개별적인 정신생활이다"라는 그의 현실적 역사사상이 실제적인 근거로 되는 것이다. 바로 이 사상에서 세계사는 그에게 보편사적으로 연구 및 서술될 필요가 있었던 것이다. 이 작업이 그에게 가능했던 것은 그가 역사를 "정신화"시켰으므로. 모든 역사들이 그에게서는 "정신적 통각"을 통해 파악될 수 있게 되었기 때문이다.

랑케의 역사학에 대해 비판적으로 제기되어 온 지적들은, 비록 이상에서처럼 변론적으로 해석해 볼 수 있겠지만, 확실히 그의 한계점들이기도 하다. 그러나, 그러한 지적들에는 각각 일리가 있다 해도, 그가 "역사학에서의 괴테"로, "19세기 최대의 역사가"로, "근대 역사학의 창건자"로 불릴 수 있을 만큼 큰 공적을 이룩했던 것은 역사학의 역사에서 엄연한 사실이다. 그에게서 확인되는 근대적 역사연구와 서술의 이론과 방법론 및 역사사상은 그 후의 역사학을 위한 이정표(里程標)들이었고, 오늘날에서도

10 Meinecke, "Ranke und Burckhardt," S. 102.

11 본서 VI-1, 468쪽 주 17.

항상 재음미될 필요가 있다. 특히 종합적인 역사가로서의 그의 역사사고와 서술형식은 자연적, 물질적 구조를 강조하는 구조사적 연구, 분야사 및 미시사의 끝없는 탈역사학적(脫歷史學的) 연구, 그리고 주된 흐름의 발전에 대한 파악이 발견되지 않는 일상사(日常史, Alltagsgeschichte)적 연구 등에게, 모든 역사학적 연구대상은 해당 시대 전체에 대한, 나아가서는 역사 일반에 대한 관조 및 이해와의 관계 속에서 서술될 필요가 있다는 의식을 다시금 일깨워 주고 있다. 그리고 각 민족 및 국가들, 문화권들, 시대들의 고유한 가치와 다양성을 강조하는 그의 개체사상과 역사주의적 사고는 현대 역사 자체가 자본의 논리에 의해 획일적, 기계론적으로 나아가고 있는 현상에 대해 경각심을 깨우쳐 줄 수 있다, 다름 아니라 역사발전에서는 각각의 고유한 가치를 지닌 다양한 개체들이 각각 자체의 본질을 자유로이 표현하고 완성적으로 실현시킬 수 있을 때, 역사의 내용은 그만큼 더 풍부해질 수 있기 때문이다. 그러므로 현대 역사 자체의 탈인간적, 비인간적인 발전 논리를 재조정하는 데는 랑케의 역사사상과 역사학에 대한 재음미가 기여할 수 있는 것이다.

랑케는, 모든 역사적 개인은 시대의 산물이라고 말했듯이, 그 자신도, 그의 역사학도 역시 자기 시대의 반성적 산물이었다. 정치현실적으로 그는 대혁명과 왕정복고의 여파로 보수적, 개혁적 이념들의 대립이 계속되고 있던 상황 속에서 그러한 대립이 가져올 급격한 변혁은 역사의 연속성을 파기할 것이라는 위기의식에서 혁명적이 아닌 진화로서의 역사발전을 위해 역사적인 것의 유지와 점진적인 개혁적 변화를 종합할 수 있는 길을 중도적 보수주의에서 찾았던 것이다. 학문적으로 그는 19세기 초부터 여러 학문 분야들에서 엄격한 비판적 연구가 등장하고 있을 때, 그리고 역사서술이 더 이상 이상주의적 역사철학의 그늘 아래 머물러 있을 수 없었을 때, 또한 "역사는 생의 교사이다"라는 오래된 관념을 벗어나야만 했을 때, 문헌학적·비판적 방법으로써 역사를 사실주의적, 객관적으로 서술함으로써 역사연구와 서술을 학문화시켰던 것이다. 그리고 그는 혁명과 산업화의 과정 속에 역사생활의 각 영역들의 역할과 기능이 의식되면서 경제사적, 사회사적 연구들이 등장할 때, 전통적 역사서술의 정치사적, 또는 정치·종교사적 서술경향에 머무르지 않고, 국가와 종교 및 문화의 역할을 그들의 몫에 따라 다함께 고려했으며, 특히 근대국가들의 형성에서 경제 및 재정문제와 사회집단들의, 그들의 운동과 이념들의 역할들도 함께 고려하는 경지를 보여 주었다. 이것은 19세기 초부터 역사연구에서 새로운 영역들에 대한 개척적인 개별 연구들이 등장할 때, 이에 대해 그가 대립하면서도, 부응하는 방법으로서 오히려 여러 영역들 및 요소들의 작용들을 종합하여 관찰 및 서술하는 태도를 선구적으로 보여 준 것이었다.

랑케의 역사작품들도 역시 그의 시대의 산물이다. 즉 그의 작품들은 대혁명과 왕정복고의 대립적인 변혁들 속에서 일어났던 독일인들의 통일지향적인 민족의식과 그 감정에 그도 역시 공감하고, 그것으로부터 자극을 받으면서 서술되었다. 그는 세르비아인들의 민족 독립운동의 성공을 긍정적인 의미의 혁명으로 서술했고, 〈종교개혁사〉는 독일인들이 민족감정을 가장 일찍이 종교적으로 표명하면서 성과를 이룩했던, 민족사적으로 의미 있는 시대를 현재화시켜 보겠다는 의도에서 서술된 것이며, 〈프로이센 역사〉는 객관성을 지키고자 했던 노력 때문에 "흘러간 옛노래" 또는 "척추도 없는" 작품이라는 비난을 받기도 했지만, 그가 강대세력들 중에 가장 늦게 등장했던 국가를 가장 먼저 서술했던 것은 그의 민족감정이 그만큼 깊었다는 것을 의미한다. 〈정치대담〉에서 보면, "독일은 우리 안에 살아 있고, 우리는 원하든 원하지 않든 간에 우리가 가는 모든 지방과 지역에서 그것을 표현한다"는 것이다. 그러므로 그에게는 독일의 마음과 용기가 결여되어 있다는 민족주의 역사가들의 불평은 재고될 필요가 있다. 다름 아니라 그는 자신의 민족감정이 자신의 객관주의와 보편주의를 지배하지 않도록 했을 뿐, 그것을 결여하고 있지는 않았기 때문이다. 그들의 불평에는 오히려 그에 대한 존경심이 숨어 있었을 것이다. 왜냐하면 민족과 국가에 관한 개념을 그들에게 인식시켜 주었던 역사가는 민족성이 근대국가를

"살아 있는 존재"로 만들었다는 것을 역사학적으로 제시했던 랑케였기 때문이다. 그는 민족의 역사적 기능과 역할을 민족적이면서도 세계시민으로서 학문적으로 제시했으나, 그들은 그것을 현실적으로 민족정치의 과제와 결부시켜 활용하고자 했던 것이다.

랑케의 객관주의는 민족주의 역사가들에게서 "학문적 죄인(Sünder)"으로서, 그리고 그의 보편주의는 "정치적 죄인"으로서 간주되기도 했다.[12] 그러나 그의 객관주의는 모든 세력들에게 역사적 권리를 인정하는 공정한 자세로서 생(生)에 대한 그의 윤리적 의무이며, 그의 "다함께 진열"하는 방법은 바로 그 속에 있는 진실을 해명하기 위한 학문적 의무이다. 그리고 그의 보편주의는 모든 역사들은 결국 인류 전체 역사의 부분들이라는 사고 위에 유럽 국가들의 역사들을 하나의 통일적인 문화공동체의 각 부분들로 파악하면서 보편사적으로 관찰 및 서술하도록 했다. 실로 모든 역사적 사실과 발전들은 보편사적 관조와 서술 속에서 비로소 각각의 역사적 위치와 의미를 확보할 수 있게 되며, 이로써 유럽인들은 자기 민족 및 국가의 역사를 세계사 속에서 인식할 수 있게 되는 것이다. 그의 객관주의와 보편주의는 다같이 그의 만유재신론(Panentheismus)의 신학적 역사사상에 근거하는 것이면서도, 역사서술(Historie)과 역사 그 자체(Geschichte schlechthin)는 부합되어야 한다는 그 자신의 학문적 원칙에서 세워진 것이며, 현실적으로는 대립적인 이념들의 투쟁 속에서 자제와 화해적 타협을 촉구하는, 그리고 개별 국가들의 독자적인 분열화 경향 속에 전통적인 문화공동체의 의식을 각성시켜 주는 시대적 표어(標語)이기도 하다.

랑케는 연구 실제에 있어서는 경험론적이면서도 또한 직관적, 이해론적이었고, 사실주의적이면서도 실재론적, 철학적이었으며, 모든 현실적 관심에 냉담하면서도, 누구보다도 인간주의적이면서 현재 인식에 투철했으며, 19세기까지의 어느 역사가보다도 역사생활의 많은 영역들과 요소

12 Schieder, a.a.O., S. 106.

들을 포괄하면서 사고했던 종합적인 역사가였다. 그러할 수 있었던 것은 그가 자신이 살고 있던 19세기를 사실적, 반성적, 철학적으로 깊이 사고하면서 모든 역사를 보편사적으로 관조하고 있었기 때문이었다. 그가 혁명의 시대이자 민족주의의 시대를 살아가면서도 보편주의 사상으로써 역사를 사고 및 서술했다는 것은, 그 자신이 시대의 산물이면서도 자기 시대의 민족주의에 매몰되지 않으면서 자기 시대가 극복해야 할 바를, 그리고 지향해야 할 바를 제시하는 모습이었다고 볼 수 있겠다.

# 참고 문헌

## I. 1차 사료

**Ranke, Leopold von. *Sämtliche Werke*. 54 Bde. Leipzig, 1870-1890.**

Bd. 1-6: *Deutsche Geschichte im Zeitalter der Reformation*. 6Bde. 7. Aufl. Leipzig: Dunker & Humblot, 1894.

Bd. 7: *Zur deutschen Geschichte: vom Religionsfrieden bis zum dreißigjährigen Krieg*. 3. Aufl. Leipzig: Dunker & Humblot, 1888.

Bd. 8-13: *Französische Geschichte, vornehmlich im sechzehnten und siebzehnten Jahrhundert*. 6Bde. 4. Aufl. Leipzig: Dunker & Humblot, 1876-77.

Bd. 14-22: *Englische Geschichte, vornehmlich im siebzehnten Jahrhundert*. 8 Bde. 3. Aufl. Leipzig: Dunker & Humblot, 1877-79.

Bd. 23: *Geschichte Wallensteins*. 5. Aufl. Leipzig: Dunker & Humblot, 1895.

Bd. 24: *Abhandlungen und Versuche: erste Sammlung*. 2. Aufl. Leipzig: Dunker &Humblot, 1877.

Bd. 25-29: *Zwölf Bücher preußischer Geschichte*. 4Bde. 2. Aufl. Leipzig: Dunker &Humblot, 1878-79.

Bd. 30: *Zur Geschichte von Österreich und Preußen zwischen den Friedensschlüssen zu Aachen und Hubertusburg*. Leipzig: Dunker & Humblot, 1875.

Bd. 31-32: *Die deutschen Mächte und der Fürstenbund: Deutsche Geschichte von 1780-1790*. 2. Ausg. Leipzig: Dunker & Humblot, 1875.

Bd. 33: *Geschichten der romanischen und germanischen Völker von 1494 bis 1514*. 3. Aufl. Leipzig: Dunker & Humblot, 1885.

Bd. 34: *Zur Kritik neuerer Geschichtschreiber.* 3. Aufl. Leipzig: Dunker & Humblot, 1885.

Bd. 35-36: *Die Osmanen und die spanische Monarchie im 16. und 17. Jahrhundert.* 4. erweiterte Aufl. des Werkes "Fürsten und Völker von Süd-Europa." Leipzig: Dunker & Humblot, 1877.

Bd. 37-39: *Die römischen Päpste in den letzten vier Jahrhunderten.* 3Bde. Bd. 37-38: 9. Aufl. Leipzig: Dunker & Humblot, 1889; Bd. 39: 10. Aufl. Leipzig: Dunker & Humblot, 1900.

Bd. 40-41: *Historisch-biographische Studien.* Leipzig: Dunker & Humblot, 1877

Bd. 42: *Zur venezianischen Geschichte.* Leipzig: Dunker & Humblot, 1878.

Bd. 43-44: *Serbien und die Türkei im neunzehnten Jahrhundert.* Leipzig: Dunker &Humblot, 1879.

Bd. 45: *Ursprung und Beginn der Revolutionskriege 1791 und 1792.* 2. Aufl. Leipzig: Dunker & Humblot, 1879.

Bd. 46-48: *Hardenberg und die Geschichte des preußischen Staates von 1793-1813.* 2. Aufl. Leipzig: Dunker & Humblot, 1879-81.

Bd. 49-50: *Zur Geschichte Deutschlands und Frankreichs im neunzehnten Jahrhundert.* Hrsg. von Alfred Dove. Leipzig: Dunker & Humblot, 1887.

Bd. 51-52: *Abhandlungen und Versuche: neue Sammlung.* Hrsg. von Alfred Dove und Theodor Wiedemann. Leipzig: Dunker & Humblot, 1888.

Bd. 53.-54: *Zur eigenen Lebensgeschichte.* Hrsg. von Alfred Dove. Leipzig: Dunker & Humblot, 1890.

**Ranke, Leopold von. *Weltgeschichte.* 8 Bde. Leipzig.**

Bd. 1: *Die älteste historische Völkergruppe und die Griechen.* Leipzig: Dunker & Humblot, 1896.

Bd. 2: *Die römische Republik und ihre Weltherrschaft.* Leipzig: Dunker & Humblot, 1896.

Bd. 3: *Das alt römische Kaiserthum, mit kritischen Erörterungen zur alten Geschichte.* Leipzig: Dunker & Humblot, 1921.

Bd. 4: *Das Kaiserthum in Constantinopel und der Ursprung romanisch-germanischer Königreiche.* Leipzig: Dunker & Humblot, 1921.

Bd. 5: *Die arabische Weltherrschaft und des Reich Karls des Großen.* Leipzig: Dunker & Humblot, 1922.

Bd. 6: *Zersetzung des karolingischen: Begründung des deutschen Reiches.*

Leipzig: Dunker & Humblot, 1921.
Bd. 7: *Höhe und Niedergang des deutschen Kaiserthums: Die Hierarchie unter Gregor VII*. Leipzig: Dunker & Humblot, 1921
Bd. 8: *Kreuzzüge und päpstliche Weltherrschaft*. Leipzig: Dunker & Humblot, 1921.

Ranke, Leopold von. *Die großen Mächte · Politisches Gespräch*. Hrsg. v. Theodor Schieder. Göttingen, 1955.
______. *Die großen Mächte*. Hrsg. v. U. Muhlack. Frankfurt, 1995.
______. *Über die Epochen der neueren Geschichte*. Darmstadt, 1970.
______. *Idee der Universalhistorie*. Verf. von E. Kessel, "Rankes Idee der Universalhistorie." In: *Historische Zeitschirift,* Bd. 178(1954).

## II. 2차 사료

### (1) 단행본

Blanke, H. W.; F. Jaeger; Th. Sandkühler, hrsg. *Dimension der Historik*. Köln, 1998.
Blumenberg, Hans. *Legitimität der Neuzeit*. Frankfurt, 1973.
Buckle, H. Th. *Hitory of Cibilization in England*. Abridged by C. Wood. New York, 1964.
Burckhardt, J. *Weltgeschichtliche Betrachtungen*. Hrsg. v. J. Oeri. 1905.
Chladenius, J. M. *Allgemeine Geschichtswissenschaft*(Leipzig, 1752). *Einleitung zur richtigen Auslegung vernünftigen Reden und Schriften*(1742). Düsseldorf, 1969.
Condorcet, Marquis de. *Esquisse tableau des progrès de l'esprit humain*. 1795.
Croce, B. *Zur Theorie und Geschichte der Historiographie*. 1915.
Diels, Hermann. *Die Fragment der Vorsokratike*. Hamburg, 1957.
Droysen, G. *Historik*. 6. Aufl. München: Oldenbourg, 1971.
Duchhardt, H.; M. Morawiec; W. Schmele; W. Schulze, hrsg. *Europa-Historiker-Ein biographisches Handbuch*. Band 1. Göttingen, 2006.
Faulenbach, Bernd, hrsg. *Geschichtswissenschaft in Deutschland*. München,

1974.
Fichte, Johann Gottlieb. *Über das Wesen des Gelehrten*(1794). Gruyter, 1971.
Fueter, Eduard. *Geschichte der neueren Historiographie*. München und Berlin: Oldenbourg 1936.
Gooch, G. P. *History and Historians in the Nineteenth Century*. 3rd ed. Boston: Beacon, 1965.
Gothein. E. *Kulturentwicklung Süditaliens*. 1886.
______. *Staat und Gesellschaft des Zeitalters der Gegenreformation*. 1908.
______. *Die Aufgabe der Kulturgeschichte*. 1889.
Hartwig, Wolfgang. hrsg. *Über das Studium der Geschichte*. München, 1990.
Hegel. *Jubiläumsausgabe*. Bd. 7.
______. *Vorlesungen über die Philosophie der Geschichte. Hegel Werke*, Bd. 12, 1970.
Heuß, A. *Zur Theorie der Weltgeschichte*. Berlin, 1968.
Hinrichs, Carl. *Ranke und die Geschichtstheologie der Goethezeit*. Göttingen, 1954.
Iggers, Georg. *Deutsche Geschichtswissenschft*. München, 1971.
Iggers, G. G. and Moltke, K. v., eds. *The History and Practice of History*. New York, 1973.
Iggers, G. G. and J. M. Powell, eds. *Leopold von Ranke and the Shaping of the historical Discipline*. NY: Syracuse University Press, 1990.
Joachimsen, P., hrsg. *Deutsche Geschichte*. IV. Neuduck. Leipzig.
Lamprecht. K. *Alte und neue Richtungen in der Geschichtswissenschaft*. 1896.
______. *Was ist Kulturgeschichte?* Leibzig, 1896.
Löwith, K. *Weltgeschichte und Heilsgeschehen*. Stuttgart, 1948.
Maier. H.; H. Rausch; Denzer, hrsg. *Klassiker des politischen Denkens, I: von Pluto bis Hobbes*. München, 1968.
______. *Klassiker des politischen Denkens, II: von Locke bis Weber*. München, 1968.
Masur, Gerhard. *Rankes Begriff der Weltgeschichte*. Berlin, 1926.
Meinecke, F. *Die Entstehung des Historismus*. 4. Auflage. München, 1965.
______. *Weltbürgertum und Nationalstaat*. Berlin, 1919.
______. *Zur Geschichte der Geschichtsschreibung*. München, 1968.
______. *Zur Theorie und Philosophie der Geschichte*. Stuttgart, 1965.
Mommsen, W. J., hrsg. *Leopold von Ranke und die moderne Geschichts-*

*wissenschaft*. Stuttgart, 1988.
Niebuhr, B G. *Geschichte des Zeitalters der Revolution*, 1829. Hrsg. v. M. Niebuhr, 1845.
______. *Römische Geschichte*. 2Bde. 1811-1812.
Nigg, W. *Die Kirchengeschichtsschreibung*. München, 1934.
Ritter, Moriz. *Die Entwicklung der Geschichtswissenschaft*. Berlin, 1919.
Schäfer, D. *Das eigentliche Arbeitsgebiet der Geschichte*. 1888.
Schieder, Theodor. *Begegnungen mit der Geschichte*. Göttingen, 1962.
Schlosser, F. Ch. *Weltgeschichte für das deutsche Volk*. 19Bde. 1844-1857.
Schlözer. *Vorstellungen der Universalhistorie*. 1772.
______. *Weltgeschichte nach ihren Hauptteilen*. 1785-1789.
Schnädalbach, Herbert. *Geschichtsphilosophie nach Hegel*. München, 1974.
Shotwell. *The History of History*. 2nd print. New York, 1950.
Semler, J. L. *Versuch eines fruchtbaren Auszugs der Kirchenhistorie*. Halle, 1773.
Srbik, H. R. *Geist und Geschichte vom deutschen Humanismus bis zur Gegenwart*. 2Bde. 3. Auflage. München, 1964.
Stern, Fritz, hrsg. *Geschichte und Geschichtsschreibung*. Müchen, 1966.
Thompson, J. W. *A History of Historical Writing*. Fourth Print. 2vol. New York, 1975.
Vierhaus, Rudolf. *Ranke und die soziale Welt*. Münster, 1957.
Wagner, Fritz. *Geschichtswissenschaft*. 2. Aufl. München, 1966.
Wehler, H-U, hrsg. *Deutsche Historiker*. 5 Bde. Göttingen, 1968.
White, Hayden. *Metahistory-The Historical Imagination in the 19th Century Europe*. 1973.
Wittram, R. *Das Interesse an der Geschichte*. Göttingen, 1968.
______. *Zukunft der Geschichte*. Göttingen, 1966.

드로이젠, 요한 구스타프.《역사학》. 이상신 역. 나남, 2010.
랑케, 레오폴트 폰.《강대세력들·정치대담·자서전》. 이상신 역. 신서원, 2014.
______.《근세사의 여러 시기들에 관하여》. 이상신 역. 신서원, 2011.
______ 외.《서양의 역사학 I》. 송충기 역. 청년사, 1997.
뢰비트, 칼.《역사의 의미》. 이한우 역. 문예출판사, 1990.
루크레티우스.《사물의 본성에 관하여》. 강대진 역. 대우고전총서 029. 아카넷, 2012.
마이네케, 프리드리히.《세계시민주의와 민족국가》. 이상신 · 최호근 역, 나남,

2007.
부르크하르트, 야콥. 《세계사적 성찰》. 개역개정판. 이상신 역. 신서원, 2010.
슈내델바하, 헤르베르트. 《헤겔 이후의 역사철학》. 이한우 역. 문예출판사, 1986.
이거스, 게오르그 G. 《독일 역사주의》, 최호근 역. 박문각, 1992.
이상신. 《19세기 독일역사인식론》, 고려대출판부, 1989.
______. 《改訂 서양사학사》, 신서원, 2001.
칸트, 임마누엘. 《칸트의 역사철학》. 이한구 역. 서광사, 1992.
콩도르세. 《인간정신의 진보에 관한 역사적 개요》. 장세룡 역. 책세상, 2002.
크로체, 베네데토. 《역사의 이론과 역사》. 이상신 역. 삼영사, 1981.
타키투스. 《타키투스의 연대기》. 박광순 역. 범우사, 2005.
______. 《타키투스의 역사》. 김경현 · 차전환 역. 한길사, 2011.
탈레스 외. 《소크라테스 이전 철학자들의 단편 선집》. 김인곤 외 옮김. 대우고전총서012. 아카넷, 2017.
투키디데스. 《펠로폰네소스 전쟁사》. 박광순 역. 범우사, 2001.
피히테, 요한 고틀리프. 《학자의 본질에 관한 열 차례의 강의》. 서정혁 역. 책세상, 2017.
헤로도토스. 《헤로도토스의 역사》. 박광순 역. 범우사, 1987.
화이트, 헤이든. 《19세기 유럽의 역사적 상상력》. 천형균 역. 문학과 지성사, 1991.

### (2) 논문

Berding, Helmut. "Leopold von Ranke." In: *Deutsche Historiker*. Bd. 1. Hrsg. H-U. Wehler. Göttingen, 1971.
Berthold, Werner "Die Konzeption der Weltgeschichte bei Hegel und Ranke." In: *Leopold von Ranke und die moderne Geschichtswissenschaft*. Hrsg. W. J. Mommsen. Kletta-Gotta, 1988.
Dehio, Ludwig. "Ranke und der deutsche Imperialismus." In: *Historische Zeitschirift*, 170(1950).
Gervinus, G. G. "Grundzüge der Historik, 1837." In: *Schriften zur Literatur.* Neudruck Berlin, 1962.
Gilbert, Felix. "Ranke as the Teacher of Jacob Burkhardt." In: *Leopold von Ranke and the Shaping of the historical Discipline*. Ed. G. G. Iggers and J. M. Powell. New York: Syracuse University Press, 1990.

Hartwig, Wolfgang. “Historismus als ästhetische Geschichtsschreibung: L. v. Ranke.” In: *Geschichte und Gesellschaft*. Bd. 23. 1997.

Helen Liebel-Weckowicz. “Ranke und Darwin-Evolution und Weltgeschichte.” In: *L. v. Ranke und die moderne Geschichtswissenschaft*. Hrsg. Mommsen, Kletta-Gotta, 1988.

Humboldt, W. v. “Über die Aufgabe des Geschichtsschreibers.” In: *Deutsche Geschichtsphilosophie*. Hrsg. K. Rossmann, dtv. München, 1969.

Kant. I. Erneuerte Frage: Ob das menschliche Geschlecht im beständigen Fortschreiten zum Besseren sei?

Kant. I. “Idee zu einer allgemeinen Geschichte in weltbürgerlicher Absicht.” In: *Deutsche Geschichtsphilosophie: Ausgewählte Texte von Lessing bis Jaspers*. Hrsg. Kurt Rossmann. München, 1969.

Kessel, Eberhard. “Rankes Idee der Universalhistorie.” In: *Historische Zeitschrift*, 178(1954).

Köhler. “Was ist ‘Welt’ in der Geschichte.” *Saeculum*, 6(1945).

Löwith. “Vom Sinn der Geschichte.” In: *Der Sinn der Geschichte*. Hrsg. L. Reinisch. München, 1974.

Lozeck, Gerhard. “Der Epochenbegriff bei Ranke.” In: *Leopold von Ranke und die moderne Geschichtswissenschaft*. Hrsg. W. J. Mommsen. Kletta-Gotta, 1988.

Maier. “Das Problem der Universitaltät.” In: *Geschichte heute*. Hrsg. G. Schulz. Göttingen, 1973.

Meinecke. “Leopold von Ranke, Gedächtnisrede.” Beigabe. In: *Entstehung des Historimus*. Hrsg. C. Hinrichs. München, 1965.

______. “Rankes ‘Große Mächte’.” In: *Zur Geschichte der Geschichtschieibung*. München, 1968.

______. “Rankes ‘Politisches Gespräch’.” In: *Zur Geschichte der Geschichtsschreibung*. München, 1968.

______. “Ranke und Burckhardt,” In: *Zur Geschishte der Geschichtsschreilbung*. München, 1962.

Mommsen, “Einleitung.” In: *L. v. Ranke und die moderne Geschichtswissenschaft*. Hrsg. W. J. Mommsen. Kletta-Gotta, 1988.

Muhlack, Ulich. “Leopold von Ranke.” In: *Klassiker der Geschichtswissenschaft*. Bd. 1. Hrsg. Lutz Raphael. München, 2006.

Nipperdey, Thomas. “Zum Problem der Objektivität bei Ranke.” In: *Leopold von Ranke und die moderne Geschichtswissenschaft*. Hrsg. W. Mommsen. Stuttgart, 1988.

Schieder. "Ranke und Goethe." In: Schieder. *Begegnungen mit der Geschichte*. Göttingen, 1962.

______. "Das historische Weltbild Leopold von Rankes." In: *Begegnungen mit der Geschichte*.

______. "Geschichtstheorie und Geschichtsschreibung bei L. v. Ranke." In: *Leopold von Ranke und die moderne Geschichtswissenschaft*. Hrsg. Mommsen. Kletta-Gotta, 1988.

Schulin, Ernst. "Leopold von Ranke." In: *Europa-Historiker*. Bd. 1. Hrsg. Heinz Duchhardt u. Winfried Schulze. Göttingen, 2006.

______. "Universalgeschichte und Nationalgeschichte bei Ranke." In: *Leopold von Ranke und die moderne Geschichtswissenschaft*. Hrsg. W. J. Mommsen. Kletta-Verlag, 1988.

Vierhaus, Rudolf. "Die Idee der Kontinuität in historiographischen Welt Rankes." In: *Leopold von Ranke und die moderne Geschichtswissenschaft*. Hrsg. W. J. Mommsen. Kletta-Verlag, 1988.

______. "Leopold von Ranke-Geschichtsschreibung zwischen Wissenschaft und Kunst." In: *Historische Zeitschirift*, 244(1987).

______. "Ranke und die Anfänge der Geschichtswissenschaft." In: *Geschichtswissenschaft in Deutschland*. Hrsg. Berand Faulenbach. München 1974.

이상신. 〈全體史로서의 "社合史"의 개념과 방법론〉. 《성곡논총》, 11집(1980)

______. 〈"보편사(Universalgeschichte)적 세계사"를 위한 시도〉. 《서양사론》, 46호(1995).

______. 〈"미래(Zukunft)"의 역사학적 의미〉. 《역사학보》, 172집(2001).

# 찾아보기

## 인명

## 용어 및 개념

ㅅ

레오폴트 폰 랑케와 근대 역사학의 형성
**역사연구방법론과 역사사상**

초판 발행 2021년 3월 10일
초판 2쇄 2022년 10월 31일

지은이 이상신
펴낸곳 고려대학교출판문화원
www.kupress.com
kupress@korea.ac.kr
(02841) 서울특별시 성북구 안암로 145
Tel 02-3290-4230, 4232
Fax 02-923-6311
찍은곳 네오프린텍(주)

ISBN 979-11-91161-08-3 93920

값 37,000원
※ 잘못 만들어진 책은 바꿔드립니다.